76-
K12085
D1919870

UTB
FÜR WISSEN
SCHAFT

Eine Arbeitsgemeinschaft der Verlage

Wilhelm Fink Verlag München
Gustav Fischer Verlag Jena und Stuttgart
Francke Verlag Tübingen und Basel
Paul Haupt Verlag Bern · Stuttgart · Wien
Hüthig Verlagsgemeinschaft
Decker & Müller GmbH Heidelberg
Leske Verlag + Budrich GmbH Opladen
J. C. B. Mohr (Paul Siebeck) Tübingen
Quelle & Meyer Heidelberg · Wiesbaden
Ernst Reinhardt Verlag München und Basel
Schäffer-Poeschel Verlag · Stuttgart
Ferdinand Schöningh Verlag Paderborn · München · Wien · Zürich
Eugen Ulmer Verlag Stuttgart
Vandenhoeck & Ruprecht in Göttingen und Zürich

Leonhard Schlegel

Die Transaktionale Analyse

Eine Psychotherapie, die kognitive und tiefenpsychologische Gesichtspunkte kreativ miteinander verbindet

Vierte, völlig überarbeitete Auflage

Francke Verlag Tübingen und Basel

Leonhard Schlegel (*1918 in Zürich) studierte Medizin in Freiburg i.Ü. und Zürich. Er arbeitete zuerst klinisch und in freier Praxis als Allgemeinpraktiker, später als Facharzt für Psychiatrie und Psychotherapie mit besonderem Interesse an Gruppentherapie und vergleichender Tiefenpsychologie (Grundriß der Tiefenpsychologie, 5 Bde in UTB, 1972–1979). 30 Jahre war er Dozent zur Ausbildung von Psychologen am Institut für Angewandte Psychologie in Zürich, 15 Jahre mit besonderem Schwerpunkt in Transaktionaler Analyse.

Die Deutsche Bibliothek –CIP-Einheitsaufnahme

Schlegel, Leonhard:
Die transaktionale Analyse: eine Psychotherapie, die kognitive und tiefenpsychologische Gesichtspunkte kreativ miteinander verbindet / Leonhard Schlegel. – 4., völlig überarb. Aufl. – Tübingen; Basel: Francke, 1995
(UTB für Wissenschaft: Große Reihe)
ISBN 3-8252-8007-1 (UTB)
ISBN 3-7720-1715-0 (Francke)

4., völlig überarbeitete Auflage 1995
3., völlig neu überarbeitete Auflage 1988
2., überarbeitete Auflage 1984
1. Auflage 1979

© 1995 · A. Francke Verlag Tübingen und Basel
Dischingerweg 5 ·D-72070 Tübingen
ISBN 3-7720-1715-0

Das Werk einschließlich aller seiner Teile ist urheberrechtlich geschützt. Jede Verwertung außerhalb der engen Grenzen des Urheberrechtsgesetzes ist ohne Zustimmung des Verlages unzulässig und strafbar. Das gilt insbesondere für Vervielfältigungen, Übersetzungen, Mikroverfilmungen und die Einspeicherung und Verarbeitung in elektronischen Systemen.
Gedruckt auf chlorfrei gebleichtem und säurefreiem Werkdruckpapier.

Einbandgestaltung: Alfred Krugmann, Stuttgart
Satz und Druck: Gulde, Tübingen
Verarbeitung: Koch, Tübingen
Printed in Germany

UTB-ISBN 3-8252-8007-1

Dem Andenken meiner Lebensgefährtin und engsten Mitarbeiterin
Cornelia Schlegel-Bührer
1922–1994

Inhalt

Vorwort

Ich wende mich mit dieser durchgesehenen, ergänzten und an verschiedenen Stellen umgeschriebenen Auflage nicht nur an Interessenten, die bereits entschlossen sind, sich in das Gebiet der Transaktionalen Analyse einzuarbeiten, sondern besonders auch an Psychotherapeuten und Berater, die sich eine andere Betrachtungsweise bereits angeeignet haben, aber von den mannigfachen theoretischen und praktischen Anregungen, welche die Transaktionale Analyse jedem Psychotherapeuten bietet, profitieren wollen.

Nachdem ich mich in die Transaktionale Analyse theoretisch und praktisch eingearbeitet hatte, konnte ich die Ansicht von Berne bestätigen, daß sich die Modelle und Verfahren der Transaktionalen Analyse für eine tiefenpsychologisch-analytisch fundierte Psychotherapie besonders gut eignen, ebenfalls für ein gruppentherapeutisches Vorgehen. Meine theoretischen und praktischen Vorstellungen wurden vor allem bereichert durch die Forderung von Berne zu einer vorgängigen *Emanzipation der «Erwachsenenperson» und ihrer Einübung*, dann aber hinsichtlich der tiefenpsychologischen Betrachtungsweise unter anderem durch die Modelle der *Antreiber* und des *Miniskripts*, durch die Hinweise auf die *destruktiven Grundbotschaften* und durch das Modell der *stufenweisen Ausblendung*, obgleich alle drei Konzepte erst nach dem Tod von Berne in die Transaktionale Analyse eingeführt worden sind. Wertvolle Anregungen brachte mir das Modell vom *Skript* und die verschiedenen sich ergänzenden Verfahren zur *therapeutischen Skriptanalyse*. Für meine mit psychoanalytischem Hintergrund durchgeführten Gruppen und die Ehetherapie war die von der Lehre von den Ich-Zuständen abgeleitete *Analyse von Transaktionen* und das Modell der *Spiele* äußerst wertvoll. Das letztere übrigens auch für das Verständnis dafür, was bei der Verquickung von Übertragung und Gegenübertragung vor sich gehen kann.

Im übrigen hat sich mir die Transaktionale Analyse ausgezeichnet bewährt, zur «Selbsterhellung» für Psychiater, Allgemeinärzte, Psychologen und Angehörige anderer sozialer Berufe, die sich nicht gezielt zu Psychoanalytikern ausbilden wollen oder können. Es war und ist für mich immer wieder überraschend und erstaunlich, was damit in dieser Richtung erreicht werden kann! Sozusagen eine tiefenpsychologisch-analytisch fundierte (und nicht «klassisch» psychoanalytische!) «Lehrpsychotherapie».

Schließlich leistete mir die Transaktionale Analyse eine wertvolle Hilfe bei den obligatorischen Supervisionen von angehenden Psychiatern und psychiatrisch orientierten Psychologen auf dem Gebiete der Psychotherapie, meistens in kleinen Gruppen. Auch wenn die einen in der Ausbildung zu Psychoanalytikern begriffen waren, andere in derjenigen zu Transaktionsanalytikern, wieder andere zu kognitiven Psychotherapeuten, wieder andere zu Gestalttherapeuten usw, so stellten die Gesichtspunkte und Modelle der Transaktionalen Analyse eine allseits verständliche gemeinsame Sprache dar, wobei jeder von den Erfahrungen seiner Kollegen profitieren konnte.

Um den Zugang von Psychotherapeuten anderer Richtung zur Transaktionalen Analyse zu erleichtern, habe ich in dieser Auflage die Beziehungen der Transaktionalen Analyse zu anderen bekannten psychotherapeutischen Verfahren nicht mehr in einem Schlußkapitel dargelegt, sondern immer an dazu passender Stelle ergänzend erwähnt.

Wer sich aber besonders für den Vergleich der Transaktionalen Analyse mit anderen bekannten psychotherapeutischen Richtungen interessiert, findet eine ausführliche Darstellung in einer von mir herausgegebenen Broschüre über *Psychotherapeutische Verfahren aus dem Umfeld der Transaktionsanalyse*. Ich habe zudem in dieser Auflage auf das Kapitel über «Die Beiträge von Eric Berne zur Gruppendynamik» verzichtet, da sie über die originellen Modelle der Transaktionalen Analyse und über die Praxis wenig aussagen. Der Interessent findet alles Wesentliche in meinem *Handwörterbuch der Transaktionsanalyse* (Verlag Herder, Freiburg i. Br.) unter den Stichworten, die mit den Vorsilben «Gruppen ... » beginnen. Ebenfalls findet sich alles Wesentliche, was Berne zur Beziehung der Modelle der Transaktionalen Analyse zu gewissen Begriffen der klassischen Psychiatrie geschrieben hat, im selben Buch unter dem Stichwort «Psychopathologie».

Das Sternzeichen (*) vor einem Wort, einem Satz oder einem Abschnitt bedeutet immer, daß das, was folgt, entweder ein Wortbegriff ist, der (noch) nicht in die «offizielle» Transaktionale Analyse eingegangen ist, oder eine kommentierende Bemerkung von mir persönlich zum soeben behandelten Thema. Bei Zitaten oder Hinweisen auf ursprünglich englischsprachige und dann übersetzte Fachbücher über Transaktionale Analyse habe ich sowohl die Seitenzahl aus der englischsprachigen Ausgabe (p.) angegeben wie diejenige aus der deutschen Übersetzung (S.), stütze mich aber in einem solchen Fall immer auf die Originalausgabe und nicht auf die Übersetzung. Wörtliche Zitate habe ich in diesen Fällen selber übersetzt. Dasselbe gilt für französische Werke.

Ich schreibe in diesem Buch, wenn ich die psychologischen Errungenschaften und Verfahren von Berne und seinen Schülern meine, durchgehend *Transaktionale Analyse* statt, wie im deutschen Sprachraum sonst üblich, *Transaktionsanalyse*. Immer wieder bin ich nämlich auf das Mißverständnis, auch bei Fachleuten aus der «psychotherapeutischen Szene», gestoßen, daß die Errungenschaften von Eric Berne und seinen Schülern auf die Analyse von Transaktionen, also auf ihren Beitrag zur Kommunikationspsychologie reduziert wurden. Die Unterscheidung einer Transaktionsanalyse im weiteren und einer solchen im engeren Sinn genügt scheinbar nicht, um solche Mißverständnisse nicht aufkommen zu lassen. Wo im transaktionsanalytischen Schrifttum lapidar von TA geschrieben wird, sind allerdings immer die Errungenschaften von Berne und seinen Schülern im ganzen gemeint, wie dies bereits Berne selbst deklariert hat (1966d). Ich habe aber volles Verständnis dafür, wenn der seit Jahrzehnten eingebürgerte Ausdruck *Transaktionsanalyse* von anderer Seite aufrechterhalten wird.

Ich wiederhole aus dem Vorwort zur ersten Auflage, was auch für die vierte Auflage gilt:

Ich habe hervorgehoben, was ich historisch, theoretisch und praktisch als bedeutsam ansehe. Durch Integration immer neuer Beiträge, vor allem durch die Anregungen der Preisträger des Eric-Berne-Gedächtnis-Preises, wird das Gedankengut der Transaktionaler Analyse immer mehr erweitert. Ich stelle dar, welche Grundgedanken Berne entwikkelt hat, wie sie durch ihn und seine Schüler weiterentwickelt wurden sowie durch was für theoretische und besonders praktische Konzepte die Transaktionale Analyse nach dem Tod von Berne gewinnbringend ergänzt wurde. Bei der ohne Zweifel nicht selten subjektiven Deutung transaktionsanalytischer Modelle und Überlegungen und bei der Auswahl nachträglicher Ergänzungen ließ ich mich von meinen eigenen praktisch-psychotherapeutischen Erfahrungen leiten.

Theoretische Erörterungen dienen dem zusammenfassenden Verständnis erfahrbarer Gegebenheiten und sind in diesem Sinn unentbehrlich. Sie stehen im übrigen im Verhältnis gegenseitiger Abhängigkeit zu den Erfahrungen. Auf jeden Fall sind Theorien in einer angewandten Wissenschaft Diener und keine Herren! Eine Theorie kann nicht richtig oder falsch sein, sondern nur fruchtbar oder unfruchtbar, weiterführend oder nicht weiterführend, praktisch bedeutsam oder praktisch belanglos, in sich widersprüchlich oder folgerichtig. Auch das letzterwähnte Kriterium ist nicht etwa das oberste der Kriterien, denn auch eine in sich widersprüchliche Theorie kann fruchtbar, einleuchtend und praktisch bedeutsam sein, wenn wir z.B. voraussetzen, daß das Leben selbst widersprüchlich sei, d.h. mit einer widersprüchlichen Theorie angemessen erfaßt werden könne. Eine Theorie kann auch in bezug auf diejenige Gegebenheit, die sie erfassen soll, einfach oder kompliziert sein, was übrigens ein entscheidendes Kriterium für ihre Brauchbarkeit ist.

Ich habe Abkürzungen von Fachausdrücken vermieden außer in Skizzen und Schemata. Abkürzungen fördern die Entstehung eines esoterischen Jargons, bringen die Gefahr mit sich, daß versuchsweise aufgestellte Hypothesen fixiert werden und geben unsorgfältigen Benutzern Gelegenheit, die mangelnde Durchdachtheit von Begriffen zu verschleiern!

Skizzen und Schemata sind Gleichnisse, die, insofern sie lebendige Gegebenheiten und lebendiges Geschehen darstellen, weil statisch, «hinken» und dürfen deshalb als solche nicht Anlaß zu Schlußfolgerungen geben oder, wie Bernd Schmid sehr treffend schreibt, «ein Eigenleben entwickeln» (1986, S. 86).

Ich habe angestrebt, den hier wiedergegebenen Grundsätzen gerecht zu werden, deren folgerichtige Durchführung mir aber aus eigener Unvollkommenheit, wegen des vorgesehenen Umfangs des Buches und um der Flüssigkeit der Lesbarkeit willen, nicht immer möglich gewesen ist. Ich bin auf das Wohlwollen des Lesers angewiesen. Es wäre auch verwirrend, würde ich mich terminologisch allzuweit von der traditionellen Ausdrucksweise der Transaktionalen Analyse entfernen. Ich habe trotzdem versucht, nur einem begrenzten Kreis von Lesern verständliche Fachwörter möglichst zu vermeiden, durch allgemein verständliche Ausdrücke zu ersetzen oder bei ihrem erstmaligen Vorkommen zu umschreiben.

Da das Buch sicher auch als Nachschlagewerk benutzt wird, habe ich mich vor Wiederholungen wichtiger Überlegungen nicht gescheut, wo es der Textzusammenhang nahelegt.

Wertvolle Anregungen verdanke ich meiner kürzlich verstorbenen Frau und Mitarbeiterin Cornelia Schlegel und meinem ebenfalls bereits verstorbenen Freund Walter Schollenberger und vielen anderen Freunden und Ausbildern aus der Schweiz, Deutschland und den Vereinigten Staaten. Den vielen, zu den von mir organisierten Ausbildungsseminarien beigezogenen Referenten aus dem deutschen und aus dem amerikanischen Sprachraum verdanke ich ebenfalls wertvolle Anregungen und zudem, was für die Abfassung eines solchen Buches sehr wichtig ist, einen Überblick darüber, wie die Transaktionale Analyse heute in der Praxis angewandt wird.

Dr. med. Leonhard Schlegel
CH-8502 Frauenfeld

1. Einführung

Bei der Transaktionalen Analyse handelt es sich um eine an der praktischen Psychotherapie orientierte Betrachtungsweise menschlichen Erlebens und Verhaltens. Sie zeichnet sich dadurch aus, daß sie tiefenpsychologische, nämlich psychoanalytische und individualpsychologische, mit kognitiv-therapeutischen Gedankengängen und Verfahren sinnvoll verknüpft und auch kommunikationstherapeutische und gestalttherapeutische Gesichtspunkte einbezieht.

Unter «kognitiv-therapeutischen Gedankengängen und Verfahren» fasse ich die *rational-emotive Therapie* nach Albert Ellis, die *kognitive Psychotherapie* nach Aaron Beck zusammen mit der *kognitiven Verhaltenstherapie oder Verhaltensmodifikation*. Berne entwickelte zur selben Zeit wie Albert Ellis ein systematisches kognitives Verfahren als Ergänzung zu seinen durch die psychoanalytischen Erfahrungen inspirierten Modellen (1957b, 1958) und gehört also selbst zu den Pionieren dieser Praxis! Aaron Beck entwickelte sein Verfahren später, sozusagen als «Nach-Entdeckung» desjenigen von Ellis (Ellis 1962; Beck, A. 1967, 1976).

Was die *kognitive Verhaltenstherapie* betrifft, umfaßt sie verschiedene Ansätze, nachdem die Verhaltenstherapeuten erfahren haben, daß frühere Erfahrungen *(und konstitutionelle Faktoren), welche die Reaktion auf Reize natürlich maßgebend beeinflussen, in der Praxis beim Menschen nur berücksichtigt werden können, wenn miteinbezogen wird, was «in» ihm vorgeht (Bandura 1977; Mahoney 1974; Meichenbaum 1977; Lazarus u. Fay 1975; Zusammenfassungen: Quekelberghe 1979; Lückert 1994). Damit fand die Verhaltenstherapie als «kognitive Verhaltenstherapie» den Anschluß an Ellis und Beck, die nicht von der Verhaltenstherapie her, sondern als kritische Psychoanalytiker zu ihrer Behandlungsmethode kamen.

Daß es sich bei der Transaktionalen Analyse nicht um eine unkreative Eklektik handelt, ergibt sich u.a. daraus, daß sie den Vertretern der erwähnten Verfahren wertvolle Anregungen bietet, ohne daß diese die Überlegungen und Modelle der Transaktionalen Analyse als ganzes zu übernehmen brauchen. Diese Möglichkeit habe ich berücksichtigt.

In der Folge hat sich die Transaktionale Analyse als Betrachtungsweise in der *Erwachsenenbildung* und *Pädagogik* sowie in der *Organisationsberatung* ebenfalls bewährt. Die Transaktionale Analyse als psychotherapeutische Theorie und Methode bildet aber unbestritten den Kern.

Die hervorragendste Besonderheit der Transaktionalen Analyse als Psychotherapie, wie ich sie heute sehe, besteht darin, *daß sie kognitive Vorgehensweisen mit tiefenpsychologischen oder psychodynamischen Verfahren verbindet.* Rein didaktisch könnte geradezu eine *kognitive Transaktionale Analyse* («Emanzipation und Schulung der Erwachsenenperson») von einer *tiefenpsychologischen oder analytischen Transaktionalen Analyse* («Skriptanalyse») unterschieden werden. Ausführlicher s. S. 258ff!

Da sich die Transaktionale Analyse in der Praxis sehr gut mit anderen psychotherapeutischen Verfahren kombinieren läßt, was eine ihrer Stärken ist, dürfte es kaum möglich sein, solche Erfolgskriterien an sie anzulegen, wie sie Klaus Grawe und seine Mitarbeiter fordern (1994). Es müßten diesbezüglich die kognitiv vorgehende Transaktionale Analyse, die analytisch vorgehende Transaktionale Analyse, die kommunikationstherapeutisch vorgehende Transaktionale Analyse, die mit gestalttherapeutischen Elementen angereicherte Transaktionale Analyse je getrennt geprüft werden, da je nach Therapeut, Patient und Störung der Nachdruck einmal mehr auf diesem, manchmal eher auf jenem Vorgehen liegt, häufig allerdings bei ein und demselben Patienten oder Klienten nacheinander oder miteinander bei verschiedenen dieser Verfahren. Ich wüßte nicht, was unter einer «Transaktionsanalyse in reiner Form» (Ausdruck von Grawe und seinen Mitarbeitern auf S. 155) zu verstehen ist.

Die Transaktionale Analyse kann formal in mehrere selbständige psychologische Konzepte aufgeteilt werden. Diese werden aber dadurch zusammengehalten, daß ihnen allen der Gedanke an eine letztlich anzustrebende *mitmenschlich bezogene Autonomie* zugrunde liegt, von mir vorzugsweise, weil operationalisiert, als *Leitziele* zusammengestellt (s. S. 371–374).

Überblick über die Grundbegriffe zur Theorie und Praxis der Transaktionalen Analyse

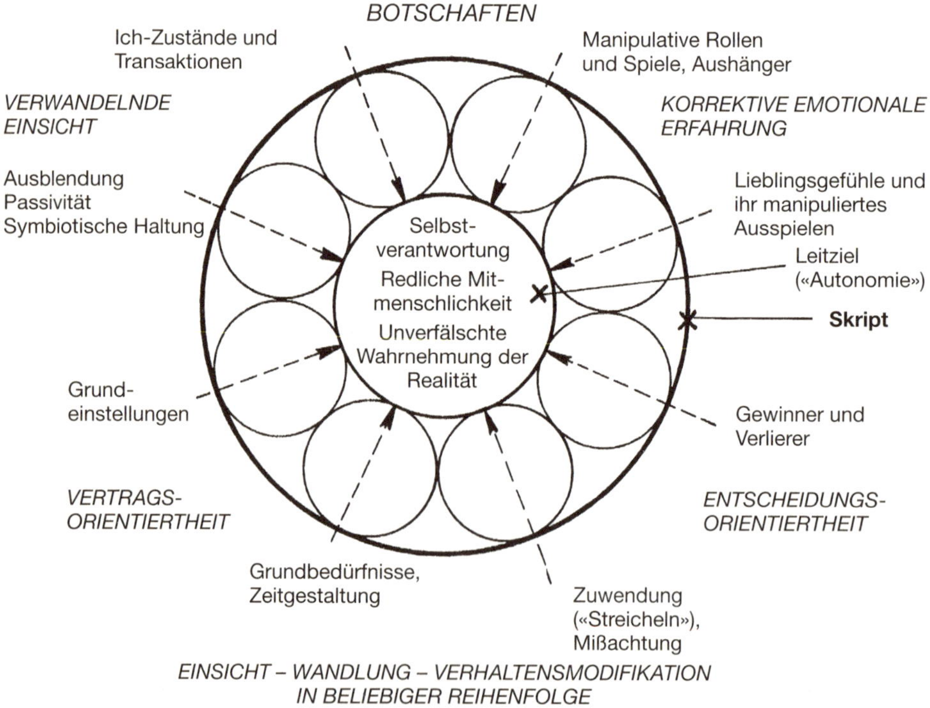

Abb. 1

Psychologische Konzepte sind Modelle, um verschiedene Erlebens- und Verhaltensweisen einem gemeinsamen Bedeutungszusammenhang einzuordnen.

Ein zweiter Grundbegriff, auf den sich die verschiedenen Konzepte ausgesprochen oder unausgesprochen beziehen, ist die Modellvorstellung eines bereits in der frühen Kindheit, möglicherweise auch später aufgrund von Schlüsselerlebnissen entwickelten *Lebensentwurfs*, des *Skripts*. Dieser Lebensentwurf umfaßt ein bestimmtes Selbstbild, ein bestimmtes Weltbild sowie bestimmte Vorstellungen, wie der Betreffende sein Leben bewältigen, «durch's Leben gehen» wird. *Die entscheidende Auswirkung dieses Lebensentwurfes besteht darin, daß, was dem Betreffenden begegnet, von ihm im Sinn dieses vorbestehenden Lebensentwurfes ausgelegt wird, was jedesmal dessen Bestätigung gleichkommt. Zudem werden auch Situationen aufgesucht oder sogar arrangiert, die den Lebensentwurf zu bestätigen scheinen.* Neurosen werden vorzugweise als Folgen eines die eigene Entwicklung und Lebendigkeit hemmenden sowie die Sicht auf die Realität trübenden fixierten Lebensentwurfs betrachtet.

Schließlich erwähne ich als dritten Grundbegriff die *Botschaft.* In der kognitiven Psychotherapie wird von *Überzeugungen* gesprochen, in den psychodynamischen Verfahren von *Prägungen aus der frühen Kindheit* im Sinn von Schlüsselerlebnissen, die bei Patienten zu verhältnismäßig starren Erlebens- und Verhaltensmustern geführt haben, die ihrerseits die Erlebens-, Urteils-und Handlungsfähigkeit bis zum Ausmaß einer Neurose oder Psychose einschränken können. Diese «Überzeugungen» und «Prägungen» werden in der Transaktionalen Analyse mit Gewinn als «Botschaften» formuliert und als solche dem Patienten zum Bewußtsein gebracht («Es ist, wie wenn die Botschaft in Ihnen wirksam wäre: ...»). Dieser Begriff verbindet die kognitive Psychotherapie mit der tiefenpsychologischen oder analytischen Psychotherapie. Ein Nachteil dieses Wortbegriffs besteht darin, daß er dazu verführt, diese «Botschaften» *immer* auf konkrete Botschaften, vor allem von den Eltern, zurückzuführen, was nur zum Teil zutrifft. Berne ist allerdings nicht unbeteiligt an diesem Mißverständnis!

Die Transaktionale Analyse wird auch als *vertragsorientiert* gekennzeichnet, weil auf die ausdrückliche Übereinkunft über formulierbare Fern- und Nahziele einer Psychotherapie zwischen Therapeut und Patient oder Berater und Klient – übrigens bereits als therapeutische Aktion – größeren Wert gelegt wird als bei anderen psychotherapeutischen Verfahren. Die Transaktionale Analyse wird auch als *entscheidungsorientiert* bezeichnet, weil dem Patienten oder Klienten die Wichtigkeit von bewußten selbstverantwortlichen Entscheidungen nahegebracht wird, letztlich auch die Entscheidung, ob er sich so verändern will, daß er, was er als krank erlebt, sich auflösen wird.

Diese «Entscheidungsorientiertheit» befreit übrigens – an dieser Stelle nur nebenbei gesagt – den Begriff der Person des Menschen aus jeder deterministischen Einengung!

Verhaltensorientiertheit wie Entscheidungsorientiertheit setzen die Überzeugung einer *Ebenbürtigkeit* zwischen Therapeut und Patient voraus und wirken sich gewissermaßen als ein *partnerschaftliches Verhältnis* aus. Der Therapeut ist dem Patienten menschlich nicht überlegen, sondern «Experte für Therapie».

2. Eric Berne und sein Werk

Eric Berne ist im Jahr 1910 in Montreal/Kanada unter dem Namen Eric Lennard Bernstein als Sohn eines praktischen Arztes und einer Schriftstellerin und Verlegerin geboren. Sein Vater, den er sehr verehrte, starb 38jährig an Tuberkulose. Er hinterließ neben seiner Frau und seinem 11jährigen Sohn Lennard noch eine Tochter.

Berne oder eigentlich E.Lennard Bernstein, wie er sich damals noch nannte, studierte wie seinerzeit sein Vater Medizin an der McGill-Universität in Montreal und schloß sein Studium mit der Erreichung des Doktorgrades im Jahr 1935 ab. Im Anschluß daran bildete er sich an verschiedenen Kliniken in den Vereinigten Staaten zum Psychiater aus. Im Jahre 1938 oder 1939 erwarb er das Bürgerrecht der Vereinigten Staaten. Nachdem er neben seiner klinischen Tätigkeit bereits auch eine Praxis geführt hatte, trat er 1943 als Psychiater in die Armee ein. Zuvor hatte er seinen Namen in Eric Berne abgekürzt. Als Major trat er 1946 wieder ins Zivilleben über und ließ sich in der Kleinstadt Carmel in Kalifornien als frei praktizierender Psychiater nieder. Bei der Armee hatte er die Methode der Gruppentherapie kennengelernt. Er wurde beratender Psychiater und Gruppentherapeut an verschiedenen Institutionen in San Francisco sowie Dozent an der Universität von Kalifornien. Er reiste verschiedentlich zu fernen Völkern und interessierte sich dabei besonders für deren psychiatrischen Probleme.

Während seines Aufenthaltes in der Nähe von New York hatte Berne 1941 eine Lehranalyse bei Paul Federn und eine Ausbildung am dortigen psychoanalytischen Institut begonnen. Im Jahr 1947 setzte er diese Ausbildung am psychoanalytischen Institut in San Francisco fort und war bis ins Jahr 1949 nochmals in einer Lehranalyse bei Erik Erikson. Sein Gesuch um Aufnahme als anerkanntes Mitglied der psychoanalytischen Vereinigung soll 1956 abgelehnt und ihm nahegelegt worden sein, sich in einigen Jahren nochmals zu bewerben (Cheney 1971; Steiner 1974, p. 13/S. 24). Diese Zurückweisung soll er sehr schwer genommen haben. Nach anderen Zeugnissen soll er allerdings bereits seit mehreren Jahren nicht mehr als Kandidat am Institut erschienen sein (Jorgensen 1984, pp. 153–154). In diesen Jahren entwickelte Berne eigene Gedanken zur Psychotherapie und im Zusammenhang damit zur Psychologie der menschlichen Persönlichkeit, die sich schließlich in der Betrachtungsweise der Transaktionalen Analyse niedergeschlagen haben. Bereits 1957 begann er, diese zu formulieren, und im Jahr darauf erschien ein Aufsatz über *Transaktionsanalyse: eine neue und wirksame Methode der Gruppentherapie* (1958), in dem bereits auch die Begriffe «Spiel» und «Skript» vorkommen, nachdem er schon in zuvor erschienenen Aufsätzen die Aufteilung der Persönlichkeit in drei verschiedene Wesensseiten, nämlich eine elternhafte, eine kindliche und eine erwachsene, vorgeschlagen hatte. Die Lehre und das Werk von Eric Berne sind aber ganz offensichtlich weitgehend von psychoanalytischen Erfahrungen und Gedankengängen geprägt, ergänzt durch Gedanken aus der Adlerschen Individualpsychologie und der Kommunikationslehre. In seinem ersten Buch über Transaktionale Analyse, das 1961 erschienen ist, betrachtet er diese und die Psychoanalyse ganz offen als gegenseitige Ergänzung. In seinem letzten Werk, das erst nach seinem Tode erschien, wird die von ihm angewandte Skriptanalyse als eine verbesserte Methode der Psychoanalyse betrachtet. Genauer müßte allerdings gesagt werden, daß die Skriptanalyse nicht mit einer «klassischen» Psychoanalyse, sondern mit einer psychoanalytisch orientierten Psychotherapie zu vergleichen ist.

Vom Herbst 1954 an wandte Berne systematisch seine Auffassung von den drei Ich-Zuständen therapeutisch an, ab 1956 dann auch die Analyse von Transaktionen und Spielen (Berne 1961, p. 271). Von 1958 an hielt er auch Seminare in San Francisco ab, zuerst unter dem Titel *Sozialpsychiatrische Seminare*, dann 1964, dem Jahr der Gründung der Internationalen Gesellschaft für Transaktionale Analyse (ITAA), unter dem Titel *Transaktionsanalytische Seminare*, schließlich, nach dem Tod von Berne 1970, weitergeführt und umbenannt in *Eric-Berne-Seminare*.

Später wurden in verschiedenen Ländern der alten und der neuen Welt, so auch in Deutschland, der Schweiz und Österreich, nationale Gesellschaften gegründet. Die European Association of Transactional Analysis (EATA) bildet einen Dachverband für die nationalen Gesellschaften in Europa. Das 1962 von Berne begründete und herausgegebene *Transactional Analysis Bulletin* wird seit 1971 von der internationalen Gesellschaft unter dem Titel *Transactional Analysis Journal* herausgegeben.

Zum Andenken an Eric Berne wird jährlich ein Eric-Berne-Gedächtnispreis einem Mitglied der Internationalen Gesellschaft verliehen, das sich durch einen besonders originellen Beitrag zur Theorie oder Praxis verdient gemacht hat. Daraus ergibt sich, daß sich das Gedankengut der Transaktionalen Analyse auch über den Tod von Eric Berne hinaus erweitert.

Eric Berne starb 1970 an einem Herzinfarkt.

Einen ersten Überblick über seine Ich-Psychologie oder Strukturanalyse veröffentlichte Berne 1957 in einer amerikanischen Fachzeitschrift; die erste Zusammenfassung aller wichtigen Aspekte der Transaktionalen Analyse erschien 1958, ebenfalls als Aufsatz in einer Zeitschrift. Das erste Buch von Berne, *The Mind in Action* (1947), enthält noch keine transaktionsanalytischen Begriffe und Gedankengänge. Dieser Überblick über die Psychiatrie und Psychotherapie für Laien erschien später, wesentlich überarbeitet und ergänzt, unter dem Titel *A Layman's Guide to Psychiatry and Psychoanalysis* (1957) in zweiter Auflage. Darin bekennt sich Berne voll und ganz zur Psychoanalyse als psychotherapeutischer Behandlungsmethode der Wahl. In einer weiteren Neubearbeitung, die 1968 erschienen ist, führte nun aber Berne durch Mitarbeiter, die sich bei der Abfassung dieser Auflage beteiligten, die Transaktionale Analyse als Betrachtungsweise und Ersatz für seine früheren Ausführungen über Psychoanalyse ein. Groteskerweise wurden gerade diese Kapitel in der Übersetzung dieses Buches von 1968 unter dem Titel *Sprechstunden der Seele* (1970) nicht mitübernommen!

In den Vereinigten Staaten wurde übrigens die rein psychoanalytisch inspirierte Ausgabe von 1957 *neben* der mit Beiträgen über die Transaktionale Analyse versehenen von 1968 immer wieder neu aufgelegt, nach meinen Unterlagen bis mindestens 1974, also mindestens bis vier Jahre über den Tod von Berne hinaus.

Als nächstes Buch erschien *Transactional Analysis in Psychotherapy* (1961, nicht übersetzt). Es enthält bereits ausführlich alle Gedankengänge, die heute unter dem Begriff «Transaktionale Analyse» zusammengefaßt werden, wobei der Lehre von den Ich-Zuständen oder Strukturanalyse besonders viel Raum gewidmet ist. Es erschien dann *The Structure and Dynamics of Organizations and Groups* (1963), deutsch: *Struktur und Dynamik von Organisationen und Gruppen* (1979). Dieses Buch enthält Beiträge von Berne zur Gruppenpsychologie. Seine ausgezeichneten Zusammenfassungen und

Beurteilungen von Theorien gruppenpsychologischer Vorgänger in diesem Buch wurden merkwürdigerweise nicht in die Übersetzung aufgenommen. Das Buch *Games People Play* (1964), deutsch: *Spiele der Erwachsenen* (1967), wurde in Amerika wie im deutschen Sprachgebiet zu einem Bestseller, – erstaunlicherweise, denn es handelt sich um ein psychologisch sehr anspruchsvolles Werk, das Berne nach seinen eigenen Worten für Fachleute geschrieben hat; stellenweise mutet es allerdings wie eine witzige und populäre Alltagspsychologie an, ein Stil, der Fachleute eher abschreckt.

Gruppentherapie ist der bevorzugte Rahmen für die Anwendung der Transaktionalen Analyse. Damit befaßt sich das Buch *Principles of Group Treatment* (1966, nicht übersetzt), das, was die Beschreibung der Beziehung zwischen Therapeut und Patient und der allgemeinen Haltung des Therapeuten anbetrifft, meines Erachtens bedeutendste Buch von Berne. Das Buch *Sex in Human Loving* (1970), deutsch: *Spielarten und Spielregeln der Liebe* (1974), entstand aus einer öffentlichen Vorlesungsreihe über die psychologische und soziale Bedeutung der Sexualität im Leben des Menschen, richtet sich an Laien, enthält aber, immer am Beispiel sexueller und erotischer Verhältnisse, viele typisch transaktionsanalytische Gedankengänge.

Das letzte und umfangreichste Buch von Berne: *What do you say after you say hello?* (1972), deutsch: *Was sagen Sie, nachdem Sie «Guten Tag» gesagt haben?* (1975), erschien zwei Jahre nach dem Tod von Berne, enthält sehr viele wertvolle Ideen, ganz besonders zur Skripttheorie und Skriptanalyse, jedoch auch Unklarheiten und Widersprüche, vielleicht weil Berne es nicht bis zum Druck selbst redigieren konnte. Die Übersetzung ist unvollständig.

3. Das Modell von den Ich-Zuständen oder die Strukturanalyse

Berne bezieht sich, wenn auch immer nur beiläufig, beim Begriff des Ich-Zustandes auf Paul Federn und seinen Schüler Edoardo Weiss (Berne 1961, pp. 23–24, 48, 272). Bei Federn ist das «Ich» ein Erlebnis, nämlich das, was ich *in einem bestimmten Augenblick* als mir zugehörig erlebe, wenn ich «ich» sage. Federn schreibt von dem sich ständig ändernden, aber doch als Kontinuität erlebten *Ich-Gefühl* (Federn 1956, S. 13–16; Weiss 1956; 1966; Weiss u. Federn 1965). Berne war in erster Linie interessiert an der Beobachtung von Federn, daß frühere Ich-Zustände in Ausnahmezuständen des Bewußtseins, z.B. in der Aufwachphase, in Hypnose, in Psychosen wieder aktuell werden können.

Berne brachte auch Ergebnisse von Untersuchungen von Wilder Penfield mit Ich-Zuständen in Zusammenhang. Penfield war ein weltberühmter Hirnchirurg, der an der Universität von Montreal arbeitete, als Berne dort studierte. Anläßlich von Hirnoperationen reizte er mit schwachem elektrischem Strom Regionen der Hirnrinde, um deren funktionelle Bedeutung festzustellen. Wenn er Hirnrindenfelder des Schläfenlappens reizte, konnten die Patienten vor vielen Jahren erlebte Szenen mit vollem emotionalem Gehalt als gegenwärtig wieder erleben und gleichzeitig darüber berichten, denn da das Gehirn schmerzunempfindlich ist, wird an ihm ohne Narkose operiert (Penfield 1952; 1957/1958; 1976; Penfield u. Jaspers 1954; Penfield u. Perot 1963; Penfield u. Roberts 1959). Ähnliches wurde bei spontanen Reizungen, *wohl Mikroembolien, in dieser Hirnrindenregion beobachtet (Sacks 1985, S. 179–201).

Den Experimenten von Penfield entnahm Berne, daß tatsächlich frühere Ich-Zustände nicht ausgelöscht sind und zudem, daß zwei Ich-Zustände – einer, der vor vielen Jahren aktuell gewesen war, wenn auch erneut vergegenwärtigt, und einer, welcher der Gegenwart, die mit anderen Anwesenden geteilt wurde, entsprach – nebeneinander in Funktion sein können (Berne 1961, pp. XVII-XIX, 1964b, p. 27/30, 1966b, p. 281; Harris 1967, pp. 25–33/S. 19–27). *Im Grunde genommen wurden bei den Experimenten von Penfield frühere *Erlebnisse* vergegenwärtigt und nur indirekt daraus konstruierbar bestimmte Ich-Zustände im Sinn von Berne.

Berne behandelt den Begriff der Ich-Zustände auf seine eigene Art. Die Beziehung zu den Überlegungen und Forschungsergebnisse von Federn und Penfield hat nur eine begriffsgeschichtliche Bedeutung, wenn sich auch Berne und seine Schüler gerne darauf beziehen.

Berne berichtet, er habe sein Konzept von den Ich-Zuständen während 13 Jahren in der gruppentherapeutischen Praxis erprobt, bevor er erstmals darüber geschrieben habe (1957b).

3.1 Zwei Erfahrungen als Grundlage des Modells von den drei Ich-Zuständen

3.1.1 Erste Erfahrung: Jedermann hat die Möglichkeit, als Kind, als Elternperson oder als Erwachsenenperson zu erleben und sich zu verhalten

Wenn Menschen spontan miteinander in Beziehung treten, so bei gesellschaftlichen Zusammenkünften, an der Schule, am Arbeitsplatz, in der Sprechstunde beim Psychotherapeuten, im Rahmen einer psychotherapeutischen Gruppe usw., so kann sich der einzelne je nach äußeren oder inneren Umständen, manchmal sogar in raschem Wechsel, ganz verschieden verhalten. Es zeigt sich dies an seiner Körperhaltung, an der Mimik, an den

Gebärden, an der Stimme, an den vorzugsweise gewählten Worten, an der Intensität und Art der Gefühlsäußerungen und schließlich auch am Inhalt dessen, was er sagt und an seinen Handlungsweisen (Berne 1963, p. 176/S. 192, p. 178/S. 194f). Die *Gestimmtheit* [system of feelings] (1957b; 1964b, p. 23/S. 25), die (innere) *Haltung* oder *Verfassung* [state of mind] (1961, p. 11; 1966b, p. 220) oder die *Einstellung* [attitude] (1963, p. 176/S. 192), von Berne alle einander gleichgesetzt (1963, pp. 176–177/S. 193; 1964b, p. 23/S. 29), die diesen verschiedenen Verhaltensweisen zugrunde liegt, nennt Berne *Ich-Zustand* bzw. *Ich-Zustände*. Es ist begrifflich nicht richtig, auch die Ich-Zustände als *in sich zusammenhängende [coherent] Verhaltensmuster* zu umschreiben, wie Berne selbst das tut (1957b; 1961, pp. 66–69), denn ein *Zustand* ist kein *Verhalten*, aber an den Verhaltensweisen lassen sich die Ich-Zustände operationalisieren oder, wie Berne auch schreibt: Die Ich-Zustände motivieren entsprechende Verhaltensweisen (1957b).

Der Zuschauer eines Fußballspiels kann ein Verhalten zeigen, das völlig von Emotionen wie Freude, Enttäuschung, Ärger, Wut bestimmt wird. Auch ausgewachsene Männer können auf- und ab hopsen vor Begeisterung, wenn «ihr Team» Punkte gewonnen hat oder in einem solchen Augenblick selbst einem unbekannten, aber gleichermaßen begeisterten Nachbarn um den Hals fallen. Ebenso können sie entrüstet aufheulen, wenn sie zu sehen glauben, daß ein Gegner durch ein regelwidriges Vorgehen den Ball an sich gebracht hat. Es ist durchaus nicht so, daß sich dieser Zuschauer nur so *verhält* wie junge Schulkinder im Pausenhof, sondern er *ist* in diesem Augenblick ein Kind; er erlebt so, wie sich aus seinem Verhalten erschließen läßt (frei nach Steiner 1974, p. 35/S. 42). – Berne weist mit Vorliebe auf Eltern, die sich an einer Eltern-Lehrer-Zusammenkunft beteiligen und sich über ihre Kinder unterhalten. Bei solchen wie anderen Zusammenkünften würden Leute oft mit moralisierendem Unterton über Nachbarn und Behörden klatschen, ein Zeitvertreib, den Berne mit dem Schlagwort «Ist es nicht schrecklich?» kennzeichnet (1961, pp. 4, 96–98). Es sei nicht ungewöhnlich, daß sich dieselbe Art von Gesprächen auch in einer therapeutischen Gruppe entwickle, wenn der Leiter einmal abwesend sei (1961, pp. 97, 197). Ein Verhalten, in dem sich jemand von einem überlegenen Standpunkt aus um andere kümmert, sei es wohlwollend oder abwertend, gegebenenfalls auch normativ moralisierend, betrachtet Berne als elternhaft. – Arbeitende, diskutierende, vortragende Wissenschaftler würden sachlich und objektiv beobachten, überlegen, handeln und berichten (frei nach 1961, p. 61). Ihre Befindlichkeit oder Haltung bezeichnet Berne als erwachsenenhaft, eine Bezeichnung, die zur Annahme verleitet, ein leiblich Erwachsener sollte immer so erleben und sich verhalten, dabei ist es durchaus angemessen, sich bei entsprechenden Umständen auch kindlich oder elternhaft zu erleben und sich zu benehmen.

Wir können uns jetzt vorstellen, daß es jedesmal derselbe Erwachsene sein könnte, der als Zuschauer beim Fußballspiel einmal so, bei einer Eltern-Lehrer-Zusammenkunft wieder anders und als Gelehrter am Arbeitsplatz auf eine dritte Art erlebt und sich verhält.

Es hat sich Berne in der Praxis bewährt, grundsätzlich und durchgehend drei *Klassen* (1963, p. 177/S. 193), *Kategorien* (1964b, p. 23/S. 25) oder *Typen* (1966b, p. 220; 1972, p. 11/S. 26) von *Ich-Zuständen* zu unterscheiden: aus kindlichem Verhalten zu erschließende *Kind-Ich-Zustände*, aus elternhaftem Verhalten zu erschließende *Eltern-Ich-Zustände*, einen aus einem sachlich und objektiv abschätzenden Verhalten zu erschließenden *Erwachsenen-Ich-Zustand*. Diese Dreiteilung gehört zum Wesen der Lehre von den Ich-Zuständen im Sinn von Berne und der Transaktionalen Analyse!

Wir könnten auch sagen, ein leiblich Erwachsener könne je nach Umständen *als Kind*, *als Elternperson* oder *als Erwachsenenperson* (im Sinn von Berne) erleben und sich verhalten. Berne bringt die Tatsache, daß jemand jederzeit als Kind erleben und sich verhalten kann damit in Zusammenhang, daß jeder einmal ein Kind gewesen sei und die Daseinsformen, die er einmal eingenommen habe, jederzeit wieder aktuell werden könnten. Jeder von uns, so sehr er leiblich-konkret als Erwachsener gelten mag, ist immer auch ein Kind. Mit dem *immer* soll ganz bewußt gesagt werden, daß jedermann ständig die Welt auch vom Standpunkt eines Kindes wahrnimmt und entsprechend kindlich, vor allem also von Emotionen bestimmt, überlegt, Schlußfolgerungen zieht, urteilt und reagiert. Daß jedermann auch elternhaft erleben und sich verhalten kann, bringt Berne in Zusammenhang mit der Tatsache, daß ein Kind von seinen Eltern oder denjenigen, die es betreut haben, vital und emotional völlig abhängig war und deshalb genau beachten gelernt hat, wie ihnen zumute ist und was für ein Verhalten zu erwarten ist. Daraus ergab sich ihm die Möglichkeit, sich in seine Eltern hineinzuversetzen, selbst elternhaft zu erleben und zwar nicht nur anderen, sondern auch sich selbst gegenüber. Berne schreibt manchmal auch, die Elternpersonen würden imitiert, was mißverständlich ist, denn nur eine Rolle zu spielen, konstituiert nach Berne noch keinen Ich-Zustand. Sie werden vielmehr verinnerlicht, also angeeignet [introjiziert – Berne 1966d]. Daß jemand immer auch als Erwachsener (im Sinn von Berne) erleben und sich verhalten kann, führt Berne auf die Tatsache zurück, daß jeder Erwachsene, bei dem kein entwicklungsbedingter Hirnschaden bestehe, und zwar gleichgültig, ob er gesund sei oder an einer Neurose, an einer Psychopathie oder an einer Psychose leide, von vornherein die Möglichkeit habe, unter Hinzunahme früherer Erfahrungen unabhängig sachliche und objektive Überlegungen über die gegenwärtige Realität anzustellen, ebenso die Zukunft abzuschätzen und entsprechende Urteile und Entscheidungen zu fällen. Er müsse nur lernen, diese Anlage zu verwirklichen und in die Praxis umzusetzen. Diese Annahme, neben derjenigen, daß jedes Kind durch Erfahrung lernen könne, sei «optimistischer und in der Praxis fruchtbarer» als die «konventionelle Ansicht» (frei nach 1961, pp. 17, 45, 112; 1964b, p. 24/S. 27).

Unter der «konventionellen Ansicht» versteht Berne die Annahme, es gebe Leute mit einem «schwachen Ich» neben solchen mit einem «starken Ich», eine Auffassung, die er ablehnt (1966b, p. 221). Wenn er allerdings schreibt, daß es bei einer Behandlung unter anderem darum gehe, die «Erwachsenenperson» eines Patienten «zu stärken» oder dahin zu wirken, daß dieses «stärker und stärker werde» (1961, pp. 158, 166, 167), bestätigt er, daß der Begriff der Ich-Stärke und damit auch derjenige der Ich-Schwäche doch sinnvoll sein kann. Berne lehnt auch ab, von einer psychologisch (nicht biologisch) reifen oder unreifen Persönlichkeit zu sprechen (1961, p. 45; 1966b, p. 222). Er meint, wer unreif genannt werde, erlebe und verhalte sich einfach häufiger als Kind, denn als Erwachsener, was noch nicht heiße, daß er nicht grundsätzlich die Fähigkeit habe, als Erwachsener zu erleben und sich zu verhalten (1966b, p. 222), eine etwas spitzfindige Motivation zur Verwerfung der Ansicht, jemand könne psychologisch mehr oder weniger reif sein, insbesondere weil es auch nach Berne Erwachsene gibt, die anscheinend wirklich nur immer in einem Kind-Ich-Zustand sind. Später allerdings anerkennt Berne den Begriff «Reife» ungefähr im Sinn der psychologischen Umgangssprache. Ob jemand eine solche «Reife» erreiche, hänge allerdings von seinem Skript ab (1972, pp. 183–184/S. 222).

Den immer wieder aufgreifbaren Niederschlag der eigenen Kindheit hinsichtlich des Erlebens und Verhaltens, inbegriffen der neurophysiologischen Entsprechung, nennt Berne *Archäopsyche*. Den Niederschlag der Erfahrungen an den Eltern nennt Berne, insofern er identifizierend verinnerlicht wurde, *Exteropsyche*. Auch dem Erwachsenen-Ich-Zustand legt er ein *psychisches Organ* zugrunde: die *Neopsyche*. Deshalb sagt er, wenn auch selten, in bezug auf den Kind-Ich-Zustand *archäopsychisch*, in bezug auf den Eltern-Ich-Zustand *exteropsychisch*, in bezug auf den Erwachsenen-Ich-Zustand *neopsychisch*. In der Praxis kommt diesen Bezeichnungen, wie Berne selber feststellt, keine Bedeutung zu (1961, p. 4), weswegen ich an dieser Stelle nicht auf die theoretische Bedeutung dieser Begriffe eingehe, sondern auf das *Handwörterbuch der Transaktionsanalyse* (Schlegel 1993) verweise.

3.1.2 Zweite Erfahrung: «Kind», «Elternperson», «Erwachsenenperson» als Glieder eines innerpersönlichen Systems

Nicht nur im Umgang mit anderen Menschen, sondern auch für sich allein, kann jemand einen Kind-Ich-Zustand, einen Eltern-Ich-Zustand oder einen Erwachsenen-Ich-Zustand einnehmen:

Ein Vater sucht eine Privatschule für seinen Sohn. Er besichtigt eine Schule, an welcher der Unterricht sehr freiheitlich gestaltet ist und die Eigenaktivität der Schüler ermutigt wird. Zu Hause denkt er darüber nach, ob er seinen Sohn in diese Schule schicken soll. Zuerst sagt er sich als Elternperson moralisierend: «Ich sehe nicht ein, wie an dieser Schule irgend jemand etwas Vernünftiges lernen kann. Bereits die Böden waren unsauber!» Bei diesem Gedanken und Bild runzelt er bedenklich die Stirn und schüttelt mißbilligend den Kopf. Dann jedoch glättet sich sein Gesicht und er lächelt lausbubenhaft: «Das wäre etwas, in eine solche Schule zu gehen! Die Lehrer so kameradschaftlich! Und die Sportanlage!» Schließlich setzt sich den Betreffende unwillkürlich aufrecht, aber nicht gespannt hin, krault sein Kinn in die aufgestützte Rechte und überlegt realitätsgerecht und sachlich: «Bevor ich mich entscheide, werde ich mir den Lehrplan vorlegen lassen und mit einigen Eltern sprechen, deren Kinder bereits seit einiger Zeit diese Schule besuchen!» (angeregt durch ein Beispiel aus anderem Zusammenhang von James u. Jongeward 1971, pp. 18–19/S. 36).

Es zeigt ein solches Selbstgespräch, daß dieser Vater auch innerlich einmal als Kind, dann als Elternperson, schließlich auch als Erwachsener auf Eindrücke reagiert. Berne meint, daß jemand als Kind eher *in Bildern «denke»*, als Elternperson Mahnungen *in Sätzen formuliere* (Berne 1972, p. 275/S. 322), als Erwachsener *besonnen überlege.* Systembezogen gesehen stehen ihm sozusagen als Gesamtperson alle drei Möglichkeiten zur Verfügung. Wünschenswert ist nach Berne, wenn der Betreffende schlußendlich eine Entscheidung aus der Haltung als Erwachsener trifft, dieser Haltung also gleichsam eine «Vorherrschaft» einräumt (Berne 1961, p. 118, 246), nicht ohne den als Kind und als Elternperson ins Auge gefaßten Aspekt mit zu berücksichtigen. Es wäre auch naheliegend, daß jemand in der sozialen Rolle eines Vaters rein nur als moralisierende Elternperson entscheiden würde, d.h. in diesem Fall nach irgendwelchen, wie Berne vermuten würde, von seinen eigenen Eltern übernommenen Normen.

Meininger und andere Transaktionsanalytiker betonen, daß bei vielen Entscheidungen das «Kind» zu beteiligen sei, vor allem seine naiv intuitiven und kreativen Fähigkeiten (s. S. 52), die der sachlichen «Erwachsenenperson» beistehen könnten (Meininger 1973, p. 143/nicht übersetzt). Siehe im übrigen auch S. 52!

Berne schreibt, daß in jedem Mann noch der kleine Junge, in jeder Frau noch das kleine Mädchen lebe, das sie einst waren. Kaum jemals sei dieses «innere Kind» mehr als sechs (Berne 1970, p. 83/S. 71) oder sieben (Steiner 1974, p. 34/42) Jahre alt. Analog kann, durchaus nach Berne, gesagt werden, daß jeder leibliche Erwachsene auch seine Eltern verinnerlicht hat, wie er sie als Kind erfahren und erlebt hat. Berne geht noch weiter und sieht auch die «Erwachsenenperson» als innere Gegebenheit, wie sie sich im Laufe der Zeit entwickelt hat.

Die drei Ich-Zustände können also als Glieder eines innerpersönlichen Systems betrachtet werden und in dem Beipiel von dem Vater, der sein Kind in einem Internat unterbringen wollte, setzten sie sich gegenseitig auseinander. Zur Zeit der Begründung der Lehre von den Ich-Zuständen war die systembezogene Betrachtung in der angewandten Psychologie noch nicht üblich wie heute. Berne schreibt deshalb nicht von einem «System». Es läßt sich aber ohne Schwierigkeit belegen, daß Berne durchaus auch eine systemische Betrachtungsweise auf die drei Ich-Zustände, bzw. ihre «Repräsententen» anwendet:

Er schreibt nämlich, daß statt von Kind-Ich-Zustand, Eltern-Ich-Zustand und Erwachsenen-Ich-Zustand, was die einzig wissenschaftlich korrekte Bezeichnung sei, umgangssprachlich auch von «Kind» [Child], «Elternperson» [Parent], «Erwachsenenperson» [Adult] gesprochen werde (1966b, p. 221; 1970, p. 84/S. 72), Ausdrücke, die er übrigens schon immer vorzugweise verwendet hat (1957b; 1961; 1963; 1964b). Er schreibt diese Worte entgegen der englischen Schreibweise mit großen Anfangsbuchstaben. Um dieser Auszeichnung auch im Deutschen anzudeuten, schreibe ich die drei Wörter, wenn ich vornehmlich an das innerpersönliche System denke, immer in Anführungszeichen. Zwar meint Berne ausdrücklich, er personifiziere mit «Kind», «Elternperson» und «Erwachsenenperson» Ich-Zustände, so fraglich das begrifflich auch ist, aber an anderen Orten versteht er darunter gar keine «Zustände» [states], sondern tatsächlich innere Personen, die in solchen Zuständen zum Ausdruck kommen. Das ergibt sich ohne weiteres, wenn er meint, jemandem, der die Frage stelle, wer er eigentlich sei, müsse geantwortet werden, er sei nicht eine, sondern drei Personen (1968a), oder wenn er kurz und schlicht feststellt: «Jedes Individuum *(!) ist drei verschiedene Personen, die sogar verschiedener Meinung sein können» (1970, p. 80/S. 70). Diese drei Personen seien nämlich so verschieden voneinander wie eben Personen sein könnten (1961, p. 22; 1964, p. 23/S. 29; 1966b, p. 298; 1972, p. 14/S. 29). Es kann dies nicht anders aufgefaßt werden, als daß jede dieser innerlichen Personen einen eigenen Bezugsrahmen hat, also ein Ereignis einen wieder anderen Sinn, eine wieder andere Bedeutung, einen wieder anderen Wert zuordnet. Jede dieser Personen nehme die Umgebung wieder anders wahr und reagiere anders auf ein und dasselbe Ereignis, nämlich je nachdem kindlich, elternhaft oder erwachsenenhaft-sachlich (1961, p. 19). Manchmal wird allerdings von Transaktionsanalytikern geschrieben, jemand sei *in* seinem «Kind», *in* seiner «Elternperson», *in* seiner «Erwachsenenperson». Dann sind Ich-Zustände gemeint.

Berne illustriert diese Verschiedenartigkeit der Reaktionsformen an einem Beispiel: Wenn jemand die Schilderung eines beinahe genialen Betrugs in der Zeitung lese, möge sein «Kind» sich sagen: «Das möchte ich auch einmal versuchen und sehen, ob ich es nicht doch geschickter anstelle, nicht erwischt zu werden!», seine «Elternperson» entrüste sich vermutlich moralisch und nehme mit Genugtuung davon Kenntnis, daß der Betreffende eine «gerechte Bestrafung» zu gewärtigen habe, die «Erwachsenenperson» aber interessiere sich für den genauen Ablauf der Affäre oder sehe aus juristischem Interesse im Strafgesetzbuch nach, wie der Strafrahmen bei einem solchen Delikt ist (angeregt durch 1961, p. 19).

Die einzelnen Mitglieder dieses innerpersönlichen Systems haben nach Berne auch oft je eigene Wege, sich auszudrücken, z.B. durch die Mimik des Betreffenden oder durch Gebärden oder durch die Färbung der Stimme oder durch den Inhalt der Aussagen. Aus verschiedenen Andeutungen im Werk von Berne geht hervor, daß er annimmt, jeder

Mensch erlebe *immer* gleichzeitig als Kind, als Elternperson und als Erwachsenenperson. Jede dieser drei könne in einer anderen Richtung ziehen (1970, p. 81/S. 70). Meistens stehe aber eine im Vordergrund und bestimme im wesentlichen das Verhalten; nur subtile Beobachtungen averbaler Signale pflegten darauf hinzuweisen, daß immer auch die anderen an einer Reaktion beteiligt seien. Wir können uns z. B. vorstellen, daß jemand eine durchaus sachliche Feststellung macht (als Erwachsenenperson oder als Ausdruck seiner «Erwachsenenperson»), gleichzeitig aber, vielleicht kaum merklich, skeptisch eine Augenbraue hochzieht (als Elternperson oder als Ausdruck seiner «Elternperson») und gleichzeitig ängstlich blickt (als Kind oder als Ausdruck seines «Kindes»). Immer ist das nach Berne allerdings nicht so. Eine der Persönlichkeitsanteile, z. B. die «Elternperson», könne nämlich alle Ausdruckswege gleichsam besetzen und die anderen «Persönlichkeitsanteile» gar nicht mehr zum Ausdruck zulassen. Damit überfahre der Betreffende nach Berne nicht nur seine anderen beiden «Persönlichkeitsanteile», sondern meistens auch seine Umgebung. Verfestigt sich eine Dissoziation und schlägt sich im Charakter nieder, haben wir es mit dysfunktionalen Verhältnissen zu tun, so wenn nach einem Beispiel von Berne, die «Elternperson» immer wieder aufgebracht auf Phantasien und Impulse des «Kindes» reagiert, was in diesem Schuldgefühle hervorrufen kann. Stehen aber alle drei Mitglieder des innerpersönlichen Systems in einer harmonischen Beziehung, wenn alle ihre je spezifischen Bedürfnisse erfüllen können, ohne sich gegenseitig im Weg zu stehen, handelt es sich nach Berne um eine glückliche (Gesamt-) Persönlichkeit (1961, pp. 42–44).

Ich kenne eine Blumengärtnerin: Ihr «Kind» hat Freude an den bunten Blumen und genießt, handgreiflich mit Erde umzugehen; ihre «Elternperson» pflegt und hegt gerne pflanzliche Lebewesen; ihre «Erwachsenenperson» kann anwenden, was sie gelernt hat und lernt immer wieder Neues dazu. Diese Harmonie, wenigstens im beruflichen Bereich, wird sich auch darin zeigen, daß der Inhalt von dem, was die Betreffende sagt, und ihren Blicken und Gebärden sich entsprechen. Analog beschreibt Berne die Haltung eines Arztes in seinem Beruf (1961, p. 43).

Realisieren wir, daß Berne hinsichtlich der Ich-Zustände eine systembezogene Betrachtungsweise anwendet, verstehen wir, weswegen bei ihm aus Zuständen plötzlich Personen werden können: Handelt es sich um den zwischenmenschlichen Alltag, kann zwanglos von einem kindlichen, elternhaften oder erwachsenen Zustand gesprochen werden, in dem sich jemand befindet; handelt es sich um Glieder eines innerpersönlichen Systems, muß hingegen von «Kind», «Elternperson», «Erwachsenenperson» gesprochen werden. Dort, wo Berne über «Aspekte der Persönlichkeit» schreibt (1963, p. 178/S. 195) oder über verschiedene Teilen oder Bestandteile der Persönlichkeit (1961, p. 162; 1963, p. 62/S. 74; 1970, p. 81/S. 70), auch über ein inneres Kind (1970, p. 83/ S. 70) oder einer Elternperson, die jemand mit sich herumtrage (1961, pp. 187–188), ist dies nur dann unter der Bedingung einer systembezogenen Betrachtungsweise zu verstehen, wenn Berne voraussetzt, diese «Teile» stünden gegenseitig miteinander in Beziehung, würden sich gegenseitig beeinflussen und sich miteinander auseinandersetzen (1970, p. 84/S. 72). Berne nimmt das tatsächlich auch an.

Wir verstehen viele Bemerkungen von Berne zum Verhältnis der drei inneren Personen zueinander besser, wenn wir, systembezogen denkend, annehmen, daß innerhalb des Systems von den drei Personen «Kind» und «Elternperson» ein eigenes Subsystem bilden, aber offen gegenüber dem Einfluß der «Erwachsenenperson», gleichsam als ihrer Umgebung. Dieser kommt ein Moment der Distanz, der Besonnenheit oder Bedachtheit zu, wodurch sie sich in ihren Äußerungen sowohl von der «Elternperson» wie vom «Kind» unterscheidet. Diese Distanz und Überlegtheit sowohl gegenüber der Realität wie gegenüber dem durch Emotionen bestimmten «Kind» und der durch Überlieferung geprägten «Elternperson» ist das wesentlichste Kennzeichen der «Erwachsenenperson» im Zusammenspiel zwischen den drei inneren Personen, gleichgültig nach was für Gesichtspunkten wir die Ich-Zustände definieren wollen.

3.1.3 Der Zusammenhang der interpersonal erfahrbaren mit den intrapersonal erfahrbaren Ich-Zuständen

Berne setzt die (innere) «Elternperson» eines Menschen diesem selbst gleich, wenn er als Elternperson erlebt oder sich entsprechend nach außen, insbesondere im Umgang mit Mitmenschen, auch elternhaft verhält. Die «Elternperson im Kopf», wie Berne auch schreibt, kann für andere beobachtbar und hörbar werden. Sie habe dann die Verantwortung für das Verhalten des Betreffenden gegenüber außen übernommen. Dasselbe könne bei anderen Gelegenheiten auch für die anderen «inneren Personen» der Fall sein. Deshalb kann Berne auch in bezug auf eine zwischenmenschliche Situation sagen, dieser oder jener «reagiere aus seiner oder mit seiner Elternperson», also etwa so, wie wenn das innerpersönliche System das eine oder andere ihrer Mitglieder als Repräsentant der inneren Familie ausschicken würde (1970, p. 81–82/S. 70). Es kommt auf dasselbe heraus, ob ich sage, *es erlebe und verhalte sich jemand als Kind* oder *es sei sein «Kind» aktiv.*

Grundschema der drei Ist-Zustände

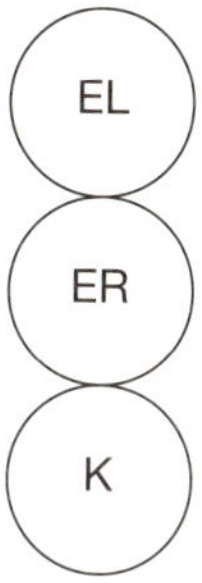

EL = Eltern-Ich(-Zustand) oder «Elternperson»

ER = Erwachsenen-Ich(-Zustand) oder «Erwachsenenperson»

K = Kind-Ich(-Zustand) oder «Kind»

Abb. 2

Das Grundschema mit den drei Kreisen (Abb. 2) bedeutet bei Berne einerseits ausdrücklich *die drei Ich-Zustände* (1961, p. 11), andererseits aber ebenso ausdrücklich auch *«die drei Leute, die jeder und jede im Kopf mit sich herumträgt»* (1970, p. 81/S. 70).

Berne unterscheidet eine nur innerlich wirksame «beeinflussende Elternperson» und eine «aktive Elternperson», die sich anderen gegenüber elternhaft äußere (1961, p. 25). Es könne jemand also als Kind erleben und sich benehmen, aber innerlich unter dem Einfluß einer strengen «Elternperson» stehen. Entsprechend wirkt der Betreffende dann in seinem ganzen Auftreten schüchtern, ohne daß dazu in der gesellschaftlichen Situation ein Anlaß bestünde. Wir können also das Verhalten eines Menschen und seine Gestimmtheit, auf die wir daraus schließen oder die er uns mit Worten kundtut, oft nur verstehen, wenn wir wissen, was in einem innerpersönlichen System vorgeht oder vorgegangen ist. Benimmt sich jemand von Herzen ausgelassen, können wir annehmen, seine (innere) «Elternperson» sei damit einverstanden.

3.1.4 Die Stellung des Modells von den Ich-Zuständen im Rahmen der Transaktionalen Analyse nach Berne

Das Modell von den drei Arten von Ich-Zuständen hat sich Berne bewährt, um als Psychotherapeut seine Patienten und ihre Reaktionsweise zu verstehen und therapeutisch beeinflussen zu können. Er nennt schließlich das Modell von den Ich-Zuständen oder den drei Persönlichkeitsanteilen eine *Persönlichkeitstheorie*, die er, wenn er definiert, was unter der Transaktionalen Analyse zu verstehen ist, ganz in den Vordergrund stellt (1966b, p. 370; 1966d; 1972, p. 447/510). Berne betrachtet dieses Modell als grundlegend für seine Betrachtungsweise, als «den Schlüssel zur Transaktionalen Analyse». «Wenn Sie etwas nicht auf Ich-Zustände zurückführen können, ist es nicht Transaktionale Analyse» (1968). Auch das Skriptmodell, meint Berne, würde ohne Berücksichtigung der Ich-Zustände «wie ein Kartenhaus» zusammenfallen (1972, pp. 400–401/ S. 454). Solange ein Therapeut bei seinen Patienten nicht Ich-Zustände unterscheide, könne er nur auf Erfahrungen gestützte Vermutungen anstellen, die vielleicht den Anschein von transaktionsanalytischen Feststellungen machten, aber der Genauigkeit und Zuverlässigkeit entbehrten. Der Transaktionsanalytiker, der sich auf das Modell von den Ich-Zuständen abstütze, sei anderen Therapeuten auf ähnliche Art überlegen wie ein wissenschaftlich ausgebildeter Physiker einem rein empirisch arbeitenden Metallurgen (1966b, p. 268 Anm.). Eine Anwendung des Modells von den Ich-Zuständen auf die sozio-klinischen Wissenschaften habe gezeigt, daß die Klarheit und Genauigkeit erhöht und der Umfang der Überlegungen deutlich reduziert werden könne. Weiter fördere diese Auffassung den interdisziplinären Kontakt durch eine gemeinsame Terminologie (Berne 1961, p. 257).

Ich mache mich einer Ungenauigkeit schuldig, wenn ich im Zusammenhang mit den Aussagen von Berne zu den Ich-Zuständen immer von einem «Modell» spreche. Es ist anzunehmen, daß Berne glaubte, Ich-Zustände seien eine konkrete psychologische Gegebenheit und nicht nur ein Denkmodell. Sein Schüler Claude Steiner stellte allerdings selbst später fest, daß es sich bei den Grundbegriffen der Transaktionalen Analyse um Denkmodelle handle (1972).

Es ist mir nicht klar, ob Berne diese «Persönlichkeitstheorie» nur auf die Praxis der Psychotherapie bezieht oder ihr eine allgemeinpsychologische Bedeutung zumißt. Im ersteren Fall überschätzte er wohl seine «Lehre» von den Ich-Zuständen, denn viele seiner in die angewandte Psychologie eingeführten Begriffe, wie z.B. eben gerade denjenigen des Skripts, sind ohne weiteres auch ohne Ich-Zustände durchaus verständlich und praktisch anwendbar. Ihre nahe Verwandtschaft, ja Identität mit dem Begriff des Lebensplans und des Lebensstils bei Alfred Adler und dem Begriff des Schicksalszwangs bei Sigmund Freud zeigt, daß der Begriff des Skripts durchaus nicht die «Lehre» von den Ich-Zuständen voraussetzt, geschweige denn, daß sich sagen ließe, die «Lehre» von den Ich-Zuständen sei ein Apfel, bei dem die Psychodynamik der Kern sei (1961, p. 257).

Meines Erachtens werden von Berne zwei verschiedene Vorstellungen von den drei Ich-Zuständen nicht voneinander unterschieden, sondern begrifflich vermischt. Es ließen sich viele Textstellen anführen, die das nahelegen. Einmal handelt es sich, wie bisher von mir angenommen, um ein wichtiges *Denkmodell der Transaktionalen Analyse*, das sich in der Praxis der Psychotherapie bewährt hat, dann aber handelt es sich um *ein Menschenbild (eines der Menschenbilder?) der Transaktionalen Analyse*, wie es Berne vorschwebte: Das menschliche Leben bestehe in der direkten oder indirekten *Befriedigung von autochthonen Bedürfnissen* («Kind» – s. Joines 1977) («Kind»); jeder Mensch brücksichtige *Wertmaßstäbe* («Elternperson»); *jeder* Mensch habe *die Fähigkeit, die Realität so einzuschätzen oder so zu verändern, daß sich seinen Bedürfnissen diene, aber zugleich seinen Werten gerecht werde* («Erwachsenenperson»). Um das Erleben und Verhalten eines Menschen zu verstehen, sind alle diese drei «Faktoren» oder «Instanzen» zu berücksichtigen. Das Zusammenspiel von «Kind», «Elternperson» und «Erwachsenenperson» in diesem Sinn entscheide, ob jemand «harmonisch» (auch: gesund, bzw. funktionell) lebe oder «unharmonisch» (auch: krankhaft bzw. dysfunktionell). Dieses «Menschenbild» sehe ich moralisch neutral.

In diesem Zusammenhang erwähne ich J. Schiff, die der Ansicht ist, daß das «Kind» die «Quelle jeglicher Energie» sei und vom gesunden Menschen als der «realste Teil der Persönlichkeit» erlebt werde. Die «Elternperson» und die «Erwachsenenperson» dienten ihm zur Anpassung an die Realität (Schiff, J. u. Mitarb. 1975b, pp. 24, 26). Auch nach Woollams u. Brown geht die «Energie» letztlich vom «Kind» aus. Die «Erwachsenenperson» diene dem «Kind» oder der «Elternperson» (1978, p. 14). Diese Sicht klingt an das meines Erachtens implizit von Berne vertretene Menschenbild an, das der psychoanlytischen Instanzenlehre sehr nahekommt (s. u.)

3.1.5 Das transaktionsanalytische Modell der drei Ich-Zustände und die psychoanalytische Instanzenlehre

Berne beschäftigt sich an verschiedenen Stellen seines Werkes mit der Frage des Verhältnisses der psychoanalytischen Begriffe «Über-Ich», «Ich» und «Es» zu den transaktionsanalytischen Begriffen «Elternperson», «Erwachsenenperson» und «Kind» (1961, pp. 269–271; 1966b, pp. 296–298). Eine Analogie streitet er nicht ab, aber nach seiner Ansicht sind die psychoanalytischen Instanzen rein theoretische Konstrukte, während es sich bei den von der Transaktionalen Analyse aufgestellten Ich-Zuständen um erfahrbare und sozial bedeutsame Realitäten handle, nämlich Menschen, die als Kind, als Elternperson oder als Erwachsenenperson erleben und sich verhalten. Berne übersieht dabei, daß unter den psychoanalytischen Instanzen intrapersonale Gegebenheiten gemeint sind, unter den «Realitäten», die er in diesem Zusammenhang unter den Ich-Zuständen versteht, aber interpersonale.

Wenn die «Elternperson» intrapersonal aufgefaßt wird, so steht sie als Modell dem Über-Ich der Psychoanalyse sehr nahe. Sie bereichert diesen psychoanalytischen Begriff sogar in seiner Bedeutung für die psychotherapeutische Praxis, ohne ihm zu widersprechen, wenn die destruktiven Grundbotschaften und Antreiber in sie einbezogen werden, aber auch die Möglichkeit wohlwollender und ermutigender Einstellung! Daß eine Differenzierung des Über-Ich-Begriffs und seiner Bedeutung für den praktischen Lebensbezug wünschenswert wäre, betonen auch die Psychoanalytiker selbst, so z. B. L. Rangell und J. Cremerius. Cremerius beruft sich dabei auch auf Anna Freud: «Die analytische Zersetzungsarbeit am Über-Ich» sollte in der Therapie ganz besonders berücksichtigt werden. (Rangell 1974; Cremerius 1977; A. Freud 1946, S. 65)

Angst und Schuldgefühle, Folge einer Verletzung von Über-Ich-Geboten, sind auch der Transaktionalen Analyse bekannt. Sie entsprechen einer Angst vor dem «Liebesverlust» der Eltern und vor Strafe. Beim Versuch, sich aus dem Zwang eines Skripts zu befreien, treten sie als Widerstand auf. Freud spricht andeutungsweise davon, daß sich ein strenges Über-Ich im Laufe einer erfolgreichen psychoanalytischen Behandlung unter dem Einfluß einer positiven Beziehung zum Analytiker zu mildern pflege. In der Sprache der Transaktionalen Analyse wird derselbe Vorgang als Erneuerung der «Elternperson» im Sinn eines Überwiegens einer wohlwollenden, die Autonomie fördernden elternhaften Haltung gegenüber sich selber umschrieben, ein Prozeß, der aber die Emanzipation der «Erwachsenenperson» voraussetze.

Daß jemand sich selbst und anderen gegenüber sich elternhaft verhält, also sich selbst als «Elternperson» erlebt und sich entsprechend verhält, wäre psychoanalytisch als eine Identifikation mit dem Über-Ich aufzufassen, eine Vorstellung, auf die es im psychoanalytischen Schrifttum Anspielungen gibt, ohne daß dieses Modell aber in der psychoanalytischen Praxis eine große Bedeutung hätte, unter anderem, weil die Psychoanalyse kommunikationspsychologisch nicht interessiert ist.

Der Begriff der «Erwachsenenperson» der Transaktionalen Analyse entspricht weitgehend dem Ich-Begriff der Psychoanalyse und zwar ganz besonders deswegen, weil beiden die Funktion der Realitätsprüfung zukommt. «Emanzipation der Erwachsenenperson» im Sinn der Transaktionalen Analyse bedeutet eine Stärkung des Einflusses der Instanz, die in der Psychoanalyse als «Ich» bezeichnet wird, auf die Kontrolle über die triebhaften und emotionalen Bedürfnisse einerseits, über die Impulse aus dem Über-Ich andererseits und damit auch auf die Entscheidungen und Handlungen. Die Forderung nach der Emanzipation oder Stärkung der «Erwachsenenperson», entspricht der Forderung Freuds, aus dem Es müsse zunehmend Ich werden (Freud 1932, S. 86), «so daß die Gestaltung des Schicksals vom ‹Kind› auf die ‹Erwachsenenperson› übergehen kann, von der archäopsychischen Unbewußtheit auf die neopsychische Bewußtheit» (Berne 1961, p. 118). «Die bewußte Seelentätigkeit unterscheidet sich ... von der unbewußten» durch ein «Mehr von seelischer Freiheit» (Freud 1915b).

Was das «Kind» der Transaktionalen Analyse und das Es der Psychoanalyse anbetrifft, sind bei einem Vergleich die Verhältnisse komplizierter. Keinesfalls kann, wie Berne durchaus richtig gesehen hat, das «Kind» direkt mit dem Es verglichen werden, ist dieses doch nach Freud «ein Chaos, ein Kessel voll brodelnder Erregung», etwas von überwiegend «negativem Charakter» (Freud 1933). Das Es der Psychoanalyse steht aber ohnehin, auch nach theorieinteressierten Psychoanalytikern, begrifflich nicht auf derselben Ebene wie Ich und Über-Ich. Der Psychoanalytiker Schafer konkretisiert den Es-Begriff und nähert ihn damit dem Begriff des «Kindes», macht ihn zum mindesten diesem vergleichbar, indem er damit eine «Art, erotisch oder aggressiv zu handeln» bezeichnet, die insofern mehr oder weniger infantil, nämlich irrational, ungeregelt und ungehemmt, ohne Rücksicht auf Folgen und Widersprüche, ganz und gar egozentrisch sei (Schafer 1976, S. 136, z. T. nach Hayman 1969). Noch eher entspricht der Begriff des «Kindes» dem Lust-Ich der Psychoanalyse (Freud 1911, S. 235, 237, – in späteren Veröffentlichungen hat der Begriff Lust-Ich eine andere Färbung). Dieses strebe aus sich heraus nach Lust und nach Vermeidung von Unlust. Und wie Freud andeutet, daß das später entwickelte Real-Ich eigentlich nicht im Gegensatz zum Lust-Ich stehe, sondern vielmehr dessen Bestrebungen mit der Realität in Einklang zu bringen habe, so betrachten auch manche Transaktionsanalytiker die «Erwachsenenperson» gleichsam als «im Dienste» des «Kindes» stehend, indem sie dessen Bedürfnisse an die materielle und soziale Realität anpassen.

Ich habe vorstehend das «Kind» nur als «Träger» von Bedürfnissen und Emotionen berücksichtigt und nicht als intrapersonale, der «Elternperson» und «Erwachsenenperson» gegenüberstehende «Figur», sonst hätte ich bei einem Vergleich das Ich der Psychoanalyse einer theoretischen Analyse unterziehen müssen, da es nämlich den «Menschen als Kind» mitenthält. Es hätte dies zu weit geführt!

Auch wenn die drei Ich-Zustände zum impliziten Menschenbild von Berne gerechnet werden, steht ihr das Strukturmodell der Psychoanalyse nahe, nur müßte dann der Begriff Über-Ich Werte im allgemeinen Sinn verkörpern, die nur unter besonderen, vielleicht allerdings auch allgemein verbreiteten Umständen, an die Eltern gebunden wären (s. S. 15).

3.2 Die verhaltensbezogene und die erlebnisgeschichtliche Auffassung von den Ich-Zuständen

Verschiedene Transaktionsanalytiker haben mit Recht festgestellt, daß Berne und seine Schüler die Ich-Zustände inhaltlich nicht immer gleich auffassen. Trautmann u. Erskine (1981) sowie Hohmut u. Gormly (1982) sind den verschiedenen Betrachtungsweisen nachgegangen, die auch in meinen nachfolgenden Erörterungen berücksichtigt werden. Vorerst hebe ich zwei grundsätzlich verschiedene Auffassungen hervor. Ich beginne dabei aus didaktischen Gründen mit der *verhaltensbezogenen Auffassung*, obgleich konzeptionelle Gründe bestehen, zuerst von der *erlebnisgeschichtlichen Betrachtungsweise* zu schreiben.

3.2.1 Die verhaltensbezogene oder beschreibende Auffassung von den Ich-Zuständen («Funktionsmodell»)

Wenn Berne kindliche, elternhafte und erwachsene Ich-Zustände voneinander unterscheidet, stellt sich natürlich die Frage, was er unter «kindlich», unter «elternhaft» und unter «erwachsen» versteht. Seine Antwort darauf: Wer wissen wolle, wie sich das «Kind» auch im Erwachsenen zeige, solle wirkliche Kinder an der Brust, im Kinderzimmer, im Schulzimmer, auf dem Spielplatz beobachten (1961, pp. 61, 65). Wer sich theoretisch damit befassen wolle, solle zu den Schriften von Piaget greifen (1961, p. 61). Elternhaftigkeit ergebe sich aus der Beobachtung von Menschen, die als tatsächliche Eltern handelten (1961, p. 65) oder sich an einem Eltern-Lehrer-Treffen unterhielten (1961, p. 61). Was unter Erwachsenen zu verstehen sei, ergebe sich aus der Beobachtung überlegt und verantwortungsbewußt handelnder Bürger (1961, p. 65) oder beruflich diskutierender Wissenschaftler (1961, p. 61).

Die Frage ist nun, wie auf einen bestimmten Ich-Zustand (Gestimmtheit, Haltung, Verfassung, Einstellung) aus Beobachtungen geschlossen werden kann. Einige Transaktionsanalytiker fassen das Ergebnis sehr kurz zusammen: *Emotionen* entsprächen einer kindlichen Haltung bzw. zeugten von einer Aktivität des «Kindes»; *Werturteile* gingen aus einer elternhaften Haltung hervor bzw. bezeugten die Aktivität der «Elternperson»; *(problemlösende) *Überlegungen* wiesen auf eine erwachsene Haltung bzw. würden einer Aktivität der «Erwachsenenperson» entsprechen. Harris (1967) sowie Babcock u. Keepers (1976) stellen diese reduzierte Fassung der Ich-Zustände ganz in den Vordergrund. Auch James u. Jongeward (1971) neigen dazu. J. Schiff (1978, p. 5) beschreibt die Ich-Zustände offensichtlich ebenfalls aus dieser Sicht, wenn sie von den drei verschiedenen Arten schreibt, an eine Erfahrung heranzugehen, nämlich fühlend, wertend oder überlegend [thinking]. Freed (1976, p. 4) schreibt von fühlend, anleitend [guiding], überlegend [thinking]. Durch diese verkürzte Darstellung wird doch jeweils wenigstens *ein* typisches Kennzeichen jedes Ich-Zustandes hervorgehoben. Dabei nehme ich aber nach Berne an, daß in *jedem* Ich-Zustand gefühlt, gewertet und überlegt wird: *Die kindliche Haltung könnte als von Emotionen und dadurch auch Bedürfnissen beherrscht betrachtet werden.* Emotional bedingt wären auch die Wertmaßstäbe und die Überlegungen oder das, was bei einem Kleinkind solchen entspricht. *Die elternhafte Haltung würde von Normen und Regeln beherrscht*, denen auch die in dieser Haltung geäußerten Gefühle und vollzogenen Überlegungen entsprechen würden. *Die erwachsene Haltung schließlich würde von realistischer Sachlichkeit dominiert* und desgleichen auch die nach Berne in ihr vertretenen Werte und Gefühle.

Weitere Einzelheiten und auch Ergänzungen siehe Kapitel 3.3 u. 3.4!

3.2.2 Die erlebnisgeschichtliche oder auf die Herkunft bezogene Auffassung von den Ich-Zuständen («Ursprungsmodell»)

Immer wenn Berne die Ich-Zustände rein theoretisch definiert oder ableitet, faßt er «Kind» und «Elternperson» erlebnisgeschichtlich auf:

Der *kindliche Ich-Zustand* ist dann eine Wiederholung der eigenen Kindheit, also ein «regressiver Ich-Zustand» (Berne 1961, p. 3). Wer einen solchen Ich-Zustand einnimmt, ist *das Kind, das er einmal war*, allerdings kaum älter als sechs oder sieben Jahre.

Ein *elternhafter Ich-Zustand* entspricht aus erlebnisgeschichtlicher Sicht ebenfalls einer Wiederholung, nämlich von «Gefühlen, Einstellungen, Verhalten und Reaktionen» (1966b, p. 220), die der Betreffende, ebenfalls in seiner Kindheit, *bei seinen Eltern erlebt oder erschlossen hat.*

Wenn ich also zu jemandem sage: «Jetzt spricht das ‹Kind› aus dir!», dann ist bei dieser Auffassung soviel gemeint wie: «Jetzt bist du wieder das Kind, das du einmal warst!» und wenn ich sage: «Jetzt spricht deine ‹Elternperson› aus dir!», dann meine ich: «Jetzt verhältst du dich so, wie du das als Kind bei deinen Eltern gesehen hast!» (frei nach Berne 1946b, p. 24/S. 26).

Erleben und Verhalten wie das Kind, das jemand einmal war:

Der Griff nach der Zigarette, wenn ein Problem auftaucht, das sofort gelöst werden muß oder eine Situation sonst erfordert, daß der Betreffende sich auf sich selbst zurückziehend besinnt, wird als eine Ableitung vom Daumenlutschen verstanden, zu dem der Betreffende auch noch als Zehnjähriger in entsprechenden Situationen zurückkehrte, nachdem er sich das gewohnheitsmäßige Daumenlutschen bereits abgewöhnt hatte. – Es ist mir als Vater geschehen, daß ich meine Tochter zurechtwies und sie dabei mit dem Namen meiner jüngeren Schwester ansprach, über die ich mich als Junge jeweils geärgert hatte, wenn sie nicht auf ein Spiel einging, das ich vorgeschlagen hatte.

Berne berichtet von einem 24jährigen Biologen, der im Laufe jeder Gruppensitzung drei- oder viermal mit seiner Faust heftig auf seinen Schenkel schlug. Es geschah dies jeweils, wenn er nach seinen Gefühlen gefragt worden war. Einmal antwortete er auf eine solche Frage: «Ich weiß nun einfach einmal nicht, warum ich das gemacht habe!». Es stellte sich heraus, daß er dieser Antwort in der Kleinkindheit seinen Eltern zu geben pflegte, wenn er sein Bett beschmutzt hatte und sie ihn fragten, warum er das getan habe (1961, pp. 53–53, 57–58). Auf gewisse Fragen der anderen Gruppenteilnehmer hin, wurde also eine Situation aus seiner Kindheit wieder erweckt – übrigens ohne daß er sich dessen bewußt zu werden pflegte – und er reagiert als Kind oder mit anderen Worten: Es war sein «Kind», das reagierte.

Wir könnten bei diesem Beispiel die stereotype und auffallende Gebärde und die begleitenden Worte als neurotisches Symptom auffassen. Freud (1910b, S. 11f): «Unsere Kranken leiden an Reminiszenzen. Ihre Symptome sind Reste und Erinnerungssymbole für gewisse (traumatische) Erlebnisse ... Auch die Denkmäler und Monumente, mit denen wir unsere großen Städte zieren, sind solche Erinnerungssymbole»

Erleben und Verhalten wie bei den Eltern erlebt:

Ich entsinne mich eines Jungen, der sich immer mit Jähzorn durchzusetzen versuchte, wie er es von seinem Vater gelernt (angeblich «geerbt») hatte. Ich habe eine Bekannte, die immer die Bleistiftspitze mit der Zunge benetzt, bevor sie zu schreiben oder zu zeichnen beginnt, obgleich dies bei den Bleistiften, die sie seit Jungend benutzt, ganz überflüssig ist. Sie hatte es ihrer Mutter abgesehen.

Berne berichtet von einem Patienten, der, wenn er von seiner Frau sprach, sich in seinem Stuhl zurücklehnte und mit lauter, tiefer und rechthaberisch-lehrhafter Stimme sprach und mit den Fingern seiner emporgehaltenen Hand abzählte, was er ihr alles vorzuwerfen hatte. Wenn ihn jetzt eines der Gruppenmitglieder eine Frage stellte, so antwortete er wie ein arroganter Erwachsener zu einem zurückgebliebenen Kind, also elternhaft. Bei anderen Gelegenheiten konnte er in einem unauffälligen, interessierten Ton mit anderen Teilnehmern über seinen Beruf als Zimmermann diskutieren. Einmal hatte der Leiter die Gelegenheit, den Vater von Matthew kennenzulernen. Dieser, am Rande einer paranoiden Geisteskrankheit befindlich, sprach mit dem Therapeuten im Stuhl zurückgelehnt mit lauter und tiefer Stimmen und zählte mit strengem Blick an seinen Fingern ab, was er alles den Leuten in seiner Umgebung vorzuwerfen hatte. Daraus war zu schließen, daß sein Sohn in gewissen Situationen sich genau wie sein Vater verhielt und wohl auch entsprechend fühlte, kurz als Elternperson funktionierte oder mit anderen Worten: mit seiner «Elternperson», nämlich seinem verinnerlichten Vater, reagierte (1958).

Es stellt sich die Frage, was es unter dieser Auffassung heißt, wenn jemand als *Erwachsenenperson* erlebt und sich verhält, oder wenn seine «Erwachsenenperson» aus ihm spricht. Wie Berne an einer Stelle seines ersten Buches, das sich am eingehendsten mit den Ich-Zuständen befaßt, schreibt, sei der erwachsene Ich-Zustand am besten gekennzeichnet, wenn ein Erleben und Verhalten weder dem eines «Kindes», noch dem einer «Elternperson» entspreche (1961, p. 68). Im erwachsenen Zustand wäre demnach jemand, der seine Gefühle, seine Einstellung und seine Verhaltensweisen, nicht aus der Vergangenheit herleitet und von niemand anderem übernommen hat, sondern «autonom» aus der Gegenwart entwickelt, indem er objektiv Informationen sammelt und zusammen mit früheren Erfahrungen rational verarbeitet und entsprechend entscheidet und handelt.

Die erlebnisgeschichtliche Auffassung der Ich-Zustände entspricht der Aussage von Berne, jeder sei eine wirkliche Person, wie eine solche früher existiert habe oder jetzt existiere, mit einem «behördlich registrierten Namen und zivilrechtlicher Identität», mit Adresse und Telefonnummer, nämlich entsprechend ihm selbst als Kind («Kind»), entsprechend seinem Vater oder seiner Mutter («Elternperson»), oder entsprechend ihm selbst in der Gegenwart («Erwachsenenperson») (Berne 1961, p. 13; 1966b, p. 216, 298).

Selbständig aktivierbare kindliche, elterliche und erwachsene Anteile sowohl im «Kind» wie in der «Elternperson» (allgemeiner und ausführlicher auf S. 29ff, 41f):

Berne unterscheidet bereits bei einem Kleinkind einen elterlichen, erwachsenen und kindlichen Anteil, sozusagen *Ich-Zustände zweiter Ordnung*: Der siebenjährige Aaron konnte, wenn er schmollte, wie ein kleines Kind wieder am Daumen lutschen: «Kind» im Kind; er konnte aber auch klug und realitätsgerecht mit Leuten und Dingen umgehen: «Erwachsenenperson» im Kind; er konnte aber auch seine kleine Schwester zurechtweisen, wenn sie ihre Spielsachen nicht wieder aufräumte, so wie er es von seinen Eltern gelernt hatte: «Elternperson» im Kind (Berne 1961, p. 208). Berne schreibt entsprechend von einer kleinkindlichen [archaic] «Elternperson», einer kleinkindlichen «Erwachsenenperson» und einem noch kleinkindlicheren [more archaic] «Kind».

Der Begriff «archaic» wäre, wie Berne ihn gebraucht, korrekt mit «infantil» zu übersetzen (keinesfalls mit «archaisch» = urzeitlich!), da aber dieses Wort im allgemeinen Sprachgebrauch abschätzig gemeint ist, verzichte ich auf diese Übersetzung.

Es kann also jemand, der unter *erlebnisgeschichtlicher* Betrachtung sein «Kind» aktiviert, *verhaltensbezogen* sich wie ein ganz kleines Kind verhalten, wie ein auf seine Art erwachsenes Kleinkind oder wie ein auf seine Art elternhaftes Kleinkind.

Nun hat aber der Betreffende auch seine Eltern verschieden erlebt (Berne 1961, p. 287). Manchmal verhielten sie sich als Kind, z.B. wenn sie schmollten, weinten oder ihr Kind jähzornig prügelten (vielleicht fügsam gegenüber ihrer eigenen «Elternperson»: «Wenn ein Kind nicht artig ist, prügelt *man* es!»). Manchmal waren die Eltern in einer elternhaften Haltung, z.B. wenn sie ihr Kind bei einer Krankheit pflegten. Manchmal waren die Eltern aber auch in einer erwachsenen Haltung, der Vater vielleicht in der Werkstatt, wenn er besonnen und berechnend an Maschinen hantierte, die Mutter, wenn sie ihren Einkaufszettel zusammenstellte.

Es lassen sich also bei der «Elternperson», sowohl bei derjenigen von Mutters wie von Vaters Seite auch wieder drei Anteile oder *Ich-Zustände zweiter Ordnung* unterscheiden: ein kindlicher, ein elterlicher und ein erwachsener Anteil oder, anders ausgedrückt: ein «Kind» in der «Elternperson», eine «Elternperson» in der «Elternperson», eine «Erwachsenenperson» in der «Elternperson». *Erlebnisgeschichtlich* kann also ein Verhalten auch dann elternhaft oder elterlich, d.h. von den Eltern übernommen sein, wenn es *verhaltensbezogen* kindlich oder erwachsen ist.

Diejenigen Transaktionsanalytiker, die nur die erlebnisgeschichtliche Auffassung der drei Ich-Zustände gelten lassen, beziehen ein elternhaftes Verhalten, das von demjenigen der eigenen Eltern abweicht, anscheinend auf die «Erwachsenenperson» oder auf das «Kind» zurück (D.u.J.Kaufmann 1972; M.James 1974).

Das traumatisch fixierte «Kind» innerhalb der erlebnisgeschichtlichen Auffassung: Nach verschiedenen Angaben von Berne läßt sich oft auf den Tag genau angeben, welchem Alter das innere Kind entspricht, der sich nach außen in einer kindlichen Haltung zeigt. Es kann zwei Jahre und sechs Monate oder vier Jahre und drei Monate alt sein (1966b, p. 264; 1970, p. 83/S. 71). Seines Erachtens entspricht das «Kind» einem traumatisch fixierten Zustand der frühen Kindheit.

Ein dreijähriger Junge wurde z.B. fortgesetzt von seiner Großmutter zu sexuellen Handlungen mißbraucht. Wie er sich, durch seine Erfahrungen ermuntert, seiner Mutter, die sich nach dem Bad abtrocknet, sexuell nähert, ist sie so entsetzt, daß er vor Schreck erstarrt. «Sein aktueller Ich-Zustand wurde fixiert und spaltete sich vom Rest der Persönlichkeit ab. *Es bedeutet dies die Geburt seines «Kindes»* (1961, p. 40).

Die Auffassung vom «Kind» als einer traumatischen Fixation wird von den Schülern von Berne nicht aufrecht erhalten, und auch er selbst kommt in seinem Werk nicht oft darauf zu sprechen. Immerhin vertritt er sie nicht nur ausführlich im ersten seiner Bücher über Transaktionale Analyse (1961), sondern verweist auch noch in demjenigen Buch, das im selben Jahr, in dem er starb, erschienen ist, ausdrücklich darauf hin (1970). Zwei Jahre zuvor hatte er allerdings in einem Vortrag gesagt, eine kindliche Haltung könne einem bestimmten Entwicklungszustand der Kindheit entsprechen, der durch ganz verschiedene Anlässe fixiert worden sei, «vielleicht durch ein Trauma, *aber dies nicht notwendigerweise*» (1968a – Auszeichnung von mir).

*Das traumatisch fixierte und in der Folge im allgemeinen abgewehrte und damit «ausgeschlossene» «Kind» (s. S. 60f), ist wohl das Zeichen einer traumatischen Neurose und dürfte sich nur auf gewisse Aspekte des «Kindes» beziehen. Es wäre unsinnig zu sagen, jede kindliche Erlebens- und Verhaltensweise oder jeder Ausdruck eines inneren Kindes sei traumatisch fixiert.

3.2.3 Das Verhältnis der verhaltensbezogenen Auffassung und der erlebnisgeschichtlichen Auffassung zueinander in der Praxis

Die verhaltensbezogene Auffassung der Ich-Zustände steht *in der Praxis* der Transaktionalen Analyse ganz allgemein im Vordergrund, wie Berne selbst betont, ohne zu realisieren, daß er damit seiner formalen Definition der Ich-Zuständen widerspricht (Berne 1963, p. 182/S. 198f). Wenn geschildert wird, wie sich ein leiblich Erwachsener kindlich verhält, so wird allgemein angenommen, daß sein «Kind» zum Ausdruck kommt und es wird nicht untersucht, ob es sich nicht vielleicht um die Übernahme einer Haltung handelt, die er als Kind bei seinen Eltern erlebt hat; verhält er sich erwachsen, pflegt in der Praxis nicht untersucht zu werden, ob er dabei nicht vielleicht seinen Vater oder seine Mutter nachahmt; in beiden Fällen: ob «eigentlich», erlebnisgeschichtlich gesehen, seine «Elternperson» in Erscheinung trete.

Bei Berne treten die beiden Auffassungen deshalb nicht in Konflikt, weil er auch unter formal erlebnisgeschichtlicher Auffassung im allgemeinen nur dann vom «Kind» spricht, wenn jemand sich kindlich verhält und nur dann von der «Elternperson», wenn jemand sich elternhaft verhält. Dabei können die verhaltensbezogene Auffassung und die erlebnisgeschichtliche gar nicht auseinanderfallen (1963, p. 177/S. 193).

Der Ausschluß von Mißverständnissen ist meines Erachtens am ehesten gewährleistet, wenn unter kindlicher Haltung (Kind-Ich-Zustand), elternhafter Haltung (Eltern-Ich-Zustand), oder erwachsener Haltung (Erwachsenen-Ich-Zustand) allemal *das beobachtbare Verhalten*, genauer: *die hinter dem beobachtbaren Verhalten vermutete Gestimmtheit, Haltung, Verfassung, Einstellung verstanden wird*, auch wenn eine nähere Analyse unter erlebnisgeschichtlichen Gesichspunkten ergeben sollte, daß ein kindliches oder erwachsenes Verhalten vom Vater oder von der Mutter «übernommen» wurde, wie sie vom Kleinkind seinerzeit erlebt wurden. Es kann je nach dem Zusammenhang die Ergänzung angebracht und wichtig sein: «in Nachahmung von seinen Eltern» oder «in Wiederbelebung seiner eigenen Kindheit». Dasselbe würde ich für «Kind» oder «Elternperson» vorschlagen, obgleich bei diesen Ausdrücken rein theoretisch die erlebnisgeschichtliche Ableitung vielleicht näher liegen würde.

Es wäre sprachlich raffiniert, die Ausdrücke *kindheitlich* und *elternbezogen* für die erlebnisgeschichtliche Auffassung zu gebrauchen, die Ausdrücke *kindlich* und *elternhaft* für die verhaltensbezogene Auffassung der Ich-Zustände. Diese differenzierte Terminologie wäre aber für Leser und Hörer, die keine geschulten Transaktionsanalytiker sind, eine Überforderung.

Hinsichtlich der «Erwachsenenperson» bestehen diese Probleme nicht. Die Begriffe «erwachsene Haltung» (Erwachsenen-Ich-Zustand) und «Erwachsenenperson» haben bei Berne immer eine verhaltensbezogene Bedeutung. Vielleicht könnte gesagt werden, sie seien weder aus der eigenen Kindheit noch von den Eltern kritiklos und unbedacht übernommen, sondern durch Erfahrung *erlernt.*

3.3 Die «Diagnostik» der Ich-Zustände

Nach Berne kann durch eine genaue Beobachtung und Intuition festgestellt werden, in welchem Ich-Zustand sich jemand befindet. Beobachtung könne bewußt erlernt werden; Intuition könne nur geübt [cultivated] werden. Die Fähigkeit, intuitive Urteile zu fällen, sei keine Frage der Intelligenz und der intellektuellen Fertigkeit, sondern hänge davon ab, daß jemand nicht nur seinem Intellekt traue, sondern auch wage, Einfälle zu berücksichtigen, von denen er nicht wisse, auf was sie genau beruhten (1961, p. 58).

3.3.1 «Diagnose» nach dem Verhalten («Verhaltensdiagnose»)

Wichtig, ja in praktischer Hinsicht maßgebend ist einmal *das beobachtbare Verhalten* desjenigen, der beurteilt werden soll. Dazu gehören seine Körperhaltung, seine Mimik, seine Gebärden, die Art, wie er spricht, einschließlich Wortwahl und Grammatik. Alle Äußerungen, die uns über seinen Gemütszustand orientieren, gehören dazu. Eine strenge aufrechte Haltung, vielleicht begleitet von einem ermahnend hochgehobenen Zeigefinger, läßt eine normative elternhafte Haltung vermuten, eine entgegenkommende «mütterliche» Neigung des Kopfes sympathische Zuneigung. Der mimische Ausdruck von jemandem, der konzentriert überlegt, dabei die Lippen nachdenklich etwas geschürzt hat und die Nasenlöcher etwas erweitert, dürfte sich in einer erwachsenen Haltung befinden. Wer den Kopf entweder scheu oder schelmich-schlau zur Seite neigt – *der Blick dürfte für die Unterscheidung der Gemütsverfassung maßgebend sein – läßt an eine kindliche Haltung denken, ebenso wenn jemand in Tränen ausbricht, schmollend-verdrießlich in die Welt sieht oder offensichtlich Spaß hat (Berne 1963, p. 182/ S. 199). Mir fällt immer wieder auf, wieviel die Sitzhaltung aussagt. Jemand «lümmelt» sich im Stuhl oder sitzt mit Vorliebe halb an die Wand angelehnt am Boden: vermutlich kindliche Befindlichkeit, vielleicht rebellisch; jemand sitzt aufrecht, gelockert, aufmerksam, den offenen Blick fest auf sein Gegenüber gerichtet: vermutlich erwachsene Befindlichkeit; jemand sitzt starr aufrecht, mit hochgezogenen Brauen oder längs gerunzelter Stirn und stechendem Blick: vermutlich elternhafte Haltung. Zudem erfahre ich immer wieder an mir und anderen, daß eine bewußt eingenommene Sitzhaltung eine Einladung an sich selber sein kann, diese oder jene seelische Haltung einzunehmen (s. S. 54).

Auf diesem Gebiet hat man sich vor Vereinfachungen zu hüten. Mit einem hinweisenden Zeigefinger kann ich jemanden aus einer erwachsenen Haltung auffordern, einmal genau zu beobachten, was dort drüben geschieht oder zu sehen ist. Ein emporgestreckter Zeigefinger kann eine Mahnung aus einer elternhaften Haltung heraus unterstreichen. Eine bekannte kindliche Gebärde ist der Zeigefinger, der auf jemanden hinweist: «Der ist es gewesen!» (frei nach Berne 1963, p. 183/S. 199f).

Nach Berne sind bei einem Patienten meistens innerhalb einer Viertelstunde mindestens zwei verschiedene Stimmen zu hören, eine kindliche und eine elternhafte oder eine erwachsene. Manchmal allerdings kann eine dieser Stimmen längere Zeit unterdrückt bleiben. So kann ein Gruppenteilnehmer über längere Zeit sich den anderen rein stimmlich als «armes Hascherl» präsentieren, bis vielleicht nach Monaten aus der Stimme ersichtlich wird, daß er auch elternhaft entrüstet sein kann. Oder jemand äußert sich über längere Zeit mit der Stimme eines klugen und umsichtigen Handwerkers, bis er plötzlich einmal verrät, daß auch ein ängstliches Kind «in» ihm steckt. Natürlich werden solche stimmlichen Eingenheiten begleitet von der entsprechenden Körperhaltung und entsprechenden Gebärden. Aber ein Stimmwechsel kann das vorerst auffälligste Zeichen dafür sein, daß die Haltung gewechselt hat (Berne 1963, p. 183/S. 200). *Sie läßt sich oft weniger willentlich beherrschen, als vielleicht Körperhaltung und Gebärden.

Es gibt ein knappes «gut», wie es eine Elternperson aussprechen kann, wenn sie mit demjenigen, dem sie sich damit zuwendet, zufrieden ist. Es kann dasselbe Wort auch erwachsenenhaft ausgesprochen werden, sichtlich objektiv und realistisch, *z.B. wenn die reparierte Maschine endlich wieder einwandfrei funktioniert. Ein Kind vor einem Tortenstück kann begeistert «guuut!» ausrufen! (Beispiel nach Berne).

Der häufige Gebrauch von Superlativen und Kraftwörtern («Die Wucht!», «Das ist ja wahnsinnig!», «Mir stinkt's!») läßt eine kindliche Haltung vermuten. Moralisierende Ausdrücke («unartig», «geschmacklos», «lächerlich») oder der häufige Gebrauch von «sollte», «nie» und «immer» spricht für eine elternhafte Haltung. Wörter wie «angemessen», «wünschbar», «So ist es!» lassen auf eine erwachsene Haltung schließen (Berne 1963, pp. 183–184/S. 200f)

Auch aus dem *rationalen Inhalt dessen, was jemand sagt*, kann auf eine bestimmte Haltung geschlossen werden. *Ich rechne diesen Umstand zum Verhalten. Berne stellt sich vor, daß zwei Leute damit beschäftigt sind, zusammen ein Boot zu bauen. Einer sagt ganz ruhig und sachlich zum anderen: «Reich mir den Hammer!» Der Angesprochene mag ihm den Hammer reichen und dazu sagen: «Aber paß auf, daß du dir nicht auf die Finger schlägst!» Er ist in diesem Fall in einer elternhaften Haltung. Oder aber er antwortet: «Wieso soll ich hier immer wieder alles machen?», woraus nach Berne geschlossen werden kann, daß er sich wahrscheinlich in diesem Augenblick in einer kindlichen Haltung befindet. Fragt er: «Welchen Hammer? Den Schlosserhammer oder den Planierhammer?», so läß dies auf eine erwachsene Haltung schließen (frei nach Berne 1963, p. 181/S. 198).

Im Grunde genommen können Haltung, Gebärden, Stimmlage, Wortwahl nur künstlich voneinander getrennt werden, um den Ich-Zustand aus dem Verhalten zu bestimmen. Meines Erachtens muß aber immer auch in Betracht gezogen werden, daß mehrere Ich-Zustände gleichzeitig zum Ausdruck kommen können oder sogar immer zum Ausdruck kommen, wobei allerdings oft der eine im Vordergrund steht. Meines Erachtens sind im allgemeinen für einen genauen und geübten Beobachter alle drei Ich-Zustände «herauszuhören».

3.3.2 «Diagnose» aus der Reaktion des Kommunikationspartners («Operationale Diagnose» oder «Soziale Diagnose»)

Der Beobachter kann auch die emotionale Reaktion des verbal oder averbal Angesprochenen (gegebenenfalls ist er es selbst) auf eine Anrede in Betracht ziehen. Der Angesprochene kann ausgesprochen elternhaft (kritisch oder wohlwollend – auf jeden Fall aus einer Haltung der Überlegenheit heraus) reagieren. Dann wurde er vermutlich aus einer kindlichen Haltung heraus angesprochen. Reagiert jemand, der angesprochen wird, aber wie ein ängstliches Kind sichtlich mit Minderwertigkeitsgefühlen oder rebellisch wie ein Pubertierender gegenüber einer Autorität, so läßt sich annehmen, daß derjenige, der sich an ihn gewandt hat, sich dabei in einer (autoritären) elternhaften Haltung befunden hat. Wer aus einer erwachsenen Haltung angesprochen wird, reagiert nach Berne im allgemeinen auch aus einer erwachsenen Haltung (1961, p. 67; 1963, p. 181/S. 197f).

*Es gilt dies nur, wenn der Angesprochene nicht gewohnheitsmäßig immer schon in einer dieser Haltungen befangen war (Befangenheit in einem Ich-Zustand s. S. 59f).

Die «soziale Diagnose» beruht auf der Annahme, daß allgemein, was «Elternperson» und «Kind» anbetrifft, die Neigung bestehe, jeweils komplementär zu reagieren. Es kann aber jemand unter Umständen auch gleichgestimmt reagieren. Kommt jemand als «Elternperson» auf mich zu, so kann dies einer Einladung gleichkommen, ebenfalls eine elternhafte Haltung einzunehmen, z.B. über andere Leute moralisierend zu klatschen. Wenn jemand als «Kind» auf mich zukommt, kann dies eine Einladung bedeuten, auch als «Kind» zu reagieren, also z.B. mich ebenfalls in eine gefühlsselige Stimmung zu versetzen. Maßgebend ist nach meiner Erfahrung der Appellcharakter einer verbalen oder averbalen Anrede.

3.3.3 «Diagnose» nach der Erinnerung («Historische Diagnose»)

Von einer solchen Diagnose wird von Berne gesprochen, wenn der Betreffende sich erinnert, daß er entweder selbst als Kind eine solche Haltung eingenommen hat, wie er sie soeben zeigte, oder daß sein Vater oder seine Mutter oder ein anderer Erwachsener mit Elternfunktion in seiner Kindheit eine solche Haltung eingenommen hat. In diesem Fall kann der Betreffende feststellen, welche der beiden Elternpersonen in diesem Fall das Vorbild war (1961, pp. 67, 69; 1963, pp. 181–182/S. 198).

Ich habe auch erlebt, daß ein anderer Anwesender, der die Eltern des Betreffenden kannte oder gekannt hatte, ihn darauf aufmerksam machen konnte, daß er soeben wie sein Vater oder seine Mutter reagiert habe.

3.3.4 «Diagnose» nach dem momentanen Wiedererleben einer Situation aus der Kleinkindheit («phänomenologische Diagnose» oder «subjektive Diagnose»

Um eine solche Diagnose handelt es sich, wenn der Betreffende «mit voller Intensität und kaum verblaßt» einen Zustand wiedererlebt, wie er ihn in der eigenen Kindheit als Kind erlebt oder sich von seinen Eltern angeeignet hat. Am eindrücklichsten und dramatischsten ist jeweils nach Berne das Wiedererleben einer traumatischen Kindheitssituation (1961, p. 67, 69). Eine phänomenologische Diagnose kann nur durch den Betreffenden selbst gestellt werden. Er kann in sich hineinhören [look inside himself], um zu erfahren, in welchem Ich-Zustand er sich eben gerade befindet.

Ich entnehme dem Buch der Psychoanalytiker Hoffmann u. Hochapfel den Bericht einer Mutter: «Ihre Kinder hätten im Kinderzimmer getobt, sie hätte sich darüber sehr geärgert, dann sei sie ins Kinderzimmer gestürzt und habe angefangen, die Kinder anzubrüllen. Doch während sie dies tat, sei ihr ganz plötzlich das Bild ihres Vaters aufgestiegen, wie er seinerzeit in ihr Kinderzimmer stürzte und seine Kinder anschrie. Zu ihrem Entsetzen, so berichtet die Patientin weiter, sei ihr schlagartig klar geworden, daß sie die damaligen Beschimpfungen durch den Vater mit den gleichen Worten, dem gleichen Tonfall und der gleichen Gestik gegenüber den eigenen Kindern reproduzierte.» Die Autoren kommentieren: «Diesen Sachverhalt beschreiben wir als Verinnerlichung oder Internalisierung. Das Bild von den anderen, in erster Linie das von den primären Bezugspersonen, Eltern, Geschwistern, wird aufgenommen und intrapsychisch stabil verankert» (Hoffmann u. Hochapfel 1979/[4]1991, S. 23). Der Leser vergleiche damit das Beispiel auf S. 292f!

«Das aktuelle Wiedererleben eines ursprünglichen Kindheitserlebnisses kann im Laufe einer Psychotherapie und unter der Leitung eines qualifizierten Therapeuten auch provoziert werden» (1963, pp. 186–187/S. 204). Es können z.B. Verfahren aus der Gestalttherapie oder aus der Encountertradition behilflich sein, um sich in eine frühere Szene zu versetzen, z.B. die Methode mit Stuhlwechsel (Woollams u. Mitarb. 1974, p. 7/S. 20; Woollams u. Brown 1978, p. 27).

3.3.5 Bewertung der verschiedenen diagnostischen Verfahren

Steiner mahnt, ein Transaktionsanalytiker, der bei einem Patienten vermute, er befinde sich soeben in einem kindlichen Zustand, solle nicht kurzerhand feststellen: «Das ist jetzt Ihr ‹Kind›!», sondern vielmehr: «Sie handeln und es hört sich an, wie wenn jetzt Ihr ‹Kind› aktiv wäre und zudem löst Ihr Verhalten in mir elterliche Gefühle aus. Was meinen Sie zu dieser Vermutung?» (frei nach 1974, p. 34/ S. 42). Die «Diagnose» eines Ich-Zustandes ist nach Berne erst dann wirklich gesichert, wenn sie nach allen vier erwähnten Kriterien geprüft werden konnte. Im Alltag müssten wir uns meistens mit den ersten zwei oder sogar mit dem ersten Kriterium zufriedengeben, in therapeutischen Gruppen mit den ersten drei Kriterien (1963, p. 182/S. 198f).

**Die Verhaltensdiagnose und die soziale Diagnose beziehen sich allein auf die verhaltensbezogene Auffassung der Ich-Zustände und kümmern sich überhaupt nicht um das Herkommen, also die erlebnisgeschichtliche Auffassung! Die historische und die phänomenologische Diagnose aber ergeben sich allein aus der erlebnisgeschichtlichen Auffassung der Ich-Zustände.*

Berne behauptet nun aber, daß eine Verhaltensdiagnose und eine soziale Diagnose nur schlüssig seien, wenn sie durch eine historische oder phänomenologische Diagnosestellung bestätigt würden (1961, p. 67; 1963, p. 182/S. 198). Damit entwertet er die Verhaltensdiagnose und die soziale Diagnose völlig, obgleich er sie in der Praxis offensichtlich an erste Stelle setzt (1961, pp. 62–64; 1963, p. 182–184/S. 198–201). Wenn Berne wirklich nur die erlebnisgeschichtliche Auffassung von Ich-Zuständen nach dem Herkommen gelten lassen möchte, dann würde das Verhalten und würde die Reaktion auf ein Verhalten *gar nichts mehr darüber aussagen, ob es sich bei einem beobachteten Zustand um diesen oder jenen Ich-Zustand handelt.* Die «Verhaltensdiagnose» und die «soziale Diagnose» wären hinsichtlich der Feststellung, in welchem Ich-Zustand sich jemand befinde, belanglos. Berne schreibt nun aber ausdrücklich: «Die Verhaltensdiagnose ist die wichtigste Diagnose für denjenigen, der erfassen will, was in einer Gruppe vor sicht geht ... Beobachtungen des Verhaltens sind ganz besonders wertvoll, um erfaßt zu werden» (1963, p. 182/S. 198f).

Wie bereits erwähnt, hängt diese Ungereimtheit damit zusammen, daß Berne und seine Schüler in der Praxis immer nur elternhaftes Verhalten erlebnisgeschichtlich von den Eltern ableiten und kindliches Verhalten als Wiederholung aus der eigenen Kindheit auffassen.

Im übrigen stelle ich von mir aus fest, daß die Verhaltensdiagnose und die soziale Diagnose dann im Vordergrund stehen, wenn ein Transaktionsanalytiker psychotherapeutisch vorerst oder bei dem betreffenden Patienten grundsätzlich kognitiv vorgeht, die historische und phänomenologische Diagnose aber dann, wenn ein Transaktionsanalytiker tiefenpsychologisch oder analytisch mit dem Patienten arbeitet! Ich glaube, daß dies auch bei Berne zutraf!

3.4 In der Transaktionalen Analyse hervorgehobene Eigenheiten der drei Ich-Zustände

3.4.1 Die kindliche Haltung und das «Kind»

Was Berne über die kindliche Haltung und das «Kind» schreibt ist nicht ganz ohne Widersprüche. Ich versuche, im folgenden seine verschiedenen Konzepte zu ordnen.

3.4.1.1 Kindliche Haltung und «Kind» aus verhaltensbezogenen Sicht

Aus verhaltensbezogener Sicht sprechen in transaktionsanalytischer Auffassung für eine kindliche Haltung sicht- und hörbare Anzeichen einer Gemütsbewegung, somit Tränen, Wutanfälle, herzhaftes Lachen, Entzücken, Schmollen, Nägelkauen, Kichern. Wenn leiblich Erwachsene hingegeben mit Kindern toben und spielen, ist es ihr «Kind», das dabei zum Ausdruck kommt. Eine bekannte Witzblattfigur ist der Vater, der seinem Kind eine Spieleisenbahn zu Weihnachten schenkt und sich dann aber ohne Rücksicht auf den Beschenkten selbst leidenschaftlich in das Spiel mit der Eisenbahn vertieft. Im allgemeinen lassen die gesellschaftlichen Regeln nicht zu, daß ein Erwachsener sich in aller Öffentlichkeit wie ein kleines Kind verhält. Es gibt aber Ausnahmen wie als Zuschauer eines Fußballspieles (s. S. 8). Wenn ein Erwachsener wie ein Kind in der Schule die Hand hebt, wenn er etwas sagen will, ohne daß die Situation dies erfordern würde, ist er in diesem Augenblick in einer kindlichen Haltung. Es trifft dies aber auch für denjenigen zu, der im Kreise Erwachsener immer dann Einwände erhebt, wenn eine Anordnung getroffen werden soll, die ihn an die Schulzeit erinnert («Jetzt ist es am einfachsten wir stellen uns in eine Reihe!»), selbst dann, wenn diese Anordnung durchaus der Situation entsprechen würde. Groß aufgerissene, staunende Augen oder ein offenes, aufmerksames Gesicht, dem aber der unbedenkliche Eifer anzusehen ist, mit dem der Betreffende bereit ist, auf alle Anregungen des andern einzugehen, sind mimischer Ausdruck einer kindlichen Haltung. Wenn zwei Verliebte sich in der Baby-Sprache miteinander unterhalten, sind offensichtlich beide in einer solchen. Wer immer wieder die Wendungen wie «Ich will ...», «ich möchte ... », «Mir ist alles egal» gebraucht, läßt vermuten, daß er in der Kindhaltung ist. Kraftwörter und der häufige Gebrauch von Superlativen spricht für eine aktivierte Kindhaltung (Berne 1961, p. 62, 65; Th. Harris 1967, p. 91/S. 86f; Steiner 1974, p. 35/S. 42f).

Es gibt Situationen, in denen vorzugsweise eine kindliche Haltung oder das «Kind» aktiviert wird, z.B. wenn wir verletzt oder krank sind, müde oder von Sorgen geplagt, aber auch wenn wir plötzlich einen arbeitsfreien Tag geschenkt bekommen oder das große Los gezogen haben. Erleben und Verhalten, das einem Kind entspricht, das jünger als ein Jahr ist, kann bei gesunden Erwachsenen kaum je beobachtet werden, sondern ist im allgemeinen Ausdruck einer seelischen Störung. Immerhin kann, wie Steiner ausführt, auch ein sonst durchaus gesunder Erwachsener dann, wenn er unter abnormem äußeren oder inneren Druck steht, kaum erträgliche körperliche oder seelische Schmerzen erleidet oder auch von einer überwältigenden Freude erfüllt ist, in einen Zustand geraten, der einem sehr jungen Kind entspricht (Steiner 1974, p. 34–35/S. 42ff).

In der Transaktionalen Analyse werden verschiedene Art und Weisen von Kindlichkeit unterschieden. Ausgangspunkt ist die Beobachtung, daß das Kind, wie Berne feststellt, ursprünglich und von Natur aus spontan, furchtlos, neugierig, sinnenfreudig, zutraulich, auf naive Art klug sei. Dasselbe Kind könne aber auch egozentrisch, mürrisch, unverschämt, rücksichtslos, ja sogar grausam sein. Es sei liebevoll und fröhlich, wenn seine Bedürfnisse erfüllt würden, könne aber zornig, trotzig und aggressiv reagieren, wenn seine momentanen Bedürfnisse nicht befriedigt würden. Nach Berne zeichnet sich das innere Kind ursprünglich durch einen Zustand aus, den er «autonom» nennt und der mit Fähigkeit zu sinnlicher Offenheit, Spontaneität im Sinn von Unvoreingenommenheit und Intimität einhergeht (s. S. 109f). Meines Erachtens entspricht Unbefangenheit am ehesten dem, was Berne in diesem Zusammenhang unter «Autonomie» versteht. Das «innere Kind» ist ursprünglich, seinem Wesen nach unbefangen. Berne spricht etwa auch vom Kind, das seinen Gefühlen und Bedürfnisse unmittelbar Ausdruck gibt [expressive Child] oder vom innengeleiteten «Kind» [internally programed Child]. Die gebräuchlichste Bezeichnung für eine solche Haltung oder ein solches Kind oder «Kind» ist «frei» und «natürlich».

Verschiedene Arten von Kindlichkeit

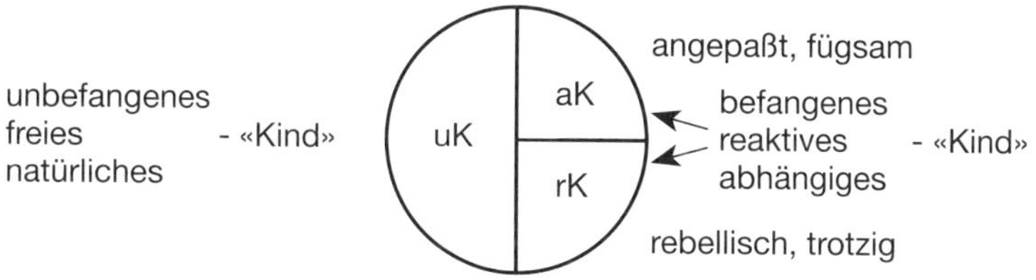

Abb. 3

Die Auseinandersetzung mit der erziehenden Beziehungsperson führe nun aber oft zur Einschränkung, Verdrängung oder Unterdrückung bestimmter Wesenszüge des ursprünglich inneren Kindes. Es komme zu einer kindlichen Haltung, die nicht unbefangen, sondern vorwiegend befangen, abhängig, außengeleitet (Berne: «externally programed», 1961, p. 267), *reaktiv sei. So könne dem *freien, natürlichen, innengeleiteten unbefangenen «Kind»* ein *abhängiges, reaktives, außengeleitetes «Kind»* gegenübergestellt werden, das auch im leiblich Erwachsenen wirkt und dessen Erleben und Verhalten, wenn es angesprochen wird, mitbestimmt. Dieses angepaßte oder reaktive «Kind» kann sich entweder in einem *fügsamen Verhalten* äußern, d.h. den Erwartungen und Wünschen der maßgebenden Beziehungspersonen entgegenkommend, oder aber grundsätzlich diesen entgegengesetzt in einem *rebellischen oder trotzigen Verhalten.*

Was die rebellische Haltung anbetrifft, so rechnet Berne diese in seinen früheren Werken zu den Ausdrucksformen des freien oder natürlichen «Kindes» (1961, p. 69; 1964b, p. 26/S. 29) und stellte sie erst in seinem letzten Werk als eigene Haltung neben die Unbefangenheit («Natürlichkeit») einerseits, Angepaßtheit andererseits (1972, p. 412/S. 465).

Dusay und Holloway unterscheiden in bezug auf die Ich-Zustände eine echte Rebellion, die einer durchaus positiven, gesunden und selbstsicheren Haltung entspreche, von einer Pseudorebellion, die unfruchtbar sei und sich sogar destruktiv auswirken könne, eine Haltung, die dem reaktiven inneren Kind zuzuordnen sei (Dusay 1977b, p. 200; Holloway 1977, p. 187/II, S. 43). Bei den deutschsprachigen Transaktionsanalytikern wird unter «rebellisch» im allgemeinen eine grundsätzliche Haltung verstanden, also was Dusay und Holloway als «pseudorebellisch» bezeichnen würden, von andern als negativ-rebellisch (s.u.). «Trotzig» wäre eindeutiger!

Nach Berne steht das reaktive «Kind» im Gegensatz zum unbefangenen «Kind» unter dem Einfluß der «Elternperson» (1964b, p. 26/S. 29). Kahler aber meint einleuchtend, auch das unbefangene «Kind» stehe unter dem Einfluß einer «Elternperson», aber einer wohlwollend-gewährenden (Kahler 1978, pp. 16–17). Auch Vallejo (1986) zweifelt sehr, ob das unbefangene «Kind», wie es von Berne umschrieben wird, wirklich unter keinem elterlichen Einfluß stehe. Um sich gesund zu entwickeln, müsse ein Kind sich sicher fühlen, was nicht vorstellbar sei, ohne elterlichen Schutz und elterliche Fürsorge, wozu ihm auch Grenzen gesetzt werden müssen. Es handelt sich beim unbefangenen, freien oder natürlichen Kind nicht um ein «wildes Kind», nur schaffen seine Eltern ihm einen Raum, in dem es sich frei entfalten und ausdrücken könne, während das Verhalten des reaktiven «Kindes», – verhalte es sich fügsam, rebellisch oder resigniert (s.u.), – immer sein Verhältnis zur Autorität der «Elternperson» widerspiegle.

Unter Alkoholeinfluß kann nach Berne der Einfluß der «Elternperson» auf das Verhalten verschwinden. Im Jargon der Transaktionsanalytiker wird gesagt, die «Elternperson» sei «alkohollöslich». Das «Kind» kann entsprechend ungehemmter zum Zug kommen, wie Berne schreibt, je nachdem sozial unterhaltsam oder sozial störend. Mit noch mehr Alkohol schwindet auch der Einfluß der «Erwachsenenperson» und die Beziehung zur Realität beginnt zu leiden, bis die Alkoholvergiftung so weit fortgeschritten ist, daß das Bewußtsein verloren geht (Berne 1961, pp. 47–48).

Für ein Kind (und damit «Kind»), das, wie auch Berne erwähnt, ausweicht, sich zurückzieht oder wimmert (Berne 1961, p. 69; 1963, p. 187/S. 204; 1964b, p. 26/S. 29), scheinen weder die Eigenschaftswörter «fügsam», «brav», noch «rebellisch», «trotzig» angebracht. Eher würde ich von einem *resignierten Kind* sprechen. Vallejo (1986) spricht im selben Sinn vom *sich zurückziehenden «Kind»*, das er dem fügsamen reaktiven und dem rebellischen reaktiven Kind zur Seite stellt.

Im Grunde genommen gibt es natürlich unendlich viele Varianten von kindlich-reaktivem Erleben und Verhalten. Die grobe Gruppierung in unbefangenes und reaktives Kind oder «Kind», wobei das letztere, auch wieder verhältnismäßig grob, als fügsam, rebellisch oder resigniert bezeichnet wird, hat sich in der Praxis einfach bewährt.

Holloway unterscheidet in Angleich an die manipulativen Rollen von Karpman (s. S. 147ff): (1.) Das hilflose reaktive «Kind», das andere einlade, seine Probleme zu lösen, ohne sich selbst darum zu bemühen, und an die «Opfer-Rolle» erinnert; (2.) das hilfreiche reaktive «Kind», das Lob, Dankbarkeit und Entgegenkommen erwarte und an die «Retter-Rolle» erinnert; (3) das aggressive [hurtfull] reaktive «Kind», das schreie, schlage und stampfe sowie Dinge zerstöre, um seine Umgebung aus der Fassung zu bringen oder zum «Opfer» zu machen und, wie ich von mir aus beifüge, auf diese Art zu erreichen, was es sich wünscht und an die «Verfolger-Rolle» erinnert (Holloway 1977, p. 203–204/II, S. 65f).

Manche Autoren unterscheiden sowohl am unbefangenen wie am fügsamen und am rebellischen «Kind» je eine *positive* und eine *negative* Funktionsform. Ein freies, natürliches, unbefangenes «Kind» könne sich intuitiv, schöpferisch, vergnügt (positiv) oder aber launisch, undiszipliniert, rücksichtslos (negativ) gebärden; ein angepaßtes, reaktives «Kind» könne rücksichtsvoll die Gefühle anderer respektieren und sich vernünftigen sozialen Vorschriften fügen (positiv) oder aber auch sich hilflos an andere klammern oder sich kritiklos unsinnigen gesellschaftlichen Konventionen fügen (negativ); ein rebellisches «Kind» könne anscheinend selbstverständliche Wahrheiten kreativ in Frage stellen (positiv) oder aber grundsätzlich alles, was von abstrakten oder menschlichen Autoritäten angeboten werde, ungeprüft niederreißen (negativ) (Porter 1975; Marsh u. Drennan 1976).

Ich halte es nicht für sinnvoll, jede Anpassung als Ausdruck eines (positiv oder negativ zu bewertenden) fügsamen, jeden Widerstand oder jedes «Nein»-Sagen als Ausdruck eines (positiven oder negativen) rebellischen «Kindes» zu betrachten. Auch die sachlich urteilende «Erwachsenenperson» kann «ja» oder «nein» sagen.

3.4.1.2 *Kindliche (genauer: kindheitliche) Haltung und «Kind» aus erlebnisgeschichtlicher Sicht*

Aus *erlebnisgeschichtlicher Sicht* ist die kindliche (an dieser Stelle nach S. 21 besser: kindheitliche) Haltung eine solche, die dem Wiedererleben der eigenen Kindheit entspricht. Bei einem Menschen, der aus erlebnisgeschichtlicher Sicht eine kindliche Haltung einnimmt, ist so, wie er einmal war. Er ist in einer Gestimmtheit, in der er damals war; er stellt Überlegungen an, die er damals angestellt hat; es gelten für ihn Werte, die damals für ihn gegolten haben. Die kindliche Haltung zeigt sich in den gleichen Lauten oder Worten, den gleichen Gebärden, die der Betreffende als Kind gezeigt hat, und ist begleitet von den gleichen Empfindungen und Gefühle, die er damals damit ausdrückte. Wie bereits auf S. 19f erwähnt, kann es sich um ein Verhalten und eine zugrundegelegte Gestimmtheit handeln, die ihrerseits kindlich, (nach Berne auf kindgemäße Art) elternhaft oder (auf kindgemäße Art) erwachsen ist: Ich-Zustände 2. Ordnung im «Kind». Das «Kind» zweiter Ordnung oder «Kind» im «Kind» hat nach Berne aber auch wieder einen elterlichen, erwachsenen oder kindlichen Anteil: Ich-Zustände 3. Ordnung. Theoretisch könnte auch noch von Ich-Zuständen vierter Ordnung gesprochen werden usw. . Berne weist auf eine im Handel befindliche Backpulverpackung, auf der ein Kind abgebildet ist, das eben diese Packung in den Händen hält, auf der wieder ein Kind abgebildet ist ... usw.:

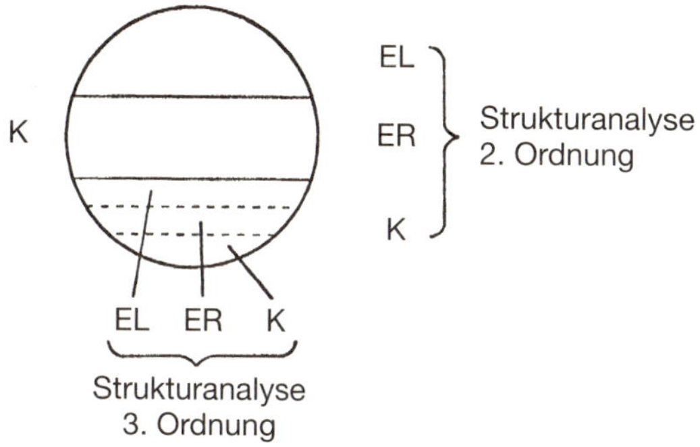

Abb. 4

Neuerdings wird in der Transaktionalen Analyse eine andere Art der Veranschaulichkeit von Ich-Zuständen höherer Ordnung bevorzugt (s. S. 33, 93).

English macht verschiedene Anregungen zum Begriff des «Kindes» (1972; 1976c; 1976i; 1970b; 1977c; 1980b; 1983). Sie macht vor allem mit Recht darauf aufmerksam, daß ein Kind je nach altersmäßiger Entwicklungsstufe verschieden erlebt und sich verhält und auch sozusagen in einer anderen «Welt» lebt: (1.) ein Säugling bis zu 3 Monaten reagiert z.B. besonders stark auf Vibrationen und rhythmische Bewegungen; (2.) ein älterer Säugling bis zu 8 Monaten lernt sich z.B. erstmals von seiner Bezugsperson oder von seinen Bezugspersonen unterscheiden, eine erste Erschütterung des primären Erlebnisses der Symbiose; (3.) ein Kleinkind von 8–14 Monaten lernt z.B. aktiv-kriechend und auch schon etwas gehend seine nächste Umgebung erforschen und entwickelt je nach Erfahrungen Risikofreude und Neugier oder aber Ängstlichkeit; (4.) ein Kind von 14 Monaten bis 2 Jahren versucht verschiedene Arten sozialen Kontaktes und entwickelt je nach Erfahrungen Kontaktfreude und Geselligkeit oder Schüchternheit und Zurückhaltung; (5.) für ein Kind von 2–3 Jahren (Trotzalter!) stehen die Erfahrungen mit Machtkampf und Widerspruch im Vordergrund; (6.) das Kind von 3–4 Jahren bildet nach English seine in der Folge bevorzugte Grundeinstellung aus (s. S. 120ff); (7.) das Kind von 4–7 Jahren bildet sein Skript «endgültig» aus.

«Kind» nach English

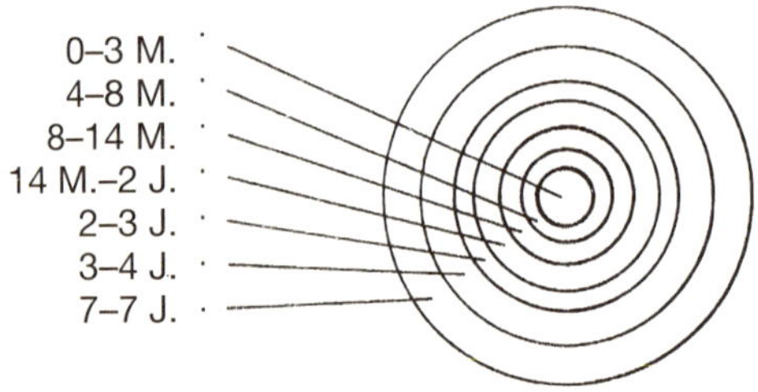

Abb. 5

Wenn also ein Erwachsener sich als Kind verhält, komme es nach English immer darauf an, welche Altersstufe dabei wiederbelebt wird.

3.4.1.3 *Die heute gängige Auffassung von den Ich-Zuständen zweiter Ordnung des «Kindes»*

Bei dieser Auffassung geht es nicht allein um erlebnisgeschichtliche Gesichtspunkte, wie oben im Zusammenhang mit Anteilen höherer Ordnung erwähnt, sondern es werden auch verhaltensbezogene und entwicklungspsychologische Gesichtspunkte einbezogen. Es hat sich eine rein pragmatische Auffassung von Ich-Zuständen zweiter Ordnung beim Kind herausgebildet, die bei den verschiedenen Autoren aber nicht ganz widerspruchsfrei ist. Diese Ich-Zustände werden aus entwicklungsgeschichtlichen Gründen mit dem Suffix 1 bezeichnet (EL_1, ER_1, K_1) und in der Folge die Ich-Zustände des Erwachsenen mit dem Suffix 2 (EL_2, ER_2, K_2) (Berne 1969). Im folgenden gehe ich näher auf die Auffassung verschiedener Autoren ein, die nicht immer logisch ableitbar sind.

Bevor ich darauf eingehe, erwähne ich noch die Ich-Zustände, die nach Berne schon bei der Geburt bestanden haben sollen, bezeichnet mit dem Suffix 0 (EL_0, ER_0, K_0). J. Schiff sieht in K_0 das «biologische Kind». Der Säugling erlebe aber schon kurz nach der Geburt beim Stillakt, wie ihm die Mutter behilflich sei, die Brustwarze zu finden. Das sei bereits eine elterliche Hilfe bei der Lösung eines Problems und damit den Kern einer «Elternperson» (EL_0). Müsse der Säugling selbst mit seinem Mund tastend die Brustwarze finden, betätige es bereits eine primitive «Erwachsenenperson» (ER_0) (J. Schiff, 1978, p. 23). Ich verzichte an dieser Stelle darauf, diese Überlegungen zu diskutieren.

a) Das «Kind» im Kleinkind und im «Kind» des Erwachsenen, «Kind» zweiter Ordnung (K_1)

Das kleinkindliche «Kind» oder «Kind» im Kleinkind wird als Quelle ausgesprochen körperbezogener Bedürfnisse und Gefühle, genauer: Empfindungen, betrachtet, letztlich würde diese durch das ganze Leben die Urmotive für unser Verhalten bilden. In diesem Sinn sprechen Woollams u. Brown vom somatischen «Kind» (1978, p. 9). U.u.H. Hagehülsmann schreiben diesem auch das Erleben elementarer Stimmungen («angeborener Gefühle») zu wie Freude, Angst, Trauer und Zorn (1983).

Von James u. Jongeward und von Steiner wird jedoch das «Kind» im Kleinkind oder «Kind» im «Kind» (K_1) dem freien, natürlichen, unbefangenen «Kind» gleichgesetzt (1971, p. 140–141/S. 158f; Steiner 1974, p. 53/S. 61). Damit bringen diese Autoren Verhaltensbezogenheit mit Erlebnisgeschichtlichkeit zur Deckung, was bei verschiedenen Transaktionsanalytikern als «wissenschaftstheoretische Sünde» gilt. Noch zweifelhafter scheint mit, wenn Berne das «Kind» im Kleinkind kurzerhand dem Dämon gleichsetzt (1972, p. 116/S. 144), oder auch dem kleinen Faschisten (1972, p. 268/S. 314). Vergessen wir aber nicht, daß es hier um praktische oder unpraktische Modelle geht, nicht um Realitäten!

b) Die «Elternperson» im Kleinkind und im «Kind» des Erwachsenen, «Elternperson» zweiter Ordnung (EL_1)

Im elterlichen Anteil im Kleinkind sehen James u. Jongeward «die Erfahrungen und die elterlichen Einflüsse gespeichert, die das «Kind» *[soll wohl heißen: das Kind] beeinflussen», und identifizieren es, begrifflich unbefriedigend, mit dem *reaktiven fügsamen «Kind»* (James u. Jongeward 1971, p. 141/S. 159, ebenso Steiner 1974, pp. 54–55).

Berne und Steiner bezeichnen die «Elternperson» im Kleinkind oder «Kind» auch als *Elektrode* (Berne 1972, pp. 115–117/S. 143–145; Steiner 1974, pp. 54–55/S. 61–63), weil von dort der Einfluß verinnerlichter elterlicher Gebote und Verbote ausgehe, denen der Betreffende ganz automatisch zu entsprechen pflege, wie wenn im Laboratorium eine Elektrode im Gehirn eines Versuchstieres plötzlich unter Strom gesetzt würde und damit ein ganz bestimmtes Verhalten auslöse. Diese Bezeichnung ist deshalb unbefriedigend, weil es völlig verquert ist, wenn ein Gleichnis für die Art einer Reaktion des Kindes auf die Gebote und Verbote einer äußeren oder inneren Elternperson Anlaß gibt für die Bezeichnung eben dieser Elternperson.

Nach Berne lebt das Kind zum Teil noch in einer Märchenwelt und für das ganz junge Kind seien die Eltern so mächtig und mit zauberhaften Fähigkeiten ausgestattet wie Hexen, Riesen und Feen im Märchen (1972, p. 39/S. 57, p. 172/S. 211f). So hätten wir uns denn auch das Erlebnis der Elternperson durch das Kleinkind und nachmalig die «Elternperson» zweiter Ordnung im «Kind» des Erwachsenen vorzustellen, von denen die konstruktiven und destruktiven Grundbotschaften ausgingen (1972, p. 116/S. 144f – s. S. 196–205).

Steiner allerdings sieht in der «Elternperson» des Kleinkindes oder «Kindes» (EL_1) in einseitiger Weise nur eine *böse Hexe*, ein *böses Monster*, eine *Schweine-«Elternperson»*, kurz: was ich als *inneren Saboteur* bezeichne (s. S. 42f), von dem nur schlechte Einflüsse auf das Kind ausgingen.

Steiner widerspricht sich dabei allerdings selbst, denn einige Seiten zuvor schilt klein Mary, wenn sie als «Elternperson» (EL_1) handelt, ihren Bruder aus «oder verhätschelt ihn, wie sie es bei ihrer Mutter beobachtet hat» (1974, p. 51/S. 59). Schließlich aber geht für Steiner von der

«Elternperson» im Kleinkind (EL_1) oder «Elternperson» zweiter Ordnung im «Kind» alles Böse und von der «Elternperson» erster Ordnung (EL_2) alles Gute aus, eine Auffassung, die er allein vertritt:

Sage die kleinkindliche «Elternperson» (EL_1): «Paß auf, Männer sind Schweine!», so die «Elternperson» erster Ordnung (EL_2): «Achte auf dich, schenk deine Liebe nicht einem Mann, der dich nicht respektiert!». Sage die kleinkindliche «Elternperson» (EL_1) «Du bist dumm und blöd!», so die andere «Elternperson» (EL_2): «Hör nicht darauf; Du bist ganz in Ordnung und ich liebe dich!». Nach Steiner kann sich zudem die «Elternperson» erster Ordnung (EL_2) im Laufe der Zeit verändern, indem auch Gebote und Verbote anderer Autoritäten «in sie aufgenommen werden», während die kleinkindliche «Elternperson» (EL_1) endgültig fixiert sei und als destruktiv wirkende Instanz möglichst ausgeschaltet werden müsse (Steiner 1974, pp. 51–58/S. 59–64 – dazu auch S. 42f).

c) Die «Erwachsenenperson» im Kleinkind und im «Kind» des Erwachsenen, «Erwachsenenperson» zweiter Ordnung (ER_1)

Der erwachsene Anteil im Kleinkind, also entwicklungspsychologisch betrachtet die Auseinandersetzung des Kleinkindes mit der Realität im Gegensatz zu derjenigen des Erwachsenen, zeichnet sich nach Berne aus durch eine intuitive Menschenkenntnis (s. «kleiner Professor», S. 34f!), durch «Prälogik», die sich besonders in *Eigenbezüglichkeit* der Schlußfolgerungen zeigt: *Die Mutter mag zwar melden, daß sie Kopfschmerzen hat, aber ihre Verdrießlichkeit wird vom Kind trotzdem auf sein Verhalten oder auf sein Dasein bezogen. Eine weitere Eigenart ist die *Magiegläubigkeit*: Das jüngere Geschwister, von dem das ältere jahrelang gewünscht hat, es möge verschwinden, stirbt an einer Infektionskrankheit, für das ältere Geschwister aber als Folge seiner Todeswünsche. – Eigenbezüglichkeit wie Magiegläubigkeit können zu einer Quelle von Schuldgefühlen werden, «im Unbewußten» die Kinderjahre überdauern und das Erleben und Verhalten auch noch des Erwachsenen beeinflussen.

Steiner erwähnt auch die Fähigkeit von Kindern, sich über Dinge und Sachverhalte zu wundern und Gedanken zu machen, die Erwachsenen bereits selbstverständlich geworden sind, z.B. «Warum gibt es zwei Arten von Menschen?», «Was geschieht mit einem Menschen, der gestorben ist?», «Wo war ich vor meiner Geburt?» usw.

Das Ehepaar Goulding betont, daß die «Erwachsenenperson» des Kleinkindes seinerzeit aufgrund seiner Erfahrungen und Schlußfolgerungen die Grundentscheidung oder Skriptentscheidung gefällt habe, mit der es psychologisch sein Selbst- und Weltbild fixiert hat (s. Skriptentscheidung S. 226ff). Die Neuentscheidungstherapie der beiden Autoren lassen deshalb den Patienten seine kleinkindliche «Erwachsenenperson» wieder beleben, um in der entsprechenden Situation eine korrigierende Neuentscheidung zu fällen (s. S. 347–352).

3.4.1.4 *Die Integration der kleinkindlichen «Struktur» in die erwachsene Persönlichkeit*

Das Kleinkind mit seinen, wie oben geschildert, spezifisch charakterisierten Ich-Zuständen wird später als «Kind» in die «Struktur» auch des Erwachsenen übernommen (s. Abb. 6). Das «Kind» des Erwachsenen soll damit als ganzes dem Kleinkind entsprechen, das er einmal war. Im allgemeinen nehmen manche Autoren, die das «Kind» nicht aus einem Trauma ableiten wie Berne (s. S. 20f), ohne weitere Begründung an, daß das «Kind» im Erwachsenen (K_2) einem ungefähr fünfjährigen Kleinkind (Übersetzt: «Schulbeginn») entspreche (Harris 1967, pp. 47, 52/S. 40, 45; Steiner 1974, pp. 51–52/S. 59f). Die Autoren setzen damit also gewissermaßen einen entwicklungspsychologischen «Sprung» in ungefähr diesem Alter voraus.

Die Integration der kleinkindlichen Ich-Zustände in die Persönlichkeit des Erwachsenen geht mit der Vorstellung einher, daß sie auch in diesem immer noch existieren und jederzeit reaktiviert werden können. Es handelt sich dabei um eine Feststellung, wie sie allgemein anerkannten psychologischen Beobachtungen wie auch dem Ergebnis von hypnotischen Experimenten entspricht. Die Transaktionsanalytiker belegen sie vorzugsweise durch neurophysiologische Experimente von Penfield, Berne zudem durch Beobachtungen seines früheren Lehranalytikers Federn (Berne 1961, S. XVIIff; Th. Harris 1967, pp. 25–33/S. 19–27).

Die kleinkindlichen Ich-Zustände und ihre Integration im «Kind» des Erwachsenen

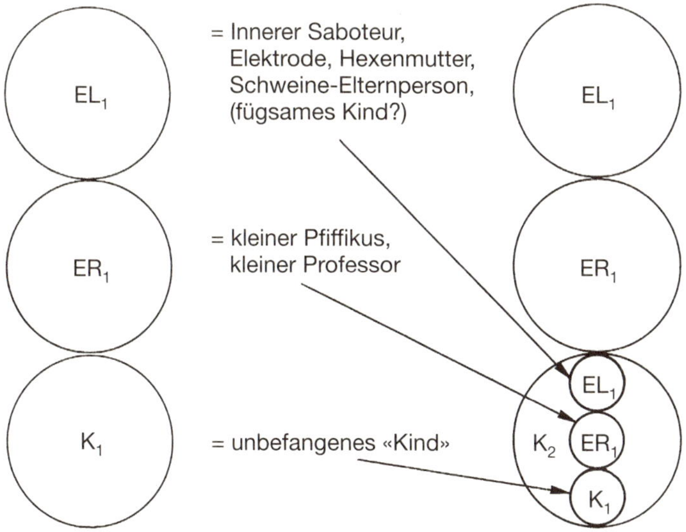

Ich-Zustände des Kleinkindes

Ich-Zustände des Erwachsenen mit in seinen K integrierten Ich-Zuständen aus seiner Kleinkinderzeit

Abb. 6

Berne meint, daß der kleine Professor im Kleinkind mit seiner naiven Schlauheit beim Erwachsenen Anlaß werden könne, daß er den Beruf eines Anwalts ergreife, der mit möglichst vielen Kniffen seinen Klienten hilfreich sein wird, wie seinerzeit das Kleinkind mit naiven Kniffen die Gebote und Verbote der Eltern umgangen habe. Von einer kleinkindlichen Naivität könnte dabei aber zweifellos nicht mehr gesprochen werden; die Naivität würde sich gleichsam zu Raffiniertheit auswachsen. Es ist die Vorstellung möglich und wurde von Transaktionsanalytikern auch schon angedeutet, daß z.B. die kleinkindliche «Erwachsenenperson» (ER_1) als Kern eines sich bis zur «reifen» «Erwachsenenperson» (ER_2) erweiternden und «versachlichenden» Ich-Zustandes, vielleicht durch konzentrische Ringe zu veranschaulichen, entsprechend der Veranschaulichung des «Kindes» nach English (S. 30). Das einfachste wäre wohl, wenn die Modelle der Ich-Zustände in diesem Zusammenhang angeführt werden sollen, zu sagen, daß sich im Fall des «schlauen Anwalts» dessen «Erwachsenenperson» mit dem «kleinen Professor» verbinde.

3.4.1.5 Das «unverdorbene» und das durch die übliche Erziehung «verdorbene» Kind

Berne schreibt, das «Kind» sei in verschiedener Hinsicht der beste Teil der Person. Es sei der enthusiastische, kreative, spontane Teil, der Frauen charmant und Männer geistreich sein lasse *(und wohl auch umgekehrt), der für das Vergnügen verantwortlich sei, das ihre Gegenwart biete (1961, p.29; 1964b, p.27/S.30; 1970, p.94/S.105). Es sei auch derjenige Teil, der Freude an der Natur und den Menschen habe. Unglücklicherweise sei es aber nicht zu umgehen, daß ein Kind auch erzogen, d.h. an die umgebende Umwelt angepaßt werde, schließlich könne nicht zugelassen werden, daß es sein Essen begeistert über den ganzen Boden zerstreue und «kreativ in aller Öffentlichkeit uriniere». Es müsse auch lernen, die Straße nicht spontan zu überqueren, sondern sich zuerst sorgfältig umzuschauen. Dieser Einfluß der Eltern kann so weit gehen, daß die Offenheit, Spontaneität und Zutraulichkeit (Berne: Fähigkeit zu Intimität) verloren gehen, ja es sei dies fast das allgemeine Schicksal (1964b, p.181/S.248; 1970, p.94/S.105).

Die Unterscheidung zwischen dem «Kind» als «unserem besten Teil» und dem durch Erziehung «verdorbenen» angepaßten Kind erinnert an das «wahre Selbst» und das «falsche Selbst» nach Winnicott, die allerdings nicht klar und widerspruchslos definiert sind, aber als praktische Begriffe doch Eingang in die angewandte Psychologie gefunden haben (Khan 1971; Winnicott 1960, pp.182–199) und dem deutschen Leser durch die Veröffentlichung von Alice Miller über *Das Drama des begabten Kindes* nahegebracht worden sind (Miller 1979; Schlegel 1983/84). Es ist dabei nach Winnicott nicht so, daß sich das «wahre Selbst» überhaupt nicht anpaßt, jedoch ohne dabei gleichsam seine Identität zu verraten. Vergleiche dazu meine Bemerkungen zur Beziehung des unbefangenen «Kindes» zur «Elternperson» auf S. 28!

3.4.1.6 Drei besondere Gruppen von Erlebens- und Verhaltensweisen, die nach Berne in der Kindheit wurzeln

a) Der kleine *Pfiffikus (Berne: Professor; James u. Jongeward: kleiner Professor)

Kinder sind nach Berne ausgezeichnete Menschenkenner und zwar nicht aufgrund ausgeklügelter Schlußfolgerungen, sondern aufgrund einer Intuition, die ihnen von der Säuglingszeit her durch eine aufmerksame Beobachtung der Mimik ihrer Betreuer deren Gestimmtheit zu erraten gestatte (1964b, p.27/S.30; 1972, p.246/S.289f). Aufgrund dieser Fähigkeit wie auch ihrer Unbekümmertheit um logische Sachverhalte und mögliche Verstöße gegen gesellschaftliche Regeln seien sie oft mehrfach bessere Menschenkenner als ein Psychologieprofessor (1970, pp.94–95/S.80f; 1972, p.104/S.130). Dazu komme die naive Fähigkeit, elterliche Gebote und Verbote zu umgehen: «Mutti hat gesagt, ich solle sofort hochkommen, wenn ich sie rufen höre, jetzt spiele ich eben weiter weg vom Haus!». Der kleine Professor kann aber auch ebenso naiv Erwachsene manipulieren: «Mutti läßt mich nicht mehr raus, jetzt gehe ich mal Vati fragen und sitz ihm dabei auf den Schoß!». Berne rechnet auch die Fähigkeit und Neigung, andere zu seinen Gunsten in manipulative Spiele zu verwickeln, dazu (1961, p.201; 1964b, p.60/S.73f – s.a.S. 164f). Ich bevorzuge den Ausdruck «Pfiffikus» gegenüber dem Ausdruck «Professor», der mir, wie auch Levin findet (1974, p.29), zu gelehrt tönt.

Alle diese Eigenheiten erfordern nach Berne eine feinfühlige, auf Erfahrung beruhende Verwertung von Gegebenheiten der gegenwärtigen Realität, weswegen er sie zur kleinkindlichen «Erwachsenenperson» (ER_1) rechnet (1961, p. 201, 225), auch dann, wenn sie ein leiblich Erwachsener zur Geltung bringt. Allerdings bestehe die Gefahr, daß diese Fähigkeiten durch die erzieherischen Gebote und Verbote verloren gingen oder zum mindestens «begraben» würden, aber die intuitive Menschenkenntnis sei z.B. eine notwendige Eigenheit eines guten Psychotherapeuten (1972, p. 322/S. 367f), sein wertwollstes «Werkzeug» (1972, p. 331/S. 376), oder die Kunst, Gesetze zu umgehen sei z.B. die Eigenheit eines geschickten Anwalts (1961, p. 111, 158; 1972, pp. 104–105/ S. 129–132).

James u. Jongeward (pp. 149–156/S. 162–166), Levin (1974, pp. 28–32), Steiner (1974, p. 51/S. 59) sowie Woollams u. Brown (1978, p. 9) rechnen auch die spontane Neugier eines unbefangenen Kleinkindes, die sich in der Erkundung ihrer Umwelt zeigt und später durch unaufhörliche Fragen, mit denen es die Erwachsenen in Verlegenheit bringen kann, insofern sie metaphysische Begebenheiten betreffen, dem «kleinen Professor» zu, dann aber auch künstlerisch kreative Ausdrucksmöglichkeiten und schließlich auch Schlußfolgerungen zu Ereignissen, die ein magisches Weltbild voraussetzen. Auch diese Eigenheiten könnten sich prägend im Erwachsenenalter auswirken (Metaphysiker auf philosophischem oder religiösem Gebiet, Forscher, kreativer Künstler u.ä.).

Es ist wahrscheinlich einer Gleichsetzung vom «kleinen Professor» mit der «Erwachsenenperson» des Kleinkindes (ER_1) zu verdanken, daß M.u.R. Goulding (1979, p. 45/ S. 63f) sowie in ihrer Nachfolge auch Stewart u. Joines (1987) die Entscheidung des Kleinkindes zu bestimmten Verhaltensmustern, die seine Erlebens- und Verhaltensmöglichkeiten schwerwiegend einschränken, aber ihm die Zuneigung der Eltern sichert, dem «kleinen Professor» zuschreiben (s. S. 349).

Berne schreibt aber auch dann vom «Professor», wenn ein Kind überraschend zutreffende Urteile zu einem Thema abgibt, von dem es intellektuell nichts versteht, oder wenn in einer Klinik untergebrachte Geisteskranke, denen er an dieser Stelle (im Gegensatz zu anderen) eine funktionsfähige «Elternperson» und «Erwachsenenperson» abspricht, eine treffende Menschenkenntnis beweisen oder sich sogar überlegenswert zu therapeutischen Fragen äußern (1961, pp. 225–226).

Berne hat den «kleinen Professor» kurzerhand mit der «Erwachsenenperson» im «Kind» (ER_1) gleichgesetzt, andere folgten ihm dabei. Es frägt sich aber, ob es nicht geschickter wäre, den Ausdruck «kleiner Professor» allein auf die intuitive Menschenkenntnis, auf die Fähigkeit, auf naive Art elterliche Gebote und Verbote zu umgehen und Erwachsene auf ebenfalls naive Art zu manipulieren, beschränkt werden soll. Schließlich kann ein Kleinkind auch sorgfältig und nach der Erfahrung von Versuch und Irrtum Klötze aufeinanderzuschichten versuchen, was doch wohl ebenfalls Ausdruck seiner «Erwachsenenperson» ist. Viele Transaktionsanalytiker sprechen aber bei einer solchen Tätigkeit bereits vom Ausdruck einer «Erwachsenenperson» erster Ordnung (ER_2) und rechnen zur «Erwachsenenperson» zweiter Ordnung (ER_1) nur, was für ein Kleinkind im Gegensatz zu einem Erwachsenen *spezifisch* sein soll, eben: eine naive Pfiffigkeit, Neugier, Kreativität und magiegläubige Schlußfolgerungen. (Siehe dazu die Tabelle 1 auf S. 66.).

b) Der kleine Faschist

Jeder Mensch hat nach Berne auch die Neigung, andere grausam zu behandeln, zu quälen, zu vergewaltigen, zu töten oder doch auszubeuten und zu bestehlen. Jeder Mensch trage einen Sadisten, Folterknecht und Räuber in sich. Berne rechnet diese innere Gestalt ausdrücklich dem «Kind» im «Kind» zu, einer Seite des «Kindes», die tief unter einer Schicht sozialer Ideale begraben liege. Unter gewissen Bedingungen könne diese mangelnde Achtung vor dem Lebendigen nach Berne aber auch unverhohlen hervorbrechen. Es handle sich um den «prähistorischen Menschen in uns», der seinerzeit aus Gründen der Selbsterhaltung einem Raubtier gleich unbarmherzig und auf Nahrung begierig auch Artgenossen verzehrte und sich hemmungslos nahm, was er fand und zum Leben brauchen konnte. Berne betont, wie wichtig es sei, sich dieser Neigungen bewußt zu sein und sie nicht vor sich selbst zu tarnen, zu verleugnen oder durch Rationalisierungen abzuwehren, wenn einmal in unseren Phantasien oder unserem Verhalten etwas davon zum Vorschein komme. Es gehe nicht darum, entsetzt festzustellen «Das ist ja schrecklich!», sondern sich zu fragen: «Was kann ich tun, um damit fertig zu werden?». Manche demonstrierten ihre Unschuld, indem sie sich als Opfer statt als Sadisten gebärdeten. Es fließe dann ihr eigenes Blut statt das der andern, aber Blut müsse fließen! Sicher sei es besser, ein Märtyrer zu sein, aber noch besser sei es, sich selbst zu kennen (1972, pp. 268–270/S.ff). Berne nennt diese Art «Kind» den kleinen Faschisten, wobei mir unklar bleibt, weswegen dieser «Faschist» gerade «klein» sein soll.

Die Vorstellung vom (kleinen) Faschisten in jedem Menschen läßt sich schlecht mit der Annahme vereinbaren, daß sich die Transaktionsanalyse auf das Humanistische Menschenbild gründe, dem die Überzeugung zugrunde liegt, daß die «innere Natur» des Menschen gut sei und, wenn nicht widrige und zu beseitigende Umstände hindernd dazwischen träten, dazu führen, daß er gesund, glücklich und konstruktiv auf die Mitmenschen bezogen seine Möglichkeiten entfalte (Bühler 1974; Cohn 1975; Maslow 1923 Völker 1980 a, c). Steiner vertritt dieses Menschenbild, wenn er schreibt, jeder Mensch sei im Grunde genommen «gut, in Ordnung, schön, intelligent, gesund, auf Zusammenarbeit gestimmt und bereit, anderen beizustehen» (1974, pp. 4/S. 11, 168/S. 165, 175/S. 173). Er sieht es auch durch Berne vertreten, wenn dieser feststelle, jeder Mensch werde O.K. und als Prinz oder Prinzessin geboren (Berne 1966b, pp. 289–290).

Für mich ist das Menschenbild der Humanistischen Psychologie ein Wunschbild, geschaffen durch idealistische Annahmen, die im westlichen Kulturkreis wurzeln. Vorsichtiger formuliert Berne: «Es ist anzunehmen, daß jedes menschliche Neugeborene zur Welt gekommen ist mit der Fähigkeit, seine Möglichkeiten zum besten seiner selbst und der Gesellschaft zu entwickeln, sich des Lebens zu freuen und produktiv und kreativ, frei von psychologischen Behinderungen zu wirken» (1966b, p. 259). Es schließt nämlich diese Feststellung nicht aus, daß der Mensch zugleich mit den Möglichkeiten zu einer gegenteiligen Entwicklung zur Welt kommt und daß es nur eben gilt, die von Berne erwähnten Fähigkeiten bei ihm zu fördern. Mit was für Vorstellungen ein Psychotherapeut an einen Menschen herangeht, beeinflußt diesen sicher tiefgehend. Aber die Anlage zum «kleinen Faschisten» einfach auszublenden, kann nach Berne eben verheerende Folgen haben! Der «prähistorische Mensch», dem Berne den «kleinen Faschisten» zurechnet, ist immer mitanwesend, worüber der Ausdruck «prähistorisch» nicht hinwegtäuschen darf! *Dieser umfaßt im Grunde genommen alle bisher der Menschheit eigenen Daseinsweisen.

c) Die mit einer Persona versehene Persönlichkeit als Aspekt des «Kindes»

Ursprünglich ist die *Persona* die Maske des antiken Schauspielers, ohne allerdings als Wort etruskischer Herkunft sprachlich etwas mit dem lateinischen Wort *personare* = hindurchtönen zu tun zu haben. Der Begriff wurde von C.G. Jung in die Psychologie eingeführt und ist wie alle Begriffe bei Jung vieldeutig:

(1.) Einmal wird von Jung unter Persona die *soziale Rolle* verstanden, in der jemand von der Öffentlichkeit gesehen werden will und durch sein Entgegenkommen auch erlebt wird, z.B. indem er eine Amtsmiene aufsetzt. Negativ wirkt sich eine solche Persona aus, wenn der Betreffende selbst sich von seiner Rolle nicht mehr zu unterscheiden vermag. (2.) Dann versteht Jung unter Persona aber auch ein *ideales Bild nach konventionellen moralischen Normen*, das zu erfüllen jemand selbst bestrebt sein kann oder als das er erscheinen will. Im letzteren Fall handelt es sich um eine bewußt aufgesetzte Maske. (3.) Schließlich könne die Persona als *Kompromiß zwischen Individuum und Gesellschaft* verstanden werden, sozusagen als eine gegenseitige Anpassung, indem jemand sein Erleben und Verhalten mit den Erwartungen und Forderungen der Umwelt in Einklang bringt, dabei aber immer noch, soweit es die Konventionen gestatten und die Umwelt ihm darin entgegenkommt, eine gewisse Individualität wahrt (Jung 1916, S. 292–337; 1928, versch. Stellen; 1921/^{9}1960, S. 503–510).

Berne hat den Begriff «Persona» direkt von Jung übernommen und zwar mit seiner Vieldeutigkeit. Er versteht unter Persona eine soziale Anpassung an die Erwartungen der Umgebung, «wie jemand sich gibt» (1970, p. 87/S. 74) oder der Stil, mit dem das Skript ausgetragen wird (1972, p. 57/S. 80). Diese Persona entspreche sowohl den eigenen Intentionen wie den Erwartungen der Umwelt. Berne vergleicht die Persona aber auch mit einer Maske. Hinter ihr werden nach Berne die eigentlichen Bedürfnisse, Gefühle und Gedanken eines Menschen sozusagen aussortiert, bevor sie geäußert werden (1972, pp. 158–159/S. 196f). Diese soziale Anpassung wird nach Berne im Alter zwischen 6 und 10 Jahren (1972, p. 158/S. 196), zwischen dem 6. und 12. (1970, p. 87/S. 74) Altersjahr oder durchschnittlich mit 10 Jahren (1970, p. 88/S. 75) dem Skript entsprechend aufgebaut.

Berne erwähnt den Begriff der Persona auch im Zusammenhang mit dem Nutzen, den Menschen aus den verschiedenen Arten von Sozialkontakt ziehen können. Dazu gehört auch die Bestätigung der Rolle oder, gleichbedeutend, die Festigung der Position, z.B. diejenige einer energischen oder diejenige einer rechthaberischen, einer nachgiebigen oder verständnisvollen «Elternperson», die jemand bei einer Zusammenkunft von Eltern einnehmen kann (1964b, p. 45/S. 54). Ein dermaßen sozial angepaßter Erwachsener entspreche in seiner Persönlichkeit einem Schulkind. Sei der Betreffende ein Gewinner, dann sei seine Persona, d.h. die Art, wie er sich gebe, anziehend, liebenswürdig, höflich, kontaktfreudig, sei er ein Verlierer, sei sein Verhalten abweisend, unwirsch, herablassend oder nörglerisch (1970, pp. 87–88/S. 74f; 1972, pp. 158–159/S. 196f).

Berne setzt die mit einer Persona begabte Persönlichkeit auch mit dem reaktiven «Kind» gleich. Er meint aber andernorts auch, die Persona sei ein eigener Ich-Zustand, beeinflußt durch die «Elternperson» und modifiziert durch berechnende Überlegungen, *also wohl der «Erwachsenenperson», gegenüber der Mitwelt (1970, p. 88/S. 75).

Eine Beziehung zur Auffassung der Persona als Aspekt des «Kindes», besser: des Heranwachsenden, wie sie Berne vertritt, findet sich bei Jung nicht, ergibt sich aber immerhin aus einer Bemerkung von Anthony Stevens, eines Schülers von Jung: «Im Anfang entwickelt sich die Persona aus einer Notwendigkeit, sich an die Erwartungen der Eltern, Lehrer und der Gesellschaft des Heranwachsenden anzupassen» (1990, S. 63).

3.4.1.7 *Die Umfunktionierung der drei Ich-Zustände im Kleinkind oder «Kind» durch Fanita English*

Das kleinkindliche Eltern-Ich (EL_1) nennt English auch «spukhaft» [spooky] oder in der deutschen Übersetzung «schwammhaft» [spongy]. Es sauge die positiven und negativen Botschaften der Eltern in sich ein und speichere sie als Überlebensbotschaften, denn durch ihre Beachtung sichere sich das Kleinkind sein (emotionales) Überleben. Es speichere auch Streicheleinheiten, die, insofern positiv, ihm später allenfalls als Streichelkonto (s. S. 104) zugute kommen (1972). Später nennt English den elterlichen Anteil «auf Gefahren aufmerksam» [scary = ängstlich], weil er das Überleben sichere, allerdings auch durch Ermunterung (1977c). – Die kleinkindliche «Erwachsenenperson» nennt English «spritzig» [spunky], d.h. risikofreudig, munter, lebhaft: Neugier, Forschungsdrang seien hier integriert, auch der Wille zu Eigenständigkeit und damit zum Widerstand gegen die einschränkenden elterlichen Überlebensbedingungen aus der kleinkindlichen «Elternperson» (s. u.) und gegen die Rückzugsneigung im kleinkindlichen «Kind» (s. u.). English identifiziert Spunky mit dem Élan vital von Bergson (1907). – Das kleinkindliche «Kind» (K_1) nennt English «schläfrig» [sleepy]: In ihm sei aus der allerersten Zeit des Lebens her der Hang zu völlig passiver Abhängigkeit integriert und zugleich eine «Neigung zum Rückzug in den Leib der Mutter», ja zum Nicht-Leben schlechthin. – Aus den drei Anteilen werden bei English drei Göttinen oder Musen, weniger poetisch: Bedürfnisse oder Triebe (1972; 1976c; 1977c, pp. 273–338/S. 213–244; 1987)!

Diese Sichtweise von English fällt aus dem Rahmen der Transaktionalen Analyse!

3.4.2 Die elternhafte oder elterliche Haltung und die «Elternperson»

3.4.2.1 Elternhafte Haltung und «Elternperson» aus verhaltensbezogener Sicht

In einer elternhaften Haltung *vom verhaltenspsychologischen Gesichtspunkt aus* befindet sich jemand, der sich von grundsätzlich oder nur momentan «höherer Warte herab» *um andere kümmert* (Berne 1961, p. 135). Dieses überlegene «Sich-Um-andere-Kümmern» wird im Rahmen der Transaktionalen Analyse unter zwei Gesichtspunkten gesehen, wenn auch von Berne und seinen Schülern begrifflich nicht unterschieden: (1.) *Emotionale elternhafte Haltung:* wohlwollend oder übelwollend, anerkennd oder herabsetzend, ermutigend oder entmutigend; (2.) *normative elternhafte Haltung:* so ist es richtig, so ist es nicht richtig. – Es handelt sich nicht um Alternativen. Es kann eine Mutter durchaus verwerflich finden, was ihr Sohn angestellt hat und ihn trotzdem voll Liebe («Wohlwollen», «Fürsorge») in der Untersuchungshaft besuchen! Es kann ein Lehrer einen bestimmten Schüler durchaus unsympathisch finden, ihn übersehen und herabsetzend behandeln, obgleich er normativ nichts an ihm auszusetzen hat und ihm gute Noten geben muß!

Diese Doppeldeutung hinsichtlich einer elternhaften Haltung ist zu berücksichtigen, wenn in der Transaktionalen Analyse die Unterscheidung getroffen wird zwischen einer *kritischen* (Berne: «bestimmenden» [controlling] oder «von Vorurteilen bestimmten» [judicious]) «Elternperson» oder elternhaften Haltung und einer *wohlwollenden* (Berne: «natürlichen» oder «hegenden» [nurturing]) «Elternperson» oder elternhaften Haltung. – In der Praxis der Transaktionsanalytiker, auch bei Berne und besonders bei Harris, werden in diesen beiden Haltungen immer wieder moralische Alternativen gesehen, wobei «kritisch» als negativ und «wohlwollend» als positiv eingeschätzt wird.

Ein Kompromiß ergibt sich aus der Unterscheidung einer *positiv oder negativ kritischen elternhaften Haltung oder «Elternperson»* und einer *positiv oder negativ wohlwollenden elternhaften Haltung oder «Elternperson»* (Kahler 1975a; Marsh u. Drennan 1976), auch das natürlich nur eine der Praxis dienende Schematisierung:

Verschiedene Arten von Elternhaftigkeit

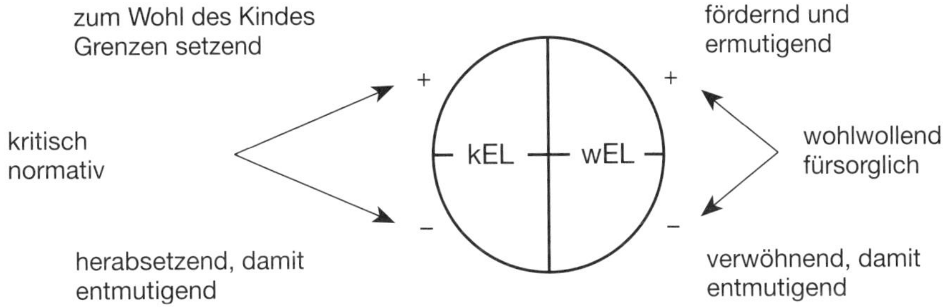

Abb. 7

Wenn die Mutter einem Kind gegenüber ausruft: «Halt! Paß auf! Renn nicht, ohne dich umzublicken, dem Ball nach auf die Straße hinaus!», so hätte die Mutter als positiv kritische oder einschränkende Elternperson funktioniert. Auch in anderen, weniger vitalen Bereichen benötigen Kinder zu ihrer gesunden Entwicklung, daß ihnen Grenzen gesetzt werden. Deswegen wird auch von der disziplinierenden «Elternperson» gesprochen. Ich fasse auch konstruktive und wohlwollende Kritik als Ausdruck einer positiv-kritischen «Elternperson» auf. Ausdruck einer negativ kritischen Elternhaltung wäre es, wenn eine Mutter oder ein Vater ein Kind herabsetzt und entmutigt: «Du bist wirklich dumm!», «Was fällt dir ein!» oder: «Stör, mich nicht!» Eine positiv wohlwollende Elternhaltung besteht in tröstender oder anspornender Ermutigung; eine negativ wohlwollende Elternhaltung wird im allgemeinen mit einer verwöhnenden Haltung gleichgesetzt, die letztlich ebenfalls zu einer Entmutigung führt.

Eine elternhafte Haltung läßt sich beobachten, wenn wir auf die Körperhaltung, auf die Gebärden und Worte achten, die Eltern z.B. auf einer Eltern-Lehrer-Zusammenkunft zur Schau stellen, oder auf einer Cocktail-Party zeigen, wenn sie über andere – es brauchen durchaus nicht nur ihre Kinder zu sein – urteilen, sei es über die Kirchenpflege, über politische Parteien oder über die Menschen im allgemeinen. Als elternhafte Gefühle können z.B. solche der Entrüstung (Berne 1961, p. 29), der Verachtung, des Stolzes auf die Nachkommenschaft bezeichnet werden. J. Schiff kennt auch elterlichen Ärger (1980, p. 18).

Die normative elternhafte Haltung orientiert sich an überlieferten, nach einer gewissen Auffassung, die z.B. Harris vertritt, immer unbedacht übernommenen Grundsätzen und Regeln: «Nach jeder Mahlzeit muß sofort abgewaschen werden!» «Was billig ist, ist nichts wert!», «Gas ist gefährlich!», «Hände weg von elektrischen Installationen!». Sprichtwörter sind sozusagen *«Elternperson»-Konserven: Wenn jemand sich sagt, Morgenstund habe Gold im Mund und diesem Sprichwort entsprechend schweigt, ohne zu prüfen, ob dies in der entsprechenden Situation sinnvoll ist, ist er in einer elternhaften Haltung befangen. Allerdings kommt es, wie Meininger mit Recht bemerkt, vor, daß jemand *aus sachlicher Überlegung heraus autonom entscheidet*, zu schweigen und das dann anderen gegenüber mit dem Sprichwort rechtfertigt, weil er damit vielleicht besser ankommt als durch rationale Begründungen! (Meiniger 1973, p. 148/S. 182).

Viele Verrichtungen im Alltag, die wir als Kleinkinder unbesehen übernommen haben, werden von unserer «Elternperson» bestimmt, z.B. wie «man» ißt und was «man» ißt, wie «man» sich kleidet, wie «man» sich benimmt, was «man» als Angehöriger einer bestimmten Religionsgemeinschaft glaubt usw. Daraus ergeben sich auch positive Funktionen der «Elternperson». Ihr Einsatz kann psychische Energie sparen und Angst vermindern, wenn es um Entscheidungen geht, zu der uns genügend Informationen fehlen oder die nicht wesentlich und lebenswichtig sind und doch gefällt werden müssen. Häufig werden entsprechende Verhaltensweisen ohne weitere Überlegung automatisch eingesetzt (frei nach Berne 1961, p. 67).

Berne legt mit Recht Wert auf die Unterscheidung, ob jemand selbst eine Elternhaltung einnimmt oder ob er nur unter dem Einfluß seiner «Elternperson» steht. Ich nehme nach außen eine elternhafte Haltung ein, wenn ich jemanden anherrsche, weil er nicht tut, was ich richtig finde oder ihm Vorwürfe mache (Vorwürfe sind immer elternhaft!), aber ich stehe unter dem Einfluß meiner «Elternperson», wenn ich mich nach außen kleinmütig und schüchtern verhalte, weil die «Elternperson» in mir, mich fortdauernd herabsetzt, entsprechend wenn ich gegenüber dem, was andere sagen, immer unkonstruktiv rebelliere. Berne schreibt einerseits von einer sich direkt auswirkenden «Elternperson» und andererseits von einer beeinflußenden «Elternperson» (Berne 1961, p. 67; 1963, p. 186/S. 203) oder vom direkten oder indirekten Einfluß der «Elternperson» (1964b, p. 26/S. 29).

Es wurde schon gesagt, die unbefangene kindliche Haltung sei angeboren, die reaktive kindliche Haltung erworben, die Elternhaltung erlernt. Nach Steiner stimmt letzteres nicht unbedingt, da noch eine angeborene Bereitschaft vorausgesetzt werden könne, für seine Nachkommen zu sorgen und sie zu beschützen. Wenn schon die Elternhaltung als solche übernommen worden sei, bleibe sie doch nicht durch das ganze Leben unverändert bestehen. In bestimmten Situationen werde Elternverhalten provoziert, so eben vor allem, wenn jemand eigene Kinder bekomme (1974, p. 37/S. 44). *Im Laufe des Lebens treffen wir auch Menschen, die wir bewundern und von denen wir gewisse Züge, oft ganz unbedacht, übernehmen. Wie die psychotherapeutische Praxis zeigt, sind aber die Erfahrungen mit den ersten Beziehungspersonen, im allgemeinen den Eltern, besonders einflußreich.

Gebärden, die einer elternhaften Haltung entsprechen sind z. B. hochgezogene Augenbrauen, bekümmerte Stirnfalten, ein mahnender Zeigefinger, Händeringen. Wer einem andern gönnerhaft durch's Haar fährt oder liebevoll auf den Kopf tätschelt, nimmt eine elterliche Haltung ein. Bereits erwähnt habe ich mahnende Sprichwörter wie «Morgenstund hat Gold im Mund!», «Wer den Heller nicht ehrt, ist des Talers nicht wert!» oder Aussprüche wie «Das hab' ich dir doch schon ein dutzendmal gesagt!», «So etwas will ich nicht mehr hören!» oder auch «Das hast du brav gemacht!», «Tu das mir zuliebe!», Worte wie «lächerlich», «unreif», «kindisch», «böse» sind häufig «Elternworte», ganz besonders aber «sollte» und «müßte» oder «nie» und «immer». Es sind, wie Berne schreibt, unsere Absichten und Handlungen «kommentierende Stimmen im Kopf» (Berne 1961, p. 64; 1963, pp. 185–186/S. 200f; 1970, pp. 81–82; Th. Harris 1967, pp. 90–91/S. 84ff).

Irgendwo las ich ganz richtig, daß, wer jemandem, der ihm geholfen hat, sagt: «Du bist ein braver Kerl!», damit als «Elternperson» spricht; als «Erwachsenenperson» würde er ihm ganz einfach für die Hilfe danken. Es kommt allerdings auch darauf an, *wie* das gesagt wird.

3.4.2.2 *Elterliche Haltung und «Elternperson» aus erlebnisgeschichtlicher Sicht*

Was verhaltensbezogen elternhafte Haltung genannt wurde, kann von leiblichen Eltern ihren Kindern gegenüber eingenommen und von diesen übernommen, d.h. verinnerlicht worden sein, so daß sie auch beim Erwachsenen weiterwirkt. Wenn grundsätzlich nur dann von elternhafter Haltung gesprochen wird, entspricht dies der *erlebnisgeschichtlichen Sicht*. Verinnerlicht wird das, was dem Kind Eindruck gemacht hat, sei es, weil es immer wiederholt wurde, sei es, weil es mit außergewöhnlichem Ernst oder im Affekt gesagt wurde, sei es weil das Kind eben gerade besonders empfindsam war. Nach Woollams u. Brown soll jedes Kind von negativen Einwirkungen besonders beeindruckt werden (s. S. 103). Einem Kind macht nicht nur Eindruck, was wörtlich gesagt wird, sondern auch, was damit gemeint sein könnte, wobei sich das Kind auch irren könnte. Diese Haltung zeigt sich in den gleichen Worte, den gleichen Gebärden, die das Kind seinerzeit bei seinen Eltern erfahren, sowie die gleichen Empfindungen und Gefühle, die es seinerzeit bei ihnen vermutet hat. «Wer denkt, handelt und fühlt, wie er es an seinen Eltern beobachtet hat, befindet sich in seiner elterlichen Haltung» (James u. Jongeward 1971. p.18/S.36).

Bei einem Menschen, der eine elterliche Haltung aus erlebnisgeschichtlicher Sicht einnimmt, läuft automatisch ab, was er von den Eltern übernommen hat. Er ist im Moment, da er die elterliche Haltung einnimmt, nicht er selbst: Was er sich überlegt, sind nicht seine eigenen Gedanken; was er tut, ist nicht das Ergebnis eigenständiger Entscheidungen (Beispiel s. S. 24f).

Bereits angedeutet bei Berne und nach den Vorstellungen heute noch ausgesprochener wird in das Modell von der elterlichen Haltung bzw. der «Elternperson» alles einbezogen, was das Kind an anderen Autoritätspersonen beeindruckte, einschließlich, wie Harris richtig schreibt (1967, p.46/S.39), in Rundfunk und Fernsehen, *ganz besonders dann, wenn die Eltern solche Sendungen ebenfalls ohne Kritik entgegenzunehmen scheinen.

Die Abhängigkeit des Kleinkindes sowie seine Unfähigkeit, abstrakte Begriffe zu erfassen und mit logischen Mitteln und einem realitätsbezogenen Kausaldenken einen Sinnzusammenhang herzustellen, machen es ihm unmöglich, das, was es erfährt, kritisch zu überprüfen. Es nimmt das, was es erfährt, unmittelbar so auf, wie es davon betroffen wird. Die «Elternperson» kann sich rein innerlich als innere Stimme äußern («Eltern-Tonband»).

James u. Savary schreiben nicht nur hinsichtlich der «Elternperson», sondern auch hinsichtlich der «Erwachsenenperson» und des «Kindes» von Tonbändern, die bewußt im Alltag abgespielt würden (1974, pp.18, 19).

3.4.2.3 *Ich-Zustände zweiter Ordnung der «Elternperson»*

Wie bereits auf S. 20 erwähnt kann es sich um ein Verhalten der Eltern und eine zugrundegelegte Gestimmtheit handeln, die ihrerseits kindlich, elternhaft oder erwachsen ist: Ich-Zustände zweiter Ordnung in der «Elternperson». Das gilt aber für die Eltern auch bei ihrer «Elternperson», woraus dann – auf das Kind bezogen – von Ich-Zuständen dritter Ordnung gesprochen werden kann:

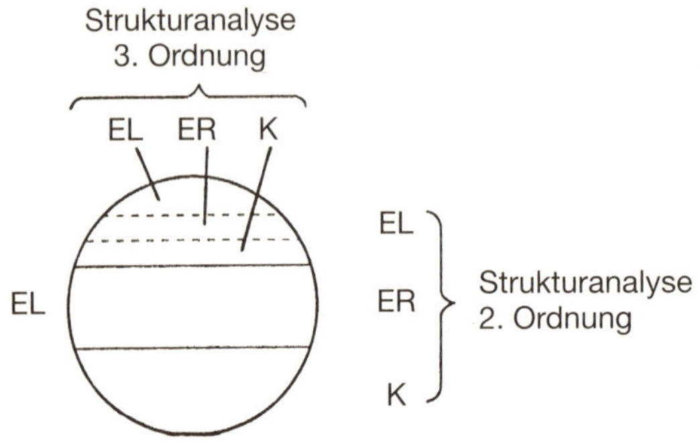

Abb. 8

Nach Berne kann die Identifikation von Ich-Zuständen zweiter und allenfalls auch dritter Ordnung der «Elternperson» und des «Kindes» am ehesten im Lauf einer längeren Behandlung wegen Charakterstörungen oder psychopathischen Persönlichkeitsveränderungen sinnvoll sein. Wie oben angedeutet unter Berücksichtigung, welcher Anteil vom Vater, welcher von der Mutter übernommen worden ist.

Die Anteile der «Elternperson» können, wenn es sinnvoll sein sollte, in einem Eltern-Interview bewußt gemacht werden (s. S. 311f); sie können einem Patienten oder Klienten auch mit Hilfe der Stuhltechnik nach Stuntz bewußt gemacht werden (s. S. 307f). Die eine seitliche Stuhlreihe repräsentiere dann die drei Anteile der von der Mutter stammenden «Elternperson» und die andere die Anteile der vom Vater stammenden «Elternperson» (Kahn-Schneider 1978).

Von Interesse ist nach den Autoren besonders das «Kind» zweiter Ordnung in der (inneren) «Elternperson». Eine solche Strukturanalyse zweiter oder dritter Ordnung könne dem Patienten zu einem besseren Verständnis für Bereiche seines Erlebens verhelfen. Unter anderem erlaube eine solche Analyse oft die schwierige Entscheidung, ob das vernünftige Verhalten, das ein Patient zeige, seiner eigenen «Erwachsenenperson» entspringe oder aber einer Identifikation mit der «Erwachsenenperson» seiner Eltern (s. S. 47).

3.4.2.4 Der «innere Saboteur»

Immer wieder läßt sich beobachten, daß sich jemand selbst sabotiert, d.h. sich selbst immer wieder herabsetzt, negativ beurteilt und sich entgegen seinen moralischen und sachlichen Zielen verhält. Botschaften wie «Geh zum Teufel!» oder «Besser, du wärest nie auf die Welt gekommen!» scheinen ihn zu beeinflussen oder auch «Nie wird dir etwas glücken!» oder «Kein Mann wird es je über längere Zeit mit dir aushalten!». Ich werde auf S. 197ff auf das Wesen solcher destruktiven Grundbotschaften zurückkommen. An dieser Stelle interessiert nur die Beziehung zum Begriff der «Elternperson». Solche Beobachtungen führt nämlich Steiner auf eine sabotierende «Elternperson» zurück, die er Hexenmutter und Monstervater [orge] nennt oder auch «Schweine-Elternperson» nach dem unter Kriminellen in den Vereinigten Staaten seit jeher üblichen Ausdruck «Schweine» für Polizisten, eine Bezeichnung, die von revolutierenden Studenten 1968 aufgegriffen wurde. Er führt diese sabotierende innere Instanz tatsächlich auf eine übelwollende Seite gewisser (oder sogar aller!) Eltern gegenüber ihren Kindern zurück (Näheres s. S.

252ff). Er braucht auch einmal die hinsichtlich Herkunft neutralere Bezeichnung «Feind», ich würde bevorzugen: «innerer Feind».

Bereits der Psychoanalytiker W.R.D. Fairbairn, den auch Berne erwähnt (1972, p. 134/nicht übersetzt) hat vom «inneren Saboteur» geschrieben, ein Ausdruck, der nichts über die Herkunft der entsprechenden «Botschaften» aussagt. Fairbairn führt den inneren Saboteur ebenfalls auf die Eltern, insbesondere die Mutter zurück, aber in einem anderen Sinn als Steiner, nämlich als sehr elementare Erfahrung des Säuglings an der Mutter, *die ihm z.B. ihre Brust einen Moment entziehen mag, wenn sie sich z.B. anders hinsetzt. Goulding lehnt den Ausdruck «Hexeneltern» vehement ab, da er den Patienten dazu verführen könnte, die Verantwortung für sein eigenes Verhalten sich und anderen gegenüber abzulehnen. Ich lehne ihn deswegen ab, weil ich zweifle, daß der «innere Saboteur» überhaupt auf die Eltern zurückzuführen ist. Mehr darüber S. 203, 252!

3.4.2.5 Die unvollständige «Elternperson» nach James und Jongeward

M. James u. Jongeward schreiben auch von einer *unvollständigen «Elternperson»*: Ein Kind, das eine seiner Elternpersonen früh verloren habe, sei es durch Tod oder Wegzug, aber auch ein Kind, das die Mutter oder den Vater nur sehr selten zu sehen bekomme und keine dem Geschlecht des Abwesenden entsprechenden Ersatz erlebe, könne in der Folge verschiedene Eigenheiten zeigen. Es könne sich in der Phantasie eine ideale Mutter oder einen idealen Vater ausdenken und sein Leben lang vergeblich nach einem solchen Idol suchen, nicht selten auch in Mitmenschen entsprechenden Geschlechts projizieren und es diesen dann gleichsam übelnehmen, wenn sie dem Idol nicht entsprechen würden, ja, sie manchmal sogar deswegen hassen. Die Autorinnen berufen sich auf Untersuchungen, die gezeigt hätten, wie vor allem männliche Jugendliche weniger Verantwortlichkeit und Führungseigenschaften entwickelten, sich nicht wohl befänden und sogar zu Jugendkriminalität neigten, wenn der eine Elternteil, bei männlichen Jugendlichen der Vater, während der Kleinkindheit längere Zeit von zu Hause abwesend gewesen sei. Menschen mit unvollständiger «Elternperson» haben nach den Autorinnen auch Schwierigkeiten im Umgang mit Kindern und könnten auch kaum wohlwollend mit Erwachsenen umgehen. Ein Mann mit unvollständiger «Elternperson» wisse möglicherweise nicht, wie er seine kranke Frau beruhigen soll; eine Frau mit unvollständiger «Elternperson» wisse vielleicht nicht, wie sie einem arbeitslosen Mann ihre Anteilnahme zu erkennen geben soll; einem Chef mit unvollständiger «Elternperson» könne es am Gespür für die menschlichen Probleme seiner Untergebenen mangeln (frei nach M. James u. Jongeward 1971, pp. 121–123/S. 141ff).

3.4.3 Die erwachsene Haltung und die «Erwachsenenperson»

3.4.3.1 Allgemeines

Neben der kindlichen Haltung und der Elternhaltung entwickelt sich nach Berne von der Säuglingszeit an eine dritte Erlebens-und Verhaltensmöglichkeit, die erwachsene Haltung, der eine «Erwachsenenperson» zugrundegelegt wird. Sie kann am treffendsten als sachliche [objective] Haltung umschrieben werden, denn sie ist auf eine sachliche Erfassung der gegenwärtigen Situation ausgerichtet. Da viele Entscheidungen nicht allein aufgrund hundertprozentig sicherer objektiver Informationen getroffen werden können, spielt die Einschätzung der Wahrscheinlichkeit im Zusammenhang mit früheren vergleichbaren, allenfalls auch nur überlieferten Erfahrungen eine große Rolle. Gerne umschreibt Berne die Funktion der «Erwachsenenperson» als Informationsverarbeitung mit praktischen Schlußfolgerungen nach der größten Wahrscheinlichkeit und vergleicht die erwachsene Haltung mit einem Computer (1966b, p. 220; 1970, p. 82/S. 71; 1972, p. 12/S. 27).

*Damit stößt Berne immer wieder Psychologen und Psychiater, die nicht ausgesprochen technikbegeistert sind, vor den Kopf. Sie übersehen, daß er einen Vergleich aus dem Bereich der Technik angeführt hat, aber keineswegs behauptet hat, der Mensch als Erwachsener funktioniere wie ein Computer. Übrigens wurde die Forschung über die psychologische Informationsverarbeitung mit Computersimulationen unterstützt.

Berne sieht es bereits als Ausdruck einer erwachsenen Haltung bzw. der «Erwachsenenperson» an, wenn ein Säugling spürt, daß die mütterliche Brust oder die Flasche nicht zu ihm gehört, d.h. eine Realität ist, über die er nicht verfügt (1961, p. 208). Andererseits lernt der Säugling aus Erfahrung allmählich, daß seine Hände und Füsse zu ihm gehören, weil er über sie verfügen kann (Goulding, M.u.R. 1979, p. 13/S. 28).

*Es ist allerdings fraglich, ob dabei bereits von gedanklichen Überlegungen und Realitätsprüfung gesprochen werden kann. Treffender wäre es wohl, daß dabei aus Erfahrungen Schlußfolgerungen gezogen werden, wobei aber auch das Wort «Schlußfolgerungen» zu intellektuell tönt.

Eine Aktivierung der «Erwachsenenperson» ermöglicht nach Berne, «ungefährdet eine verkehrsreiche Straße zu überqueren, abzuschätzen, ob es bei einem Pokerspiel besser sei, mit einer Zwei-Paar-Konstellation eine Runde zu wagen oder nicht, den Zeitpunkt bestimme, wenn ein Kuchen aus dem Ofen gezogen werden müsse, oder erlaube, die richtigen Handgriffe zu betätigen, um ein Fernrohr scharf einzustellen». Aber auch Diebe und Betrüger, die geschickt und umsichtig vorgehen, setzen ihre «Erwachsenenperson» ein (frei nach Berne 1970, pp. 82–83/S. 71). Zur erwachsenen Haltung gehört das Bewußtsein, daß die Realität sich ständig ändert. Es gehört der Wille und die Fähigkeit dazu, sich von traditionellen und konventionellen «Meinungen» und «Urteilen» zu befreien, die unbedacht von den Eltern übernommen worden sind, aber sich auch von unbedachten emotionalen Impulsen zu distanzieren, die einer kindlichen Haltung entsprechen. Es darf dies aber nicht dahin mißverstanden werden, daß jemand, der sich in einer erwachsenen Haltung befindet, seine Gefühle verleugnen oder gar abzutöten oder Urteile, die seiner «Elternperson» entspringen, zu verwerfen habe. Er hat nur aufmerksam und unbestechlich die Realität zu prüfen. Typisch für die Erwachsenenhaltung sind Fragen, mit denen Informationen gesammelt werden: «Warum?», «Was?», «Wie?», «Wo?», «Kann ich selbst einmal sehen?» sowie Wendungen wie «Meines Erachtens...», «Meiner Meinung nach ... », «Soweit ich sehe ... » (Th. Harris 1967, p. 92/S. 88). Vorausgesetzt wird dabei, daß diese Fragen wirklich der Situation entsprechen und nicht Ausflüchte bedeuten, um einer Stellungnahme zu entgehen.

Wer eine Erwachsenenhaltung einnimmt, trifft seine Entscheide bewußt und verantwortlich; gegebenenfalls zählt er, wenn's eilt, doch noch zuerst auf 10, bevor er sich endgültig entschließt. Die Feststellung, daß jemand eine erwachsene Haltung einnimmt, heißt nach Berne: «Du hast soeben die Situation durchaus selbständig [autonomous] und sachlich [objective] eingeschätzt und deine Überlegungen, deine Sicht der Probleme und die Schlußfolgerung, die du ziehst, sind frei von Vorurteilen (1964b, p. 24/S. 26).

Hier bringt Berne unübersehbar moralische Qualitäten in Verbindung mit einer erwachsenen Haltung oder der «Erwachsenenperson». Zum Vergleich mit einem Computer paßen die «sozialen Qualitäten» (Berne), die er dieser Haltung zuschreibt, nicht mehr, nämlich Verantwortungsbewußtsein, Zuverlässigkeit, Mut, und die Bereitschaft, Verpflichtungen einzugehen (1961, pp. 12, 68, 111). Später schreibt Berne zur sachlichen Erfassung der Realität: «Da diese Art von Aktivität am ehesten bei verantwortungsbewußten Erwachsenen gefunden wird und populär «reifes Verhalten» genannt wird, wird gesagt diese Gruppe von Ich-Zuständen konstituierten den ‹Erwachsenenaspekt› der Persönlichkeit» (1963, p. 177/S. 194).

Nach 1964 verbindet Berne die erwähnten «sozialen Qualitäten» nicht mehr mit der «Erwachsenenperson», schreibt sogar ausdrücklich, mit «Reife» hätte die «Erwachsenenperson» ohnehin nichts zu tun, da schon ein Säugling erwachsenes Verhalten zeigen könne (1970, p. 82/S. 71). Auch mit Moral habe sie nichts zu tun, da sie auch bei Dieben und Betrügern aktiv sein könne, insofern sie sachlich überlegt vorgehen und mit ihren Delikten nicht etwa das Spiel «Fang mich!» (Berne: «Räuber und Gendarm») vom Zaune reißen wollen (frei nach Berne 1970, pp. 82–83/S. 71).

Bereits wenn als Vorbilder für das, was Berne unter einer erwachsenen Haltung oder der «Erwachsenenperson» versteht, diskutierende Wissenschaftler und politisch verantwortungsvolle (!) Bürger genannt werden (1961, pp. 61, 65), schleichen sich moralische Qualitäten ein, die, wie oben erwähnt, noch weiter ausgemalt und «soziale Qualitäten» genannt werden. Später werden dann aber keine sozialen Qualitäten der «Erwachsenenperson» mehr erwähnt. Nun wird die erwachsene Haltung rein funktionell als sachliche Haltung definiert, die einerseits schon einem Säugling zukommen kann, andererseits auch Dieben und Betrügern.

Wenn Berne aber Patienten, insbesonders als Mitglieder einer therapeutischen Gruppe lehrt, ihre «Erwachsenenperson» zu entdecken und einzusetzen, insbesondere in kritischen Situationen, dann schweben ihm nicht Säuglinge und nicht Diebe und Betrüger vor, sondern jemand, der auch in kritischen Situationen «kühles Blut» bewahrt, aufrecht, aber locker dasitzt, mit offenen Sinnen und gesammelter Aufmerksamkeit auf das Problem eingestellt ist, das es zu lösen gilt. Der Betreffende ist dabei durchaus bereit, sich die Reaktion seines «Kindes» und seiner «Elternperson», gleichsam als «innere Realität», auf die Situation bewußt werden zu lassen und vielleicht sogar zu berücksichtigen, insofern sie ihm eine Orientierungshilfe sind: «Mein Vater würde jetzt sagen: ‹Hände weg! Da verbrennst du dir nur die Finger!›» und mein «Kind» meint: «Sieh draußen die Sonne! Wäre es nicht gesünder, eine Wanderung zu unternehmen und die Lösung dieses Problems auf einen Regentag zu verschieben?». Würde er *nicht* wahrnehmen, was sein «Kind» und seine «Elternperson» dazu «sagen», bestünde die Gefahr, daß seine Entscheidung, nüchtern-sachlich an das Problem heranzugehen und entsprechend zu urteilen und zu handeln, unterminiert würde. Wichtig ist, daß, wer in der erwachsenen Haltung ist, sich autonom entscheidet, wie er sich mit der Realität auseinandersetzen will. Ein solches Vorbild entspricht zweifellos einer bestimmten Befindlichkeit oder Gestimmtheit, einer bestimmten Haltung und psychologischen Einstellung, der Berne auch Verantwortungsgefühl, Zuverlässigkeit, Mut, Verpflichtungen einzugehen zuschreibt. Am theoretisch unverbindlichsten, aber überzeugendsten dünkt mich die bereits erwähnte Aussage von Berne, diese Haltung werde am ehesten [most commonly] bei verantwortungsbewußten Erwachsenen gefunden (1963, p. 177/S. 194), also bei Persönlichkeiten mit «sozialen Qualitäten».

Dieses Bild einer «Erwachsenenperson» schwebt Berne immer irgendwie vor, wenn er von erwachsener Haltung (erwachsenem Ich-Zustand) und «Erwachsenenperson» schreibt, was auch auf seine Schüler abgefärbt hat.

Ich frage mich, ob Joel Kovel die Förderung dieser «sozialen Qualitäten» im Auge hat, wenn er der Transaktionalen Analyse eine «erfolgreich» und «eifrig» moralisierende Betrachtungsweise» zugrunde legt, indem die als besonders bedeutsam hervorgehobene «Erwachsenenperson» «nichts anderes» sei als «die ideale Verkörperung der bürgerlichen Gesellschaftsordnung» (Kovel 1976, S.193). Mit bürgerlicher Moral hat der Einsatz der «Erwachsenenperson», mindestens nach 1964 nichts zu tun! Wenn jemand in der erwachsenen Haltung die Verantwortung übernimmt, wie er sich emotional sowie intellektuell mit der Gesellschaft auseinandersetzt, dann kann er sich deren herrschender Ordnung anpassen, sie als Evolutionär umstimmen, als Revolutionär umkrempeln oder sogar als Terrorist zerstören.

Berne stellt fest, daß nicht die Genauigkeit, mit der die Realität erfaßt werde oder eine Voraussage dann auch eintreffe, darüber entscheide, ob der Betreffende in der erwachsenen Haltung gewesen ist, sondern vielmehr die Objektivität und Intelligenz, mit der er die ihm zur Verfügung stehenden Erfahrungen ausgewertet habe. Der Erfahrungsschatz eines noch sehr jungen Lehrlings oder eines ausgebildeten Fachmannes, derjenige eines Bauern oder eines Großstädters sei jedesmal so verschieden, daß jeder *in guten Treuen* hinsichtlich einer bestimmten Frage zu einem wieder andern Schluß gelangen könne (Berne 1961, pp.68, 111; 1963, p.186/S.203; Steiner 1974, pp.35–36/S.43f).

Berne schreibt allen Ich-Zuständen Gefühle zu (1961, pp.66–69; 1963, pp.185–186/ S.202–205; 1964b, p.180/S.247f), keinesfalls nur der kindlichen Haltung bzw. dem «Kind», so ist z.B. Entrüstung ein typisch elternhaftes Gefühl. Berne glaubt auch an sozusagen «sachliche» Gefühle, nämlich solche, die nach der gegebenen Realität gerechtfertigt seien (1961, pp.67–68, 166; 1963, p.186/S.203), z.B. Unwille, Ärger und Enttäuschung über das neurotische Gebaren eines Ehepartners (1961, p.166). Maßgebende Schüler von Berne finden dies aber nicht mit dem vereinbar, was Berne sonst über die Erwachsenenhaftigkeit sagt, und sprechen dieser Emotionen ab (Dusay 1968; Dusay u. Steiner 1971; Steiner 1974, p.35–36/S.44; Goulding, M.u.R. 1979, p.12/S.25; Woollams u. Brown 1978, p.14).

Stewart u. Joines sprechen der «Erwachsenenperson» Gefühle zu, wobei ich es jedoch zweifelhaft finde, wenn sie solche Gefühle, z.B. Angst in einer kritischen Verkehrssituation *(!), grundsätzlich als «nützlich» erachten (1987, p.12/S.35, p.14/S.38). Sie folgen bei dieser Überlegung wohl Thomson (1983).

Das Problem ist zu einfach gesehen, wenn wir nach Gillespie (1976) sagen würden, es handle sich bei der Frage von «erwachsenen Gefühlen» um eine solche der Definition. Diejenigen Transaktionsanalytiker, die abstreiten, daß die «Erwachsenenperson» Gefühle habe, sehen sich mit widersprüchlichen Aussagen von Berne konfrontiert. Keinesfalls, würde ich vermittelnd sagen, läßt sich die «Erwachsenenperson» in ihren Urteilen und Entscheidungen durch Emotionen *bestimmen*. Im übrigen aber kommt der erwachsenen Haltung, wie ich weiter oben erwähnt habe, *eine ganz eigene «Gestimmtheit»* zu, die psychologisch doch wohl auch in den weiteren Rahmen von Emotionen fällt.

Eine «Erwachsenenperson» kann nach Schiff unangemessen funktionieren, z.B. wenn es auf einen Stand fixiert geblieben ist, der einem Kind entspricht, das erst einige Monate alt oder auch älter ist (J. Schiff 1978, p.24). Es ist dies ein Gedanke, den Berne selbst nicht einmal andeutet, der sich aber doch wohl aufdrängt, insofern auch er eine «Erwachsenenperson» eines leiblich Erwachsenen (ER_2) von einer «Erwachsenenperson» eines Kleinkindes (ER_1) unterscheidet. Letztere überlege einerseits prälogisch und autistisch und die Realität werde nicht sachlich geprüft (1961, pp.12, 19), andererseits verwirkliche es im Umgang mit der Realität ganz besondere Möglichkeiten, die Berne unter dem Begriff «Professor» zusammenfaßt (s. S. 34f). Auch magiegläubige Schlußfolgerungen sind in der erwachsenen Haltung des Kleinkindes möglich.

Eine Umschreibung dessen, was unter einer erwachsenen Haltung oder einer «Erwachsenenperson» zu verstehen ist, sollte eigentlich der erwachsenen Haltung bzw. «Erwachsenenperson» des leiblich Erwachsenen *wie* des Kleinkindes gerecht werden. Das ist nicht der Fall, wenn nur von Sachlichkeit [objectivity], wie dieses Wort üblicherweise verstanden wird, gesprochen wird. Aber *das Sammeln von Informationen und ihre Auswertung in bezug auf die gegenwärtige Realität*, dürfte für den Erwachsenen und das Kleinkind zutreffen, wenn auch die Schlußfolgerungen auf verschiedene Arten gezogen werden. Siehe dazu auf S. 32! Zum Begriff des kleinen Professors oder Pfiffikus s. S. 34f!

Es ist nach meiner Beobachtung auch möglich, daß jemand die «Erwachsenenperson» seiner Mutter oder seines Vaters verinnerlicht, womit er der gegenwärtigen Realität wohl meistens nicht mehr ganz entspricht («vernünftige Elternperson»). Es kommt dies einer Trübung gleich (s. S. 57ff).

3.4.3.2 Gibt es Ich-Zustände zweiter Ordnung auch der «Erwachsenenperson»?

Berne hat versucht, auch die «Erwachsenenperson» einer Strukturanalyse zweiter Ordnung zu unterziehen, wobei er aber nach ganz andern Überlegungen vorging. Er beschreibt dabei das Ideal einer Erwachsenenhaltung, das jedermann zu erreichen versuchen sollte. Diese zeichne sich durch einen Charme und eine natürliche Offenheit aus, wie sie sonst nur unbefangenen Kindern eigen sei, wozu sich aber moralische Qualitäten wie Mut, Ernsthaftigkeit, Redlichkeit und Zuverlässigkeit gesellten, Eigenschaften, denen, wie Berne glaubt, auf der ganzen Welt ein hoher Wert zugestanden werde (Berne 1961, pp. 211–212). Ein Mensch, der eine solche Haltung einnehme, zeichne sich durch eine positive Ausstrahlung und ein hohes soziales Verantwortungsgefühl aus. In bezug auf diesen Versuch einer Strukturanalyse zweiten Grades der «Erwachsenenperson» ist Berne allerdings unsicher. Er schreibt vom «dunkelsten Gebiet der Strukturanalyse», dessen Klärung ihm noch nicht möglich sei. *Das ist verständlich, handelt es sich doch bei diesen «Anteilen» der «Erwachsenenperson» gar nicht um Ich-Zustände. Ich-Zustände können einzeln aktiviert sein und bestimmen dann das Erleben und Verhalten. Bei den Anteilen der «Erwachsenenperson», die Berne aber hier auseinanderhält, ist das nicht der Fall. Es sind Kennzeichen einer Gesamtpersönlichkeit.

«Erwachsenenperson» einer integrierten Person

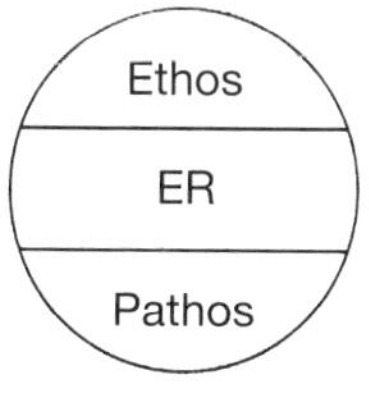

Abb. 9

Berne bezeichnet die moralischen Qualitäten dieser «Erwachsenenperson» als *Ethos*, die emotionalen als *Pathos*. Der mittlere Anteil wäre dann sozusagen die «Erwachsenenperson» im engeren Sinn, der wie ein Computer objektiv Informationen verarbeite (s. S. 30). Was Berne als Ethos bezeichnet, nennt er auch *ethische «Erwachsenenperson»* und betrachtet diese als durch die «Elternperson» programmierte «Erwachsenenperson»; was er als *Pathos* bezeichnet, nennt er auch *fühlende «Erwachsenenperson»* und betrachtet diese als durch das «Kind» programmierte «Erwachsenenperson» (1961, p. 268), wobei es sich immer um von der «Erwachsenenperson» überprüfte und in bewußter Entscheidung übernommene Gegebenheiten handelt.

Berne hat dieses Konzept in seinem Aufsatz über die «Standard-Nomenklatur der Transaktionalen Analyse» (1969) nicht mehr erwähnt.

James u. Jongeward haben den Versuch von Berne, auch die «Erwachsenenperson» zu unterteilen, in ihrem gemeinsamen Buch (1971, pp. 297–299) wieder aufgegriffen und sprechen von der Integrierten »Erwachsenenperson», die sie einer nach den Maßstäben der Humanistischen Psychologie reifen Person gleichsetzen. Ihre Auffassung, es handle sich um eine Integration der «Elternperson» und des «Kindes» in die «Erwachsenenperson», widerspricht derjenigen von Berne, der ausdrücklich feststellt, es spiele keine Rolle, was für Qualitäten das «Kind» und die «Elternperson» des Betreffenden hätten. Andererseits schreibt er von archäopsychischen, exteropsychischen und neopsychischen Elementen, die in den neopsychischen Ich-Zustand «integriert» seien. Dieser Aussage liegt eine andere Betrachtungsweise zugrunde.

3.4.4 Jeder Ich-Zustand erfüllt eine wichtige Aufgabe im Leben

Jeder Ich-Zustand, das «Kind», die «Elternperson» und die «Erwachsenenperson», haben ihren Sinn in einem erfüllten und produktiven Leben (Berne 1964b, pp. 27–28/ S. 30f):

Nach Berne ermöglicht das «Kind» die Anwendung der Intuition; die Kreativität eines Menschen liege in seinem «Kind», ebenso die Möglichkeit spontaner Dynamik [drive] und die Möglichkeit, sich des Lebens zu freuen.

Die «Erwachsenenperson» sei für das Überleben unentbehrlich, denn sie ermögliche, die Realität wahrzunehmen, wie sie ist, und die Möglichkeiten abzuschätzen, in der sie sich entwickeln werde. Sie überlege, bevor etwas getan werde. So komme sie z.B. zum Zug, wenn eine verkehrsreiche Straße im richtigen Moment überquert werden müsse. Nach Berne wäre die Freude am Skifahren, Fliegen, Segeln und anderen Sportarten, die mit einer Fortbewegung verbunden sind, ohne eine differenzierte Tätigkeit der «Erwachsenenperson» nicht möglich. Eine andere Aufgabe der «Erwachsenenperson» besteht nach Berne darin, die Aktivität der «Elternperson» und des «Kindes» zweckmäßig einzusetzen und nach sachlichen Gesichtspunkten zwischen ihnen zu vermitteln. An einer Stelle schreibt Berne auch, es sei vor allem die Aufgabe der «Erwachsenenperson» für die Befriedigung des «Kindes» zu sorgen (1963, p. 222/S. 244).

Die «Elternperson» schließlich habe zwei Funktionen: Einmal ermögliche sie, sinnvoll mit Kindern umzugehen und garantiere so «das Überleben der menschlichen Rasse». Deshalb hätten es früh verwaiste Kinder schwieriger im Leben. Im weiteren sei es durchaus sinnvoll, sich bei belanglosen, aber notwendigen alltäglichen Verrichtungen auf das zu verlassen, was man von den Eltern gelernt hat. «Dadurch bleibt der „Erwachsenenperson“ erspart, zahllose Trivialentscheidungen zu fällen und es kann sich, indem es die Routine-Angelegenheiten der «Elternperson» überläßt, selbst intensiver bedeutungsvolleren Problemen zuwenden» (Berne 1964b, p. 27/S. 31). Ich denke hier wie bereits erwähnt, z.B. an das, «was man ißt» oder «wie man sich kleidet».

In seinem ersten Buch (1961) schrieb Berne im selben Sinn: «Die Funktion der „Elternperson“ besteht darin, Energie zu sparen und Angst zu vermindern, indem gewisse Entscheidungen „automatisch“ und ohne Zweifel [unshakable = unerschütterlich] gefällt werden. Das ist besonders praktisch [effective = wirksam] bei Entscheidungen, die der gesellschaftlichen Konvention [local culture] entsprechen» (Berne 1961, p. 67). Diese Äußerung könnte zum Mißverständnis führen, Berne finde es immer richtig, nach konventionellen Normen zu entscheiden. Die oben wiedergegebene spätere Äußerung zeigt, daß er an verhältnismäßig bedeutungslose Entscheidungen denkt, z.B. wie man das Besteck beim Essen hält oder was man zu festlichen Anlässen anzieht. Es mag Leute geben, die auch das als bedeutungsvoll ansehen. Berne gehörte doch wohl nicht zu diesen.

*Besondere Beachtung verdienen die Ich-Zustände eigentlich erst, wenn der eine oder andere das gesundheitliche Gleichgewicht stört, so daß eine genaue Untersuchung [analysis] notwendig ist und eine produktive Kooperation [reorganization] zwischen den drei Ich-Zuständen wiederhergestellt werden muß. *Es läßt sich sogar sagen, daß das Modell von den drei Ich-Zuständen überhaupt erst Beachtung erheischt, wenn diese nicht in Harmonie zusammen funktionieren!

3.5 Das Zusammenspiel der drei Ich-Zustände

3.5.1 Die gegenseitige Beziehung der drei Ich-Zustände

3.5.1.1 «Kind» und «Elternperson» einerseits, «Erwachsenenperson» andererseits

Bei Thomas Harris (1967) erhält die Beziehung zwischen «Kind» und «Elternperson» einerseits und «Erwachsenenperson» andererseits einen besonderen Akzent, indem nämlich bei ihm die Unbedachtheit Kennzeichen des «Kindes» wie der «Elternperson» sei, beim «Kind» Unbedachtheit durch Emotionalität, bei der «Elternperson» Unbedachtheit durch Vorurteil, während es ein hervorragendes Kennzeichen der «Erwachsenenperson» sei, daß sie bedacht reagiere. Harris kann sich dabei auf Berne stützen. Mit anderen Worten: Wer aus einer *unkontrollierten Emotion* heraus reagiert, nehme in diesem Augenblick eine kindliche Haltung ein; wer aufgrund eines *unbedachten Werturteils* reagiere, d.h. nach Vorurteilen, Pauschalurteilen, konventionellen Klischees (Berne 1970, pp. 89–90/S. 77; Meininger pp. 143–149/S. 176–182), eine elternhafte Haltung. Die «Erwachsenenperson» jedoch reagiere und urteile unter diesem Gesichtspunkt *kontrolliert* und *bedacht*. Wir werden diese Überlegungen später unter dem Begriff der *Voreingenommenheit* oder *Trübung* wieder begegnen (S. 57ff).

Wenn jemand bestimmte Verhaltensweisen als dumm, lächerlich, eklig und schockierend beurteile, so wissen wir nach Harris nicht ohne weiteres, ob sich in diesem Augenblick seine «Elternperson» oder seine «Erwachsenenperson» äußere, denn auch die «Erwachsenenperson» könne moralische Urteile fällen. Nach diesem Autor sind eben gewisse Gegegebenheiten *tatsächlich* dumm, lächerlich usw. Nur wenn diese Urteile *unbedacht* angebracht würden, stehe die «Elternperson» dahinter. Harris stellt sich gegen die Ansicht, daß «du sollst» und «du solltest» auf jeden Fall Ansprüche der «Elternperson» seien. Sie könnten auch von der «Erwachsenenperson» vertreten werden, mit anderen Worten: Die «Erwachsenenperson» könne ebenfalls normative Werte vertreten, dann allerdings aus der Grundeinstellung «Ich bin O.K., du bist O.K.» heraus. Deshalb ist für Harris die «Elternperson», da Träger *unbedachter* Normen, überflüssig und moralisch sogar schädlich. Die Normen der «Elternperson» würden im Angesprochenen, wenn er sich ihnen unterziehe, die Grundeinstellung «Ich bin nicht O.K., du bist O.K.» auslösen (1967, p. 90/S. 84ff, p. 251/S. 235).

Harris bezieht in diesem Zusammenhang Stellung zu den Widersprüchen, die auch bei Berne bestehen, wenn dieser die «Erwachsenenperson» einerseits mit einem Computer vergleicht, der Informationen entgegennimmt und verarbeitet, andererseits ihr Zuverlässigkeit, Verantwortungsgefühl und Mut zuschreibt (s. S. 44, 45). Es geht darum, ob wir der «Erwachsenenperson» moralische Qualität zuordnen wollen, wie Berne das in seinen früheren Bücher vertreten hat, oder ob wir diese *definitionsgemäß* der «Elternperson» zuschreiben. Nach Harris müssen die Normen der «Elternperson» von der «Erwachsenenperson» überprüft werden, worauf dann die als gut und realistisch befundenen in die «Erwachsenenperson» übernommen würden. Bei den meisten Transaktionsanalytikern werden die überprüften und von der «Erwachsenenperson» gutgeheißenen Normen der «Elternperson» dort belassen, da die «Elternperson» sozusagen der Speicher von Normen bleibt, auch von solchen, die kein «nie» und «immer» mit sich führen. Anders wäre die Selbsterneuerung der «Elternperson» nach Muriel James (s. S. 310f) ein unsinniges Verfahren.

Es ist aber typisch für Harris, daß er die Worte «nie» und «immer» als «fast immer» elternhaft bezeichnet (1967, p. 90/S. 85), mit anderen Worten: für ihn sind erwachsene, sachliche Werturteile denkbar, die ein «immer» oder «nie» enthalten. Das gilt aber auch insofern und insoweit für Berne, als er Mut, Lauterkeit [sincerety], Loyalität und Zuverlässigkeit als in der ganzen Welt verbreitete positive Werte (1961, p. 211) betrachtet, was nicht zutrifft. Es sind zum Teil nur «offizielle» oder «deklarierte» Werte der kulturtragenden Schicht des westlichen Kulturkreises.

Nach Berne können zwischen der «Elternperson» und dem «Kind» Spannungen entstehen, z.B. wenn sich die «Elternperson» darüber aufregt, daß das «Kind» ungehörige Phantasien hat. Dieses läßt sich dann auch wirklich oft von der «Elternperson» einschüchtern, gewöhnlich eine Wiederholung der ursprünglich erlebten konkreten Kind-Eltern-Beziehung (Berne 1961, pp. 19–20). *Solche Konflikte können aus irgendwelchen Umständen aufbrechen und die «Erwachsenenperson» hat dann zwischen dem «Kind» und der «Elternperson» sachlich zu vermitteln (Berne 1964b, p. 27/S. 31); sie funktioniert dann gleichsam als Schiedsrichter und gibt die entscheidende Stimme ab (Schiff, J. 1978, p. 12). Nach Berne hat die «Erwachsenenperson» auch die Aufgabe, die Aktivität von «Kind» und «Elternperson» «zu regulieren» (1964b, p. 27/S. 31). Die Anpassung an die Realität verlange, daß die «Elternperson» und die «Erwachsenenperson» die soziale Situation «testeten», um zu sehen, daß das «Kind» sich ungehemmt entfalten könne, was eher in vertrauten und intimen Situationen geschehe (Berne 1964b, p. 35/S. 40). Schließlich betrachtet J. Schiff das «Kind» als den eigentlichen und einzig unentbehrlichen Wesenskern des Menschen, da in ihm dessen biologischen Bedürfnisse und Fähigkeiten wurzelten und darum auch die «Quelle jeglicher Energie». Es sei das «mächtigste Zustandssystem». Bei jemandem, der gesund sei, würden die «Erwachsenenperson» und die «Elternperson» das Wohlergehen des «Kindes» fördern (1978, p. 7).

Diese Aussage erinnert an das Verhältnis von Real-Ich und Lust-Ich oder Realitätsprinzip und Lustprinzip bei Freud (1911).

Was die Energieverteilung zwischen den drei Ich-Zuständen anbetreffe, so komme, meint Schiff, dem «Kind» 45% der Gesamtenergie zu, der «Erwachsenenperson» 35%, der «Elternperson» 20%. Diese Quoten fasse ich als ein gleichsam mathematisches Gleichnis auf für die Erfahrung von Schiff, daß «Erwachsenenperson» und «Elternperson» nur gemeinsam gegen Bestrebungen des «Kindes» auftreten, dieses sozusagen in Schach halten können (J. Schiff 1978, pp. 12–13). Nach Cardon u. Mitarb. befindet sich mehr als 50% der Energie und Motivation von jemandem im «Kind». Dieser Gesichtspunkt könne sehr wichtig sein, um eine sinnvolle und realisierbare Lösung eines Problems zu finden (Cardon u. Mitarb. 1983/[2]1984, p. 37).

Die komplementäre Beziehung zwischen «Kind» und «Elternperson» drückt sich in einem Beziehungsgefälle aus. Kinder sind an Wissen und Macht ihren Eltern, von denen sie ja in den frühen Jahren vital und emotional völlig abhängig sind, unterlegen, Eltern ihren Kindern entsprechend überlegen. Es gibt Transaktionsanalytiker, bei denen dieses Beziehungsgefälle bei der Komplementarität zwischen «Kind» und «Elternperson» ganz im Vordergrund steht. Für sie deckt sich *Elternhaftigkeit* weitgehend mit *Überlegenheit* in einer Beziehung und *Kindlichkeit* mit *Abhängigkeit* oder *Unterlegenheit*. **Erwachsenenhaftigkeit* richtet sich demgegenüber nicht nach *Oben-Unten*. Für die «Erwachsenenperson» aber ist eine Autorität immer eine Expertenautorität! Für English ist offensichtlich dieser Gesichtspunkt wichtig (1970b). Er kennzeichnet die Gemeinsamkeit der emotionalen und der normativen elternhaften Haltung (s. S. 38). Ebenso ergibt sich daraus, wieso die Verfolger- und die Retterhaltung bei vielen Transaktionsanalytikern einer elternhaften Haltung, die Opferhaltung einer kindlichen Haltung gleichgesetzt werden (s. manipulative Rollen S. 147ff).

Kahler stellt fest, daß die «Elternperson» im Grunde genommen bei jeder Reaktion beteiligt sei, auch wenn sich anscheinend nur das «Kind» manifestiere (1978, pp. 16–20, 33, 37–38, 242–248). Es ergebe sich dies aus der Überlegung, daß z.B. das unbefangene, freie oder natürliche «Kind» sich nur aktualisieren könne, wenn dies von einer positiv wohlwollenden «Elternperson» zugelassen werde, während Äußerungen des reaktiven «Kindes» auf den Einfluß einer negativ wohlwollenden oder negativ kritischen «Elternperson» hinwiesen.

3.5.1.2 Die Vorherrschaft eines Ich-Zustandes

Die erwachsene Haltung soll nach Berne in bezug auf die zwei andern möglichen Haltungen eine Kontrollfunktion ausüben. Er schreibt in diesem Sinn von einer erwünschten und therapeutisch anzustrebenden *Vorherrschaft der «Erwachsenenperson»* (1961, p. 246). Dabei wird von der «Erwachsenenperson» die gegenwärtige Realität angemessen berücksichtigt, wozu auch die innere Realität gehört, d.h. die von den Eltern oder anderen Autoritätspersonen übernommenen und verinnerlichten Ansichten und ebenfalls die dem eigenen inneren Kind entspringenden emotionalen Reaktionen und Impulse. Diese Vorherrschaft der «Erwachsenenperson» gewährleistet das, was Berne als *social control* bezeichnet (1961, p. 246 u.a.O.), dem Sinn nach eine Fähigkeit zur bewußten, konstruktiven Gestaltung des Alltags, wobei allenfalls bestehenden seelischen Störungen nach Möglichkeit kein Einfluß auf die mitmenschlichen Beziehungen eingeräumt wird. Keinesfalls bedeutet «Vorherrschaft der «Erwachsenenperson», daß es einem Erwachsenen nicht erlaubt sein soll, gegebenenfalls auch kindlich oder elternhaft zu erleben und sich zu verhalten, allerdings nach Berne nur dann, wenn es der realen Situation angemessen ist. Ob das zutrifft, habe die «Erwachsenenperson» zu entscheiden.

Nach französischen Autoren kann auch die «Elternperson» die Vorherrschaft ausüben, was auch Berne im Zusammenhang mit der Befangenheit in der «Elternperson» andeutet (1961, p. 28). Die «vorherrschende Elternperson» halte sich an Werturteile, die nicht an der gegenwärtigen Realität überprüft seien und übergehe die Bedürfnisse des «Kindes», was zu emotionalen Krisen führen könne. Habe aber das «Kind» die Vorherrschaft inne, so richte sich die Aktivierung der Ich-Zustände nach emotionalen Gesichtspunkten, was zu unstabilen, launischen und chaotischen Verhältnissen führen könne (Cardon u. Mitarb. 1983/[2]1984, pp. 37–39; Vergnaud u. Blin 1987, p. 16).

Da die «Erwachsenenperson» auch die beiden anderen Ich-Zustände als innere Realität berücksichtigt, ist es im Gleichnis am sinnvollsten, ihm die «Vorherrschaft» zu überlassen.

*Ein Ich-Zustand kann also zwei Funktionen (und damit, theoretisch gesehen, auch zwei verschiedene Bedeutungen) haben: (1.) eine unmittelbare und eine (2.) kontrollierende hinsichtlich der Aktivierung der Ich-Zustände.

3.5.2 Entscheidung und Ich-Zustände

Jut Meininger hat sich eingehend mit der Beziehung zwischen Entscheidungsprozessen und den Ich-Zuständen befaßt (1973, pp. 140–164/S. 173–200). Diese Frage hat einen unmittelbaren Zusammenhang mit dem Kapitel über die «Vorherrschaft».

Die Frage, was in einer bestimmten Situation zu tun sei, stelle sich oft. In der Kleinkindheit habe es Situationen gegeben, in denen immer die Eltern entschieden hätten, dann solche, in denen das Kind selbst als Kind, dann aber auch die Erwachsenenperson nach Prüfung der Realität entschieden habe. Meininger denkt, daß auch im späteren Leben die Neigung bestehe, in ähnlichen Situationen wieder aus dem entsprechenden Ich-Zustand zu entscheiden.

Eine Entscheidung eines Kindes oder eines Erwachsenen als Kind zeichne sich durch einen Mangel an sachlicher Umsicht aus. Eine solche Entscheidung werde oft rein emotiv, z. B. aus Angst gefällt, oder dann, indem einem instinktiven Impuls nachgegeben werde oder auch aus einer Laune heraus. Daß eine sinnvolle Entscheidung manchmal die Aufgabe einer liebgewonnenen Gewohnheit bedürfe, werde kaum berücksichtigt. Zu vermeiden, von der «Elternperson» Vorwürfe hören zu müssen oder auch, sich frühere Fehler einzugestehen, könnten maßgebende Motive sein.

Entscheidungen als oder durch die «Elternperson» stützen sich nach Meininger gerne auf Überlieferungen, die nicht an der gegenwärtigen Realität überprüft sind: «Wir sind so immer gut gefahren, weshalb soll das nicht auch jetzt angebracht sein!», «In unserer Familie blieb jeder da stehen, wo ihn Gott hingestellt hatte!». Typisch sind Sprichwörter und Redensarten, die so geprägt sind, wie wenn sie in jeder Situation Gültigkeit hätten (s. S. 40). «Wer ein Kind lobt, verwöhnt es!», «Nur Härte bringt Erfolg!», «Da könnte jeder kommen!», «Wir fangen nichts Neues an!». Es kommt bei Diskussionen über Entscheidungen, z. B. im Geschäftsleben, nach Meininger vor, daß die Teilnehmer sich gegenseitig nur derartige Redensarten zuwerfen. Allerdings komme es auch vor, daß jemand doch aus einer erwachsenen Haltung eine Entscheidung fälle und nur, um auf andere überzeugend zu wirken, ein passendes Sprichwort anhänge! (Meininger p. 148/S. 182). Elternhaft sind nach Meiniger auch Weiß-Schwarz-Urteile: Entweder ist jemand ein Freund oder ein Feind, vertrauenswürdig oder betrügerisch, großzügig oder kleinlich usw.

Jemand als Erwachsenenperson oder, gleichbedeutend, die «Erwachsenenperson» sammle für eine Entscheidung möglichst viele einschlägige Informationen, um sie dann unter Rücksicht auf die Realität zu verarbeiten. Häufig müsse aber für eine Entscheidung die Abschätzung der Wahrscheinlichkeit genügen. Es kämen aber durchaus Situationen vor, in denen es gegeben sei, daß das «Kind» mit seiner Intuition und Kreativität die Entscheidung fälle und dabei überraschende Lösungen finde, oder daß es sinnvoll sei, die «Elternperson» nach überlieferten «Meinungen» entscheiden zu lassen, besonders wenn es darauf ankomme, *wie* etwas gemacht werde und wenn es eile. Immer sei es aber bei Entscheidungen des «Kindes» oder der «Elternperson» wichtig, daß die «Erwachsenenperson» den Bezug zur Realität kontrolliere, ein Aspekt der bereits besprochenen wünschenswerten Vorherrschaft der «Erwachsenenperson». Dabei sei es von Vorteil, wenn der Betreffende (Meininger: die Person) die individuellen Eigenarten des «Kindes» kenne, z.B. seine spezifischen Ängste und Verletzlichkeiten, und ebenso wenn ihm die individuellen Eigenarten der «Elternperson» bekannt seien, ihre fixen Meinungen und Erwartungen. So könne er wissen, wo sie auf der Hut sein müsse. Auch sei es gut zu wissen, inwiefern Müdigkeit, Stress, Frustration und Ungeduld die Objektivität der «Erwachsenenperson» zu gefährden pflegten.

Eine *Unentschiedenheit* kann nach Meininger bereits im Skript beschlossen sein, wenn jemand nie lernte, von sich aus eine Entscheidung zu fällen oder sogar in dieser Hinsicht entmutigt worden sei. Auch die Phantasie vom Weihnachtsmann, der einmal alles in Ordnung bringen werde (s. S. 241f), könne jemanden daran hindern, selbst eine Entscheidung zu fällen, sondern lieber zu warten ... Vielleicht sei im Skript verankert, daß, wer erwachsen werde und damit Verantwortung auf sich zu nehmen und Entscheidungen zu fällen habe, seine Lebensfreude verliere, so daß der Betreffende lieber seine kindliche Spontaneität bewahre, als autonom zu werden. Vielleicht habe er auch niemanden gekannt, der wirklich über eine immer bereite «Erwachsenenperson» verfügt und sich troztdem seines Lebens gefreut habe.

Wer zwei Wünsche zugleich habe, die sich nicht vereinen ließen – den Kuchen zu behalten und den Kuchen zu essen –, verzichtet nach Meininger oft auf beides zugleich. Auch wer vor der Frage stehe, ob er etwas tun solle, worauf das «Kind» Lust habe, das aber von der «Elternperson» mißbilligt werde, könne auf eine Entscheidung verzichten, um einem schlechten Gewissen zu entgehen, wenn er dem «Kinderwunsch» den Vorzug gebe oder der Reue, wenn er der «Elternperson» gehorche. Manche Menschen entscheiden sich nach Meiniger zwar, z.B. aufzuhören zu rauchen oder einen Psychotherapeuten aufzusuchen, kümmerten sich aber nicht darum, wie der Entschluß durchzuführen sei, so daß nichts in dieser Richtung geschehe.

Wer immer wieder Schwierigkeiten habe, sich zu entscheiden, überlege sich am besten, was ihn immer wieder daran hindere, sozusagen, wie aufgezählt, «die Entscheidung zu fällen, sich nicht nicht zu entscheiden», *um dann eine Erlaubnis zu formulieren, die ihn von seiner Hemmung befreien kann.

*Es bewährt sich mir folgende Problemlösungsstrategie, die ich didaktisch *Entscheidungsstruktur* nenne: Vor wichtigen Entscheidungen kann ich mich fragen: (1.) «Wozu hätte ich Lust oder keine Lust?» und spreche damit das «Kind» an; dann: (2.) «Und was sollte ich?» oder auch «Was würden mich meine Eltern zu tun heißen?»; schließlich: (3.) «Was finde ich unter Berücksichtigung der gegenwärtigen Realität, *wozu auch die Gefühle des «Kindes» und die Stimmen der «Elternperson» gehören*, sinnvoll?»

Frage ich nicht «Was finde ich sinnvoll?», sondern «Was finde ich vernünftig?» oder «Was finde ich richtig?», so wird nach meiner Erfahrung durch diese Fragen häufig nicht die «Erwachsenenperson», sondern die «Elternperson» angesprochen!

3.5.3 Die Aktivierung der Ich-Zustände

Bei der Aktivierung eines Ich-Zustandes spielen nach Berne verschiedene Faktoren eine Rolle:

1. Die gegenwärtige Situation lädt zur Aktivierung eines bestimmten Ich-Zustandes ein (Berne 1961, p. 24). Ist jemand in einer kindlichen Haltung und werden ihm dann sachliche Fragen gestellt, so laden ihn diese ein, eine erwachsene Haltung einzunehmen. Eine Faschingsatmosphäre wäre eine Einladung, das «Kind» zu aktivieren. Nach dem beliebten und immer wieder von Berne angeführten Beispiel: Die Teilnehmer an einer Eltern-Lehrer-Zusammenkunft werden schon durch die Veranstaltung an sich eingeladen, ihre «Elternperson» zu aktivieren.

2. Die Abgrenzung der verschiedenen Ich-Zustände gegeneinander spielt eine Rolle. Ist die Durchlässigkeit der Grenzen zwischen den Ich-Zuständen, um einen Ausdruck und ein Bild von Berne zu gebrauchen, gering, so wird es dem Betreffenden schwerer fallen, einen einmal eingenommenen Ich-Zustand aufzugeben und einen andern zu aktivieren (Berne 1961, p. 24). Es kann sogar jemand in einem Ich-Zustand so befangen sein, daß er diesen in beinahe jeder Situation aufrechterhält. Andererseits können geringe Veränderungen der Situation bereits «unmotiviert» zur Aktivierung eines anderen Ich-Zustandes führen (s. dazu S. 59–64).

3. Berne schreibt schließlich noch vom «Fassungsvermögen an Energie» eines Ich-Zustandes, der für die Aktivierung eine Rolle spiele (1961, p. 24). Was er damit meint, ist mir nicht ohne weiteres klar. Er sagt dazu, daß z.B. «das absolute oder verhältnismäßige Fassungsvermögen» des «Kindes» «durch die Lösung infantiler Konflikte, erhöht werden könne», «womit das ‹Kind› weniger dazu neigen wird, zu unangebrachten Zeiten und in einer ungesunden Art und Weise aktiv zu werden» (1961, p. 25). Das liest sich, wie wenn er annehmen würde, daß bei einem in alte Konflikte verstrickten «Kind» die Energie gleichsam überfließen könne. Einleuchten würde mir die Vorstellung, daß ein «Kind», das seine Bedürfnisse lange unterdrücken mußte, schließlich die Aktivität gleichsam an sich reißt, um seine Frustrationen loszuwerden. Joines (1977) scheint eine solche Möglichkeit als selbstverständlich vorauszusetzen.

4. An der Stelle, an der Berne von den Faktoren spricht, welche die Aktivierbarkeit eines Ich-Zustandes beeinflußen, erwähnt er merkwürdigerweise nicht den Willen des Betreffenden, diesen oder jenen Ich-Zustand zu aktivieren (gleichbedeutend: mit freier Energie zu besetzen – s. S. 55f), obgleich er in seinem Werk immer wieder darauf verweist (z.B. 1961, pp. 152–153). Sein Schüler Karpman hat über die Möglichkeit, den zu aktiven Ich-Zustand frei wählen zu können, sogar eine preisgekrönte Arbeit geschrieben (Karpman 1971)! Die willentliche Einnahme einer bestimmten Körperhaltung kann eine entsprechende Gestimmtheit hervorrufen: lümmelnd (K), wohlwollend vorgeneigt (EL) oder locker aufrecht (ER) und ähnliches.

3.5.4 Das «sich erlebende Ich» und das «verhaltenssteuernde Ich»

Mit der Haltung oder dem sogenannten Ich-Zustand, der eben aktiviert wird oder den jemand einnimmt, ändert sich auch das Identitätsgefühl: Wer eine elterliche Haltung einnimmt, ist in diesem Augenblick sozusagen mit seiner «Elternperson» identifiziert und dasselbe gilt für eine kindliche oder erwachsene Haltung. Ich bin nicht nur, sondern ich erlebe mich nach Berne auch selbst als jemand anderer, ob ich nun eine elternhafte, eine kindliche oder eine erwachsene Haltung einnehme. Diejenige «Unterpersönlichkeit», mit der sich der Betreffende im Augenblick identifiziere, könne unter krankhaften Bedingungen eine andere sein als diejenige, die das Verhalten steuere. Erstere nenne ich abgekürzt «erlebendes Ich» (genauer: sich selbst erlebendes), die andere «verhaltenssteuerndes Ich.»

Berne spricht statt von «erlebendem Ich» vom «eigentlichen Selbst» [real self]. Da er aber unter diesem Begriff auch noch etwas anderes versteht (s. S. 70), bevorzuge ich den Ausdruck «erlebendes Ich». Das «verhaltenssteuernde Ich» heißt bei Berne «Ich mit ausführender Gewalt» [Ego with executive power].

Berne berichtet über eine Patientin, die unter einem Waschzwang litt. Zeitweise erlebte sie diesen Zwang als ihr selber fremd und unterzog sich ihm nur widerwillig, wie dies einem eigentlichen Zwang nach psychopathologischer Definition entspricht. Sie erlebte sich in diesen Zeiten als identisch mit ihrer «Erwachsenenperson». Diese war ihr *erlebendes Ich*. Nach Berne entsprach der Zwang einer krankhaften Angst des «Kindes» vor Schmutz *und Bakterien. Es war auf einer Entwicklungsstufe fixiert, für die eine Neigung zu «absoluten Vorstellungen» kennzeichnend ist. Dieses «Kind» wäre dann das *verhaltenssteuernde Ich*. In Zeiten, in denen die Patientin frei von Waschzwang war, waren erlebendes und verhaltenssteuerndes Ich identisch. Es kam aber auch vor, daß die Patientin das, was dem Beobachter als Waschzwang imponiert, als ich-eigene Handlung erlebte, da sie es dann *sinnvoll* fand, sich unzählige Male hintereinander aus Grauen vor Schmutz und Bakterien die Hände zu waschen. Auch in dieser Situation waren, wie Berne meint, erlebendes und verhaltenssteuerndes Ich identisch, wobei es sich aber um das «Kind», ein krankhaft gestörtes oder, wie Berne zu schreiben bevorzugt: verwirrtes «Kind» handelte (Berne 1961, pp. 22–23).

Jemand kann sein eigenes Verhalten aus einer der zwei andern Haltungen aus beobachten. So beschreibt Steiner einen Mann, der auf einer Party etwas angetrunken zu Musik ausgelassen zu tanzen beginnt. In diesem Augenblick ist offensichtlich sein «Kind» für sein Verhalten verantwortlich. Dabei kann aber seine «Elternperson» gleichsam zusehen und murmeln: «Du machst dich lächerlich Charly!» oder: «Das ist ja alles recht und gut, aber denk an deinen Bandscheibenschaden!» Es kann dann geschehen, daß die «Elternperson» die Oberhand gewinnt, der Betreffende seine Tanzerei aufgibt, sich hinsetzt und nun in einer mißbilligenden elternhaften Haltung den andern Tänzern zusieht (Steiner 1974, pp. 37–38/S. 45).

Woollams u. Brown sind der Ansicht, daß immer der Kind-Ich-Zustand verhaltenssteuernd sei, selbst wenn dies dem Betreffenden nicht bewußt sein sollte (1978, pp. 33–36)

Berne verbindet den Unterschied zwischen erlebendem Ich und verhaltenssteuerndem Ich mit energetischen Vorstellungen. Er unterscheidet ein energetisches Potential, das an einen Ich-Zustand («relativ») gebunden sei, jedoch bei dessen Aktivierung entbunden werden könne. Daneben gebe es noch freie Energie, die verhältnismäßig leicht von einem Ich-Zustand zum andern wechseln könne. Das Verhältnis der verschiedenen Energiearten zueinander veranschaulicht Berne mit seinem Affenbeispiel (1961, p. 23):

Wir sollten uns vorstellen, mehrere Affen würden auf einem Baum sitzen. Die erhöhte Position statte sie mit potentieller Energie aus, die sich in kinetische Energie verwandelt, wenn sie vom Baum fallen. Es entspricht dies der gebundenen Energie, die sich beim Fall entbindet. Als Lebewesen könnten sie aber auch aktiv (willkürlich) vom Baum abspringen, indem sie ihre Muskeln gebrauchen würden. Damit setzten sie zusätzlich ein, was Berne freie Energie nennt.

In diesem Beispiel wie auch an andern Stellen in den Werken von Berne kommt unzweifelhaft zum Ausdruck, daß er mit dem englisch-sprachigen Begriff «unbound energy» «entbundene Energie» meint und nicht einen von der gebundenen Energie gesonderten ungebundenen Energiebetrag (z.B. 1966b, p.299), wie Woollams u. Brown fälschlicherweise annehmen (1978, p.32).

Derjenige Ich-Zustand nun, der durch die freie Energie aktiviert sei, entspricht nach Berne dem erlebenden Ich (Berne: dem «wirklichen Selbst»); derjenige Ich Zustand, dem am meisten aktive Energie (d.h. entbundene + freie Energie) zukomme, entspreche dem verhaltenssteuernden Ich-Zustand. Wenn der Betrag an entbundener Energie, der einem Ich-Zustand zukomme, größer sei als die aktive Energie in einem andern, so komme es zu einer Dissoziation zwischen verhaltenssteuerndem und erlebendem Ich. Ein Ich-Zustand, dem nur gebundene Energie zukomme, sei latent (Berne 1961, pp.22–24).

Ihre Ansicht, daß immer der Kind-Ich-Zustand verhaltenssteuernd sei, begründen Woollams u. Brown mit der Vorstellung, dem «Kind» komme immer am meisten Energie zu, nämlich einen durch seine (biologische) Bedeutung sehr großen Betrag an gebundener Energie, vermehrt durch einen Betrag an ungebundener Energie (s. o.!), selbst wenn die freie Energie und der Rest an ungebundener Energie, der Ich-Zustand zukommen könne, berücksichtigt werde (1978, pp.33–36). Die Autoren berufen sich dabei auch auf J. Schiff u. Mitarb., die dem «Kind» ebenfalls, auch unter der energetischen Betrachtungsweise, eine ganz besondere Bedeutung beimessen, allerdings ohne ausdrücklich den verhaltenssteuernden Ich-Zustand dem «Kind» gleichzusetzen (1975b, p.26).

Diese energetischen Konstruktionen wurden wohl durch die energetischen Betrachtungen von Freud, dem Begründer der Psychoanalyse, angeregt, der seine Betrachtungsweise, wie sehr viele Forscher seiner Zeit, möglichst der naturwissenschaftlichen annähern wollte. Heute ist die der Physik analoge energetische Betrachtungsweise in der Psychologie und insbesondere in der Tiefenpsychologie überholt und gilt auch als theoretisches Konstrukt und Hilfsmittel der Forschung als überflüssig, wenn nicht sogar als irreführend (König 1981; Mertens 1981, S.24–27).

3.5.5 Dissoziation, Integration und Syntonie

Von einer *Dissoziation* spricht Berne, wenn Ich-Zustände unabhängig voneinander auf verschiedenen Wegen gegensätzlich reagieren. Steiner berichtet von einem Redner, der einerseits als «Erwachsenenperson» ganz kühl und sachlich gesprochen, aber dazu eine elternhaft wegwerfende Handbewegung gemacht habe (1974, p.39/S.46). Ein anderes Beispiel einer Dissoziation ist gegeben, wenn jemand einem anderen scheinbar aufmerksam zu hört, dabei aber Grimassen schneidet, ohne daß dem Betreffenden diese Diskrepanz bewußt ist. Auf den Sprecher oder auf allfällige sonst Anwesende könne das höchst verwirrend wirken (frei nach Berne 1972, p.253/S.298).

Berne berichtet von einer Frau, die behauptete, sie führe eine problemlose Ehe, dabei aber an ihrem Ehering am Finger drehte, ihre Beine übereinander schlug und mit dem Fuß andeutungsweise Tritte austeilte. Nach Berne sprach ihre «Elternperson» aus ihr, wenn sie sagt, sie führe eine tadellose Ehe, weil sich das doch so gehöre; dadurch, daß sie dabei an ihrem Ehering drehte, habe ihre «Erwachsenenperson» verraten, daß sie mit einem Schuft verheiratet sei; dadurch, daß sie bei dieser Aussage die Beine übereinandergeschlagen habe, gab ihr «Kind» zum Ausdruck, daß sie den Mann abwehrt und mit ihrem schwingenden Fuß teile sie ihm erst noch symbolisch Fußtritte aus. Tatsächlich trank ihr Mann und schlug sie, was sie weinend eingestand, als die Gruppenmitglieder sie auf das aufmerksam machten, was sie nicht in Worten, jedoch leiblich zu ihrer Ehe «sagte» (1972, p.365–366/S.413ff).

Eine Patientin von mir, die von einer Mitarbeiterin in aller Öffentlichkeit beleidigt worden war, erlitt eine Lähmung des rechten Armes. Es war ihr nicht bewußt, daß sie die Mitarbeiterin aus einem Impuls ihres «Kindes» hatte ohrfeigen wollen, aber dann innerlich von ihrer «Elternperson» daran gehindert worden war, «weil man das doch nicht macht». Als Ergebnis dieses unbewußten Konfliktes blieb ihr der vorübergehend gelähmte Arm. Das zeigt ihre Neigung, einen Konflikt nicht nur abzuspalten, sondern dann in einem Körpersymptom zum Ausdruck zu bringen, Ausdruck einer sogenannten *Konversionshysterie*. Darunter wird nach Freud eine erlebnisbedingte, als krankhaft geltende Störung der Wahrnehmung und/oder Bewegung und/oder halbautomatischer Funktionen wie Schlucken, Atmen, Stuhlgang verstanden.

Eine *Integration* besteht, wenn alle drei Haltungen gleichzeitig und ohne sich zu widersprechen zum Ausdruck kommen, nach Berne z.B. bei der Schaffung eines Kunstwerkes oder bei einer echten menschlichen Begegnung (1972, S. 366–367/S. 415). Es dürfte sich bei einer solchen Integration um dieselbe Gegebenheit handeln, die Berne andernorts als *Syntonie* bezeichnet, so wenn «Kind», «Elternperson» und «Erwachsenenperson» in wichtigen Belangen des Alltags miteinander einig sind, was Kennzeichen eines glücklichen Menschen sei (1961, p. 42–43). Siehe auch S. 12!

3.6 Trübungen, Befangenheit, Ausschluß im Bereich der Ich-Zustände (Berne: «Strukturelle Pathologie»)

3.6.1 Voreingenommenheit als Trübung eines Ich-Zustandes

Ein *Vorurteil* wird in der Transaktionalen Analyse als *Trübung* bezeichnet (Berne 1961, pp. 31–34). Eine Trübung besteht, wenn jemand glaubt, er nehme wahr, entscheide und urteile objektiv aus einer erwachsenen Haltung heraus, während er im Grunde genommen Vorurteile aus seiner «Elternperson» mitentscheiden lasse, die er dann aber gutgläubig wie nachgeprüfte, objektiv gegebene Tatsachen vertrete. Es gilt dies nach meinen Beobachtungen besonders bei der Diskussion «heißer» Themen, vornehmlich solcher aus den Gebieten der Politik, der Erziehung, der Sexualmoral oder der Religion. In der Transaktionalen Analyse wird ein Vorurteil als *Trübung der erwachsenen Haltung durch die «Elternperson»* gedeutet. Man denke an den Ausdruck: «Sein Urteil ist getrübt!». Ich zähle dazu auch Pauschalurteile: «Alle Unternehmer sind herzlos!» (Vergnaud u. Blin 1987, p. 17).

Es gibt auch *Trübungen der erwachsenen Haltung durch das «Kind»*. Vor allem geht es dabei um sogenanntes *Wunschdenken*, das sich scheinbar auf logische Schlußfolgerungen stützt, letztlich aber durch Lust- und Unlustgefühle bestimmt wird (Berne 1972, p. 154/S. 190): «Ich bin überzeugt: Diese vierte Ehe wird ewig dauern! Ich bin ja so verliebt!». Ebenso gilt dies für *Illusionen*: *«Nein, ich bin nicht besorgt! Du weißt ja: das Recht siegt immer!» (s. dazu auch S. 241). Auch *Wahnideen* werden von Berne als Ausdruck derartiger Trübungen (durch ein verwirrtes «Kind») aufgefaßt: *«Ich habe das Perpetuum mobile erfunden! Das investierte Geld wird tausendfach zurückkommen! Ich muß nur noch ein geeignetes Demonstrationsmodell herstellen!» An irgendeiner Stelle seines Werks schreibt Berne, das «Kind» sehe die Realität nicht, wie sie sei, sondern wie sie ihm passe.

Vorurteil und Illusion hängen eng zusammen, da sich ein Vorurteil als Illusion, eine Illusion als Vorurteil auswirkt, weswegen manchmal gesagt wird, die beiden Arten von Voreingenommenheit oder Trübung kämen immer zusammen vor. Das wäre dann eine *doppelte Trübung*, wie nach Woollams u. Brown die meisten Trübungen (1978, p. 37).

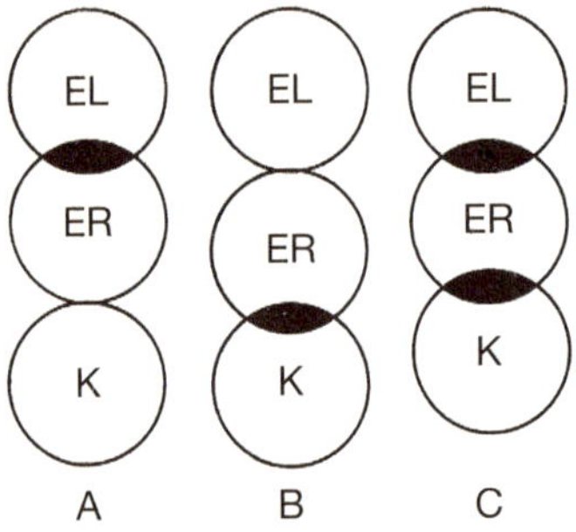

A: Trübung der Erwachsenenperson aus der Elternperson (= Vorurteil);
B: Trübung aus dem Kind-Ich (= Wunschdenken, nach Berne auch Wahnideen);
C: Doppelte Trübung. (Berne 1991, pp 50–51)

Abb. 10

Bei Voreingenommenheiten oder Trübungen über Sachverhalte handelt es sich immer auch um eine Verkennung der Realität im Sinn der Ausblendung (s. S. 116ff) oder der Grandiosität (s. S. 115), im zwischenmenschlichen Verkehr auch um Mißachtung (s. S. 115f). Der Psychoanalytiker Calvin S. Hall hat schon vor Berne geschrieben, daß durch eine Trübung [contamination] des Ichs durch wunscherfüllendes oder moralistisches Denken die Realität verkannt werde (1954, p. 118).

Vorurteile, Illusionen und Wahnideen verschwinden oft nicht schlagartig nach einer akzeptierten Aufklärung oder Behandlung, sondern bleiben oft noch als «merkwürdige Ideen» eine Weile bestehen, aber die «Erwachsenenperson» kann sich vorerst von ihnen distanzieren, zuerst vielleicht nur zeitweilig. Diese Distanz ermöglicht dann dem Betreffenden, zusammen mit seinem Therapeuten dem Ursprung dieser jetzt als unrealistisch erlebten Idee psychodynamisch nachzugeben und sie zunehmend aufzulösen. Eine ungetrübte «Erwachsenenperson» entspricht nach Berne einer autonomen «Erwachsenenperson».

In der Praxis geht es, wie geschildert, bei einer Trübung meistens um eine solche der «Erwachsenenperson» und ihrer Behebung (1961, pp. 31–34). Berne definiert aber andernorts auch viel allgemeiner: «Ein Ich-Zustand trübt den anderen» (1966b, p. 213). So läßt sich sagen, daß bei der Regressionsanalyse (s. S. 315) der Therapeut das «Kind» des Patienten von Trübungen durch die «Erwachsenenperson» zu befreien versucht, indem er Worte und Überlegungen in den Aussagen des Patienten, die dieser keinesfalls als kleines Kind ausgesprochen oder gemacht haben könnte, auszumerzen versucht (Berne 1966b, pp. 134, 314).

Berne schreibt von der Möglichkeit, daß die Intuition, seines Erachtens eine Funktion des «Kindes» (s. S. 32), durch logisches Denken der «Erwachsenenperson» gehemmt oder geschwächt werden könnte *(Trübung?): «Dieser Geschäftsfreund ist mir nicht ganz geheuer. Will er mich hintergehen?», ahnt das «Kind»; «Es bestehen überhaupt keine Beweise dafür!», meint die «Erwachsenenperson»; «So etwas denkt man doch nicht von einem allseits geachteten Kaufmann und Politiker!», mahnt die «Elternperson» (angeregt durch Berne 1962c). Im Grunde genommen handelt es sich hier um eine Auseinandersetzung zwischen den drei Ich-Zuständen, was nicht einer Voreingenommenheit entspricht. Eine Trübung ist eine *nur scheinbar* sachliche («erwachsene»), kindliche oder elternhafte Äußerung, die aber im Grunde genommen einem andern Ich-Zustand entspringt.

Ohne Kommentar wird im Schrifttum der Transaktionalen Analyse unter «Trübung» immer eine solche einer erwachsenen Haltung oder einer «Erwachsenenperson» verstanden. Es könnte auch gesagt werden, das «Kind» oder die «Elternperson» *maskiere sich in gewissen Bereichen oder zu gewissen Zeiten als «Erwachsenenperson»*. Beachtung verdient aber die Vorstellung, daß die «Erwachsenenperson» im allgemeinen nicht *völlig* getrübt ist, sonst wäre sie nämlich nicht mehr da und das «Kind» oder die «Elternperson» hätte sich an ihre Stelle gesetzt. In der Praxis ist es nur sinnvoll von einer Trübung zu sprechen, wenn noch *ungetrübte Anteile* vorhanden sind, die in bestimmten Lebensbereichen oder in bestimmten Momenten realitätsgerechte und sachlich sinnvolle Urteile und Entscheidungen ermöglichen! Diese «Anteile» werden aber nicht mehr von Wunschdenken (aber auch Wahnideen) oder Vorurteilen unterschieden; das macht die Trübung aus!

3.6.2 Befangenheit in einem Ich-Zustand oder Auschluß zweier Ich-Zustände

Nicht selten ist die *Befangenheit* in einer Haltung. Wer in einer bestimmten Haltung gewohnheitsmäßig befangen ist, nimmt in den verschiedensten Situationen nur das wahr, was die Einnahme dieser Haltung rechtfertigen würde und zieht immer Schlußfolgerungen, die dieser Haltung entsprechen [Berne: constant Child, constant Parent, constant Adult – 1961, p. 27].

Befangenheit in einer Ich-Haltung

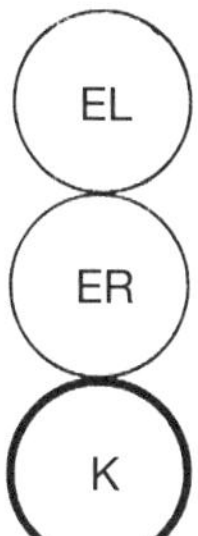

Abb. 11a

Ausschluß eines Ichzustandes

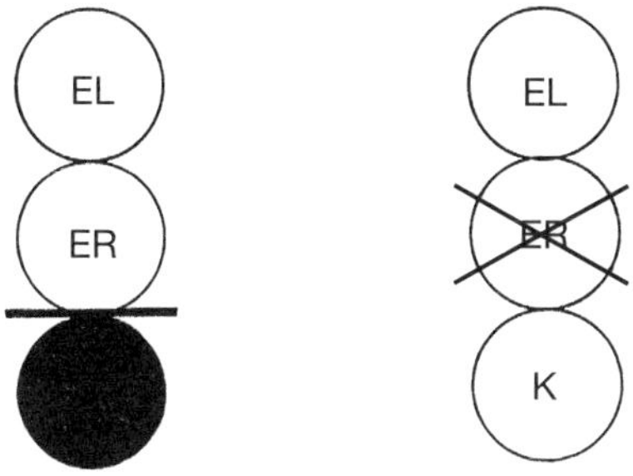

Abb. 11b

*Menschen, die sich auch den ernsthaften oder sogar tragischen Seiten des Lebens gegenüber immer spielerisch verhalten, ewige Backfische und ewige Rebellen sind in einer kindlichen Haltung befangen. Sie nehmen die Möglichkeit nicht wahr, auch erwachsen oder elternhaft zu reagieren. Ein (akuter) psychotischer Zustand entspricht der Befangenheit in einer, allerdings verwirrten, kindlichen Haltung (Berne 1961, p. 25; Woollams u. Brown 1978, p. 38).

Wer in einer elternhaften Haltung befangen ist, verhält sich innerlich wie äußerlich, wie wenn die Mitmenschen, mit denen er zu tun hat, seine Kinder oder Mündel wären.

Er kann nicht auch einmal kindlich sein oder erwachsen. Er übernimmt für andere die Verantwortung, mischt sich in ihre persönlichen Angelegenheiten ein und gibt ungefragt gute Ratschläge. Dabei kann Voreingenommenheit, Kritik oder Wohlwollen im Vordergrund stehen. Typisch ist nach meiner Beobachtung der Vater oder die Mutter, die ihre Kinder umsorgen und lieben, aber nicht mit ihnen spielen und herumtoben können. Auch politische oder religiöse Fanatiker sind Leute, bei denen die «Elternperson» die Herrschaft an sich gerissen hat, so daß keine andere Stimme mehr zum Ausdruck kommen kann, es sei denn in gelegentlichen Fehlleistungen. Das eigene «Kind», die eigene «Erwachsenenperson» wie die realen Gesprächsteilnehmer werden überfahren. Gewinnen solche Menschen reale Macht über andere, kann sich das verheerend auswirken, obgleich solche Fanatiker überzeugt sind, für jedermann nur das Beste zu wollen (Berne 1972, p. 366/S. 414; James u. Jongeward 1971, pp. 253–254/S. 261f).

Jemand, der in einer erwachsene Haltung befangen ist, verhält sich immer sachlich und objektiv, informiert sich stets ausreichend, bevor er eine Entscheidung trifft. Da er die Möglichkeit, kindlich oder elternhaft zu sein, nicht wahrnimmt, ist er immer ernsthaft und hält seinem Kind einen Vortrag über die physiologische Bedeutung des Schlafes, statt es einfach ins Bett zu schicken.

Da von der «Erwachsenenperson» gesagt wird, sie berücksichtige die Realität, wozu auch die eigenen Bedürfnisse und Gefühle («Kind») und die überlieferten Regeln des Zusammenlebens («Elternperson») gehören, fragt es sich, ob es sinnvoll sei, von einer Befangenheit in der erwachsenen Haltung oder in der «Erwachsenenperson» zu sprechen. Kahler meint, niemand könne im Grunde genommen in einer erwachsenen Haltung befangen sein (1978, pp. 23, 244). Wer den Eindruck mache, er sei in seiner «Erwachsenenperson» befangen, stehe vielmehr häufig unter dem Antreiber: «Sei stark!» und befolge damit eine in ihrer Absolutheit destruktive Weisung seiner «Elternperson» (s. S. 207f).

Die Gesellschaft erwartet, daß ein typischer Pastor sich so benimmt, wie jemand, der gänzlich in einer elternhaften Haltung befangen sei. Von einem anerkannten Wissenschaftler wird erwartet, daß er sich immer nur in einer erwachsenen Haltung äußert. Ein Zirkusclown sollte hingegen immer in einer kindlichen Haltung sein (Berne 1961, pp. 16–17). – Nach einer in sachlichem Ton und gänzlich unpathetisch gehaltenen, inhaltlich ausgezeichneten Ansprache eines Bischofs der Methodistenkirche, hörte ich einen Angehörigen der Landeskirche, die in der Schweiz keinen Bischof kennt, munkeln: «Und das soll ein Bischof sein? Der hat ja gesprochen wie unsereiner!».

3.6.3 Ausschluß eines Ich-Zustandes

Wem eine elternhafte Haltung gänzlich fremd ist, mit andern Worten: wer seine «Elternperson» abgespalten hat, kennt keine Grundsätze, kann nicht die Verantwortung auch für andere übernehmen, wo dies angebracht wäre. Im extremen Fall hat er kein Gewissen und kennt die Gefühle der Scham, der Reue, der Verlegenheit und der Schuld nicht. Möglicherweise hatte er nach Th. Harris extrem brutale, seltener extrem verwöhnende Eltern. Harris wie Woollams u. Brown sehen bei einem solchen Soziopathen auch eine durch das «Kind» getrübte «Erwachsenenperson» (Harris 1967, pp. 128–130/S. 124–126; Woollams u. Brown 1978, p. 38). Die Ausschaltung einer destruktiv wirkenden «Elternperson» kann aber auch positive Auswirkung haben, besonders wenn der Betreffende lernt, in Situationen, wo andere ihre «Elternperson» einsetzen würden, seine «Erwachsenenperson» zur Geltung zu bringen. Die «Elternperson» kann auch neu programmiert werden (James u. Jongeward 1971, p. 252f. n./S. 259 Anm.), eine Möglichkeit, die J. Schiff und ihre Mitarbeiter systematisch bei der Behandlung Geisteskranker einsetzen (s. Neubeelterung, S. 346ff).

Wessen «Kind» ausgeschlossen ist, dem ist es unmöglich, einmal auch nur vorübergehend, wenn es die Situation gestattet, unbekümmert und ausgelassen zu sein. Er kann sich kein Vergnügen gönnen. Eine spielerische Einstellung irgendeiner Situation gegenüber ist ihm fremd.

Bleibt die Möglichkeit ungenutzt, eine Erwachsenenhaltung einzunehmen, dann fehlt ein echter Bezug zur gegenwärtigen Realität. Nach Th. Harris bleibt ein solcher Mensch realitätsfremd, oft wirr und in seinen Überlegungen und Handlungen «dissoziiert» (1967, pp. 130–133//S. 126–129). Petzold meint entsprechend, Psychosen seien transaktionsanalytisch gesehen durch eine mangelhafte Aktivierbarkeit der «Erwachsenenperson» («des Erwachsenen-Ichs») gekennzeichnet (1976a). Meines Erachtens kann jemand, der seine eigene «Erwachsenenperson» nicht realisiert, beinahe unauffällig leben, wenn er statt dessen die vernünftige elternhafte Haltung verwirklicht, die er von seinen Eltern übernommen hat (s. S. 47). Allerdings lebt der Betreffende dann sozusagen immer noch in der Welt seiner Eltern, was notwendigerweise Trübungen zur Folge hat! Nach meiner Erfahrung lebt er aber meistens in der Gesellschaft «Gleichgesinnter».

Manche Erlebens-und Verhaltensweisen lassen sich auch verstehen, wenn wir ihnen die Vorstellung zugrunde legen, nur *ein* funktioneller Ich-Zustand sei ausgeschlossen, bei psychischen Störungen nicht selten das unbefangene oder freie «Kind» oder die teilnehmend-fürsorgliche (auch: emotional positive) «Elternperson», meistens beide gleichzeitig.

Nach Berne ist ein Ausschluß häufig insofern unvollkommen, als der ausgeschlossene Ich-Zustand sich manchmal «hervorwagt», aber dann sofort ausgeschlossen wird, wenn er direkt angesprochen wird (1961, p. 30), *bei jemandem, der eine Neigung hat, sein «Kind» auszuschließen z.B. in einer Faschingsatmosphäre, in der alle um ihn herum sich ausgelassen benehmen.

Nach Woollams u. Brown ist Ausschluß nie vollkommen. Selbst ein an sich ausgeschlossener Ich-Zustand habe noch gebundene Energie und könne demnach unter gewissen Umständen auf äußere Situationen reagieren. Welche Ich-Zustände bei jemandem eher aktivierbar seien bzw. eher ausgeschlossen würden, hänge weitgehend mit dem Skript des Betreffenden zusammen (zum Begriff «Skript» s. S. 176), aber das momentane Verhalten sei immer auch durch Anregungen bedingt, die von einer gegenwärtigen Situation ausgehen (Woollams u. Brown 1978, p. 39). Nach denselben Autoren besteht eine Befangenheit oder ein Ausschluß energetisch betrachtet darin, daß die freie und die ungebundene Energie (s. aber S. 55f) bei einem Ausschluß eines oder zweier Ich-Zustände von diesen abgezogen werde und demjenigen Ich-Zustand zugute käme, in dem der Betroffene befangen sei (1978, pp. 37–38).

Bei Berne liegt bei der Befangenheit in einem Ich-Zustand der psychodynamische Akzent ganz auf dem Ausschluß der beiden anderen Ich-Zustände. Deshalb schreibt er statt «Befangenheit» [constant ego state] viel häufiger von «ausschließendem Ich-Zustand» [excluding ego state]. Dieser Ausschluß beruht seines Erachtens auf einer abwehrenden Abspaltung [defensive exclusion, warding off].

Berne gebraucht neben dem Begriff «ausgeschlossen» noch *«außer Funktion gesetzt»* [decommissioned]. Zum Teil braucht er diesen Begriff im selben Sinn wie ausgeschlossen (1961, p. 31), zum Teil aber auch in einem radikaleren Sinn: In diesem heißt «außer Funktion gesetzt», daß ein nicht aktivierter Ich-Zustand nicht hört, was «im» andern vor sich geht. Als Beispiel erwähnt Berne die analytische Ausforschung eines Patienten in Hypnose oder unter der Einwirkung eines gering dosierten Narkosemittels («Hypnosanalyse» oder «Narkoanalyse»). In einem solchen Fall würden, im Gegensatz zu einem offenen Gespräch zwischen Therapeut und aktiviertem «Kind» eines Patienten, die «Elternperson» und die «Erwachsenenperson» nicht hören, was vor sich gehe. Sie seien sozusagen «aus dem Raum geschickt», wie eine Mutter aus dem Raum geschickt werden könne, wenn sich ein Kindertherapeut mit seinem kleinen Patienten unter vier Augen unterhalten möchte (Berne 1961, pp. 55, 173 – S. 64f).

Aus dieser Unterscheidung ergibt sich, daß nach dem Modell der Ich-Zustände nach Berne üblicherweise auch ein Ich-Zustand, der nicht aktiviert ist, doch mit-anwesend ist und wahrnimmt, was vor sich geht (s. S. 64f).

Als *«Auslöschung»* können wir einen solchen Ausschluß bezeichnen, wie er bei J. Schiff und ihren Mitarbeitern unter «Decathexis» verstanden wird. Ihre jugendlichen schizophrenen Patienten regredieren beim Verfahren der Neubeelterung (S. 343ff) allenfalls zu kleinen Kindern; sie verlieren dabei ihre bisher maßgebende «Elternperson»; unter dem erziehenden Einfluß der Therapeuten innerhalb einer familiären therapeutischen Gemeinschaft lernen sie eine neue «Elternperson» kennen und verinnerlichen. Die alte ist also gleichsam «ausgelöscht». Da geheilte Patienten, wie ein ehemaliger Patient beschreibt, der alten «Elternperson» wieder «verfallen» könne, wenn sie ihre leiblichen Eltern besuchen (A. Schiff 1969), ist die Bezeichnung «Auslöschung» zu radikal und «Desaktiviertheit» wäre für Dexathexis im Sinne von Schiff angebrachter. Dieser Begriff käme dann aber in Konflikt mit Decathexis im Sinn von Berne, der eben gerade nicht aktive, aber jederzeit aktivierbare Ich-Zustände damit bezeichnet.

3.7 Störungen im Wechsel von einem Ich-Zustand zum anderen (Berne: «Funktionelle Pathologie»

Zur «funktionellen Pathologie»» rechnet Berne, was ich unter 3.7.1 und 3.7.2 schildern werde. Zwanglos kann aber auch das Auseinanderklaffen von sich erlebenden und verhaltensbestimmenden Ich-Zuständen (s. S. 54f) dazugezählt werden sowie Störungen, die ich unten unter 3.7.3 und 3.7.4 erwähnen werde.

Zusätzlich erklärt Berne eine Reihe von krankhaften Beziehungen zur Realität als Störungen an der Grenze zwischen «Erwachsenenperson» und «Kind» [boundary symptoms], wie das Gefühl des Realitätsverlustes, Entfremdungsgefühle und Depersonalisation, Déjà-vu u. ä. (1961, p. 51).

3.7.1 Trägheit oder Leichtigkeit im Wechsel der Aktivierung der Ich-Zustände

Es gibt Menschen, die sehr hartnäckig in einem einmal eingenommenen Ich-Zustand verharren und nur mühsam in einen anderen wechseln. Sind sie gerade elterlich oder erwachsen gestimmt, fällt es ihnen schwer in einer Situation, der eine kindliche Haltung gerecht würde, in eine solche zu wechseln. Umgekehrt: Wenn sie kindlich gestimmt sind, fällt es ihnen schwer, sich auf eine moralisch wertende oder sachlich urteilende Haltung einzustellen, wenn es die Situation erfordere usw. .

Berne hat sich manchmal auch vorgestellt, bei der wechselnden Aktivierung der Ich-Zustände werde Energie verschoben (eine andere Vorstellung s. S. 55). Dann könnten wir von einer *Trägheit der Energieverschiebung* sprechen (Berne: «ungewöhnlich stabile Energiebesetzung»).

Andere Menschen können auffallend leicht, z.B. ausgelöst durch ein Wort des Therapeuten oder Beraters, von einem in einen anderen Ich-Zustand wechseln, z.B. von einer erwachsenen Haltung in eine kindliche. Im Gegensatz zu theoretisch ähnlichen Störungen (s.u.) stellt sich Berne vor, daß bei beiden Eigenheiten die Ich-Zustände inhaltlich klar gegeneinander abgegrenzt sind (1961, pp. 24–25).

Wir könnten von einer *Leichtigkeit der Energieverschiebung* sprechen (Berne: «ungewöhnliche Labilität der Energiebesetzung»).

3.7.2 Undurchlässige und mangelhafte Ich-Zustandsgrenzen

Nach Berne kann eine Befangenheit in einem Ich-Zustand bei Ausschluß der anderen beiden auch unter dem Bild einer besonders starren Grenze des betreffenden Ich-Zustandes gesehen werden, *gleichsam als einer kaum überwindlichen Schranke.

Funktioneller Störungen im Bereich der Ich-Zustände setzt Berne voraus bei «asthenischen Menschen», denen «Identität fehlt und die mit geringer Intensität von einem Ich-Zustand zum anderen wechseln, weil sie ungenaue oder undichte [lax] Ich-Zustandsgrenzen haben. ‹Kind› und ‹Elternperson›, obgleich beide schwach, dringen ohne große Schwierigkeit in die ‹Erwachsenenperson› ein oder brechen durch deren Grenzen ... Bei Menschen mit undichten Ich-Grenzen macht die ganze Persönlichkeit den Eindruck, schludrig [slipshod] zu sein» (1961, p. 35). Beim «Durchbrechen» von Grenzen der «Erwachsenenperson» denkt Berne anscheinend nicht an Trübungen, sondern an viel labilere Verhältnisse.

Statt von starren [rigid] und ungenauen oder mangelhaften [lax] Ich-Zustandsgrenzen braucht Berne auch das Bild von schwer oder leicht durchlässigen Grenzen, da ihm auch hier wieder vorschwebt, daß sich beim Wechsel von einem Ich-Zustand zum anderen Energie verschiebe. Das Bild von Störungen in den Ich-Zustandsgrenzen, mit dem er offensichtlich gewisse Eigenarten bestimmter Menschen erfassen will, scheint mir hier unzulänglich.

James beschreibt ausführlich, wie solche Menschen lernen müßten, zuverläßig ihre «Erwachsenenperson» zu aktivieren, was gleichsam eine Markierung oder Stärkung der Abgrenzung zwischen den Ich-Zuständen bedinge (1986), s. Abb. 13.

3.7.3 Läsion der Ich-Zustände nach James u. Jongeward

Die Autorinnen schreiben von Läsionen oder Verletzungen von Ich-Grenzen, wenn jemand emotional unverhältnismäßig und unkontrolliert auf gewisse Situationen reagiere, z.B. bei einer geringfügigen Kritik in Tränen ausbreche oder depressiv werde. Als Folge einer solchen «Verletzung» erklären es sich die Autorinnen auch, wenn jemand in Panik gerät, wenn er eine Maus sieht, vor Publikum auftreten soll oder es bei einem Gewitter donnern hört.

Nach den Autorinnen wurden solche Patienten in der Kindheit ernsthaft durch ein belastendes Ereignis oder fortlaufend belastende Erfahrungen «verletzt». Was bleibe, sei eine übermäßige Empfindlichkeit in einem bestimmten Erlebnisbereich (M. James u. Jongeward 1971, p. 258/S. 267; M. James mündliche Mitteilungen).

Läsionen im «Kind» und in der «Elternperson» nach M. JAMES (1986)

Abb. 12

Mangelhafte Ich-Zustandsgrenzen nach M. JAMES (1986)

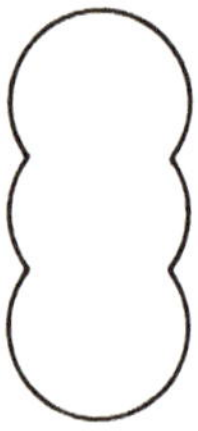

Abb. 13

Jemand könne als Kind von einem Hund gebissen worden sein und würde nun in der Folge übermäßig Angst vor Hunden haben. In einem solchen Fall spricht James von einer Läsion des «Kindes». Wenn ein Therapeut emotional explodiert, wenn ein Klient etwas sagt, was er grundlos als beleidigend erlebt, so spricht James von einer Läsion der «Elternperson». Solche unverhältnismäßigen Reaktionen können nach James bis zum Suizid oder zur Tötung eines anderen Menschen führen (1984).

Wessen Leben und Beziehungsfähigkeit durch eine solche Läsion oder solche Läsionen gestört sei, bedürfe der Behandlung, z. B. durch Desensibilisierung, wenn es sich um eine Phobie handle, oder durch eine gestalttherapeutische Bearbeitung eines «unerledigten Geschäftes», wenn es sich um die Nachwirkung belastender Kindheitssituationen handle (James 1984).

Was die Autorinnen anführen berührt sich mit dem, was Kupfer u. Haimowitz als *Gummibandgefühle* bezeichnen (1971), nämlich unverhältnismäßige emotionale Reaktionen auf eine gegenwärtige Situation, weil diese an eine stark affektiv besetzte aus der Vergangenheit anklingt.

Das Bild einer Läsion von Ich-Zuständen für die psychologischen Verhältnisse, welche die Autorinnen damit illustrieren wollen, scheint mir nicht sehr treffend.

3.7.4 Ein Ich-Zustand weiß manchmal nicht, was der andere sagt oder tut

«Wenn immer einer der Ich-Zustände in voller Aktivität ist, erlebt der Betreffende auch sich selbst entsprechend. Wenn jemand von oben herab seinen Ärger gegenüber jemandem zeigt, dann erlebt er sich in diesem Moment entsprechend als verärgerte Elternperson. Einige Minuten später kann er eine erwachsene Haltung einnehmen, erlebt sich dann auch als Erwachsenenperson und wundert sich, weshalb er sich kurz zuvor so geärgert hat. In einem Ich-Zustand weiß also jemand für gewöhnlich noch, wie er im anderen war und was er dabei getan hat. Es kommt nun aber vor, daß im einen Ich-Zustand vergessen wird, was jemand in einem anderen gesagt oder getan hat. Es geschehe dies, schreibt Berne, um sein Skript zu verwirklichen. Aus dem Zusammenhang nehme ich an, daß Berne dabei eine Ausblendung oder Verdrängung denkt. Sie dient nach Berne dazu, die Verantwortung für das, was früher gesagt oder getan wurde, nicht übernehmen zu müssen. In diesem Zusammenhang verweise ich ausdrücklich auf das Kapitel über das eigentliche oder wirkliche Selbst oder die Person S. 70f!

Nach Berne kann jemand dermaßen leicht von einem Ich-Zustand in einen anderen wechseln und dabei jedesmal sich selber fühlen, daß sein Verhalten für andere völlig unberechenbar wird. So könne jemand als Kind einen anderen beleidigen, aber als Elternperson oder Erwachsenenperson weiß er nichts mehr davon: «Ich war doch immer so nett zu ihr! Was wirft sie mir denn denn immer wieder vor?» (1972, pp. 250–251/ S. 295ff).

Ähnliche Verhältnisse liegen nach Berne vor, wenn jemand behauptet, er sei ein ausgezeichneter Autofahrer, dabei aber jedes Jahr mindestens einen ernsthaften Unfall baue, oder wenn jemand behauptet, er verstehe sich wunderbar aufs Kochen, obgleich regelmäßig angebrannt ist, was er aus dem Backofen zieht.

Nach Berne hat die «Erwachsenenperson» Verantwortung für alle Handlungen zu übernehmen, weswegen es auch moralisch höchst zweifelhaft sei, vor Gericht auf Unzurechnungsfähigkeit während einer bestimmten Tat zu plädieren. Berne zieht dabei auch eine Situation mit ein, in der bei jemandem in betrunkenem Zustand, in dem die «Elternperson» und «Erwachsenenperson» ausgeschaltet sind (s. S. 28), das «Kind» Dinge anstellt, von denen der Betreffende nachher nichts mehr weiß (Berne 1972, pp. 253–254/ S. 298ff).

Die geschilderten Verhältnisse ließen sich auch als Dissoziation bezeichnen. Unter Dissoziation habe ich aber vorangehend Verhältnisse bezeichnet, in denen sich Ich-Zustände oder innere Personen in ihrer Reaktion auf ein und dasselbe Geschehen zwar widersprechen, aber gleichzeitig auf verschiedenen Ausdruckswegen reagieren (S. 56).

3.8 Das Modell der Ich-Zustände als Grundlage entwicklungspsychologischer Betrachtungen

Nach Berne beginnt sich die «Erwachsenenperson» dann auszubilden, wenn das Kind zum ersten Mal realisiert, daß die Brust oder die Flasche nicht ihm selbst gehören, sondern einer äußeren Realität entsprechen. Im Erwachen des Gewissens bei einem vierjährigen Kind sieht Berne die ersten Anzeichen der Entstehung einer «Elternperson», aber auch – diesmal als Haltung nach außen –, wenn ein Kleinkind sein jüngeres Geschwister zurechtweist, wie es dies bei seinen Eltern gesehen hat, aber – darauf legt Berne großen Wert – ohne die Eltern bewußt nachahmen zu wollen, also ohne «Eltern» zu spielen. Wer in einem bestimmten Ich-Zustand ist, spielt nach Berne nicht eine Rolle, wie wenn ... (Berne 1961, S. 207f – s. auch S. 75).

Die Ansichten darüber, wann die Funktionen, die einzelnen Ich-Zuständen entsprechen, beim Kind erstmals beobachtbar werden und bis zu welchem Alter sie «ausgereift» sind, sind bei den verschiedenen Autoren, die sich damit eingehender befaßt haben, verschieden. Harris (1967, S. 40, 47, 50, 52, 70ff) hat die als K_1, EL_1, ER_1 bezeichneten Ich-Zustände noch nicht in seine Überlegungen einbezogen. Differenzierter sind die Versuche von Babcock u. Keepers (1976), Childs-Gowell (1979b), Levin (1974, 1981, 1982), Schiff (1978, pp. 23–24), Schiff u. Mitarb. (1975b).

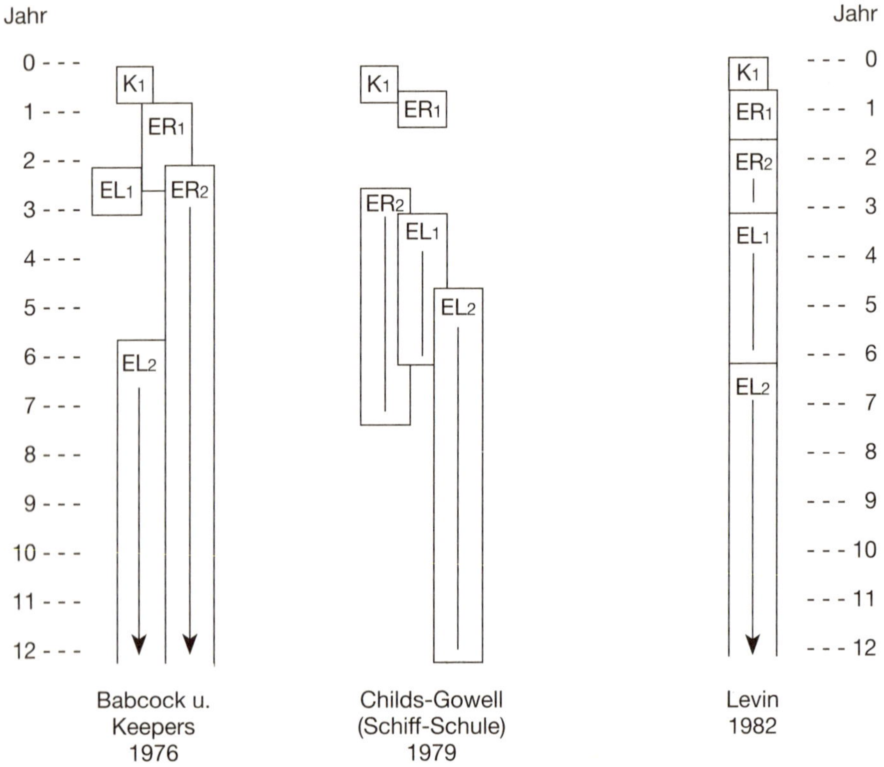

Tab. 1

Auf dem Schema eingezeichnet ist, in welcher Zeitspanne sich die einzelnen Haltungen (Ich-Zustände) entwickeln und ausbilden, wobei nach einigen Autoren die Ausgestaltung einzelner Ich-Zustände (genauer: innerer Personen) noch über das 12. Altersjahr hinausgeht. Es handelt sich nur um eine Auswahl von Autoren, die sich mit den entwicklungspsychologischen Aspekten der Ich-Zustände auseinandergesetzt haben. Ein Vergleich zwischen den verschiedenen Autoren ist nur bedingt möglich: Einmal ist eine solche Schematisierung durch mich ohnehin nur eine Annäherung an das, was die Autoren in Worten geschrieben haben, dann besteht eine große altersmäßige Streuung, schließlich ist das Schema natürlich abhängig von den Verhaltensweisen und allenfalls von Aussagen über das, was innerlich vor sich geht, worauf beim Kind auf diesen oder jenen Ich-Zustand geschlossen wird (s. z. B. S. 30ff). Einen wesentlichen Beitrag zu den differenzierteren entwicklungspsychologischen Beobachtungen anderer Autoren, wie z. B. von Piaget, leistet die Transaktionale Analyse nicht. Die klassischen entwicklungspsychologischen Auffassungen sind aber umgekehrt geeignet, Vorstellungen der Transaktionalen Analyse zu bereichern (English 1976f).

Stauss (1993) übernimmt im Zusammenhang mit seiner Arbeit über das Borderline-Syndrom das Entwicklungsmodell von Childs-Gowell, allerdings in einer Vereinfa-

Stadien der frühen Entwicklung nach Mahler u. Mitarb. und Vergleich mit der Entwicklung der Ich-Zustände nach K. Stauss

Monate		*K. Mahler*	Monate	*K. Stauss*
	primär narzißtisch (Freud), objektlose (Spitz) Zeit; Zeit der primären Liebe (Balint). Nur physiologisch oder auch Bedürfnisse nach Kontakt und Sicherheit?	*autistisches Stadium*		K_1 (a)
1			1	
2	auch der Vater wird bemerkt		2	
3	nach fast nur innerleiblichen Wahrnehmungen jetzt auch außerleibliche	*symbiotisches Stadium* «Dualunion» (Höhepunkt gegen Ende)	3	– (b)
4			4	
5			5	
6			6	
7	«Fremden» (Spitz: pos. Reifezeichen; Mahler: symb. Stad. nicht normal abgelaufen)		7	ER_1
8		*Stadium der ersten Trennung*	8	
9			9	(a)
10			10	–
11			11	
12			12	(b)
13			13	
14		*Stadium des Übens* «Welteroberung»	14	
15			15	
16			16	
17	Vaterbeziehung sehr wichtig, um Ablösung von Mutter zu erleichtern («Triangulierung»)		17	
18			18	
19		*Stadium der Wiederannäherung* «Ambivalenz»	19	ER_2
20			20	
21			21	
22			22	
23			23	
24			24	
. . .		*Stadium der Konsolidierung* (Mutter auch da, wenn nicht konkret gegenwärtig)	. . .	
36			36	
			4 Jahre	EL_1
			5 Jahre	
			6 Jahre	
			. . .	EL_2
			12 Jahre	

Die Entwicklungsstadien nach Mahler unter «Verdeutschung» der Fachausdrücke zusammengestellt von L.S.

Tab. 2

chung, die dem Schema von Levin (1982) entspricht. Er vergleicht es mit den Entwicklungsstadien nach Mahler u. Mitarb. (1975). Dieses ist im Zusammenhang mit den psychoanalytischen Vorstellungen von der Entstehung struktureller Ich-Störungen immer noch aktuell (s. Tab. 2).

Das *«Kind» des Kleinkindes (K_1)* entwickelt sich nach Stauss vom 1. bis 6. Monat. Die erste Hälfte (a) entspreche dem *autistischen Stadium* nach Mahler. Regression *(oder Fixierung) auf dieses Stadium führe als psychische Störung zum krankhaften Autismus. Die zweite Hälfte (b) entspreche der *Ausbildung der Symbiose* nach Mahler. Regression zu diesem Stadium führe zu einer Psychose. Im Alter vom 6. zum 18. Monat werde die *«Erwachsenenperson» des Kleinkindes (ER_1)* ausgebildet. Das erste Drittel dieser Altersstufe (a) entspreche dem Stadium der *Trennung* nach Mahler, die zwei folgenden Drittel (b) der *Welteroberung*. Im Alter von 18 Monaten bis zu drei Jahren entwickle sich die *«Erwachsenenperson» 1. Ordnung (ER_2)*. Es entspreche diese Zeit dem Stadium der Wiederannäherung nach Mahler. Gelinge diese «Wiederannäherung» nicht, sei damit der Grund gelegt zum Borderline-Syndrom mit der Spaltung von gutem und schlechtem «Objekt», d.h. dem Unvermögen, *in ein und derselben Person* «gute» und «schlechte» Eigenschaften zu erkennen, wie sie für das Borderline-Syndrom typisch sei. Später falle in diese Zeitspanne das Stadium der *Konsolidierung* nach dem Modell nach Mahler. Die Ausbildung der *kleinkindlichen «Elternperson» (EL_1)* verlegt Stauss auf das Alter von 3 bis 6 Jahren, die Ausbildung der *«Elternperson» erster Ordnung (EL_2)* auf das Alter von 6 bis 12 Jahren. Im Laufe der Pubertät dann, vom 12. bis 19. Altersjahr, spielten sich die drei Ich-Zustände aufeinander ein.

3.9 Das Egogramm nach Dusay

Das Egogramm ist eine graphische Darstellung, aus der ersichtlich ist, wie häufig und intensiv die verschiedenen Ich-Zustände eines Menschen im Alltag in Erscheinung treten (Dusay 1972, 1977b). Das Egogramm soll nach Dusay widerspiegeln, wie die Mitwelt die betreffende Persönlichkeit wahrnimmt. Das Egogramm als so spezifisch für ein Individuum wie einen Fingerabdruck zu bezeichnen ist meines Erachtens ungeschickt, da die Wirkung eines Menschen und damit auch sein Egogramm in verschiedenen sozialen Bereichen (Familie, vertraute Freunde, berufliche Situation usw.) meistens verschieden ist. Dieser Ansicht sind auch Jongeward u. James (1973, p. 89). *Meine Frage zum Egogramm lautet dementsprechend: *«In welchem Ich-Zustand fällt es mir (in dieser oder jener Situation) am leichtesten, in welchem am schwersten zu sein?»* Die Auswertung ist dann aber dieselbe wie bei Dusay.

Die Säule der «Erwachsenenperson» entspricht der Antwort auf die Frage: «Inwiefern pflegt der Betreffende seine Probleme eigenständig zu lösen? Inwiefern sammelt er Informationen, wertet sie sachlich aus und urteilt und entscheidet sich dementsprechend?» Die Säule der wohlwollenden «Elternperson» entspricht der Wirkung des Betreffenden, insofern seine Umgebung ihn in seinen verbalen und averbalen Äußerungen wohlwollend zugewandt erlebt. Die Säule des unbefangenen «Kindes» zeigt, inwiefern der Betreffende seine Bedürfnisse und Gefühle ungehemmt wahrzunehmen und zu äußern scheint sowie seine Intuition und Kreativität anscheinend frei spielen läßt. Dusay ist Anhänger einer Unterscheidung von positivem und negativem Aspekt beim abhängigen oder reaktiven «Kind». Die Säule des reaktiven «Kindes» entspricht demnach sowohl seiner Fähigkeit, Kompromisse zwischen eigenen Bedürfnissen und den Bedürfnissen anderer zu schließen (positives reaktives «Kind») als auch der Beobachtung, ob der Betreffende es vermeidet, Verantwortung zu übernehmen (negativer Aspekt des reaktiven «Kindes»). Auch dies in dem Maß, wie dies von der Mitwelt erlebt wird (s.u.) !

Beispiel eines Egogramms

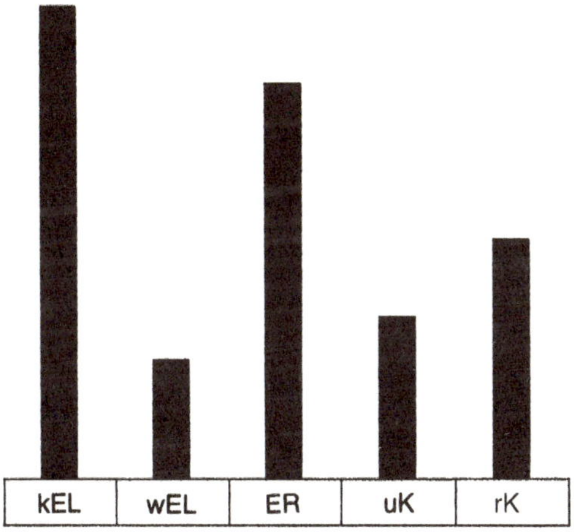

kEL = kritische «Elternperson»
wEL = wohlwollende Elternperson
ER = «Erwachsenenperson»
uK = unbefangenes «Kind»
rK = abhängiges oder reaktives «Kind»

Abb. 14

Beim Egogramm kommt es auf das Verhältnis der verschiedenen Haltungen zueinander an, wobei nach Dusay die «Konstanzhypothese» gilt, nämlich daß die Summe der gelebten Haltungen dieselbe bleibt, wenn sich das Egogramm einer Person, z.B. in Folge einer Behandlung, verändern sollte. Bringe jemand ursprünglich seine «Erwachsenenperson» kaum zur Geltung, lerne sie aber dann zunehmend einsetzen, so werde die Säule, die im Egogramm seine «Erwachsenenperson» repräsentiert, höher, wobei sich aber gleichsam automatisch eine oder mehrere andere Säulen in der Höhe verminderten. *In diesem Zusammenhang von einer «Konstanzhypothese» zu sprechen, scheint mir überflüssig. Gemeint ist einfach nur, daß es auf das Verhältnis der Säulen zueinander ankommt.

Es ist primär einfacher, das Egogramm eines andern aufzuzeichnen als sein eigenes Egogramm. Im letzteren Fall kann es nämlich geschehen, daß ich die verschiedenen Ich-Zustände nach dem einsetze, was *innerlich* in mir vorgeht. Ich kann mich z.B. ständig durch eine strenge und kritische «Elternperson» bedrückt fühlen und zeichne dementsprechend die Säule, die dieser entspricht, hoch ein, während möglicherweise meine Umwelt mich keineswegs als besonders kritisch erlebt, sondern wohlwollend und angepaßt, vielleicht weil dies von meiner kritischen «Elternperson» gefordert wird. Ich habe in einem solchen Fall nach Dusay von mir kein *Egogramm* aufgestellt, sondern ein *Psychogramm* (s. S. 40). Statt von Egogramm und Psychogramm wird von Transaktionsanalytikern manchmal einprägsamer von *Exogramm* und *Endogramm* gesprochen.

In der Praxis können durch das Egogramm Veränderungen visuell festgehalten werden, die als Folge einer Therapie entstanden sind. Bei der Frage, welche Wesenszüge und Verhaltensweisen zu verändern sind, wirkt es sich therapeutisch besser aus, zu beachten, welche «unterentwickelten» Ich-Zustände geübt werden müssen, als Wert darauf zu legen, «hypertrophe» Ich-Zustände zurückzubinden. Das Egogramm ist ohnehin nur eine spielerisch aufgestellte Visualisierung des Eindrucks von einem anderen Menschen und keineswegs eine mathematisch exakte Aussage!

Es lassen sich Egogramme von Leuten, die zusammenleben oder zusammenleben wollen, miteinander vergleichen, um Gemeinsamkeiten und Unterschiede oder auch Möglichkeiten gegenseitiger Ergänzung festzustellen.

Ein Egogramm wird nicht exakt «berechnet», sondern intuitiv und spielerisch hergestellt: Zuerst wird die am höchsten geschätzte Säule des Betreffenden eingetragen, dann die niedrigste, schließlich die andern Säulen.

3.10 Das eigentliche und wirkliche Selbst oder die Person

Ich will nur insoweit auf die Frage nach dem wirklichen Selbst oder der Person eingehen, als ich über die verschiedenen Äußerungen von Berne und andern Transaktionsanalytikern berichte, die sich mit diesem Problem beschäftigt haben, ohne die ganzen philosophischen Fragen, die sich mit dem Begriff der Person befassen aufzurollen und zu diskutieren (s. zum Begriff der Person Binder 1964).

Die Frage ist wohl gerechtfertigt, wer es denn sei, der bald kindlich, bald elternhaft, bald erwachsen erlebe und sich verhalte; wer es wohl sei, von dem in der Transaktionalen Analyse gesagt wird, er sei bald «in» diesem, bald «in» jenem Ich-Zustand. Berne selbst macht sich die Beantwortung dieser Frage dann zu leicht, wenn er sagt: «Jeder hat drei wirkliche Selbst!» Immer derjenige Ich-Zustand, der eben mit freier Energie besetzt sei, werde als das richtige Selbst erlebt (s. S. 55f). «Das Problem von Leuten, die herumsitzen und fragen: ‹Wer bin ich? Wer bin ich› gründet sich auf die Tatsache, daß sie *eine* Person sein wollen, daß sie aber *nicht eine* Person sind. Es besteht keine Möglichkeit, *eine* Person zu sein ... Sobald wir das realisieren, bietet uns das Problem des Selbst keine Schwierigkeiten mehr» (Berne 1968a –Auszeichnungen von mir). Bei diesen Aussagen realisiert Berne nicht, daß er von einem intrapersönlichen System spricht, das eine umfassende Person voraussetzt *(die selbst auch wieder Mitglied umfassenderer extrapersonalen Systeme ist!). Immerhin veranschaulicht er doch eine solche Person in einer Skizze (Abb. 15).

Berne schreibt vom *Selbst* oder *wirklichen oder eigentlichen Selbst* [real Self] als dem angenommenen Subjekt desjenigen Ich-Zustandes, aus dem heraus jemand sich selbst erlebt (Berne 1961, pp. 22–23), außer bei ernsthaften Störungen durchaus identisch mit dem verhaltenssteuernden Ich-Zustand bzw. der verhaltenssteuernden «Person» des innerpersönlichen Systems. Wie die Ich-Zustände wechselt, wechselt auch dieses Selbst. In diesem Sinn schreibt ja auch Berne, jeder sei drei Personen.

An anderer Stelle weicht aber Berne der Frage, wer eigentlich derjenige sein soll, der sich in den Ich-Zuständen manifestiere, nicht aus. Er stellt vielmehr fest, daß es sich um das *wirkliche oder eigentliche Selbst* [real Self] handle, das sich von einem Ich-Zustand zum anderen verschieben könne, sich also je nachdem in diesem oder jenem Ich-Zustand ausdrücke und dementsprechend sich selbst gleichbleibe (1972, pp. 276–277/ S. 323f).

Berne setzt diese beiden bedeutungsmäßig verschiedenen, von ihm aber gleich benannten Begriffe mißverständlicherweise einander gleich, aber offensichtlich doch nur mit Unbehagen, denn er spricht von einem psychologischen Paradoxon, das zu seiner Auflösung philosophischer Überlegungen bedürfe (1966b, p. 307).

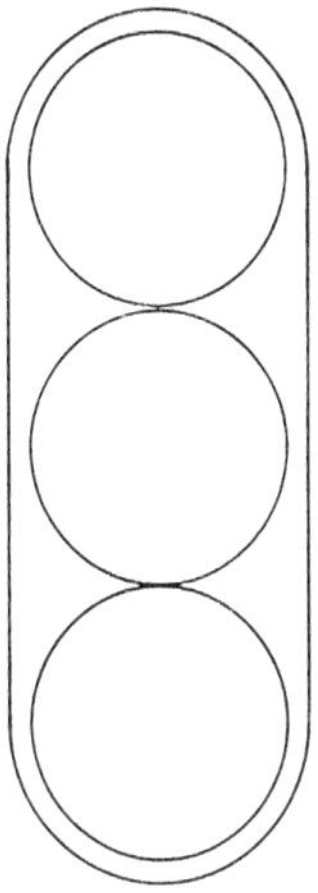

Abb. 15
Versuch einer Darstellung der Person nach BERNE (1981, p. 186)

Im Grunde genommen führt Berne noch eine dritte Art wirkliches oder eigentliches Selbst als «wirkliche Person in einer wirklichen Welt» (1972, S. 276) ein, wenn er von einem skriptfreien Teil des Menschen spricht, der in der Tiefe von dessen Wesen wurzle und der mit dem entsprechenden Teil eines anderen Menschen in gegenseitiger Achtung und Liebe Augenblicke wirklicher Intimität (s. S. 110) erleben könne. Solche Augenblikke lassen sich nach Berne mit der Unmittelbarkeit der Beziehung einer Mutter zu ihrem Kleinkind im Säuglingsalter vergleichen, eine Beziehung, die auf natürlichen Instinkten beruhe und ebenfalls skriptfrei sei (1972, pp. 276–277/S. 323f). Das wirkliche oder eigentliche Selbst im Sinn des sich selbst erlebenden Ichs und das Selbst, das sich von einem Ich-Zustand zum anderen verschieben kann, brauchen ja nicht skriptfrei zu sein. Das skriptfreie Selbst steht begrifflich dem «unverdorbenen» unbefangenen «Kind» nahe. Es ist vielleicht das, was Winnicott, wie bereits auf S. 34 erwähnt, als das «wahre Selbst» eines Menschen bezeichnet.

M. James und Savary erwähnen ein *spirituelles Selbst*, später als *innerer Kern* bezeichnet. Von diesem würden Energien in die drei Ich-Zustände fließen. Dieser Energiefluß könne allerdings auch blockiert sein. Von diesem Kern gehe ein Drang aus, zu leben, zu lieben und frei zu sein. In ihm wurzelten auch der Mut, die Kraft, die Selbstsicherheit und der Beweggrund, den Sinn seines Lebens zu verwirklichen (James, M. 1973, p. 219f; James, M. u. Savary 1974, p. 18ff; 1977, p. 23f, 42).

An ein wirkliches und eigentliches Selbst, das weder an etwas wie Ich-Zustände gebunden ist und noch durch das Skript bestimmt wird, kann das Selbst verstanden werden, von dem die Psychosynthese spricht. In dieser haben sich ebenfalls spirituelle Erfahrungen niedergeschlagen. Dieses «desidentifizierte Selbst» ist frei von Körperempfindungen, Gefühlen, Ansichten, Wünschen, sozialen Rollen usw., d.h. von allem, was eine individuelle Persönlichkeit charakterisiert. Es hat sich von diesen und allen anderen persönlichen Qualitäten und Regungen gelöst – wie in der Psychosynthese gesagt wird: «desidentifiziert». Es ist rein nur «Selbst» und wird meditativ erfahren. Es gilt als das

«Zentrum des Willens» (Assagioli 1973; Ferrucci 1981/1982). In der Transaktionalen Analyse müßte dieses «Zentrum des Willens» als «Zentrum der Entscheidung» bezeichnet werden. Ich habe bereits erwähnt, daß die «Entscheidungsorientierung» der Transaktionalen Analyse eine psychologistische Beschränkung des Begriffs der Person überwindet.

3.11 Beispiele von Berne für die diagnostische und therapeutische Anwendung des Modells der Ich-Zustände

3.11.1 Aus einer von Berne geleiteten Gruppe von Müttern verhaltensgestörter Kinder

(frei nach Berne 1961, pp. 192–193)

Esmeralda: «Etwas bekümmert mich seit Freitag. Ich kaufte einen Tisch und, nachdem ich zu Hause angekommen war, war ich mit dem Kauf nicht zufrieden. Ich dachte, ich hätte hier in der Gruppe gelernt, nur das zu kaufen, was ich wirklich kaufen will, statt dessen habe ich das gekauft, was der Verkäufer mir verkaufen wollte. Als Erwachsene wußte ich, was ich wollte, aber als Kind konnte ich der Verführung durch den Verkäufer nicht widerstehen.»

Berne: «Das ist der Beruf des Verkäufers! Es gehört zu seiner beruflichen Aufgabe, den Kunden als Erwachsenen zu umgehen und ihn als Kind anzusprechen. Würde ihm das für gewöhnlich nicht gelingen, könnte er seine Stelle nicht lange behalten. Wenn er geschickt in dieser Beziehung ist, lernt er, wie er den Kunden als Kind veranlassen kann, zu tun, was er will. ... Die Schwäche dieses ‹Kindes› ist eine der Gegebenheiten, die andere Leute zu deren Vorteil ausnützen können ... Sie haben hier schon viel gelernt, müssen aber das, was Sie gelernt haben, auch im Alltag einsetzen und der Einkauf bietet eine gute Gelegenheit dazu. Niemandem in dieser Gruppe sollte jemand etwas verkaufen können, was sie eigentlich nicht kaufen wollen. Sie müssen bei solchen Gelegenheiten sich als Erwachsene entscheiden und handeln und auf der Hut sein, daß ein Verkäufer sie nicht als Kind, das sie immer auch sind, erwischt, wie es sein Beruf ist. – Sie müssen aber auch Ihre Grenzen kennen. Wenn Sie wissen, daß Sie gegenüber einem Verkäufer ihre ‹Erwachsenenperson› nur zehn Minuten aktiviert erhalten können, dann müssen Sie eben nach dieser Zeit den Laden verlassen, wenn Sie nicht riskieren wollen, daß Ihr ‹Kind› überhand nimmt. Sie können ja später wieder hingehen. – Wenn Sie das tun, werden Sie das wieder einsparen, was Sie für diese Behandlung ausgeben müssen. Das wäre ein guter Beweis, daß diese erfolgreich ist. Das Wichtigste aber ist, daß Sie das, was Sie gelernt haben, praktisch im Alltag anwenden! Nur darüber zu sprechen ist nicht genug, aber ich nehme an, Sie sind jetzt alle auf dem guten Weg dazu!»

3.11.2 Der erfolgreiche Anwalt (Ned Segundo)

(Berne 1957b; 1958; 1961, pp. 14–15, 86, 111, 149–156; 1963, pp. 179–180/ S. 145–147).

Berne berichtet über einen angesehenen und vor Gericht erfolgreichen 35jährigen Anwalt, der seine Kinder gut erzog und im ganzen vorbildlich für seine Familie sorgte. Er zeigte aber einige Eigenheiten. Bemerkenswert war sein Verhältnis zum Geld: Manchmal konnte er unverhältnismäßig große Geldsummen zu wohltätigen Zwecken ausgeben, die sogar seine Zahlungsfähigkeit gefährdeten. Er spürte dabei den Drang, alles Vermögen für die Armen und Unterdrückten herzugeben. Dann wieder ging er mit seinem Geld so geschickt und planvoll um wie ein raffinierter Bankier und hatte damit durchaus Erfolg. Zu andern Zeiten war er ausgesprochen kleinlich und knausrig und drehte jeden Pfennig um, ehe er ihn ausgab, ja, sparte sich sogar Ausgaben, indem er heimlich Kaugummi stahl. Wie er es auch mit dem Geld hielt, immer hatte er dabei ein Unbehagen: Benahm er sich als großer Menschenfreund, ärgerte er sich irgendwie gleichzeitig, daß er sein Geld nicht besser geschickt anlegte oder zu seinem eigenen Vergnügen ausgab; ging er damit klug und sorgfältig um, wie es eigentlich von einem Rechtsanwalt angenommen wird, hatte er ein schlechtes Gewissen, daß er nicht an andere Leute dachte; benahm er sich geizig, so hatte er das schlechte Gewissen ebenfalls und erst noch Angst, es könnte seinem Ruf als Anwalt schaden, wenn er doch einmal bei einem Ladendiebstahl erwischt würde.

Es stellte sich im Laufe der Behandlung heraus, daß er, wenn er unvernünftig Geld ausgab, seinem Vater gehorchte, der ihn immer ermahnt hatte, wohltätig zu sein. War er geizig und stahl sogar Kleinigkeiten in Ladengeschäften, wiederholte er eine Verhaltensweise aus der Kindheit. Er erlebte und verhielt sich also im Wechsel als Erwachsener, als Kind und als Elternperson. Auch in der Sprechstunde bei Berne machte der Patient manchmal den Eindruck eines kleinen, dann meist eher einsamen und ängstlichen Kindes und unvermittelt wieder denjenigen eines erwachsenen und klugen Anwalts.

Der Patient spielte auch um Geld. Er hatte dabei ein eigenes System entwickelt, um Depressionen zu vermeiden. Gewann er, war er wohlgemut gestimmt, ging sich aber oftmals duschen, bevor er sein Glück nochmals versuchte, wie wenn er Schuldgefühle, die ihn beschlichen hatten, abwaschen könnte. Verlor er – z.B. einen Betrag von 50 Dollar –, so sagte er sich: «Ich habe damit gerechnet, 100 Dollar zu verlieren; nun habe ich nur 50 Dollar verloren, also eigentlich 50 Dollar gewonnen!», eine Argumentation, die Berne dem «Kind» des Patienten zurechnete wie auch das Duschen an die Magiegläubigkeit eines gewissen Kindesalters erinnerte. Manchmal verzog sich der Patient in eine Berghütte, angeblich um zu fischen, in Wahrheit aber, um mit Whisky, Rauschgift, Schußwaffen und pornografischer Literatur sich Phantasien und infantilen sexuellen Akitivitäten hinzugeben. Auch diese Episoden rechnete Berne dem «Kind» des Patienten zu. Dasselbe galt für die Tatsache, daß er sich hie und da Rauschgift spritzte, um sich zu beweisen, daß er genügend stark sei, einer Sucht zu widerstehen. Er bewahrte zudem in seinem Büro im Pult Rauschgift auf, das ihm einmal von einem Klient überlassen worden war. Dabei bildete er sich, gleichsam wider besseres Wissen als Rechtsgelehrter, ein, die Polizei würde das wohl durchgehen lassen, wenn sie es entdeckte, eine Annahme, die Berne als eine Trübung der «Erwachsenenperson» durch das «Kind» auffaßte. Schließlich konnte der Patient in Gesellschaft auffällige Bemerkungen machen wie: «Wir Mädchen müssen aufpassen, nicht zuviel zu trinken!», womit er seinen Ruf als klar denkender Anwalt aufs höchste gefährdete. Auch dieses Verhalten führte Berne auf das «Kind» seines Patienten zurück, das er im übrigen als krank oder, wie Berne zu sagen pflegt, als «verwirrt» betrachtete.

Die Behandlung bestand darin, mit dem Patienten zusammen, «Erwachsenenperson», «Elternperson» und «Kind» zu unterscheiden und ihn immer wieder darauf hinzuweisen, wenn er sich nicht klar war, welche Haltung, eine sachlich-rationale, eine kindheitliche oder eine elterliche, er eben einnahm. Immer besser lernte der Patient, diese Haltungen voneinander abzugrenzen, was ihm ermöglichte, schließlich seiner «Erwachsenenperson» im Alltag die «Vorherrschaft» einzuräumen und das zu tun, wozu er sich auf Grund rationaler Überlegungen entschied, ohne daß übrigens der Therapeut diesbezüglich suggestive Anregungen machen mußte. Das Rauschgift warf er weg. Die Gefährdung seines Rufes war gebannt. An Parties an denen die Gefahr bestand, daß zuviel getrunken wurde, sagte er nicht mehr, sondern dachte er nur: «Wenn ich ein Mädchen wäre – was ich aber nicht bin – würde ich nicht zuviel trinken!». Nur noch alle paar Wochenende verzog er sich in seine Berghütte und gab damit seinem «verwirrten Kind» Raum, lebte, wie Berne schreibt, sozusagen eine «Wochenendschizophrenie» aus.

Der erste Schritt in der Behandlung besteht bei Patienten wie diesem in einem kognitiven Vorgehen: *Es geht darum, ihnen den Unterschied dieser drei Persönlichkeitsanteile bewußt zu machen, ja ihn recht eigentlich erleben zu lassen. Der zweite Schritt besteht darin, die Realitätsprüfung zu stärken und der «Erwachsenenperson» die Vorherrschaft zu ermöglichen.* Das wünschenswerte Ergebnis besteht darin, daß ein Patient lernt, sein «Kind», seine «Elternperson» und seine «Erwachsenenperson», welche die Führung innehaben sollte, zu befriedigen, was zu einer inneren Harmonie führt. Beim erwähnten Patienten gelang dies, aber die Verwirrung des «Kindes», nach Berne Grundlage von Neurosen und Psychosen, konnte nicht völlig behoben werden. Um diese Verwirrung zu beheben hätte es mehr bedurft, als nur einer Anwendung des Modells von den Ich-Zuständen, nämlich eines tiefenpsychologischen Verfahrens, sei es einer Psychoanalyse oder einer Skriptanalyse, wie sie Berne später entwickelte.

Die therapeutische Anwendung allein des Modells der Ich-Zustände besteht im Aufsuchen, Herausschälen und «Enttrüben» der «Erwachsenenperson» und ihrer Erhebung zur «Vorherrschaft». Häufig genügt dies für eine Beherrschung der Symptome und der konstruktiven Gestaltung der sozialen Beziehungen [«Symptomatic and social control» oder «Adult control over symptoms and relationships»] (Berne 1961, 3, 86, 164–165, 176, 190–198, 276).

Dieser selbe Patient hatte Berne erzählt, daß er sich als kleiner Junge in den Ferien auf einer Viehfarm als Cowboy verkleidet habe. Er habe einem Knecht beim Satteln eines Pferdes geholfen, worauf dieser gesagt habe: «Danke, Viehtreiber!», worauf dann der Junge berichtigt habe: «Ich bin gar nicht wirklich ein Viehtreiber; ich bin einfach ein kleiner Junge!» – Der Patient meinte dazu: «Das entspricht genau dem, wie ich mich auch heute noch erlebe, nämlich manchmal durchaus nicht als der Anwalt, der ich bin, sondern als kleiner Junge!» (Berne 1957b). Berne realisierte, daß alles, was er dem Patienten sagte, sowohl von diesem als erwachsenem Anwalt wie als kleinem Junge aufgenommen wurde, woraus sich ihm der Begriff der «Erwachsenenperson» und des «Kindes» erschloß. Dabei erinnerte er sich an daß, was Federn über «einen geistigen Dialog zwischen zwei Teilen des Ichs, dem erwachsenen und dem kindlichen» erwähnt habe (Berne 1957b).

*Diese Kuhtreiberanekdote ist kein Modell für die Tatsache verschiedener Ich-Zustände in ein und demselben Individuum, als was sie von Berne mehrmals angeführt zu werden scheint. Der kleine Junge war eben wirklich nur ein kleiner Junge, wenn auch als Cowboy verkleidet.

Die bewußte spielerische Annahme einer Rolle begründet nach Bernes eigener Aussage keinen Ich-Zustand! (1961, pp. 257–258; 1966b, p. 314; 1968a; 1970, p. 216)

Aus der Analyse der Ich-Zustände ergibt sich eine Ich-Zustandsdiagnose, die unabhängig ist von der Einordnung des Krankheitsfalles in das Schema der klassischen psychopathologischen Diagnostik, aber doch Hinweise gibt auf das mutmaßlich geeignetste therapeutische Vorgehen. Nach dem Modell von den drei Ich-Zuständen und seiner therapeutischen Anwendung ist es nach Berne völlig unwesentlich, ob ein Patient, wie der vorangehend erwähnte, nun als Schizophrener, als Borderline-Patient, als suizidal Depressiver, als impulsiver Neurotiker, als Süchtiger (was er in Tat und Wahrheit nicht war – Berne 1961, S. 159) oder als Psychopath klassifiziert wird (1961, p. 155).

Berne äußert keine so radikale Ansichten wie sein antipsychiatrischer Schüler Steiner, für den psychopathologische Diagnosen bösartigen Psychiatern dazu dienen, Patienten für den Rest ihres Lebens abzustempeln (1974, pp. 160–166/S. 159–164)! J. Schiff und ihre Mitarbeiter stellen demgegenüber fest, daß es durchaus sinnvoll sein könne, übliche Diagnosen zu stellen, da es sich nach Entstehung, Erscheinungsbild und therapeutischen Ansprüchen zu kennzeichnende Krankheitseinheiten handle (J. Schiff u. Mitarb. 1975b, pp. 72–73).

3.11.3 Die junge Hausfrau (Frau Primus) (1957b; 1961, pp. 10–13, 147–148)

Berne berichtet über eine junge Hausfrau, die von ihrem Hausarzt einer konsiliarischen Untersuchung zugewiesen worden war. Während der ersten zwei Minuten saß sie gespannt mit niedergeschlagenen Augen auf ihrem Stuhl und begann dann zu lachen. Einen Augenblick später wurde sie wieder ernst und musterte den Arzt verstohlen. Dann wandte sie die Augen ab und begann wieder zu lachen. Dieses Hin-und-Her wiederholte sich noch drei- bis viermal. Plötzlich hörte sie auf zu kichern, setzte sich betont aufrecht hin, zog ihren Rock zurecht und wandte zugleich ihren Kopf lauschend nach rechts. Berne hatte bis jetzt geschwiegen, um ihr Zeit zu lassen, sich an die Situation zu gewöhnen. Jetzt fragte er sie, ob sie Stimmen höre. Sie nickte, ohne den Kopf zu wenden, und lauschte weiter. Nun fragte Berne sie ruhig und in sachlichem Tonfall, wie alt sie eigentlich sei. Sie wandte sich ihm zu und beantwortete diese und noch mehrere sachliche Fragen, sodaß es ihm möglich war, sich ein Bild über einige Faktoren zu machen, die möglicherweise die Psychose ausgelöst haben könnten. Er stellte dann während einer gewissen Zeit keine Fragen mehr und die Patientin fiel wieder in ihren früheren Zustand zurück. Der Kreislauf zwischen kokettierendem Kichern, verstohlener Musterung und Abschätzung des Psychiaters und steifer Aufmerksamkeit gegenüber den halluzinierten Stimmen begann aufs neue, bis Berne sie fragte, wessen Stimme sie eigentlich höre und was diese sagen würde. Sie berichtete, es scheine die Stimme eines Mannes zu sein, der ihr unverschämte Namen gebe, Wörter, die sie nie gehört zu haben behauptete. Das Gespräch wandte sich dann den Familienverhältnissen zu. Sie beschrieb ihren Vater als wundervollen Mann, einen aufmerksamen Gatten, liebevoll zu seinen Kindern und geschätzt in der Gesellschaft usw. Bald stellte sich dann aber heraus, daß er auch zuviel trinken konnte und sich dann völlig verändert zu verhalten pflegte, wobei er auch üble Ausdrücke von sich geben konnte. Als Berne die Patientin aufgefordert hatte, einige dieser Ausdrücke wiederzugeben, stellte es sich heraus, daß einige dieser Schimpfworte auch von der halluzinierten Stimme gebracht wurden (Berne 1961, S. 10f). Bei dieser handelte es sich, schließt Berne, um eine «veräußerlichte» «Elternperson», wie ja auch der leibliche Vater eine äußere Gestalt gewesen war. Es zeigt dies nach Berne, wie konkret die «Elternperson» aufgefaßt werden kann (Berne 1961, pp. 12–13, 24–25, 146).

Nach Berne ist ein Symptom Ausdruck eines einzelnen Ich-Zustandes, sei es eines nach außen aktivierten oder eines ausgeschlossenen, in Konflikt oder in Übereinstimmung mit einem anderen oder auch an einer Trübung beteiligt. Die erste Überlegung bei einem krankhaften Symptom, wie die Halluzinationen der eben beschriebenen Patientin, besteht darin, herauszufinden, welcher der drei Ich-Zustände dahintersteht. Gewisse Charakterzüge könnten Ausdruck eines Ich-Zustandes sein und die Symptome eines andern. Halluzinationen seien im allgemeinen Ausdruck einer nach außen verlegten «Elternperson», wie das Beispiel zeigt. Selten seien halluzinierte Stimmen Ausdruck des «Kindes», wie im allgemeinen Wahnideen (Berne 1961, pp. 49–50). Manische Symptome werden von Berne als Ausdruck eines übermäßig aktivierten «Kindes» betrachtet, das sich der Kritik der «Elternperson» entzogen habe. Diese sei aber nicht außer Funktion gesetzt, sondern mit-anwesend. Depressive Symptome bei einer manisch-depressiven Krankheit seien ebenfalls Ausdruck des «Kindes», das aber völlig unter dem Einfluß einer kritisch-herabsetzenden und verurteilenden «Elternperson» stehe. Folgten depressive Verstimmungen einer manischen Phase, können sie nach Berne gleichsam als Rache der «Elternperson» aufgefaßt werden, die während der manischen Phase sich völlig hintangesetzt gefühlt habe (Berne 1961, pp. 54–55, 143; 1966b, pp. 349–350).

Bei diesen transaktionsanalytischen Deutungen handelt es sich nicht um eine *ätiologische* Erklärung der entsprechenden Krankheiten, zuletzt der manisch-depressiven Psychose, sondern um eine *beschreibende* Erklärung, ähnlich wie Eugen Bleuler seinerzeit bei den von ihm erstmals als Gruppe der Schizophrenien bezeichneten Krankheiten viele Symptome psychoanalytisch aufschlüsseln konnte, aber damit nicht die Ätiologie dieser Krankheiten aufgeklärt zu haben glaubte.

Schon aus dem Verhalten, das die Patientin an den Tag legte, wenn sie der Stimme zuhörte, nämlich die aufrecht-korrekte Haltung und das Ordnen der Kleidung, lassen den erfahrenen Psychiater vermuten, daß es sich um eine elterliche Stimme handelte, welche die Patientin in die Haltung eines fügsamen Kindes versetzte.

Gelingt es dem Psychiater durch geeignete Fragen und Themen, die das seines Erachtens kranke oder gestörte («verwirrte») «Kind» nicht herausfordern, die «Erwachsenenperson» anzusprechen, so verändert sich das Verhalten sofort, der Realitätsbezug wird wieder hergestellt, und es kommt die erwachsene und vernünftige Hausfrau, welche die Patientin auch ist, zur Geltung. Ein solcher Zustand entspricht einer vorübergehenden Aufhellung der Psychose.

Die dritte Haltung, welche die Patientin, wenn wir vom fügsamen «Kind» unter dem Einfluß der als außenbefindlich erlebten «Elternperson» absehen, zeigte, war diejenige eines kokettierenden Schulmädchens, nach Berne ebenfalls eine Ausdruck eines «Kindes», das aber nicht unter elterlichem Einfluß stand (Berne 1961, pp. 10, 12).

Bei einem solchen Patienten besteht nach Berne der erste Schritt in der Behandlung darin, nach Möglichkeit die «Erwachsenenperson» durch Aktivierung zu stärken, indem der Therapeut sich, ohne das kranke «Kind» herauszufordern, immer wieder mit dieser in Verbindung setzt, was am besten durch einfache Fragen in betont sachlichem Tonfall geschieht wie solchen nach den sozialen Verhältnissen (Berne 1961, p. 10). Wenn die Persönlichkeit eines solchen Patienten allerdings völlig desorganisiert und das Bewußtsein getrübt ist, besteht kaum eine Möglichkeit, einen solchen Zugang zu finden. Der zweite Schritt wäre auch bei einer solchen Patientin die Förderung einer wenigstens zeitweiligen Distanzierung gegenüber dem kranken «Kind» von der «Erwachsenenperson» aus, was aber natürlich noch keineswegs einer Heilung entsprechen würde. Auf die «Elternperson» werde besser erst später eingegangen (Berne 1961, pp. 147–148). Von der «Elternperson» gehen nach Berne die Widerstände gegen die psychodynamischen Deutungen aus, die schließlich notwendig sind, um an den «Kern» der Krankheit zu gelangen.

Eine *neurotische oder psychotische Erkrankung* wird von Berne als Ausdruck eines verwirrten [confused] «Kindes» aufgefaßt. Neurosen allerdings auch als Ausdruck eines durch eine strenge «Elternperson» unterdrückten und in der Folge oft ausgeschlossenen und sich nur indirekt äußernden «Kindes». Ein solches wird von Berne nicht klar von einem «verwirrten Kind» unterschieden. Durch eine klare Sonderung der drei Ich-Zustände im Laufe einer Behandlung, gelinge es oft die Verwirrung des «Kindes» zu beherrschen und ein Leben in Übereinstimmung mit den Richtlinien der «Erwachsenenperson» zu führen [social control] (Berne 1961, pp. 2–3, 84–86, 152, 152–153, 164–165, 190–198, 276; 1966b, p. 241). Ein befriedigendes Ergebnis könne also oft allein schon durch die therapeutische Anwendung des Modells von den Ich-Zuständen erreicht werden (1966b, p. 221).

Ein zweiter Behandlungsabschnitt, bestehe dann in der Behebung der Verwirrung des «Kindes», durch erlebnisgeschichtliche Deutungen (1961, pp. 148, 155, 173; 1962; 1966b, pp. 220, 241–243, 279). Diesen zweiten Abschnitt setzt Berne in der Frühzeit der Entwicklung der Transaktionale Analyse der Psychoanalyse gleich, obgleich er, wie wir später sehen werden, in der Skriptanalyse eine Variante von psychoanalytischer Psychotherapie aufgestellt hat. Die anfängliche Anwendung des Modells von den Ich-Zuständen zur Emanzipation der «Erwachsenenperson» bildet nach Berne aber die Voraussetzung auch zu einer Psychoanalyse oder Skriptanalyse, denn der Therapeut bedürfe dazu als «Bündnispartner» die möglichst von Trübungen befreiten «Erwachsenenperson» des Patienten (1961, pp. 144, 172, 173; 1966b, pp. 221–222, 243; 1972, p. 378/nicht übersetzt).

4. Die Analyse von Transaktionen

Bereits in seinem frühen Überblick über die Transaktionale Analyse (1958) und in der Folge in allen seinen Büchern befaßt sich Berne ausführlich mit der kommunikationspsychologischen Anwendung des Modells der Ich-Zustände, nämlich der Analyse von Transaktionen oder der Transaktionsanalyse im engeren Sinn. Es erübrigt sich deshalb, was die Äußerungen von Berne betrifft, eine Angabe von Literaturstellen. Die Analyse von Transaktionen gab der Gesamtheit der psychologischen Errungenschaften von Berne und seinen Schülern die Bezeichnung «Transaktionsanalyse» [Transactional Analysis], was immer wieder zu Mißverständnissen Anlaß gibt (s. S. XVI).

Unter *Transaktion* versteht Berne die «Grundeinheit jeder Sozialaktion», nämlich die averbale oder verbale Frage oder Mitteilung («Botschaft»), die eine Person an eine andere richtet, zugleich mit der Reaktion oder Antwort dieser zweiten Person. Eine Transaktion nach Berne umfaßt also kommunikationspsychologisch zwei Botschaften: eine verbale oder averbale Anrede («Gehst du heute in die Stadt?») und eine verbale oder averbale Antwort darauf («Nein, ich gehe nicht in die Stadt!» oder nur ein Kopfschütteln). Die Antwort kann ihrerseits wieder die Bedeutung einer Anrede haben, auf die eine Antwort erfolgt («Aber ich habe im Sinn zu gehen. Soll ich Dir etwas mitbringen?»), die ihrerseits wieder eine Anrede sein kann, auf die eine Antwort folgt («Oh, ja, ich sollte Kartoffeln haben!»). Ein Gespräch besteht demnach aus einer ganzen Serie von ineinander verketteten Transaktionen.

Statt von Anrede und Antwort wird häufig von *Reiz* und *Reaktion* gesprochen, ein Begriffspaar, das mich an die behavioristische Betrachtungsweise oder die Psychophysiologie erinnert. Allerdings umfassen die Ausdrücke «Anrede» und «Antwort» genau genommen nur Mitteilungen durch Worte und nicht durch Gebärden, so daß die Worte «Reiz» und «Reaktion» als umfassender auch zu tolerieren sind.

Es läßt sich nicht übersehen, daß im Schrifttum der Transaktionalen Analyse nicht selten fälschlicherweise der Begriff «Transaktion» an Stelle von «Botschaft» oder «Kommunikation» verwendet wird.

Der Begriff der Transaktion im Sinn einer Kommunikation, bei der beide Partner gegenseitig auf einander bezogen sind, gehört übrigens zur amerikanischen Umgangssprache! Ich nehme nicht an, daß dies erst sei den Veröffentlichungen von Berne so ist.

Berne geht davon aus, daß eine Botschaft von einem zum andern Individuum aus einer bestimmten Haltung oder, mit andern Worten, aus einem bestimmten Ich-Zustand hervorgeht und sich an einen bestimmten Ich-Zustand im andern richtet. Es gibt also z.B. Botschaften, die jemand als Elternperson an jemanden als Kind richtet oder Botschaften, die aus einer erwachsenen Haltung ausgehen und sich an den anderen als Erwachsenenperson richten usw.

Ich stimme Bernd Schmid durchaus zu, daß, je lebendiger eine Kommunikation ist, desto vielschichtiger auch die Transaktionen verlaufen (1986, S. 53). Das geht auch daraus hervor, daß Berne feststellt, daß eine Beziehung, an deren Transaktionen immer wieder andere Ich-Zustände beteiligt sind («zusammengesetzte Beziehungen»), befriedigender sind, intimer sind und länger dauern als andere, sogar wenn es immer wieder einmal zu Unstimmigkeiten und manipulativen Spielen kommen sollte (Berne 1970, p. 252/ S. 199, p. 253/S. 200). Übrigens ergibt sich dies aus jedem Versuch, die Transaktionen, die bei einem lebhaften und freundschaftlichen Gespräch ablaufen, in einzelne Transaktionen zwischen bestimmten Ich-Zustände zerlegen zu wollen. Wir müssen bei der Analyse eines Gespräches zudem immer wissen, was *zuvor* zwischen den Kommunikationspartnern abgelaufen ist. Auch darin finde ich mich unausgesprochen von B. Schmid bestätigt (1986, S. 53f).

4.1 Stimmige Transaktionen mit komplementären Botschaften («parallele Transaktionen»)

Wenn ich rein sachlich als Erwachsenenperson (gleichbedeutend: aus einer erwachsenen Haltung) eine Frage stelle (aus der «Erwachsenenperson»), wobei die sachliche Haltung nicht nur im Inhalt des Satzes, in der Wahl der Worte und im Satzaufbau zum Ausdruck kommt, sondern auch im Ton der Stimme und den begleitenden Gebärden, z.B. die Frage: «Können Sie mir sagen, welche Nummer ich nehmen muß, um an den Hauptbahnhof zu gelangen?», so erwarte ich, daß mir der Angesprochene ebenso sachlich als Erwachsenenperson antworten wird, etwa: «Ich weiß es nicht; ich kenne mich hier selbst nicht aus. Fragen Sie vielleicht einmal den Postboten dort drüben! Er dürfte es wissen.» In der Terminologie der Transaktionalen Analyse handelt es sich bei einem solchen Austausch von Botschaften um Transaktionen auf der Ebene zwischen Erwachsenenperson und Erwachsenenperson. Wenn beide von zwei Kommunikationspartnern aus einer erwachsenen Haltung miteinander verkehren, wird das Gespräch klar und offen geführt; beide orientieren sich an der Realität und tauschen ohne Hintergedanken sachliche Informationen aus. Meistens geht es um die Lösung von Problemen, oft um solche, die bei einer gemeinsam verrichteten Arbeit auftauchen. Auch ein Kind und ein Elternteil können von Erwachsenenperson zu Erwachsenenperson miteinander verkehren, z.B. wenn sie sich gegenseitig behilflich sind beim Kochen (Abb. 16).

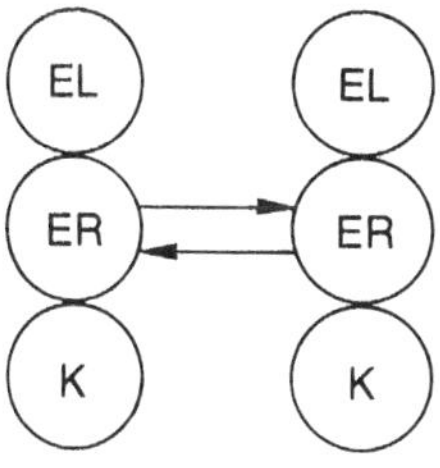

Abb. 16

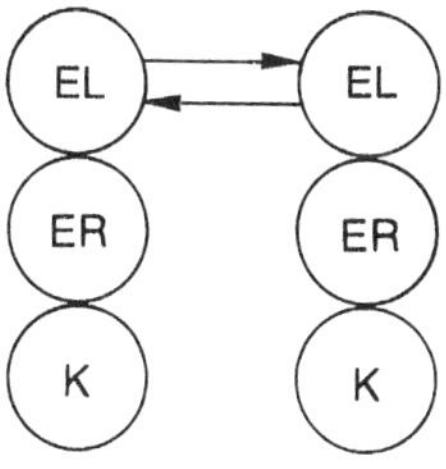

Abb. 17

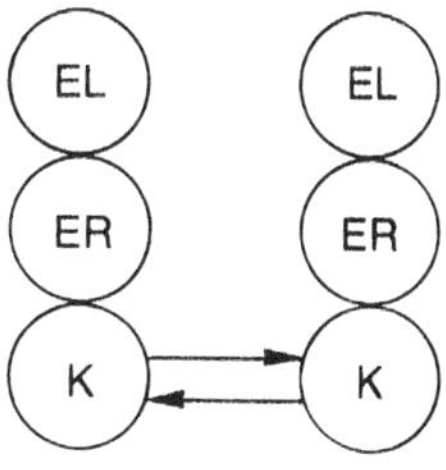

Abb. 18

Ein Mann sagt zu einem Berufskollegen: «Ja, nun erleben die Jungen endlich, was es heißt, sich eine Arbeit suchen zu müssen, nachdem sie sich bis vor kurzem die gebratenen Tauben ins Maul fliegen lassen konnten!» und der Angesprochene antwortet: «Ja, wirklich, und da nützen ihnen die langen Haare auch nicht viel dabei – eher schaden sie ihnen bei der Arbeitssuche!» Bei einem solchen Gespräch handelt es sich um eine Transaktion zwischen einem Gesprächspartner als Elternperson mit einem anderen, der ebenfalls in einer elterlichen Haltung ist, ob die beiden Gesprächspartner selber Kinder haben oder nicht, denn wenn zwei Personen zusammen moralisieren oder sich auf andere

Art – es könnte auch liebevoll sein – um andere kümmern, handelt es sich nach dem Modell der Ich-Zustände um Transaktionen zwischen Elternperson und Elternperson (Abb. 17).

Flüstern sich zwei Backfische gegenseitig kichernd Geheimnisse ins Ohr, wissen wir, auch ohne den Inhalt ihrer Aussagen zu kennen, daß sie sich beide aus einer kindlichen Haltung miteinander unterhalten. Gesprächsteilnehmer, die zu Spiel und Schabernack aufgelegt sind, befinden sich ebenfalls in einer kindlichen Haltung, aber auch solche, die gemeinsam bestrebt sind, Autoritäten aus der Fassung zu bringen. Sagt aber ein Bürokollege bei Arbeitsschluß zum andern: «Hurra, morgen beginnt der Urlaub!» und entgegnet darauf der andere mit Lachen: «Denk dir, wir fahren heute schon!», so verkehren sie miteinander in diesem Augenblick ebenfalls auf der Ebene von Kind zu Kind. Verliebte begegnen sich bevorzugt auf kindlicher Ebene wie sich meistens aus den Kosenamen, mit denen sie sich nennen, ersichtlich ist (Abb. 18).

Im Grunde genommen ist immer die vorherrschende emotionale Haltung oder Stimmung maßgebend dafür, welchen Ich-Zustand wir als Quelle einer Botschaft ansehen und aus welchem Ich-Zustand wir die Antwort des Kommunikationspartners erwarten, anders gesagt: ... auf welchen Ich-Zustand beim Kommunikationspartner wir zielen. Eine genaue Analyse wird übrigens meistens zeigen, daß mehrere Ich-Zustände bei einer Transaktion beteiligt sind. Ein Sonderfall ist die weiter unten zu besprechende Transaktion mit Hintergedanken.

Verlaufen die Botschaften der bisher besprochenen Transaktionen in der üblichen Veranschaulichung horizontal, so gibt es auch parallel verlaufende Botschaften, die im Diagramm schräg verlaufen. Berne spricht von symmetrischen und asymmetrischen parallelen Transaktionen.

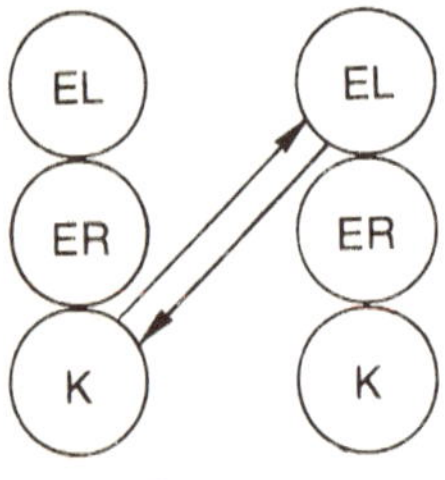

Abb. 19

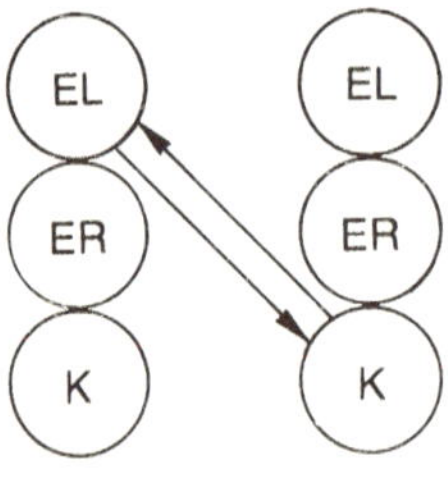

Abb. 20

Ein Zweitkläßler kommt von der Schule nach Hause und ruft unter der Haustür seiner Mutter auf dem Küchenbalkon zu: «Hallo Mutti!» Diese ruft zurück: «Komm nur hoch! Das Butterbrot ist bereits gestrichen!» Bei diesem Beispiel handelt es sich um eine Transaktion mit einer initialen Botschaft (Anrede) vom Kind als Kind zur Mutter als wohlwollender Elternperson und um eine dazu stimmig oder komplementär verlaufende Botschaft (Antwort) von der angesprochenen Elternperson zum Zweitkläßlers als einem Kind (Abb. 19). Ruft das Kind darauf: «Mutti, der Briefkasten ist pitschepatsche voll!» und die Mutter: «Wart, ich werf dir gleich den Briefkastenschlüssel hinunter, dann kannst du mir die Post heraufbringen!», so handelt es sich um eine Transaktion vom Kind als Erwachsenenperson zur Mutter als eben einer solchen und umgekehrt (Abb. 16), nämlich um einen Austausch sachlicher Informationen, ganz unabhängig davon, daß es sich beim einen Kommunikationspartner um ein Kind handelt.

Eine Zärtlichkeit im Ton bei der Mutter widerspricht dem nicht. In ihr klingt die Neigung einer «Elternperson» zu ihrem «Kind» mit. Meines Erachtens sind bei jedem Kontakt immer alle drei inneren Personen beteiligt, benützen aber verschiedene Ausdruckswege (s. S. 56f).

Umgekehrt kann sich auch ein Erwachsener gönnerhaft oder kritisch, d.h. aus einer elternhaften Haltung heraus einem andern Erwachsenen zuwenden: «Du siehst müde aus. Am besten legst du dich gleich hin!». Der Kommunikationspartner mag hilfeheischend, schüchtern oder unterwürfig, d.h. als abhängiges Kind, antworten: «Mir ist miserabel! Laß mir ein warmes Bad einlaufen!». Die Transaktion besteht dann aus zwei parallel und im Diagramm schräg verlaufenden Botschaften (Abb. 20). Im übrigen zeigt gerade dieses Beispiel, wie sehr es auf den Ton ankommt, welche Ich-Zustände an einer solchen Transaktion beteiligt sind.

Es ist bei Berne sehr selten auch von Botschaften zwischen Elternperson oder Kind einerseits und Erwachsenenperson andererseits die Rede (Berne 1970, pp. 246–250/S. 195-ff). Es soll dies nach Berne der Fall sein, wenn jemand einen anderen bei der Erledigung einer praktischen Arbeit ermutige (EL zu ER), belehre und berate (ER zu K). *Eine solche Auslegung von Botschaften ist aber theoretisch unbefriedigend. *Im Grunde genommen setzt eine elternhafte Haltung ein «Kind» voraus, auch wenn zwei Erwachsene in einer elternhaften Haltung andere (von ihnen als Kinder behandelte) begut- oder beschlechtachten. Wenn jemand einen anderen berät oder ermutigt, ist er in einer elternhaften Haltung, wenn dies aus einer «höheren Warte» geschieht, oder aber er ist in einer erwachsenen Haltung und dann erwartet er meines Erachtens auch, daß der andere seinen Rat oder seine Ermutigung als Erwachsener entgegennimmt. Rat und Ermutigung werden im einen und anderen Fall vielleicht verschieden formuliert oder mit einem verschiedenen Ton angebracht (s. oben zwischen Mutter und Kind).

4.2 Unstimmige Transaktionen mit disparaten Botschaften («gekreuzte Transaktionen»)

Es gibt Transaktionen, bei denen die Anrede auf einer anderen Ebene verläuft als die Antwort. Ein Mann fragt seine Frau: «Gehen wir heute zusammen ins Reisebüro, um uns wegen unserer Urlaubspläne beraten zu lassen!». Sie antwortet: «Immer soll ich tun, was du willst!» Die Botschaft vom Mann zu seiner Frau war, insofern die begleitenden averbalen Signale mit dieser Vermutung übereinstimmen, von ihm als Erwachsenenperson an sie als Erwachsenenperson gerichtet. Er erwartete eine sachliche Antwort. Ihre Entgegnung erfolgte aber offensichtlich auf einer anderen Ebene, nämlich von ihr als rebellisches Kind und an ihn als einer Elternperson (Abb. 21). Im Grunde genommen wird damit die Frage des Mannes gar nicht beantwortet, was typisch ist für unstimmige, in der üblichen Veranschaulichung gekreuzte Transaktionen.

Eine solche Transaktion, bei der die Anrede aus einer erwachsenen Haltung erfolgt und an den Kommunikationspartner als Erwachsenen gerichtet ist, während die Antwort dann aus einer kindlichen Haltung erfolgt und sich an den anderen als einer Elternperson richtet, ist nach Berne der häufigste Anlaß emotionaler Mißverständnisse zwischen zwei Partnern in der Ehe, bei der Arbeit oder in anderen Situationen. Die Entgegnung auf eine Anrede, die rein sachlich gemeint war, z.B. eben: «Gehen wir heute Abend ins Reisebüro?» könnte auch lauten: «Du bist heute so mühsam aufgestanden. Wäre es nicht besser, du kämest vom Geschäft direkt nach Hause, um dich auszuruhen?», so handelt es sich nach Berne kommunikationspsychologisch gesehen um den zweithäufigsten Anlaß von Mißverständnissen (Abb. 22).

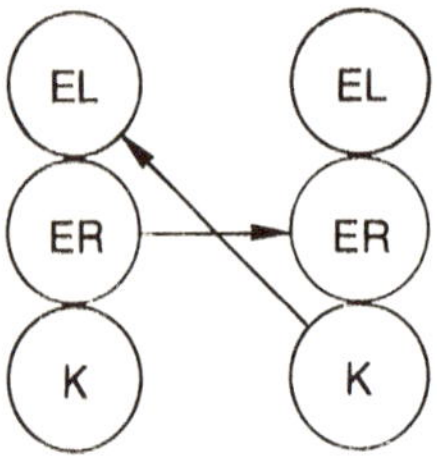

Abb. 21

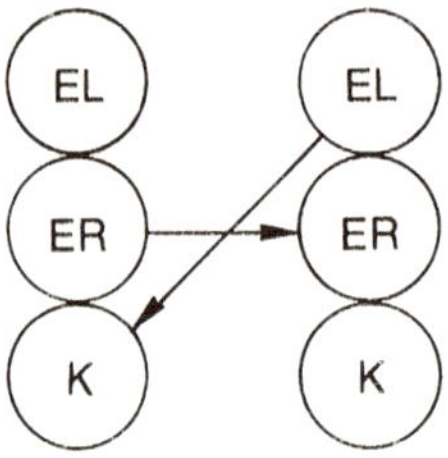

Abb. 22

Um eine Transaktion mit disparaten Botschaften würde es sich auch handeln, wenn zwei Kommunikationspartner sich gegenseitig aus einer trotzig kindlichen Haltung begegnen (Abb. 23) oder wenn sich beide je aus einer elternhaften Haltung *(die immer an ein Kind gerichtet ist!) Vorwürfe machen (Abb. 24). Bei derartigen unstimmigen, in der Veranschaulichung gekreuzten Transaktionen, ist von keiner Seite eine Erwachsenenperson beteiligt.

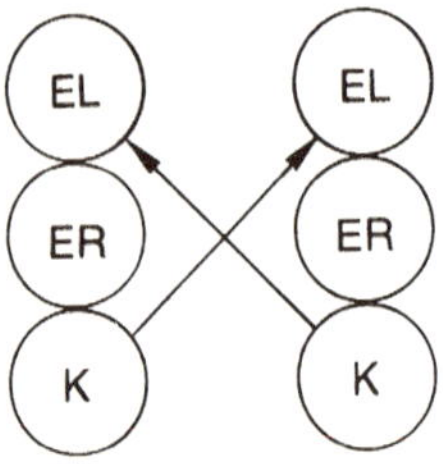

Abb. 23

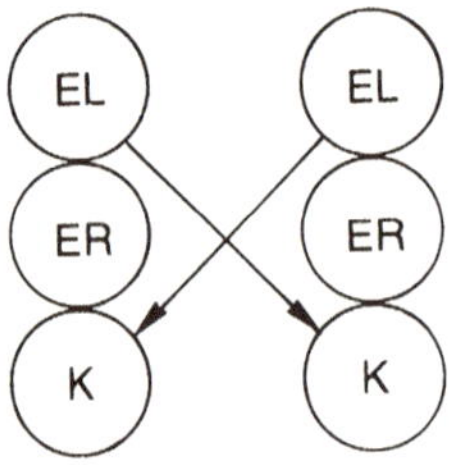

Abb. 24

Bei Transaktionen mit disparat oder unstimmig verlaufenden Botschaften (gekreuzten Transaktionen) kommt es häufig zu einem Unterbruch des Gesprächs (s. 2. Kommunikationsregel nach Berne S. 86f), besonders wenn zwischen den Beteiligten emotionale Schwierigkeiten bestehen, während in einem lebhaft fließenden Gespräch zwischen Freunden solche Transaktionen meistens überspielt werden. Auf jeden Fall aber kann das Gespräch jeweils nur weitergehen, wenn der eine oder wenn beide Beteiligte seinen Ich-Zustand wechselt, so daß die weiteren Botschaften komplementär verlaufen, oder wenn das Thema gewechselt wird. Eine dritte Möglichkeit, die Berne als die konstruktivste ansieht, besteht darin, daß beide sich auf die erwachsene Ebene einstellen und die Kommunikation selbst zu einem sachlichen Thema machen. Wenn Berne allerdings dazu sagt, daß dann beide in Gelächter ausbrechen oder sich freundschaftlich die Hände schütteln würden (1964b, p. 33/S. 37), so wären sie in diesem Augenblick beide auch noch in eine Transaktion von Kind zu Kind eingetreten.

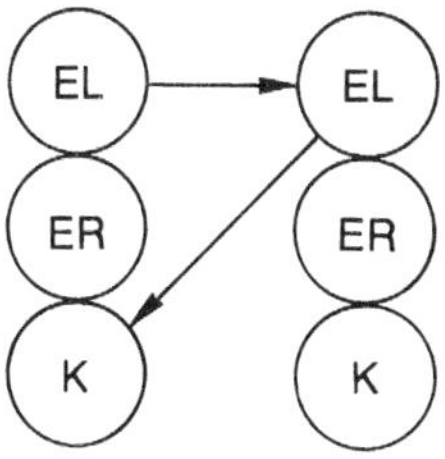

Abb. 25

Eine Frau sagt zu ihrer Nachbarin, indem sie von einer gemeinsamen anderen Nachbarin spricht: «Haben Sie bemerkt, daß Fräulein Sandmeier wieder Herrenbesuch hatte?» Sie möchte offensichtlich ein moralisierendes Gespräch über die gemeinsame Bekannte auf elternhafter Ebene beginnen. Die Angesprochene antwortet aber darauf tadelnd: «Müssen Sie schon wieder klatschen?» und richtet damit ihre Antwort als kritische Elternperson an die Nachbarin als Kind. Es handelt sich um zwei disparate oder unstimmige Botschaften, obgleich sie sich im Diagramm nicht kreuzen (Abb. 25). Auch Berne ist es durchaus bekannt, daß unstimmige Transaktionen in der Veranschaulichung nicht immer gekreuzt verlaufen (1963, p. 192/210).

4.3 Doppelbödige Transaktionen mit Botschaften mit Hintergedanken

4.3.1 Die unterschwellige Verführung oder («Winkeltransaktion»)

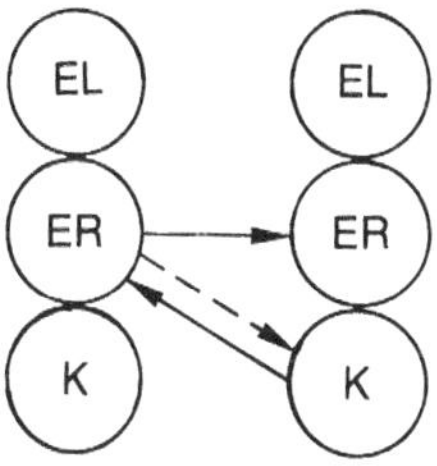

Diagramm einer gelungenen unterschwelligen Verführung oder Winkeltransaktion

Abb. 26

Es gibt Botschaften, bei denen der Initiant von der erwachsenen Haltung ausgeht, sich vordergründig auch an die Erwachsenenperson des Gesprächspartners wendet, hintergründig und gleichzeitig auch an diesen als Kind. Eine solche Botschaft will den Angesprochenen verführen. Derartige Verführungen werden oft im Verlauf von Verkaufsgesprächen eingeleitet. Mir selber ist das passiert, was ich erst später ähnlich in der transaktionsanalytischen Literatur als Musterbeispiel gelesen habe: Ich wollte einen billigen Mittelklassenwagen für meine Familie kaufen, schielte dabei aber immer auf einen ebenfalls ausgestellten teureren Sportwagen mit viel weniger Platz. Der Verkäufer sagte mir: «Am besten nehmen sie diesen Mittelklassewagen! Sie scheinen mir kein sportlicher Fahrer zu sein!» Ich kaufte den Sportwagen, obgleich dies eine Anschaffung war, die ich mir bei einem bescheidenen Lohn und der wachsenden Familie kaum leisten konnte! Der Verkäufer hatte, wie in der Transaktionalen Analyse gesagt würde, erfolgreich mich als Kind oder, anders gesagt, mein «Kind» angesprochen (Abb. 26). Der Verkäufer, dem eine solche Verführung gelingt, hat nach Berne meist eine kindliche Freude am Erfolg. Nach Berne ist demnach nicht nur seine (berechnende) «Erwachsenenperson» daran beteiligt, sondern auch sein «Kind» und [möglicherweise] zugleich seine «Elternperson» (1963, p. 196/S. 214). Nach Berne versucht auch ein Versicherungsvertreter oder ein Grundstückmakler verführerische Botschaften ins Spiel zu bringen, der sich scheinbar aus reinem Geselligkeitsbedürfnis mit andern Leuten abgibt, z.B. aus rein geschäftlichen Zwecken einem Golfklub beitritt (1963, p. 196/S. 214).

4.3.2 Vollständige und unvollständige doppelbödige Transaktionen

Bei der Analyse von Kommunikationen spielen hintersinnige Botschaften und Transaktionen eine besondere Rolle. Nehmen wir an, Martha sage zu Franz, der am Schreibtisch arbeitet: «Heute ist schönes Wetter!» Unterschwellig denkt sie jedoch: «Ich möchte heute mit dir segeln gehen!» Franz antwortet vielleicht: «Ich bin nicht sicher, ob es anhalten wird!» und denkt sich dabei: «Ich habe keine Lust, segeln zu gehen!» Es handelt sich dabei um eine *doppelbödige Transaktion*: ausgesprochenermaßen ein Austausch von Informationen von Erwachsenenperson zu Erwachsenenperson, unausgesprochen ein Austausch von Botschaften, bei denen es um Lust und Unlust geht, also von Kind zu Kind (Abb. 27). Es wäre aber auch möglich, daß Franz, in seine Arbeit vertieft, die unterschwellige Botschaft,den Wunsch von Martha, gar nicht «gehört» hat und, nach einem flüchtigen Blick durch's Fenster, nur meint: «Ja, wirklich!». Das wäre eine **unvollständige doppelbödige Transaktion* (Abb. 28). Schließlich könnte Franz auch sehr direkt auf die unterschwellige Botschaft von Martha eine Antwort geben: «Ich würde auch gerne segeln gehen. Vielleicht bin ich mit der Arbeit bis am Mittag fertig und wir können dann immer noch segeln gehen !» (Abb. 29). Das wäre eine besondere Form unvollständiger doppelbödiger Transaktion. Eine solche direkte Antwort auf eine unterschwellige Botschaft ist für Berne ein Zeichen besonderer persönlicher Reife (1964b, pp. 175–176/ S. 240, 177/S. 242).

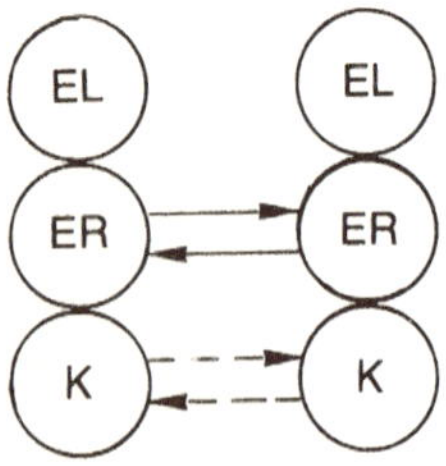

Abb. 27

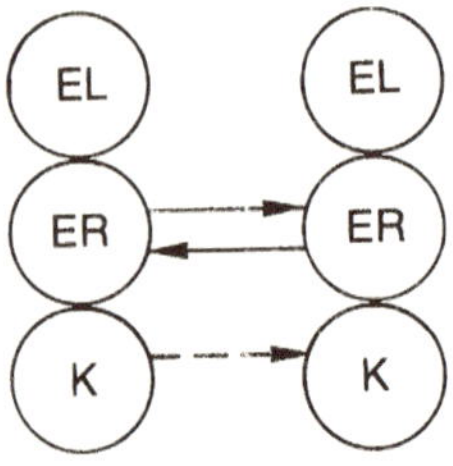

Abb. 28

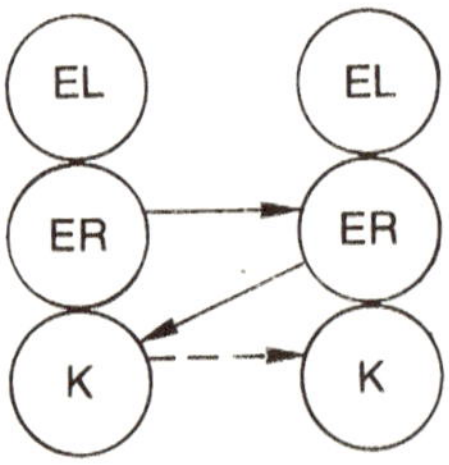

Abb. 29

Berne bezeichnet die offene Ebene (bei seinen Beispielen immer von Erwachsenenperson zu Erwachsenenperson) als *soziale Ebene*, die unterschwellige Ebene als *psychologische Ebene*, wobei der Ausdruck «psychologisch» rein von seiner Bedeutung her (=

«auf die Lehre von der Psyche bezüglich») ungeschickt ist. Berne meint selbst, daß seine Bezeichnungen für die beiden Ebenen einer doppeldeutigen Transaktion wissenschaftlich nicht zutreffend seien, empfiehlt sie aber trotzdem, um keine besonderen Fachwörter einführen zu müssen (1961, p. 115).

In der allgemeinen Kommunikationslehre wird vergleichbar bei jeder Botschaft eine *Sachebene* von einer *Beziehungsebene* unterschieden. Nicht ganz dasselbe ist die Unterscheidung einer *Inhaltsebene* von einer *Prozeßebene*, wobei auf der Inhaltsebene das liegt, *was* gesagt wird, auf der Prozeßebene, *wie* es gesagt wird, was nicht unbedingt auf die Beziehung zwischen den Kommunikationspartnern anspielt, wie viele Kommunikationspsychologen glauben, sondern z.B. auch auf die emotionale Beziehung zum angeschlagenen Thema. Die Inhaltsebene dürfte ungefähr dem entsprechen, was Berne als *soziale Ebene* bezeichnet. Das «Wie» aber kann differenzierter betrachtet werden als nur im Sinn einer Beziehungsfrage. Schulz von Thun (1981) unterscheidet einen (1.) *sachbezogenen Aspekt*, (2.) einen *Selbstoffenbarungsaspekt* (Was sagt die Botschaft über die Person oder Stimmung des Senders aus?), (3.) einen *Beziehungsaspekt* (Was sagt der Sender darüber aus, wie er die Beziehung zum Empfänger der Botschaft erlebt? Ist er ihm vertraut oder fremd?), (4.) einen *Appellaspekt* (Zu was möchte der Sender den Empfänger der Botschaft auffordern?). – Immer kann der eine oder andere Aspekt bei einer Botschaft im Vordergrund stehen, während die anderen mehr hintergründig mitschwingen. Überdies kann der Empfänger geneigt sein, eher den einen oder den andern Aspekt aus einer an ihn gerichteten Botschaft herauszuhören, deren Akzent er dann ganz anders beurteilen mag, als er vom Sender gemeint ist!

Schlüsseln wir einmal das von Berne angeführte Musterbeispiel einer doppelbödigen Botschaft nach diesen Kriterien auf: Ein Bauernbursche, der nach einem Tanzabend ein ihm sympathisches Mädchen nach Hause begleitet, mag diesem sagen: «Sieh dort die Scheune! Es mag weiches Heu darin liegen. Soll ich sie dir einmal zeigen?» Das Mädchen: «Gerne, ich habe mich schon immer für Scheunen interessiert!» (frei nach Berne 1964b, p. 34/S. 39). Bei dieser Transaktion ist das sachbezogene Aspekt beider Botschaften unwichtig und mehr nur vorgeschoben. Der Selbstoffenbarungsaspekt gibt kund, daß der Bursche Lust hätte, mit seiner Begleiterin ins Heu zu liegen. Der Beziehungsaspekt bezieht sich offensichtlich darauf, daß der Bursche weitgehend mit dem Einverständnis des Mädchens rechnet. Der Appellaspekt steht in diesem Fall im Vordergrund: «Komm mit mir aufs Heu!»

Die bereits erwähnte unterschwellige Verführung, wie sie gewisse Verkaufsgespräche auszeichnet, kann auch als *unvollständige doppelbödige Transaktion* bezeichnet werden, da bei ihr nur drei Ich-Zustände beteiligt sind, während es für die *vollständig doppelbödige Transaktion* bezeichnend ist, daß bei ihr vier Ich-Zustände beteiligt sind.

Jongeward und M. James sprechen beim folgenden Geschehen von einer doppelbödigen Transaktion: Eine Sekretärin bringt dem Bürochef einen frisch geschriebenen Brief mit den Worten: «Hier ist der Bericht!» und schwingt dabei verführerisch ihre Hüften. Ihr Vorgesetzter sagt «Danke!» und sieht sie dabei anerkennend an (Jongeward u. James 1977, p. 47). Hier sind nicht einmal die Botschaften doppeldeutig, geschweige denn die Transaktion; es handelt sich vielmehr um zwei eindeutige Transaktionen, eine verbale und eine averbale!

Eine besondere Art von Doppelbödigkeit liegt beim Eröffnungszug zu einem psychologischen Spiel vor, dem Köder oder betrügerischen Vertrauensmißbrauch [con]:

A: scheinbar teilnehmend interessiert: «Ich hoffe, Du hast die Prüfung bestanden!» (Köder), – B: «Nein, leider nicht!» (Reaktion), – A: «Dacht ich mir!» (Wendung aus einer scheinbar teilnehmenden Haltung in eine abwertende: Die «Katze kommt aus dem Sack». Diese «Katze» ist nach der Lehre von den manipulativen Spielen bereits in der ersten Frage insgeheim enthalten). Ich würde hier von einer heuchlerischen Frage sprechen, etwas völlig anderes als die Frage des jungen Burschen an das Mädchen im oben wiedergegebenen Musterbeispiel einer doppelbödigen Transaktion nach Berne! (Zum Thema psychologische Spiele s. S. 150–175.)

Schließlich gibt es noch eine weitere Art von doppelbödiger Botschaft, nämlich wenn Worte etwas anderes aussagen als gleichzeitige Mimik und Gebärden. Jemand kann als sachlich konstatieren: «Sie kocht gut!», dabei aber die Nase rümpfen. Berne spricht übereinstimmend mit anderen Psychologen von einer *Inkongruenz zwischen Worten und Mimik*. Wenn wir nicht annehmen wollen, daß der Betreffende bewußt lügen wollte, so weist eine solche Inkongruenz, wie Berne sagt, auf eine Unstimmigkeit [inconsistency] im Betreffenden, in diesem Fall, nun transaktionsanalytisch ausgedrückt, zwischen «Erwachsenenperson» und «Elternperson», eine Unstimmigkeit, die nach Berne ihre Wurzeln in der Erlebnisgeschichte habe (1966d). Der Kommunikationspartner wird dadurch hochgradig verunsichert, möglicherweise ist ihm dabei nicht einmal bewußt, warum.

Aus solchen inkongruenten Botschaften wurden früher einmal schwerwiegende Schlußfolgerungen gezogen, nämlich bei den in der Psychopathologie häufig, so auch von Berne (1961, p. 84), zitierten sogenannten Doppelbindungen: Eine Mutter mag ihrem Kleinkind sagen «Ich liebe dich!», sich aber gleichzeitig abwenden, wenn dieses sich an sie schmiegen will, was beim Kind zu einer emotionalen Verwirrung führen muß. Lange wurde behauptet, solche «Doppelbindungen» würden die Kinder zum späteren Ausbruch einer Schizophrenie disponieren. Gewissenhafte Untersuchungen zeigten allerdings, daß in gesunden Familien solche Doppelbindungen nicht seltener sind wie in Familien, in denen ein früheres Kind an Schizophrenie erkranken wird! Trotzdem hält sich der Mythos von der «schizophrenogenen Wirkung der Doppelbindung» hartnäckig weiter!

4.4 Transaktionen mit verkennenden oder *ausweichenden Antworten

Diese Art von Transaktionen wurden von J. Schiff und ihren Mitarbeitern (1975b, pp. 57–59) hervorgehoben. Schiff und ihre Mitarbeiter haben ihre kommunikationspsychologischen Beobachtungen an jugendlichen Patienten gemahnt, die an Schizophrenie leiden. Bei diesen handelt es sich nach Schiff meist um eine Verkennung der Situation. *Bei Leuten, die an einer Neurose leiden, handelt es sich häufig um ein komplexhaftes Verhören, *bei Gesunden oft um ein mehr oder weniger bewußtes Ausweichen.

4.4.1 Daneben-Antwort (Schiff: «Tangentiale Transaktion», genauer wäre: «tangentiale Antwort»):

Anrede: «Wer hat das Fahrrad im Regen stehen lassen?» – Antwort: «Ich bin es nicht gewesen!»

Hier lautet die Antwort, wie wenn die Anrede gelautet hätte: «Hast du das Fahrrad im Regen stehen gelassen?». Es können verschiedene Motive vorliegen, um die Anrede auf diese Art «umzudeuten»: (1.) Die Anrede könnte doppeldeutig gewesen sein, nämlich unterschwellig den Vorwurf enthalten haben «Sicher hast du wieder das Fahrrad im Regen stehen lassen!». In diesem Fall war die Antwort eine Entgegnung auf den unterschwelligen Gehalt der Frage und nicht deren Verkennung, sondern vielmehr eine sehr direkte Antwort. (2) Es ist auch möglich, daß der Angesprochene einer Antwort ausweichen wollte, z.B. um einen Freund zu decken, von dem er weiß, daß er das Fahrrad stehen gelassen hat. Auch das wäre keine echte Verkennung. (3.) Schließlich kann eine echte, d.h. nicht bedacht vollzogene Verkennung vorliegen, wenn der Gefragte tatsächlich gehört hat: «Hast du das Fahrrad im Regen stehen gelassen?», also sich verhört hat, z.B. weil er wegen eines anderen Vorkommnisses ein schlechtes Gewissen hat oder eine Neigung hat, in allem, was ihm unvermittelt gesagt wird, einen Vorwurf herauszuhören, eine Haltung, die Teil seines Bezugsrahmens (s. S. 253) sein könnte.

4.4.2 Umdefinierende Antworten (Nach Schiff zu den «blockierenden Transaktionen» gezählt, genauer wäre: «blockierende Antworten»):

Anrede: «Behandle mich nicht wie ein Kind!» – Antwort: «Aber du bist doch mein Kind!»

Hier handelt es sich wirklich um eine *blockierende Transaktion* (genauer: Antwort). Schiff und ihre Mitarbeiter nehmen an, daß die Folge eine ganze Reihe weiterer Transaktionen mit Umdefinitionen sein wird oder daß sich eine Auseinandersetzung über Fragen der Definition anschließen wird, womit dann eine sinnvolle Kommunikation blokkiert wäre.

4.4.3 Antwort mit *Definitionsfalle (Von Schiff ebenfalls zu den blockierenden Transaktionen *[Antworten] gerechnet):

Anrede: «Liebst du mich?» – Antwort: «Was verstehst du unter Liebe?»

Fragen nach der Definition von Wörtern, die nicht ohne weiteres zu definieren sind, blocken ein Gespräch ebenfalls ab.

Ich war Teilnehmer an einer wissenschaftlichen Diskussion zweier psychologischer Koryphäen. Der eine Gelehrte erwähnte in einem Patientenbericht: «Der Patient wollte keine Zeit versäumen und ... ». Der andere, der mit ihm rivalisierte, unterbrach ihn mit der Frage: «Was verstehen Sie unter ‹Zeit›?».

4.5 Die drei Kommunikationsregeln nach Berne

1.«*Solange die Botschaften stimmig zueinander oder parallel verlaufen, kann sich die Kommunikation ungestört unendlich lange fortsetzen.*» Berne schreibt aber auch, eine auf diese Art verlaufende Kommunikation könne so fad werden, daß sie schließlich ein Ende finde (1966b p.225); eine Beziehung, die sich vor allem auf parallele Transaktionen aufbaue, sei immer nur oberflächlich (1964b, p.33/S.37). Dazu paßt kaum, daß stimmige oder in der Veranschaulichung parallele Transaktionen die Grundlage einer natürlichen und gesunden Beziehung bilden würden (1964b, p.29/S.33). Im übrigen finden fortlaufende stimmige oder parallele Transaktionen zwischen kritischer «Elternperson» und rebellischem «Kind» im allgemeinen recht rasch ein Ende, meistens in einem «Tumult», d.h. einem lautstarken Disput und einer Trennung der beiden Partner! (Berne 1964b, p.33/S.37).

Ich schlage folgende Modifikation der ersten Kommunikationsregel vor: *Bei zwei Kommunikationspartnern, bei denen die Transaktionen stimmig oder parallel verlaufen, fixieren sich gewöhnlich beide in ihrem jeweils aktivierten Ich-Zustand.*

2.«*Die Kommunikation bricht ab, wenn eine Transaktion gekreuzt verläuft. Umgekehrt gesagt: Wenn eine Kommunikation abbricht, dann ist dies Folge einer gekreuzten Transaktion*» (1966b, S.225). Es stimmt sicher nicht, was Berne behauptet, daß die Kommunikation erst wieder aufgenommen wird, wenn die Kreuzung aufgedeckt und berichtigt ist (1966b, p.156). Berne selbst zweifelt daran, ob diese Regel «für gewöhnlich» oder «immer» gültig sei (1966b, p.225). Tatsächlich kommen bei jedem lebhaften Gespräch auch zwischen Freunden immer wieder gekreuzte Botschaften vor, ohne daß die Kommunikation abbricht, indem der eine oft blitzschnell seinen Ich-Zustand wechselt oder das Thema wechselt oder indem beide glatt darüber hinweggehen, ohne dabei weder von einem eigentlichen Abbruch der Kommunikation, noch von einer Aufdekkung und Berichtigung gesprochen werden kann. McCormick schlägt deshalb eine Kann-Definition vor: *Wenn eine Kommunikation zusammenbricht, kann dies Folge einer gekreuzten Transaktion sein* (1977b, p.26). Kommunikationstherapeutisch ist es wichtig, bei gestörten Kommunikationen an diese Möglichkeit zu denken!

3.«*Das Verhalten, das der Transaktion mit doppelbödigen Botschaften folgt, richtet sich nach dem, was auf der unterschwelligen Ebene vor sich geht.*» Erinnern wir uns an den Austausch von Botschaften zwischen Martha und Franz (S. 84). Jemand, der dabei ist und nur auf die Worte hört, die ausgetauscht werden, wird nicht verstehen, weswegen Martha nachher sichtlich schmollend das Zimmer verläßt. Weiß er hingegen, daß sie den Wunsch hatte, segeln zu gehen, wird er ihr Verhalten verstehen. Es ist sogar möglich, daß Martha selbst nicht weiß, warum sie in diesem Augenblick schmollt.

Die Praxis zeigt, daß es nicht immer so ist, daß die unterschwellige Botschaft das nachfolgende Verhalten bestimmt. Woollams u. Brown möchten auch diese Kommunikationsregel von Berne nur als Kann-Regel gelten lassen (1978, p.70). Wir können aber auch eine andere Formulierung finden. Erinnern wir uns daran, daß die beiden Ebenen bei doppelbödigen Botschaften in der allgemeinen Kommunikationspsychologie als sachbezogene und Beziehungsebene bezeichnet werden (wobei, wie ebenfalls bereits erwähnt, die zweite Ebene noch weiter aufgegliedert werden kann – s. S.85). Wenn wir diese Ausdrücke verwenden, dann läßt sich die dritte Kommunikationsregel von Berne umformulieren: «*Die Entwicklung der Beziehung zwischen zwei Kommunikationspartnern läßt sich durch Beachtung dessen, was auf der unterschwelligen Ebene* (Berne: «psychologischen Ebene») *vor sich geht, voraussagen!*»

4.6 Die Beziehungsanalyse

Berne spricht von einer *Beziehungsanalyse*, wenn die Beziehungsmöglichkeiten zwischen den je drei Ich-Zuständen zweier Partner systematisch untersucht werden (1961, p.131–139). Eine solche Analyse kann angebracht sein, wenn Partnerkonflikte zur Diskussion stehen oder wenn geprüft werden soll, ob zwei Menschen, die sich zueinander hingezogen fühlen, auch wirklich zueinander passen. Sie kann nützliche Voraussagen, aber auch nachträgliche Erklärungen liefern.

Bei der Beziehungsanalyse wird untersucht, welche Beziehungsmöglichkeiten zwischen den beiden Partnern für beide einigermaßen befriedigend spielen und welche nicht. Zwei Personen, A und B, verstehen sich z.B gut auf der Ebene zwischen «Elternperson» des einen (A) und «Kind» des anderen (B). Auf dieser Ebene kommt es immer wieder zu Transaktionen, die von beiden als positiv erlebt werden, so wenn B krank ist oder sonst Hilfe und Ermutigung benötigt und es A leicht fällt, ihm elterliche Zuwendung entgegenzubringen. Beide verstehen sich möglicherweise auch ausgezeichnet auf der horizontalen Ebene von «Elternperson» zu «Elternperson», indem ihre Wertmaßstäbe auf sozialem und kulturellem Gebiet übereinstimmen, sie sich also z.B. über Mißstände in einem dieser Bereiche gemeinsam entrüsten können oder über Erziehungsgrundsätze ihrer Kinder einig sind. Vielleicht aber verstehen sie sich gar nicht auf der Ebene von «Kind» zu «Kind», möglicherweise weil sie es nicht fertig bringen, gemeinsam Spaß zu erleben oder spontan, sich für gemeinsame Unternehmungen zu begeistern. Bei einer Beziehungsanalyse werden auf diese Art alle Beziehungsmöglichkeiten zwischen jeder der drei Ich-Formen beim einen Partner mit denjenigen beim andern untersucht.

Diese elementare Beziehungsanalyse kann noch differenziert werden, wenn berücksichtigt wird, daß sich zwei Menschen auf einer Ebene gut verstehen können (*Sympathie*), auf einer anderen immer wieder streiten (*Antagonismus*), auf einer dritten nicht ausstehen können (*Antipathie*) und schließlich auf einer vierten Ebene sich nichts zu sagen haben (*Indifferenz*).

Sympathie, Antagonismus, Antipathie und Indifferenz haben nach Berne eine Beziehung zu «verbindenden Spielen» [conjunctive games], «trennenden Spielen» [disjunctive games], in Konflikt stehenden Spielen [conflicting games] oder unvereinbaren (oft identischen) Rollen im selben Spiel, und schließlich Spielen, gegenüber denen der andere gleichgültig ist (1961, p. 137). Leider fehlt ein Kommentar von Berne über diese Kennzeichnung von psychologischen Spielen!
Über psychologische Spiele im allgemeinen siehe S. 150ff!

Auch die Intensität einer Beziehung auf bestimmter Ebene kann in Betracht gezogen werden. Manchmal ist der Grad der *Intensität* von einem Partner aus gesehen größer oder geringer als vom andern aus: Für A kann es z.B. sehr wichtig sein, B pflegen zu können, wenn es ihm schlecht geht (Beziehung von «Elternperson» zu «Kind»), während umgekehrt B es zwar angenehm erlebt, wenn A sich um ihn kümmert, aber doch nicht allzu großen Wert darauf legt, von ihm betreut zu werden («Kind» zu «Elternperson»).

Ein Beziehungsgefüge zwischen zwei Menschen ist im allgemeinen nicht absolut starr und eine Beziehungsanalyse muß deshalb auch nicht zu 100% stimmig sein, aber erfahrungsgemäß kennzeichnet sie nach Berne doch in 80–90% der Fälle die Wirklichkeit recht genau. Eine Beziehung ist nach Berne umso stabiler und befriedigender, je mehr Beziehungsmöglichkeiten für beide Teile produktiv sind, mit andern Worten: auf je mehr Ebenen sie sich gegenseitig verstehen.

*Es wäre verfehlt anzunehmen, eine Beziehung zwischen zwei Menschen würde umso besser gedeihen, je harmonischer diese auf allen möglichen Beziehungsebenen zueinander stehen. Bei Freunden, die sich nur alle paar Jahre einmal sehen, kann das ein beglückendes Erlebnis sein, aber solchen, die ihren Alltag zusammen teilen, würde eine solche Beziehung einer statischen Symbiose verführen und die Entwicklung zur Autonomie beider Partner erschweren. Es kommt darauf an, was zwei Partner, die zusammenziehen wollen, von einer Lebensgemeinschaft im Alltag erwarten. Erwarten sie nicht mehr als eine Gemeinsamkeit auf der Ebene EL-EL und ER-ER, etwa im Sinn einer Vernunftehe zwischen zwei Angehörigen derselben Gesellschaftsschicht, kann das durchaus gut gehen. Vor allem aber ist zu bedenken, daß auch eine mit romantischen Ideen – und das heißt im allgemeinen symbiotischen Vorstellungen – begonnene Ehe auf die Dauer nur durch Auseinandersetzungen, die durch «Antagonismen» ausgelöst werden, gedeihen und wachsen wird.

In der Praxis eines Psychotherapeuten oder Beraters soll nach Berne eine ausdrückliche Beziehungsanalyse nur selten und vorsichtig durchgeführt werden, denn es bestehe die Gefahr, daß sie vom Klienten als eine Einmischung in seine spontane und autonome Entscheidungsfreiheit erlebt werde. Bei Partnerberatungen hat mir aber die Beziehungsanalyse als Richtschnur (neben anderen Kriterien) oft schon gute Dienste geleistet, um die «Antagonismen» herauszufinden, welche die Partnerschaft belasten und die Partner dazu anzuleiten, konstruktiv mit diesen umzugehen. Natürlich braucht es dabei keine Einführung in die transaktionsanalytische Terminologie!

Indifferenzen in Bereichen, die einem der Partner wichtig sind, wiegen nach meiner Erfahrung allerdings fast schwerer als Antagonismen. Häufig müssen in solchen Fällen die Partner lernen, daß sie einander nicht «alles» sind, wie es dem romantischen Eheideal entsprechen würde, sondern jeder auch in Beziehungen zu anderen Menschen und anderen Kreisen etwas finden «darf», was ihm in der Ehe fehlt.

Siehe das Kapitel zur Paartherapie S. 364–370!

5. Die «symbiotische Haltung» als Ausdruck mangelnder Eigenständigkeit und mangelnder Abgrenzung

Unter Symbiose wird in der Biologie eine Lebensgemeinschaft zweier oder mehrerer verschiedenartiger Organismen verstanden, die beide (alle) daraus Nutzen ziehen. Es gibt lockere Symbiosen, so z.B. zwischen den nach ihrer Nahrungsquelle «Madenhacker» genannten Vögeln und den Nashörnern, auf derem Rücken sie sich ihre Nahrung suchen. Es gibt sehr enge oder gar vitale Symbiosen, so zwischen gewissen Kugelalgen und Pilzen, die zusammen Flechten an Bäumen und auf Felsen bilden und getrennt nicht lebensfähig sind, da die Algen von den Pilzen das nötige Wasser und die Nährsalze beziehen, die Pilze von den Algen die nötigen Nähr- und Aufbaustoffe, die diese mit Hilfe des Lichtes aus der Kohlensäure der Luft herstellen.

Das Wort «Symbiose» wird nun aber in der Umgangssprache oft auch für die Bezeichnung irgendeiner innigen Lebensgemeinschaft zwischen zwei oder mehr Menschen gebraucht, obgleich es sich dabei nicht um Lebewesen verschiedener Art handelt, weswegen der Ausdruck «Dyade» korrekter wäre und auch oft gebraucht wird.

Die Lebensgemeinschaft zwischen einer menschlichen Mutter und ihrem noch ungeborenen oder neugeborenen Kind ist teils biologisch begründet, teils aber auch sozial erlernt. Sie wird oft mit einer Symbiose verglichen. Dieses Verhältnis ist es auch, das in der Transaktionalen Analyse zum Ausgangspunkt und Bild wurde, um menschliche Begegnungen und Beziehungen, die sich durch eine mangelnde Eigenpersönlichkeit zweier Menschen (ausnahmsweise auch mehrerer Menschen) auszeichnen, zu veranschaulichen. Mir ist in diesem Zusammenhang der Ausdruck *symbiotische Haltung* wichtig. *Eine Symbiose ist eine Beziehung zwischen zwei Menschen mit je einer symbiotischen Haltung*. Eine symbiotische Haltung kann aber auch als Bereitschaft allein bestehen.

Der Begriff der Symbiose in diesem Sinn wurde von J. Schiff und ihren Mitarbeitern in die Transaktionale Analyse eingeführt (A. u. J. Schiff 1971; J. Schiff u. Mitarb. 1975b, pp. 5–10, 56–57, 61–65). Diese Autoren glauben, eine Symbiose als eine Beziehungsform definieren zu können, in der «zwei oder mehr Individuen sich so verhalten, wie wenn sie zusammen nur eine Person bilden würden, ... die strukturell so gekennzeichnet ist, daß keines der beteiligten Individuen *[innerhalb der Beziehung] fähig ist, seine drei Ich-Zustände gleichermaßen zu aktivieren» (J. Schiff u. Mitarb. 1975b, p. 5). Bei einer solchen Beziehung seien also im ganzen nur drei Ich-Zustände aktiv. Die Autoren sind sich nicht klar, daß es sich bei diese Aussage *nicht* um eine Definition, *sondern um eine transaktionsanalytische Deutung* handelt, die zudem nur *einen* Aspekt der Mutter-Kind-Beziehung herausgreift.

5.1 Die Mutter-Kind-Symbiose

5.1.1 Die gesunde Mutter-Kind-Symbiose

Wie der Textzusammenhang eindeutig ergibt, wollen die Autoren mit ihrer transaktionsanalytischen Deutung nicht nur eine dysfunktionelle Gemeinschaft umschreiben, sondern auch eine gesunde Lebensgemeinschaft, eben diejenige zwischen Mutter und Neugeborenem. Dagegen protestieren verschiedene Transaktionsanalytiker! Es treffe keineswegs zu, daß eine Mutter in der Lebensgemeinschaft mit ihrem Kleinkind nicht alle ihre Ich-Zustände, insbesondere, worauf die Autoren anspielen, ihr «Kind» nicht zu aktivieren vermöge. Die Mutter stille im Umgang mit ihrem Kind zweifellos auch ihr Bedürfnis nach Freude, Spaß, Wärme usw., emotionale Bereiche, die in der Transaktionalen Analyse durchaus dem «Kind» zugerechnet würden (Crossman 1967; Joines 1977).

5.1.2 Die überdauernde Mutter-Kind-Symbiose

Von einer solchen können wir sprechen, wenn die gegenseitige Abhängigkeit zwischen Mutter und Kind, mindestens emotional, bis ins Jugend-und Erwachsenenalter bestehen bleibt. Die Mutter fühlt sich verantwortlich für ihr Kind und entläßt es nicht in die Mündigkeit und das Kind fügt sich. Bei einem solchen Verhältnis kann es vorkommen, daß das «Kind» zwar gegen diese Abhängigkeit rebelliert, sie aber im Grunde genommen doch nicht aufzugeben gewillt ist. Manchen Müttern gelingt es auch, ihr herangewachsenes Kind an sich gefesselt zu halten, indem sie ihm, sofern es Unabhängigkeitswünsche hat, Schuldgefühle «machen» bzw. das Kind sich Schuldgefühle «machen läßt».

Auch in diesem Zusammenhang ist der Ausdruck *symbiotische Haltung* sinnvoll, denn manchmal ist auch nur ein Teil «symbiotisch», nicht aber der andere. Die Mutter einer 45jährigen Tochter, die als Freundin bei uns auf Besuch war, hat mich später bei einer zufälligen Begegnung gefragt, ob sich die Tochter auch gut bei uns benommen habe. Die Tochter war überhaupt nicht abhängig von der Mutter, was sich darin zeigte, daß sie über diesen Vorfall, als sie davon erfuhr, keineswegs wütend war, sondern nur wohlwollend lachte: «So ist meine Mutter!»

Bei psychologischen Beratungen im Zusammenhang mit solchen überdauernden Mutter-Kind-Symbiosen wird oft nur daran gedacht, daß aus dem Nachkommen ein selbständiger und eigenständiger Mensch werden sollte, wobei dann, wenn der junge Mensch seine eigenen Wege gehen lernt, die Mutter leidend «auf der Strecke bleibt». Ich verdanke es dem transaktionsanalytischen Gedankengut, daß ich mich auch darum zum kümmern pflege, daß die Mutter selbst bei einer solchen Symbiose einiges an Eigenständigkeit verlorengeht, indem nämlich oft ihre ureigenen Bedürfnisse vergessen und begraben geblieben sind, während sie in der Pflege ihrer Kinder «aufgegangen» ist. Es gilt bei solchen Beratungen also auch, die Mutter anzuleiten, was sie für sich noch erreichen kann und erreichen darf. Auch sie hat ja ein (inneres) «Kind» mit eigenen Bedürfnissen und Wünschen, die sie oft über Jahrzehnte hintangestellt hat, aber oft auch noch in höherem Alter direkt oder mit Hilfe ihrer «Erwachsenenperson» «sublimiert» erfüllen kann.

5.1.3 Die inverse Mutter-Kind-Symbiose

Ein Kind, und zwar schon ein Kleinkind oder sogar ein Neugeborenes kann in einer Mutter-Kind-Symbiose auch überfordert werden und zwar wenn es nicht nur im normalen Rahmen von der Mutter besorgt und umsorgt wird, sondern umgekehrt von der Mutter beansprucht wird, um für sie «zu sorgen», nämlich für sie da zu sein, sei es als Puppe, mit der gespielt werden kann, sei es als Objekt einer gegenüber anderen Erwachsenen gehemmten oder durch soziale Verhältnisse (z.B. Scheidung) unerfüllten Zärtlichkeit, sei es ganz allgemein als Ersatz für der Mutter gleichgestellte vertraute Menschen, dann aber auch als Dienstbote, manchmal als Sklave, an denen sie ihre Machtgelüste abreagieren kann, wenn infolge einer neurotischen Entwicklung bei ihr Macht an Stelle von Liebe getreten ist.

Inverse Symbiose

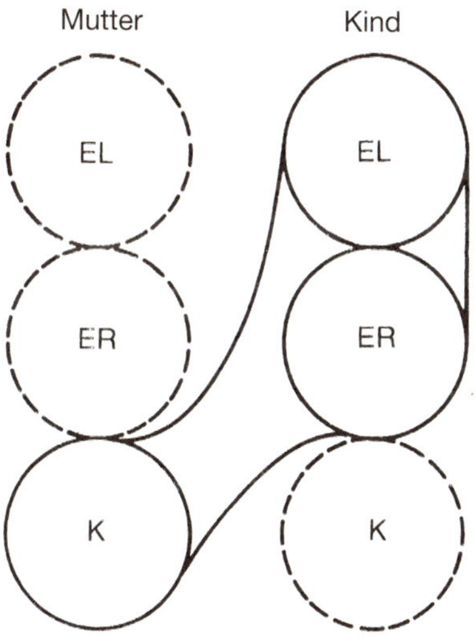

Abb. 30a
Einfache Darstellung

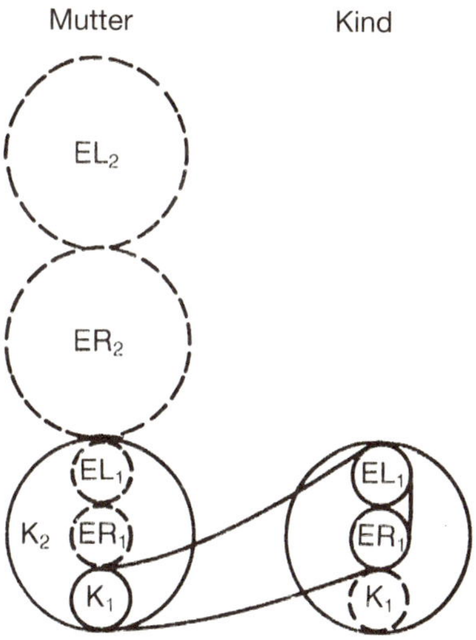

Abb. 30b
Traditionelle Darstellung unter Berücksichtigung der Unterteilung des Kind-Ich-Zustandes (s. S. 19f, 29)

Oft wird in der Transaktionalen Analyse auch von einer Mutter-Kind-Symbiose zweiter Ordnung gesprochen, weil es sich in der Transaktionalen Analyse eingebürgert hat, ein solches Verhältnis mit Hilfe von Ich-Zuständen zweiter Ordnung (s. S. 29) zu veranschaulichen (s. Abb. 28a, b). In der Familientherapie wird ein solches Verhältnis treffend *Parentifizierung* genannt.

Auch durch Dritte kann eine solche verkehrte Symbiose gefördert werden, so wenn der Vater, der zur Arbeit geht, seinem sechsjährigen Kind, wie dies tatsächlich vorgekommen ist, sagt: «Sieh zu, daß die Mutter nicht wieder zuviel trinkt!» oder, diesmal zu einem Schulkind: « ... daß sie nicht wieder bei einem epileptischen Anfall aus dem Bett fällt!».

Eine inverse Symbiose hemmt das Kind im Erleben und Leben seiner altersgemäßen Kindlichkeit und führt im allgemeinen zur beschleunigten Entwicklung einer «Erwachsenenperson» (J. Schiff u. Mitarb. 1975b, p. 8–9) und in der Folge häufig zu einer Befangenheit in dieser.

Crossman erwähnt mit Recht, daß auch in einer gesunden Mutter-Kind-Symbiose die Mutter von ihrem Kind etwas erwarten darf, mindestens ein Lächeln (1967). Im übrigen spielen bei der inverse Symbiose die emotionalen Verhältnisse die wichtigste Rolle, während, was die vitalen Verhältnisse anbetrifft, der Säugling und das Kleinkind natürlich immer noch auf die Mutter angewiesen sind, wenn nicht diese mütterlichen Funktionen von andern Erwachsenen wahrgenommen werden.

5.2 Das Ur-Wir zwischen Mutter und Kind als Sinnbild einer mangelhaften Abgrenzung

Was als gesunde Symbiose zwischen Mutter und Neugeborenem verstanden wird, hat Künkel mit dem treffenden Begriff *Ur-Wir* bezeichnet (1928, S. 93; 1931, S. 21ff; 1939, S. 19ff), worunter er «die lebendige Einheit einer Mutter mit ihrem Kind vor und nach der Geburt» versteht (1928, S. 93). Im Stillakt sind sie offensichtlich körperlich, im übrigen aber vor allem auch emotional aufeinander bezogen und miteinander verbunden. Die Mutter sagt: «Wir wollen trinken!», wenn sie dem Kind zu trinken gibt, oder «Wir wollen baden!», wenn sie es ins Bad hebt. Es ekelt die Mutter auch nicht, wenn ihr das Kind ein halbzerkautes Stück Brot in den Mund schiebt.

Es fragt sich, inwieweit in dem, was in der Transaktionalen Analyse unter Intimität verstanden wird, insbesondere von Berne selbst verstanden wurde, nicht ein Ur-Wir-Erlebnis eine maßgebende Rolle spielt. Es würde dies heißen, daß es Ur-Wir-Erlebnisse als Höhepunkte einer mitmenschlichen Beziehung – es muß sich durchaus nicht um erotische Beziehungen handeln – geben kann, meines Erachtens auch geben darf, aber nicht als Beziehungsformen, sondern als Augenblicke außergewöhnlicher Begegnung, allenfalls auch innerhalb einer länger dauernden Beziehung. Ich glaube aber nicht, daß sich darin der Begriff Intimität, wie er in der Transaktionalen Analyse gebraucht wird, erschöpft, obgleich Berne selbst an einer einzelnen Stelle die Intimität als *Krasis* [Verschmelzung] bezeichnet (1961, p. 81 – zum Begriff *Intimität* s. S. 109ff).

In der Partnertherapie spielen Symbioseansprüche eine große Rolle, u. a. auch weil häufig dem Partner die Schuld zugeschoben wird, daß eine solche symbiotische Lebensgemeinschaft sich auf die Dauer nicht verwirklichen läßt oder weil jede Eigenständigkeit in den Bedürfnissen, Gefühlen, Entscheidungen oder Handlungen vom Partner als Bruch eines unbewußt vorausgesetzten (Berne: heimlichen) «Ehevertrages» erlebt wird. In einem solchen Fall ist das Problem der Ko-Evaluation nach Willi (1985) aktuell!

Schwierige Probleme haben sich mir in der Eheberatung immer wieder gestellt, wenn von Seiten eines Partners durchaus der Wille besteht, dem andern Eigenständigkeit zuzugestehen, selbst, wenn dies zu Auseinandersetzungen, aber eben auch zu einem Wachstum der Gemeinschaft führen könnte. Es ist ihm aber nicht möglich, dem anderen eine größere Eigenständigkeit «zu verordnen» und allenfalls sogar zu umschreiben, in was diese bestehen würde, denn wenn dieser andere diesem Wunsch nachkommen würde, hätte er ja eben wieder Abhängigkeit bewiesen! Es kann nur jeder offen sein für eine Fortentwicklung des anderen zu größerer Eigenständigkeit, die dieser aber selber finden und gestalten muß.

Gar nicht selten ist auch, daß der eine Partner, an sich aus einer gesunden Regung heraus, gegen eine symbiotische Beziehung rebelliert, aber selbst tatsächlich die Symbiose nicht aufgeben will, d.h. nicht eigenständig zu werden wagt. Manchmal läßt er sich lieber scheiden und glaubt, damit eigenständig zu werden!

In diesem Zusammenhang muß, um Mißverständnissen vorzubeugen, festgestellt werden, daß Eigenständigkeit im hier gemeinten, einer «symbiotischen Haltung» entgegengesetzten Sinn weder Rücksichtslosigkeit noch emotionale Gleichgültigkeit bedeutet, wohl aber mitmenschlich bezogene Autonomie im weiteren Sinn (s. S. 369f), geschäftsmäßig gesagt: Kooperation statt Symbiose!

Eine symbiotische Haltung kommt manchmal in gewissen Redewendungen zum Ausdruck, so wenn «wir» oder «man» statt «ich» gesagt wird: «Wenn *man* nach dem Mittagessen keinen schwarzen Kaffee trinkt, kann *man* am Nachmittag bei der Arbeit nichts Rechtes mehr leisten!». Eine solche Redewendung entspricht einer Ablehnung, für sich Verantwortung zu übernehmen und ist nach transaktionsanalytischer Terminologie deshalb symbiotisch.

5.3 Die komplementäre Verquickung (Kollusion) zwischen Umsorgendem und Umsorgtem, Bestimmendem und Bestimmtem, Überverantwortlichem und Unterverantwortlichem

Die Lebensgemeinschaft zwischen Mutter und Neugeborenem ist einseitig, indem die Mutter bzw. der besorgende Elternteil, für das Neugeborene und die Funktion der Lebensgemeinschaft verantwortlich ist. Die Gemeinschaft besteht aus ungleichen Partnern. Das Neugeborene ist ja noch lange nicht lebensreif. Es ist vital wie emotional auf den besorgenden Elternteil angewiesen, der sich für das Kind verantwortlich fühlt und für es sorgt. Bei einer gesunden Eltern-Kind-Gemeinschaft wird das Kind im Laufe der Jahre zunehmend unabhängiger und selbständiger und schließlich, entsprechend seinem eigenen Streben nach Eigenständigkeit, aus der elterlichen Verantwortung und Umsorgtheit entlassen.

Die Beziehung oder emotionale Bindung zwischen der für das Kind besorgten und verantwortlichen Mutter und ihrem umsorgten, noch unmündigen Kind wird zum Gleichnis genommen für gewisse, oft als neurotisch aufgefaßte Verhältnisse zwischen Erwachsenen, die in der Transaktionalen Analyse auch unter den Begriff der «Symbiose» fallen. Besonders hervorgehoben wird die Beziehung zwischen jemandem, der ohne Abmachung nicht nur für sich, sondern auch für seinen Partner oder auch mehrere andere und für die entsprechende Gemeinschaft die Verantwortung übernimmt (der Überverantwortliche) und demjenigen, der gerne die Verantwortung für sich, andere und die Gemeinschaft abgibt (dem Unterverantwortlichen). In einer in diesem Sinn symbiotischen Beziehung sind beide aufeinander eingespielt und halten sich deshalb in ihrer jeweiligen Rolle fest. Oft ist eine über- oder unterverantwortliche Haltung für die Betreffenden auch in anderen Beziehungen typisch. Fast jeder neigt aufgrund seiner Erlebnisgeschichte eher zu einer dieser Rollen als zur anderen. Der eine, der Überverantwortliche, kommt sich im allgemeinen als unentbehrlich, wenn auch manchmal gleichzeitig als ungerechtfertigt belastet vor, der andere, der Unterverantwortliche, als angenehm entlastet, wenn auch manchmal gleichzeitig als ungerechtfertigt entmündigt.

Nach H. Hagehülsmann ist eine überverantwortliche symbiotische Haltung eines Erwachsenen erlebnisgeschichtlich fast immer auf das Erlebnis einer inversen Symbiose in der eigenen Kindheit zurückzuführen (1983).

Beispiele sollen zeigen, wie subtil in der Transaktionalen Analyse eine symbiotische Haltung im Sinn einer Ablehnung eigener Verantwortung und deren Zuschiebung an einen anderen, aber auch die Bereitschaft, darauf einzugehen, aufgefaßt wird:

1. Beispiel: «Morgen muß ich unbedingt meine Mutter wieder einmal besuchen!» – «Ich bring dich selbstverständlich hin!»

2. Beispiel: «Nehmen Sie Kaffee oder Tee?» – «Es ist mir gleichgültig!»

3. Beispiel: Therapeut oder Berater zum Klienten: «Was führt Sie zu mir?» – Klient (zögernd): «Ich weiß nicht recht!»

Was das letzte Beispiel anbetrifft, so stehen dem Therapeuten oder Berater verschiedene Möglichkeiten offen: Er kann einfach abwartend schweigen. Er kann die «Einladung zur Symbiose» aber auch annehmen: «Sie haben mich sicher aus irgendeinem Grund aufgesucht!» oder noch weitergehend: «Ich vermute, sie haben Probleme und mich deshalb aufgesucht!» Es ist von der Situation abhängig, welche dieser Möglichkeiten therapeutisch oder beraterisch richtig ist. Wenn der Therapeut oder Berater die zweite wählt, muß ihm bewußt sein, daß er die «Einladung zur Symbiose» angenommen hat und in der Folge aufmerksam darauf sein, daß der Klient nicht fortlaufend eine symbiotische Haltung ausspielt, was möglicherweise sein von ihm nicht erkanntes Problem auch im Alltag ist. Vielleicht leidet er aber auch unter einer, den ganzen Organismus mit einbeziehenden («vitalen») leichteren oder schwereren Depression und hat deshalb unüberwindliche Äußerungsschwierigkeiten oder Schwierigkeiten, sich zu entscheiden, was er sagen soll usw. Dann wäre es unmenschlich, radikal jede «Einladung zur Symbiose» abzulehnen. Im ersten und zweiten Beispiel ist eine «Annahme der Einladung zur Symbiose» praktisch belanglos, wenn sie nicht eine menschliche Beziehung auf die Dauer kennzeichnet oder eine gewohnheitliche Haltung gegenüber fast jedermann ist, der die Verantwortung für eine Entscheidung einem andern zuschieben möchte.

Auch in den Transaktionen kann sich einseitig oder beidseitig eine symbiotische Haltung oder eine Symbiose, meistens zwischen zwei Menschen, ausdrücken. In der Schiff-Schule wird von einer Art von Transaktion gesprochen, die für symbiotische Beziehungen kennzeichnend sei (J. Schiff u. Mitarb. 1975b, p. 61–63). Daß sich die Autoren veranlaßt sehen, in solchen Fällen neben den nach Berne sozialen und psychologischen Ebenen noch von einer symbiotischen Ebene zu schreiben, halte ich für überflüssig.

Beispiel:

Manfred zu Annelies, die in der Küche das Essen vorbereitet: «Soll ich den Tisch decken?» – Annelies: «Ja, bitte!»

Symbiotische Transaktionen

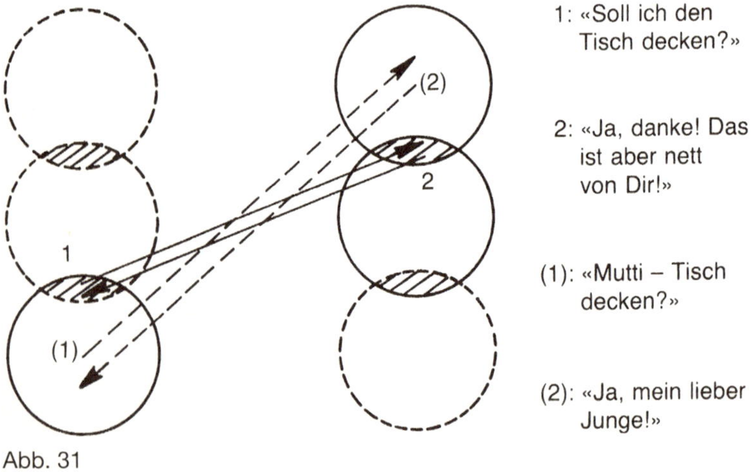

Abb. 31

Auf der sozialen Ebene, besser: Sach- oder Inhaltsebene, liegt eine reine Informationsfrage an den für den Haushalt Verantwortlichen vor. Wenn wir bedenken, daß es für Manfred selbstverständlich ist, daß beide sich in nächster Zeit an den Tisch setzen werden, um die Mahlzeit einzunehmen, erkennen wir, daß Manfred die Frage auf der psychologischen Ebene, besser: Beziehungsebene, aus einer kindlich-symbiotischen Haltung heraus an die «Elternperson» von Annelies stellt. Die Frage hat also eine symbiotische Färbung. Ob dies auch für die Antwort von Annelies zutrifft, können wir allein nach ihren Worten nicht sagen (s. Abb. 31).

Nach den Autoren der Schiff-Schule verläuft die Frage von Manfred von einem kindlich getrübten Anteil seiner «Erwachsenenperson» zu einem elterlich getrübten Anteil von Annelies und ihre Antwort verläuft gegebenenfalls auf demselben Weg zurück. Die Symbiose würde durch ausgezogene und nur gestrichelte Kreise um die entsprechenden Symbole für die Ich-Zustände veranschaulicht.

Nach Auffassung der Transaktionsanalytiker aktiviert dasjenige Individuum, *das den Anspruch stellt*, für ein anderes oder für andere oder für die Gemeinschaft Verantwortung zu übernehmen, in der in Frage stehenden Beziehung, seine «Elternperson» und seine «Erwachsenenperson», während es sein «Kind» ausschließt. Das andere Individuum, das sich entmündigen lasse, wenn auch manchmal mit scheinbarem Protest, aktiviere nur sein «Kind» und vernachlässige die Möglichkeiten, die ihm in seiner «Erwachsenenperson» und «Elternperson» zur Verfügung stehen würden, die es aber, mindestens im Bereich der in Frage stehenden Beziehung, ausgeschlossen habe (Abb. 32). Darum würden in einer symbiotischen Beziehung zwei Personen zusammen nur drei, statt sechs Ich-Zustände zur Verfügung stehen (s. dazu S. 91). Woollams u. Brown schlagen noch eine andere Möglichkeit der Darstellung vor (1978, p. 108, sinngemäß auch English 1982, s. Abb. 33). Einfacher ist es, wenn schon eine Veranschaulichung im Rahmen der Lehre von den Ich-Zuständen herbeigezogen werden soll, was ich an sich nicht nötig finde, sich auf das einfache Mutter-Kind-Verhältnis zu beziehen (Abb. 34).

Graphische Darstellung einer Symbiose

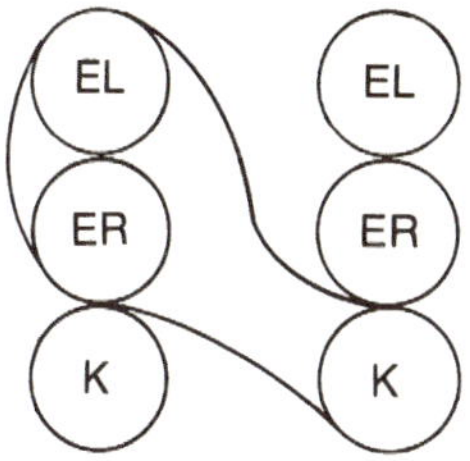

Abb. 32
Klassische Darstellung

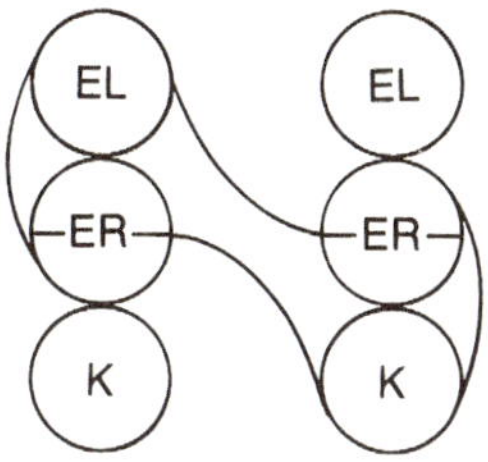

Abb. 33
Korrigierte Darstellung nach Woolliams und Brown

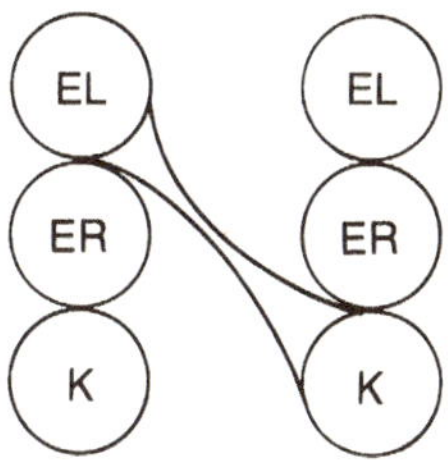

Abb. 34
Vereinfachte Darstellung

5.4 Das Mutter-Kind-Verhältnis als Sinnbild für unverlangtes Entgegenkommen und unausgesprochenen Anspruch darauf

Eine auf ihr Kind eingestellte Mutter versteht meist «instinktiv» dessen Bedürfnisse. Bekannt ist, daß solche Mütter bald gut erfassen, ob das Kind weint, weil es müde ist, weil es Hunger hat, weil es Schmerzen hat, oder weil es ihm langweilig ist. Daß das Verständnis zwischen Mutter und Kind noch andere als rational erklärbare Kanäle kennt, ergibt sich aus der Reaktion des Säuglings auf die Miene der Mutter, anscheinend schon vor jeder Erfahrung, oder daraus, daß manche Mütter nur schon durch leises Wimmern des Säuglings aus tiefem Schlaf geweckt werden, auch wenn lautere Lärmquellen das nicht vermöchten. Auch diese Verhältnisse werden zum Gleichnis für als symbiotisch bezeichnete Reaktionen unter Mitmenschen, nämlich wenn jemand, ohne darum gebeten worden zu sein, sich mit seiner Hilfe aufdrängt oder ein anderer als selbstverständlich voraussetzt, daß ein anderer seine Wünsche errät. Auch wenn jemand, ohne sich entsprechend zu äußern, den Anspruch stellt, sein Kommunikationspartner habe zu wissen, wie ihm zumute sei.

Die symbiotische Bindung zwischen einem gleichsam Elternstelle vertretenden Überverantwortlichen und einem Unterverantwortlichen sind allgemeinpsychologisch nur *ein* Fall einer komplementären Bindung, auf den die Transaktionale Analyse im Rahmen ihrer Lehre von der «Symbiose» ihre besondere Aufmerksamkeit richtet. Es gibt unzählige solcher Bindungen, die darin bestehen, daß sich insbesondere zwei Lebenspartner in ihrer je komplementären Rolle fixieren und damit eigene Fähigkeiten und Entwicklungsmöglichkeiten vernachlässigen und insbesondere auch auf ihre Eigenständigkeit und Autonomie verzichten. Willi (1975) hat damit vergleichbare Rollenverquickungen in den Mittelpunkt seiner Partnerpsychologie und Partnertherapie gestellt («Kollusionskonzept»). Auch im Rahmen der transaktionalsanalytischen Betrachtungsweise gibt es weitere Beispiele wie die häufigen Bindungen zwischen jemandem mit der Grundeinstellung (s. S. 123ff) «Ich bin O. K., du bist nicht O. K.» mit einem Partner, Freund oder Kollegen mit der Grundeinstellung «Ich bin nicht O. K., du bist O. K.» oder in bezug auf die manipulativen Rollen (s. S. 147ff) die Bindung von jemandem, der sich in der Rolle eines «Retters» oder «Verfolgers» erlebt, mit seinem «Opfer» und umgekehrt.

1. Beispiel: Robert im Geschäft vor einer neuen Büromaschine zu Max am Nebenpult: «Es macht mir einfach Mühe, mit dieser neuen Maschine klar zu kommen!» – Max: «Komm ich zeig's dir mal!»

Innerhalb der transaktionsanalytischen Betrachtungsweise ist in der Mitteilung von Robert ein symbiotischer Anspruch zu vermuten, «symbiotisch» deshalb, weil er, wie Kinder ihre Mutter, von der sie sich umsorgt wissen, nur indirekt um Hilfe frägt. Max kommt dann diesem symbiotischen Anspruch bereitwillig entgegen.

2. Beispiel: «Wenn du mich wirklich gern hättest, würdest du jetzt sehen, daß ich von der Arbeit müde bin und mich nicht fragen, ob ich noch mit dir ausgehen möchte!» Die Voraussetzung einer solchen Aussage nennen die Transaktionsanalytiker einen Anspruch auf «Gedankenlesen».

3. Beispiel: Der Berufsberater frägt den sichtlich durch die Situation verschüchterten Buben in Gegenwart der Mutter: «Und – was möchtest du werden?» Der Befragte wirft der Mutter einen hilflosen Blick zu und diese sagt zum Berater: «Er wollte schon immer Schreiner werden.»

In bezug auf die drei Beispiele läßt sich nicht sagen, daß es verboten sein sollte, unausgesprochenen Bedürfnissen entgegenzukommen oder unausgesprochenen Stimmungen Rechnung zu tragen, aber daß es nicht eigenständig, sondern symbiotisch ist, bewußt oder unbewußt den wortlosen *Anspruch* zu stellen, daß der oder die andern mir spontan entgegenkommen. Auch derjenige, der sich ohne Abmachung verpflichtet fühlt, einem oder mehreren anderen entgegenzukommen, nimmt nach «gestrengen Transaktionsanalytikern» eine symbiotische Haltung ein!

5.5 Zusätzliche Anmerkungen zum Begriff der «Symbiose»

Begegnen sich zwei Menschen mit derselben symbiotischen Haltung, z.B. zwei Überverantwortliche, so besteht das, was J. Schiff u. Mitarb. eine *rivalisierende Symbiose* nennen, obgleich es keinesfalls ihrer deutenden Umschreibung einer Symbiose entspricht. Korrekter wäre es, von *rivalisierender symbiotischer Haltung* zu sprechen. Dabei versucht jeder den anderen unbewußt in die zur seinen komplementären Rolle zu locken oder zu zwingen.

Von einer *funktionellen Symbiose* wird von Schiff u. Mitarb. gesprochen, wenn von den Gliedern einer Gemeinschaft verschiedene Rollen übernommen werden mit der Überzeugung, daß der eine nicht tun könnte, was der andere kann, z.B. kochen, staubwischen, auswärts Geld verdienen, logisch denken, für Ordnung sorgen usw.. Von einer Symbiose darf allerdings meines Erachtens nicht gesprochen werden, wenn eine entsprechende, allen Teilen bewußte und gegenseitig akzeptierte Arbeitsteilung besteht.

Der Symbiosebegriff wird meines Erachtens in diesen zwei Zusammenhängen zu sehr überdehnt!

*Einer symbiotischen Haltung ist verdächtig, wer eindeutige Abmachungen vermeidet, wer es nicht fertig bringt, eigene Bedürfnisse wahrzunehmen und zur Geltung zu bringen, wer zu konstruktiven Auseinandersetzungen nicht willens oder fähig ist, weil er auch eine solche als «unharmonisch», nämlich als Streit erlebt. Wer lernen will, sich durchzusetzen, ist nach meiner Erfahrung auch in einer abhängigen symbiotischen Haltung, weil er meint, Eigenständigkeit und Autonomie bestehe darin, sich gegen andere durchsetzen zu können; dabei sollte er lernen, sich konstruktiv auseinanderzusetzen.

Es ist verantwortungsbewußt und nicht symbiotisch, wenn ich jemandem Informationen beschaffe, der sich ohne solche unreparierbar zu schaden droht. Es ist aber symbiotisch, wenn ich jemandem, ohne daß eine entsprechende Abmachung besteht, davon abhalte, eigene Erfahrungen zu machen. Ebenso ist es nicht Ausdruck einer symbiotischen Haltung, wenn ich körperlich Invaliden im Rahmen einer Abmachung, geistigen Invaliden oder Kranken gegebenenfalls auch ohne eine solche, beistehe, ohne eine noch mögliche Selbständigkeit einzuschränken.

Mitmenschlichkeit, besonders liebendes Miteinandersein, wird weitgehend getragen von Augenblicken «mangelnder» Abgrenzung, von gegenseitiger unausgesprochener Unterstützung und von stillschweigendem Entgegenkommen, kurz: von symbiotischem Erleben und Verhalten. Darum wäre es falsch, eine Symbiose im Sinn der transaktionalen Analyse von vornherein als etwas Verwerfliches zu beurteilen, wozu manchmal eifrige Transaktionsanalytiker neigen. Wer aber sein Leben gemeinhin auf Symbiose baut, entsprechende Ansprüche stellt und eine menschliche Beziehung zwischen zwei autonomen Wesen als unecht und unmöglich ansieht, ist kindlich und seine Entwicklung zu einer eigenständigen Persönlichkeit, wozu nach der Überzeugung der Transaktionalen Analyse der Mensch berufen ist, gehemmt geblieben! Das gilt aber auch für denjenigen, der annimmt, er sei nur eigenständig, wenn er für einen anderen oder für eine andere Verantwortung übernimmt und ohne eine solche Stellung in einer Gemeinschaft beziehungsunfähig ist. Es ist nicht nur derjenige im Sinn der Transaktionalen Analyse als symbiotisch zu bezeichnen, der abhängig ist, so sehr das transaktionsanalytische Schrifttum diesem Mißverständnis Vorschub leistet!

6. In der Transaktionalen Analyse hervorgehobene psychologische Grundbedürfnisse

In der Transaktionalen Analyse werden bestimmmte psychologische Grundbedürfnisse [hungers] hervorgehoben und zum Teil an Lebenswichtigkeit den vitalen Bedürfnissen nach Nahrung und Obdach gleichgesetzt (Steiner 1974, p. 132/S. 134f), obgleich sie im Grunde genommen nicht mit diesen verglichen werden können.

6.1 Das Grundbedürfnis nach sinnlicher Anregung

Wer vor jedem sinnlichen Reiz abgeschirmt wird, also z.B. unter Vorkehrung bestimmter Maßnahmen davon abgehalten wird, irgend etwas zu sehen, zu hören, zu tasten, zu riechen und zu schmecken, zeigt im allgemeinen nach zwei Tagen sonst als krankhaft geltende Zustände wie z.B. Halluzinationen. Politische Gefangene, die lange in Isolation gehalten werden, sind zu jeder Aussage bereit. Daraus leitet Berne ein ureigenes Bedürfnis ab, sich Sinnesreizen auszusetzen. In diesem Zusammenhang steht auch die Erfahrung, daß sich auf einem Rummelplatz viel Geld verdienen lasse, da die Menschen sich gerne Sinnesreizen, wie z.B. dem Kitzel auf der Achterbahn oder auf der Geisterbahn aussetzen würden (Berne 1964b, pp. 13–14/S. 12f; 1970, p. 182/S. 151f; 1972, p. 21/ S. 38).

Die Versuchung ist groß, dieses Grundbedürfnis als solches nach Anregungen überhaupt zu erweitern, was mir sinnvoll scheint, aber nicht dem Wortlaut der Ausführungen von Berne entspricht.

6.2 Das Grundbedürfnis nach Zuwendung und Anerkennung («Streicheln»)

Berne erwähnt an verschiedenen Stellen seines Werks Beobachtungen von René Spitz. Mit Mitarbeitern hatte er Säuglinge untersucht, die ihren Müttern weggenommen wurden und keine Gelegenheit hatten, über längere Zeit emotionale Kontakte zu konstanten Beziehungspersonen aufrechtzuerhalten. Sie sollen, auch wenn sie unter pflegerisch einwandfreien Bedingungen aufwuchsen, bleibende schwere körperliche, emotionelle und intellektuelle Schädigungen erlitten haben, selten sogar ohne Nachweis einer definierbaren Krankheit gestorben sein. Später sollen sie zu Menschen werden, die an schweren Verhaltensstörungen leiden (Berne 1963, pp. 214–215/S. 234f; 1964b, p. 13/ S. 12; Spitz 1954/1957, S. 89–106).

Die Untersuchungen von Spitz werden heute in Zweifel gezogen, weil sie zu wenig sorgfältig belegt sind, besonders aber, insofern die Schädigungen solcher Kinder bleibend sein sollen. Selbst nach jahrelangem schweren Mangel an vertrauten Bezugspersonen und stimulierenden emotionalen und intellektuellen Anregungen kann eine Versetzung in ein für die Entwicklung der Kleinkinder im besten Sinn fördernde Umgebung sie alles Versäumte aufholen lassen (Ernst u. Luckner 1985). Das schließt natürlich nicht aus, daß auf die Dauer jedes Kind positive Zuwendung zu seiner Entwicklung braucht und überhaupt jedermann zur Entfaltung seiner Erlebens- und Verhaltensmöglichkeiten. Bleibt nämlich die Mangelsituation über die Kleinkinderzeit hinaus erhalten, dann kommt es tatsächlich zu bleibenden Störungen, wie auch Ernst u. Luckner bestätigen.

Ebenfalls Spitz stellte fest, daß Kinder, die vorerst ihnen zugewandte Mütter erlebten, sie dann aber verlören, alle Zeichen einer Depression entwickelten, die aber dann heilte, wenn sie ihrer Mutter, selbst in ungünstigere Pflegeverhältnisse, zurückgegeben würden (Spitz 1957, S. 89–96). Hier ist beizufügen, daß nicht die leiblichen Mütter notwendig sind, sondern vielmehr einfach vertraute Bezugspersonen.

Da Neugeborene und junge Säuglinge menschliche Zuwendung als Körperkontakte erfahren, wird in der Sprache der Transaktionalen Analyse anstelle von «Zuwendung» von «Streicheln» gesprochen.

Der Begriff «Streicheln» für ganz allgemein «positive Beachtung» sowie der Begriff «Streicheleinheiten» für «zählbare Momente oder Gradunterschiede positiver Beachtung» sind von der Transaktionalen Analyse in den allgemeinen Sprachgebrauch übergegangen. Für das, was wir im Deutschen als «Streicheln» bezeichnen, braucht der Englischsprachige das Wort «stroking», womit allgemein die Ausführung von Streichbewegungen (z.B. auch eines Malers) verstanden wird, wobei aber, wenn kein deutlich anderer Zusammenhang gegeben ist, die Bedeutung einer Liebkosung naheliegt. Berne gebraucht denn auch in seinem ersten Buch (1961, pp. 77–79) dieses Wort, um den jedem Menschen, besonders deutlich aber dem Säugling notwendigen körperlichen Kontakt zu kennzeichnen und leitet ebendort, was allgemein Anerkennung [recognition] genannt wird, psychologisch von «Streicheln» ab. Später sucht er nach einem Wort, um eine *einzelne* Liebkosung oder Anerkennung zu bezeichnen. Er wählt dafür nicht «caress» [Liebkosung], was sich nach dem englischen Sprachgebrauch aufgedrängt hätte, sondern in Anlehung an «stroking» [Streicheln] *stroke*. Dieses Wort bezeichnet aber nicht nur «einen Streichel», sondern auch einen Schlag, sogar in der übertragenen Bedeutung eines Herz- oder Hirnschlages (vergleiche: Backenstreich!). Deshalb kann im Englischen sehr wohl von einem entweder positiven oder negativen «stroke» [«Streichel» *oder* Schlag] gesprochen werden (Berne 1964b, p. 56/S. 68), während im Deutschen «negatives Streicheln» unsinnig tönt. Es kann aber verständlicher von positiver oder negativer *Zuwendung* oder *Beachtung* gesprochen werden.

Später wirkt natürlich nicht nur der Körperkontakt, sondern werden Mimik und Stimme zu Möglichkeiten erlebter Zuwendung, noch später auch der Inhalt von ausgesprochenen Worten. Berne schreibt dabei von «symbolischem Streicheln» (1961, pp. 77–79; 1964b, p. 16/S. 20) oder von einer erwachsenen Version des kleinkindlichen Wunsches nach Berührung (1966b, p. 230). Ausgesprochene positive Anerkennung ist nach Berne die «höchste Sublimationsstufe» von Streicheln (Berne 1963, pp. 214–215/S. 234f).

Berne leitet das Bedürfnis nach Anerkennung aus dem «weniger spezifischen» (1966b, p. 230) Bedürfnis nach Sinnesreizen ab, denn die bevorzugte sinnliche Anregung sei, wie die erwähnten Untersuchungen an Säuglingen und alltägliche Beobachtungen erweisen würden, der körperliche Kontakt (Kontakt = Berührung) mit anderen Lebewesen (Berne 1961, p. 214). *Es kommen aber doch wohl beim mitmenschlichen Kontakt im Sinn der Kenntnisnahme von der Existenz des anderen und dann noch zusätzlich bei der averbalen oder verbalen Vermittlung von Anerkennung, zu bloßen Sinnesreizen noch weitere psychologische Qualitäten hinzu.

Verschiedene Untersuchungen an Säugetiere, besonders an Ratten und Affen haben gezeigt, daß auch junge Tiere Kontakt zu anderen Lebewesen brauchen, um sich normal entwickeln zu können. Berne erwähnt besonders Untersuchungen von S. Levine sowie H.F. Harlow und M.K.

Harlow. Immer wieder angeführt werden die Beobachtungen der letzteren beiden Forscher: Äffchen, denen eine Drahtgestellmutter zur Verfügung gestellt wird, die Milch gibt, aber auch eine mit Pelz umhüllte Mutter, die keine Milch gibt, fühlen sich nur angeschmiegt bei letzterer geborgen. Sie fühlen sich also nicht einfach nur dort geborgen, wo sie die lebensnotwendige Nahrung erhalten (Montagu 1971, S. 24, 27, 29, 30ff, 81, 143 und auch andern Orts in diesem Werk). Bemerkenswert ist, daß nach dem Verhaltensforscher Peter Driscoll auch *erblich auf Ängstlichkeit gezüchtete* Ratten, *endgültig zutraulich* werden, wenn sie nach der Geburt von ihren Pflegern während dreier Wochen täglich einige Minuten gestreichelt werden (nach Waldner 1994).

Von einer *Zuwendung* oder *Beachtung* im Sinn der Transaktionalen Analyse kann bereits gesprochen werden, wenn jemand nur schon mit einem neutralen Blick Kenntnis nimmt von der Anwesenheit des anderen. Das allein wäre allerdings eine Zuwendung von verhältnismäßig «geringer Wertigkeit». Im Rahmen der Transaktionalen Analyse würde dabei vielleicht von *einer* Streicheleinheit gesprochen, während ein freundliches «Guten Tag!» den Wert von vielleicht fünf Streicheleinheiten hätte, wenn es zudem von einer angesehenen oder/und verehrten Person ausgeht, möglicherweise sogar von zehn Streicheleinheiten. Eine herzliche Umarmung hätte dann den Wert von möglicherweise 100 Streicheleinheiten, wenn erwünscht (frei nach Kupfer 1962). James u. Jongeward schreiben weniger numerisch einfach von mehr oder weniger intensivem «Streicheln» (1975, p. 99). Ein tadelnder Blick, eine Zurechtweisung, eine Beschimpfung, gar eine Tracht Prügel bedeuten auch Zuwendung oder Beachtung, aber eben negative.

Woollams u. Mitarbeiter nehmen an, daß eine Äußerung negativer Zuwendung grundsätzlich schwerer wiegt als eine solche positiver Art (1974, p. 31/Brown S. 63). Wenn eine Mutter ihrem Kleinkind Wärme und Liebe zukommen lasse, werde dies von diesem vielleicht etwa als 50 positive Streicheleinheiten empfunden, wenn sie es aber energisch tadle, weil es die von ihr aufgestellten Normen verletzt habe, entspreche dies vielleicht 200 negativen Einheiten. Wenn eine Mutter sich herzlich an der fröhlichen Unbefangenheit ihres Kindes freue und dies auch zum Ausdruck bringe, und wir schätzten dies als 100 positive Einheiten, so beeindruckt das Kind ein Ausruf wie «Wärest du nur nie geboren worden!» gradmäßig wie etwa 1000 negative Einheiten! Erklärt wird dies von den Autoren mit der Überlegung, daß es dem Kind in erster Linie auf Sicherheit ankomme und erst in zweiter Linie darum, Freude und Zufriedenheit zu empfinden (Woollams u. Brown 1978, p. 53). Die Autoren setzen wohl wohl voraus, daß das Kind hinter jeder negativen Äußerung der Eltern die Drohung spürt, verlassen zu werden.

Wenn es einem Kind nicht gelingt, immer wieder positive Zuwendung zu erhalten, wird es danach streben, wenigstens negative Beachtung zu erlangen, indem es sich unartig benimmt, absichtlich Ärgernis erregt oder sich auf andere störende Art bemerkbar macht, selbst wenn dies Tadel und Strafe zur Folge hat.

Kinder gewöhnen sich Verhaltensweisen an, die ihnen Zuwendung von den Eltern und anderen erwachsenen Bezugspersonen verschaffen und sie gewöhnen sich auch an bestimmte Arten von Zuwendung. Wer sich also in der Kindheit mit vornehmlich oder sogar fast ausschließlich negativen Zuwendungen begnügen mußte, wird auch später solche erwarten und zu bekommen versuchen. Zugleich wird er Mühe haben, sich selbst jemandem positiv zuzuwenden. Dazu aufgefordert wird er vielleicht auf zweideutige Art jemandem besondere Beachtung schenken, indem er z.B. sagt: «Du bist wirklich hübsch für jemanden, der so dick ist!» oder «Du gibst dir sichtlich Mühe!» (Steiner 1974, p. 329/S. 310). Die Bennenung «schiefes Streicheln» scheint mir nicht schlecht für derartige «Komplimente». Steiner rechnet auch Aussagen wie «Du bist der Intelligenteste in dieser Gruppe!» oder «Ich liebe dich mehr als irgend jemanden sonst!» (statt:

«Schön, wie intelligent du bist!» oder schlicht: «Ich liebe dich!») zu den zweifelhaften Formen von Beachtung.

Im Rahmen der Transaktionalen Analyse spielt die Unterscheidung zwischen *bedingungsloser* und *verhaltensbezogener* positiver oder negativer Zuwendung eine wichtige Rolle. Am ermutigendsten ist zweifellos bedingungslose positive Zuwendung, wie z.B. die Äußerung: «Schön, daß es dich gibt!». Eine an ein Verhalten geknüpfte positive Zuwendung wäre: «Es freut mich, daß du das für mich erledigt hast!». Ein tadelndes: «Wieder kommst du so spät, ohne mich zu benachrichtigen!» wäre das Beispiel einer negativen verhaltensbezogenen Zuwendung. Vernichtend ist meistens eine bedingungslose negative Zuwendung: «Ich habe dich nie gemocht, ich mag dich nicht und ich werde dich nie mögen!» Besonders schwerwiegend sind bedingungslose negative Zuwendungen von Eltern gegenüber Kindern, die ihnen gleichsam schutzlos ausgeliefert sind wie: «Wenn ich dich nicht erwartet hätte, hätte ich keinen Alkoholiker heiraten müssen!» oder auch nur: «Ich habe Kinder nie gemocht!». Jedes Kind braucht zu seiner gedeihlichen Entwicklung immer wieder bedingungslose positive Zuwendungen. Auch eine freiheitliche Erziehung wird ohne verhaltensbezogene Zuwendungung nicht auskommen.

Vom Empfänger einer Botschaft kann eine positive oder negative Zuwendung herausgehört werden, wo gar keine gemeint war, oder es kann eine positive in eine negative umgedeutet werden: «Aha, du hast heute deinen Pelzmantel angezogen!» – «Ja, er gefällt mir auch!» oder (Gast zur Hausfrau): «Der Salat schmeckt mir ausgezeichnet!» – (Hausfrau denkt sich) «Offensichtlich schmeckt ihm das Fleisch nicht!» (frei nach Bruce u. Erskine 1974). Solche *Verfälschungen* haben natürlich ihre psychologischen Hintergründe. Manche Menschen sind immer in der Erwartung, sie würden getadelt, andere sind existentiell so abhängig von positiven Äußerungen ihrer Umgebung, daß sie solche hören, wo keine gemeint waren.

Woollams u. Brown unterscheiden «Streicheln», das einer mitmenschlichen Zuwendung entspricht, wie wir das bis jetzt angenommen haben. Daneben erlebt sich nach ihnen aber auch positiv «gestreichelt», wer Musik oder gutes Essen genießt oder sich von innen heraus einer tänzerischen Bewegung hingibt. Bei einer mitmenschlichen Zuwendung schreiben sie von einem «Streicheln von außen» [external stroking], bei den erwähnten «Genüssen» von einem «Streicheln von innen» [internal stroking] (Woollams 1978; Woollams u. Brown 1978, pp. 47–48). Für mich ist Zuwendung («Streicheln») eine zwischenmenschliche Angelegenheit, wobei allerdings bekanntlich an die Stelle von Mitmenschen auch Haustiere treten können. Jemand, der positive Zuwendung nötig hat, die aber im Moment nicht ereichbar ist, kann sich absichtlich an Geschehnisse erinnern, bei denen er von anderen positive Zuwendung erhalten hatte. Solche Erinnerungen können über eine «Durststrecke» hinweghelfen. English schreibt von einem *Streichelkonto* (1971).

Nach Steiner leiden fast alle Menschen, wenn auch in verschiedenem Ausmaß, an einem Mangel an positiver Beachtung, an einem «Streicheldefizit». Steiner führt diese Tatsache auf einen zu haushälterischen Umgang mit «Streicheln» zurück («Streichelökonomie»). Es gebe nämlich in dieser Beziehung einschränkende gesellschaftliche Regeln: 1. «Schenke niemandem ausdrücklich Äußerungen positiver Beachtung außer den nächsten Familienangehörigen, auch wenn du die Möglichkeit hättest und den Impuls verspürst, einem nur oberflächlich Bekannten oder gar einem Fremden etwas Nettes zu sagen oder deine Sympathie zu zeigen!» («Diese Farben stehen Ihnen ausgezeichnet!»). – 2. «Bitte niemanden darum, sich dir zuzuwenden, denn damit würdest du eine Schwäche zeigen!» (statt: «Komm, sei ein bißchen nett zu mir, ich hab's jetzt eben nötig!»). – 3.

«Genieß nicht offen und mit gutem Gewissen, wenn dir jemand eine positive Anerkennung zukommen läßt!» («Ach geh! Diese Bluse habe ich ja nur billig im Ausverkauf erstanden!»). – 4. «Weise nie eine positive Zuwendung zurück, selbst wenn du sie nicht magst!», z.B. wenn du mit deinem Kummer etwas allein gelassen werden möchtest. – 5. Freue dich nie über etwas, was du kannst oder an dir magst, denn sonst bist du eitel und eingebildet!» (frei nach Steiner 1974, pp. 131–138/S. 134–142).

Steiner hat ein Märchen geschrieben, das ich allerdings auch außerhalb des Rahmens der Transaktionalen Analyse schon gehört habe. In diesem wird erzählt, wie freigiebig früher die Menschen einander positive «Streichelchen» [fuzzies] ausgeteilt hätten, bis sie einmal durch eine Hexe darauf aufmerksam gemacht worden wären, daß sich auf diese Art der Vorrat an «Streichelchen» erschöpfen würde. Darauf gingen die Menschen viel sparsamer, ja geizig mit den «Streichelchen» um, bis sich in jüngster Zeit durch den Einfluß einer guten Fee eine Wandlung angebahnt hätte, vorläufig wenigstens bei den Kindern (Steiner 1970; 1974, pp. 127–131/ S. 131–134). Nach diesem Märchen werden Äußerungen positiver Zuwendung auch als «Fläumchen» oder «Kuschelchen» [fuzzies] bezeichnet, solche negativer Zuwendung als Stachelchen [pricklies], genauer noch als «warme Fläumchen» und «kalte Stachelchen», unechte Äußerungen scheinbar positiver Zuwendung als «Plastik-Fläumchen». Zweideutig wäre nach Haimowitz gleichsam ein «kaltes Fläumchen» oder ein «warmes Stachelchen» (Haimowitz 1976, p. 4).

Berne ordnet das von einem körperlichen Kontaktbedürfnis abgeleitete Bedürfnis nach allgemeiner mitmenschlicher Zuwendung, wie bereits erwähnt, einem Grundbedürfnis nach sensorischer Stimulation unter (1963, p. 215/S. 235). An einer Stelle seines Werks springt er sogar von der psychologischen zur neurophysiologischen Betrachtungsweise über, indem er ausführt, daß sensorische Reize notwendig seien, um eine normale Funktion neuraler Strukturen im Zentralnervensystem aufrecht zu erhalten (1970, p. 182/S. 152). Der sensorische Reiz, der beim Körperkontakt von einer Haut zur anderen übergehe, habe möglicherweise damit zu tun, daß dabei infrarote Strahlen ausgesandt und empfangen würden. *Erlebnispsychologisch handelt es sich bei infraroter Strahlung ganz einfach um Wärme!

Wo sich positive oder negative Zuneigung mit *Grandiosität* im Sinne einer unrealistischen Übertreibung verbinden, sprechen Kahler u. Cooper nicht mehr von Zuwendung oder Beachtung («Streicheln»), sondern von *Mißachtung* (s. S. 116). «Positiv» mißachtende oder grandiose Zuwendung wäre: «Du bist die wunderbarste Frau, die es gibt!», negative mißachtende oder grandiose Zuwendung wäre: «Du bist ein Dummkopf und bleibst ein Dummkopf und keiner wird dich je anders erleben!» (frei nach Kahler u. Cooper 1974; Kahler 1978 – s.a. Idealisierung S. 130).

Erskine macht darauf aufmerksam, daß es Leute gibt, die von anderen Beachtung *zu erzwingen versuchen*, z.B. indem sie sich ungefragt in Gespräche einmischen, Fragen beantworten, die nicht an sie gerichtet sind, von Ereignissen und Erfolgen berichten, von denen sie annehmen, sie würden sie als wichtig erscheinen lassen. Auch wer anderen gerne zu Hilfe eile, oder wer besonders laut oder leise spreche, könne dies tun, um Aufmerksamkeit zu finden. Wer längere Zeit oder immer wieder mit solchen Leuten zusammen sei, spüre, wie verkrampft diese immer wieder Zuwendung zu erlangen versuchen und meide sie schließlich, was natürlich zu einem Teufelskreis führe (Erskine 1980).

Ein *Streichel-Treffer* [target stroke] ist eine gezielte Äußerung an das «Kind», an die «Eltern-« oder an die «Erwachsenenperson» eines anderen, die genau die richtige Stelle trifft, wo eben eine Ermutigung nötig ist (positiver Streicheltreffer) oder wo der Betreffende am verletzlichsten ist (negativer Streicheltreffer) (M. James 1975, pp. 71–74; 1979, pp. 166–167; Baum-Baicker u. De Torres 1979). Ein solcher Streichel-Treffer darf nicht verwechselt werden mit einem *Schuß ins Schwarze* [bull's eye]. Ein solcher wäre eine Intervention des Therapeuten, z.B. bei der Formulierung einer Erlaubnis (s. S. 337ff), die alle drei Ich-Zustände des Angesprochenen gleichermassen erreicht und damit nach Berne «bedeutungsvoll und annehmbar», also besonders «treffend» ist (Berne 1961, p. 261; 1966b, p. 256; Karpman 1971).

6.3 Das Grundbedürfnis, die Zeit auf eine bestimmte Weise zu verbringen [passing the time], auch: das Bedürfnis nach Zeitgestaltung [structuring the time], oder die sechs Umgangsformen

Nach Berne vergeht die Zeit nicht, sondern «wir gehen durch die Zeit». Die Zeit fließe nicht dahin, wie ein Fluß, an dessen Ufer wir stehen. Sie sei vielmehr mit einem Meer zu vergleichen, das wir zu überqueren hätten, vom Gestade des ersten Schreis als Neugeborene bis zur jenseitigen Küste, wo die Totenbahre warte. Die Überquerung könne mühsam in einem Ruderboot geschehen, wobei wir alle unsere Sinne beieinander haben müßten; sie könne sich aber auch mit aufgespannten Segeln in aller Herrlichkeit sanft dahingleitend abspielen. Schließlich sei es auch möglich, die Überfahrt in Massen zusammengepfercht auf einem großen, mit Maschinenkraft fortbewegten Schiff mit automatischem Piloten zu bewältigen, wobei die Passagiere nichts anderes zu tun hätten, als sich, betrunken oder nüchtern, mit Bordspielen zu vergnügen (Berne 1970, p. 131–133/S. 110–111). Da es nicht die Zeit sei, die vorüberfließe, sondern wir sie passierten, würde wir dazu sehen, daß dies organisiert und geplant vor sich gehe (Berne 1970, p. 133/ S. 111).

«Das ewige Problem menschlicher Lebewesen besteht darin, ihre wachsenden Stunden zu strukturieren» (Berne 1964b, p. 16/S. 16). Es gilt nach Berne dem Gefühl der Eintönigkeit, der Gleichförmigkeit, der Langeweile zu entgehen. Die meisten Menschen seien unfähig, einfach still zu sitzen und eine Weile nichts zu tun. Eine Cocktail-Party sei für sie weniger langweilig, als mit sich allein zu sein. Bereits und besonders bei Kindern würden wir oft sehen, wie unglücklich sie sind, wenn sie nicht wissen, was sie tun und unternehmen sollen. Das Fernsehen biete sich als Lückenbüsser an. Es werde besser ertragen, daß überhaupt etwas geschehe, selbst wenn es lebensgefährlich sein sollte, als daß nichts geschehe. Soldaten würden es vorziehen, in einer Schlacht ihr Leben aufs Spiel zu setzen, als untätig herumzusitzen (Berne 1961, p. 83; 1963, pp. 215–216/ S. 235f; 1966b, p. 230; 1972, p. 21/S. 38).

Leute, die Unterhaltungen organisieren, gehören deshalb nach Berne zu den meistgesuchten und höchstbezahlten Mitgliedern unserer Gesellschaft, denn nur wenige wüßten ohne Hilfe mit ihrer Zeit etwas anzufangen. Aus demselben Grund neigen nach Berne Gruppen dazu, sich zu größeren Organisationen auszuwachsen. In Organisationen sei immer jemand da, der sage, was zu tun sei. Das Bedürfnis, einem Führer zu folgen, erkläre sich eben darum. Fehle ein solcher, würden die Leute hilflos herumstehen (Berne 1963, p. 216–217/S. 236f; 1966b, p. 230; 1972, p. 22/S. 38).

Berne kennt sechs Arten, die Zeit zu verbringen und damit das bereits erwähnte Grundbedürfnis nach Zeitgestaltung zu befriedigen. Er schildert diese sechs Arten gleichzeitig als sechs Möglichkeiten mitmenschlichen Umgangs oder als Klassifikation von «Ketten von Transaktionen», *setzt also, begrifflich unzulänglich, die Befriedigung des Bedürfnisses nach Zeitgestaltung mit der Befriedigung des Bedürfnisses nach mitmenschlichem Kontakt einander gleich* (1961, pp. 80–81, 95–113; 1963, pp. 198–213/S. 216–233; 1964b, pp. 35–50/S. 40–60; 1966b, pp. 230–233; 1972, pp. 21–25/S. 38–43).

Die Reihenfolge, in der die sechs Arten, die Zeit zu verbringen, aufgezählt werden, richtet sich nach dem zunehmenden Risiko, dabei verletzt zu werden, dafür aber gleichzeitig mit der Möglichkeit immer größerer Nähe. Über die Reihenfolge sind sich die Autoren allerdings nicht einig, besonders nicht darüber, in welcher Folge hintereinander Aktivität und manipulative Spiele stehen. An einer Stelle zählt Berne die verschiedenen Arten, die Zeit zu verbringen, nach ihrer «Kompliziertheit» auf, wobei er im Vergleich zur folgenden Reihenfolge merkwürdigerweise die Intimität *vor* die Aktivität setzt (1964b, pp. 18–19/S. 20).

Jedermann hat nach Berne im Umgang mit anderen Menschen das Ziel, soviel Befriedigung als möglich aus Transaktionen zu ziehen. Daß eine abartige Befriedigung auch durch selbstdestruktive Erlebnisse geschehen kann, ist einzubeziehen, wenn Berne von «Gewinn(en)» oder «Vorteilen» [advantages] spricht. Interessanterweise schreibt er *jedem sozialen Kontakt* dieselben «Vorteile» zu wie den manipulativen Spielen (s. S. 168f), so auch den Vorteil einer Abwehr im Sinn des «Krankheitsgewinns» nach Freud (Berne 1964b, p. 19/S. 21, pp. 56–58/S. 68–71; Freud 1905c, S. 202 Anm.).

6.3.1 Rückzug (als Grenzfall)

Auch jemand, der sich in Gesellschaft befindet, kann sich innerlich zurückziehen. Jemand kann sich, während er sich zurückzieht, immerhin in Gedanken noch mit Problemen abgeben, die mit der sozialen Situation, in der er sich befindet, zusammenhängen, z.B. mit der Frage, ob und wie er einen der Anwesenden, an dem er interessiert ist, ansprechen solle («angepaßte Phantasien») oder er denkt sich aus, er greife einen der Anwesenden tätlich an, auch wenn dies konkret gar nicht in Frage käme («autistische Phantasien»). Er kann aber auch Tagträumen nachhängen, die keinen Bezug mehr zur sozialen Situation aufweisen. Zweifellos kann ein solcher Rückzug auch eine Flucht bedeuten, unter Umständen aber eine Flucht, die dazu dient, seine Kräfte nicht mit belanglosen Party-Gesprächen zu vergeuden, sondern sich in Gedanken mit produktiveren Dingen zu beschäftigen, was ich zu den Aktivitäten zähle, die jemand mit sich allein betreibt (s. S. 113).

6.3.2 Rituale und Zeremonien

Unter «Ritualen» werden in der Transaktionalen Analyse Kontakte verstanden, die nach festgelegten konventionellen Redensarten ablaufen und durch die «Elternperson» überliefert sind. Jedermann kennt die Begrüßungsrituale wie «Guten Tag!», «Guten Tag! Wie geht's?» «Schönes Wetter heute, nicht wahr!» usw. «Zeremonien», die Berne formal zu den Ritualen zählt sind Hochzeitsfeiern, Tauffeste u.ä. Ein wesentliches Kennzeichen von Ritualen und Zeremonien besteht darin, daß ihr ungefährer Ablauf vorauszusehen ist, wenn sie nur einmal eingeleitet worden sind.

6.3.3 Zeitvertreib oder unverbindliche Unterhaltungen

Darunter versteht Berne sogenannte Party-Gespräche. Sie finden in einer Gesellschaft statt, deren Teilnehmer sich nur oberflächlich kennen, sich vielleicht sogar erst eben durch den Austausch von Ritualen kennengelernt haben. Die unverbindliche Unterhaltung verläuft ebenfalls nach gewissen Regeln, die aber lockerer sind als diejenigen bei den Ritualen, darum nach Berne: «halbrituelle Kontakte». Meistens drehen sich solche Unterhaltungen um konventionelle Themen: Automarken, Sportereignisse, Erziehungs- und Jugendprobleme, Kochrezepte, Urlaubsorte und dergleichen. Sie befriedigen das allgemeinmenschliche Kontaktbedürfnis, ohne daß sich die Teilnehmer exponieren müssen. Sie gestatten den Austausch gegenseitiger Anerkennung, wozu meines Erachtens im weiteren Sinn auch kleine neidische Seitenhiebe, Eifersüchteleien und Rivalität zählen mögen. Sie gestatten dem einzelnen, die gewohnte gesellschaftliche Rolle zu spielen und festgefügte Überzeugung, die ihm im Alltag Halt bieten, noch fester zu fügen, z.B. «Ich habe schon immer gesagt, daß die Kinder eine feste Hand bei der Erziehung im Grunde genommen schätzen!» oder «Sportliche Wagen sind für Leute unter 30 Jahren!» oder «Nazis und Kommunisten – alles dasselbe!» Widersprüche kommen durchaus vor, aber es besteht eine stillschweigende Übereinkunft, daß alles friedlich vonstatten geht und nichts so ganz ernst genommen wird. Unverbindliche Unterhaltungen geben dem «kleinen Pfiffikus» auch Gelegenheit, Intuitionen spielen zu lassen, um abzuschätzen, ob sich ein Gesprächspartner vielleicht als Kunde für ein kleines Geschäft, als Mitspieler für ein manipulatives Spielchen oder als intimer Freund eignen könnte. Bei den unverbindlichen Unterhaltungen können das «Kind», vor allem das reaktive «Kind», die «Elternperson» und die «Erwachsenenperson» zum Zuge kommen. Je unverbindlicher die Unterhaltung allerdings ist, umso mehr tritt der Austausch echter, realitätsgerechter und objektiver Informationen und damit die Aktivität der «Erwachsenenperson» zurück. Nur der «kleine Pfifikus» eines jeden ist auf der Hut, damit sich der einzelne nicht so weit exponiert, daß er sich eine Blöße gibt, jedoch trotzdem unterhaltsam genug bleibt, um Beachtung und, wenn möglich, Anerkennung zu finden. Höchstens ein Teilnehmer, der gezielt nach Kunden Ausschau hält oder Geschäftsgeheimnisse ausspionieren will, wird sich immer mit seiner wachen «Erwachsenenperson» an den Gesprächen beteiligen. Für ihn handelt es sich dann allerdings auch nicht um einen Zeitvertreib, sondern um eine Aktivität (s.u.).

6.3.4 Aktivität

Aktivität findet statt, wenn zwei oder mehr Menschen bei einer gemeinsamen Beschäftigung oder Arbeit sachlichen Informationsaustausch pflegen, der sich auf den Zweck und das Ziel ihrer Tätigkeit bezieht. Unter Aktivität als Umgangsform versteht Berne zuerst einmal die Transaktionen, die bei der Arbeit an einem gemeinsamen Werk vor sich gehen (1961, p.80; 1966b, p.231). Es kann sich um Transaktionen mit Worten handeln, so wenn jemand zum anderen sagt: «Gib mir den Hammer!» und der andere mit den Worten: «Hier ist er!» diesen reicht. Die Transaktionen können aber auch wortlos vor sich gehen, so wenn die Chirurgin wortlos die Hand ausstreckt und der Operationsassistent, der dem Verlauf der Operation aufmerksam folgt, ihr das richtige Instrument reicht.

Die Ausübung von Sportarten und irgendwelchen Liebhabereien, also wohl auch gemeinsamen Spielen, zählt Berne selbst zu den Aktivitäten (1964b, p. 185/S. 252), so daß es überflüssig ist, wenn Freed und L.u.H. Boyd eine solche Tätigkeit als siebente Art, die Zeit zu verbringen, den anderen anfügen (Boyd 1980a; Freed 1976, pp. 45, 55–57).

6.3.5 Psychologische Spiele *(umfassender: Transaktionen mit «Manövern»)

Berne nennt an dieser Stelle nur die psychologischen oder manipulativen Spiele. Ich zähle alle Umgangsformen mit «Manövern» zu dieser Gruppe. Zuerst bezeichnete Berne Zeitvertreib und psychologische Spiele als «Manöver» (1961, p. 4), nachher einleuchtender nur noch unredlich hintersinnige Botschaften (1964b, pp. 48–49/S. 57f), wie ich dieses Wort hier auffasse.

Die Lehre von den manipulativen Spielen ist ein wichtiges Kapitel der Transaktionalen Analyse. Ich werde auf S. 150ff in einem eigenen Kapitel darauf zurückkommen. Es gibt noch andere Umgangsformen, bei denen nicht offen und direkt, sondern «unredlich», wenn auch manchmal unbewußt, etwas zu erreichen versucht wird. Vor allem das *Ausspielen von Lieblingsgefühlen* [rackets] würde darunter fallen (S. 137f), aber auch, was English als *Ausbeutung* bezeichnet (S. 138f). Berne selbst behandelt an einer Stelle auch die «Rackets» unter dem Titel «Spiele» (1966b, p. 308).

6.3.6 Intimität

6.3.6.1 *Was ist Intimität?*

Berne bringt eindeutig zur Geltung, daß es sich um ein ganz besonderes Geschehen handelt, das sich meistens zwischen zwei Menschen ereignen kann. Ich hebe im folgenden hervor, was sich aus seinen nicht widerspruchslosen Äußerungen als am ehesten übereinstimmend ergibt, wobei ich mich aber doch möglichst eng an seine Worte halte.

Als *Intimität* kennzeichnet Berne den emotionalen Gehalt einer vorbehaltlos ehrlichen, offenen und aufrichtigen Begegnung zwischen zwei, gegebenenfalls auch mehreren Menschen. Seines Erachtens handelt es sich um die beglückendste Form mitmenschlichen Umgangs (Berne 1961, p. 81; 1963, pp. 198/S. 216, 201/S. 219, 322/unübersetzt; 1964b, p. 180/S. 247; 1966b, pp. 310–311, 366; 1970, p. 115–116/S. 99; 1972, p. 25/S. 43, p. 443/S. 507). Eine Begegnung im Zeichen der Intimität ist nach Berne wahrscheinlich «die höchste Form» dessen, was eine *existentielle Begegnung* genannt werden könne [Berne: «...was Existentialisten ein ‹Encounter› nennen»] (Berne 1966b, p. 311), ein Erlebnis, das sich im Alltag selten verwirklicht und für das für die meisten Leute Spiele als Ersatz dienen (frei nach Berne 1964b, p. 61/S. 75). Das Erlebnis einer solchen Intimität könne das ganze Universum, einschließlich Sonne, Mond und Sterne, in einen goldenen Apfel verwandeln (Berne 1970, p. 117/S. 100). Ich würde von mir aus sagen, daß Intimität zwischen zwei und allenfalls auch mehreren Menschen nicht «gemacht wird», sondern «geschieht». Die «Erwachsenenperson» bleibt nach Berne durchaus wach, wenn auch im Hintergrund, und ist sich gegenseitiger Abmachungen und Verpflichtungen bewußt. «Kind» und «Erwachsenenperson» halten die «Elternperson» in Schach, aber noch besser ist es, wenn diese die Erlaubnis zu diesem Geschehen gibt (Berne 1970, p. 115/S. 98).

In Abweichung von dieser Umschreibung, schreibt Berne nun allerdings an einer Stelle auch von einer Intimität zwischen Ehepartnern, die sich fortlaufend in Spiele verstricken und einer Behandlung bedürfen (1961, pp. 231–232). Dabei versteht Berne unter Intimität nicht, was er später darunter verstehen wird, sondern etwas, was am ehesten als (banale) «Vertrautheit» bezeichnet werden könnte.

6.3.6.2 Die Sehnsucht nach Intimität

Verschiedene Äußerungen von Berne lassen darauf schließen, daß er annimmt, Intimität in einer Beziehung zu erleben, sei ein grundsätzliches, wenn wohl auch nicht immer bewußtes Bestreben im Umgang der Menschen untereinander. Nicht zuletzt wird diese Vermutung genährt durch seine Bemerkung, unverbindliche Unterhaltungen und manipulative Spiele seien ein Vorläufer oder Ersatz für das Erleben wirklicher Intimität (1961, p. 80–81; 1964b, p. 18/S. 19). Die Teilnehmer einer therapeutischen Gruppe sehnten sich alle, meist allerdings versteckt und entstellt, danach, Intimität zu erleben, die sie sich allerdings in Form oder verbunden mit einer sexuellen Vereinigung vorstellten. Es sei dies das Motiv ihrer Verhaltensweisen und der innere Zwang, der ihr Schicksal bedinge (frei nach 1963, pp. 217–218/S. 238f).

Ich habe den Eindruck, Berne messe der Intimität in seinem Sinn eine Bedeutung bei, wie sie Freud in seiner Psychologie der Libido, dem sexuellen Verlangen, beigemessen hat, das Freud ja auf alle Beziehungen ausdehnt, die sonst mit dem Wort «Liebe» bezeichnet werden, wobei allerdings ungeklärt bleibt, ob es sich wirklich um eine Ausdehnung des Sexualitätbegriffes handelt oder um eine Reduktion der Liebe auf diese. Für beides finden sich im Werk von Freud Belege.

6.3.6.3 Transaktionsanalytische Deutung der Intimität

Was psychologisch unter Intimität zu verstehen ist, sei schwierig zu bestimmen, da sich eine solche Begegnung oder Beziehung im privatesten Bereich abspiele (1963, p. 201/S. 219), aber durch Anwendung des Modells der Ich-Zustände, könnten wir uns ihrer psychologischen Bedeutung nähern (1970, p. 115/S. 99). Der Intimität liege eine Begegnung zwischen «Kind» und «Kind» zugrunde. Dabei seien beide Partner in einem Zustand, in dem sie noch von keiner elterlichen Einflußnahme «verdorben», ursprünglich gewesen seien, nämlich völlig naiv, in ihrer sinnlichen Wahrnehmung ohne jede Voreingenommenheit, spontan ihren Gefühlen folgend, von keinen Skriptgeboten eingeschränkt und deshalb autonom (Berne 1964b, pp. 178–181/S. 244–247; 1966b, p. 306; 1970, pp. 115–117/S. 97–101).

In seinem letzten Werk deutet Berne das Erlebnis der Intimität auf andere Weise: Menschen, die sich gut kennenlernten, würden gegenseitig «durch ihr Skript hindurch in die Tiefen je des Wesens des anderen eindringen», in denen sich das wirkliche Selbst eines jeden befinde, derjenige Teil, den sie gegenseitig achteten und liebten und mit dem sie Augenblicke echter Intimität erleben könnten, bevor das elterliche Programm wieder überhand nehme. (Berne 1972, pp. 276–277/S. 323f). In diesem Zusammenhang setzt Berne dieses wirkliche Selbst der eigentlichen Person gleich, die sich von einem Ich-Zustand zum andern «bewegen» könne, um einmal den einen und einmal den anderen zu aktivieren, wobei sich der Betreffende jedesmal, wenn er auch immer wieder anders reagiere, als wirkliches Selbst erlebe (Berne 1972, pp. 248–254/S. 293–300).

Diese zwei Bedeutungen stehen nicht im Widerspruch zueinander, weil eine der Bedeutungen, die Berne mit dem ursprünglichen freien oder natürlichen «Kind» verbindet, sich mit dem deckt, was er in diesem Zusammenhang unter wirklichem Selbst versteht. Ich verweise auch auf den Begriff des wahren Selbst nach Winnicott (s. S. 34), von dem wir uns vorstellen können, es bleibe bei jedem Menschen im Hinter- oder Untergrund bestehen, um unter ganz besonderen Umständen wieder «geweckt» zu werden.

Berne bringt die Intimität einerseits mit der Beziehung einer Mutter zu ihrem Kind, besonders zum Säugling, in Zusammenhang. Die Intimität bei Erwachsenen sei durch diese Beziehung «vorgegeben» (1966b, p. 306). Auch diese Beziehung ist nach Berne beiderseits skriptfrei (1972, p. 277/S. 323f). Andererseits denkt er bei Intimität an eine liebevolle sexuelle Vereinigung, wobei er aber ausdrücklich betont, daß Intimität nicht Sexualität sei, sondern daß eine *liebevolle* sexuelle Vereinigung von Intimität begleitet werde (1963, p. 201/S. 219, p. 218/S. 238; 1970, p. 118/S. 101; 1964b, p. 181/S. 284f).

Berne schreibt auch von einer *einseitigen Intimität*, in dem sich ein Mensch einem anderen gegenüber öffne, ohne daß dieser dies gleichermaßen erwiedere. Er denkt dabei an berufsmäßige Verführer *(z.B. Heiratsschwindler) oder an Prostituierte und Kurtisanen (Berne 1964b, pp. 180–181/S. 247; 1970, p. 117/S. 100; 1972, p. 25/S. 43). Von *Pseudointimität* schreibt Berne, wenn bei einer Beziehung sich Intimität zu verwirklichen scheine, ohne daß dies aber tatsächlich der Fall sei. Dies sei manchmal in Gruppen so, in denen Gefühlsäußerungen großer Wert beigemessen werde, so daß sich die Teilnehmer bemühten, möglichst intensive Gefühle zu zeigen (Berne 1966b, pp. 231–232). Von Pseudointimität könne auch bei Begegnungen oder Beziehungen gesprochen werden, bei denen Vorbehalte oder heimliche Motive bei einem oder beiden Beteiligten bestünden (Berne 1963, p. 201/. S. 219). Berne schreibt merkwürdigerweise auch von einer *Intimität zwischen Folterer und Opfer* (1963, p. 218/S. 238; 1972, p. 269/S. 316).

6.3.6.4 Das Intimitätsexperiment

Wenn Berne von der Intimität zwischen Folterer und Opfer schreibt, widerspricht dies völlig dem von ihm beschriebenen *Intimitätsexperiment*. Dieses ist für Berne der Beweis, daß Intimität auch nur bei einer kurzen Begegnung entstehen kann. Das «Experiment» besteht darin, daß zwei Menschen sich nahe gegenübersitzen und sich innerlich ganz aufeinander im «Hier und Jetzt» einstellen und sagen, was sie dabei erleben. Alle rituellen Redewendungen haben wegzufallen, ebenso jedes unverbindlich oberflächliche Gespräch («Zeitvertreib»), aber auch jedes Gespräch über gemeinsame interessierende Themen («Aktivität») sowie jede Transaktion mit Hintergedanken, also jedes «Manöver», womit auch Spiele ausgeschlossen sind (Berne 1964a; 1964c). In dieser Viertel- bis halben Stunde sind sie auch frei von skriptbedingten Einschränkungen (1966b, pp. 310–311). Was, *wenn dabei jede Abwehr wegfällt, geschieht, ist die Entstehung der Intimität in der Beziehung. Es entsteht, kann ich aus eigener Erfahrung sagen, bei beiden das Gefühl einer gegenseitigen emotionalen Nähe, sogar bei Menschen, die zuvor Distanz zwischen sich empfunden haben.

Berne erklärt sich das Ergebnis des Experiments einerseits als Folge einer unkonventionellen gegenseitigen «Kenntnisnahme», wie sie sonst nur zwischen Kleinkind und Mutter üblich sei, während die gesellschaftlichen Regeln schon Kindern verbieten würden, andere ungehemmt anzusehen. Andererseits behauptet Berne, weil Rückzug, Rituale, Zeitvertreib, Aktivität und Spiele wegfielen, bleibe den Beteiligten nur noch ein mitmenschlicher Umgang übrig, eben derjenige der Intimität.

6.3.6.5 Andere Autoren zum Begriff der Intimität

L.u.H. Boyd (1980b) unterscheiden ausdrücklich Intimität von Liebe, worunter sie eine Beziehungsform verstehen, deren das Ereignis von Intimität nicht bedürfe, um sich zu verwirklichen. Nach denselben Autoren gründet sich die von Berne gemeinte Intimität nicht nur auf die Kommunikation von unbefangenem oder natürlichem Kind zu unbefangenem Kind, sondern auch auf eine solche von wohlwollender «Elternperson» des einen zum «Kind» des anderen.

Manche Autoren verstehen unter Intimität sentimentale Situationen, als deren Wesen ich eher ein symbiotisches Verschmelzungserlebnis als eine echte Beziehung oder Begegnung auffasse (James u. Jongeward 1971, p. 64–65/S. 84–86; Woollams u. Brown p. 85).

Nach Holloway ist echte Intimität im Sinne der Transaktionalen Analyse nur zwischen autonomen Individuen möglich. Wer nicht autonom sei, sei symbiotisch abhängig und habe meistens jemanden, bei dem er sich Zuwendung holen könne. Die Abhängigkeit bringe aber ausgesprochen oder unausgesprochen Verpflichtungen mit sich, und solche gingen mit dem Gefühl der Unfreiheit einher, was heimlichen Groll zur Folge habe. Wo aber in einer Beziehung solcher Groll, wenn auch vielleicht, wie ich von mir aus beifüge, gänzlich unbewußt, mitspiele, könne eine echte Intimität nicht aufkommen (frei nach Holloway 1974). Um Mißverständnisse auszuschließen, möchte ich dazu nur bemerken, daß nach Berne wie nach Steiner, die Bitte um Zuwendung keineswegs immer eine symbiotische Haltung beweist (Berne 1961, p. 113; Steiner 1974, p. 137/S. 139).

Stewart u. Joines betonen die Aufrichtigkeit ohne jeden Hintergedanken als Kennzeichen einer Intimität zwischen zwei Menschen, selbst wenn sie sich wütend anbrüllen mögen (1987, pp. 93–94/S. 144–147). Es entspricht dies nicht dem, was Berne unter «Intimität» versteht.

Nach Thomas C. Oden (1974) ist Intimität das Erlebnis einer dauerhaften Verbundenheit und Nähe mit einem anderen Menschen. «Jemand, der eine intime Beziehung erschließt, lernt den anderen bis in sein Inneres, bis auf den Grund seiner Wesenstiefe erkennen» (S. 12). Berne versteht unter «Intimität» nicht etwas, was sich nur in Dauerbeziehungen ereignet und ebenfalls kein Kennenlernen.

6.3.7 Verhältnis der verschiedenen Arten, die Zeit zu verbringen, oder der verschiedenen Umgangsformen zueinander

Psychologische oder manipulative Spiele und Intimität werden von Berne als befriedigendste Umgangsformen bewertet (1964b, p. 19/S. 22). Nach James u. Jongeward sind Aktivität und Intimität die wertvollsten sozialen Kontakte. Wer sich prüfe, wie er seine Tage zu verbringen pflege, werde im allgemeinen seine mit Ritualen, unverbindlichen Unterhaltungen und manipulativen Spielen verbrachten Stunden zugunsten gemeinsamer Arbeit an einem Werk und Intimität einschränken wollen. Sie bringen die Art von Zuwendung mit sich, die einen Gewinner auszeichnen (1971, p. 70/S. 87); 1975, p. 177).

Nach Berne können Rituale, unverbindliche Unterhaltungen, manipulative Spiele und Intimität in Aktivität eingebettet sein (1964b, p. 19/S. 21). Es gilt aber doch wohl ganz allgemein, daß es sich bei den verschiedenen Arten, die Zeit zu verbringen, nicht um sich ausschließende Alternativen handelt. Aktivität sowie unverbindliche Unterhaltungen können mit dem Erlebnis der Intimität einhergehen, kann ich doch mit intimen Freunden auf rituelle Art eine Mahlzeit teilen und mich dabei gelöst einer unverbindlichen Unterhaltung hingeben.

6.3.8 Die Möglichkeiten, die Zeit allein zu verbringen

Die sechs Arten, die Zeit zu verbringen, werden bei Berne, wenn auch nicht durchwegs konsequent, mit mitmenschlichen Umgangsformen gleichgesetzt. Es hängt dies damit zusammen, daß das psychologische Interesse von Berne sich in erster Linie auf die Psychologie der mitmenschlichen Beziehungen konzentriert. Deswegen nannte er ja auch seine Seminare, in denen er die Transaktionale Analyse weiterentwickelte, «sozialpsychiatrische Seminare». Die Zeit, die jemand allein verbringt, ist nach ihm höchstens Rückzug oder Aktivität (1964b, p. 18/S. 20). Es könnte aber doch wohl auch von Ritualen gesprochen werden, die jemand mit sich allein vollzieht wie vielleicht Rasieren, Frisieren, Aufräumen (Cardon u. Mitarb. 1982/21984, p. 72). Als *Zeitvertreib* im Sinn unverbindlicher Unterhaltungen könnte das Lösen von Kreuzworträtseln oder das Lesen von Detektivromanen verstanden werden. Daß eine *Aktivität*, nämlich Berufsarbeit, Sport, Liebhabereien auch allein ausgeführt werden kann, versteht sich von selbst. *Psychologische Spiele* können sich auch rein innerlich zwischen «Kind» und «Elternperson» abspielen. Holloway denkt bei *Intimität*, die jemand für sich allein lebt, an Zeiten konkreter Kreativität oder an positive Ausnahmezustände des Bewußtseins (1977, p. 207). Nach Berne ist Intimität «ausgesprochen eine Frage des Erlebens und der Freude an dem, was hier und jetzt ist. ... Es besteht darin, die Bäume zu sehen und die Vögel singen zu hören ... Das strahlende Hier und Jetzt des offenstehenden Alls sollte zum Erlebnis werden, bevor zwei Menschen sich abschließend gegenseitige Intimität erleben» (1970, p. 203/S. 171).

Berne glaubt, mit seinen sechs Möglichkeiten, die Zeit zu verbringen, alle Möglichkeiten erfaßt zu haben. Ich möchte noch an die Realisierung physiologisch gebotener Verrichtungen erinnern wie an das Einnehmen von Mahlzeiten (auch allein) und an die Ausscheidungsfunktionen. Letzteres geschieht übrigens nicht bei allen Völkern im Zustand des Rückzuges, sondern kann sich auch mit unverbindlichen Unterhaltungen verbinden, wie z.B. in Finnland!

6.4 Das Grundbedürfnis, ein einmal entwickeltes Selbst- und Weltbild aufrechtzuerhalten nach Steiner

Steiner hat den drei von Berne herausgehobenen Grundbedürfnissen (sinnliche Anregung, Zuwendung, Zeitgestaltung) noch ein viertes beigefügt: *das Grundbedürfnis, eine einmal eingenommene Haltung aufrechtzuerhalten* [«Position Hunger»]. Eine solche Haltung könne sich in der Überzeugung wiederspiegeln: «Ich bin nichts wert!» oder «Die anderen sind alle schlecht!» oder «Niemand taugt etwas!». Damit spielt Steiner offensichtlich auf die negativen Grundeinstellungen an (s. S. 123ff). Wenn er als Beispiel auch die Überzeugung erwähnt: «Alle Männer sind Bestien!», spricht er an, was ich *Lieblingsüberzeugungen* oder *Skriptüberzeugungen* nenne. (Steiner 1967a; 1971, pp. 13–14; 1974, pp. 46–47/S. 53f). In beiden Fällen handelt es sich um Haltungen, die bereits in der frühen Kindheit erworben worden sind, wenn auch im letzten Beispiel, die erste Überzeugung vorerst geheißen haben dürfte: «Väter sind Bestien!». Das von Steiner angeführte Grundbedürfnis spielt in der therapeutisch angewandten Transaktionalen Analyse als Widerstand gegen eine Veränderung des Selbst- und Weltbildes eine große Rolle. Es geht meines Erachtens um den «Zwang», das einmal entwickelte Skript aufrechtzuerhalten, der sich im Rahmen einer Psychotherapie als Widerstand äußern kann (s. S. 268ff).

6.5 Zusätzliche Bemerkungen zum Begriff der Grundbedürfnisse nach Berne und Steiner

Berne nennt an einer Stelle seines Werkes das Bedürfnis nach Führerschaft als weiteres der hervorzuhebenden Grundbedürfnisse (1966b, p. 230). Zudem erwähnt er einen ganz besonderen Gesichtspunkt, den er allerdings nicht weiterverfolgt, wenn er von der Furcht schreibt, das eigene innere Kind könnte «wild» werden und als Folge zu «chaotischen Zuständen» führen, wenn es nicht durch eine Struktur (Organisation) eingebunden würde (1963, pp. 216–217/S. 237).

An einer anderen Stelle seines Werks unterscheidet Berne sechs Bedürfnisse: (1.) ein Bedürfnis nach Sinnesreizen, (2.) ein Bedürfnis nach Bestätigung und Anerkennung, das er an dieser Stelle vom Bedürfnis nach der Wärme eines anderen menschlichen Körpers abzuleiten scheint, (3.) ein Bedürfnis nach Hautkontakt, (4.) ein Bedürfnis nach genital-sexueller Erfüllung, (5.) ein Bedürfnis nach Zeitgestaltung, das, wenn unbefriedigt, in (6.) ein Bedürfnis nach irgendwelchen Ereignissen übergehen könne. Die beiden zuletzt genannten Bedürfnisse dienten dazu, dem Gefühl der Langeweile zu entgehen, wobei Berne mit dem zuletzt erwähnten Bedürfnis sagen will, daß, wenn gar nichts mehr anderes vor sich geht, auch unsinnige oder lebensgefährliche Ereignisse in Kauf genommen werden (Berne 1970, pp. 182–186/S. 151–156).

Sowohl das Bedürfnis nach Zeitgestaltung wie das von Steiner erwähnte Grundbedürfnis, ein einmal entwickeltes Selbst- und Weltbild aufrechtzuerhalten, dürfen eigentlich nicht als allgemeinmenschliche Grundbedürfnisse verstanden werden, Berne deutet selbst an, daß nur die allermeisten, also nicht alle Menschen, es nicht ertragen könnten, ohne Anregung einmal ganz allein zu sein und nichts zu tun und Steiner deutet mit dem von ihm erwähnten Grundbedürfnis etwas an, von dem Menschen, dem es gelungen ist, sein Skript (s. S. 176) aufzugeben oder «abzuwerfen», befreit ist.

7. Mißachtung und Ausblendung [discounting]

In der englischsprachigen Literatur der Transaktionalen Analyse werden unter ein und demselben Ausdruck *discounting* [Minderbewertung] zwei psychologisch völlig verschiedene Bedeutungen verstanden. Die eine betrifft die *zwischenmenschliche* Kommunikation: *Mißachtung*. Die andere betrifft ausdrücklich einen *inneren Vorgang*, nämlich eine Verdrängung oder Verleugnung: *Ausblendung*.

7.1 Mißachtung

J. Schiff behauptete, später an Schizophrenie Erkrankte hätten in der Kindheit oft unter «Mißachtung» [discounting] leiden müssen (Schiff u. Day 1970, pp. 213–214/S. 170f), übersah aber wegen der gleichen Benennung den Unterschied zum Begriff der «Ausblendung» [discounting], den ich später besprechen werde. James u. Jongeward haben den Begriff der Mißachtung aus der Psychologie der Schizophrenie gelöst: «Eine Mißachtung ist entweder ein Mangel an Aufmerksamkeit gegenüber jemandem oder eine negative Zuwendung, die seelisch oder körperlich schmerzt». Jemand, der ignoriert, übelwollend gehänselt, herabgesetzt, moralisch oder körperlich gedemütigt, ausgelacht, mit Spitznamen bedacht oder sonst lächerlich gemacht werde, werde in seiner persönlichen Bedeutung herabgesetzt, eben «mißachtet». Letztlich entspreche eine Mißachtung immer der herabsetzenden Botschaft: «Du bist nicht O.K.». Sie könne mit Worten erfolgen oder ohne Worte. Letztlich komme es auf den Ton an, in dem etwas gesagt werde, auf die Miene und die Gebärden, die das Gesagte begleiteten. «Das hast du gut gemacht!» kann eine Anerkennung sein oder aber eine Mißachtung, wenn höhnisch oder ironisch, ja bereits wenn gleichgültig und desinteressiert gesagt (1971, pp. 53–59/S. 74–80).

Ein Kind kommt nachts ins Schlafzimmer seiner Eltern. Die Mutter fragt: «Was ist los?». Das Kind antwortet: «Ich habe Angst!». Die Mutter antwortet: «Es besteht kein Grund, Angst zu haben. Geh zurück in dein Bett!» (Steiner 1974, p. 144/S. 145f) – Elisabeth fragt Karl: «Liebst du mich eigentlich noch?». Karl fragt zurück: «Was verstehst du unter Liebe?» («Definitionsfalle» – s. S. 87). – Ich erinnere mich an ein 15jähriges Mädchen, das zu seiner Tante, das bei ihm Mutterstelle vertrat, sagte: «Ich habe Angst, ich würde verrückt!». Die Tante antwortete: «Um Gottes willen – ein junges Mädchen hat doch nicht solche Gedanken!» – Eine 40jährige Frau berichtete mir, die habe sich nach wochenlangem Ringen mit sich selbst ein Herz gefaßt und einem Geistlichen gesagt, sie leide unter dem Drang zur Selbstbefriedigung. Dieser antwortete: «Ja, das gibt es doch nicht. Das machen doch nur Männer!» – Robert: «Sollten wir nicht den Polsterstuhl reparieren lassen?». Ruth: «Wir sollten wieder einmal Müllers einladen!» («tangentiale Antwort» – s. S. 86f) – «Anne: «Seit ich heute früh aufgestanden bin, habe ich Kopfschmerzen!». Erwin: «Ja, ja, dann stimmt es also doch nicht: Morgenstund hat Gold im Mund!»

Nach Steiner handelt es sich bei einer Mißachtung immer um eine Transaktion mit disparat oder unstimmig verlaufenden Botschaften (1974, p. 42/S. 50). Der eine wende sich immer aus einer erwachsenen Haltung an die «Erwachsenenperson» des anderen, dieser dann aber aus einer elternhaften Haltung heraus an das «Kind» seines Gesprächspartners (1974, p. 144/S. 145), z. B. «Wieviel Uhr ist es?» – «Wenn du eine Uhr besitzen würdest, wüßtest du es!». Eine solche Antwort entspricht einer Mißachtung. Steiner geht sehr ausführlich auf die Möglichkeiten der kommunikationspsychologisch zu verstehenden Mißachtung ein (1974, pp. 144–154/S. 145–154, pp. 335–339/S. 317–320 u.a.O.)

Der Begriff der Mißachtung geht meines Erachtens aber über eine Transaktion mit disparaten Botschaften hinaus. Ein Kind, dessen Bedürfnisse, Gefühle, Intuitionen oder ersten Versuche, logische Schlußfolgerungen zu ziehen, immer wieder mißachtet werden, wird sich in der Folge selbst nicht mehr trauen und selbst unsicher werden. Wer sich von jemandem, von dem er emotional und vital abhängig ist, immer wieder mißachten läßt, kann den Glauben an sich selbst verlieren. Er sollte sich nach Steiner wehren lernen: «Bitte höre auf mich!», «Du, mein Anliegen ist mir wichtig!», «Ich möchte gerne ernst genommen werden!» usw. Gelingt es dem Betreffenden nicht, seinen Partner umzustimmen, sollte er nach Steiner die Beziehung aufgeben.

Auf sprachliche Wendungen aufmerksame und gestrenge, sozusagen «puristische» Transaktionsanalytiker fassen gewisse Fragen als Mißachtung auf: «Kannst du mir sagen, wie es Robert geht, den du gestern besucht hast?» (statt: «Wie geht es Robert?») oder «Könntest du dich dort hinübersetzen?» (statt: «Setz dich bitte dort hinüber!»). Dabei würde dem Gefragten unterlegt, er sei vielleicht *nicht fähig*, auszuführen, wozu er aufgefordert oder gebeten werde.

Es gibt auch eine Mißachtung seiner selbst, wobei wir auch von Geringschätzung sprechen könnten, z.B. «Ich bin zu alt, um Spanisch zu lernen!» (statt: «In meinem Alter lohnt es sich wegen des Gedächtnisses zeitlich nicht, nur wegen einer einmaligen Reise Spanisch zu lernen!»), – «Ich war so wütend, daß ich keinen vernünftigen Gedanken fassen konnte!» (statt: «Ich war so wütend, daß ich keinen vernünftigen Gedamnken mehr fassen wollte!»), – «Wenn mich jemand so traurig anblickt, macht mich das völlig hilflos!» (statt: «Wenn mich jemand so hilflos anblickt, komme ich mir immer hilflos vor!»).

Es handelt sich jedesmal um eine Unterschätzung eigener Fähigkeiten. J. Schiff und seine Mitarbeiter sprechen von *Grandiosität*, wobei sie entgegen dem allgemeinen psychologischen Sprachgebrauch auch von Grandiosität sprechen, wenn jemand *sich selbst unterschätzt* und die Umstände überschätzt (Schiff, J. u. Mitarb. 1975b, p. 18).

Kahler erklärt den Glauben, jemand übe eine solche Macht über mich aus, daß er zwingend veranlassen könne, daß ich mich gut oder schlecht fühle, als «Mythos». Desgleichen den Glauben, ich selbst könnte jemanden zwingend dazu bringen, sich gut oder schlecht zu fühlen (1978, pp. 275–256). Es gibt nach Kahler keine Umstände, die jemanden dazu zwingen, sich so oder so zu fühlen. Wenn jemand meint: «Du hast mich geärgert!», gibt es immer jemanden, der in derselben Situation sich nicht geärgert hätte. Auch M.u.R. Goulding legen großen Wert darauf, daß jedermann die Verantwortung für seine Gefühle übernimmt (1979). Kahler geht zur Entrüstung von J. Schiff sogar so weit zu sagen, daß dies auch gelte, wenn jemand mit Angst darauf reagiere, wenn ihm ein Messer an die Kehle gesetzt werde, obgleich allerdings in einer solchen Situation die «Einladung, Angst zu haben» doch recht eindringlich sei! (Kahler u. D'Angelo 1976).

7.2 Ausblendung

Unter *Ausblendung* ist die Verdrängung oder Verleugnung einer wahrnehmbaren Gegebenheit zu verstehen und/oder ihrer Problematik und/oder der Möglichkeiten, etwas zu unternehmen.

Nehmen wir an, eine Frau hat einen Knoten in ihrer Brust, den sie bemerken könnte. Sie kann diese Tatsache ausblenden; sie kann aber auch den Knoten bemerken, aber ihm weiter keine Beachtung schenken, was gleichbedeutend damit ist, daß sie auch die damit gegebene Problematik nicht realisiert. Bemerkt sie aber den Knoten, schenkt sie dieser Gegebenheit auch Beachtung und realisiert die Problematik, kann sie immer noch ausblenden, daß sich hier etwas machen, das Problem sich lösen läßt, was gleichbedeutend mit der Frage ist, ob denn hier überhaupt Möglichkeiten bestehen, etwas zu unternehmen usw.

Was in einer Frau innerlich alles, gegebenfalls blitzschnell, abläuft, die z.B. einen Knoten bemerkt bis sie einen zuständigen Arzt aufsucht, haben J. Schiff und ihre Mitarbeiter subtil aufgeschlüsselt und bemerkt, an welcher Stelle der Überlegungskette überall Ausblendungen im Sinne von Verleugnungen oder Verdrängungen möglich wären. Sie haben das in einem System von Kästchen dargestellt (Beispiel des Knotens nach L.S.).

Ursprüngliche Ausblendungstabelle von J. Schiff und ihren Mitarbeitern

mit etwas anderer Anordnung der «Kästchen», die aber nach dem Text der Autoren ebenfalls sinnvoll ist und ihren Angaben durchaus entspricht. Die nicht einfache Übersetzung der verschiedenen Formulierungen habe ich so gewählt, daß es klar wird, daß die Überlegungen, die horizontal nebeneinander stehen, nach ihrem Sinngehalt gleichbedeutend sind. Dabei ist eine subjektive Auslegung durch mich nicht auszuschließen, insbesondere weil ich eher dem Kontext der Autoren folge, als ihren Formulierungen, die mir nicht immer ganz dem, was sie zur Tabelle sagen, zu entsprechen scheinen.

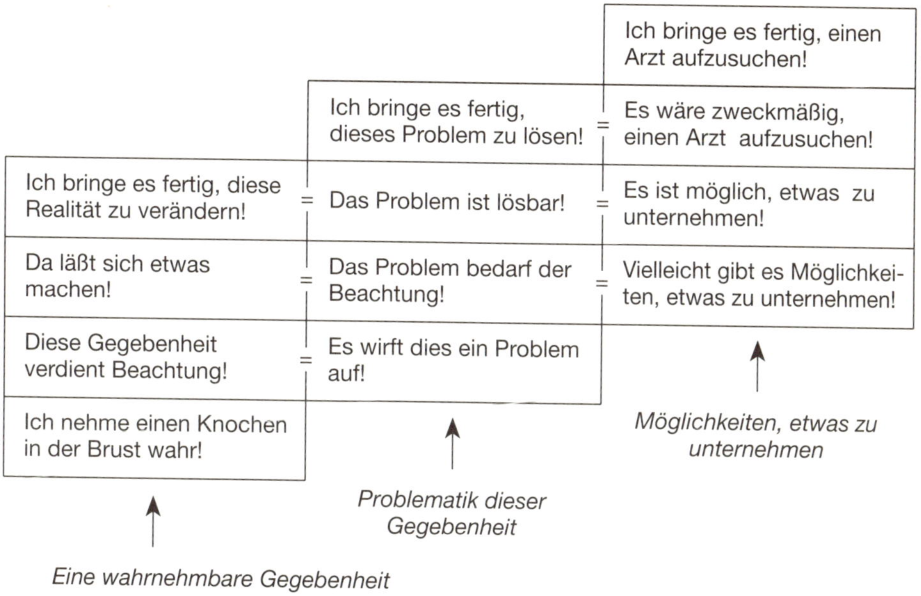

Tab. 3

Sollte irgendeine Überlegung (in einem der Kästchen) ausgeblendet werden, dann fallen natürlich auch alle Überlegungen weg, die «darüber» oder «rechts davon» liegen (Mellor u. Schiff 1975; Schiff et al. 1975b, pp. 14–16). Die sozusagen massivste Ausblendung besteht darin, überhaupt die Existenz des Knoten auszublenden (Kästchen zu unterst links), die subtilste Ausblendung besteht darin, nicht fertig zu bringen, das zu tun, was die Frau selbst als sinnvoll erachtet, z.B. weil es ihr an Zutrauen zu sich selber fehlte *oder weil sie durch Skriptbotschaften daran gehindert wird (Kästchen zu oberst rechts).

Den Sinn dieser Aufstellung sehen die Autoren darin, daß, wenn ein Therapeut (es kann auch ein Freund sein) die Ausblendung bei jemandem beheben will, er wissen muß, *wo* der Betreffende tatsächlich ausblendet. Wenn die Frau den Knoten zwar bemerkt, aber ihm keine Beachtung schenkt und damit seine Problematik ausblendet, nützt es nichts, sie zu fragen: «Warum gehst du eigentlich nicht zum Arzt?». Diese Frage ist sozusagen «zu hoch oben in der Tabelle». Zuerst wäre in diesem Fall die Frage angebracht: «Meinst du nicht, daß da eine Krankheit dahinter stecken könnte?» usw.

In der Praxis hat sich mir eine Vereinfachung bewährt, indem ich nur vier Stufen in Betracht ziehe: (1.) Die Frau kann den Knoten, obgleich es sichtbar ist oder sie es beim Waschen flüchtig ertastet hat, nicht bemerken, vielleicht besser formuliert: nicht realisieren (*«Ausblendung der Wahrnehmung der Gegebenheit»*). (2.) Sie kann den Knoten bemerken, aber sich «nichts dabei denken». (*«Ausblendung der Problematik der Gegebenheit»*). (3.) Sie kann den Knoten bemerken und aufgrund von Informationen, die sie hat, auch denken, es könnte bösartig sein, aber ausblenden, daß da etwas geändert werden könnte, daß das Problem gelöst werden könnte, daß es sinnvolle Möglichkeiten gibt, einzugreifen («Was kann man da schon tun!» = *«Ausblendung der Möglichkeit, etwas zu tun, um das Problem zu lösen»*). (4.) Sie kann sich bewußt sein, daß es sich um eine bösartige Geschwulst handeln könnte, aber sie blendet aus, daß sie selbst fähig ist, das Richtige zu tun («Wenn mein Mann noch lebte, würde er mich jetzt sicher sofort zum Arzt schicken!» = *«Ausblendung eigener Fähigkeiten»*, *besser formuliert: *«Nicht fertig bringen, das zu tun, was als sinnvoll erkannt wird»*).

Vereinfachte Tabelle möglicher Ausblendungen

1. Hat der Betreffende eine grundlegende wahrnehmbare Gegebenheit nicht wahrgenommen? (Schiff: Ausblendung der Existenz einer Gegebenheit)
2. Hat er die Bedeutsamkeit und damit die Problematik einer Gegebenheit nicht erkannt? (Schiff: Ausblendung der Bedeutung von etwas Wahrgenommenen; Ausblendung des Bestehens eines Problems)
3. Übersieht er, daß sich etwas ändern, daß sich also das Problem lösen läßt, wozu die Vorstellung von erfolgversprechenden Möglichkeiten gehört einzugreifen? (Schiff: Ausblendung, daß sich etwas ändern läßt; Ausblendung, daß das Problem sich lösen läßt; Ausblendung, daß es sinnvolle Möglichkeiten gibt, einzugreifen)
4. Traut er sich (allenfalls anderen Beteiligten) nicht zu, im Sinne erkannter sinnvoller Möglichkeiten zu handeln, oder bringt er es aus irgendwelchen anderen Gründen nicht fertig? (Schiff: Ausblendung eigener Fähigkeiten)

Tab. 4

Die verschiedenen Stufen der Ausblendung lassen sich auf die verschiedensten Situationen übertragen. Ich hatte mich als Gutachter mit einem Patienten zu beschäftigen, der einen Unfall verursacht hatte, indem er auf der Autobahn fahrend eingeschlafen war. (1.) Hat er bei Beginn der nicht sehr weiten Fahrt nicht wahrgenommen, daß er müde war? (2.) Hat er vielleicht bemerkt, daß er müde war, aber diese Wahrnehmung «auf die leichte Schulter genommen»? (3.) Dachte er vielleicht doch an die Gefährlichkeit der Situation, verdrängte aber jede Möglichkeit, ihr zweckmäßig zu begegnen? (4.) Hat er vielleicht gewußt, was für Möglichkeiten bestanden haben, aber sich nicht dazu aufgerafft? – Dieses Beispiel machte mich aufmerksam, daß der vierte Punkt nicht nur aus einem mangelnden Vertrauen in die eigenen Fähigkeiten besteht, sondern auch in etwas wie einer mangelnden Bereitschaft, das zu tun, was sinnvoll wäre, denn der Betreffende wollte immer korrekt sein und die vorgesehene geschäftliche Zusammenkunft keinesfalls verpassen. Er stand unter dem Antreiber «Sei perfekt!» (s. S. 205f). Er dachte zwar daran, seinen erwachsenen Sohn zu bitten, ihn hinzufahren, wollte aber sein «eisernes Prinzip» nicht durchbrechen: «Nie Ansprüche an die erwachsenen Kinder!», den er von seinem Vater übernommen hatte.

Ein anderes Beispiel, das mir nachträglich in meiner eigenen Praxis wertvolle Dienste leistete, verdanke ich Birger Gooß. Er hat mich darauf aufmerksam gemacht, wie manchmal ein Alkoholiker nicht nur bewußt schwindelt, wenn er sagt, er trinke nur unbedeutende Mengen Alkohol, sondern es tatsächlich nicht realisiert, wieviel er trinkt («Ausblendung der Existenz») und zuerst einmal aufgefordert werden muß, die Flaschen bewußt zu zählen und zu notieren. Sage ich ihm allein nur, er solle aufhören zu trinken, blickte er mich vielleicht nur verständnislos an: «Wegen des bißchen Alkohols!» Auf die Anregung von Gooß hin habe ich bei jedem Alkoholiker, der mich wegen irgendwelcher Beschwerden aufsuchte, häufig übrigens wegen Eheschwierigkeiten, die von ihm nicht auf den Alkoholismus zurückgeführt worden waren, immer zuerst sorgfältig abgetastet, auf welcher Stufe die Ausblendung liegt und dann den Patienten sozusagen von Stufe zu Stufe «begleitet».

Jede Ausblendung entspricht dem, was in der angewandten Psychologie ein *blinder Fleck* genannt wird. Voraussetzung aller dieser Überlegungen ist die Überzeugung der Schiff-Schule, daß jeder seine Probleme lösen, mindestens, wie ich etwas einschränkend sagen möchte, Wesentliches zu ihrer Lösung beitragen kann, z.B. indem er bei einer kompetenten Instanz Hilfe holt.

Es können drei Arten von Gegebenheiten als solche oder in ihrer Problematik ausgeblendet werden: (1.) *Eigenheiten meiner selbst*, z.B. eigene Bedürfnisse und Gefühle, (2.) *Eigenheiten anderer*, z.B. das bleiche Aussehen meines Partners oder die Schwererziehbarkeit meines Kindes, (3.) *Sachverhalte*, z.B. daß mir meine Wohnung gekündigt wurde oder daß mein Benzinstandsanzeiger auf Null steht.

Warum wird ausgeblendet? Eine Ausblendung kann, frei nach Mellor (1975), dazu dienen: (1.) mein Selbst- und Weltbild aufrecht zu erhalten (bezogen auf das Beispiel mit dem Knoten in der Brust: «Ich bin wie meine Großmutter. Ich werde nie krank und sterbe 95jährig an Altersschwäche!»); (2.) manipulative Spiele zu spielen («Meine Angehörigen werden mich endlich achten, wenn sie sehen, wie tapfer ich dem Tod ins Auge sehe!»); (3.) Skriptgebote zu erfüllen («Ich habe ohnehin keine Daseinsberechtigung!»); (4.) eine Symbiose zu befestigen («Sollen sich andere um mich kümmern!»). – Das alles jedoch nicht voll bewußt.

Im Gegensatz zu anderen Transaktionsanalytikern bezeichne ich eine Wissenslücke, die nicht darauf beruht, daß gebotene Informationen nicht eingeholt wurden, nicht als Ausblendung. Bei einem Kind, das eine Benzinexplosion verursacht, aber nie gehört oder erfahren hat, daß Benzindämpfe hochexplosiv sind, handelt es sich nicht um die Folge einer Ausblendung!

8. Festgefahrene Erlebens- und Verhaltensmuster

8.1 Gewinner und Verlierer

Im amerikanischen Sprachgebrauch ist ein Gewinner jemand, der im Beruf oder in der Gesellschaft Erfolg hat, ein Verlierer jemand, der Konkurs macht oder gesellschaftlich keine Beachtung findet. In der Transaktionalen Analyse haben diese Begriffe keine gesellschaftliche Bedeutung, obgleich Berne selbst sich hier und da noch darauf bezieht. Gelegentlich bezeichnet er denjenigen als Gewinner, der diejenigen Ziele erreicht, die er sich gesetzt hat, völlig gleichgültig, ob das menschliche oder unmenschliche Ziele sind. (1970, pp. 139–140/S. 117f; 1972, p. 37/S. 54, pp. 89–90/S. 112, pp. 203–205/S. 243–246). Das widerpricht anderen seiner Äußerungen, insbesondere, daß eine transaktionsanalytische Psychotherapie dazu diene, aus Verlierern Gewinner werden zu lassen. Ich halte mich im folgenden an die Bedeutung der beiden Begriffe, die heute in der Transaktionalen Analyse gültig ist.

Berne schildert recht einleuchtend, wie wir Gewinner verhältnismäßig leicht von Verlierern unterscheiden können, wenn wir genau zuhören, was sie sagen, nachdem sie einem Irrtum unterlegen sind oder ihnen ein Fehler passiert ist: Ein *Gewinner* mag sagen: «Ich habe einen Fehler gemacht! Nun gut, aber es wird mir nicht noch einmal passieren!» oder «Jetzt kenne ich den richtigen Weg, wie ich es das nächste Mal erledigen muß!» Ein *Verlierer* mag sagen: «Wenn doch nur ...» oder «Ich hätte eben ...» oder «Ja, aber ...». Am einfachsten seien Gewinner von Verlierern zu unterscheiden, wenn wir darauf achteten, daß ein Gewinner jemand sei, der wisse, was er als nächstes tun werde, wenn einmal etwas schief gegangen sein sollte, aber nicht darüber spreche; ein Verlierer hingegen sei jemand, der nicht wisse, was zu tun sei, wenn er verliere, aber ständig davon spreche, was er getan hätte, wenn er gewonnen hätte. «So braucht es nur wenige Minuten, um am Spieltisch oder an der Börse den Gewinner vom Verlierer zu unterscheiden» (Berne 1970, pp. 140–141/S. 118f, p. 215–216/S. 177f). Auch wenn wir nicht den äußerlichen beruflichen oder gesellschaftlichen Erfolg als maßgebend dafür ansehen, ob jemand als Gewinner oder Verlierer zu bezeichnen ist, so wird doch ein Gewinner eher Erfolg haben als ein Verlierer, weil er sich realistische Ziele setzt und sie dann auch erreicht, während ein Verlierer sich von vornherein keine Ziele setzt oder so hohe, daß er sie ohnehin nicht erreichen wird.

Nicht-Gewinner könnten nach Berne als **Beinahe-Gewinner* oder **Beinahe-Verlierer* demgegenüber sagen: «Nun, wenigstens habe ich...» oder «Ich bin dankbar, daß ich wenigstens ...». Andere Menschen, die Berne zu den «Nicht-Gewinnern» rechnet, könnten **bemühte Gewinner* genannt werden; sie arbeiten fortlaufend hart, um nur ja nicht zu versagen und um beliebt zu bleiben (Berne 1970, pp. 139–141/S. 116–119; 1972, pp. 203–204/S. 244). Ich kenne noch *Schein-Gewinner*, die über ihre Irrtümer und Fehler großzügig hinweggehen, ohne etwas daraus zu lernen, und stolz darauf sind, unter Mißachtung der Realität, «unverwüstliche Optimisten» zu sein.

James u. Jongeward meinen, nur wenige Menschen seien ausschließliche Gewinner oder Verlierer, die meisten in gewissen Lebensbereichen das eine oder das andere. Ich sehe eine *Gewinnerhaltung* oder eine *Verliererhaltung* als allgemeine Lebenseinstellung, die eher gradweise mehr nach dem einen oder mehr nach dem andern Extrem ausgeprägt ist. Ich definiere Gewinner als Menschen, *die realistisch und konstruktiv Gewinn aus ihren Erfahrungen und damit auch aus ihren Irrtümern und Fehlern ziehen; unter Verlierern verstehe ich solche, die in ihren Erfahrungen immer wieder die Bestätigung finden, daß sie Versager sind, ja, entsprechende Erfahrungen sogar aufsuchen oder arrangieren.*

Von anderer als transaktionsanalytischer Seite ein gutes Beispiel zum Unterschied von Gewinner und Verlierer (Kriz 1985/[3]1991, S. 155):

Bin ich auf einer Party und niemand spricht mit mir, so kann ich mir sagen: «Wie furchtbar! Niemand ist an mir interessiert! Es ist peinlich, gemieden zu werden! Niemand mag mich! Das ist kaum zu ertragen!» Ich kann mir aber auch sagen: «Fein! Endlich kann ich mich mal entspannen und dem Treiben zusehen! Es ist toll, so aus etwas Abstand diese Menschen zu beobachten!» Das Ereignis, schreibt der Autor, ist also dasselbe: auf einer Party nicht angesprochen zu werden, aber das Ergebnis ist völlig unterschiedlich. Da die Erfahrung, die ich mit dieser oder jener Reaktion mache, verschieden ist, werden auch die Folgen dieser Erfahrung für mein Selbstbewußtsein und für mein zukünftiges Verhalten verschieden sein.

Das Beispiel von Kriz demonstriert, was der Verhaltenstherapeut Meichenbaum (1977) unter einer *Selbstinstruktion* im Sinne eines lautlosen Selbstgesprächs vor einem Problem versteht. Es besteht eine nahe Beziehung zur kognitiven Therapie von Ellis (1962/[5]1993) und A. Beck (1976). Meichenbaum leitete aber als Verhaltenstherapeut Kinder, die vor einem Problem standen, dazu an, ermutigende statt entmutigende «Selbstgespräche» zu führen.

Heiratet eine Gewinnerin einen Gewinner, dann ist nach Berne für ihre Kinder die Chance groß, daß auch sie zu Gewinnern erzogen werden; heiratet ein Verlierer eine Verliererin, dann werden auch ihre Kinder wahrscheinlich Verlierer werden. Gewinner vermitteln ihren Kindern Selbstvertrauen, realitätsbezogenes Denken und Sicherheit, gerade das, an dem es Verlierern mangelt, die es deshalb auch nicht an ihre Kinder weitergeben können.

Die meisten Menschen, vor allem aber solche, die an seelischen Störungen leiden, (1.) sind nach Berne unter dem Einfluß von Erziehern zu Verlierern geworden (Berne 1972, p. 83/S. 104) oder aber (2.) sind seines Erachtens irrtümlicherweise zur Überzeugung gelangt, sie seien Verlierer, während sie doch eigentlich Gewinner seien (Berne 1966b, pp. 289–290). Je nachdem wird es als Aufgabe einer psychotherapeutischen Behandlung gesehen, aus Verlierern Gewinner werden zu lassen oder Verlierern zur Einsicht zu verhelfen, daß sie eigentlich Gewinner seien. Ein Märtyrer ist nach Berne jemand, der zu einem Gewinner wurde *(vielleicht besser: ... der sich als Gewinner fühlt), indem er verloren hat. Zu sagen, jedermann sei als Gewinner (oder O.K.) geboren worden (Berne 1966b, pp. 289–290), ist Ausdruck einer Ideologie und keine beweisbare Feststellung (s. S. 36).

In diesem Zusammenhang ist instruktiv, wie James u. Jongeward das ganze Wertsystem der Transaktionalen Analyse in ihre Umschreibung eines Gewinners und eines Verlierers zusammenfassen (1971, pp. 2–6/S. 17–22). Nach ihnen kennt der Gewinner seine Grenzen. Er sieht auch die anderen und die Realität überhaupt, wie sie sind und macht sich keine Illusionen. Er steht zu seinen Bedürfnissen und Gefühlen, auch wenn sie einmal widersprüchlich sein sollten. Er kann es sich erlauben, auch Fehler zu machen und einzugestehen; er kann sich sogar vorübergehend unsicher fühlen, ohne den Glauben an sich selbst zu verlieren. Ein Gewinner ist selbständig und unabhängig in seinem Urteil und übernimmt selbst die Verantwortung für sein Leben. Er lebt in der Gegenwart, ohne seine Vergangenheit zu verleugnen oder für die Zukunft blind zu sein. Er akzeptiert, was die Gegenwart ihm bietet: Freud oder Leid, Geselligkeit oder Einsamkeit, sinnliche oder geistige Genüsse. Er reagiert unmittelbar und realitätsbezogen. Er achtet seine Mitmenschen und kümmert sich um sie. Rituale und manipulative Spiele interessieren ihn weniger als sinnvolle Aktivitäten und das Erlebnis einer echten, aufrichtigen Beziehung zu Freunden.

Ein Verlierer hat nach den beiden Autoren nicht den Mut, sich, die andern und die Realität überhaupt so zu sehen, wie sie sind. Lieber hängt er Illusionen an. Seine Erfahrungen legt er so aus, daß sie seine letztlich entmutigte Haltung rechtfertigen. Er ist nicht autonom, sondern abhängig von seiner Umgebung, der er sich entweder anpaßt oder gegen die er grundsätzlich rebelliert. Er klammert sich an seine Vergangenheit oder er ängstigt sich vor der Zukunft oder aber erwartet ein Wunder, das ihn eines Tages allen Sorgen entheben wird. Zu seinen bevorzugten Redewendungen gehören: «Wenn doch früher nur dieses oder jenes passiert wäre ...!» oder: «Wenn doch die Dinge nicht so oder so stehen würden...!» oder: «Wenn nur nicht dieses oder jenes passiert ...!» Der Verlierer fürchtet das Risiko der Spontaneität und hält sich an seine einmal erworbenen Erlebens- und Verhaltensmuster. Er begegnet seinen Mitmenschen nicht offen und frei, sondern manipuliert sie oder läßt sich von ihnen manipulieren, um sie später für die Mißgeschikke, die ihm zustoßen, beschuldigen zu können. Es fällt ihm schwer, Zuneigung zu geben oder zu empfangen. Er hält sich im Umgang mit andern an unverbindliche Rituale oder Unterhaltungen oder spielt manipulative Spiele, die seine Verliererhaltung rechtfertigen oder ihn billige kompensatorische Triümphchen feiern lassen.

James u. Jongeward bezeichnen als Nicht-Gewinner Leute, die nichts riskieren und alles beim alten lassen wollen oder auch solche, die zwar nicht passiv bleiben wie nach den Autorinnen ein Verlierer, sondern wie ein Gewinner etwas unternehmen, aber so zögernd, daß sie doch alles verpassen (James u. Jongeward 1975, pp. 165–170).

Nach Berne führt, wer wirklich eine Behandlung nötig hat, eine *Frosch-Existenz*. Wer wirklich geheilt worden ist, hat seine Froschhaut abgeworfen und ist wieder zu dem geworden, was er früher einmal war: ein *Prinz* oder eine *Prinzessin* Berne nennt nämlich an verschiedenen Stellen seines Werkes Gewinner «Prinzen» und «Prinzessinnen», Verlierer aber «Frösche» oder auch «Gänsemädchen» (1966b, p. 289–290; 1970, p. 139/ S. 117; 1972, p. 37/S. 55, p. 84/105, p. 203/S. 243).

Berne bezieht sich nur mittelbar auf das Märchen vom Froschkönig, unmittelbar aber auf eine Arbeit von Donald L. Young (Berne 1970, p. 174, note 4; Young 1966), in der dieser eine Familiensituation schildert: Der elfjährige Junge fühlt sich dabei allen andern Familienmitgliedern unterlegen. Seine Eltern erlebt er als Königspaar, seine Geschwister als Prinzen und Prinzessinnen, sich selbst nur als deren aller Diener. Er verhält sich dümmlich und ungezogen und wird gerade deshalb auch wieder von den andern Familienmitgliedern nicht ernst genommen. Erst wenn er realisiert, daß auch er ein Prinz ist, wird er sein Verhalten ändern und den Teufelskreis zwischen Verhalten und Ansehen («das Frosch-Spiel») unterbrechen können. Young erinnert in diesem Zusammenhang an eine Witzfigur: Ein riesiger Frosch hält ein junges Mädchen umfangen, das ihn frägt: «Aber wie soll ich wissen, ob Sie wirklich ein verzauberter Prinz sind?» – Was diese Witzfigur mit der geschilderten Familiensituation zu tun haben soll, ist mir allerdings unklar.

Auch ein Therapeut kann ein Gewinner oder ein Verlierer sein, nach Berne je nach dem, wie er von seinen Eltern programmiert worden ist. Ob ein Psychiater oder Psychotherapeut ein Gewinner sei, könnten Patienten nach ungefähr drei Sitzungen erraten. Die meisten Patienten seien allerdings auch mit einem Verlierer zufrieden, da sie gar nicht wirklich geheilt werden wollten. Nur wer wirklich geheilt werden wolle, suche sich einen Gewinner aus! (Berne 1971).

Über Wege zur Befreiung aus einer Verliererhaltung siehe S. 322f!

8.2 Die Grundeinstellung

8.2.1 Überblick

In der Transaktionalen Analyse werden vier Grundeinstellungen voneinander unterschieden: (1.) «Ich bin O.K., du bist O.K.»; (2.) «Ich bin O.K., du bist nicht O.K.»; (3.) «Ich bin nicht O.K.; du bist O.K.»; 4.) «Ich bin nicht O.K., du bist nicht O.K.» (Berne 1962; 1966b, pp. 270–274; 1969; 1972, pp. 85–89/S. 106–112). Es handelt sich bei den Grundeinstellungen um die Frage, wie jemand sich selbst und seine Mitwelt bewertet. *Je nach den Umständen kann statt «ich» auch «wir» gesetzt werden, statt «du» auch «ihr» oder «die anderen», allenfalls auch spezifischer: «die Männer» oder «die Frauen», «die Jugendlichen» oder «die Alten». Nach Berne kann sich das «O.K.» gegebenenfalls auf bestimmte Eigenschaften beziehen wie Reichtum, Hilfsbereitschaft, Religiosität, Sauberkeit usw. (Berne 1962; 1966b, p. 270–271; 1969; 1972, p. 94/S. 118), meines Erachtens werden in diesen Fällen solche Eigenschaften von den Betreffenden überschätzt und zu menschlichen Wertmaßstäben verabsolutiert.

Es gibt ungefähr dreißig, teils ernsthafte, teils humoristische Versuche, den Begriff «O.K.» abzuleiten, so soll der siebente Präsident der Vereinigten Staaten, Andrew Jackson, orthographisch unsicher den Aktenvermerk «all correct» jeweils in «o.k.» abgekürzt haben. Diejenige Ableitung, die heute am meisten Gültigkeit beanspruchen kann, lautet dahin, daß «O Ke» in der Sprache der zentral-und westafrikanischen Mandingorasse, von deren Angehörigen seinerzeit unzählige nach dem Gebiet der Vereinigten Staaten verschleppt worden waren, soviel wie «in Ordnung» heißt.

Wegen der mehr stimmungsmäßigen als rationalen Bedeutung des Ausdrucks – oder schon fast Ausrufes – O.K., eignet sich dieser, gerade wegen seiner Vieldeutigkeit und Unbestimmtheit, besonders gut, um die Grundeinstellungen zu bezeichnen. Deswegen behalte ich ihn trotz seiner Abgegriffenheit im allgemeinen Sprachgebrauch hier bei.

Die meisten Transaktionsanalytiker nehmen an, daß die Grundeinstellung, in der sich jemand befindet, je nach Situation verschieden sein kann, daß jedoch bei einem Menschen eine dieser vier Haltungen dem Leben gegenüber überwiege. Sie kommt in Krisensituationen meist deutlich zum Ausdruck. Die Grundeinstellung entwickelt sich schon recht früh im Leben: Schlüsselerlebnisse im frühen Säuglingsalter können bereits Anlaß sein, zu einer bestimmten Grundeinstellung zu neigen; die Erwartungen der frühen Beziehungspersonen sind wichtig sowie die Auseinandersetzungen bei der Reinlichkeitserziehung. Hat sich das Kleinkind einmal zu einer bestimmten Grundeinstellung «entschieden» (s. S. 228), wird es daran festhalten. Im allgemeinen geschieht dies nach Berne im Lauf des zweiten oder dritten Lebensjahrs. Andere Autoren nehmen an, daß die bevorzugte Grundeinstellung sich allenfalls auch erst später, spätestens bis zum Ende des siebenten Lebensjahres fixiert. Nur mit einer verhältnismäßig festen Grundeinstellung wird das Leben in kritischen Situationen überschaubar und können immer neue Erfahrungen eingeordnet werden. Deshalb wird das Kind und später der Erwachsene seine Erfahrungen schließlich immer so auslegen, daß sie mit seiner einmal erworbenen Grundeinstellung übereinstimmen; oft wird er sogar sich sein Leben so einrichten, daß er seine Grundeinstellung immer wieder bestätigt sehen kann, wenn auch eine bevorzugte Grundeinstellung mehr stabil oder mehr labil sein kann.

Im folgenden werde ich meine eigene Auffassung von den Grundeinstellungen in den Vordergrund stellen. Ich habe sie dem Alltag und meinen psychotherapeutischen Erfahrungen mit Gesunden und neurotisch Kranken entnommen, während Berne sich selbst vielfach in erster Linie auf psychopathologische Erfahrungen in der Klinik stützt. Aus didaktischen Gründen folge ich nicht der von Berne dekretierten, oben wiedergegebenen Reihenfolge.

8.2.2 Erste Grundeinstellung: Ich bin nicht O.K., du bist *(ihr seid, die anderen sind) O.K. (– + Haltung)

Es handelt sich um die *Grundeinstellung mit Unterlegenheitsgefühlen.* Es ist die Grundeinstellung, in der diejenigen befangen sind, die bewußt an Minderwertigkeitsgefühlen leiden. «Ich werde niemals liebenswert sein!» (English 1976e) ist z.B. Ausdruck einer solchen Haltung sich selbst, den andern und dem Leben überhaupt gegenüber. Wenn solche Menschen in Schwierigkeiten mit andern geraten, denken sie: «Was habe ich nur wieder angestellt?» oder «Was stimmt mit mir nicht?» Es sind Menschen, welche die Neigung haben, sich zu entschuldigen, wenn sie von andern angerempelt, angegriffen oder herabgesetzt werden. Manchmal versehen sie einfache Informationsfragen mit der Einleitung: «Es ist vielleicht eine dumme Frage, aber ich möchte doch gerne wissen ...»

Berne spricht zusammenfassend von der depressiven oder introjektiven Grundeinstellung, wobei er unter «introjektiv» so viel wie «selbstbezogen» meint. Menschen mit dieser Haltung kommen sich nach James u. Jongeward anderen gegenüber ohnmächtig vor; sie sind der Überzeugung, daß ihr Leben keinen großen Wert hat (1971, pp. 37–38/S. 57f). Sie kommen sich ausgeschlossen vor und schließen sich manchmal auch selber aus, was dazu führen kann, daß sie als chronische Patienten ihr Leben in einer psychiatrischen Klinik oder als Kriminelle in einem Gefängnis fristen. Manchmal beschließen sie ihr Leben als vereinsamte Einzelgänger in irgendeiner trübseligen Pension (Berne 1966b, p. 272). Ihre Grundstimmung ist depressiv; sie haben die Neigung, sich umzubringen, sei es durch Suizid, durch Unfälle oder durch eine destruktive Sucht (Berne 1972, p. 85/S. 107). Manchmal schließen sich nach Berne Menschen mit dieser Grundeinstellung zusammen, um doch noch eine dürftige Selbstbestätigung im Umgang mit Gleichgestimmten zu finden.

8.2.3 Zweite Grundeinstellung: Ich bin O.K., du bist *(ihr seid, die anderen sind auch) nicht O.K. (+ –Haltung)

Diese *Grundeinstellung mit Überlegenheitsgefühlen* zeigt sich oft nur in Andeutungen. «Ich mache lieber alles selbst!» kann Ausdruck dieser Grundeinstellung sein, auch der Gedanke: «Nur auf mich ist Verlaß!». Es ist keinesfalls so, daß Menschen mit dieser Grundeinstellung immer arrogant auftreten, häufig verhalten sie sich durchaus liebenswürdig und freundlich. Wer immer wieder andern helfen will, auch ohne daß er darum gebeten wird, oder wer immer wieder Verantwortung auf sich nimmt, wo andere genauso zuständig wären, nimmt diese Haltung ein. Da sich diese Menschen eher auf sich selbst als auf andere verlassen, wirken sie oft recht autonom und fällt es ihnen verhältnismäßig leicht, eine erwachsene Haltung einzunehmen, fühlen sich aber andererseits in ihrem Selbstbewußtsein bedroht, wenn ihnen Irrtümer passieren oder sie Fehler begehen, falls sie sich solche überhaupt zugestehen!

Wer eine solche Grundeinstellung einnimmt, findet nach Bern an jedem andern Fehler, schickt seine Kinder, seine Freunde und seine treuen Dienstboten fort. Schlimmstenfalls handelt es sich um Mörder, im harmlosesten Fall um Menschen, die sich immer wieder ungefragt in die Angelegenheiten anderer einmischen (1972, p. 86/S. 108). Berne spricht von der paranoiden, projektiven *(im Sinn von: auf andere bezogenen) oder arroganten Grundeinstellung. Immer seien die andern schuld oder das Schicksal oder der liebe Gott, nur nie sie selbst.

8.2.4 Das Verhältnis der beiden asymmetrischen Grundeinstellungen zueinander

Da die beiden bisher besprochenen Grundeinstellungen in einem komplementären Verhältnis zueinander stehen, lassen sie sich gut miteinander vergleichen. Wer eine – + Haltung einnimmt, beneidet denjenigen mit einer + – Haltung, keinesfalls aber umgekehrt. Die Vertreter dieser beiden gegensätzlichen Grundeinstellung kommen sich oft entgegen: derjenige mit der – + Haltung klammert sich häufig an einen solchen mit der gegenteiligen Haltung an, der sich gerade dadurch in seiner Haltung bestätigt fühlt und gerne stützt und hilft. Manchmal bemitleiden Menschen mit der – + Haltung sich selbst mit «Wenn ich doch nur...» oder «Hätte ich doch ...» und veranlassen andere, sie ebenfalls zu bemitleiden, ihnen beizustehen und ihnen zu helfen. Dabei genießen sie es manchmal mit einem gewissen Rachegefühl, meint Berne, daß andere möglichst viel dafür bezahlen müssen, selbst keine Minderwertigkeitsgefühle zu haben (Berne 1972, pp. 86–87/ S. 108f). Andere allerdings ziehen sich zurück und suchen eine illusionäre Selbstbestätigung und Wunscherfüllung in der Phantasie (Th. Harris 1967, p. 69/S. 63). Viele versuchen, ebenfalls nach Harris, mit ihren Minderwertigkeitsgefühlen fertig zu werden, indem sie manipulative Spiele betreiben, die ihnen vorübergehend Triumphgefühle über andere verschaffen, während Menschen mit einer + – Haltung Arrangements treffen, bei denen sie sich selbst immer wieder beweisen können, daß sie mehr wissen und bedeutender sind als andere.

Bei einer tiefenpsychologischen Behandlung können sich diagnostische Schwierigkeiten ergeben, wenn auch dann am Konzept der Grundeinstellungen festgehalten wird. Wie sich besonders bei einer individualpsychologischen Behandlung nach Alfred Adler ergibt, liegt einer asymmetrischen Haltung im allgemeinen die gegenteilige zugrunde. Eine Klientin, die einen Therapeuten aufsuchte, weil sie so sehr an Minderwertigkeitsgefühlen leide, verließ ihn entrüstet wieder, nachdem er sie gefragt hatte: «Und warum wissen Sie, daß Sie nicht wirklich minderwertig sind?». Menschen, die nach Erleben und Verhalten an Überwertigkeitsgefühlen «leiden», müssen sich bei einer tiefenpsychologischen Behandlung, die sich nach der Abwehrtheorie richtet, im allgemeinen erkennen, daß sie damit Minderwertigeitsgefühle kompensieren. Es ist, wie wenn bei den asymmetrischen Grundeinstellungen eine der symmetrischen Grundeinstellungen und zwar die negative «auseinandergerissen» würde. Eine Spaltung als Abwehr. Vergleiche dazu, was Fanita English zu den Grundeinstellungen sagt (s.u.)!

Es gibt Menschen, die eine der beiden asymmetrischen Grundeinstellungen nur vorspielen, so kann jemand aufdringlich arrogant auftreten, weil er meint, er müsse so sein, vielleicht weil er ein Mann ist oder eine vorgesetzte Stellung im Beruf einnimmt. Es kommt auch vor, daß jemand aus entsprechenden Motiven eine bescheidene – + Haltung «ausspielt», ohne daß ihm diese eigen wäre. Je arroganter jemand mit einer + – Haltung auftritt, um so deutlicher schimmert die hintergründige – + Haltung durch, während die umgekehrten Verhältnisse kaum je so aufdringlich sind. Andererseits gibt es nach außen trotz Selbstsicherheit oder Selbstunsicherheit sehr unauffällige Menschen beider Haltungen. Immer wieder gibt es Menschen, die zwischen den zwei einander gegensätzlichen Haltungen schwanken, jedoch viel weniger häufig, als dies im allgemeinen angenommen wird. Situationen mit Schwierigkeiten oder eigentliche Krisensituationen offenbaren, welche Grundeinstellung die Betreffenden im Grunde genommen einnehmen.

Zwei Schüler gehen zusammen zur Schule. Beide haben Angst vor einem Tadel des Lehrers, denn sie haben ihre Schulaufgaben nicht gemacht. Der eine sagt: «So gerne wäre ich krank und müßte dann nicht zur Schule gehen!», der andere sagt: «Hoffentlich ist der Lehrer krank geworden!». Bei diesem Beispiel kann daran erinnert werden, daß Berne die – + Grundeinstellung als diejenige eines Selbstmörders, die + – Grundeinstellung als diejenige eines Mörders bezeichnet!

In einem Miethaus wird Frau Huber eines morgens von Frau Müller im Treppenhaus, wo sie sich begegnen, nicht mehr gegrüßt. Frau Huber denkt: «Was habe ich auch nur angestellt, daß mich Frau Müller nicht mehr grüßt? Habe ich vielleicht gestern vergessen, sie zu grüßen oder ist mir sonst ein Ungeschick mit ihr passiert?». Frau Erismann, die später von Frau Müller ebenfalls nicht gegrüßt wird, denkt sich: «Was ist auch in diese Frau gefahren, daß sie mich nicht mehr grüßt?»

8.2.5 Dritte Grundeinstellung: Ich bin nicht O.K., du bist *(ihr seid, die anderen sind auch) nicht O.K. (– – Haltung)

Diese *Grundeinstellung der Sinn- und Wertlosigkeit* stützt sich nicht in erster Linie auf den Vergleich seiner selbst mit anderen. Ich könnte deshalb auch von der «radikalen Minus-Haltung» sprechen . Es geht nicht darum, daß der Betreffende *sein* Leben oder *das der anderen* als sinn- und wertlos erfährt, sondern das Leben überhaupt. «Es hat ja doch alles keinen Sinn!» mag er sagen und mit dem «alles» meint er die menschliche Existenz überhaupt. Wer nun annimmt, jemand, der eine solche – – Haltung einnehme, mache auf jeden Fall einen offensichtlich verzweifelten oder hoffnungslosen Eindruck, irrt sich. Nicht selten verbergen diese Menschen nicht nur vor anderen, sondern auch vor sich selbst die Überzeugung von der Sinnlosigkeit und Hoffnungslosigkeit der Existenz zeitweilig hinter einem durchaus umgänglichen, manchmal allerdings von einem ironischen Unterton geprägten Verhalten. Manchmal bemühen sie sich sogar krampfhaft, einen Sinn in ihre Existenz oder in den Lauf der Welt überhaupt zu projizieren und spielen sich vor, aktiv am Aufbau einer besseren Welt zu arbeiten, an die sie gar nicht glauben.

Menschen mit dieser Grundeinstellung kommen sich nach Berne, nicht unähnlich denjenigen mit einer – + Haltung, nutzlos vor (1972, p. 94/S. 118). Das Leben lohnt sich für sie nicht. Von der für andere lebensnotwendigen Bestätigung und Anerkennung schließen sich diese Menschen aus, da für sie die andern ja auch nicht O.K. sind und damit das, was sie Positives sagen könnten, bedeutungslos ist. Diese Grundeinstellung kann nach Berne Ausdruck eines schizoiden Charakters oder gar einer Schizophrenie sein (1972, p. 87/109). Aus dieser Grundeinstellung heraus könnten sich Menschen umbringen, andere würden zu Dauerinsassen psychiatrischer Kliniken und lebten mit einer «vagen archaischen Sehnsucht» (Th. Harris 1976, pp. 69–71/S. 64–66) nach der frühen Säuglingszeit. Nach English befinden sich Menschen mit dieser doppelt negativen Einstellung typischerweise im Krankenhaus oder Gefängnis, da sie krankhaft regrediert, im Sinn einer Schizophrenie autistisch, suizidal, gemeingefährlich oder drogenabhängig seien. Sie meint, sie habe deshalb in ihrer Privatpraxis nie Patienten mit dieser Grundeinstellung gesehen, was ich meinerseits durchaus nicht sagen kann (1976e). Nach Berne ist jedermann mit dieser Grundeinstellung ein Verlierer (1972, p. 89/111f).

8.2.6 Vierte Grundeinstellung: Ich bin O.K., du bist *(ihr seid, die anderen sind auch) O.K. (++ Haltung)

Diese *konstruktive und humane Grundeinstellung* wird spontan in kritischen Situationen verhältnismäßig selten von jemandem eingenommen. Sie unterscheidet sich grundsätzlich von den anderen Grundeinstellungen, denn bei ihrer Bezeichnung läßt sich der Ausdruck «O.K.» keineswegs etwa mit Worten «in Ordnung» oder «richtig» übersetzen. Diese Haltung verzichtet auf jeden Vergleich und bezieht sich auch nicht auf ein nach irgendwelchen Grundsätzen zu beurteilendes Verhalten seiner selbst oder des andern. Wer sich diese positive Grundeinstellung erworben hat oder derjenige, dem es doch gelingt, sie anderen gegenüber, besonders in kritischen Situationen, einzunehmen, begegnet diesen als Mitmenschen wertungsfrei, offen und gelassen; er manipuliert die andern nicht und läßt sich nicht manipulieren; er fühlt sich weder überlegen noch unterlegen. «Ich bin auf dieser Welt so wichtig wie du und du bist auf dieser Welt so wichtig wie ich!» ist seine Haltung. Er weiß, daß er nicht fehlerlos ist, und gesteht auch dem anderen zu, daß er Fehler hat. Er bekennt sich zu seinen eigenen Bedürfnissen, Gefühlen und Ansichten, ohne zu fordern, daß der andere diese teilt. Er nimmt Unzulänglichkeiten an sich und andern wahr, jedoch ohne mit Schuldgefühlen und Vorwürfen darauf zu reagieren.

Niemand lebt nach meiner Erfahrung immer in dieser Haltung, aber wer sie einzunehmen gelernt hat, kann Kritik entgegennehmen, ohne beleidigt zu sein und kann das Verhalten anderer kritisieren, ohne diese als Menschen abzuwerten. Jemand mit einer solchen Haltung ist nicht unabhängig und erhaben, sondern ist wie andere auch von der Bestätigung seiner Mitwelt abhängig, ohne aber darum zu buhlen oder sich unredlich zu verhalten, um Anerkennung einzuheimsen. Er verzichtet, was die Person des andern anbetrifft, auf die Kategorien «oben-unten», «gut-schlecht», nach meiner Erfahrung auch «alt-jung». Von der «gesunden Grundeinstellung» zu sprechen, könnte dazu verführen, anzunehmen, daß jedermann, der sich gesund fühlt oder als gesund gilt, jeder Situation in dieser Grundeinstellung begegnet, was aber, im Gegensatz zu English (mündliche Mitteilung) nicht meinem Verständnis von dieser Grundeinstellung entspricht.

Nach Berne haben Menschen mit dieser Grundeinstellung (ich würde sagen: «... denen diese Grundeinstellung nahe liegt») eine gute Meinung von sich und der Welt (1972, p. 94/S. 118). Für sie ist das Leben wert, gelebt zu werden. «Kinder, die immer wieder erleben, daß sie einen eigenen Wert haben und so erzogen werden, daß sie auch andere wertvoll finden ... entdecken früh in ihrem Leben, daß sie O.K. sind wie andere auch» (Th. Harris 1967, pp. 74–75/S. 69). Auch Berne ist im Gegensatz zu English (s.u.) der Ansicht, daß es sehr selten ist, daß jemand seit früher Kindheit diese Haltung einnimmt. Von den meisten Menschen muß sie erarbeitet werden, wobei guter Wille allein nicht genügt (Berne 1972, p. 86/S. 108). Sie zeichnet nach Berne echte Führerpersönlichkeiten aus, die selbst unter widrigen Umständen ihre Selbstachtung und die Achtung vor denen, die ihnen anvertraut sind, aufrecht erhalten. Nach ihm ist jemand mit dieser Grundeinstellung immer ein Gewinner (1972, pp. 88–89/S. 110f).

Die Grundeinstellung: «Ich bin O.K., du bist O.K.», darf nicht verwechselt werden mit dem *bedingten O.K.*, nämlich: «Ich bin O.K., wenn ich ..., Du bist O.K., wenn du ...» (s. S. 205f). Die echte Grundeinstellung «Ich bin O.K., du bist O.K.» ist ihrem Wesen nach bedingungslos! (M. James u. Savary 1974, p. 53).

8.2.7 Das O.K.-Gitter oder der O.K.-Korral nach Frank Ernst

Der Freude der Transaktionsanalytiker an Diagrammen kommt dieser Beitrag von Franklin H. Ernst zu den Grundeinstellungen entgegen (1971a, 1971b). Ernst hat aus den vier Positionen: einerseits «Du bist O.K.» und «Du bist nicht O.K.», andererseits «Ich bin O.K.» und «Ich bin nicht O.K.» Koordinaten konstruiert, so daß jedem Quadranten eine der Grundeinstellungen zugerechnet werden kann. Dabei umschreibt er jede Grundeinstellung mit seines Erachtens kennzeichnenden Stichworten, die gewissen Äußerungen von Berne entsprechen. Der Akzent liegt bei der Darlegung von Ernst auf dem Umgang mit Mitmenschen, die uns im privaten und beruflichen Alltag nahestehen: «Die Grundeinstellung von jemandem bezieht sich darauf, welche dieser vier Kategorien bevorzugt wird, um sich mit nahestehenden Bezugspersonen auseinanderzusetzen». Ernst stellt sich vor, daß jemand einen anderen zu einer Unterredung auffordert (frei nach F. Ernst 1971a, p. 7). Babcock u. Keepers legen den Akzent auf den Umgang mit Problemen im allgemeinen (1976, p. 48/S. 62).

O.K.-Gitter oder O.K.-Korral

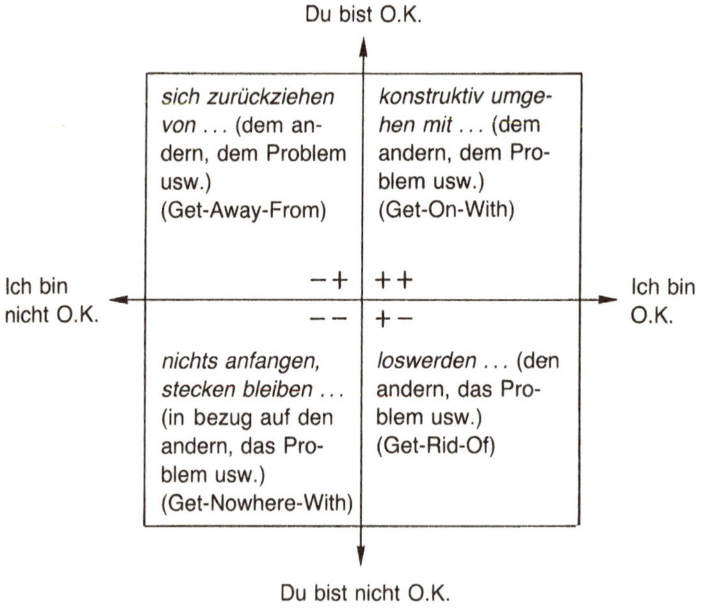

Abb. 35

Wer im Quadranten rechts oben «zu Hause» ist (+ +), ist nach Ernst ein typischer Gewinner. Er gehe nicht nur konstruktiv mit andern um, die für ihn von vornherein O.K. sind, sondern meistere auch autonom sein Leben, indem er sich sinnvolle Ziele setze und Prioritäten klarstelle. Derjenige, der die Haltung einnehme, die dem Quadranten rechts unten entspreche (+ –), sehe dazu, daß er die andern, die er als nicht-O.K. erlebt, vom Hals bekomme. Ein typischer Satz, den er immer wieder ausspreche, laute: «Es geht mich nichts an!», «Ich kümmere mich nicht darum!». Derjenige, der in seinem Erleben und Verhalten durch den Quadranten links oben dargestellt werde (– +), leide unter Minderwertigkeitsgefühlen und sage: «Ich weiß nicht», wenn er auf ein Problem stoße, und

«Du weißt es». Er lade den andern, dem er begegne, zu einem komplementären Verhalten ein. Die vierte Grundeinstellung, in der Skizze dem Quadranten links unten entsprechend (– –), nehme ein, wer sich abschließe, Entscheidungen aus dem Weg gehe und verpflichtende Abmachungen scheue. Er schiebe die Lösung von Problemen gerne auf.

Andere Transaktionsanalytiker sprechen von der freien (+ +), der kämpferischen (+ –), der fliehenden (– +) und der erstarrten (– –) Grundeinstellung (V. Garfield, mündliche Mitteilung). – Ernst gibt meines Erachtens immer nur einen Aspekt der entsprechenden Grundeinstellung, nämlich die Haltung des Betreffenden in sehr kritischen Situationen wieder. Derjenige, der eine + – Haltung einnimmt, braucht im Alltag keineswegs asozial zu sein. Er kann z.B. eine «Retter»-Haltung einnehmen, indem er andern zu Hilfe eilt, ohne daß sie ihn darum bitten, oder indem er für andere Verantwortung übernimmt, für sie denkt und handelt, auch wenn diese dazu selbst fähig wären (s.S. 95). Er will sie keinesfalls immer «loswerden». Im Gegenteil: Er braucht sie oft, um sich zu bestätigen!

Berne denkt an Missionare oder Kirchenbezirksvorsteher, die sich berufen fühlen, «das Böse» zu bekämpfen und auszutreiben. Er nennt diese verhältnismäßig gesunde Vertreter einer + – Einstellung im Gegensatz zu denjenigen, die Leute, die sie stören, sich vom Halse zu schaffen suchen, den Ehepartner vielleicht durch Scheidung, die Kinder, indem sie sie in Internate schicken, altgediente Angestellte durch Entlassung (Berne 1966b, p. 273; 1972, p. 86/108).

Derjenige in der – + Grundeinstellung flieht nicht unbedingt, sondern klammert sich gar nicht selten an andere, besonders an solche mit einer + – Haltung, an. Derjenige mit einer – – Haltung braucht äußerlich gesehen kein Versager zu sein, wie dies das Schema und der Kommentar von Ernst nahelegen, sondern kann möglicherweise seine beruflichen und Alltagsprobleme durchaus lösen, wennschon das Leben für ihn letztlich sinnlos scheint.

8.2.8 Weitere Anmerkungen von Berne zu den Grundeinstellungen (1972, pp. 84–95/S. 106–120)

Was die Grundeinstellung anbetrifft, können bei jedem Menschen wieder andere Bereiche im Vordergrund stehen, z.B. die Gegensatzpaare jüdisch-arisch, reich-arm, konservativ-progressiv, christlich-heidnisch, aufrichtig-verlogen, begabt-dumm usw. *Hier handelt es sich um eine Verabsolutierung eines moralischen Wertmaßstabes. So kann jemand mit der Grundeinstellung «Ich – du +» sich daran halten, daß er keine höheren Schulen besucht hat und deshalb dumm ist, während alle andern, die ihm schätzenswert erscheinen, Akademiker sind. Den ebenfalls schätzenswerten Nicht-Akademiker sieht er nicht. Jemand mit der Grundeinstellung «Ich +, du –» kann sich etwas auf seine angeblich christliche Haltung zugute tun und auf alle andern, die seiner Meinung nach nicht bekehrt sind, hinuntersehen. Für die Gesellschaft am gefährlichsten sind Fanatiker, die sich nur auf *ein* Gegensatzpaar stützen. Je mehr verschiedene Gegensatzpaare in das O.K.-Urteil einbezogen werden, umso komplizierter wird die Angelegenheit, aber auch umso mehr Grautöne gibt es zwischen Schwarz und Weiß: «Er ist zwar ein Heide, aber immerhin aufrichtig und arm».

Im allgemeinen steht bei jedem Menschen eine bestimmte Grundeinstellung im Vordergrund, aus der heraus er seine «Spiele» spielt (s. S. 150ff) und auf der sich sein unbewußter Lebensplan gründet (s. S. 176ff). Diese Grundeinstellung ist für seine Haltung gegenüber sich selbst, den Mitmenschen und dem Leben das Fundament. Er hält sich daran und wird es nur sehr widerwillig aufgeben. Auch Erfahrungen, die rein logisch der Grundeinstellung widersprechen, werden ihn nicht zu deren Änderung veranlassen.

Eine Frau, deren Grundeinstellung auf der Überzeugung beruht, daß sie arm ist und andere reich (Ich –, du +), wird diese nicht aufgeben, wenn sie aus irgendwelchen Gründen doch einmal zu Geld kommen sollte. Sie bleibt erlebnismäßig eine arme Frau, die zufällig vermögend geworden ist. Genauso verhält es sich mit einer reichen Frau, für die wesentlich ist, daß sie reich ist und andere arm (Ich +, du –). Verliert sie ihr Vermögen, so bleibt sie «eigentlich» eine reiche Frau, die aber zufällig kein Geld mehr hat. Im Alltag besonders verwirrend ist die Situation, wenn jemand überzeugt ist, daß er moralisch gut ist und andere schlecht (Ich +, du –) und an dieser Einstellung festhält, auch wenn er sich Verfehlungen zuschulden kommen läßt, durch die andere geschädigt werden. Jemand mit der Grundeinstellung Ich +, du + bleibt eine Führernatur, die sich selbst und andere gleichermaßen respektiert, selbst wenn einmal alle gegen ihn sein sollten. Veränderungen der Grundeinstellung kommen also nicht durch korrigierende Erfahrungen, sondern durch innere Umstellung zustande, sei es spontan, z.B. als Folge eines existentiellen Erlebnisses, oder unter dem Einfluß eines Therapeuten.

Es gibt nun aber Menschen – meist unsichere und labile Persönlichkeiten – deren Grundeinstellungen nicht absolut festgelegt sind. Sie schwanken zwischen zwei Einstellungen hin und her. Die Labilität der Grundeinstellung kann von äußeren Umständen abhängen, z.B. von der Situation im Beruf neben derjenigen in der Familie oder von der gesellschaftlichen Stellung als Student neben derjenigen als Mann oder Frau. Eine solche Labilität der Grundeinstellung erschwert natürlich die Diagnose der Persönlichkeit. Bei einer stabilen Grundeinstellung läßt sich viel leichter voraussagen, was ein bestimmter Mensch unter bestimmten Umständen sagen und tun wird.

Nach Berne ist das erste, was die Menschen jeweils voneinander annehmen und ahnen, die jeweilige Grundeinstellung. Meistens finden sich seines Erachtens Menschen mit derselben Grundeinstellung zusammen. Menschen, die eine gute Meinung von sich und der Welt haben (Ich +, du +) seien also lieber mit solchen zusammen, die aus derselben Einstellung heraus lebten als mit solchen, die sich immer über alles beklagen. Wer sich grundsätzlich überlegen fühle (Ich +, du –), treffe sich gerne mit seinesgleichen in Vereinen. Menschen, die sich immer minderwertiger fühlen als andere, finden sich nach Berne ebenfalls oft zusammen, gewöhnlich in «Nicht-O.K.-Bars». Damit weist Berne auf die Möglichkeit «dreiteiliger Grundeinstellungen», z.B. «Ich und Du sind O.K., aber die andern sind nicht O.K.» oder «Ich bin nicht O.K., du bist O.K., die andern sind, wie ich, nicht O.K.» und entsprechende Kombinationen. Die letzterwähnte dürfte einer Idealisierung und damit einer gewissen Art von «Mißachtung» entsprechen, nehme ich doch den Idealisierten nicht als Menschen (mit menschlichen Unzulänglichkeiten) wahr (s. S. 105).

Nach meiner Erfahrung gilt für Lebenspartner, daß sie sich oft hinsichtlich der asymmetrischen Grundeinstellungen komplementär ergänzen.

8.2.9 Weitere Anmerkungen von Th. Harris zu den Grundeinstellungen (1967, pp. 60–77/S. 54–72)

Harris ist der Überzeugung, daß sich bald nach der Geburt bei jedem Kind die Grundeinstellung «Ich bin nicht O.K., du bist O.K.» entwickelt. Das Kind ist klein, abhängig, noch ganz «dumm» und ungeschickt; es hat keine Worte, mit denen es Zusammenhänge erfassen könnte. Ein ärgerlicher Blick in seine Richtung kann bei ihm nur Gefühle erzeugen, die seinen Bestand an negativen Daten über sich selbst vergrößern. «Es ist mein Fehler. Schon wieder. So ist es immer. So wird es immer sein. Das hört nie auf.» Immer wieder werden Forderungen an das Kleinkind gestellt und wird es in der freien Entfaltung seiner natürlichen Funktionen eingeschränkt. Es ist von der elterlichen Anerkennung abhängig, «die so schnell entzogen werden kann, wie sie gespendet worden ist». Sie «bedeutet für das Kind, das noch keinen bestimmten Zusammenhang zwischen Ursache und Wirkung sieht, ein unbegreifliches Geheimnis». Die Erziehung ist so nach Harris mit unzähligen großen und kleinen Frustrationserlebnissen verbunden. Für den Autor ergibt sich aus all dem, daß das Kind sich aufgrund dieser Erfahrungen zu allererst einmal als nicht-O.K. einschätzt. Er erwähnt zwar, daß das Kleinkind auch die kleinen Freuden registriert, die eine glückliche Kindheit verschönern können, aber seiner Ansicht nach überwiegen die Nicht-O.K.-Gefühle bei weitem die Folgen der positiven Erlebnisse.

Bei den meisten Menschen bleibt nach Harris diese Grundeinstellung mehr oder weniger durch das ganze Leben erhalten. Den Neurosen und Beziehungsstörungen, wegen deren viele einen Psychotherapeuten aufsuchten, liege im allgemeinen diese Grundeinstellung zugrunde.

Harris ist der Ansicht, daß sich die Grundeinstellung «Ich bin nicht O.K., du bist nicht O.K.» bei Kindern ausbildet, die unter einer gefühlskalten Mutter leiden. Vielleicht habe sie sich bis zum Ende seines ersten Lebensjahres noch leidlich um den Säugling gekümmert, zeige er aber die ersten Regungen zur Selbständigkeit, werde sie gleichgültig, «streichle» das Kind nicht mehr, d.h. unterlasse Anerkennung und Bestätigung, vernachlässige es emotional und tröste es auch kaum noch, wenn es schmerzliche Erfahrungen mit der dinglichen Realität mache, die ja in diesem Alter unvermeidlich seien. «Wenn dieser Zustand der Verlassenheit und Bedrängnis unverändert während des zweiten Lebensjahres anhält, folgert das Kind: «Ich bin nicht O.K., du bist nicht O.K.» Fehle dem Kind bereits in der Säuglingszeit die notwendige Anerkennung und Bestätigung, wobei die Möglichkeit bestehe, daß sein «Streichelbedürfnis» aus konstitutionellen Gründen krankhaft gesteigert sei, so könne sich, meint Harris, ein sogenannter Autismus entwickeln, eine schwere und nur äußerst schwierig zu behebende Kontaktstörung.

Zur Grundeinstellung «Ich bin O.K., du bist nicht O.K.» gelangt nach Harris ein Kind, das von seinen Eltern brutal körperlich terrorisiert worden ist. Es bleibe ihm nichts übrig, als sich selbst zu streicheln. Es «lecke seine Wunden». Die brutalen Eltern würden einerseits gehaßt, andererseits aber habe das Kind eben gerade von ihnen gelernt, selbst hart und grausam zu sein. Es gebe nicht auf; es schlage zurück. «Schuld haben immer die andern».

*Die Äußerungen von Berne und Harris zur letzterwähnten Grundeinstellung decken sich nicht durchgehend. Es trifft auch nicht zu, daß Menschen, die sich zudringlich in die Angelegenheiten anderer einmischen (Berne), häufig selbst hart und grausam sind (Harris). Ebenfalls trifft nicht zu, daß Leute, die gewohnheitsmäßig an andern herummäkeln oder sich über andere lustig machen (Berne), ihrerseits unter brutalem Terror der Eltern gelitten haben (Harris). Meines Erachtens kann diese Grundeinstellung häufig als eine kompensatorische Fortentwicklung der Einstellung «Ich bin nicht O.K., du bist O.K.» verstanden werden. Der Spieß wird dann sozusagen umgedreht. Sowohl bei denjenigen, die alles besser wissen und andere bekehren wollen (Berne), wie bei denjenigen, die die Schuld immer bei den andern suchen (Harris) handelt es sich letztlich um selbstunsichere Menschen, die, während sie andere zu überzeugen versuchen, im Grunde sich selbst überzeugen wollen, oder die bei andern die Schuld suchen, um dem Bewußtsein der eigenen Schuldigkeit auszuweichen.

8.2.10 Anmerkungen von Holland zu den Grundeinstellungen

Holland nimmt an, ein Kind, dessen Bedürfnisse von der Umwelt gestillt würden, bleibe in der Grundeinstellung: «Ich bin O.K., du bist O.K.» Jede schwerwiegende Frustration seiner Bemühung um die Befriedigung seiner Bedürfnisse führe jedoch zu einem Affektausbruch, einer primitiven Form der Haltung «Ich bin O.K., du bist nicht O.K.» Verpuffe dieser Ausbruch erfolglos, so entstehe aus der Wut Angst, eine primitive Form der Grundeinstellung «Ich bin nicht O.K. (schwach, hilflos), du bist O.K.» (größer, stärker). Diese Einstellung würde noch verstärkt, wenn die Angst ihrerseits, genauer: das ihr entsprechende Verhalten, dann doch zum Erfolg führe. Sei das nicht der Fall, dann entstehe aus der Angst Resignation, Autismus, Regression, d.h. die Einstellung: «Ich bin nicht O.K., du bist nicht O.K.» Der Autor nimmt an, daß solche wiederholten Situationen dann schließlich die entsprechende Grundeinstellung, die zuerst situationsabhängig sei, verfestigten. Die endgültig bevorzugte Grundeinstellung werde auf diese Art «erlernt» (Holland 1970).

Entsprechend sei die + + Haltung diejenige des unbefangenen Kindes, die – + Haltung diejenige des fügsamen und die + – Haltung diejenige eines trotzigen und manipulierenden Kindes und später verinnerlicht des jeweiligen «Kindes» auch des Erwachsenen. Eine autistische Einstellung würde einem Versuch entsprechen, sich gegen eine aufdrängende Erkenntnis «Ich bin nicht O.K., du bist nicht O.K.» abzustumpfen und eine regressive Einstellung würde eine durch dieselbe Erkenntnis ausgelöste Flucht zurück in eine andere Zeit bedeuten.

8.2.11 Anmerkungen von Hilarion Petzold und Fanita English zu den Grundeinstellungen (Petzold 1976a; English 1975c/21976)

Nach English kommt das Kind mit der Grundeinstellung «Ich bin O.K., du bist O.K.» zur Welt, wie sie auch dem Kind im Mutterleib entspreche. *Ein «Geburtstrauma» zieht sie nicht in Betracht. Petzold nennt diese anfängliche Grundeinstellung, in der das Neugeborene bei guter Pflege, in der seine Bedürfnisse immer sofort gestillt werden, «symbiotisch». Nach English entspricht diese symbiotische «Ich +, du +»-Einstellung des Kindes dem infantilen Allmachtsgefühl, wie es die Psychoanalyse voraussetzt. Diese nach Petzold's Benennung symbiotische Grundeinstellung wird nach English notwendigerweise erschüttert, denn im Gegensatz zu einer idealen Existenz im Mutterleib sind Frustrationen unausweichlich. In diesem Augenblick lerne das Kind das ernüchternde und hoffnungslose Gefühl des «Ich –, du –» kennen. Die asymmetrischen Grundeinstellungen («Ich –, du +» und «Ich +, du –») sind nach der Autorin Abwehrformen gegen die überwältigende Erfahrung der Hoffnungslosigkeit und Verzweiflung, die mit der Erschütterung der ursprünglich radikal positiven Grundeinstellung verbunden seien. Diese Abwehrformen würden dem Kind erlauben, die Hoffnung lebendig zu erhalten, daß es die ursprüngliche glückbringende «Zauberformel» einmal wiederfinden könnte, sei es durch eigene Kraft oder mit Hilfe anderer. Eine Erschütterung dieser Abwehrformen selbst, allenfalls sogar im Laufe einer psychotherapeutischen Behandlung, könne vorübergehend zu einem Rückfall in die radikal negative Grundeinstellung führen.

*Im Grunde genommen handelt es sich meines Erachtens bei der symbiotischen O.K.-Einstellung nicht um eine solche, die am treffendsten mit «Ich bin O.K., du bist O.K.» zu umschreiben wäre, sondern, wie English selbst an einer Stelle ihres Werkes nebenbei treffend formuliert, mit «Wir sind O.K.». In der ursprünglichen Kind-Mutter-Verbindung gibt es kein Ich und kein Du. Sie entspricht vielmehr dem, was Künkel als «Ur-Wir» bezeichnet und seine unausweichliche Erschütterung wäre der Ur-Wir-Bruch, der erst über eine Periode der Ichhaftigkeit (+ – oder – + Haltung) zu einer neuen mitmenschlichen Bezogenheit (Künkel: reifendes Wir; English: + + Haltung realistisch) führt (Künkel 1928, 1931a, 1931b, 1939).

8.2.12 Anmerkungen von Claude Steiner zu den Grundeinstellungen (1974, pp. 85–86/S. 91ff)

Nach Steiner liegt der Grundeinstellung «Ich bin O.K., du bist O.K.» das Grundvertrauen zugrunde, wie es von Erik Erikson beschrieben werde (Erikson 1950, S. 241–245; 1953; 1959,S. 62–75). Es entspricht dies zweifellos dem, was Petzold als «Ich bin O.K., du bist O.K. – symbiotisch», English als Grundeinstellung bereits im Mutterleib bezeichnet (s. o.). Entsprechend auch dem Ur-Wir von Künkel (s.o.) sieht Steiner als Modell dafür die gegenseitige Bezogenheit von Kind und Mutter schon vor der Geburt und nachher besonders beim Stillakt. Jedes Kind sei vorerst in dieser Grundeinstellung, bis es erfahre, daß die Gewährung durch die Mutter nicht ewig und bedingungslos gültig sei. Es würden vielmehr bald Bedingungen gestellt, wodurch die Erwartung eines immerwährend gewährenden Entgegenkommens bedroht werde. Diese Erfahrung führe das Kleinkind dann zum Schluß, daß es selbst oder die Mutter oder beide nicht O.K. seien. Dabei werde aus einem ursprünglich behaglichen, dann unbehaglichen Gewinner ein behaglicher Verlierer. Es gibt aber nach Steiner Kinder, die trotz allem unbehagliche Gewinner bleiben.

Mit «behaglich» meint Steiner soviel wie «den Umständen angepaßt», mit «unbehaglich» soviel wie «den Umständen nicht angepaßt». Ganz klar ist mir aber nicht, was Steiner unter behaglichen Verlierern versteht (er sagt: behagliche Frösche, da er für Verlierer wie Berne das Wort «Frösche», für Gewinner die Bezeichnung «Prinzen» oder «Prinzessinnen» benützt).

8.2.13 Beziehung des Modells von den Grundeinstellungen zur Psychoanalyse und zur Individualpsychologie

Was der Psychoanalytiker Jürg Willi (1975) in bezug auf Kollusionen in einer Zweierbeziehung «progressive Position» nennt, entspricht einer «Ich bin O.K., du bist nicht O.K.»-Einstellung, was er als «regressive Position» bezeichnet, einer «Ich bin nicht O.K., du bist O.K.»-Einstellung. Seine Kollusionsmodelle, die er den verschiedenen Stufen der Libidoentwicklung nach psychoanalytischen Gesichtspunkten einzuordnen versucht, sind Modelle für verschiedenartige komplementäre Verstrickung zweier Partner mit entgegengesetzter Grundeinstellung: einem Narzißten, der sich als «grandios» erlebt (Ich+, du–), mit einem Komplementärnarzißten, der schwärmerisch und verehrend zu seinem Partner aufschaut (Ich–, du+); einem elterlich pflegenden und beschützenden Partner (Ich+, du–) und einem solchen, der sich pflegen und beschützen läßt (Ich–, du+); einem dominierenden Partner (Ich+, du–), und einem solchen, der sich in Abhängigkeit dominieren läßt (Ich–, du+); einem untreuen Partner, der seinen Emanzipationswunsch und Freiheitsdrang austrägt (Ich+, du–), und einem Partner, der von Trennungsängsten beherrscht wird (Ich–, du+); einem Partner, der alles dreinsetzt, sich sogenannt «männlich» zu bewähren (Ich+, du–) und einem Partner, der einer sogenannt passiv-femininen Rolle verfallen ist (Ich–, du+).

In ihrem bekannten Buch über *das Drama des begabten Kindes* (1979) unterscheidet die ursprüngliche Psychoanalytikerin Alice Miller zwei Reaktionsformen auf die völlige Unterdrükkung des unbefangenen «Kind» durch eine entsprechende Erziehung: die *Grandiosität* und die *Depression*, nach ihrer Ansicht zwei verschiedene Äußerungsformen des narzißtischen Charakters. Sie entsprechen nach ihrer Umschreibung ziemlich genau den beiden Grundeinstellungen «Ich bin O.K., du bist nicht O.K.» (Miller: Grandiosität) und «Ich bin nicht O.K., du bist O.K.» (Miller: Depression). Daneben kennt Miller allerdings noch eine anders motivierte depressive Stimmungslage, die sie von der erwähnten nur ungenügend unterscheidet: Die depressive Verstimmung, die denjenigen überkommt, der im Laufe seines Lebens oder im Laufe einer Behandlung realisiert, wie sehr sein «innerer Kern», sein «inneres unbefangenes Kind» unter einer Haltung begraben wurde, aus der heraus er alles daransetzte, die Erwartungen der Eltern zu erfüllen (s.S. 34 u. Schlegel 1983).

Der Individualpsychologe Robert Antoch (1994) stellt treffend heraus, eine wie große Rolle das Erlebnis der «Gleichwertigkeit» *(transaktionsanalytisch: «Ich bin O.K., du bist O.K.») auch in der Individualpsychologie spielt: Das «Selbstwertgefühl, das weder auf Über- noch auf Unterordnung abzielt, ... ist das Gefühl der sozialen Gleichwertigkeit ... [und] die angemessene Basis, auf der sich menschliche Tätigkeiten am besten entfalten können» (S. 25). «Nur im Gefühl der Gleichwertigkeit erhält das Individuum eine Chance, unerschrocken-mutig mit seiner Umwelt in Kontakt zu treten: weder verschüchtert-distanziert-entmutigt noch rücksichtslos-selbstbezogen-übermütig» (S. 43). Nach Antoch ist es geradezu «das Merkmal seelischer Störungen: die eingeschränkte Fähigkeit, sich selbst und anderen gegenüber eine positiv gewertete Beziehung einzugehen und zu erhalten» (S. 198).

Derselbe individualpsychologisch orientierte Autor umschreibt die Beziehung zwischen Berater oder Psychotherapeut und Klient oder Patient so, wie ein Transaktionsanalytiker eine + + Grundeinstellung umschreiben würde: «Die Gleichwertigkeit läuft bekanntlich zwar nicht auf Gleichheit im Sinne von Gleichartigkeit der Persönlichkeiten und ihrer Funktionen hinaus. Aber die nötige Korrektur und Behandlung erfolgt nicht auf Betreiben eines Korrektors und Behandlers an einem Irrenden und zu Behandelnden, sondern als Gemeinschaftsarbeit zwischen Ratsuchendem und Helfer, genauer gesagt als Ergebnis der Beziehung, die die beiden miteinander aufnehmen und gestalten. In der Sprache von Sperber geht es hierbei nicht um die Beziehung zwischen einem hilfesuchenden Objekt zu einem hilfreichen Subjekt oder zwischen einem, der ein Problem hat, und einem anderen, der es löst. Viemehr geht es in Beratung und Therapie um die möglichst gleichwertige Beziehung zwischen zwei Subjekten» (S. 195).

*Damit ist genau umschrieben, was in der Transaktionalen Analyse unter der «Ebenbürtigkeit» oder «Partnerschaft zwischen Berater/Therapeut einerseits und Klient/Patient andererseits gemeint ist!

Über das Vorgehen zur Überwindung einer Nicht-O.K.-Einstellung siehe S. 323f!

8.3 Lieblingsgefühle (auch: *vertraute Verstimmungen), Maschen, Ausbeutungstransaktionen, Ersatzgefühle und psychologische Rabattmarken

Die vier im Titel dieses Kapitels erwähnten Begriffe, denen auch noch der «emotionale Spielgewinn» – s. dazu weiter unten – beigefügt werden könnte, hängen eng miteinander zusammen, von manchen Autoren werden sie sogar einander gleichgesetzt. Wichtig ist die verschiedene Bedeutung, welche die englischsprachigen und in der Folge auch die deutschsprachigen Transaktionsanalytiker mit dem englischen Wort *racket* verbinden. Die einen verstehen darunter, was ich im folgenden frei nach Berne als *Lieblingsgefühl* [favored/favorite feeling – 1972, pp. 137–

138/S. 170f] oder dann als *vertraute Stimmung* bezeichne. Andere verstehen darunter das manipulative Ausspielen immer wieder desselben Gefühls. Diejenige Bedeutung des Wortes *racket*, auf die in der Transaktionalen Analyse angespielt wird, ist eine Aktivität, um auf unredliche Weise, z.B. durch Erpressung, zu Geld zu kommen. So eignet sich das Wort meines Erachtens nicht, um ein Gefühl, wohl aber dazu, das *Ausspielen eines Gefühls* zu bezeichnen, um etwas zu erreichen. Wie manche englischsprachigen Transaktionsanalytiker entsprechend zu Recht ein *racket feeling* von einem *racket* unterscheiden, unterscheide ich ein Lieblingsgefühl (racket-feeling) vom manipulativen Ausspielen eines solchen (racket). Deutsch wird auch oft von einer Masche, eher im Sinn von Racket, gesprochen (s. zu diesem Thema auch Kahler u. D'Angelo 1976).

Das Bezeichnung *Lieblingsgefühle* beinhaltet, daß es sich um ein Gefühl handelt, das nur ungern aufgegeben wird; die Bezeichnung *vertraute Verstimmung* bringt zum Ausdruck, daß das betreffende Gefühl «heimatlich» anmutet: «Ja, da bin ich wieder!»

8.3.1 Das Lieblingsgefühl oder die vertraute Stimmung

Die Transaktionsanalytiker haben entdeckt, daß jedermann eine ihm seit Kindheit vertraute, meistens negative Lieblingsstimmung kennt, der er immer wieder, gleichsam wie in einem bedingten Reflex gefangen, in kritischen Situationen verfällt (Berne 1966b, pp. 308–309; 1972, pp. 137–138/S. 170f). Von Berne und seinen Schülern werden als Beispiele erwähnt: Gefühle von Unzulänglichkeit oder Minderwertigkeit, von Schuld, Verletztheit, Schmerz, Trauer, Angst, Verwirrtheit, Hilflosigkeit, Mitleid, Selbstmitleid, aber auch von Mißmut, Wut, Überlegenheit, Selbstgerechtigkeit oder dann auch Gefühle, die mit der Neigung einhergehen, sich zu rechtfertigen, zu verteidigen oder anderen Vorwürfe zu machen, schließlich auch Gefühle des Triumphes oder von etwas erzwungen anmutender Fröhlichkeit. Meines Erachtens können auch Körperempfindungen die Funktion von «Lieblingsgefühlen» übernehmen, z.B. Hunger, Frieren, sexuelle Erregung. Damit nicht zu verwechseln sind aber Eßsucht und sexuelle Befriedigung als Trost auf ein Lieblingsgefühl anderer Art hin wie Depression, Enttäuschung, Trauer.

Woollams teilt die Lieblingsgefühle nach ihrer Beziehung zu den manipulativen Rollen nach Karpman auf (s. S. 147ff): Ärger und Überlegenheit entspreche der Verfolger-, interessierte Teilnahme oder Mitleid der Retter-, Trauer oder Ernst der Opferrolle (1977). Kahler bezieht sich auf die Grundeinstellungen: Schuld, Angst, Verwirrung, Unzulänglichkeit (– +), Ärger, Triumph, Rachsucht (+ –), Verzweiflung, das Gefühl ungeliebt oder unerwünscht zu sein (– –) (1978, p. 107).

Kennzeichnend ist, daß ein solches Lieblingsgefühl oder eine solche Stimmung dem Betreffenden jeweils vertraut ist; er fühlt sich darin sozusagen «zu Hause». Das Gefühl ist nie Anlaß zu handeln, wie dies nach Berne bei realitätsentsprechenden Gefühlen der Fall sein soll, sondern es lähme den Betreffenden und halte ihn davon ab, anstehende Probleme, durch welche das Gefühl oft ausgelöst worden sei, anzugehen. Mit dem Schwelgen in diesem Gefühl ist für denjenigen, der sich gut beobachtet, etwas wie ein masochistischer Lustgewinn verbunden, oft auch die magische Erwartung, daß, wenn der Betreffende nur lange genug darin verweile, sich die äußere Situation verändere und ein anstehendes Problem sich sozusagen von selber löse (MacNeel 1977). Nach R. Goulding kann sich sogar manchmal die Erwartung damit verbinden, daß sich die Vergangenheit, besonders auch die Eltern, von denen der Betreffende immer noch abhängig ist, verändern werden (1977; M.u.R. Goulding 1979, p. 114/S. 144).

Sehr wahrscheinlich ist es der erwähnte masochistische Lustgewinn, den Berne veranlaßt hat, anzunehmen, die Gefühle würden zu Lieblingsgefühlen, wenn sie sexualisiert worden seien (1966b, p. 308) oder sie würden als solche mit der Zeit sexualisiert oder aber zum Ersatz für sexuelle Empfindungen (1972, p. 141/S. 173f). An einer Stelle seines Werkes stellt Berne fest, daß manche Leute anstelle von Liebe perverserweise Haß, Ärger, Angst, Schuld, Scham, Verlegenheit, das Gefühl, verletzt worden oder minderwertig zu sein, empfinden würden (1970, p. 165/S. 140).

Berne nimmt an, daß sich die Lieblingsgefühle auf Grund von Erlebnissen aus der frühen Kindheit entwickeln und seine Schüler folgen ihm darin. Sie könnten der Stimmung entsprechen, die sich bei Schwierigkeiten und Streitigkeiten in der Herkunftsfamilie jeweils auszubreiten pflegten. Es sei auch häufig, daß die Nachahmung eines Elternteils eine Rolle spiele, was dann sozusagen zu einer Übertragung des Lieblingsgefühls über Generationen führen könne. Ein Sohn wird bestärkt in seinen Wutanfällen, wenn jedesmal gesagt wird: «Ganz der Vater!»; eine Mutter manipuliert die ganze Familie, indem sie deprimiert herumläuft und die Tochter imitiert sie oder trägt den Kummer aller Mütter dieser Welt mit sich herum (M.u.R. Goulding 1979, p. 113/143).

Es kann ein Gefühl zum Lieblingsgefühl werden, weil das Kind vermittels seiner jeweils positive oder negative Beachtung gefunden hat (z.B. Trost: «Du armes Kind! Hast' wieder Tränen! Ja, was ist denn passiert?» oder aber Tadel: «Benimm dich nicht so blöd!»). Gewisse Gefühle können direkt anerzogen worden sein, so z.B. wenn ein Kind immer wieder aufgefordert wird, sich zu schämen, oder wenn es immer wieder hören muß, daß es an diesem oder jenem schuld sei. Kahler beschreibt, wie ein Einjähriger auf dem Topf sitzen und sich unzulänglich vorkommen könne wie jedermann zu Zeiten, daß aber dieses Gefühl der Unzulänglichkeit dann zum bevorzugten Lieblingsgefühl werden könne, wenn die Mutter ausrufe: «Mein Gott! Was stimmt denn nicht mit meinem kleinen Dummerle!» (Kahler 1978, p. 106). Wie Holloway betont, können außer Eltern und Geschwistern auch andere Personen aus der Umgebung des Kindes an der «Anerziehung» von Lieblingsgefühlen beteiligt sein (1977).

Besonders das Ehepaar Goulding zählt typische Gelegenheiten auf, bei denen sich bei vielen Menschen dieses negative Lieblingsgefühl einzustellen pflege. Unter Transaktionsanalytikern bekannt ist das «Autobahnbeispiel» von R. Goulding (1972): Auf einer dicht befahrenen Autobahn, meint Goulding, würden nur wenige Fahrer ruhig und gelassen ihrem Ziel zufahren, vielmehr seien die einen wütend wegen des Wagens vor ihnen, von dem sie den Eindruck haben, daß er sie absichtlich nicht vorlasse, oder über diejenigen, die rücksichtslos in die Kolonne einbiegen oder sogar über solche, die auf die Autobahn einfahren; andere fühlten sich verwirrt oder deprimiert durch den Verkehr; wieder andere bekämen Angst ob dieser vielen «Selbstmordkandidaten» usw. Typisch ist nach Goulding, daß keiner, um nicht täglich solchen Stimmungen zu verfallen, sich eine Wohnung näher am Arbeitsplatz suche oder, wie wir in unsern Verhältnissen sagen würden, sich entschließe, von nun an mit der Bahn zu fahren. Woollams u. Brown berichten, wie verschiedene Tennisspieler antworten könnten, wenn sie gefragt würden, was während eines Spiels ihre vorherrschenden Gefühle seien: Der eine würde vielleicht sagen, daß er sich ständig über die andern Spieler ärgere, ein anderer, daß ihn der schlechte Zustand des Platzes zu stören pflege, wieder ein anderer, daß er ständig Angst habe, den Ball ins Netz zu schlagen, wieder ein anderer, daß er sich schuldig fühle, weil er seinen Gegner zu besiegen trachte usw. (1978, p. 131).

Manche Autoren sind der Ansicht, daß solche Lieblingsgefühle nicht nur in kritischen Situationen auftreten würden, wie dies Berne in den Vordergrund stellte. R.u.M. Goulding wie andere Autoren weisen darauf hin, wie häufig jede Gelegenheit, wie z.B. Zeitungslesen («Ach Gott, wie schrecklich!»), ergriffen werde, um zu seinem Lieblingsgefühl zu kommen. Oft würden Situationen aufgesucht oder sogar arrangiert, um gerechtfertigt in seinem Lieblingsgefühl schwelgen zu können. Wer um seine Neigung wisse, immer wieder Gefühlen der Unzulänglichkeit zu verfallen, werde versuchen, sich in einer Gesellschaft möglichst unauffällig zu benehmen, aber trotzdem immer wieder peinliche Fehlhandlungen begehen. Es komme vor, daß Menschen, die zur Eifersucht neigen, ihre Partner in Situationen bringen oder zu Handlungen aufmuntern, die ihnen nachher eben gerade Anlaß geben, eifersüchtig zu werden. James u. Jongeward berichten von einer Frau, die, wenn es ihr «zu gut» gehe, ihre Schwiegermutter anrufe, weil sie von vornherein wisse, daß es ihr hernach wieder schlecht gehen werde (1971, p. 213/S. 221).

Einig sind sich die Autoren, daß ein enger Zusammenhang zwischen Lieblingsgefühlen und manipulativen Spielen besteht. Die meisten betrachten es als Ziel der Einleitung manipulativer Spiele, das Lieblingsgefühl hervorzurufen oder/und zu rechtfertigen. Nach Holloway zeigen sich die Lieblingsgefühle eines jeden bereits zu Beginn und in der Mitte eines manipulativen Spiels, wenn auch am deutlichsten im Endergebnis (1977). Über das Wesen manipulativer Spiele s. S. 150ff.

Es fragt sich, ob nicht besonders R.u.M. Goulding unter einem Lieblingsgefühl eine *vorherrschende Grundstimmung* verstehen und weniger eine häufige *Reaktion auf kritische Situationen*, wie sie Berne beschreibt. Wenn ich die Auffassung von Goulding über Lieblingsgefühle [rackets] analysiere, komme ich auf drei verschiedene Arten von Lieblingsgefühlen: Er bezeichnet sie als «die unguten Gefühle, an die wir uns halten *oder* die wir durch manipulative Spiele spüren wollen *oder* die wir als Entschuldigung benützten, um uns zurückzuziehen und nicht als ‹Erwachsenenperson› handeln zu müssen» (1972 – Auszeichnung des Wörtchens «oder» durch den Ref.).

8.3.2 Das Ausspielen von Gefühlen («Maschen»)

Besonders hervorgehoben wird immer wieder, daß bestimmte Gefühle (besser: Gefühlsäußerungen) in der Kleinkindheit Vorteile, zum mindesten Beachtung zur Folge gehabt hätten und darum auch später weiterhin ausgespielt würden, um Beachtung zu erlangen. Auch Berne deutet das mindestens an, wenn er erklärt, das bevorzugte Gefühl erweise sich in der Familie als akzeptiert «und führe zu Ergebnissen» (1972, p. 137/S. 170), obgleich er an dieser Stelle nicht schreibt, an was für Ergebnisse er dabei denkt. Vielleicht sei es oft eines der Motive zur Partnerwahl, daß sich diejenigen zusammenfänden, die durch ihr jeweiliges Lieblingsgefühl den andern dazu bewegen könnten, sich besonders eingehend mit ihnen zu beschäftigen. Bekannt ist auch, daß Gefühlsäußerungen wie Tränen, Wutausbrüche, Suiziddrohungen erpresserisch eingesetzt werden können. Die Manipulation geht letztlich darauf aus, «einen andern zu einem bestimmten Verhalten zu zwingen» (M.u.R. Goulding 1979, p. 143/179) oder ihn dazu zu mißbrauchen, persönliche Wünsche zu befriedigen (Holloway 1977). An den Begriff der Symbiose im transaktionsanalytischen Sinn (s. S. 91ff) erinnert die Meinung von Holloway (1977), daß mit dem Ausspielen eines Lieblingsgefühls die Annahme verbunden sei, daß Probleme nur gelöst werden könnten, wenn ein anderer miteinbezogen würde. Darin würde dann die psychologische Verwandtschaft zwischen dem Ausspielen von Lieblingsgefühlen und manipulativen Spielen bestehen.

Nach F. Ernst (1973) besteht die unbewußte Absicht beim Ausspielen eines Lieblingsgefühls darin, dem andern die Stimmung zu verderben («zu sorgen, daß er sich nicht O.K. fühlt»). Dieser werde demzufolge alles tun, um denjenigen, der sein Lieblingsgefühl ausspielt, umzustimmen, z.B. indem er ihn tröstet, wenn er traurig ist, oder besänftigt, wenn er einen Wutanfall hat. Je mehr er sich aber um ihn bemüht, meint Ernst, umso verstimmter werde er selbst, nämlich schließlich ebenfalls traurig, wütend, schuldbewußt, verzweifelt, ärgerlich, hilflos, müde, verwirrt usw. Es bleibe ihm dann am Ende nichts anderes übrig, als zu resignieren, ein eigenes Lieblingsgefühl als Gegenmanipulation einzusetzen oder aber, häufig mit schlechtem Gewissen, Reißaus zu nehmen.

M.u.N. Haimowitz legen Wert auf die Feststellung, daß der Gewinn eines Lieblingsgefühls im allgemeinen innerer Natur sei und sich aus einer Auseinandersetzung zwischen abhängigem «Kind» und verwöhnender «Elternperson» ergebe (1976, pp.49–50f): Jemand könne deprimiert sein, um sich vor einer Verpflichtung zu drücken, denn wenn er traurig sei, könne er doch nicht zugleich weltzugewandt und tatkräftig sein; ein anderer könne sich in eine Angst hineinsteigern, weil er sich dann gerechtfertigt sehe, andere für ihn etwas erledigen oder die Verantwortung übernehmen zu lassen; wieder ein anderer fühle sich vielleicht so schrecklich müde, daß er sich berechtigt fühle, im Kaufladen nach vorne zu drängen, um möglichst rasch bedient zu werden.

8.3.3 Ausbeutungstransaktionen nach English

English stellt das, was sie als *Ausbeutungstransaktionen* bezeichnet, in Zusammenhang mit Lieblingsgefühlen, obgleich es sich meines Erachtens um verschiedene Beobachtungen handelt. Sie geht davon aus, daß die Gefühle, die später zu Lieblingsgefühlen werden, sich in der Kindheit immer als geeignete Mittel erwiesen hätten, um positive oder negative Beachtung zu finden und deshalb mit demselben Ziel auch später noch eingesetzt würden (1973/^{2}1976).

English beschreibt zwei Grundmuster von Ausbeutungstransaktionen. Bei der einen gibt sich der Initiant als hilfloses oder ungezogenes Kind, um bei einem Kommunikationspartner Beachtung zu finden und den Kontakt, an dem ihm sehr gelegen ist, aufrecht erhalten zu können. Mißlingt dies, z.B. weil dem Partner das ewige Gejammer oder das kindliche Getue auf die Nerven geht und er sich diesem entziehen möchte, so kann der Initiant plötzlich aus einer kindlichen Haltung in eine nach Ansicht von English elternhafte Haltung wechseln und den Partner beschimpfen, wie wenn er sich einer mitmenschlichen Verpflichtung ungerechtfertigt entziehen würde. Bei einer andern Art Ausbeutungstransaktion gebe sich der Initiant als aufdringlicher Helfer oder kommandiere den Partner herum, was English als Ausdruck einer elternhaften Haltung ansieht. Reagiere der Partner aber darauf nicht willfährig, sondern drohe, den Kontakt abzubrechen, dann kann der Initiant plötzlich weinerlich oder verzweifelt aufbegehren wie ein Kind (English 1980c). Die Ausbeutungstransaktionen könnten monate- oder jahrelang ablaufen, der Ich-Wechsel Minuten oder Monate andauern. Die Betreffenden kehrten aber schließlich immer wieder zu ihrer gewohnten Verhaltensweise zurück, mit der sie «gestreichelt» zu werden hofften (English 1977, p.322–325/S.221–225).

Für English ist der Umschlag des Ich-Zustandes von, wie sie meint, «Elternperson» zu «Kind» (oder umgekehrt) zugleich auch ein Wechsel aus der Retter- oder Verfolger-Rolle in eine Opfer-Rolle (oder umgekehrt) und zugleich das, was sie als psychologisches Spiel bezeichnet. (English 1977, p. 322–325/221–225).

Zum Zusammenhang von Lieblingsgefühlen und Ausbeutungstransaktionen, wie English ihn sieht, möchte ich zweierlei bemerken: Lieblingsgefühle sind erlebnismäßig echte Gefühle, denn sie entsprechen einer tatsächlich bestehenden inneren Stimmung; es sind keine theatralisch reproduzierten Gefühlsäußerungen, wie English andeutet. Diese Tatsache schließt aber nicht aus, daß sie unbewußt unter anderem auch durch die Absicht ausgelöst werden, etwas zu erreichen. Ich bin versucht, in diesem Zusammenhang den psychoanalytischen Begriff des Sekundärgewinns herbeizuziehen. Der Primärgewinn wäre das, was uns in der frühen Kindheit bewegt hat, gerade dieses Gefühl immer wieder zu «wählen», vielleicht war das unbedingt nötig, um sich der Beachtung oder des Wohlwollens der Eltern zu versichern, ohne die ein Kleinkind emotional nicht «überleben» kann. Das Ausspielen des Lieblingsgefühls kann später mit einem Sekundärgewinn verbunden werden, der auf nachträglichen Erfahrungen beruht, die zeigen, was ein solches Gefühl, bzw. seine Äußerung, z.B. Tränen, einbringen kann.

Um aber jemanden zu bewegen, etwas zu tun, was er sonst nicht tun würde, muß dieser dazu bereit sein. Tränen z.B. erpressen niemanden, der sich nicht durch Tränen erpressen läßt. Viel zu oft läßt sich nach meiner Beobachtung jemand von Tränen zu etwas rühren, was er sonst nicht tun würde und nicht sinnvoll findet, projiziert aber dann in denjenigen, der weint, daß er ihn damit erpressen wollte, um sich nicht eingestehen zu müssen, daß es sein Problem ist, was Tränen eines andern in ihm bewirken. Es wäre dies übrigens ein Beispiel gegenseitiger zwanghafter Bezogenheit, das auf beiderseitig komplementären Lieblingsgefühlen beruhen *kann*, aber nicht *muß*.

Ich bin nicht sicher, ob es sich bei den manipulativen Gefühlen, welche die Autoren im Zusammenhang mit Ausbeutungstransaktionen ansprechen, wirklich um dasselbe handelt, was ich als «vertraute Stimmung» umschreiben möchte und was Berne «bevorzugtes Gefühl» nennt. Es scheint mir eher eine besondere Fähigkeit gewisser Menschen zu sein, sich selbst mit ihren Gefühlen, wenn auch zu ihren Gunsten, zu betrügen, als daß es sich um den manipulativen Einsatz eines Lieblingsgefühls handeln würde.

8.3.4 Ersatzgefühle

English bezieht sich darauf, daß solche Gefühle später als Lieblingsgefühle funktionieren, die in der Kindheit erlaubt waren, d.h. gezeigt werden durften. Andere Gefühle hingegen waren in der Kindheit verpönt, und mußten unterdrückt werden. An die Stelle solcher ursprünglich verpönten Gefühle können nach English andere treten, die in der Kindheit keine Sanktionen nach sich gezogen haben, aber nun der Situation nicht mehr entsprechen. Wenn wir in diesem Zusammenhang auch von «Lieblingsgefühlen» sprechen wollen, und English legt dies nahe, da sie ebenfalls von «rackets» oder «racket feelings» spricht, so haben sie nun die Funktion von *Ersatzgefühlen*. Ein Kind mag z.B. erfahren, daß es seine Wut nicht zeigen darf. Da ein Kleinkind zwischen dem Gefühl von Wut und dem Zeigen von Wut keinen Unterschied machen kann, verbietet es sich dann, überhaupt wütend zu werden. Statt dessen war es in dieser Familie vielleicht gestattet, traurig zu sein, ja, vielleicht war das sogar eine Möglichkeit, positive Zuwendung zu erhalten. Kommt nun das betreffende Kind als Jugendlicher oder Erwachsener in Situationen, wo es nach allgemeinem menschlichen Ermessen durchaus angebracht wäre, wütend zu werden, wird es/er traurig oder sogar ernsthaft depressiv. Nach den Ausführungen von English verbergen sich hinter Lieblingsgefühlen nicht nur Gefühle im engeren Sinn (Zu-Mute-Sein), sondern manchmal auch Empfindungen oder Körpergefühle, z.B. solche sexueller Art, oder auch Handlungsimpulse (1971/1972).

English unterscheidet ganz richtig zwischen der Wahrnehmung eines eigenen Gefühls, dessen Ausdruck und schließlich dessen Umsetzung in eine Handlung. Sie stellt, wie bereits oben angedeutet, fest, daß ein Kind diese drei Gegebenheiten als eine erlebe und ein Gefühl, wenn ihm verboten werde, dieses auszuagieren oder zu zeigen, als solches zu verdrängen pflege. Ich füge noch eine weitere «Stufe» bei: Zwischen «Wahrnehmung des eigenen Gefühls» und «Ausdrücken oder Zeigen dieses Gefühls» setze ich noch «Akzeptieren des Gefühls», denn viele Menschen nehmen ihre Gefühle wohl wahr, aber sie akzeptieren nicht, daß sie Gefühle oder doch gerade das betreffende Gefühl haben und wagen dann auch nicht, es zu zeigen oder in Handlungen umzusetzen und zwar auch dann, wenn dies, von der «Erwachsenenperson» aus gesehen, durchaus sinnvoll wäre.

Freud hat entdeckt, daß manche Menschen sich lebhaft an eine verhältnismäßig unauffällige Szene aus ihrer Kindheit erinnern, ohne sich darüber klar zu sein, warum gerade diese Szene in ihrem Gedächtnis haften geblieben ist. Es kann sich dann herausstellen, daß diese Szene verschlüsselt («symbolisch») auf eine andere, wegen Peinlichkeit verdrängte und doch für die psychosexuelle Entwicklung wichtige Szene aus ihrer Kindheit anspielt. Freud spricht von einer *Deckerinnerung* (1899), ein Begriff, an den auch Berne erinnert (1957a). Nach dem Psychoanalytiker Greenson gibt es ganz allgemein auch Deckwahrnehmungen, Deckaffekte, Deckstimmungen, Deckhunger, die immer dazu dienen sollen, unangenehme Erlebnisse abzuwehren (Greenson 1958). Hier besteht eine Beziehung zu den Ersatzgefühlen nach English, in die sie übrigens auch nicht nur Gefühle einschließt. Es geht zweifellos um etwas Ähnliches, weil sich hinter sogenannten Ersatzgefühlen gleichfalls andere, verdrängte Gefühle verbergen, jedoch trifft es nach English doch im allgemeinen nicht zu, daß die Gefühle, die durch die Ersatzgefühle ersetzt oder eben «verdeckt» werden, immer schmerzliche oder qualvolle Gefühle verbergen, wie das bei den Deckaffekten oder Deckstimmungen nach Greenson der Fall sein soll, sondern einfach Gefühle, die in der Kindheit des Betreffenden von den Eltern nicht geschätzt oder verboten worden sind oder vielleicht sogar Sanktionen nach sich zogen. So kann es sich um die Abwehr von Wut und dafür der Situation unangemessener Ausdruck von Trauer handeln oder umgekehrt. Der übergeordnete Ausdruck *Deckabwehr* trifft aber auch für die Ersatzgefühle nach English zu.

8.3.5 Psychologische Rabattmarken

In meinen Ausführungen über die psychologischen Rabattmarken stütze ich mich in erster Linie auf die Werke von Berne (1964d; 1966b, pp. 286–288, 307–308; 1972, p. 25/42f, pp. 139–147/ S. 172–182), dann aber auch auf diejenigen seiner Schüler. Ich erwähne English, James u. Jongeward, Haimowitz, Steiner, Woollams u. Brown.

Es gibt nach Berne Menschen, die bestimmte Gefühle nicht wieder vergessen, wenn sie einmal ausgelöst worden sind, sondern «aufbewahren» oder «zur Seite legen», wie Rabattmarken aufbewahrt und eingeklebt werden, wobei später die vollgeklebten Hefte für besondere Vergünstigungen («Prämien») eingetauscht werden können. Werden Ärger- und Wutgefühle aufbewahrt, kann von roten Rabattmarken gesprochen werden, bei der Aufbewahrung von Gefühlen der Trauer oder des Schmerzes von blauen Rabattmarken, bei Gefühlen von Neid und Eifersucht von gelben Rabattmarken, bei Gefühlen der Selbstgerechtigkeit und Tugendhaftigkeit von weißen Rabattmarken oder, vereinfacht: bei der Aufbewahrung von jeder Art unguten Gefühlen von grauen oder braunen Rabattmarken. Gefälschte Rabattmarken ergeben sich aus Gefühlen, die keine Beziehung zu äußeren Geschehnissen haben, sondern auf einer illusionären oder gar wahnhaften Verkennung der Realität beruhen.

Rabattmarken werden gesammelt, um später ohne schlechtes Gewissen in sozial destruktive oder selbstdestruktive Ausbrüche umgetauscht werden zu können, eine kleine Sammlung vielleicht in einen Alkoholrausch, eine größere möglicherweise in einen Suizidversuch, eine Ehescheidung oder gar einen Aufenthalt in einer psychiatrischen Klinik. Diese Prämien liegen jeweils in Richtung destruktiver Skriptgebote (s. S. 197ff). Berne schreibt nichts davon, daß psychologische Rabattmarken nur in bezug auf Gefühle gesammelt werden, die nicht geäußert oder ausagiert, sondern unterdrückt worden sind, trotzdem nehmen mehrere seiner Schüler wie selbstverständlich an, daß nur unterdrückte Gefühle in der Art von Rabattmarken aufbewahrt und eingeklebt werden. Nach meinen Beobachtungen gibt es Leute, die ihren Gefühlen durchaus Ausdruck zu geben pflegen und sie trotzdem «aufbewahren». Maßgebend ist vielmehr, ob der Betreffende auf seine negativen Gefühle hin etwas an sich, seinen Beziehungen oder seiner Situation ändert oder ob alles beim alten bleibt. Handelt es sich bei diesen Gefühlen, wie die meisten Autoren annehmen, um Lieblingsgefühle, dann ist allerdings ohnehin anzunehmen, daß an der jeweiligen Situation nichts geändert wird.

Zu erwähnen ist noch das Problem der goldenen Rabattmarken. Es kann sich jemand jedesmal eine goldene Rabattmarke in sein Büchlein kleben, wenn er ein Kompliment erhalten hat oder Bewunderung für eine Leistung einheimsen (!) konnte, auch nur, wenn er bei stiller Pflichterfüllung sich die Anerkennung seiner «Elternperson» errungen hat. Das wären goldene Rabattmarken, die er dann gelegentlich gegen ein kleines oder großes Vergnügen eintauschen kann, das er sich sonst nicht gestattet hätte. Es gibt Autoren, die das Sammeln von goldenen Rabattmarken durchaus gutheißen und in Ordnung finden und solche, die von einem gesunden Menschen erwarten, daß er sich ein Vergnügen gönnt, wenn er Lust danach hat und anderen damit nicht unverantwortbare Nachteile zufügt, auf alle Fälle, ohne sich zuerst das Vergnügen abzählbar «verdienen» zu müssen.

M.u.R. Goulding sagen dasselbe auch in bezug auf andere als goldene Rabattmarken, z.B. von roten Rabattmarken (für Ärger oder Wut), die jemand sammeln mag, um sich die Berechtigung zu «holen», schließlich ohne Bedenken oder schlechtes Gewissen seine Stelle aufzugeben, sich scheiden zu lassen oder eine Zechtour zu veranstalten. «Wenn wir mit solchen Klienten zu tun haben, fragen wir zuerst einmal, ob es ihnen eigentlich klar sei, daß sie alle diese Dinge auch tun können, ohne Rabattmarken gesammelt zu haben» (1979, p. 121/S. 152f). Damit weisen die Autoren mit Recht darauf hin, daß Rabattmarken auch gesammelt werden, um sich der Selbstverantwortung zu entziehen.

Es bestehen nach Berne besondere Beziehungen von psychologischen Rabattmarken zu psychologischen Spielen (s. S. 150ff) und zum Skript (s. S. 176–257). Die Rabattmarken seien nämlich die Gewinnauszahlungen der Spiele, die, ob sie nun mit einem Triumphgefühl oder dem Gefühl der Niederlage einhergehen sollten, «aufbewahrt» werden wie eben Rabattmarken. Zu jedem Skript gehöre ein Rabattmarkenbuch und das Skript könne nicht «eingelöst» werden, bis das Rabattmarkenbuch vollgeklebt sei. So bestätige sich z.B. eine Frau, die überzeugt sei, daß Männer nichts wert seien, ihre Ansicht, indem sie immer wieder das manipulative Spiel «Komm her!/Hau ab!» (s. S. 154) im zweiten Grad zu spielen pflege. Wenn ihre Lieblingsüberzeugung dann genügend oft bestätigt worden sei, entspreche dies einem ausgefüllten Rabattmarkenbuch und sie könne sich schuldgefühlfrei ein Suizid oder einen Mord gestatten oder eine Lizenz erwerben, Alkoholikerin oder Lesbierin zu werden. Ihre männlichen Gegenspieler beim Spiel «Komm her!/Hau ab!» spielten «Tritt mich!» (s. S. 158) und hätten Gelegenheit, jedesmal eine Niederlage einzustecken, die, wenn sie genug gesammelt hätten, schließlich auch sie dann gegen ein skriptbedingtes Unternehmen eintauschen könnten, z.B. einen tödlichen «Unfall», getreu der Botschaft der Mutter: «Ich habe dich gern, aber du wirst eines Tages ein böses Ende nehmen!» (Berne 1970, pp. 157–158/S. 134).

Berne schreibt, das Skript fordere, daß das Individuum genug «Rabattmarken» sammle, um das gewählte Skriptziel zu rechtfertigen, z.B. einen Grund zu finden, sich ohne Schuldgefühle umzubringen (1966d). Wir müssen uns aber klar sein, daß nicht etwa das Sammeln von Rabattmarken skriptbedingt ist, sondern das aktive, wenn auch unbewußte *Schaffen von Gelegenheiten, um Rabattmarken einer bestimmten Art sammeln zu können!* Verschiedene Aussagen von Berne sind mißverständlich, weil sie diese Tatsache nicht genügend hervorheben. Deshalb setzt Berne den Spielgewinn einer Rabattmarke gleich, weil ein Spiel skriptbedingt inszeniert wird, um die Skriptüberzeugungen zu bestätigen!

Zu einer Heilung oder, wenn keine «Krankheit» vorangegangen ist, zu einer reifen Haltung sich selbst, den Mitmenschen und dem Leben gegenüber gehört, bereits gesammelte Rabattmarken «wegzuwerfen» und keine mehr zu sammeln, d.h. die entsprechenden Gefühle nicht mehr «zu züchten», sondern, wie Berne meint, «objektiver zu betrachten und, wenn irgend möglich, gegen echtere und lohnendere Gefühle einzutauschen» (1966b, p. 309) oder sich, wie ich von mir aus sagen möchte, fortlaufend mit seinen Gefühlen und den Situationen, die solche auslösen, auseinanderzusetzen.

Ich habe die Auffassung von den psychologischen Rabattmarken im Zusammenhang mit Lieblingsgefühlen erwähnt, weil Berne und alle andern Autoren Gefühle, die wie Rabattmarken gesammelt werden, mit Lieblingsgefühlen gleichsetzen.

8.3.6 Erkennung von Lieblingsgefühlen

Haimowitz befaßt sich besonders eingehend mit der Unterscheidung von Lieblingsgefühlen und andern Gefühlen (1976, pp. 48–57). Ist jemand nach dem Tod eines Nahestehenden traurig, so ist Trauer der Realität angemessen, wenn sie nicht übermäßig lange dauert. Es handelt sich dabei um eine einfühlbare emotionale Reaktion. Ist ein solches Gefühl aber auffallend heftig oder dauert es übermäßig lange, dann könnten mit dem Ereignis, das Anlaß zu einem solchen Gefühl war, alte längstvergangene, aber noch nicht erledigte Situationen heraufbeschworen worden sein. Ich werde z.B. von einem Bekannten im Stich gelassen und verfalle darob in eine entweder der Intensität oder der Dauer nach nicht mehr einfühlbare Verzweiflung, weil ich seinerzeit als Kleinkind mich von meiner Mutter verlassen fühlte, als sie in eine Klinik mußte, als sie starb oder als sie mich in eine Pflegefamilie gab. In der Transaktionalen Analyse werden diese Gefühle in Anspielung auf die dabei stattfindende Verknüpfung von der Vergangenheit mit der Gegenwart als *«Gummibänder»* oder besser: *Gummibandgefühle* (Kupfer u. Haimowitz 1971) bezeichnet. Die dritte Art von Gefühlen wären nach Haimowitz eben die Lieblingsgefühle, von denen er meint, sie seien sehr leicht zu erkennen, da sie ja der Situation nicht entsprechen würden. Goulding macht aber darauf aufmerksam, daß ja der Betreffende sich auf eine entsprechende Situation beziehen oder sogar eine solche heraufbeschwören könne, so daß die mangelhafte Beziehung zur Situation kein sicheres Kriterium sei (1972; M.u.R. Goulding 1979, pp. 110–173/S. 140–215). Berne hebt hervor, daß echte Gefühle, d.h. situationsbezogene Gefühle, immer einen Impuls zu einer konstruktiven Handlung mit sich bringen würden, wenn die Aktivierung der «Erwachsenenperson» vom Betreffenden zugelassen werde. Es seien Probleme damit verbunden, die es zu lösen gelte (1966b, p. 309), worin ihm Woollams u. Brown weitgehend beistimmen (1978, p. 129). Ich würde das nicht ohne weiteres behaupten, wohl aber, daß Lieblingsgefühle bevorzugt dann auftreten, wenn es Probleme zu lösen gilt (Berne 1972, pp. 137–138/S. 170).

Ich kenne auch unverhältnismäßig heftig geäußerte Gefühle bei Menschen, die in ihrer Kindheit nur Beachtung gefunden hatten und ernst genommen wurden, wenn sie heftige Gefühle äußerten in Situationen, die an sich solche Gefühle durchaus auslösen konnten, z.B. wenn die Puppe zerbrochen war. Wenn sie später ihre Gefühle heftiger als andere zu äußern pflegen, so brauchen das weder Lieblingsgefühle zu sein noch neu aufbrechende Gefühle aus der Vergangenheit. Auffallend ist, daß solche Menschen anderen, deren emotionalen Reaktionen verhaltener sind, ihre Gefühle nicht glauben oder die entsprechenden Äußerungen gar nicht wahrnehmen, also das tun, was ihre Eltern getan haben!

Das sicherste Zeichen von Lieblingsgefühlen ist ihr immer erneutes Auftreten, ihre Gleichförmigkeit, ihre verhältnismäßig lange Dauer im Vergleich zur Auslösung, sei die Reaktion auf diese nun einfühlbar oder nicht. Gefühle, durch die jemand sich lähmen läßt, so daß er die anstehenden Probleme nicht zu lösen vermag, sind vermutlich Lieblingsgefühle. Gefühle, von denen der Betreffende sagt, der oder jener sei schuld daran, z.B. weil er ihn beleidigt habe oder weil er ihm etwas vorwerfe, sind wahrscheinlich Lieblingsgefühle, denn niemand kann zwingend einem andern Gefühle «machen» (Kahler 1978, p. 106). Gefühle, die geäußert werden, um andere zu beeinflussen, sind nach den meisten Autoren Lieblingsgefühle, ebenso Gefühle, die im Zusammenhang mit manipulativen Spielen entstehen und deren «Endergebnis» bilden, schließlich auch solche Gefühle, die offensichtlich destruktive Skriptleitlinien (s. S. 197ff) bestätigen.

Über verschiedene Gefühle finden sich bei Berne besondere Bemerkungen: Er geht z.B. davon aus, daß jemand in einer erwachsenen Haltung nie Wut [anger] zeigt. Damit sagt Berne nichts anderes, als daß Wut und Ärger im allgemeinen real nicht gerechtfertigt sind. Es handle sich vielmehr um Lieblingsgefühle, denen sich der Betreffende mit der Erlaubnis und der Ermutigung von Seiten der «Elternperson» hingebe. Schmerz und Frustration seien für die «Erwachsenenperson» Hinweise auf Probleme, die zu lösen seien, für das «Kind» jedoch seien es Gelegenheit, aus denen Vorteile gezogen werden könnten («Jetzt bin ich ermächtigt, ihm eine zu hauen!»). Entrüstung, für mich (L. S.) ein typisches Gefühl der «Elternperson», kann wie Enttäuschung für Berne vom Standpunkt der «Erwachsenenperson» aus gerechtfertigt sein. Es liege aber auch an dieser, ob der Betreffende über etwas, was ihm angetan worden sei, entrüstet oder enttäuscht zu sein sich entschließe (Berne 1966b, p. 309).

*Ich bin beeindruckt davon, wie häufig, Wut eine aggressive Abwehrreaktion auf Trauer, Schmerz, Enttäuschung sein kann, sozusagen ein Sekundärgefühl, das aber deshalb nicht als unecht bezeichnet werden darf. Nicht selten ist Wut allerdings tatsächlich ein Lieblingsgefühl und zwar besonders bei Menschen, die hervorstreichen, daß sie wütend sein und dies auch zeigen könnten und annehmen, es sei dies den meisten andern

Menschen nicht möglich. Mit dem Ausspielen von Wut schieben sie die Verantwortung für eine Situation auf den anderen: Er soll sich gefälligst bemühen, sie wieder zu besänftigen! Wütend zu sein, ist nicht schlecht; Wut zu zeigen ist dann ungut, wenn die Beziehungen dadurch gefährdet oder zerstört werden.

M.u.R. Goulding machen viele, äußerst treffende Bemerkungen über das Auftreten von verschiedenen Gefühlen, die den Lebensvollzug hemmen (1979, pp. 110–173/ S. 140–215)!

8.3.7 Lieblingsgefühle und Überzeugungen

Zwischen Gefühlen und Überzeugungen besteht eine enge Beziehung. Es könnte gesagt werden, daß Lieblingsgefühle mit Lieblingsüberzeugungen verbunden sind. Minderwertigkeitsgefühle lassen z.B. auf die Überzeugung schließen «Ich bin O.K., du bist (die anderen sind) nicht O.K.». Berne hat festgestellt, daß manche Menschen bestimmte Gefühle, z.B. eben Minderwertigkeitsgefühle, wie Rabattmarken sammeln. Sie inszenieren dazu psychologische Spiele, um zu solchen Gefühlen zu kommen. Es könnte aber genau so gesagt werden, es würden Beweise gesammelt für die Grundeinstellung (Überzeugung) «Ich bin O.K., du bist (die anderen sind) nicht O.K.». Es ist, wie wenn Lieblingsgefühle und die sozusagen in ihnen enthaltenen Überzeugungen die zwei Seiten ein und derselben Medaille wären. Lieblingsgefühle wie Lieblingsüberzeugungen gehen auf das Bild zurück, daß sich jemand in seiner frühen Kindheit aufgrund von Schlüsselerlebnissen von sich, von den anderen und von der Welt und dem Leben als einem Ganzen gemacht hat, kurz: auf das Skript (s. S. 176). Wie wir von Skriptüberzeugungen sprechen, könnten wir auch von Skriptgefühlen sprechen.

Es besteht eine enge Beziehung der vorstehenden Erwägungen zu den Überlegungen des Begründers der später als kognitiv bezeichneten Form von Psychotherapie Albert Ellis (1962; 1991). Ellis spricht von der *rational-emotiven Therapie*. Nach seinen Vorstellungen, verfällt jemand auf ein Ereignis hin einer neurotischen Verstimmung, weil ihm während Sekunden zwischen dem Ereignis und der Verstimmung, ganz bestimmte Gedanken sehr flüchtig durch den Kopf gegangen sein sollen. Diese Gedanken, an die er sich meistens gar nicht mehr spontan erinnert, seinen Ausdruck einer unrealistischen (Ellis: irrationalen) Überzeugung und diese Überzeugung erst sei der Anlaß der Verstimmung. So kann z.B. jemand depressiv werden, weil ihn ein Bekannter auf der Straße übersehen, auf jeden Fall nicht gegrüßt hat. Die Kunst eines kognitiv-psychotherapeutisch vorgehenden Beraters oder Therapeuten besteht dann zuerst einmal darin, mit Hilfe des Patienten herauszufinden, was für Gedanken ihm durch den Kopf gingen, als er von dem Bekannten nicht gegrüßt wurde. Vielleicht kommen Therapeut und Patient schon bei dieser Gelegenheit, sonst bei späteren, ähnlichen Vorkommnissen darauf, daß der Gedanke lautete: «Ich werde übersehen. Das ist der Beweis, daß ich nicht schätzenswert, daß ich minderwertig bin!». Die Überzeugung, auf welche diese Gedanken zurückgehen, könnte bei Ellis lauten: «Nur wer bei allen [!] Gelegenheiten bei jedermann [!] Beachtung findet, ist ein vollwertiger Mensch!». Die Beratung oder Psychotherapie besteht dann in der (Ellis: «logischen», «rationalen») Überprüfung dieser Überzeugung und, wenn sie als unrealistisch erkannt wird, ihrem Ersatz, vielleicht: «Mein Wert als Mensch mißt sich nicht nach der Beachtung, die ich bei anderen finde!». Manchmal genügen nach Ellis und auch nach A. Beck, der von sich aus ein Jahrzehnt später dieselben Erfahrungen wie Ellis machte, ermutigende Belehrungen, manchmal sind aber auch Maßnahmen nötig, um das Selbstbewußtsein des Betreffenden durch zusätzliche Vorkehrungen, z.B. ein Selbstsicherheitstraining, zu stärken. Auf jeden Fall folgen der «Einsicht» Übungen, um bei entsprechenden Ereignissen sich bewußt die positiven Gedanken einfallen zu lassen.

*Es frägt sich, ob die Patienten nach einem auslösenden Ereignis jeweils wirklich «irrationale Überzeugungen» (Ellis) oder «automatische Gedanken» (A.Beck) hatten, welche dann das neurotische Gefühl auslösten, oder ob bei der Befragung durch den kognitiv vorgehenden Therapeuten das neurotische Gefühl in die damit in Verbindung stehende Überzeugung gleichsam «übersetzt» wurde («die Münze umgedreht wurde»), um dann kognitiv damit arbeiten zu können, was sich hinwiederum auf das Gefühl, transaktionsanalytisch gesprochen: das Lieblingsgefühl, auswirken wird.

Ich habe mit diesen Überlegungen vorgegriffen auf meine Ausführungen, wie nach transaktionsanalytischer Erfahrung Lieblingsgefühle aufgehoben werden können. Es geschah dies zur Illustration vom Zusammenhang zwischen Lieblingsgefühlen und Lieblings- oder Skriptüberzeugungen.

Ich frage mich, ob, wie in den vorangegangenen Erörterungen schon angedeutet, Lieblingsgefühle *primär* zwar Ausdruck von Überzeugungen sind – oder mit «unbewußten Überzeugungen» einhergehen –, aber *sekundär* erfahrungsgemäß eingesetzt werden können, um gewisse Ziele zu erreichen, z.B. Beachtung zu finden («Ausbeutungstransaktionen» nach English) oder sich darum zu drücken, anstehende Probleme anzupakken («bevorzugte Gefühle» nach Berne). Ich fühle mich gegenwärtig nicht imstande, klarzustellen, ob und gegebenenfalls wie die Beobachtung von sogenannten Ersatzgefühlen diesen Überlegungen eingeordnet werden kann.

Über das Vorgehen zur Aufhebung von Lieblingsgefühlen siehe S. 324ff!

8.4 Der «Aushänger»

Unter einem *Aushänger* [sweatshirt] versteht Berne konkret den Aufdruck auf einer Trainingsbluse [sweatshirt], wie er heute meistens auf T-Shirts gezeigt wird, z.B. «University of Alabama» oder «Love not War»! oder auch etwa ein Porträt von Beethoven oder das Bild von einem Tiger. Berne denkt allerdings besonders an Blusen, auf denen die Zugehörigkeit zu bestimmten Gruppen vermerkt ist wie «Black Panthers» oder «Hell's Angels». Im übertragenen Sinn versteht Berne nun aber unter einem *Aushänger* die Art, wie jemand daherkommt, wobei aus seiner Haltung, seiner Miene, seinen Gebärden und auch aus seiner Kleidung die «Lebensphilosophie» des Betreffenden hervorgehe, vor allem aber auch, wie und mit welcher Erwartung er einem anderen begegnen möchte, insbesondere auch, zu was für einem psychologischen Spiel er diesen einzuladen pflege (Berne 1972, pp. 176–182/S. 216–221), nach Karpman damit aber letztlich auch, nach was für einem Skript er lebt (Karpman 1968 – zum Begriff *Skript* s. S. 176–258).

Was ich *Aushänger* nenne, hat also bei Berne, streng genommen, eine doppelte Bedeutung: (1.) das Lebensmotto des Betreffenden (s. S. 254f), z.B. «Niemandem kann man trauen!» und (2.) die Art des Entgegenkommens, z.B. «Mir kannst du trauen!». Wenn es um den Aushänger auf der Vorderseite und auf der Rückseite geht (siehe unten), stehen «Lebensphilosophie» und «Einladung» in einem Widerspruch zueinander.

In der Praxis wird der Aushänger am besten als eine Botschaft an denjenigen formuliert, der dem Betreffenden begegnet: z.B. «Ich bin schwierig. Halte Distanz!» oder «Ich bin so hilflos; steht mir bei!» oder «Bin ich nicht sexy?» oder «Ich bin so dumm, kritisiere mich!» oder «Zu mir kannst du Vertrauen haben!» oder «Bestätige mir, daß ich mir wirklich Mühe gebe!» (angeregt auch durch James u. Jongeward 1971, pp. 219–222/ S. 228–230; 1975, p. 85).

Der Aushänger ergibt sich aus der Erlebnisgeschichte seines Trägers, wobei nach Berne das Verhältnis zu den Eltern wichtig ist. Wie bei den Lieblingsgefühlen entspreche er oft einer Nachahmung einer der Elternpersonen oder es werde mit dem Aushänger etwas ausgestrahlt, das dem Betreffenden in der Kindheit Vorteile gebracht habe. Die Grundeinstellung sei immer darin mitenthalten.

Der Aushänger bzw. das, was er ausstrahlt, entspricht nicht immer der kindlichen Haltung, wie James u. Jongeward annehmen. Es kann darin auch eine elternhafte Haltung zum Ausdruck kommen, z.B. «Komm! Bei mir findest du immer Hilfe!». Es trifft auch nicht zu, daß jedermann seinen Aushänger kennt und weiß, was er im Grunde genommen von denen erwartet, die ihm begegnen. Nach meiner Erfahrung ist mancher sehr überrascht, wenn er von mehreren anderen übereinstimmend erfährt, wie sein Aushänger «lautet».

Auch auf der Rückseite der Bluse oder des T-Shirts kann etwas «geschrieben» stehen, das dann sichtbar wird, wenn sich der Betreffende, nachdem wir uns mit ihm unterhalten oder ihn auf jeden Fall nach einer gewissen Zeit näher kennengelernt haben, nach Berne «wenn er uns wieder den Rücken zugekehrt hat». So kann z.B. eine Frau nach vorne sichtbar werden lassen: «Ich bin eine stolze, vornehme Dame!», während hinten auf ihrer Bluse steht: «Nie wird mein Bedürfnis nach Wärme und Nähe gestillt!» Oder ein Mann trägt, wenn er auf uns zukommt zur Schau: «Ich suche eine Frau!» und wenn er weggeht, bringt er zum Ausdruck: «Es gibt keine, die gut genug ist für mich!» Der Aushänger auf der Brust und der Aushänger auf dem Rücken können zusammen ein manipulatives Spiel ergeben. Der Aushänger auf der Brust ist dann der Köder, der Aushänger auf dem Rücken entspricht der Wendung oder der «Katze aus dem Sack» (Berne 1972, pp. 178–180/S. 218 ff – unvollständig übersetzt; Cheney 1973).

Manche Merksätze, mit welchen psychologische Spiele bezeichnet werden, z.B. «Ich wollte dir ja nur zu helfen versuchen!» können wir uns auf der Rückseite der Trainingsbluse geschrieben denken. Daß die Merksätze oder Schlagwörter, mit der Spiele bezeichnet werden, und Aushänger ganz allgemein dasselbe sind, wie Berne an einer Stelle meint (1972, p. 25/S. 43), deckt sich nicht mit dem, was er sonst über Aushänger sagt.

Wer einen individuellen Aushänger richtig zu lesen versteht, kann viel über die Persönlichkeit erfahren, die dahinter steht: das bevorzugte Thema der unverbindlichen Gespräche und die bevorzugten manipulativen Spiele des Betreffenden; mit was er sich vor aller Leute Augen beschäftigt und was sein Benehmen «im Hinterzimmer» ist; wessen Geistes die Welt ist, in der er lebt; was das Skriptende ist, auf das er zusteuert; manchmal auch welcher Schließmuskel (Mund, After, Blasenausgang, Genitalien, s. S. 244 f) eine besondere Ausdrucksbedeutung für ihn hat; wen er als vorbildlichen Helden erleben mag u.ä.

Der Vergleich mit einem Aufdruck auf der Kleidung wird von manchen Autoren noch weiter getrieben mit der Annahme, daß auch unsichtbar unter der Bluse etwas aufgedruckt sein könnte oder auf der Kehrseite hinten, also etwas, was von anderen gar nicht gelesen werden kann. Es zeigt dies, was für unsinnige Vorstellungen sich ergeben, wenn ein beiläufiges Gleichnis überzogen wird!

8.5 Die manipulativen Rollen oder das Drama-Dreieck nach Karpman

Der Transaktionsanalytiker Stephen Karpman hat festgestellt, daß sich das dramatische Geschehen in Märchen durch den Wechsel von drei Rollen, welche die Hauptpersonen einnehmen (Verfolger, Retter, Opfer), auszeichnet (1968). Dem Kind, dem die Märchen erzählt werden, prägen sich diese Verhältnisse ein und können sich in seinem Lebensentwurf (Skript, s. S. 176) niederschlagen. Von Berne und den anderen Transaktionsanalytikern wurde das Modell der drei Rollen begeistert aufgegriffen und auf den Alltag übertragen.

Karpman hat aber auch festgestellt, daß für Märchen ebenfalls typisch ist, daß die Art der Örtlichkeiten wechselt, in der sich das Geschehen abspielt (offen-begrenzt, öffentlich-privat, realistisch-«märchenhaft»). Ich frage mich sehr, ob nicht auch diese Eigenheit der Märchen in den Phantasien des «Kindes» und im Lebensentwurf (Skript) «bleibende Spuren hinterläßt» *(Welt-Heim, Erde-Paradies, Realität-Wunderland). Zur Beantwortung dieser Frage wurden, soweit ich orientiert bin, von Transaktionsanalytikern noch keine Untersuchungen durchgeführt.

Bildlich werden die drei Rollen üblicherweise durch ein Dreieck, das sogenannte Drama-Dreieck, veranschaulicht:

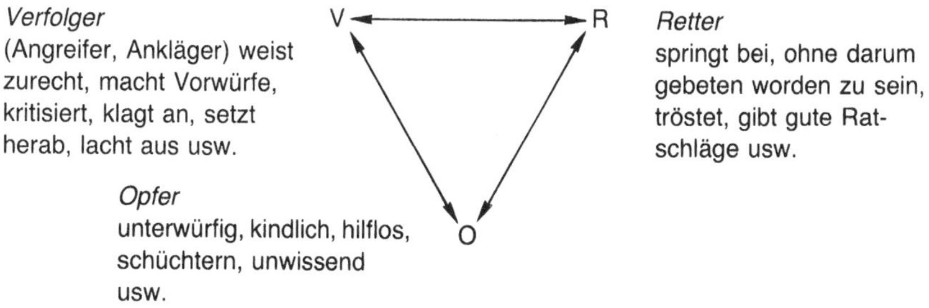

Abb. 36

Wer in einer *Retter-Rolle* befangen ist, sucht von dieser Rolle aus Kontakt mit anderen, braucht also sozusagen jemanden, dem er helfen kann. Er hat dadurch die Neigung, andere in eine komplementäre Opferrolle zu drängen.

In einer meiner Selbsterfahrungsgruppen wurde ein Mitglied von den anderen gefragt, weswegen er sich während der zu Ende gehenden Sitzung kaum je geäußert habe. Er antwortete: «Ich hätte nicht gewußt, wem ich hätte beistehen sollen!»

Jemand, der sich mit einer *Verfolger-Rolle* identifiziert, macht andern gerne Vorwürfe, klagt sie an, beschuldigt sie, kritisiert sie oder setzt sie gar herab, was alles sowohl mit Gebärden wie mit Worten geschehen kann. Eine Verfolger-Rolle ist bei Leuten zu vermuten, die, wenn sie nach ihrem Eindruck in bezug auf jemanden gefragt werden, den sie kennen gelernt haben, immer zuerst eine negativ beurteilte Eigenschaft des Betreffenden nennen.

Wer eine *Opfer-Rolle* einnimmt, gibt sich abhängig, hilflos, kindlich, unwissend, schüchtern u.ä. Nach meiner Erfahrung ist die Einnahme einer Opfer-Rolle deutlicher als die Einnahme einer der anderen Rollen an der Mimik und dem ganzen Auftreten abzulesen. Wer zur Einnahme einer Opfer-Rolle neigt, begegnet nach meiner Erfahrung anderen z.B. oft mit staunend aufgerissenen Augen. Siehe zum Thema der Physiognomie des Rollenverhaltens auch das Kapitel über den *Aushänger* (S. 145f).

Jeder von uns neigt zu einer dieser drei Rollen. Zu welcher Rolle jemand neigt, ergibt sich manchmal aus den üblichen ersten Reaktionen, die im Betreffenden ablaufen, wenn er einem andern, noch Unbekannten, begegnet (Hilfsbereitschaft? Kritik? Unterwürfigkeit?), allenfalls aber bei entsprechendem «Aushänger» des andern auch Rivalitätsgefühle in bezug auf eine dieser Rollen. In letzterem Fall versucht dann jeder den andern, meist sehr subtil, in die zu seiner bevorzugten Rolle komplementären zu zwingen.

Eine Besonderheit der Lehre von den manipulativen Rollen besteht nun noch darin, daß wir von einer Rolle, vor allem aus der primär bevorzugten Rolle, in eine andere wechseln können. Das machen dann die dramatischen Momente – darum «Drama-Dreieck» – einer Beziehung aus. Nehmen wir an, jemand sei in einer Retter-Rolle befangen und versuche, dem andern als Opfer zu helfen. Da er ihn als Opfer «mißbraucht», wird er Schwierigkeiten haben, ihn als im Grunde genommen selbständige, mündige Person mit eigenen Wesenszügen zu respektieren, besonders auch, wenn er Bedürfnisse, Gefühle und Ansichten vertritt, die den seinen entgegengesetzt sind. Nun kann es geschehen, daß entweder das bisherige Opfer in eine Verfolger-Rolle wechselt und seinen «Wohltäter», wie in der Transaktionalen Analyse formuliert wird, «verfolgt», ihn z.B. vorwurfsvoll anklagt oder überlegen herabsetzt. Es kann aber auch geschehen, daß der bisherige Retter sich über sein Opfer zu ärgern beginnt, weil es seine Erwartungen nicht erfüllt, und plötzlich ungehalten und bösartig reagiert. Dann ist der ehemalige Retter zum Verfolger geworden und das Opfer sieht sich unversehens einem solchen gegenüber. Es gibt Opfer, die ihr Komplement in einem Verfolger suchen und solche Opfer, die es in einem Retter suchen. Es gibt aber auch Opfer, die sich sowohl mit einem Verfolger wie mit einem Retter «zufrieden geben».

Ich betone mit James u. Jongeward (1971, pp. 93–94/S. 113f) den manipulativen Charakter dieser Rollen. Es ist unsinnig anzunehmen, jeder, der einem andern hilft, sei in einer Retter-Rolle befangen, jeder, der als Erzieher oder Beamter Grenzen setzt, sei in einer Verfolger-Rolle und jeder, der Hilfe sucht, befinde sich in einer Opfer-Rolle! Solche Situationen sind nur Versuchungen, in eine manipulative Rolle zu geraten, wenn der Betreffende unterläßt, als «Erwachsenenperson» zu überlegen und zu handeln und sich zu weit von einer konstruktiven + + Haltung entfernt. Entsprechend ist auch James u. Jongeward zuzustimmen, daß es Situationen gibt, in denen Verfolger verfolgen, ohne in einer bloßen Rolle zu sein; es gibt also *echte* Retter, Verfolger und Opfer!

Ich halte es in bezug auf den Gebrauch des Modells von den manipulativen Rollen in der Psychotherapie für ungeschickt, wie Berne das tut, bestimmte Berufskategorien mit diesen manipulativen Rollen in Zusammenhang zu bringen, z.B. einen Anwalt *grundsätzlich* als gegenüber seinem Klienten in der Retter-Rolle, gegenüber dem Widersacher seines Klienten als in der Verfolger-Rolle befindlich zu betrachten (Berne 1972, pp. 186–188/S. 226ff). Immerhin ist es aber naheliegend, daß z.B. jemand, der in der Retter-Rolle befangen (!) ist, eher einen Beruf ergreift, der ihm erlaubt, entsprechend zu agieren, sich vielleicht zum Sozialarbeiter oder Arzt auszubilden, und jemand, zu dessen Identitätsgefühl eine Verfolger-Rolle gehört, den Beruf eines Polizeibeamten ergreift.

Manche Menschen sind fest in einer bestimmten Rolle befangen und wenn sie mit jemandem zusammentreffen, der in der komplementären Rolle befangen ist oder sich von ihnen in eine komplementäre Rolle drängen läßt, so ergibt sich daraus im allgemeinen eine gegenseitige Rollenfixierung. Andere wieder haben eine bevorzugte Rolle, aber zugleich einen bevorzugten Rollenwechsel. Auch in dieser Beziehung können sie jemanden finden, der zu ihnen komplementär ist (Dies erinnert an die «Ausbeutungstransaktionen» nach English, s. S. 138f). Grundsätzlich ist es möglich, daß jemand auch einmal die andere als die von ihm üblicherweise bevorzugten Rollen einnimmt. Es kommt auf die «einladende Situation» an und vor allem auf den Lebensbereich. Ein Arzt oder Sozialarbeiter, der bei einer Fallbesprechung sich über einen Klienten ärgert, ist zuvor häufig in einer manipulativen Retter-Rolle an diesen herangegangen und nachträglich, wenn dieser die Hilfe nicht annahm oder diese nicht anschlug, in eine Verfolger-Rolle geraten! Manchmal geschieht in entsprechenden Situationen auch ein Wechsel von der Retter- in eine selbstanklagende Opfer-Rolle!

Ein köstliches Beispiel, das ich hier sehr frei wiedergebe, findet sich bei Babcock u. Keepers (1976, p. 46/S. 60): Helga ärgert sich über ihren kleinen Bruder, macht ihm schließlich eine lange Nase und ruft ihm zu: «Du Kamel, du Kamel, du Kamel!» Fritzchen geht weinend zur Mutter: «Helga lacht mich immer aus!» Die Mutter tröstet ihn: «Du armes Tröpfchen!» und zu Helga gewandt sagt sie: «Hör sofort damit auf, sonst sag ich dem Vater, er soll dich prügeln, wenn er nach Hause kommt!» Helga beginnt zu weinen und sagt schluchzend: «Immer soll ich schuld sein!» Darauf meint Fritzchen, der sich wieder gefaßt hat, zur Mutter: «Helga meint es doch gar nicht so. Du schimpfst immer mit Helga!» Darauf sagt Helga, immer noch schluchzend, zu Fritzchen: «Aber sie will dir doch nur helfen!» und die Mutter denkt schließlich mit einem Seufzer: «Mit diesen Kindern komme ich einfach nicht zurecht!»

Das System der drei manipulativen Rollen bei dieser Familie ist dynamisch, weil die Beteiligten immer wieder die Rolle wechseln, sozusagen im Dramadreieck «kreisen». Dieser Wechsel ist in der Sprache der systemorientierten Psychotherapie ein *Wandel erster Ordnung* mit immer denselben Alternativen. Als *Wandel zweiter Ordnung* würde eine grundsätzliche Änderung des Systems bezeichnet, also ein Ausstieg aus den Rollen, ein qualitativer Sprung, etwas wirklich Neues statt ständig wiederholter systemerhaltender Rückkoppelung (Weeks u. L'Abate 1982).

Es gibt Menschen, die einem anderen abwechselnd in einer dieser drei Rollen begegnen, um ihr Interesse dann abzuwenden, wenn er jedesmal nicht komplementär «antwortet».

*Die eingenommenen Rollen können je nach dem Lebensbereich verschieden sein: Es kann sich jemand im Geschäft als Verfolger verhalten und zu Hause als Opfer. Nach meiner Beobachtung wird er aber dann auch im Geschäft bei entsprechenden Situationen leicht in eine Opfer- und zu Hause in eine Verfolger-Rolle wechseln können. Es ist schließlich auch möglich, daß jemand sich nach außen anders gibt, als ihm innerlich zumute ist (siehe dazu S. 174f).

Autonom im Sinne der Transaktionalen Analyse ist, wer sich nicht in manipulative Rollen verfängt, sondern sich sozusagen außerhalb des Drama-Dreiecks hält, besonders in schwierigen Situationen. Das fällt im allgemeinen um so leichter, je besser es gelingt, in kritischen Situationen, besonders bei Auseinandersetzungen, eine ungetrübte «Erwachsenenperson» zu mobilisieren, nahe an einer + +-Haltung zu sein, manipulative Spiele (s. u.) zu vermeiden und sich nicht auf die Polaritäten Oben-Unten, Richtig-Falsch, Recht-Unrecht zu versteifen, kurz: autonom zu sein (s. S. 371–374).

Es können psychologische Beziehungen zwischen den manipulativen Rollen nach Karpman und den Grundeinstellungen konstruiert werden: + – (Verfolger, Retter), – + (Opfer) sowie zwischen den manipulativen Rollen und den Ich-Zuständen: negativ kritisch-elternhafte Haltung (Verfolger), negativ wohlwollend-(verwöhnend)-elternhafte Haltung (Retter) und abhängig-kindliche Haltung (Opfer).

Trotzdem Retter und Verfolger aus einer scheinbar überlegenen Position heraus anderen begegnen, können sie sich, ohne sich dessen bewußt zu sein, auch unterlegen und unwichtig fühlen und sich sozusagen ihre Daseinsberechtigung dadurch «verdienen», daß sie andere kritisieren oder sich um andere kümmern. Woollams betrachtet wohl in diesem Sinn die Opfer-Rolle als diejenige, die den andern beiden zugrunde liege (1977). Damit verschiebt er aber seine Sicht sozusagen von der Oberfläche in die Tiefe und die gewöhnliche Opfer-Rolle ist etwas anderes, als diejenige, die er als Motiv hinter den anderen beiden vermutet.

Steiner kennzeichnet jemanden als *Anti-Retter*, der sich überhaupt nicht um die Bedürfnisse des oder der anderen kümmert, wenn diese nicht ausgesprochen werden, selbst wenn solche aus der Situation oder aus deren Verhalten deutlich hervorgehen. Es heißt dies aber nicht, daß er verpflichtet wäre, sie ungefragt zu erfüllen (Steiner 1974, p. 359/S. 339). Ich würde dazu sagen, daß wir es beim Anti-Retter mit einer übertriebenen Angst vor einer Symbiose zu tun haben, in dem auch das geringste Entgegenkommen, z.B. die Frage «Geht's dir nicht gut? Brauchst du etwas?» peinlichst vermieden wird. Es handelt sich nicht immer um einen symbiotisch ungerechtfertigten Anspruch, wenn jemand nicht fortlaufend meldet, wie ihm zumute ist und was er brauchen könnte! In Analogie könnte von einem *Anti-Verfolger* gesprochen werden, wenn jemand grundsätzlich vermeidet, einen anderen auch nur schon auf konstruktive und wohlwollende Art zu kritisieren oder auf eine möglicherweise bedrohliche Ungeschicklichkeit aufmerksam zu machen, oder von einem *Anti-Opfer*, wenn jemand nicht wagt, seine Hilfsbedürftigkeit einzugestehen.

Diese «Anti-Rollen» sind übrigens nicht selten «professionelle» Untugenden von bereits transaktionsanalytisch verseuchten Mitmenschen, die auf keinen Fall weder sich selbst noch anderen Gelegenheit geben wollen, zu sagen, sie würden eine manipulative Rolle einnehmen oder sie würden sich symbiotisch verhalten! Hier sind die Grundsätze der Transaktionalen Analyse selbst, wie Heinrich Hagehülsmann mir gegenüber treffend feststellte, zur Norm einer kritischen «Elternperson» geworden!

8.6 Psychologische Spiele

8.6.1 Einführung

Nach Berne ruht die Transaktionale Analyse auf vier Säulen: (1.) auf der Lehre von den Ich-Zuständen, (2.) auf der Analyse der Transaktionen als kommunikationspsychologische Ableitung von den Ich-Zuständen, (3.) auf der Psychologie der transaktionalen Spiele, (4.) auf der Lehre vom Skript. Nachdem Berne bereits 1958 über psychologische Spiele geschrieben hatte, veröffentlichte er 1964 eine Monographie über Spiele, die, wie er angibt, in erster Linie für Fachleute, d.h. Psychotherapeuten, gedacht war, wenn es auch für «Mitglieder anderer Berufsgattungen von Interesse oder Nutzen» sein könnte (1964b, p. 12/S. 11). Das Buch fand aber eine weite Verbreitung in der «Gesellschaft» überhaupt, wurde mit einer Verzögerung zu einem Bestseller und Berne ein berühmter Autor nicht nur in der Fachwelt.

Bevor ich auf die Psychologie der Spiele eingehe, drei Vorbemerkungen:
1. Die psychologischen oder transaktionalen Spiele sind nach Berne neben den gesellschaftlich festgelegten Kontaktnahmen («Ritualen»), unverbindlichen Plaudereien («Zeitvertreib»), Zusammenarbeit an einem gemeinsamen Werk oder Spiel («Aktivität») und uneingeschränkt aufrichtiger und rückhaltlosen Begegnungen und Beziehungen («Intimität») eine weitere Art, mit Mitmenschen die Zeit zu verbringen (s. S. 106ff). Dabei sei die mitmenschliche Nähe verhältnismäßig groß, erreiche aber keineswegs diejenige der Intimität, die nach Berne der ideale Rahmen einer Begegnung und Beziehung sei. Diese Intimität könne aber nur sehr selten und nur in engem Kreise verwirklicht wer-

den, während die Spiele eine über die ganze Welt verbreitete, ja die häufigste gesellschaftliche Umgangsform darstellen würden. Damit hätten wir uns abzufinden. Die Gefahr bestehe darin, sich im spielerischen Umgang mit anderen zu verlieren. Das sei aber nicht der Fall, wenn wir uns nur immer bewußt sind, was für Spiele wir mit wem spielen, wie weit wir damit gehen möchten und schließlich, in welchen Fällen wir auf Spiele verzichten wollten, um anderen «echt» gegenüberzutreten (1966b, pp. 307–308). Unverbindliche Unterhaltungen und Spiele sind nach Berne Ergebnis einer Abwehr von Initimität (1961, p. 81) oder einer Angst vor Intimität. Spiele schaffen nach Berne zwar Nähe, aber im Gegensatz zur Intimität eine solche, die keine Hingabe verlange (1970, p. 160/S. 136).

2. Berne kennt neben der Intimität oder vielleicht genauer: in Verbindung mit der Intimität, noch ein weiteres Ideal einer Beziehung, das er meist nur indirekt, aber nichtsdestoweniger eindeutig zum Ausdruck bringt: die direkte, offene Kommunikation ohne verborgene Motive, sozusagen * «mit den Karten offen auf dem Tisch» [operations]. Im Rahmen der Initimität ist sie selbstverständlich, aber auch wenn der Chirurg die Hand ausstreckt und der Operationspfleger ihm das Instrument reicht, das nach der Situation erforderlich ist. Dieser Kommunikationsform stellt er eine solche gegenüber, die mit täuschenden Winkelzügen und verdeckten Motiven «operiert», wobei der Kommunikationspartner zu irgendwelchen materiellen oder ideellen Zwecken benützt oder sogar ausgenützt wird [manœuvres] (Berne 1964b, pp. 48–49, 58). Solche «Manöver» zeichnen nach Berne die Spiele aus.

3. Nach Berne kommt ein Patient im allgemeinen nicht zum Psychotherapeuten, um zu lernen, aufrichtig zu sein, sondern um zu lernen, wie er seine Spiele besser spielen kann (1972, p. 349/S. 395). Dabei versuche er auch den Psychotherapeuten in Spiele einzubeziehen.

Jeder, der sich mit dem Thema der psychologischen Spiele nach Berne befassen will, sieht sich vor ein Problem gestellt: Berne hat formal definiert, was unter einem psychologischen Spiel zu verstehen ist, aber viele Umgangsformen, die er selbst ausdrücklich als Spiele bezeichnet, entsprechen dieser Definition nicht. Durch seine Definition trifft er vielmehr nur eine Auswahl von Spielen. Wenn ich zu erfassen suche, was für alles, was Berne als ein psychologisches Spiel bezeichnet, typisch ist, trifft bereits nicht zu, daß es bei jedem Spiel «Sieger» und «Besiegte» gibt, wie Berne ausdrücklich mit dem englischen Ausdruck *game* suggerieren will, womit meistens Spiele bezeichnet werden, in denen gewonnen und verloren wird, etwa wie Schach oder Tennis.

Was allen Umgangsformen, die Berne als psychologische Spiele bezeichnet, gemeinsam ist, besteht nach meiner Untersuchung allein darin, daß dabei immer «etwas Unausgesprochenes» mitschwingt, wobei «das Unausgesprochene» einem oder beiden Spielern bewußt oder aber beiden unbewußt sein kann. Es kann in einzelnen Fällen auch, dann sehr weit gefaßt, erst durch eine kommunikationspsychologische Deutung «hineingelegt» werden.

Didaktisch ist es am besten, wenn ich zuerst Beispiele von Umgangsformen aufzähle, die alle von Berne als Spiele bezeichnet werden, woraus deren ganze Vielfalt zum Ausdruck kommt. Erst nachher komme ich auf die Definition von Berne zu sprechen, die eine bestimmte Auswahl aus diesen Spielen trifft.

8.6.2 Beispiele für Umgangsformen, die Berne alle als psychologische Spiele bezeichnet

Ich teile meine Beispiele, mehr intuitiv als ausgeklügelt, in Kategorien ein, muß aber auf eine Vollständigkeit verzichten, um nicht bei dem Material, das Berne anbietet, unübersichtlich zu werden. Immerhin bin ich in der Aufzählung nicht zu sparsam, damit der Leser diejenigen «Spiele» kennenlernt, die im Schrifttum der Transaktionalen Analyse immer wieder erwähnt werden. Die Kategorien sind nicht scharf voneinander abgrenzbar, sondern umfassen nur immer ein aufdringliches Kennzeichen der unter einem bestimmten Titel zusammengefaßten Muster von Spielen. *Ein und dasselbe Spiel könnte meist auch einer anderen oder mehreren anderen Kategorien zugeteilt werden, aber keines allen.*

8.6.2.1 Spiele, die vom Wesentlichen ablenken

a) Psychiatriespiele

Ein Patient, der offensichtlich schon reichlich Erfahrungen mit tiefenpsychologisch orientierten Psychotherapeuten gesammelt hatte, antwortete auf meine Frage, was ihm fehle: «Ich leide unter einem Mutterkomplex!». Nach Berne handelt es sich um eine Einladung zum Spiel «Psychiatrie» (1964b, p. 155/S. 209). Ich wäre auf die Einladung eingegangen, hätte ich z.B. gefragt: «Ja, meinen Sie nun einen Mutterkomplex nach Freud oder einen solchen nach Jung?» und darauf wäre das Gespräch in eine psychologische Diskussion ausgeartet.

Das «Unausgesprochene» liegt nach Berne bei diesem Spiel darin, daß zwar dieser Patient als Erwachsenenperson meint: «Ich komme, weil ich geheilt werden will!», als Kind aber sich sagt: «Ich will gar nicht geheilt werden, sondern möchte, daß sie mich lehren, ein besserer Neurotiker zu sein!».

Ich ging in diesem Fall nicht auf das Spiel ein, sondern hatte den Einfall zurückzufragen: «Was wollen Sie an sich ändern?». Damit habe ich ihn genau damit konfrontiert, daß er, wie Berne schreibt, sich nicht ändern «will», wie sich vielleicht neutraler sagen läßt: daß er nicht realisiert, daß eine Heilung eine Änderung der Persönlichkeit voraussetzt, bei der manche liebgewordene Gewohnheit geopfert werden muß, vielleicht sogar Beziehungen aufgegeben werden müssen, die sich aus der Neurose des Patienten heraus gebildet haben. Die Frage «Was wollen Sie an sich verändern?», die dem Ansatz des Patienten sozusagen «den Wind aus den Segeln nimmt», ist das, was Berne eine *Antithese* zu diesem Spiel nennt. Bei «Sprechstundenspielen» oder Spielen, die vorzugsweise in therapeutischen Gruppen gespielt werden, ist es wichtig, die zur Situation passende Antithese zu kennen.

Ein anderes Spiel der Familie «Psychiatrie», das Berne auf Anregung eines Kollegen erwähnt, ist das Spiel «Archäologie». Es besteht darin, daß Therapeut und Patient nach dem Ereignis in der Kindheit des Patienten suchen, das an der Störung «schuld» sein soll, in der Annahme, wenn sie es entdecken würden, wäre die Heilung vollzogen oder doch ein Kinderspiel (Berne 1964b, 156/S. 211f).

Als ebenfalls ein Spiel aus der Familie «Psychiatrie» nennt Berne das Spiel «Gewächshaus». Er versteht unter einem solchen Gewächshaus eine therapeutische Gruppe, bei welcher der Leiter der Überzeugung ist, die Teilnehmer würden gesund, wenn sie nur offen und unkonventionell Gefühle ausdrücken lernten, z.B. solche der Feindlichkeit gegenüber anderen Gruppenmitgliedern. Solche Gefühlsäußerungen würden dann von den anderen bestaunt wie seltene exotische Pflanzen in einem botanischen Garten. Berne ist nicht gegen den Ausdruck von Gefühlen in Gruppen, aber gegen ihre Kultivierung, ohne daß sich im Grunde genommen viel bei den Teilnehmern ändert (1964b, pp. 141–143/S. 189ff).

Nicht selten wurde ich von einem Patienten auf die Frage, was ihn zu mir führe, gefragt, ob er noch normal sei. Meines Erachtens ist diese Frage, psychologisch subtil betrachtet, auch eine Einladung zum Spiel «Psychiatrie».

Es gibt nach Berne Varianten des Spiels «Psychiatrie», nämlich das Spiel «Psychoanalyse» oder das Spiel «Transaktionale Analyse».

b) Das Spiel «Gerichtshof»

Berne beschreibt das Spiel als solches, das sich zu Beginn einer Eheberatung entwickeln kann. Meines Erachtens kommt dieses Spiel ebenfalls häufig vor, wenn zwei Mitarbeiter nicht mehr auskommen und deswegen den Personalchef aufsuchen. Ein Teilnehmer klagt den anderen an oder beide klagen sich gegenseitig an und möchten wissen, wer von ihnen nun recht habe. Sie wollen den Therapeuten oder Berater zum Richter machen.

Das «Unausgesprochene» liegt nach Berne darin, daß derjenige, der anklagt in der Tiefe seines Wesens wisse, daß er unrecht habe und das Spiel beginne, wenn er, darauf angesprochen, dies bestreite (1964b, pp. 96–98/S. 120–124).

Die Antithese besteht nach Berne in der Aufforderung, daß die beiden Ehepartner oder Mitarbeiter sich nicht an ihn wenden, sondern sich vor ihm miteinander auseinandersetzen sollen. Nach meiner Erfahrung werden damit die gegenseitigen Beschuldigungen nicht vermieden. Ich habe besser Erfahrungen mit meiner autoritär formulierten Feststellung gemacht: «Es kommt nicht darauf an, wer recht hat, sondern wie Sie es anstellen müssen, um miteinander auszukommen!». Diese Bemerkung ist meistens der Auftakt zu einer kommunikationpsychologischen Behandlung.

8.6.2.2 Neckische «Spiele»

a) «Liebeleispiele»

Ein Bursche («Cowboy») begleitet ein Mädchen nach Hause. Wie sie an einer Scheune vorbeikommen, frägt er sie, ob sie sich diese einmal ansehen sollten und sie antwortet: «Ja, gern, seit meiner Kindheit habe ich mich für Scheunen interessiert!» (1964b, pp. 33–34/S. 39).

Das «Unausgesprochene» ergibt sich daraus von selbst. Es ist offensichtlich der Grund, weswegen Berne auch bei dieser Unterhaltung von einem psychologischen Spiel [game] spricht. Das Leben wäre allerdings langweilig und entbehrte amüsanter Augenblicke, wenn in solchen Situationen immer alles ausgesprochen werden sollte!

Ebenfalls um ein «Liebeleispiel» im Sinne von Berne handelt es sich beim Spiel «Kunstmuseum»: Eine Besucherin des Kunstmuseums stand vor einem Bild von Gauguin. Ein Mann trat hinzu und sagte: «Gauguin ist sehr schön, nicht wahr?» Die Frau, die vor dem Ende der Behandlung bei einem Psychotherapeuten stand, fühlte sich nicht verpflichtet, Zeit zu verschwenden, indem sie mit dem Hinzugekommenen «Kunstmuseum» spielte. Sie sagte statt dessen: «Ich finde Sie auch sympathisch!» und sie gingen zusammen einen Kaffee trinken, und zum Psychotherapeuten sagte sie in der nächsten Sitzung: «Er ist ein netter Junge!» (1964b, pp. 175–177/S. 239–243).

b) Das Spiel «Kavalier»

Ein zufrieden verheirateter Mann oder überzeugter Junggeselle, der nicht auf Abenteuer aus ist, umschwärmt eine ansprechende Dame, indem er ihr taktvolle Komplimente macht, was sie sehr genießt. Vielleicht ist der Mann ein Dichter und wird durch die Situation zu genialen Liebesgedichten inspiriert.

Nach Berne besteht das «Unausgesprochene» darin, daß die Beziehung nicht als ernsthafte Werbung zu verstehen ist, was beide Beteiligten sehr wohl wissen (1964b, pp. 164–165/S. 58f). Dabei gilt meines Erachtens dieselbe Nebenbemerkung wie beim Liebeleispiel zwischen dem Cowboy und seiner Begleiterin.

8.6.2.3 Neurotische «Spiele»

«Neurose» wird hier als Folge einer Abwehr im Sinne der Psychoanalyse verstanden, d.h. der Abwehr einer inneren Regung oder einer eigenen Wesensseite.

a) Das Spiel «Frigide Frau»

Berne schreibt von Ehefrauen, die ihren Männern *(immer oder zeitweise?) die Aufnahme sexueller Beziehungen verweigern mit dem Argument, diese wüßten nicht, was Liebe sei; sie liebten ihre Frau nicht ihretwegen, sondern «wollten immer nur dasselbe». Halten sich die Männer schließlich, des immer neuen Zerwürfnisses müde, zurück, verstünden es die Frauen immer wieder, sie aufdringlich dazu zu verführen, sich ihnen doch wieder erotisch zu nähern, nur damit sie sie dann wieder abweisen können.

Das «Unausgesprochene» bei diesem Spiel sieht Berne in einer neurotischen Angst oder sogar einem neurotischen Widerwillen vor dem bzw. gegen den Geschlechtsverkehr als solchen beim Genuß der Macht über den Partner, hier nach Berne letztlich aus Ressentiment gegenüber Männern («Penisneid») (1964b, pp. 98–101/S. 124–129).

Eine Antithese würde Berne theoretisch darin sehen, daß sich der Mann eine Geliebte nimmt oder damit droht, was aber, wie Berne mit Recht beifügt, eine riskante Angelegenheit wäre!

Es handelt sich beim soeben beschriebenen Spiel um eine Variante des häufiger zitierten Spiels *«Komm her!/Hau ab!» (bekannter unter der Bezeichnung «Hilfe – Vergewaltigung!»). Beim Musterbeispiel von Berne geht es in einem milden Fall um eine Frau, die mit einem Mann kokettiert, ihn dann aber stehen läßt, wenn er sie begleiten will – Spiel ersten Grades. In einem weniger milden Fall läßt sich die Frau nach Hause begleiten und hat auch nichts dagegen, daß der Mann ihr dabei die Hand um die Hüfte legt. Wenn er ihr aber unter der Haustüre einen Abschiedskuß geben will, ruft sie entrüstet aus: «Typisch Mann, die wollen alle immer dasselbe!» – Spiel zweiten Grades. Ein «hartes Spiel» ergibt sich dann, wenn eine Frau bei entsprechender Vorgeschichte den Begleiter in ihr Zimmer nimmt und sich auf dem Sofa auf engen körperlichen Kontakt einläßt, um dann aber plötzlich das Fenster zu öffnen und hinauszurufen: «Hilfe, Vergewaltigung!» – Spiel dritten Grades (frei nach Berne 1964b, pp. 126–129/S. 166–171; 1970, pp. 157–158/S. 133f).

Nach Berne kann dieses Spiel auch von Männern ausgehen, die Frauen verführen, um nachher zu sagen: «Du hast mich von der Arbeit abgelenkt!» oder «Jetzt bin ich völlig erschöpft und für nichts mehr fähig!» oder «Ich tat es nur, weil ich betrunken war!» oder «Warum hast du mir nicht gesagt, daß du die Pille zu nehmen vergessen hast!» (1970, p. 159/S. 135). Es ist ein Beispiel psychologischer Nachlässigkeit von Berne, daß er behauptet, es ginge bei diesen von Männern ausgehenden Spielen psychologisch um dasselbe wie beim Musterbeispiel!

Nach Berne sollen fast alle Spiele, die zwischen zwei Kommunikationspartnern ablaufen, Variationen des Spieles «Komm her!/Hau ab!» sein.

b) Das Strumpfspiel

Eine Frau kommt neu in eine Therapiegruppe und hebt nach verhältnismäßig kurzer Zeit im Laufe der Gespräche ein Bein in die Luft und ruft: «Oh je, eine Laufmasche!», wobei sie den Anwesenden einen Blick unter ihren Rock gestattet. Für Berne ist es typisch, daß eine solche oder ähnliche Gebärde, z.B. ein Herausstellen der Brüste, in einer Umgebung geschieht, wo es kraß unpassend wirken muß und die anderen abstößt, also letztlich für die Betreffende gesellschaftlich destruktiv wirken muß.

Das «Unausgesprochene» liegt nach Berne darin, daß die Spielerin bestrebt ist, Männer anzuregen und Frauen eifersüchtig zu machen. Berne fügt noch bei, sie signalisiere damit, daß sie erotisch-sexuell gegenwärtig frei sei. Es gehe aber der Spielerin gleichzeitig darum zu beweisen, daß «alle» immer gleich bereit seien, an etwas «Unanständiges» zu denken. Schließlich spielt nach Andeutungen von Berne auch mit, daß sich die Spielerin gesellschaftlich deklassieren «will» (1961, p. 114; 1964b, pp. 129–130/S. 171ff; 1966b, p. 344). Das Spiel wäre also nach Berne, wie ein Psychoanalytiker sagen würde, «mehrfach determiniert», *was an einer zwiespältigen Einstellung zur Sexualität liegen dürfte.

Die Antithese bestünde nach Andeutungen von Berne darin, daß eine andere Gruppenteilnehmerin sagen würde: «Ach so, du suchst dir einen Mann, der sexuell auf dich anspricht und hast gleichzeitig Hemmungen, uns das zu sagen!» Würde das aber sogleich und undiplomatisch offen gesagt, wäre die Folge, meint Berne mit Recht, daß die Spielerin von nun an der Gruppe fernbliebe.

c) Das Spiel «Wenn er nicht wäre ...»

Ausführlich erklärt Berne das Wesen von Spielen durch das Beispiel einer Frau, die eine umschriebene krankhafte Furcht («Phobie») vor dem Wasser (oder: vor Tanzböden oder vor Pferden) hat und sich unbewußt einen Mann gewählt hat, von dem sie wegen seiner dominanten Art annimmt, er würde ihr sportliche Aktivitäten wie Schwimmen (oder Reiten oder Tanzen) verbieten.

Das «Unausgesprochene» liegt in den im Grunde genommen neurotischen Ängsten der Frau, deren sie sich nun nicht bewußt werden muß. Sie gibt sich und anderen vor, daß sie glücklich tun könnte, woran sie Freude hat, wenn sie nicht einen so tyrannischen Mann hätte (1963, pp. 205–207/S. 224ff; 1964b, pp. 50–58/S. 60–71, pp. 104–105/ S. 134; 1968).

Die Antithese wäre nach Berne, wenn der Mann dazu gebracht werden könnte, seiner Frau jede Freiheit hinsichtlich sportlicher Aktivitäten zu geben.

d) Das Spiel «Tumult»

Das Spiel «Tumult» besteht in der Auslösung eines Streites («Tumults»), um *aus irgendeinem Grund* Nähe zu vermeiden (1964b, pp. 130–131/S. 173ff).

Ein Paar kam zu mir zur Beratung, da sich die beiden schon bald, nachdem sie zusammengezogen waren, fast jeden Abend stritten. Er wollte dann jeweils doch mit ihr schlafen, «zur Versöhnung», wie er meinte. Sie aber pflegte ihn abzuweisen, da sie nicht mit einem Mann Zärtlichkeit austauschen könne, mit dem sie sich soeben noch heftig gestritten habe. Er pflegte dann aufgebracht das gemeinsame Schlafzimmer zu räumen und die Nacht im Wohnzimmer zu verbringen.

Das «Unausgesprochene» liegt nach Berne darin, daß bereits die Streitereien unbewußt vom Zaune gerissen werden, von der Frau aus gesehen, um nachfolgend eine Begründung zu haben, nicht zusammen schlafen zu müssen, vom Mann aus, damit nicht seine Potenz auf die Probe gestellt wird, an welcher er zweifelt. Eine Partnertherapie, die sich an den Streitereien festhaken würde, müßte fehlgehen!

*Die Antithese bestünde in der Frage des Therapeuten: «Was bezwecken Sie mit den Streitereien?»

e) Das Spiel «Hab ich dich endlich erwischt, du Halunke!»

Ein häufiger Besucher von Gaststätten prüft die Rechnungen, die ihm vorgelegt werden, immer besonders genau und ein Aufleuchten geht über sein Gesicht, wenn er einen Fehler entdeckt, den er dem Kellner vorwerfen kann. Je besser er allfällige Argumente des letzteren widerlegen kann, um so befriedigter ist er (frei nach Berne 1964b, pp. 85–87/S. 105–109).

Es sind nach Berne dieselben Männer, bei denen andere sich sehr in acht nehmen müssen nur den mildesten Anschein zu erkennen zu geben, sie würden mit deren Frauen flirten, aber auch sich andererseits doch davor hüten müssen, diesen eine zu geringe Beachtung zu schenken!

Das «Unausgesprochene» liegt nach Berne darin, daß diese Spieler vermeiden, mit eigenen Mängeln konfrontiert zu werden. Damit will Berne vermutlich sagen, sie würden durch ihr Spiel Minderwertigkeitsgefühle kompensieren.

*Es ist denkbar, daß eine Antithese darin liegen würde, den Betreffenden zu fragen: «Weshalb haben Sie es nötig, anderen Fehler nachzuweisen!»

f) Das Spiel «Bemäkelung» (weniger treffend als «Makel» bezeichnet)

Dieses Spiel spielt nach Berne, wer, wenn er jemanden kennenlernt, oder wenn von jemandem gesprochen wird, immer zuerst etwas Negatives über den Betreffenden denkt oder zu Dritten sagt, z.B. «Sein Anzug ist typisch ‹Ausverkauf›!», «Der Breite seines Hutrandes ist zweifellos umgekehrt proportional zu seiner Potenz!», «Der will uns doch nur etwas vormachen!» usw.

Das «Unausgesprochene» liegt nach Berne darin, daß der Spieler an Minderwertigkeitsgefühlen leidet, weil er sich als Kind wertlos gefühlt hat, und diese durch ein «elternhaftes»: «Sie sind nichts wert!» kompensieren müsse (1964b, pp. 112–113/S. 146–149).

8.6.2.4 *Spiele, mit welchen der Spieler sich um die Verantwortung für sich selbst drückt*

a) Das «Holzbeinspiel»

Als Musterbeispiele für diese «Spielfamilie» stellt sich Berne einen Kriegsversehrten vor, der sich wegen dieser Invalidität unfähig fühlt, die Verantwortung für sein Leben und Fortkommen zu übernehmen und aus irgend einem Grund in psychiatrischer oder psychotherapeutischer Behandlung ist: «Was können Sie schon von einem Mann mit einem Holzbein erwarten?» (1964b, pp. 159–162/S. 216–220).

Die Antithese würde nach Berne darin liegen, dem Patienten zu sagen: «Ich erwarte nichts von Ihnen. Die Frage ist, was Sie von sich erwarten.»

Der Psychotherapeut – es ist auch ein Sozialarbeiter denkbar – der den Invaliden Mut macht und es fertig bringt, daß er z.B. selbst Arbeit sucht, um sein Leben ohne Leistungen der Familie oder der Öffentlichkeit zu fristen, bekommt es manchmal mit der Familie zu tun. Diese hat zwar immer die Unbehilflichkeit des armen Verwandten beklagt, aber findet es nun plötzlich grausam, ihn «zu zwingen» für sich zu sorgen.

Berne sieht es als ein Variante dieses «Spieles» an, wenn jemand vor Gericht, ohne an einer schweren Psychose zu leiden, Unzurechnungsfähigkeit für sich beansprucht. Er nennt das ein «legales Spiel», das durchaus üblich sei (1964b, p. 159/S. 216). Eine andere Variante sieht er bei jemandem, der meint: «Was können sie schon von jemandem erwarten, der in einer Gesellschaft wie der unseren lebt?» (1964b, p. 161/S. 218), was er an anderer Stelle als das Spiel «Scheißgesellschaft» bezeichnet (1972, pp. 350–351/nicht übersetzt). Zur selben Familie von Spielen gehören: «Was erwarten Sie denn von jemandem, der aus unvollständigen Familienverhältnissen kommt?», « ... , der ein Neurotiker ist?», « ... , der in Analyse ist?», « ... , der an Alkoholismus leidet?» (1964, p. 161/S. 219).

b) Das Spiel «Sieh, wozu du mich verleitet hast!»

Ein Familienvater hat eben keine Lust auf Gesellschaft und zieht sich zurück, um meditativ zu malen. Sein Sohn sucht ihn auf, entweder mit dem Bedürfnis nach Kontakt oder um etwas zu fragen. Da rutscht dem Malenden der Pinsel aus und das Bild ist verdorben. Er sagt vorwurfsvoll: «Da siehst du nun, zu was du mich verleitet hast!». Berne meint, er wolle damit dem «Eindringling» zu verstehen geben, daß er nicht gestört zu werden wünsche (1964b, pp. 88–91/S. 109–114), was allerdings für mich eine erzwungene Erklärung für die Reaktion des «Malers» ist. Für mich handelt es sich um eine Verweigerung, Verantwortung für das Mißgeschick zu übernehmen, wie dies auch Berne an anderer Stelle ausdrücklich schreibt (1964b, p. 90–91/S. 113). Er hätte ja an der Türe anschreiben können, daß er nicht gestört zu sein wünscht. Es ist die Eigenschaft der Befangenheit vor Publikum, der einen Schreibmaschinenschreiber dazu verleitet, einen Fehler zu tippen, wenn ihm jemand über die Schulter guckt.

Berne schildert unter demselben Titel als Variante Situationen, in denen ein Mann seiner Frau Entscheidungen für gemeinsame Unternehmungen oder Aufgaben überläßt, z.B. welches Restaurant aufzusuchen oder welcher Film anzusehen ist oder wie die Kinder zu erziehen sind, und dann, wenn etwas mißglückt, ihr die Schuld gibt («Sieh, was du angestellt hast!»). Dasselbe Spiel spiele ein Direktor, der seine Untergebenen aufmuntere, ihm Anregungen zu geben und wenn diese keinen Erfolg oder gar einen Mißerfolg ergeben, ihnen die Schuld zuschiebe. Geschieht dies dann offensichtlich mit Genuß, wenn auch möglicherweise mit einem Wutanfall, handelt es sich meines Erachtens jedesmal um eine Variante des Spiels «Nun habe ich dich endlich, du Halunke!» (s.o.).

8.6.2.5 Skriptbestätigende Spiele

a) Die Geschichte von Rita

Das Mädchen Rita hatte vorerst eine gute und zärtliche Beziehung zu seinem Vater, der sich aber allmählich zu einem Alkoholiker entwickelte und sie immer wieder einmal von sich stieß. Schließlich wurde sie Zeuge einer häßlichen Szene, in welcher er ihre Mutter schlug. Da beschloß sie im Sinn einer Skriptentscheidung (s. S. 226ff), nie mehr Männer gern zu haben: «Alle Männer sind Biester!». Eines Abends freundete sie sich mit einem Mann an, der einen netten Eindruck auf sie machte. Sie gingen in gegenseitigem Einverständnis in den Garten hinter der Bar, in der sie sich getroffen hatten. Sie war sich durchaus bewußt, daß es zu einem Flirt kommen würde. Als er aber einen Versuch machte, sie zu küssen, schlug sie ihn ins Gesicht: «Du Schwein!» und beschimpfte ihn dermassen, daß er sie schlug, bis sie ein blaues Auge hatte, mit dem sie dann jedermann beweisen konnte, wie brutal eben doch alle Männer seien, womit wieder einmal die Wahrheit ihrer Skriptüberzeugung bewiesen war (1966b, pp. 264–266).

b) Das Spiel «Tritt mich!» oder «Warum muß das gerade mir passieren?»

Es gibt nach Berne Personen, seines Erachtens meist Männer, die unbewußt provozieren, daß andere ihnen etwas antun, ein Bestreben, daß diese Spieler recht hartnäckig verfolgen könnten. Entsprechend gehörten sie zu denen, die immer irgendwie sitzengelassen werden oder immer wieder ihre Stelle verlieren. Sie beweisen sich, daß sie Versager sind, fragen sich aber jedesmal: «Warum muß das auch immer wieder gerade mir passieren!» (Berne 1964b, pp. 84–85/S. 103f).

Berne umschreibt auch noch eine konstruktive Variante des Spiels «Warum muß das auch gerade immer mir passieren?»: Jemand kann unerwarteterweise immer wieder neu Gewinne und Erfolge buchen und sich deshalb dieser Frage stellen. Ein solcher Spieler kommt bei dieser konstruktiveren Variante nach Berne eher auf die Idee, daß es an ihm liegen könnte, als bei der destruktiven Variante (1964b, p. 85/S. 104). Wenn wir diese konstruktive Variante konsequent der geschilderten destruktiven Variante («Tritt mich!») gegenüberstellen, so wäre anzunehmen, daß der «Spieler» nicht von einem Skript her zum Versager gestempelt wurde, sondern zum Gewinner, aber ebenfalls ohne, daß ihm dies bewußt wäre.

«Warum muß das immer gerade mir passieren?» ist ein Satz, den Berne immer wieder im Zusammenhang mit Spielen anführt und selbst als Spiel bezeichnet. Im Grunde genommen ist es aber ein Satz, den jeder sagen kann, der immer wieder dasselbe Spiel spielt. Es ist geradezu der Beweis, daß soeben ein Spiel abgelaufen ist und nicht selbst ein Spiel.

c) Das Spiel «Ich wollte Ihnen ja nur helfen!»

Jemand will einem anderen helfen, ist aber «im Stillen» überzeugt, daß die Menschen undankbar und enttäuschend sind und bekommt recht, weil seine Hilfe erfolglos ist.

Am ehesten kommt er zu seinem angestrebten «Gewinn», wenn er jemandem hilft, der gar keine Hilfe verlangt oder doch eine ganz andere Art von Hilfe (Berne 1964b, pp. 143–147/S. 192–198; 1964e). *Es läßt sich kurz sagen: Der Betreffende hilft, ohne Hilfe angeboten zu haben. Ich hatte eine Bekannte, die an einer Trambahnstation einen Blinden stehen sah. Da gerade ein Tram vorfuhr, ergriff sie dessen Arm und sagte: «Kommen Sie! Ich helfe Ihnen einsteigen!». Der Blinde schüttelte die Betreffende unwirsch ab und sagte: «Lassen Sie mich! Ich warte auf einen Freund!» Da dachte sie tatsächlich: «Wie undankbar die Menschen sind! Ich wollte ihm ja nur helfen!». Nach Berne zielt bereits der Griff nach dem Arm des Blinden, ohne ihn zu fragen, ob er Hilfe brauche, auf das Ergebnis, auf den «Spielgewinn».

d) Das Spiel mit der mißglückten Ermunterung

A: «Tag und Nacht muß ich arbeiten, um den Jahresabschluß hinzukriegen. Ich weiß schon gar nicht mehr, wo mein Kopf steht!» – B: «Auch das wird einmal ein Ende nehmen!» – A: «Das sagst du jetzt nur, um mich zu trösten!» (entsprechend Berne 1961, p. 113; 1964b, p. 48/S. 58).

Bei diesem Spiel würde Berne voraussetzen, daß A bereits zu Beginn von seinem Recht, verzweifelt zu sein, überzeugt gewesen sei. Er habe aber nicht nur deshalb die Ermutigung des Freundes abgewiesen, sondern auch, um diesen zu enttäuschen. Deshalb habe es sich um ein Spiel gehandelt. Berne würde unter Anwendung des Modells der Ich-Zustände weiter sagen, der Freund sei aus einer kindlichen Haltung des Klagenden als Elternperson angesprochen worden und habe als solche reagiert. Ein solches Spiel hat nach Berne seine Wurzel in der frühen Kindheit zwischen zwei und acht Jahren. Das Spiel sei damals von der «Erwachsenenperson» im Kleinkind (ER_1) inszeniert worden. Die Wurzel eines solchen Spieles in der Kindheit kann nach Berne durch analytische Therapie aufgedeckt werden (1964b, p. 60/S. 73f). Bei unserem Beispiel könnte der Klagende den Freund abblitzen lassen, wie er jeweils als leibliches Kind seine Eltern abgewiesen hätte, möglicherweise damals nur in Gedanken.

8.6.2.6 Machtspiele

a) Das «Ja, aber ... »-Spiel

In einer meiner Gruppen sagte Erika: «Ich halte es an meiner Arbeitsstelle kaum mehr aus!» – Thomas: «Was ist denn los?» – Erika: «Immer muß ich Überstunden machen; ich kann keine Abmachungen mehr treffen, sogar den Englischkurs abends um sechs Uhr mußte ich aufgeben!» – Thomas: «Warum sprichst du nicht mit deinem Chef?» – Erika: «Ja, der arbeitet noch viel länger. Er käme überhaupt nicht mehr zu Rande, wenn ich ihm abends nicht noch aushelfen würde!» – Theres: «Das ist doch nicht deine Sache!» – Erika: «Ja, an sich kannst du das schon sagen, aber wenn ich in einem Geschäft mitarbeite, dann fühle ich mich auch verantwortlich für das Ganze, sonst würde mir die Befriedigung am Beruf fehlen!» – Bert: «Warum stellt ihr nicht noch eine zusätzliche Sekretärin an?» – Erika: «Ja, das dachte ich auch schon, aber es ist nicht genug Arbeit da, auch nicht für eine Halbtagskraft, nur 1–2 Stunden abends gibt in der Woche nur 5 bis 10 Stunden!» – Margot: «Vielleicht kannst du im Sommer früher mit der Arbeit beginnen, dann hast du am Abend mehr Zeit.» Erika: «Ja, aber es handelt sich im allgemeinen um dringende Briefe, die ich erst nach der Geschäftszeit fertigstellen kann und die noch am selben Tag auf die Post müssen.» – Thomas: «Da mußt du aber doch einmal ein energisches Wort mit deinem Chef sprechen; du bist doch nicht sein Sklave!» – Erika: «Ja, du hast recht, aber er ist entsetzlich empfindlich, besonders da jetzt sein Kind krank im Spital liegt, und schließlich bin ich es, die dann unter seiner schlechten Laune leidet!» – Thomas: «Ich würde die Stelle aufgeben! Du hast noch ein Recht auf ein Privatleben!» – Erika: «Ja, aber eine Stelle, die so gut bezahlt ist und bei der das Arbeitsklima so angenehm ist, finde ich kaum mehr!» – Arnold: «Dann ist eben nichts zu machen!» – Erika: «Ja, das finde ich eben auch!» Damit versiegte das Gespräch und zwar, genau wie Berne das beobachtet hat (Berne 1964b, p. 117/S. 152, p. 120/S. 157), von einem betretenen Schweigen gefolgt, das, wenn es nicht überspielt wird, mehrere Minuten dauern kann.

Dieses Spiel wird nach Berne gespielt, um die Machtlosigkeit der Ratgeber zu beweisen, erlebnisgeschichtlich betrachtet richte es sich im Grunde genommen gegen die Eltern (1961, pp. 102–104; 1963, pp. 207–209/S. 227ff; 1964b, pp. 116–122/S. 151–161). Es handle sich um das über die ganze Welt verbreiteste Spiel an Zusammenkünften jeder Art, auch in Psychotherapiegruppen (Berne 1964b, p. 58/S. 71).

Eine Antithese bestünde darin, denjenigen, der vorgibt, sich beraten lassen zu wollen, zu fragen: «Und was hast du schon selbst versucht, um das Problem zu lösen?»

8.6.2.7 Betrug-Spiele

Für Berne ist ein Betrug ein psychologisches Spiel, wenn wir darunter eine bewußte Täuschung verstehen wollen, die jemand ins Werk setzt, um einen materiellen Vorteil zu gewinnen (1964b, p. 49/S. 58f). In einem weiten Sinn ist nach Berne auch die unterschwellige Verführung oder Winkeltransaktion einer Verkäufers (s. 83) ein Betrug.

a) Das «Versicherungsspiel»

Ein Versicherungsvertreter besucht einen Familienvater und malt ihm aus, wie schlimm es für dessen Familie wäre, wenn er plötzlich sterben würde. «Unsere Gesellschaft hat es sich zu ihrer vornehmsten Aufgabe gemacht, Ihnen die Angst zu nehmen, daß Ihnen etwas zustoßen könnte und Ihre Familie dann unversehens ohne Mittel dastünde!» Der Kunde übernimmt diese Besorgnis und sagt: «Daran habe ich noch gar nicht gedacht, aber Sie haben recht. Schließen wir den Vertrag ab!» (1963, pp. 193–194; 1964b, p. 49/S. 58). Berne setzt offensichtlich voraus, daß der Familienvater dabei eine Versicherung abschließt, die ihn finanziell überfordert oder sonst seiner Situation nicht entspricht. Hier ist es es keine Frage, daß der Versicherungsvertreter bereits mit seinen ersten Aussagen dieses Ziel im Sinn hatte, nämlich einen für ihn materiellen Vorteil.

b) Der Heiratsschwindler (L.S.)

Ein jüngerer Mann verspricht einer älteren Dame die Heirat und bringt es auf diese Weise fertig, sich das Studium von der «Verlobten» bezahlen zu lassen, um sie dann, wie er ihr auch noch durch gewagte Spekulationen ihr ganzes Vermögen abgeknöpft hat, zu verlassen. Ein sogenannter Heiratsschwindler, eine Delinquenz, die in den heutigen Zeiten, in denen das Zusammenleben nicht mehr an die Heirat gebunden ist und verheiratet zu sein, keinen so hohen Stellenwert mehr einnimmt wie früher, allerdings in genau dieser Form kaum mehr vorkommt.

Ich habe aber zweimal erlebt, daß jemand, der sich für ein Studium entschlossen hatte, mit einer Geliebten zusammenzog, die gut verdiente und sich von ihr das ganze Studium und die Lebenshaltungskosten bezahlen ließ, um dann aber nach Studienabschluß sich von ihr abzuwenden, so daß sie sich begreiflicherweise betrogen vorkommen mußte.

Ich habe eine junge hübsche Frau gekannt, die es möglicherweise mit der Treue nicht so genau nahm, jedoch aus durchsichtigen Motiven einen viel älteren steinreichen Mann heiratete. Ein solches Spiel kann ein (sein) Leben lang dauern. Ich bin nicht sicher, ob er nicht wußte, daß da ein «Spiel» vor sich geht, aber gute Miene dazu machte.

8.6.2.8 Gutartige Spiele

Nach Raymond Hostie soll Berne nur auf den Rat seines Verlegers hin, der sich ohnehin von der Monographie über Spiele nicht viel versprach, bereit erklärt haben, der vorgesehenen Aufzählung von destruktiven psychologischen Spielen auch noch «gutartige» anzufügen (Hostie, p. 89). Bei der Schilderung der sogenannten «gutartigen Spiele» kommt an manchen Stellen zum Ausdruck, daß Berne nicht ganz sicher ist, ob es sich tatsächlich um Verhaltensweisen handelt, die er sonst als «Spiele» bezeichnet.

a) Das Spiel «Glücklich, helfen zu können»

Jemand ist scheinbar aus reiner Menschenliebe außerordentlich hilfreich, im Grunde genommen aber um Buße zu tun für ein früheres Vergehen oder ein solches zu verdecken, oder um Freunde zu finden, die er später ausnützen kann, oder um an Ansehen zu gewinnen (1964b, pp. 166–167/S. 226f).

b) Das Spiel «Kavalier»

Siehe S. 154 bei den «neckischen Spielen»

c) Das Spiel «Denen zeige ich es aber!» – konstruktive Variante

Siehe unten bei den weiteren Spielen!

8.6.2.9 Weitere Spiele

a) Das Spiel «Denen zeige ich es aber!»

Berne kennt eine *destruktive Variante* dieses «Spiels», nämlich, wenn jemand sich mit großer Mühe und Anstrengung eine mächtige gesellschaftliche und wirtschaftliche Stellung erringt, aber nicht in erster Linie, wenn vielleicht auch mitbedingt, weil es ihm Spaß macht oder er gerne Erfolg hat, sondern um Feinden schaden zu können.

Eine milde destruktive Variante davon ist das «Spiel» zwischen Patientin und Gruppenleiter (Berne 1970, p. 153/S. 129; 1972, p. 24/S. 42): Eine Patientin in einer Gruppe frägt den Leiter: «Nehmen Sie an, ich könnte überhaupt je gesund werden?». Der Leiter: «Ja, das nehme ich an!» (1972: «Natürlich werden Sie das!»). Darauf die Patientin: «Wieso meinen Sie eigentlich, Sie wüßten alles?» Es folgt einen Augenblick der verlegenen Verdutztheit beim Gruppentherapeuten, der sich hereingelegt vorkommt, vielleicht auch, wie es meiner Erfahrung in dergleichen Fällen entspricht, auch bei der Patientin, der das herausgerutscht ist. Nach Berne besteht bei der Patientin der Spielgewinn darin, daß sie sich klug vorkommt, worüber sie sich freut, und beim Therapeuten, daß er deprimiert ist, was für ihn auch ein Gewinn ist, ohne daß sich ohne weiteres sagen läßt, weswegen, oder die Patientin fühlt sich gut gestimmt, weil sie den Therapeuten hereingelegt hat, während er seinerseits frustriert ist. Ich vermute meinerseits, daß sich die Patientin in ihrer Überzeugung bestätigt sieht, daß alle (!) Männer (in ihrer Kindheit wohl der Vater oder die Brüder) immer (!) meinen, sie wüßten alles; der Therapeut fühlt sich in seiner Überzeugung bestätigt, wie undankbar alle (!) Patienten gegenüber den aufopfernden (!) Bemühungen ihrer Therapeuten sind.

Ich nehme dieses Spiel zum Anlaß, um zu zeigen, daß die Transaktionen, die bei einem Spiel vor sich gehen, aufgezeichnet werden können. Ich halte diese Möglichkeit nicht für wichtig, aber Berne legt Wert darauf:

Spielverlauf durch Aufzeichnung der Transaktionen

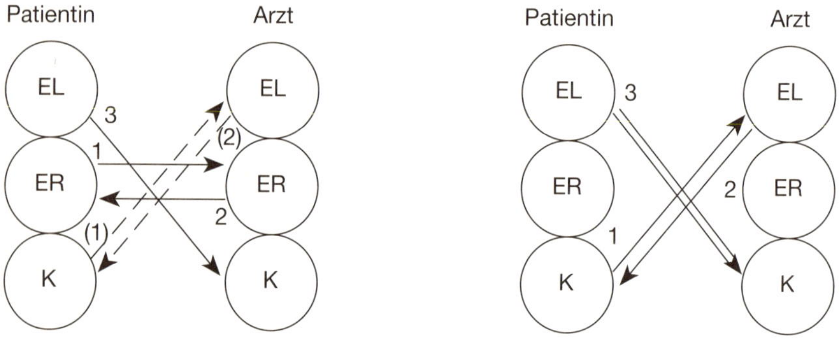

Unter der Annahme, die erste Transaktion verlaufe auf «sozialer Ebene» von «Erwachsenenperson» zu «Erwachsenenperson»

Unter der Annahme, die erste Transaktion verlaufe auf «sozialer Ebene» vom «Kind» zur «Elternperson»

Abb. 37

Eine *konstruktive Variante* des Spiels: «Denen will ich es zeigen!»: Jemand arbeitet unermüdlich und angestrengt und verschafft sich hohes Prestige und Erfolg und zwar nicht, um seinen Feinden zu schaden, sondern um sie vor Neid erblassen zu lassen (1964b, p. 168/S. 228f).

Ich sehe diese Variante nicht als konstruktiv an, eher die folgende, die von Berne auch als Spiel *«Sie werden froh sein, mich gekannt zu haben!»* gekennzeichnet wird: Jemand bemüht sich wie der oben Genannte und zwar in erster Linie, um seinen früheren Freunden [associates] zu beweisen, daß sie durchaus mit Recht, viel von ihm erwartet hätten, *also gleichsam, um sie nicht zu enttäuschen (1964b, p. 168/S. 229).

b) Das Spiel «Kippen wir noch einen!»

Ein Alkoholiker fordert in Gegenwart seiner Frau einen Besucher auf: «Trinken wir noch ein Glas!» und wiederholt diese Aufforderung, so daß sie sich ein Glas nach dem anderen hinter die Binde gießen. Weder die Frau noch der Besucher wagen aus Höflichkeit einen Einwand zu erheben, der Besucher erst recht nicht, wenn er beruflich von seinem Gastgeber abhängig ist. Die Frau des Alkoholikers denkt sich Berne in der Rolle eines «Verfolgers», dem in dieser Situation die Hände gebunden sind, den Gast und gegebenenfalls dessen Frau sieht er in der Rolle von «Naivlingen» [patsies] (1964b, p. 79/ S. 96).

c) Das Spiel «Gutes Management»

Dieses *Spiel* wird nach Berne in größeren Firmen gespielt, die einen Psychiater *(oder Psychologen) angestellt haben. Dieser wird auf verschiedene Art eingesetzt, nur nicht so, daß er einen Einfluß auf den Stil der Unternehmung hat. Er wird z. B. beauftragt, Untergebenen des Unternehmers unangenehme Mitteilungen zukommen zu lassen, so daß der Unternehmer selbst keine Unpopularität riskiert oder den Ruf, mit seinen Untergebenen nicht auszukommen. Natürlich werden im Jahresbericht beflissen die Seminarien des Organisationspsychologen aufgezählt (1966b, p. 327).

d) Das Spiel «Wie wundervoll sind Sie, Mr. Murgatroyd!»

Berne berichtet über eine arme Bauernfrau, die einen berühmten Arzt aufgesucht hat, und die sich nachher bei genau denselben Symptomen und Schmerzen, weswegen sie den Arzt aufgesucht hat, viel besser fühlt, weil sie bei einem so berühmten Mann Beachtung gefunden hat (Variante «Bauernfrau»). Es kann sich nach Berne aber auch um einen berühmten Dichter, Maler, Philanthropen oder Wissenschaftler handeln, zu dessen Füssen bewundernd zu sitzen und «seine Unvollkommenheiten romantisch umzudeuten» für Frauen ein großer Genuß sein kann. Das sei auch eine unschuldige und harmlose Form des Spiels. Wenn es einer Verehrerin aber darum gehe, den berühmten Mann, dessen charakterliche Schwächen ihr durchaus bewußt seien, für sich zu kappern, sei das Spiel weniger «unschuldig», erst recht nicht, wenn eine Oberklassenprostituierte, von einem bedeutenden Mann einfach nur wisse, daß er sozial als hochstehend gelte, ohne überhaupt einschätzen zu können, ob dies mit Recht so sei, und sich bei ihm durch Bewunderung einschmeichle, weil sie wisse, daß er zahlungsfähig sei (1964b, pp. 151–154/S. 204–208).

Die geschilderten verschiedenen «Spiele», die von Berne unter demselben Titel abgehandelt werden, zeigen, was für ganz verschiedene Situationen Berne unter einen Hut zu bringen sucht!

e) Das «Alkoholikerspiel»

Viele Alkoholiker provozieren nach Berne andere, sich entweder als Verfolger («Wer Alkoholiker ist, hat sich das selber eingebrockt und verdienen es, hart angefaßt zu werden!») oder als Retter («Alkoholismus ist eine Krankheit!») mit ihm zu beschäftigen, was ihm Zuwendung verschaffe. Dabei sei er überzeugt, daß ihm weder auf die eine noch auf die andere Art zu helfen sei, denn es heiße für ihn: «Sieh zu, ob du mich daran hindern kannst!». Der Alkoholiker genieße auch die Zerknirschung, die seine Katerstimmung zu begleiten pflege. Es handle sich dabei um eine Auseinandersetzung mit der kritischen «Elternperson», der er sich in dieser Verstimmung unterwerfe, um sich aber dann doch nicht unterkriegen zu lassen. Im weiteren seien auch Mitspieler in weiteren Rollen beteilgt: der *Naivling* [patsy], z. B. die Mutter, die ihrem alkoholischen Sohn Geld gebe in der Annahme, er kaufe sich ein warmes Abendbrot, oder der Psychoanalytiker, der in der Kindheit des Alkoholikers nachgrabe, was für ein Trauma ihn zum Alkoholiker gemacht haben könnte, ohne ihm zuerst einmal das Trinken ganz einfach zu verbieten. Dann sei da der *Verführer* [agitator – von Berne als Verführer umschrieben], der dem Alkoholiker unaufgefordert immer wieder einen Drink offeriere, schließlich der *Lieferant* [connection = Drogendealer], z.B. der Barmann, der dem Alkoholiker allerdings auch manchmal Grenzen setze. Sie alle spielten ein immer wieder anderes komplementäres Spiel (1964b, pp. 73–81/S. 87–98).

Die Art, wie Berne die Alkoholikerspiele beschreibt, geben Anlaß anzunehmen, er sehe in diesen die «Ursache» des Alkoholismus, besonders da er schreibt, bei der Heilung eines Alkoholikers gehe es darum, ihn abzuhalten das Alkoholikerspiel zu spielen (1964b, p. 77/S. 92). Berne schreibt aber auch, daß biochemische und physiologische Besonderheiten bei der Neigung zum Alkoholismus eine Rolle spielen könnten (1964b, p. 73/S. 87) und später stellt er fest, daß schwere Trunksucht und das Spiel «Alkoholiker» voneinander unabhängige Gegebenheiten seien (1966d).

Meines Erachtens sind die «Alkoholikerspiele» keinesfalls eine maßgebende Bedingung dafür, daß jemand zum Alkoholiker wird. Spiele können jedoch, wie bei anderen Suchtkranken, eine Heilung erschweren.

8.6.3 Berne definiert nur manipulative Spiele

Nach Berne gibt es, wie bereits erwähnt, bei jedem Spiel Gewinner und Verlierer, deshalb *game*. Dann laufe ein Spiel nach Regeln ab, so daß wir beim Eröffnungszug bereits voraussehen könnten, wie es weitergehe. Nach einer ersten Definition besteht ein psychologisches Spiel aus einer Serie sich wiederholender Transaktionen, deren Inhalt, oberflächlich betrachtet, offensichtlich [plausible] scheine, denen aber eine verborgene Motivation zugrunde liege, oder: «mehr umgangssprachlich formuliert»: ein Spiel bestehe aus Spielzügen mit einer Fangschlinge oder einem Trick. Die Spiele seien hintersinnig [ulterior], hätten also eine geheime Nebenbedeutung, und zielten von Anfang an darauf, den Mitspieler bloßzustellen, hereinzulegen oder materiell oder ideell auszunützen. Das wäre der Spielgewinn des Initianten. Jedes Spiel sei also grundsätzlich unredlich [dishonest]. Ein Spiel wiederspreche dem Ideal einer offenen, aufrichtigen und direkten Kommunikation und sei deshalb schlecht [bad]. Außerdem sei das Ergebnis immer dramatisch und nicht nur aufregend. Jedes Spiel habe überdies einen Höhepunkt. Berne gibt an, besonders an «Spielen» interessiert zu sein, deren Motiv und Ablauf beiden Beteiligten «unklar» sei (frei zusammengestellt nach 1958; 1961, p. 102; 1963, pp. 200–201/S. 219, p. 207/S. 226, 212/S. 232 und besonders 1964b, pp. 48–49/S. 57f). Nach dieser Definition geht es Berne allein um *manipulative Spiele!*

Manchmal schreibt Berne und sprechen Transaktionsanalytiker von Spielen, wenn ein solches nur erst eingeleitet wird und noch gar nicht klar ist, ob jemand mitspielt. Berne, wie fast jeder Transaktionsanalytiker, würde z.B. dann, wenn jemand mit Tränen um etwas bittet, ohne daß ihm zum Weinen ist, von einem Spiel sprechen, noch bevor der Angesprochene reagiert hat. An anderer Stelle allerdings schreibt Berne in einem solchen Fall korrekter von einem «Spiel in statu nascendi» [im Zustand des soeben Geboren-Werdens] (1964b, p. 60/S. 73) oder von «Versuchen ... zu manipulieren, um gewisse erwünschte Reaktionen zu erlangen» (1963, pp. 200–201/S. 219).

Später schrieb Berne nicht mehr von einer «Serie von Transaktionen mit Hintergedanken» [ulterior transactions], sondern davon, daß es immer durch eine Botschaft mit einem Hintergedanken eingeleitet werde und versuchte den Verlauf durch eine «Spielformel», etwa analog einer chemischen Reaktion, zu charakterisieren:

*Köder (ausgelegt vom Initianten) + Spielanfälligkeit (des Angesprochenen) = Reaktion (des Angesprochenen) –› *Katze aus dem Sack («Wendung») –› Moment der Verwirrung beim Mitspieler –› «Gewinn»*

Demonstriert wird die Spielformel am besten durch das auf drei «Spielzüge» beschränkte Spiel zwischen Patientin und Gruppenleiter, auf das ich hier ausdrücklich verweise (s. S. 161f).

Die einleitende Botschaft bezeichnet Berne mit Vorliebe als «betrügerischen Vertrauensmißbrauch» [con], schreibt aber auch von einem Köder, einer Angel oder einem Fangstrick. Mit dieser einleitenden Botschaft gelinge es dem Initianten, den Angesprochenen an einer **Spielanfälligkeit* (auch: *Schwachstelle*) zu erwischen: Er beiße also am Köder oder an der Angel an oder gerate in die Fangschlinge. Danach kommt es zur *Wendung*, aus welcher das geheime Motiv des Initanten offensichtlich werde, weshalb ich den Zug, den Berne *Umschaltung* oder *Wendung* [switch] nennt, gerne als *Katze aus dem Sack* bezeichne. Es folgt der *Moment der Verwirrung*, in dem der Mitspieler sich nicht klar ist, was eigentlich geschehen ist, bis er realisiert, daß er hereingelegt wurde (1970, p. 152/S. 129; 1972, p. 24/S. 41).

Was an der Skriptformel im Vergleich zur früheren definierenden Umschreibung neu ist, ist einerseits die *ausdrückliche* Anführung der *Spielanfälligkeit des Mitspielers*, die Einführung der *Umschaltung* oder *Wendung* als Höhepunkt und 1972 dann zusätzlich der *Moment der Verwirrrung*.

Die *Spielanfälligkeit* macht den oder die Kommunikationspartner erst zu Mitspielern, ja, ist die Bedingung dafür, daß ein Spiel überhaupt «abläuft». Ich gehe von mir aus so weit, daß für mich die Anrede des sogenannten Initianten erst damit zum Köder wird, wenn er auf eine Spielanfälligkeit trifft.

Was die Einführung der *Umschaltung* oder *Wendung* anbetrifft, so wird von Berne damit festgestellt, daß bei jedem Spiel das anfangs verborgene Motiv des angeblichen Initianten von diesem offengelegt wird. Deshalb, wie bereits erwähnt, «die Katze komme aus dem Sack». Die Wendung wird auch als Rollenwechsel aufgefaßt, wobei bei den Schülern von Berne das Modell der manipulativen Rollen nach Karpman (S. 147f) als Vorlage dient. Berne selbst kennt noch andere Rollen.

Was den *Moment der Verwirrung* anbetrifft, erlebe ich häufig, daß auch der sogenannte Initiant einen solchen Moment erleben kann, wenn er sieht, wie er den anderen in Verlegenheit gebracht hat.

8.6.4 Von mir vorgeschlagene Differenzierung der von Berne definierten manipulativen Spiele

8.6.4.1 Spiele im weitesten Sinn

Im *weitesten Sinn* würde ich den Ausdruck «Spiel» auf Umgangsformen oder Kommunikationssequenzen beschränken, bei denen für einen oder beide oder mehrere Spieler ein materieller oder ideeller «Gewinn» herausschaut. Beim «Versicherungsspiel» geht es um einen materiellen Gewinn, wenn nach Uli Dehner darüber gestritten werde, wer angefangen hat, wer schuld ist oder wer recht hat, geht es um einen ebenso ichbezogenen, aber ideellen Gewinn, nämlich moralisch oben zu sein.

8.6.4.2 Spiele im engeren Sinn

Es sind dies solche, denen Berne seine Monographie gewidmet hat, was wohl heißt, daß sie ihn besonders interessieren (1964b, p. 49/S. 59): Sie werden unabsichtlich von «unschuldigen» [innocent] Leuten gespielt, denen nicht klar ist, was dabei abläuft; der Gewinn, der unbewußt vom ersten «Spielzug» an angestrebt wird, ist ideeller Art, z.B. an Macht zu gewinnen, Eigenverantwortung zu verleugnen, sein Skript zu bestätigen, sich seiner Neurose nicht bewußt zu werden.

8.6.4.3 Spiele im engsten Sinn

Nach Berne ist ein psychologisches Spiel ein «Skriptsegment» (1958; 1961, p. 117; 1964b, p. 58/S. 71) oder eine «integrale und dynamische Komponente des unbewußten Lebensplans oder Skripts» (1964b, p. 62/S. 76f – zum Begriff des Skripts siehe S. 179ff). Beim «Abweisung von Ermunterung» könnte es Ausdruck der skriptbedingten Überzeugung sein: «Mir kann niemand helfen!». Eine solche skriptbedingte Überzeugung wird verteidigt, indem immer wieder eine Bestätigung dafür gesucht wird. Sie hat dem Betreffenden seit früher Kindheit dazu gedient, seine Erfahrungen in einem bestimmten Sinn auszulegen, was sich als selbsterfüllende Prophezeiung fortlaufend bewährt hat. Ein psychologisches Spiel im engeren Sinn wird nach diesen Überlegungen angezettelt, um zu einer solchen Bestätigung zu kommen. Es werden dies auch immer die für eine Person typischen Spiele sein, entweder mit immer wieder anderen Leuten gespielt oder bevorzugt mit immer wieder derselben Person wie in der Lebenspartnerschaft, mit dem Mitarbeiter, zwischen Schüler und Lehrer, zwischen Eltern und Kind, wobei anzunehmen ist, daß dabei komplementäre Spiele ablaufen. Mit Kinder besteht die Besonderheit darin, daß sie im allgemeinen den Erwachsenen, mit dem sie zu tun haben, sei es eine Elternperson oder ein Lehrer, nicht durch die Weigerung mitzuspielen (s.u.) brüskieren können.

Das Ehepaar Goulding (1979, p. 30/S. 47) interessiert sich ausdrücklich nur für typische Spiele als psychologisch aufschlußreich für einen Klienten oder Patienten und zögern sogar, etwas anderes überhaupt als «Spiel» zu bezeichnen!

Die Skriptüberzeugung, die durch Anzettelung eines Spiels zu betätigen ist, könnte (!) sein: Beim «Versicherungsspiel»: «Nur mit Schlauheit und Überzeugungskraft kommst du durch das Leben!»; wenn der Kunde ein komplementäres Spiel spielt, dann vielleicht: «Ich bin naiv und traue jedem; ich bin kein Menschenfeind, sondern ein Christ!»; bei der «Mißglückten Ermunterung»: «Mir ist nicht zu helfen!»; bei «Hab ich dich endlich ... !»: «Wenn ich nicht auf der Hut bin, werde ich hereingelegt!»; bei «Tritt mich!»: «Ich bin ein Versager und bleibe ein Versager!»; bei der «Frigiden Frau»: «Männer wollen alle nur dasselbe! Ich lasse mich nicht entwürdigen!»; beim «Ja aber ... !»-Spiel: «Niemand kann mir helfen! Man kann mich nur bedauern!»; bei Betrügereien und bei unterschwelligen Verführungen durch Verkäufer vom Opfer aus gesehen, wenn es in einem Gegenspiel befangen war: «Mann kann heute niemandem mehr trauen! Jeder will dich hereinlegen!» usw.

John James (1974) hat eine Reihe von Fragen aufgestellt, die er anbringt, wenn er mit einem oder zwei Klienten, die immer wieder Spielen verfallen, aufklären will, was eigentlich abläuft («Spielplan»): (1.) «Wie pflegt es zu beginnen?» (2.) «Und was geschieht dann?» « ... und dann?» ... «und dann?» usw. (3.) «Wie pflegt das Spiel zu enden?» («Wie geht ihr auseinander?») (4.) «Was bleiben bei jedem Beteiligten für Gefühle zurück?».

Ich frage zudem den oder die Spieler – und das scheint mir die entscheidende Frage – «Wie würden Sie den Satz ergänzen ‹Das beweist einmal mehr, daß ... ›?» (von mir ergänzend beigefügt nach J. James 1976). Daraus ergibt sich die Skriptüberzeugung, die der Spieler mit dem Spiel bestätigt haben wollte!

Die typischen Spiele werden in der Kindheit erlernt, sei es durch Nachahmung der Eltern oder weil der Betreffende die Erfahrung gemacht hat, daß er auf diese Art Kontakte aufrecht erhalten oder andere manipulieren kann (Berne 1964b. pp. 58–60/S. 71–74). Ich kann mich an eine Patientin erinnern, welche die Erfahrung machte, daß sich ihre zerstrittenen Eltern immer wieder neu versöhnten, wenn sie krank wurde. Sie setzte dann dieses Mittel ein, wenn das Zerwürfnis zwischen den Eltern für sie bedrohlich wurde. Traten später im Beruf Schwierigkeiten auf, wurde sie auch wieder krank, um wenigstens eine «Schonfrist» zu erreichen. Später dann spürte sie nur noch eine Neigung, sich ins Bett zu legen, wenn Probleme anstanden. Wie sie es mit Schulschwierigkeiten hielt, kann ich mich nicht erinnern. Nach Berne bietet nach dem Familienkreis die Schule meistens die nächste Gelegenheit, dort «erlernte» Spiele im Umgang mit Lehrern oder auch Schulkameraden einzusetzen. Berne sieht es als Regel an, daß später typische Spiele in der Kindheit wurzeln (Siehe die Spiele: «Ablehnung einer Ermutigung» oder das «Ja, aber ... »-Spiel! Damit in Übereinstimmung betrachten M.u.R. Goulding psychologische Spiele als Ausdruck dessen, was, in der Sprache der Gestalttherapie *unerledigte Geschäfte*, was bei Berne (unerledigte) *Kindheitsdramen* genannt wird (Berne 1958; 1961, pp. 117–130; 1966b, p. 303; M.u.G. Goulding 1979, p. 31/S. 47).

«Typisch» heißt also im Zusammenhang mit psychologischen Spielen *skriptbedingt* (s. S. 176). Die Verankerung im Skript ist dafür verantwortlich, daß, genau besehen, ein solches Spiel nach Berne nicht nur gelegentlich, sondern sozusagen unaufhörlich gespielt wird, wenn auch in wechselnder Intensität, also nicht alle paar Monate, sondern Tag für Tag, ja Stunde für Stunde (1961, p. 261) und so auch zwischen Patient und Therapeut, wenn letzterer nicht sehr aufmerksam ist. Die enge Beziehung der psychologischen Spiele zur Übertragung hat der Psychoanalytiker Stavros Mentzos besonders herausgearbeitet (Mentzos 1976, S. 37–43, – s.u.). Der Patient versucht, durch Einladung zu Spielen den Therapeuten dahin zu bringen, sich so zu verhalten, daß er die Übertragung bestätigt, also sich z.B. tatsächlich so verhält, wie sich z.B. der gehaßte Vater seinerzeit verhalten hat.

8.6.5 Analyse manipulativer Spiele
(Berne 1964b, pp. 52–58/S. 63–71)

Von den Kriterien, die Berne zur Analyse der einzelnen Spiele anführt, ist die *Thesis*, die *Antithesis* und sind die *Vorteile, Nutzanwendungen oder Motive* von psychologischem Interesse. Letztere werde ich in einem folgenden Kapitel gesondert behandeln.

In der (1.) *These* wird der allgemeine Ablauf des Spieles beschrieben sowie seine psychologische Deutung. Auf diese These sollen Abkürzungen, meist Schlagwörter («Holzbeinspiel») oder gewisse Wendungen, die an den Ablauf erinnern («Habe ich dich endlich erwischt, du Halunke!»), verweisen. (2.) *Antithesen* sind die Botschaften oder Verhaltensweisen, die jemandem, der zu einem Spiel einlädt «den Wind aus den Segeln nimmt». Ich habe Antithesen zu verschiedenen Spielen erwähnt. Antithesen sind wichtige Interventionen eines Psychotherapeuten. Es ist vorteilhaft, wenn er Antithesen zu den häufigsten manipulativen Spielen kennt. Nach Berne ist erst sicher bewiesen, daß ein Spiel gespielt werden soll, wenn eine wirksame Antithese gefunden worden ist. Wird sie eingeworfen, dann wird ein leidenschaftlicher Spieler», bei dem die einzige Möglichkeit, Kontakt zu finden, darin besteht, jemandem zu einem Spiel einzuladen, dies neu und immer wieder neu versuchen, um schließlich einer Verzweiflung zu verfallen.

Weitere Kriterien: (3.) *Ziel* von Spielen, nach Berne vor allem Beruhigung bei Unsicherheit oder Schuldgefühlen [reassurance], Rechtfertigung [justification] oder Unschuldbeweis [vindication]. Ich füge von mir aus noch Machtbeweis oder Rache hinzu. – (4.) *Rollen*, welche die Spieler in einem Spiel einnehmen, z.B. Verfolger, Opfer, Retter, Naivling [patsy], Ankläger, Ratgeber, Verführer. – Unter (5.) *Psychodynamik* eines Spiels versteht Berne den tiefenpsychologisch gesehenen Gehalt eines Spiels. Er denkt dabei an die psychoanalytische Betrachtungsweise, sozusagen an das, was ein Psychoanalytiker nicht zu einem Spiel im allgemeinen (dazu weiter unten), sondern zu einem bestimmten Spiel sagen würde, z.B. es sei Ausdruck eines Penisneides, einer Geschwisterrivalität, einer analen Passivität. Ich würde auch den individualpsychologischen Standpunkt beiziehen und z.B. bei gewissen Spielen von einer Kompensation von Minderwertigkeitsgefühlen sprechen oder dort, wo Berne vom Penisneid spricht, vom männlichen Protest. – Da nach Berne jedes Spiel in der Kindheit erprobt wurde, versteht er unter (6.) *Beispielen* solche aus der Kindheit des Spielers. – Der (7.) *Ablauf der Transaktionen* bei einem Spiel kann dargestellt werden. Siehe oben beim Spiel der Patientin mit dem Gruppenleiter (s.S. 162). – Unter den (8.) *Spielzügen* versteht Berne den Inhalt der Botschaften, die bei einem Spiel aufeinanderfolgen, wenn dieses auf die allernotwendigsten Züge konzentriert wird, wie dies meistens auch im Alltag geschieht, wenn zwei Menschen immer dieselben Spiele miteinander spielen, z.B. Angriff – Verteidigung, Befehl – Gehorsam. – Es folgen (9.) die *Vorteile, Nutzzanwendungen oder Motive* (s.unten: «Warum Spiele gespielt werden»).

8.6.6 Warum manipulative Spiele gespielt werden

Spiele sind eine Kategorie von Umgangsformen, die Berne dem Grundbedürfnis nach Zeitgestaltung einordnet (s.S. 109). Es geht dabei aber nicht nur darum, die Zeit zu verbringen, sondern mitmenschlichen Kontakt zu pflegen, der über das bloße Bedürfnis, Beachtung und Anerkennung zu finden hinausgeht oder diesem übergeordnet ist.

Wenn zwei oder mehr Menschen beisammen sind, ist es nach Berne das Ziel eines jeden Beteiligten, soviel Befriedigung wie möglich aus dem Beisammensein herauszuholen (1964b, pp. 18–19/S. 20ff), *wenn ihnen an den zur Verfügung stehenden sozialen Kontakten überhaupt gelegen ist.

Berne kennt vier Arten von Gewinnen (auch: Vorteilen, Nutzanwendungen [advantages]) *aus sozialem Kontakt* (1964b, p. 19/S. 21f): (1.) Verminderung von Spannung, *wobei ich unter «Spannung» drängende innere Bedürfnisse, Wünsche oder Sehnsüchte verstehe. Diese Spannungsminderung nennt Berne auch *primären inneren Vorteil* [advantage = Vorteil, Nutzen]; (2.) Vermeidung von als negativ empfundenen [noxious] Situationen, *worunter ich Situationen verstehe, die Unbehagen, z.B. Angst und Unsicherheit zur Folge haben, nach Berne auch *primärer äußerer Vorteil*; (3.) Erreichung von Zuwendung (Streicheln), nach Berne auch *sekundärer Vorteil* und schließlich (4.) die Aufrechterhaltung eines gefestigten Gleichgewichts, *worunter ich ein stabiles Selbst- und Weltbild verstehe, nach Berne auch *existentieller Vorteil.*

Berne stellt merkwürdigerweise, wie schon seine Bezeichnungen erkennen lassen, ausdrücklich Parallelen fest zum Gewinn von Neurosen nach Freud, nämlich einen inneren primären, einem äußeren primären und einem sekundären Krankheitsgewinn (s. Schlegel 1993: «Krankheitsgewinn»). Eine Neurose ist nach Freud die Folge einer Abwehr von Triebregungen (Schlegel 1993: «Abwehr/Verdrängung»). Nach Berne sei eine solche im ersten und zweiten Gewinn sozialer Kontakte mitenthalten. Im übrigen sei es aber aufschlußreicher, soziale Kontakte eher vom Standpunkt zu beurteilen, was für Vorteile sie bringen würden, als die Abwehr in den Mittelpunkt zu stellen (1964b, 19/S. 21), eine nicht leicht verständliche Bemerkung von Berne, denn eine Abwehr von Unlustgefühlen ist ja doch wohl auch ein Vorteil oder Gewinn.

Die befriedigendsten Formen von sozialem Kontakt sind nach Berne, ob in Aktivität eingebettet oder nicht, psychologische Spiele und Intimität, wobei aber letztere selten zu erreichen sei, weswegen psychologische Spiele als bedeutsame Sozialkontakte allermeistens im Vordergrund stünden. *Als Sozialkontakte kommen also auch den Spielen die Gewinne zu, die Berne den Sozialkontakten ganz allgemein zuschreibt. Nach der definierenden Umschreibung von Spielen durch Berne, die allein manipulative Spiele umfaßt, sind diese Gewinne aber dysfunktioneller Art!* Diese und weitere Gewinne zählt Berne auch unter dem Titel auf: «Warum Leute Spiele spielen» (1961, p. 113 note; 1970, p. 165/S. 140). Es zeigt dies, daß seines Erachtens diese «Gewinne» auch die Motive von Spielen sind (Berne 1964b, pp. 56–58/S. 68–72, pp. 61–63/S. 75ff, p. 70/S. 85; 1970, pp. 165–166/S. 140ff; Jongeward 1973, p. 321; Woollams u. Mitarb. 1974, pp. 25–26/S. 53f):

(1.) *Biologischer Gewinn*: Ein manipulatives Spiel bringt Zuwendung mit sich, wenn auch im allgemeinen negative. – (2.) *Existentieller Gewinn*: Die immer wieder nötige Bestätigung von Lieblings- oder Skriptüberzeugungen mit den begleitenden Lieblingsgefühlen, z.B. «Da sieht man's: Ich bin dumm; die anderen sind alle gescheiter; ich bin auf dieser Welt nur geduldet!» (Antwort auf die Fragen: «Wer bin ich?», «Wer sind die anderen?», «Wozu bin ich auf der Welt?»). In diesem Sinn gibt ein Spiel willkommene Gelegenheit, Rabattmarken zu sammeln. Berne bezeichnet sogar den Spielgewinn direkt als Rabattmarke (1972, p. 25/S. 42f). Ich würde eher sagen, daß der Spielgewinn darin besteht, eine Skriptüberzeugung zu bestätigen. *Es ist dieser existentielle Gewinn, der Hauptmotiv derjenigen Spiele ist, die ich als «Spiele im engsten Sinn» bezeichnet habe (s.o.).* – (3.) *Innerlicher [internal] psychologischer Gewinn*: Entlastung von innerer Spannung. Berne wendet hier ausdrücklich die psychoanalytische Betrachtungsweise an (Libidotheorie), nach der die Entlastung von einer Spannung einem Lusterlebnis entspricht, nur geht es bei den manipulativen Spielen um abwegige entlastende Lusterlebnisse (1964b, p. 57/S. 69), d.h. an die Stelle der Befriedigung von Bedürfnissen des unbefangenen oder freien «Kindes», z.B. nach Intimität, treten Leidenslust (Masochismus), Machtlust (Sadismus), Schwelgen in Lieblingsgefühlen, die nach Berne sexualisiert sind (1964d; 1966b, p. 308; 1972, p. 141/173). Dazu gehört auch die Lust, oben oder diejenige unten zu sein. Aus indvidualpsychologischer Sicht kann es auch darum gehen, Minderwertigkeistgefühle durch ein überkompensierendes Selbstgefühl zu vermeiden, nach Berne das Motiv z.B. beim Spiel: «Hab ich dich endlich ... !» oder «Bemäkelung». In diese Kategorie von Gewinn ist wohl auch die Tatsache einzureihen, daß Spiele ein Ersatz für «wirkliches Erleben von wirklicher Initimität» sind (1964b, p.18/S.19) oder geradezu eine Abwehr gegen Intimität aus Angst vor der Hingabe, die eine solche erfordert (1970, p.160/S.136) – (4.) *Äußerer [external] *(d.h. sich in der sozialen Situation auswirkender) psychologischer Gewinn*: Vermeidung von Situationen, die Angst oder Blamage mit sich bringen, unter anderem, weil sie eine symbiotische Haltung gefährden, z.B. offene Auseinandersetzungen; Vermeidung des Bewußtwerdens von Schwächen; Vermeidung von Situationen, die Verantwortung und Verpflichtungen mit sich bringen würden sowie von solchen, die eine bestehende Symbiose gefährden, selbst dann, wenn gegen diese scheinbar rebelliert wird, wie dies oft bei Spielen der Fall ist, aber ohne den ehrlichen Willen, ein symbiotisches Verhältnis aufzugeben (A. u. J. Schiff 1971; Schiff u. Mitarb. 1975b, p.7; J. Schiff 1977). – (5.) **Sozialer Gewinn im Kreise Nahestehender* [internal social advantage = interner sozialer Nutzen]: Das Spiel selbst dient dazu, mitmenschlichen Kontakt mit den Mitspielern aufrecht zu erhalten, allerdings unter Vermeidung von Intimität, aber immerhin doch um die Zeit zu verbringen und zwar nach Berne vermeintlich bis zum Eintreffen des Weihnachtsmanns (s. S.241), tatsächlich aber bis zur Erfüllung des Skriptziels. An anderen Stellen schreibt Berne, daß es auch darum gehen könne, die Zeit auszufüllen, damit keine Pause entstehe, die als Leere empfunden würde. Berne deutet an, daß eine solche Leere eine Versuchung sein könnte, daß etwas hochkomme, was abgewehrt wurde. Es ist dann auch gleichgültig, welche Rolle der Betreffende in irgendeinem Spiel spielt, wenn nur etwas geschieht (1961, pp.104–105; 1963, pp.209–210/S.228ff) – (6.) **Sozialer Gewinn im Kreis Fernerstehender* [external social advantage = externer sozialer Nutzen»]: Das mit Nahestehenden immer wieder ablaufende Spiel und die dabei bestätigten Überzeugungen könnten einen willkommenen Gesprächsstoff abgeben für unverbindliche Unterhaltungen und ermöglichten zudem manchmal das befriedigende Gefühl der Solidarität mit Gleichgesinnten am Teetisch oder am Stammtisch. Auch hier könnte die Angst vor einer Leere mitspielen.

Dorothy Jongeward zählt folgende Motive auf: Vermeidung echter Intimität, Erhalten von Zuwendung, Sammeln von Rabattmarken, Bestätigung der Grundeinstellung oder Begründung einer psychosomatischen Krankheit (1973, p.321). Stanley Woollams u. Mitarbeiter zählen auf: (1.) Verbringen von Zeit; (2.) Verschaffen von Zuwendung; (3.) Aufrechterhaltung eines Lieblingsgefühls; (4.) Kontakte aufrechtzuerhalten, wenn das Ausspielen von Lieblingsgefühlen nicht mehr zieht; (5.) elterliche Grundbotschaften zu bestätigen und die Erfüllung des Skripts zu fördern; (6.) die Grundeinstellung aufrechtzuerhalten; (7.) möglichst intensives «Streicheln» auszutauschen, aber ohne Intimität und bei sicherer Distanz; (8.) Unberechenbarkeit der Reaktionen anderer zu vermeiden (1974, pp.25–26/S.53f).

Dem Zusammenhang im Text ist zu entnehmen, daß nach Berne jedes psychologische Spiel alle die von ihm aufgezählten Gewinne mit sich bringen soll, was meines Erachtens nicht zutrifft. Immerhin sagt er aber an einer Stelle, ein Spiel könne doch einen Gewinn haben, *der als Motiv im Vordergrund stehe*. Danach wäre es sogar möglich, die Spiele einzuteilen (1964b, p.64/S.79). Ich finde diese Nebenbemerkung sehr wichtig und möchte bei einem Spiel den *Hauptgewinn*, das maßgebende Motiv, von *Nebengewinnen*, sozusagen Sekundärgewinnen, unterscheiden.

Die Grenze zwischen psychologischen Spielen und unverbindlichen Gesprächen oder dem Ausspielen von Lieblingsgefühlen, um Zuwendung zu bekommen, ist fließend. «Ach Gott, wie schrecklich!» wird von Berne als Titel eines unverbindlichen Gesprächs oder eines Spiels erwähnt und könnte auch die Einleitung von Ausbeutungstransaktionen nach English sein.

8.6.7 Komplementäre Spiele oder der Mitspieler als *Gegenspieler

Eine genaue Durchsicht der Monographie von Berne über Spiele zeigt, daß auch der sogenannten Mitspieler durch seine Spielanfälligkeit am Spielablauf beteiligt ist. Seine Spielanfälligkeit ist sozusagen ein passiver Köder, die der Initiant intuitiv wittert. Darum ist es kein Zufall, wen er zum Mitspieler wählt, wenn er sich auch täuschen kann. Deshalb ist die Spielanfälligkeit in der Psychologie des Spiels, wie aus der Spielformel hervorgeht, ein wichtiger Faktor. Dies gilt übrigens auch für die gutartigen oder neckischen Spiele, wenn der Begriff «Spielanfälligkeit» dort auch einen ganz anderen Stellenwert hat als bei den manipulativen Spielen (s. die «Liebeleispiele» und das Spiel «Kavalier»!).

Berne geht aber bereits in seiner Monographie, was die Wahl von Initiant und Mitspieler anbetrifft, ohne dies allerdings ausdrücklich zu erwähnen, noch weiter. Bei vielen Spielen rechnet er mit der Möglichkeit, daß der sogenannte Mitspieler ein komplementäres Spiel spielt, so daß manchmal nicht ganz klar ist, wer eigentlich begonnen hat. Bekannt ist das komplementäre Verhältnis der Spiele «Hab ich dich endlich erwischt, du Halunke!» und «Tritt mich!». Beim Spiel «Frigide Frau» rechnet Berne mit der Möglichkeit, daß der Mann befürchtet, nur ungenügend potent zu sein, so daß ihm «eigentlich» die Verweigerung der Frau willkommen ist, ähnlich beim «Tumult»-Spiel. Beim «Ja aber ... »-Spiel und beim Spiel zwischen der Gruppenteilnehmerin und dem Therapeuten rechnet Berne mit der Möglichkeit, daß der Mitspieler komplementär das Spiel spielt: «Ich wollte Ihnen ja nur helfen!». Andererseits werde komplementär zum Spiel: «Ich wollte Ihnen ja nur helfen!» häufig das Spiel gespielt «Sieh, zu was Sie mich verleitet haben!». Beim dem individuellen Beispiel zur Illustration des Spiels «Wenn er nicht wäre ... » rechnet Berne mit der Möglichkeit, daß der Mann, welcher seiner Frau jede sportliche Aktivität verbietet, selbst an einer Phobie leidet, nämlich an der Unmöglichkeit, allein zu Hause zu sein.

Diese Beispiele zeigen, wie zwischen den Spielern eine komplementäre Verstrickung, eine Kollusion, bestehen kann. Es gibt von Spielen Beschreibungen von Berne, aus denen gar nicht mehr hervorgeht, wer nun der Initiant ist und wer der Mitspieler, welches das sozusagen primäre Spiel ist und welches das Komplement. So beim Spiel «Versuch's und treib ein!». Dieses Spiel werde von solchen Wohnungsvermietern gespielt, die sich genau solche Mieter auswählten, die nicht im Sinn hätten, pünktlich zu zahlen, und komplementär von Mietern, die ihrerseits Vermieter auswählen, von denen sie annehmen, diese würden «pedantisch» auf den pünktlichen Mietzahlungen bestehen. Die Mieter hätten dann Gelegenheit bei ihresgleichen über die «gierigen Vermieter» zu schimpfen, während der Vermieter sich über die immer säumigen Mieter ärgern könne («Weshalb gerate auch immer gerade ich an solche Mieter!»). Beide sammelten dabei die insgeheim gesuchten Rabattmarken (1964b, p. 83/S. 102). Ähnlich bei der Beschreibung des Spiels «Ich wollte Ihnen ja nur helfen!» durch Berne. Dem Text nach hat der Leser hier Mühe, herauszufinden, ob Berne überhaupt noch mit einem Initianten rechnet (1964b, pp. 143–147/S. 192–198).

Keineswegs nimmt Berne an, es wäre immer jeder Mitspieler komplementär beteiligt! Das Spiel «Frigide Frau» beispielsweise kann die Ehe ernsthaft gefährden, wenn der Mann überhaupt keinen Gewinn daraus zieht, sondern vorerst nur versucht, seine Frau umzustimmen und die Flinte nicht gleich ins Korn wirft. Es kann auch bei komplementär verschränkten Spielen der eine Spieler «aussteigen» und sich plötzlich weigern, weiter mitzuspielen.

8.6.8 Manipulative Spiele als Abwehrmanöver (Berne) und die interpersonale Abwehrkonstellation (Mentzos)

Der Psychoanalytiker Stavros Mentzos hat die Begriffe der *interpersonalen und institutionellen Abwehrkonstellation* aufgestellt (1976). Unter einer interpersonalen Abwehrkonstellation versteht er eine komplementäre Verquickung zwischen meistens zwei Personen, die es beiden gestattet, ein neurotisches Gleichgewicht aufrechtzuerhalten, ohne neurotische Symptome zu zeigen. Das Musterbeispiel von Berne: Das Spiel «Wenn er nicht wäre, ... » (s. S. 155) illustriert, als komplementäres Spiel betrachtet, auf's beste, was Mentzos unter einer interpersonalen Abwehrkonstellation versteht! Es könnte geradezu von diesem Autor stammen!

Fast alles, was Berne allgemein über Spiele schreibt, findet sich, wenn wir den neurotischen Aspekt hervorheben, auch bei Mentzos: (1.) neben der Abwehr (Berne: «psychologische Nutzanwendungen») auch Nebengewinne von Spielen (Berne: weitere «Nutzanwendungen»), (2.) die Versuche der Patienten, den Therapeuten – mit einem feinen Gespür für dessen Schwächen – in Spiele zu verwickeln, d.h. tatsächlich sich so zu verhalten, wie in der Übertragung von ihm erwartet wird, (3.) das Abstinenzgebot als ein gewisser Schutz gegen solche Manipulationen (Berne: «Pokergesicht»), wobei aber nach beiden Autoren die Gefahr der Entwicklung eines steifen und unreflexiven Verhaltens bestehe, (4.) die mögliche Dekompensation (Berne: Verzweiflung) beim Patienten , wenn der Partner auf die Einladung zu Spielen nicht eingeht, und damit verbunden die Notwendigkeit, manchmal bei psychotischen oder stark regredierten Patienten vorerst doch «mitzuspielen».

Merkwürdigerweise erwähnt Mentzos Berne nur nebenbei und keinesfalls mit dem Nachdruck, mit dem ein Autor erwähnt zu werden verdient, der schon fast zwanzig Jahre zuvor (1958) dieselben Erfahrungen beschrieben und dieselben Überlegungen angestellt hat!

Bei Mentzos finden sich aber auch ergänzende Betrachtungen, z.B. die Unterscheidung von (in meinen Worten ausgedrückt) eskalierender, stationärer und abklingender interpersonaler Abwehr bei einem Paar oder die Forderung, in die Übertragungsanalyse immer auch die Versuche des Patienten einzubeziehen, den Therapeuten in bestimmte Spiele zu verwickeln, damit er durch sein Verhalten der Übertragung gerecht wird.

Mentzos beschreibt auch eine institutionalisierte Abwehr. Darunter versteht er, daß gewisse Positionen in Institutionen dem, der sie einnimmt, zur Abwehr dienen können, z.B. einem autoritären Chef zur Abwehr seiner Minderwertigkeitsgefühle, einem untertänigen Untergebenen zur Abwehr gefürchteter Selbstverantwortung.

8.6.9 Verschiedenartige Spiele

Es kann hinsichtlich der Beziehungsgestaltung von *manipulativen Spiel*en gesprochen werden wie bei einem Betrug oder beim Spiel «Frigide Frau», wie erwähnt, bei allen Spielen, die der Definition von Berne entsprechen. Andere Spiele sind *harmlos* oder *gutartig* wie «Warum muß das gerade mir passieren?»/konstruktive Version. Es gibt **neckische* Spiele wie die Liebeleispiele und das Spiel «Kavalier».

Manchen fällt es leicht, ein Spiel abzubrechen oder ohne Folgen auslaufen zu lassen, während andere sich zäh an das halten, was sie einmal begonnen haben. Manche Spieler spielen leichthin, während andere gespannt und aggressiv spielen: *leichthin gespieltes* [easy] oder *intensives* [hard] Spiel. *Zweifellos hängt dies damit zusammen, ob ein Spieler noch andere Möglichkeiten der Kontaktnahme kennt oder nur diese einzige!

Nach Berne ist ein *Spiel ersten Grades* im Kreis, in dem derjenige, der das Spiel beginnt, verkehrt, durchaus akzeptiert und verhältnismäßig harmlos: «Sag mal ehrlich: Hast du das Examen bestanden?» – «Nein.» «Dacht' ich mir doch!». *Ein Spiel zweiten Grades* führt nicht zu einem dauernden Schaden, wird aber vor der Öffentlichkeit verborgen *und kann schmerzliche Erfahrungen mit sich bringen: «Nimm dein Herz in beide Hände und fahr einfach mutig grad runter! So lernst du am schnellsten Skifahren!» – «Da lieg ich nun mit einem gebrochenen Bein!» – «Aber ich habe es doch nur gut mit dir gemeint!».

Berne betrachtet den Ausspruch «Ich habe es doch nur gut mit dir gemeint!» als kennzeichnend für das Spiel «Ich wollte dir doch nur helfen!».

Ein *Spiel dritten Grades* schließich führt zu einem unaufhebbaren Schaden (1964b, p. 64/S. 79) wie Scheidung, Suizid, Totschlag, psychiatrische Krankheit u.ä.: «Aufrichtigkeit ist in meinen Augen die wichtigste Eigenschaft unter Ehegatten. Ich könnte mir nicht vorstellen, mit einem Mann verheiratet zu sein, der mir nicht jederzeit offen und ehrlich Rede und Antwort steht! – Sag mal: Hast du mit Amalie eine Affäre gehabt am Betriebsausflug?» – «Ja, ich muß gestehen, wir haben etwas miteinander gehabt!» – «Unerhört! Das laß ich mir nicht bieten! Ich gehe sofort zum Scheidungsrichter!» Zu den verschiedenen Graden eines Spieles siehe die von mir bereits erwähnten immer «schärferen» Varianten des Musterbeispiels von Berne zur Spielfamilie «Komm her!/Hau ab!» (S. 154).

Aus den Beispielen ergibt sich, daß an Spielen zwei oder mehr Personen beteiligt sein können. Manchmal wird auch von psychologischen Spielen gesprochen, die jemand mit sich selber spielt. Er ist dann unredlich gegenüber sich selbst *oder* seiner «Elternperson», so z.B. beim Spiel «Scheißgesellschaft» (S. 157). Genau besehen ist aber *jedes* Spiel ein Spiel mit sich selber!

8.6.10 Einteilung manipulativer Spiele

Berne erwähnt verschiedene Möglichkeiten, psychologische Spiele einzuteilen, so z.B. nach psychoanalytischen Entwicklungsstadien, in denen sie wurzeln könnten (oral, anal, phallisch oder ödipal); nach den mit ihnen verbundenen neurotischen Symptomen (zwanghaft, phobisch, hysterisch u.ä.); nach der «Währung», mit denen sie gespielt würden (1964b, S. 63f), z.B. Worten wie meistens die Tumultspiele, Geld wie beim Spiel «Versuch's und treib ein!», Operationen wie beim selbstbezogenen Spiel «Ach Gott, wie schrecklich!» («Wieder mußte ich operiert werden!», tiefenpsychologisch: «Wieder habe ich meinen Arzt dazu gebracht, daß er mir den Bauch aufschneidet!»).

In seiner Monographie (1964b) teilt Berne die Spiele nach dem sozialen Bereich ein, in dem sie meistens gespielt werden, z.B. Lebensspiele wie «Sieh, wozu du mich verleitet hast!», Ehespiele wie das Spiel «Gerichtshof», Sprechstundenspiele wie die Spiele «Psychiatrie», Unterweltsspiele wie «Räuber und Gendarm» («Sieh, ob du mich erwischen kannst!») usw., wobei Unschärfen und Überschneidungen nicht zu vermeiden sind. Später fügt Berne noch Spiele bei, die in Organisationen gespielt werden (1966b, pp. 327/S. 332) wie «Gutes Management». Letzten Endes, meint Berne, wäre es theoretisch die sinnvollste Einteilung, die Lieblingsüberzeugung [existential position] zu berücksichtigen, die durch die Spiele jeweils bestätigt werden soll, aber dazu wüßten wir noch zu wenig.

Eine Einteilung nach den manipulativen Rollen, in denen bestimmte Spiele gespielt werden, versuchen Woollams u. Mitarb. (1974, p. 29; Woollams u. Brown 1978, p. 136 sowie James u. Jongeward (1975), indem sie von Verfolgerspielen (z.B. «Hab ich dich endlich ...!»), Retterspielen («Ich wollte Ihnen ja nur helfen!») und Opferspielen («Tritt mich!») schreiben. Ein Blick auf die verschiedenen Beispiele läßt erkennen, daß auch diese Einteilung psychologisch unbefriedigend ist, denn ein Spieler findet sich, wie Stewart u. Joines betonen (1987, p. 238/S. 340), vor und nach dem Ablauf eines Spiels in verschiedenen Rollen. James u. Jongeward haben das erkannt, fühlen sie sich doch gezwungen, zusätzlich von «Pseudo-Verfolger-Spielen» und «Pseudo-Retter-Spielen» zu schreiben. Da nach Holloway im Grunde genommen die Verfolger- und Retter-Rolle eine Abwehr der Opfer-Rolle bedeuten (1977), wären ohnehin alles Opfer-Spiele.

James u. Jongeward unterscheiden Spiele, die bezwecken, sich selbst herabzusetzen (Ich bin nicht O.K.) und solche, die bezwecken den anderen herabzusetzen (Du bist nicht O.K.) (1975, pp. 120–122, 125–128). Es steht dies in Übereinstimmung damit, daß nach J. Schiff immer eine «Mißachtung» am Beginn eines Spieles stehe, sei es eine solche seiner selbst, des anderen oder beider (J. Schiff 1977).

Zusätzlich entspricht ein Spiel nach dieser Autorin einer Vermeidung, Verantwortung zu übernehmen, also einer symbiotischen Haltung, einer Verleugung oder Umdeutung der Realität und einem Ausweichen vor einem Problem (J. Schiff 1977). Eine Antithese besteht nach dieser Autorin darin, den Betreffenden auf die Mißachtung oder seine Vermeidung direkt anzusprechen.

Stuntz (1971) hat alle bis anhin durch Berne und seine Schüler beschriebenen Spiele systematisch im Hinblick auf eine Einteilung zu analysieren versucht. Sein Versuch einer Einteilung ist zu kompliziert, wenn sie sich auch an Nebenbemerkungen von Berne hält.

8.6.11 Zusätzliche Bemerkungen zu manipulativen Spielen

Holloway legt den Spielen Transaktionen aus drei Arten von außengeleitetem (abhängigem, reaktivem, befangenem) «Kind» zugrunde. Er unterscheidet das hilfreiche, das hilflose, das trotzig-aggressive [hurtful] «Kind» entsprechend den drei manipulativen Rollen nach Karpman (s. S. 147ff). Was bei den Transaktionen bei einem Spiel abläuft, geht nach diesem Autor bei beiden Partnern eigentlich von einer dieser Arten von «Kind» aus und zwar, um Zuwendung zu erhalten. Was wohlwollende «Elternperson» scheint, ist dabei im allgemeinen hilfreiches «Kind» («Retter»), was kritische «Elternperson» scheint, aggressives «Kind» («Verfolger»), was nachdenkliche [contemplative] «Erwachsenenperson» scheint, hilfloses «Kind» («Opfer»). Auch er kennt eine «Wendung» im Spielverlauf, die an die Auffassung von English erinnert (s.u.), aber der Deutung von Holloway einem Wechsel von einer Art (außengeleitetem) «Kind» zu einer anderen entspricht. Nach Holloway spielt immer Selbstmißachtung mit, denn der Spieler traue sich die Fähigkeit zur Autonomie nicht zu und suche Sicherheit in der Abhängigkeit einer Symbiose (Holloway 1977, pp. 209–214). Das erinnert an die Feststellungen von J. Schiff zu den Spielen (s.o.).

Ich habe bereits erwähnt, daß *English* den Begriff des psychologischen Spiels auf die Ausbeutungstransaktionen beschränkt, nämlich auf die Wendung, die sich dann einstellt, wenn derjenige, der vital auf Zuwendung angewiesen ist («Ausbeuter»), von demjenigen, an den er sich geklammert hat, verlassen zu werden droht und dann seinen Ich-Zustand abrupt wechselt, um zu versuchen, sein «Opfer» doch noch länger an sich zu fesseln (s. S. 139).

J. Schiff und ihre Mitarbeiter haben festgestellt, daß ein psychologisches Spiel bei Betrachtung von außen («soziale Ebene») durch eine andere manipulative Rolle nach Karpman gekennzeichnet sein kann, als dem inneren Vorgang («psychologische Ebene») des Betreffenden entspricht. Das Spiel «Nun habe ich dich erwischt, du Schuft!» ist von außen betrachtet ein Verfolger-Spiel; derjenige, der es spielt, kann sich aber insgeheim als Opfer fühlen oder aber er hat das Spiel vom Zaune gebrochen, um eben gerade dieses Gefühl abzuwehren. Das Spiel «Tritt mich!» ist primär betrachtet ein Opfer-Spiel; der Tadel oder Vorwurf desjenigen, der antwortet, kann aber von demjenigen, der ihn dazu eingeladen hat, mit solch theatralischem Aufwand und Gejammer quittiert werden, daß jener das Gefühl hat, er werde zum Opfer gemacht. Die Autoren haben aus diesen Annahmen ein «Sechseck manipulativer Rollen» konstruiert (Mellor u. E. Schiff u. Mitarb. 1975b, pp. 66–68; J. Schiff 1977; Childs-Gowell 1979b, pp. 109–111 – s. Schlegel 1993, Stichwort: Sechseck manipulativer Rollen).

Frei nach *Gysa Jaoui u. Marie-Claude Gourdin* (1982, p. 183) handelt es sich nach einer unbefriedigenden Auseinandersetzung mit großer Wahrscheinlichkeit um ein Spiel, wenn mindestens drei der folgenden Fragen mit «ja» beantwortet werden können:
(1.) «Hast du dich schon vor der Auseinandersetzung im Hinblick auf diese unbehaglich gefühlt?»; (2.) «Hatte die Auseinandersetzung damit zu tun, daß du dich verpflichtet gefühlt hast, ohne Abmachung in die Angelegenheit anderer einzugreifen?»; (3.) «Hast du dich dabei ertappt, daß du während der Auseinandersetzung etwas anderes sagtest, als du eigentlich gedacht hast oder sagen wolltest?»; (4.) Hattest du in einem bestimmten Augenblick den Eindruck, deine Reaktionen nicht mehr unter Kontrolle zu haben?»; (5.) «Geschah während der Auseinandersetzung unversehens ein Wechsel des Themas, so daß es am Ende um etwas anderes ging als am Anfang?»; (6.) «Hast du während der Auseinandersetzung mehrmals Worte wie ‹immer›, ‹nie›, ‹keiner›, ‹alles›, ‹jeder› oder ‹und überhaupt› gebraucht oder hast du Sprichwörter wie bewiesene Tatsachen eingeflochten?»; (7.) Warst du nach der Auseinandsersetzung in einer zwar unbehaglichen, aber dir durchaus vertrauten Verstimmung und/oder hast du dich in einer vorgefaßten Meinung bestätigt erlebt?»; (8.) Hatte die Auseinandersetzung Ähnlichkeiten mit solchen, die du immer wieder mit demselben oder auch mit verschiedenen Gesprächspartnern erlebst?»
Dadurch, daß die Autorinnen nicht nur *ein* Merkmal einsetzen, sondern eine *beliebige Gruppe von drei Merkmalen*, werden sie verschiedenen Arten von Spielen gerecht, allerdings nur von Berne definierten manipulativen Spielen.

Über die Aufhebung der Gewohnheit oder sogar des «Zwangs», mit manipulativen Spielen Kontakt zu suchen siehe S. 326–330!

9. Das Modell vom Skript oder unbewußten Lebensplan

Schon in seiner ersten zusammenfassenden Skizze über *Transaktionale Analyse: eine neue und wirksame Methode der Gruppentherapie* (1958) erwähnt Berne den Begriff des Skripts, dem er zwei Abschnitte widmet, in seinem ersten Buch dann über *Transaktionale Analyse in der Psychotherapie* (1961) beansprucht die Lehre vom Skript ein ganzes Kapitel. Das letzte und umfangreichste Buch von Berne, das erst nach seinem Tode herausgekommen ist, *Was sagen Sie, nachdem Sie «Guten Tag» gesagt haben* (1972), kreist vornehmlich um den Begriff des Skripts.

Nach Berne gestaltet jedermann sein Leben nicht nur während Monaten und Jahren, sondern für gewöhnlich solange es dauert, nach einem *vorbewußten Plan oder Programm* (Berne 1972, p. 25/S. 43f), aus dem ihn allerdings manchmal existentielle Erlebnisse oder Psychotherapie befreien werden. Ein solcher Plan gibt z.B. an, ob jemand ein «Gewinner» oder «Verlierer» werden soll, wie er andere Leute erleben und wie er von ihnen behandelt werden wird (1972, p. 37/S. 54, p. 95/S. 120), aber auch ob und wen ungefähr er heiraten wird, ob er sich scheiden lassen wird, wie er sterben und wer in seiner letzten Stunde bei ihm sein wird (1972, p. 31/S. 47). Auch die sexuellen Triebe, Bedürfnisse und Möglichkeiten sowie die Bereitschaft zur Liebe ganz allgemein sind weitgehend in diesem Lebensplan vorprogrammiert; besonders bei Frauen scheint bereits im frühen Kindesalter festgelegt zu sein, ob sie Kinder bekommen oder kinderlos bleiben oder gar ewige Jungfrauen sein werden (1972, pp. 209–210/S. 250, unvollständig übersetzt). Während Berne an den erwähnten Stellen, aber noch ausdrücklich andernorts (1966d; 1972, pp. 418–419/S. 471ff), nur wichtige Ereignisse im Leben, wie berufliche Laufbahn, Erziehung seiner Kinder, Heirat, Scheidung und Todesart, als durch das Skript vorbestimmt ansieht, so beschreibt er doch an anderen Stellen seines Werks Beispiele, wie auch verhältnismäßig geringfügige Eigenheiten des Erlebens und Verhaltens im Alltag durch diesen Plan gelenkt und bei dessen Kenntnis verständlich werden (1961, p. 119–123, 125–128).

Zuerst schrieb Berne, es gelinge nur selten, das Skript in Einzelheiten aus dem «klinischen Material» zu rekonstruieren (1966d). Das letzte Werk von Berne ist dann aber dem Begriff des Skripts gewidmet. In seinen Aussagen bleiben Unklarheiten und Widersprüche, die ich im folgenden nicht verheimliche. Der bedeutendste Fortschritt nach dem Tod von Berne sind die Modelle von den Antreibern (Kahlen) und von den destruktiven Grundbotschaften (Campos, Goulding).

Da der unbewußte Lebensplan oder dieses Programm wie eine Vorschrift aufgefaßt werden kann, nach der jemand seine Rolle im Leben spielen wird, vergleicht Berne ihn mit einem Skript, also mit einem Rollentext in Schauspielen, Hörspielen, Opern oder Filmen, andererseits veranschaulichen seines Erachtens bekannte Schauspiele und Opern ihrerseits typische «Skriptschicksale» und faszinieren deshalb (1961, pp. 4, 116). Den Vergleich des unbewußten Lebensplans mit einem Skript im Sinne von Rollentext stützt Berne aber weniger auf das Agieren eines Schauspielers auf der Bühne als auf die Tatsache, daß das skriptgemäße Leben eines Menschen wie ein Theaterstücke sich in Akte und Szenen einteilen lasse, tragische Skripts, wie sie Menschen mit einer Psychose, Neurose oder Psychopathie eigen seien, insbesondere auch nach dem Muster, das Aristoteles für die großen griechischen Tragödien aufgestellt habe: Prolog, Höhepunkt, Katastrophe und Trauergesang (1961, S. 117, 118). Im übrigen würden sich Skripts wie Theaterstücke auf eine begrenzte Zahl von Grundthemen beschränken; es stünde bei beiden von Anfang an das Endergebnis fest, auf welches das Geschehen zusteuere; bei beiden müßten Stichwörter im richtigen Augenblick gesprochen werden, so daß andere auf eine Art reagieren, welche die Handlung rechtfertige und vorantreibe; beide würden zuerst nur provisorisch entworfen, dann mehrmals umgearbeitet und geprobt, bis sich die endgültige Fassung herausgebildet habe; bei beiden kämen immer wieder bestimmte Rollen vor wie zumindest der gute Held und der Bösewicht sowie der Gewinner und der Verlierer; bei beiden sei es nicht zufällig, wer auf wen stoße, um den Ablauf des Dramas zu fördern; bei beiden folge eine Szene sinnvoll der anderen (1972, S. 35ff). In einer Gruppe kann nach Berne beobachtet werden, wie ein Teilnehmer zuerst durch unverbindliche Unterhaltungen und manipulative Spiele herauszufinden suche, welcher Teilnehmer sich für welche Rolle in seinem Skript am besten eigne und nachdem er wie ein Theaterdirektor auf diese Art seine Rollen verteilt habe, übernehme er selbst die Hauptrolle in seinem eigenen Stück (1961, p. 118), Regisseur und Schauspieler in einem (1961, p. 130).

Berne schreibt an einigen Stellen seines Werks, der Lebensplan oder das Skript sei *unbewußt*, an anderen Stellen aber betont er, der Lebensplan oder das Skript sei *vorbewußt*. «Vorbewußt» ist ebenfalls unbewußt, aber *ohne Überwindung von wesentlichen Widerständen bewußtseinsfähig*.

Der Begriff «Skript» ist in seiner praktischen Bedeutung demjenigen des bevorzugten oder ausgeschlossenen Ich-Zustandes, dem der bevorzugten Art von Transaktionen, dem der bevorzugten Zeitgestalt, dem der bevorzugten manipulativen Rolle, dem des bevorzugten Spiels übergeordnet, denn diese sind Ausdruck des Skripts. Immer wenn Menschen sich begegnen, wirkt sich in der Art, wie sie miteinander umgehen, ihr Skript aus (Berne 1972, p. 25/S. 43f). Das ist gemeint, wenn Berne seinem letzten Buch den Titel gegeben hat: *Was sagen Sie, nachdem Sie «Guten Tag» gesagt haben?* (1972, p. 38/S. 55).

Die Lebenspläne derjenigen, die sich heiraten, passen meist gut zueinander. Komplementäre Lebenspläne sind für Ehepaare typisch (Berne 1972, p. 195/S. 235, p. 320/365/ unvollständig übersetzt). Der Lebensplan oder das Skript enthält nämlich nicht nur Anweisungen, wie ich erleben und mich verhalten werde, sondern auch bestimmte Erwartungen hinsichtlich der *Mitspieler*. In beinahe jedem Skript sind nach Berne vier Rollen vorgesehen: «gute Menschen», «böse Menschen», «Gewinner», «Verlierer», wobei «gute Menschen» allerdings zugleich Gewinner, «böse Menschen» zugleich Verlierer sein können, wie dies häufig in Wildwestern der Fall ist (1972, pp. 36–37/S. 53ff). Unbewußt wähle ich mir auf meinem Lebensweg Menschen aus, die sich als Mitspieler, allerdings in einem differenzierteren Sinn als oben wiedergegeben, eignen und sie wählen mich, weil ich ihnen geeignet scheine, eine in ihrem Lebensplan vorgesehene Rolle als Mitspieler gut erfüllen zu können. Berne schreibt einerseits, daß, wer sein Skript lebe, andere einladen, überzeugen, verführen, bestechen oder zwingen werde, diejenigen Rollen zu spielen, die in seinem Skript vorgesehen seien (1966b, p. 310). Andererseits schreibt er aber auch, daß sich natürlicherweise diejenigen zusammenfinden würden, die dazu geeignet seien, gegenseitig eine Rolle je in ihrem Skript zu spielen (1972, pp. 36–37/ S. 54ff). An einer intensiven Beziehung zu anderen hätten sie weniger Interesse (1972, p. 38/S. 55f).

Nach Berne ist Alfred Adler, der Begründer der Individualpsychologie, von allen Vorgängern der Transaktionsanalyse derjenige, dessen Feststellungen denjenigen eines Skriptanalytikers am nächsten komme.

Berne führt wörtlich Abschnitte aus einem Aufsatz von Adler an, welche die Nähe von dessen Modell eines Lebensplan zu dem des Skripts nach Berne beweisen sollen:

«Wenn ich das Ziel einer Person kenne, so weiß ich ungefähr, was kommen wird. Und ich vermag es dann auch, jede der aufeinanderfolgenden Bewegungen einzureihen ... Dazu kommt noch, daß auch der Untersuchte nichts mit sich anzufangen wüßte, solange er nicht nach einem Ziel gerichtet ist». «Das Seelenleben des Menschen richtet sich wie eine von einem guten Dichter geschaffene Person nach ihrem 5. Akt ... Jede seelische Erscheinung kann, wenn sie uns das Verständnis einer Person ergeben soll, nur als Vorbereitung für ein Ziel erfaßt und verstanden werden». Es entspinnt sich «ein fiktives Ziel als gedachte, endgültige Kompensation und ein Lebensplan als der Versuch einer solchen». Dieser Lebensplan bleibt im Unbewußten, «damit der Patient an ein unverantwortliches Schicksal, nicht an einen langen vorbereiteten, ausgeklügelten, verantwortlichen Weg glauben darf ... Den Abschluß und die Versöhnung findet der Mensch dann in der Konstruktion eines oder mehrerer ‹Wenn-Sätze›. ‹Wenn irgend etwas anderes gewesen wäre ...!›» (Adler 1914a; Berne 1972, pp. 58–59/nicht übersetzt).

Berne schwebt hier ein *Endzielskript* vor, sein erstes Skriptmodell.

Berne nennt aber auch «Abweichungen», welche das Modell des Skripts von den Feststellungen Adler zum Lebensplan unterscheiden sollen: (1.) Das Skript sei in der Regel nicht unbewußt; (2.) die betreffende Person sei keineswegs allein für das verantwortlich; (3.) das Ziel und die Art und Weise, wie das Skript eingehalten werde, würden sich noch genauer voraussagen lassen als selbst Adler dies in bezug auf den Lebensplan wahrhaben wollte (Berne 1972, p. 59/S. 81).

Der ersten der genannten Abweichungen widerspricht nun aber Berne selbst, wenn er vom «unbewußten Lebensplan» schreibt (1964b, p. 62/S. 76f). Wenn Berne an anderer Stelle schreibt, der Lebensplan sei vorbewußt (1972, p. 25/S. 43), so spricht das nicht dagegen, daß er unbewußt ist. «Vorbewußt» ist, wie auf S. 177 bereits dargelegt, nur eine besondere Qualität von «unbewußt».

Die zweite angebliche Abweichung der transaktionsanalytischen Lehre vom Skript von der individualpsychologischen Auffassung vom Lebensplan besteht nach Berne darin, daß die Verantwortung für die Aufstellung des Lebensplanes nicht allein beim betreffenden Patienten liege. Ich verstehe diese Bemerkung von Berne dahin, daß er die Eltern als mindestens mitverantwortlich für die Aufstellung des Lebensplanes betrachtet. Auch darin widerspricht er Adler aber keineswegs, wenn dieser auch immer wieder betont, daß der Patient seiner Verantwortung für sein Leiden nicht ausweichen dürfe, indem er die Eltern dafür verantwortlich mache. Adler will damit keineswegs feststellen, daß Eltern nicht für das psychologische Schicksal ihrer Kinder mitverantwortlich seien, sondern seinen (erwachsenen) Patienten nur nahebringen, daß sie jetzt die Verantwortung für ihr Schicksal selbst zu übernehmen hätten. Darin unterscheidet er sich durchaus nicht von Berne. Der transaktionsanalytische Begriff der *Grundentscheidung*, der *frühen Entscheidung* oder der *Skriptentscheidung* auferlegt sogar dem jungen Kleinkind die Verantwortung für die Bildung des Skripts. Das entspricht völlig der Ansicht von Adler, daß jedes Kind *aus freier schöpferischer Kraft* sich aus dem, was ihm angeboren sei und aus dem, was ihm aus der Umgebung entgegentrete, seinen Weg, d.h. seinen «Lebensplan» oder gleichbedeutend: seinen «Lebensstil», sein «Bewegungsgesetz» selber wähle (1933, S. 22). Es geschieht dies auch nach Adler oft schon im zweiten, sicher im fünften Lebensjahr (1933, S. 24). Die ersten Schlußfolgerungen werden nach Adler und dem Transaktionsanalytiker Goulding bereits in der frühen Zeit des noch wort- und begrifflosen Kindes aus Erlebnissen und Erfahrungen gezogen, wenn bereits von «Schlußfolgerungen» gesprochen werden darf. Vielleicht wäre es besser, von Erfahrungen zu sprechen. Diese Erfahrungen/Schlußfolgerungen blieben nun auch in späteren Zeiten wirksam, wenn auch gemildert durch den common sense, wie Adler das nennt, was in der Transaktionalen Analyse als Sichtweise der «Erwachsenenperson» bezeichnet würde (Adler 1933, S. 28f).

Zum dritten Punkt: Ich würde zutreffender sagen, daß der Skriptanalytiker mit einem differenzierteren Lebensplan arbeitet als Adler. Berne beachtet aber in diesem Zusammenhang den entscheidenden Unterschied zwischen dem Begriff des Lebensplanes nach seiner und der Auffassung von Adler nicht. Jeder Lebensplan nach Adler hat dasselbe Ziel, nämlich Sicherheit, Überlegenheit, Macht, letztlich sogar Gottähnlichkeit zu erlangen und zwar als Kompensation der Grundeinstellung «Ich bin nicht O.K.». Allerdings sei es verschieden, wie dieses Ziel angestrebt werde. Bei Berne zielt der unbewußte Lebensplan, wenn er destruktiv ist, auf Selbstmord, Gefängnis oder psychiatrische Klinik im Sinne einer «Endlösung». Nach Adler wären das «Methoden», um der Verantwortung für die Lösung der Lebensaufgaben auszuweichen. Setzt der Lebensplan nach Berne voraus, daß eines Tages – vielleicht auch erst im Jenseits – ein Weihnachtsmann kommen werde, der alle Probleme löse, so wäre diese Voraussicht nach Adler die Überzeugung, ein Wunder würde dem Betreffenden eines Tages die Überlegenheit über die anderen verschaffen.

Siehe dazu aber die aus der «klassischen» Individualpsychologie entwickelte *Lebensstilanalyse*! (S. 335).

9.1 Die vierfache Wurzel des Skriptbegriffs bei Berne

Berne hat also, wie wir aus den vorangehenden Betrachtungen gesehen haben, beobachtet, daß der Mensch für gewöhnlich sein Schicksal nicht fortlaufend bewußt plant und entwickelt, sondern daß es wesentlich durch Entscheidungen in der frühen Kindheit geprägt wird. Der Lebensplan aus der frühen Kindheit wirke sich aus, ohne daß der Betreffende etwas davon wisse. Es ist, wie wenn der Mensch, vielleicht während er selbständig sein Schicksal zu gestalten scheint, im Grunde genommen wie ein Schauspieler auf der Bühne ein Leben gestaltet, das er sich selbst in der frühen Kindheit vorgeschrieben hat. Den unbewußten Lebensplan nennt Berne aber Skript, weil er, wenn jemand in seinem Leben sein Skript verwirkliche, dieses wie ein klassisches Drama mit Exposition, Verwicklung, Höhepunkt, tragisches Ende ablaufe, überdies aber auch, weil die bekanntesten oder eindrücklichsten Schauspiele intuitive Ableitungen von solch dramatischen Lebensplänen seien (1961, p. 4).

Berne führt nun aber, wie eine genaue Durchsicht seiner Werke ergibt, vier verschiedene Bedingungen an, die für die Gestaltung des Skripts oder der unbewußten Lebensplans verantwortlich seien. Die Frage nach allfälligen Regeln für das Zusammenspiel dieser Bedingungen bei der Gestaltung des Skripts, das sich im Schicksal eines Menschen auswirkt, ist in der Transaktionalen Analyse noch nicht diskutiert worden.

9.1.1 Das Skript als Wiederholung des Kindheitsdramas

Ursprünglich war für Berne das Skript Ausdruck eines *Dranges, eine problematische Kindheitssituation, ein Kindheitsdrama, zu wiederholen.* Von einer Wiederholung eines Kindheitsdramas schrieb Berne schon bei seiner ersten Definition des Skriptbegriffs (1958), so von der Frau, die nacheinander Alkoholiker heirate, um sich dann immer wieder enttäuscht scheiden zu lassen, wenn es ihr nicht gelungen sei, sie zu «retten». Es könne dies darauf zurückzuführen sein, daß sie selbst einen süchtigen Vater erlebt habe. Es ist dabei für Berne unwesentlich, ob bei dieser Wiederholung die Hoffnung mitschwingt, daß es eben doch einmal gelingen könnte, den Mann (Vater) von seiner Sucht zu befreien (Berne 1958; 1961, pp. 117, 119). Die Wiederholung einer unbefriedigend ausgegangenen Kindheitssituation in der Gegenwart, häufig provoziert durch den Betreffenden, nennt Berne auch *Übertragung* (s. S. 270ff). Gemeint ist offensichtlich eine Übertragung der Vergangenheit auf die Gegenwart.

Das Kindheitsdrama der Transaktionalen Analyse ist das «unerledigte Geschäft» der *Gestalttherapie*: «Während Psychoanalytiker von ‹verdrängten› und damit ‹unbewußten› Konflikten sprechen, verwenden Gestalttherapeuten auch die Bezeichnung *unerledigte Geschäfte* für Aufgaben und Probleme, die in der Vergangenheit nicht abschließend gelöst werden konnten und vergessen wurden. Das Unerledigte wirkt jedoch wie eine Kraft, die unser gegenwärtiges Erleben und Verhalten stört, so daß entwicklungsfördernde neue Erfahrungen beeinträchtigt werden. Gelingt es in einer Therapie, die problematische Vergangenheit zu erinnern, wiederzubeleben und zu verarbeiten, können die unerledigten Aufgaben abgeschlossen und neue Erfahrungen unbeschwerter gemacht werden». Wegen dieser Zusammenhänge ist die Gestalttherapie ein tiefenpsychlogisches Verfahren (Dinslage 1929, S. 9f). «Die *unerledigte Situation* ist für Perls die Definition der Neurose par excellence» (Petzold 1973, S. 27 nach O'Connel 1970, p. 254).

9.1.2 Das Skript als «elterliches Programm»

Die Auffassung, daß es sich beim Skript um einen Lebensentwurf handelt, der weitgehend von *Erwartungen und Einflüssen der Eltern* gestaltet worden ist, tritt später bei Berne ganz in den Vordergrund (1972, p. 418 – s. a. S. 184). Der Betreffende werde z. B. ein Gewinner werden, wenn ihm die Eltern positive und erfolgversprechende «Botschaften» auf seinen Lebensweg mitgegeben haben, ein Verlierer, wenn sie keine positiven Leistungen von ihm erwartet haben, ihn unterdrückten und geringschätzig behandelten, so daß er kein gesundes Selbstbewußtsein entwickeln konnte, dessen Entwicklung ja beim Kinde von der Einschätzung der Umgebung abhängig ist (Berne 1972, pp. 203–204/ S. 244f).

*Es kann allerdings sein, daß ein Skript auch von andern Geschehnissen geprägt wird als nur von dem Verhalten der Eltern, so z. B. von einer Erkrankung und einem Krankenhausaufenthalt in den frühesten Kindheitsjahren. Indirekt wird bei einem solchen Ereignis doch auch wieder die Entfernung von den Eltern, wenn auch nicht bedingt durch deren «Botschaften», die stärkste Wirkung ausüben. Von Berne werden solche Ereignisse nur in geringem Grade in Betracht gezogen. Ihre Wirkung entspricht in etwa derjenigen der Prägungen durch die Eltern.

9.1.3 Illusionäre Erwartungen an das Leben

Das Skript gründet sich nach Berne «im allgemeinen» auch auf *eine illusionäre Erwartung an das Leben* und zwar darauf, daß eines Tages ein Weihnachtsmann oder Prinz erscheinen werde, der alle Probleme, die das Leben auferlege, mit einem Mal löse (1966b, p. 229). Ein solcher Mensch lebt immer nur provisorisch in Erwartung des entscheidenden Ereignisses. Es kommt nach Berne vor, daß, wenn er lange genug gewartet hat und das Erwartete nicht eingetroffen ist, er sich umbringt oder sich aus dem Leben in eine Heilanstalt zurückzieht oder sich von denjenigen befreit, deren Anwesenheit vermeintlich die Ankunft des Heilbringers verhindert haben, d. h. jemanden umbringt, sich scheiden läßt oder seine Kinder wegschickt. Was erwartet wird, kann auch das Gesicht des Todes annehmen, der unausweichlich einmal kommen wird. Manchmal aber gelinge es dem Betreffenden auch, seine Erwartungshaltung abzuschütteln oder zu überwinden und sein Leben selbstverantwortlich in die Hand zu nehmen und hier und jetzt fortlaufend zu gestalten (Berne 1966b, p. 229; 1972, pp. 148–156/S. 182–193 – s. S. 371f).

9.1.4 Konkretisierung eines Mythos oder Märchens

Das Skript wird von Berne schließlich auch als *Konkretisierung eines Mythos oder Märchens* aufgefaßt. Für das Kind hätten Mythen oder Märchen eine engere Beziehung zur Realität, da sie annehmen würden, die Welt sei einmal so gewesen oder könnte so gewesen sein (Berne 1972, pp. 108–109/S. 135f). Für das Kleinkind sind ja auch die maßgebenden, allwissenden und allmächtigen Erwachsenen, von denen es anfangs völlig abhängig ist, mächtig wie Riesen oder Götter (1972, p39/S. 57, p. 172/S. 211). Nach Berne gestaltet sich nämlich das Skript nach Mustern, die in Mythen, Legenden und Märchen dargestellt sind (1972, p. 57/S. 79f). Der Mensch («Patient») richte sein Schicksal nach einem Mythos oder Märchen. Eines der Ziele der Skriptanalyse besteht nach Berne darin, «den Lebensplan des Patienten in einen passenden Zusammenhang mit der großen historischen Psychologie der ganzen menschlichen Rasse», nach der Theorie von C.G. Jung also nach archetypischen Mustern, zu bringen (1972, pp. 47–49/S. 67ff). Insbesondere sagt Berne: «Von jedem Skript findet sich eine Vorlage unter den griechischen Mythen oder Dramen» (1966c), schließt dann aber andernorts auch germanische Mythen und Märchen mit ein.

An einer Textstelle schreibt Berne, das Protokoll (s. S. 186) entspreche in jedem Fall einem primitiven Mythos, typischerweise einem griechischen ... ; wie es sich in der Adoleszenz darstelle, werde in einem Volksmärchen entdeckt; das schließlich aus den aktuellen Verhaltensmustern des Erwachsenen erschließbare Skript, sei eine durchschaubare Ableitung davon (1966d).

Unter einem *Archetypus* versteht Jung kulturhistorisch über Zeit und geographischen Raum universal verbreitete Gestalten und Ideen in Märchen, Sagen, mythologischen Weltbildern, in Wissenschaft und Politik sowie in Phantasien und Träumen einzelner Menschen. Diese Archetypen, vielleicht genauer: ihre Konkretisierungen, haben numinose Erlebnisqualität. Sie werden von Jung verglichen mit den platonischen Ideen, den Kategorien der Erkenntnis, aber auch als «geistige Instinkte» bezeichnet, die unser Streben und Erleben durchdringen. *Wer kennt nicht die Idee eines «gelobten Landes», ein irdisches Paradies, nach dem jeder immer wieder einmal Sehnsucht hat oder sogar glaubt, daß es konkret existiere, wie zur Zeit unserer Großeltern etwa Haiti, oder daß es doch «machbar» wäre wie eine edelkommunistische Gesellschaft. Auch der Glaube an die Existenz eines Allheilmittels ist eine heute sehr aktuelle archetypische Idee.

In einer engen Beziehung zum Begriff des Archetypus stehen die *Weltauffassungen unserer Vorfahren* bis in die Urzeiten, so etwa die animistische, die magische und die mythologische Weltanschauung, die immer noch in uns schlummern und bei Geisteskranken in Halluzinationen und Wahnideen wieder lebendig werden können oder bei Gesunden in religiösen Vorstellungen oder aber auch in abergläubischen Vorstellungen, z.B. ganz unbedacht beim Kartenspiel, wenn jemand von einer «Pechsträhne» spricht, die ihn gerade an diesem Abend heimsucht.

Berne bezieht sich auf ein im englischsprachigen Raum sehr bekanntes Buch von J. Campbell (1945), der sich seinerseits auf Freud, Jung und seine Nachfolger stützt. Berne bestätigt mit Berufung auf Campell und Jung, daß archetypische Gegebenheiten auch vielen bedeutsamen Eigenheiten des heutigen Kulturmenschen zugrundeliegen liegen würden (1972, pp. 47–48/S. 67ff, p. 57/S. 79f). Die magische Denkweise des Kleinkindes, die sich mit dem Begriff der kleinkindlichen «Erwachsenenperson» (ER_1) verbindet (s. S. 32) zeigt z.B., wie die magische Denkweise auch dem heutigen Kleinkind, ja über das «Kind» auch dem heutigen Erwachsenen immer noch möglich ist (s. S. 33). Mit den Motiven in Märchen und Mythologien geht nun allerdings Berne zum Teil recht willkürlich um, auch wenn er sich direkt oder indirekt auf den Begriff des Archetypus beruft. Von Jung weicht ab, wenn Berne das allfällige glückliche Ende eines Märchens grundsätzlich unberücksichtigt läßt, während sich nach Jung darin eben gerade ein Weg zur Erlösung aus einer drangvollen Situation zeigt. Bei der Skriptanalyse kann es aber tatsächlich sinnvoll und aufschlußreich sein, bei der Deutung von Lieblingsmärchen, wie es Berne empfiehlt, vom «glücklichen Ende» abzusehen (s. S. 234).

Diese vier Auffassungen vom Skript sind grundsätzlich verschieden. Wenn sie alle die gleiche Wahrheit für sich beanspruchen, dann müßte die Erfahrung beweisen, daß sie sich bei jedem Skript oder unbewußten Lebensplan zusammen verwirklicht finden. Es ändert wenig daran, wenn wir annehmen, die überlieferten Mythen und Märchen seien umgekehrt bereits Abbilder typischer Skriptschicksale, denn auch in einem solchen Fall würden sie ja auch wieder bestimmten Mustern entsprechen. Es läßt sich konstruieren, daß die Menschen diejenigen Wiederholungen aus der Kleinkindheit – Berne spricht von «Übertragungen von Kindheitsdramen» – anstreben, die solchen archetypischen Mustern entsprechen und schließlich könnte ein solches auch immer eine illusionäre Erwartung in sich schließen. Sisyphos erwartet ja schließlich, daß der Felsbrocken endlich einmal oben bleiben wird wie Dornröschen auf den erlösenden Prinzen «wartet», die Frau des Alkoholikers darauf, diesen retten zu können.

In dem hier besprochenen Zusammenhang kann auch meine Hypothese gestellt werden, daß die destruktiven Grundbotschaften oder Einschärfungen eigentlich dem menschlichen Leben an sich innewohnende Grundannahmen sind (s. S. 197), die sich dann eben nicht nur im Selbst- und Weltbild (Skript) des einzelnen Menschen verwirklichen, sondern ebenso in Sagen, Märchen und klassischen Dramen, aber auch in dem von Freud und Berne gemeinsam vorausgesetzten Wiederholungszwang (s. u.).

Mit diesen Betrachtungen glaube ich, das Problem um das Zusammenspiel der von Berne geschilderten vier verschiedenen Bedingungen oder Wurzeln des Skriptbegriffes nicht gelöst, sondern nur einige Überlegungen und Anregungen zu einer solchen Lösung beigetragen zu haben.

In den Ausführungen von Berne zur Praxis der Skriptanalyse haben die elterlichen Botschaften und die darauf beruhende Grundentscheidung eindeutig das größte Gewicht. In den folgenden Ausführungen kommt das zur Geltung.

9.2 Das Skript (Berne) als Wiederholungszwang (Freud) oder Schicksalsneurose (Deutsch)

Freud spricht von einem «Wiederholungszwang», dem Menschen verfallen könnten, die scheinbar nicht an einem unbewußten Konflikt leiden würden, also nicht an einer Neurose im Sinne der Psychoanalyse: «So kennt man Personen, bei denen jede menschliche Beziehung den gleichen Ausgang nimmt: Wohltäter, die von jedem ihrer Schützlinge nach einiger Zeit im Groll verlassen werden, so verschieden diese sonst auch sein mögen, denen also bestimmt scheint, alle Bitterkeit des Undanks auszukosten; Männer, bei denen jede Freundschaft den Ausgang nimmt, daß der Freund sie verrät; andere, die es unbestimmt oft in ihrem Leben wiederholen, eine andere Person zu großer Autorität für sich und die Öffentlichkeit zu erheben, und diese Autorität dann nach abgemessener Zeit selbst stürzen, um sie durch eine neue zu ersetzen; Liebende, bei denen jedes zärtliche Verhältnis zum Weibe dieselben Phasen durchmacht und zum gleichen Ende führt usw.» (Freud 1920, S. 20f). Der treffende Ausdruck «Schicksalsneurose» stammt nicht von Freud, sondern von seiner Schülerin Helene Deutsch (1930).

Aus der Sicht und in der Terminologie der Transaktionalen Analyse handelt es sich bei einem solchen schicksalhaften «Wiederholungszwang» oder einer «Schicksalsneurose» um eine beobachtbare Folge von Skriptbotschaften also um ein operationalisiertes Skript. Solche «Schicksale» sind, transaktionsanalytisch betrachtet, Folgen von Prägung durch elterliche Botschaften und frühkindliche charakterbildende Entscheidungen: «Undank ist der Welte Lohn!», «Jeder Freund wird dich verraten!», «Wenn du von jemandem begeistert bist, wird er dich enttäuschen!», «Keine Frau ist treu!». Auch Freud betrachtet solche Schicksale als zum großen Teil selbstbereitet und durch Einflüsse aus der Kleinkindheit bestimmt.

Die Beispiele von Freud zum Wiederholungs- oder Schicksalszwang, von Deutsch zu Schicksalsneurosen sind unmittelbar Belege für das, was Berne als Skript bezeichnet. Das gelebte Skript könnte treffend als Schicksalsneurose bezeichnet werden! Berne nennt den Skriptbegriff deshalb zwar freudianisch, aber, weil die Schüler von Freud die Lebensläufe ihrer Patienten nicht systematisch in dieser Hinsicht zu betrachten pflegten, nicht psychoanalytisch (Berne 1972, p. 58/S. 81).

9.3 Entstehung des unbewußten Lebensplans

Das Kleinkind ordnet die Eindrücke, die es empfängt zu einem bestimmten Bild seiner selbst, der andern und dem Leben und der Welt als ganzem. Ein solcher Lebensentwurf ist ein Hilfsmittel, um sich in der Welt zurechtzufinden. Dieses Bild verändert sich im selben Umfang, wie sich die Welt des Kindes erweitert, aber im allgemeinen werden neue Erfahrungen im Sinn früherer Erfahrungen ausgelegt, d.h. dem bereits bestehenden Selbst- und Weltbild eingepaßt, auch wenn dabei die Realität verkannt und verzerrt werden sollte. Es besteht offensichtlich bei jedem Menschen die Neigung, ein einmal errichtetes Selbst- und Weltbild aufrechtzuerhalten, um die Eindrücke, die auf ihn einstürmen, einordnen zu können. Umso wichtiger sind die frühesten Erlebnisse des Kleinkindes. Sie sind einerseits geprägt von äußeren Lebensumständen, manchmal auch traumatischer, d.h. seinerzeit emotional überfordernder Art, andererseits von seinen, zum Teil angeborenen, Eigenarten und von seinen Möglichkeiten, diese Ereignisse auszulegen, wobei die Konstitution des Kindes, seine altersentsprechende Ich-Bezogenheit und seine Neigung zu magischen Schlußfolgerungen eine wichtige Rolle spielen. Schließlich sind die frühen Erlebnisse des Kleinkindes geprägt vom Bestreben, die vitalen und emotionalen Bedürfnisse zu befriedigen. In dieser Hinsicht ist aber der Säugling fast völlig, das Kleinkind noch sehr weitgehend und auch das ältere Kind in vielen Belangen von seinen Eltern oder anderen Erziehern abhängig. Sie gestalten seine unmittelbare Umgebung und bilden in dieser die bestimmenden Mächte. Dazu gehört, daß sie auch die Rolle des Kindes festzulegen versuchen, daß dieses darin zu spielen hat. Diese Erwachsenen muß das Kind bei der Befriedigung seiner Bedürfnisse berücksichtigen. Es wäre verloren, wenn sie sich von ihm abwenden würden. Insofern kommt der Beziehung zu den frühen Beziehungspersonen und deren Art zu reagieren eine entscheidende Rolle auch bei der Gestaltung des Lebensentwurfes zu (Berne 1972, p. 32/S. 48f, p. 38/S. 56, p. 53/S. 75, p. 56/S. 78, p. 65/S. 86, p. 419/S. 473f).

Für das Kleinkind hat das Leben Dauer. Es entwickelt dementsprechend Vorstellungen, wie sich seine Zukunft gestalten und was für eine Rolle es in seinem weiteren Leben spielen wird. Es entsprechen diese Vorstellungen einem Programm oder Plan, einem Bezugssystem, nach dem es seine Erfahrungen auslegen, ja sein Leben, insofern es das Schicksal in seiner Hand hat, nach Möglichkeit einrichten wird. Im Skript verankert sind auch die Vorstellungen über die Zukunft. Dieser unbewußte Lebensplan entsteht nach Berne in seinen Grundzügen bereits vor dem sechsten, meist sogar bereits im Laufe des dritten Lebensjahres (1972, p. 53/74).

Entscheidend für die Bildung des Lebensplans ist nach Berne der Einfluß der Eltern (Berne 1972, p. 32/S. 48f, p. 38/S. 56, p. 53/S. 75, p. 56/S. 78, p. 419/S. 473f), wenn auch die ererbte Anlage, äußere Lebensumstände, eigene Wünsche und Sehnsüchte (Berne spricht von «spontanen Erfindungen» – 1972, p. 65/86) dabei mitspielen.

Berne kennt vier «schicksalsbestimmende Mächte»: (1.) destruktive und (2.) konstruktive elterliche Programme, (3.) den Zwang außerpersönlicher Umstände und schließlich (4.) in Freiheit gewählte Ziele (1972, p. 56/S. 78f).

Berne sieht den Einfluß der Eltern als so wichtig an, daß er den Lebensplan an verschiedenen Stellen seines Werkes kurzerhand «elterlich bestimmtes Programm» nennt. Das Kind lebe ohnehin, wie es sei und wie es sich verhalte, «für seine Eltern» oder «um seiner Eltern willen». Tatsächlich ist ja das Kind vorerst von Haltung und Meinung seiner Eltern völlig abhängig, auch was die Bewertung seiner selbst anbetrifft. Es lernt von seinen Eltern, wie «man» sich am besten benimmt und wie «man» sich am besten in der Welt zurechtfindet (Berne 1972, p. 38/S. 56, p. 124/S. 154). Die Einflüsse der Eltern sind aber keineswegs immer eindeutig: Einmal handelt es sich im allgemeinen um zwei verschiedene Elternpersonen. Berne meint, ein Kind *tue* etwas für den gegengeschlechtlichen Elternteil und *lerne* vom gleichgeschlechtlichen (1972, p. 124/S. 154 – siehe dazu bei Skriptmatrix S. 222). Überdies erreicht der Einfluß der Eltern das Kind auf averbalen und verbalen Wegen, wobei, was dem Kind übermittelt wird, nicht immer mit dem übereinstimmt, was in Worten ausgedrückt wird. Besonders beeindruckend ist, was die Eltern in emotional gespannten Situationen sagen und tun. Die Rolle von Eltern können auch alle andern erwachsenen Beziehungspersonen aus der Kleinkinderwelt spielen. Es kommt auch vor, daß der Einfluß von älteren Geschwistern auf die Gestaltung des Lebensplans so wichtig ist wie derjenige der Eltern, meistens allerdings von Geschwistern, die ausdrücklich als Stellvertreter der Eltern eingesetzt worden sind.

Nach Berne ist das Skript «ein sich fortlaufend verwirklichendes Programm, das in der frühen Kindheit unter dem Einfluß der Eltern entworfen wurde und das Verhalten des Individuums in den wichtigen Belangen seines Lebens bestimmt», z.B. in Fragen der Ehe, der Familiengründung, der Art des Sterbens (Berne 1972, pp. 418–419/S. 471f).

Wie Berne eine Spielformel aufgestellt hat (s. S. 165), so in bezug auf die obige Definition auch eine *Skriptformel*:

$$feE \rightarrow Pr \rightarrow G \rightarrow En \rightarrow Er$$

Früher elterlicher Einfluß (feE) führt zur Ausgestaltung eines Programms (Pr), dem das Kind folgt (G = Gehorsam) und das in Entscheidungen (En) zum Ausdruck kommt, die sich in wichtigen Belangen des Lebens als Ergebnis (Er) [payoff] niederschlagen, z.B. Partnerwahl, Kinderzahl, Todesart usw. (frei interpretiert nach Berne 1972, p. 419/S. 473f – In der Originalformel von Berne wird statt «Entscheidung» «wichtige Belange des Lebens» gesetzt, deren Bestimmung aber doch als Folge von Entscheidungen erklärt werden, weshalb ich diese als «Akt» in die Formel einfüge).

Die obige Definition des Skripts als *elterliches Programm* deckt sich nicht ohne weiteres mit anderen Aussagen von Berne über die Gestaltung des Skripts, z.B. des Skripts als *Wiederholung eines unerledigten Kindheitsproblems* (s. S. 179f), des Skripts als *Verwirklichung eines Mythos' oder Märchens* im Alltag (s. S. 181ff), des Skripts als *Folge kindlicher Illusionen* (s. S. 180f). Siehe zu dieser «vierfachen Wurzel» des Skripts S. 179!

Ein Skript kann *destruktiv* sein. Berne kennzeichnet ein solches destruktives Skript mit Vorliebe durch das Lebensende, auf das es zusteuert (Endergebnis oder besser: Ziel des Skripts; «Abschiedsvorstellung auf der Bühne des Lebens»): als verwahrloster Vagabund, als vereinsamter Sonderling in einer ärmlichen Pension, als Verwahrter im Gefängnis oder in einer psychiatrischen Klinik, als chronisch Kranker in einem Krankenhaus, sei es als Suizidant, entweder offen oder verkappt durch selbstverschuldeten Unfall oder provozierten Mord, oder allmählich durch Alkokolismus oder Drogensucht (frei nach Berne zusammengefaßt nach verschiedenen Stellen in seinen Werken). Ein solches Ende könne sich plötzlich nach äußerlich unauffälligem Leben einstellen (s. S. 216) oder aber, wie es bei Patienten, die Behandlung suchen, typisch sei, hätten zuvor schon Erlebens- und Verhaltenseigentümlichkeiten darauf hingewiesen und ließen sich durch den Therapeuten, der darauf zu achten gewohnt sei, in den entsprechenden Bedeutungszusammenhang einordnen. Widrige Lebensumstände könnten auch zu einer Spannung zwischen Skriptneigung und Wirklichkeit führen (s. S. 250f). Die Abwendung vom Weg zum Skriptziel entspreche einer Neuausrichtung des Lebens. Es handelt sich bei diesem Skriptbegriff um denjenigen eines *Endzielskripts* und nicht eines *Wiederholungsskripts* (s. S. 236ff).

Ein Skript kann aber auch *konstruktiv* sein. Es kann nach Berne denjenigen, der ihm nachzuleben vermag, indem er geeignete Mitspieler findet, glücklich machen (1961, p. 117). Das Ende käme dann erwartet nach einem erfüllten Leben im Kreise der Angehörigen oder, wie Berne schreibt, bei einem «Abschiedsdiner» (s.a. Gewinnerskript).

Steiner unterscheidet *tragische* oder *verhängnisvolle* Skripts von *banalen* Skripts.

Steiner schreibt statt von tragischen Skripts auch von *hamartischen Skripts*. Hamartie ist das durch Irrtum, Missetat oder Sünde ausgelöste Verhängnis, dem der Held in den altgriechischen Dramen nach der Auslegung durch Aristoteles ausgeliefert ist (Frumke 1973).

Das virtuelle, nicht selten aber auch tatsächlich erreichte Ziel von tragischen Skripts könne die Einweisung in eine psychiatrische Klinik, in ein Gefängnis, könne Suizid, Totschlag oder Mord sein. Ein banales Skript hingegen schreibe ein Schicksal vor, wie es dem Durchschnitt der Menschen gegeben sei (Steiner 1974, pp. 115–117/S. 119–122 (Siehe auch den Begriff Gegenskript S. 215ff). Dabei spielen auch kollektive Aspekte eine Rolle, die, abgestimmt nach den Erwartungen der Gesellschaft, für ganze Gruppen von Menschen gelten. Eine Frau mag z.B. nach den ihrem Skript innewohnenden Vorschriften ihr Leben so gestalten, wie es in ihrer Gesellschaftsschicht von einem «Frauenleben» erwartet wird, wobei sie sich mit diesen Erwartungen identifiziert (Hogie Wyckoff in: Steiner 1974, pp. 199–201/S. 196f). Ähnliches gilt für Vertreter von Minderheiten in der Bevölkerung (Roberts 1975). Es gibt also kulturspezifische, schichtspezifische, gruppenspezifische, ja, familienspezifische Anteile im Skript eines Menschen. Wenn man diese Anteile vom Individuum abstrahiert, wird gerne von einem kulturellen Skript *der* Frauen, *der* Juden usw. gesprochen, womit ein Lebenslauf nach der entsprechenden Überlieferung gemeint ist.

«Die Skripts von Neurotikern, Psychotikern und Psychopathen sind fast immer tragisch» (Berne 1961, p. 118). Destruktive Direktiven, die den Betreffenden daran hindern, als Gewinner zu leben, sind nach meiner Erfahrung allerdings auch bei Menschen zu finden, die sich als durchaus gesund einschätzen und auch als gesund gelten, nur sind diese Direktiven dann nicht «durchschlagend», sondern nur an diskreten Eigentümlichkeiten der Erlebens- und Verhaltensweisen erkennbar. So kann auch bei einem Gesunden ein Mangel an Daseinsberechtigung eine Rolle spielen, aber kaum in seiner Lebensweise zum Ausdruck kommen, höchstens in kritischen Situationen und dann eher in Erlebens- als in Verhaltensweisen. Er wird auch nicht einem entsprechenden Ende zusteuern. Berne selbst hat kaum auf solche Zusammenhänge hingewiesen; seine Aufzählung der destruktiven «Skriptende» sind aber, abgesehen von ihrer möglichen Verwirklichung, in dieser Hinsicht von zusätzlichem Wert auch in der «Psychotherapie von Gesunden», die sich irgendwo in ihrem Lebensvollzug eingeschränkt erleben.

Frye (1976) stellt in Frage, ob ein durchschnittliches bürgerliches Leben in einer konventionellen Männer- oder Frauenrolle immer den Geboten oder Verboten eines banalen Skripts folge. Ich würde sagen, daß ein solches Leben, *wenn es vom Betreffenden nie in Frage gestellt wird*, einem banalen oder schichtspezifischen kulturellen Skript folgt, daß aber, wenn sich der Betreffende einmal davon distanziert, sich dann aber doch dazu *entscheidet*, ein solches Leben zu führen, er diesbezüglich keinem Skript mehr folgt.

Der Zeitpunkt, in dem unter dem Einfluß der Umgebung die Hauptrichtlinien des unbewußten Lebensplans festgelegt werden, ergibt etwa das, was bei der Verfassung eines Dramas als «Exposition» bezeichnet werden könnte. Meist ist sie durch ein ganz bestimmtes Ereignis im Leben des Kleinkindes markiert. Berne spricht vom Skript-Protokoll (Berne 1961, p. 118; 1963, p. 228/S. 250; 1966b, p. 267; 1972, p. 31/S. 56, p. 444/S. 508). Die «Durchführung» muß dann noch in den Einzelheiten festgelegt und kann im Laufe der Jahre auch immer wieder etwas verändert werden, nachdem «das Spiel des Lebens» bereits begonnen hat. Mit der zunehmenden Lebenserfahrung und dem Milieu, in dem das Kind und der Jugendliche leben, wechseln nämlich auch die Kulissen und Requisiten. Beim Kleinkind bildet im allgemeinen das Familienleben die Bühne und damit den Hintergrund und die Atmosphäre zur Gestaltung des Lebensplans. In manchen Familienmitgliedern erlebt das Kind Vorbilder, in anderen typische Vertreter des guten oder des bösen Prinzips. Die Kulissen bestehen aus den Räumen des Hauses, in dem das Kind aufwächst, oder seiner näheren Umgebung. Auch die Märchen und Tiergeschichten, die dem Kind erzählt werden, oder die es aus Bilderbüchern heraus sich vorstellt, tragen zur Gestaltung seines Weltbildes bei. Dieses entspricht im Kleinkindesalter einer Märchenwelt, die mit unheimlichen Gestalten bevölkert ist und magischen Gesetzen gehorcht (Berne 1972, p. 172/S. 211f). Die Eltern treten darin als Riesen und Ungeheuer auf, denen magische Kräfte innewohnen (1972, p. 39/S. 57). Da gibt es wohlwollende und wilde Tiere, Zauberer und Feen, Könige und Prinzen mitten in der Alltagswelt. «Wenn du Geburtstag hast, wird ein Tiger hinter dem Schrank hervorkommen», sagte der Vater eines meiner Patienten diesem, als er noch ein kleines Kind war und meint, er habe damit einen harmlosen Scherz gemacht, ohne zu bedenken, daß das Kleinkind tatsächlich – sagen wir zu 50% – in einer Welt lebt, in der solches durchaus denkbar ist. Seither hatte das Kind jeweils Angst, wenn sein Geburtstag nahte, bald ohne zu wissen, weswegen. Sogar noch als Erwachsener hatte er vor seinem Geburtstag noch ein dumpfes Unbehagen und davon übertragen überhaupt, wenn ein Ereignis nahte, auf das er sich eigentlich hätte freuen können. Die Märchenwelt und der Ausspruch des Vaters sind dann, wie ein Tiefenpsychologe sagen würde, schon längst «im Unbewußten» und bilden «den archaischen Hintergrund» für sein Skript (frei nach Berne 1972, p. 172/S. 211 – «archaisch» heißt bei Berne «infantil»). Die Skriptversionen, die das Kleinkind aus dem «Protokoll» im Zusammenhang mit der zunehmenden Erweiterung seines Lebensraumes entwickelt, nennt Berne *Palimpsest* (Berne 1961, p. 127; 1963, p. 228/S. 250; 1966b, p. 267; 1972, p. 444/S. 508). Diese Bezeichnung ist mißverständlich, weil ein Palimpsest ein Papyrusblatt oder ein Pergament ist, auf dem der erstgeschriebene Text so gut wie möglich gelöscht und ein neuer Text darüber geschrieben worden ist, während zwischen «Protokoll» und «Palimpsest», wie Berne diese Ausdrücke gebraucht, ein enger Zusammenhang besteht. Später wird daraus das *endgültige Skript.*

In einer Zeit, in der Berne sich besonders eng an die psychoanalytische Betrachtungsweise und Terminologie anlehnte, beschäftigte er sich mit dem Verhältnis von Protokoll und Palimpsest zu den Stadien der psychoanalytischen Entwicklungslehre. Er schreibt, daß ein Skriptprotokoll sich im oralen oder analen Entwicklungsstadium des Kleinkindes bilden und entsprechende Züge aufweisen könne, das Palimpsest dann solche des jeweils nächsten Stadiums (1963, p. 232/ nicht übersetzt). Das heiße aber nicht, daß das Protokoll, d.h. die ganz ursprüngliche Version des Skripts, nicht, wie es gewöhnlich der Fall sei, auch mit ungefähr fünf Jahren, also im phallischen oder ödipalen Alter (erst) ausgebildet vorliegen könne (1961, p. 118; 1963, p. 228/ S. 250). Allerdings werde manchmal erst bei genauerer Untersuchung entdeckt, daß, was ein phallisches Protokoll scheine, im Grunde genommen doch bereits das Palimpsest, also eine Weiterverarbeitung eines oralen oder analen Protokolls sei (Berne 1963, p. 232/nicht übersetzt).

Was Berne hier sagt, ist, auch wenn wir von der psychoanalytischen Benennung der Entwicklungsstadien absehen, ganz allgemein entwicklungspsychologisch für die Lehre von der Entstehung des Skripts von Bedeutung.

Im Laufe der Zeit ändert der Heranwachsende nicht die Richtlinien oder das Gerüst seines Lebensplans, wohl aber Kulissen, Kostüme und Darsteller. Die Auswahl der Kulissen, Kostüme und Requisiten im «Spiel des Lebens» wird immer größer, indem das Kind durch das Leben auf dem Spielplatz und in der Schule immer mehr Erfahrungen sammelt und zunehmend auch Einblick in die Berufswelt der Erwachsenen gewinnt. Die Vorstellungen des Jugendlichen werden immer realitätsnäher. Ein romantischer Schimmer und romantische Illusionen bleiben trotzdem erhalten und auf jeden Fall die allgemeinen Linien des Lebensplans (Berne 1972, pp. 39–40/S. 57).

James u. Jongeward machen mit Recht darauf aufmerksam, daß mancher Selbsterlebender wie auch ein Außenstehender sich täuschen kann: Vielleicht schien skriptbedingt, daß jemand bereits als Jugendlicher als Evangelist auftritt und andere zum «wahren» Christentum zu bekehren suchte, später nimmt er jedoch Drogen und er selbst wie ein Außenstehender mögen den Eindruck haben, er habe sein Skript abgeworfen, aber nun predigt er das Heil der Drogen und sucht andere dazu zu bekehren. Eben, wie Berne schreibt, die Kulissen, Kostüme und Requisiten haben sich geändert, aber die Skriptbedingtheit des Verhaltens ist geblieben (James u. Jongeward 1971, pp. 290–291/S. 297).

Zum Modell vom Skript gehört die Feststellung, daß neue Erfahrungen gewöhnlich so ausgelegt werden, daß sie den ersten Ansätzen des Lebensplans entsprechen, womit sich dieser Lebensentwurf in seinem Grundgehalt mehr und mehr verfestigt, obgleich der Betreffende sehr wahrscheinlich denkt, er bilde sich seine Erfahrungen und Gedanken frei und unabhängig. Das im Lebensplan vorprogrammierte Schicksal wird nicht als Zwang durchschaut. Es ist, wie wenn jemand an einem elektrischen Klavier sitzen und spielen würde, ohne zu bemerken, daß er immer nur diejenigen Tasten drückt, die ohnehin nach dem vorgestanzten Programm angeschlagen werden, ein beliebtes Gleichnis von Berne (1972, p. 65–66/S. 86, p. 244/S. 287, p. 277/S. 324, p. 279/S. 325).

Ich erwähne nochmals die Patientin Rita, die als kleines Mädchen erleben mußte, wie ihr ursprünglich verehrter und liebender Vater immer unberechenbarer, dann oft abweisend und grob wurde, schließlich als Alkoholiker ihre Mutter schlug. Dieses Erlebnis wurde zum «Protokoll»: Ihr Vater wurde nun als verabscheuungswürdiges Ungeheuer erlebt. Später dehnte sich ihre

Überzeugung, die sie sich über ihren Vater gebildet hatte, auf Männer allgemein aus, realistischerweise werden jetzt solche nicht mehr als märchenhafte Ungeheuer erlebt, aber als gewalttätig (frei nach Berne 1966b, pp. 264–266).

9.4 Elterliche Botschaften

Die Grundbotschaften und die Antreiber, ebenfalls sogenannte elterliche Botschaften, werden in gesonderten Kapiteln behandelt (S. 197–204, S. 205–210).

9.4.1 Allgemeines über Skriptbotschaften

Die Einflüsse, die das Kind aus seiner Umgebung treffen, aber auch andere Ereignisse, wie Unfälle und Krankheiten, die eine prägende Wirkung haben können, werden in der Transaktionalen Analyse als *Botschaften* formuliert, auch wenn es sich um keine in Worte gefaßten Mitteilungen, Gebote oder Verbote handelt.

Ein Therapeut wird sich in erster Linie mit negativen Skriptentwürfen beschäftigen, wie solche das Leben psychisch Leidender und Gestörter prägen. Destruktive Skriptbotschaften können ein Leben trotz romantischer Sehnsüchte und guter Vorsätze in wesentlichen Belangen fortlaufend mißglücken lassen oder sie können die Veranlassung sein, daß ein nach üblichen Maßstäben unauffälliges oder sogar erfreuliches Leben plötzlich durch negative Episoden unterbrochen wird oder sogar schließlich destruktiv in Süchtigkeit, Kriminalität, Psychose oder Suizid oder in eine unglückliche Altersexistenz ausläuft. Berne weist immer wieder darauf hin, wie ein negatives Lebensende entgegen allen Erwartungen ein Skript offenbaren könne (s. S. 216).

Skriptbotschaften können sich auch widersprechen. Einer der Eltern kann «sagen» (auch nur averbal ausstrahlen, indirekt merken lassen, andeuten, vielleicht sogar in einem vermeintlichen Scherz aufleuchten lassen): «Du wirst einmal übel enden!» und der andere Elternteil oder eine beeindruckende Großmutter kann gleichzeitig sagen: «Du wirst dein Glück machen, was du auch unternimmst!» Eine Skriptbotschaft kann auch an sich mehrdeutig sein, z.B.: «Spar dein Geld!», wobei aber bei einer Mutter, die es gegenüber ihrem Sohn ausspricht, mitschwingen mag «. . . aber du wirst es wohl schließlich doch verschleudern wie dein Vater» (oder dein Onkel oder dein Großvater); auch kann der Betreffende selbst erleben, wie sein Vater keine Sorge zum Geld trägt. Dann kann der gut gemeinte Rat der Mutter beim Sohn ankommen wie «Spar dein Geld, um es dann alles auf einmal auszugeben!» (Beispiel nach 1972, p. 108/S. 135).

Im vollen Verständnis des Wortes ist das Skript *ein umfassender Gesamtentwurf des Lebens*. Ein Psychotherapeut als Skriptanalytiker befaßt sich aber in der Praxis im allgemeinen allein mit *skriptbedingenden Botschaften*, und unter diesen kaum mit solchen, die sich auf unwichtige Alltagsverrichtungen auswirken, etwa was und wie «man» ißt, wie man sich kleidet, wie man «Guten Tag!» sagt, wie man mit siedendem Wasser umgeht usw., sondern Botschaften, welche *grundsätzliche Lebensleitlinien oder Lebensrichtlinien* betreffen und wichtige Entscheidungen vorprogrammieren, vornehmlich mit *Lebensleitlinien, die sich negativ auswirken*, sei es ständig, offensichtlich oder «untergründig», sei es episodenweise oder gar erst auf unglückliche letzte Lebensjahre hinzielend. Nach meiner Erfahrung sind auch sogenannte gesunde Menschen nicht völlig frei von heimlichen destruktiven Tendenzen, so daß von beinahe jedermann gesagt werden kann, er könnte noch positiver, freier, sinnvoller und glücklicher leben.

Ich betone nochmals, um Mißverständnisse zu vermeiden, daß das, was ich als *Botschaften* formuliere, auch averbal von den Eltern und andern wichtigen Bezugspersonen vermittelt werden kann, abhängig davon, wie z.B. eine Mutter ihr Kind ansieht, in welchem Ton sie zu ihm und anderen in seiner Gegenwart spricht, wie sie es anfaßt und ganz allgemein wie sie mit ihm umgeht. Das alles ist wirksam, schon lange bevor das Kind Wörter versteht und begrifflich denken kann. Später, wenn es die Sprache der Erwachsenen versteht, können dann Wörter das bisher Aufgenommene bestätigen und bekräftigen, sehr selten – da das Kind bevorzugt etwas so verstehen wird, wie es seinen Vorerwartungen entspricht – aufheben oder in seiner Bedeutung vermindern. Ein Kind kann aber auch heraushören, was die Eltern nicht sagen wollten, aber insgeheim, oft ohne daß es ihnen bewußt gewesen wäre, eigentlich meinten; es kann aber auch etwas heraushören, was seinem Selbst- und Weltbild entgegenkommt, ohne daß es die Eltern meinten. Es besteht schließlich noch die Möglichkeit, daß ein Kind nur rein wörtlich und nicht dem Sinn nach aufnimmt, was die Eltern sagen und daraus sophistische Schlußfolgerungen zieht (Berne 1972, p. 100–106/S. 125–133), was dann der kleine Pfiffikus benützt, um elterliche Gebote zu umgehen (s. S. Xf).

Auch von den Eltern oder anderen elterlich erlebten Autoritäten unabhängige beeindruckende Ereignisse können in ihrer Auswirkung als «Schlüsselerlebnisse» am eingängigsten als Botschaften formuliert werden – eine Eigenheit der Transaktionalen Analyse!

Wichtig und manchmal schwierig ist es, den entscheidenden psychologischen Gehalt in den Lebensregeln oder Anweisungen der Eltern zu erkennen, der manchmal anders aussieht, als sich die Eltern selbst vorgestellt haben. Ein Vater gibt dem Sohn die Anweisung, dem Führer Gefolgschaft zu leisten, und da dies in Deutschland zur Zeit Hitlers geschieht, denkt der Vater dabei an Adolf Hitler. Der Sohn befolgt die Anweisung, anerkennt als Autorität aber Jesus oder Marx und wird zum fanatischen Christen oder Marxisten, wobei er sich zudem einbilden mag, er habe sich vom Einfluß des Vaters völlig befreit. Fromme Eltern mögen sich nichts Schöneres vorstellen, als daß ihre Tochter einmal als Evangelistin andere zur einzig gültigen Wahrheit bekehrt. Diese wird aber möglicherweise eine Hippie-Anhängerin und bekehrt andere junge Menschen mit der Gitarre und Haschzigaretten zu den Idealen, die ihr gültig erscheinen. Vielleicht verspricht sie sich sogar vom Drogenkonsum das Heil der Welt. Wer in einer psychiatrischen Klinik «endet», kann dies als Patient oder Psychiater tun (Berne 1972, p. 111/S. 137f; 1970, pp. 169–170/S. 145; James u. Jongeward 1971, pp. 290–291/S. 279).

9.4.2 Der Einfluß der Eltern auf die Skriptbotschaften

9.4.2.1 *Die Einstellung der Eltern zum Leben*

Es läßt sich nicht vermeiden, daß die allgemeine Einstellung der Eltern zum Leben die Kinder, die von ihnen aufgezogen werden, beeinflußt, sei sie den Eltern selbst nun bewußt oder nicht. Je nachdrücklicher und unbedingter ihre Einstellung zu bestimmten Lebensbereichen ist, umso eher wird sie den Kindern vermittelt. Nehmen wir als Beispiele die Einstellung zu Arbeit, Leistung, Erfolg, zu Geld, zu den Fragen der Intelligenz, Dummheit, Begabung, zu Schönheit und Häßlichkeit, zu Anmut und Plumpheit, zum

Körper und zur Sexualität, zu sogenannter Männlichkeit und Weiblichkeit, zu religiösen Fragen und anderes mehr!

Die Eltern oder andere Beziehungspersonen können das Leben als ganzes wunderschön finden oder aber mühsam. Eine Mutter brachte ihren Kindern, die später bei mir in Behandlung waren, bei, daß das Leben wie ein Kuchen aus Kuhmist sei, von dem man jeden Tag ein Stück zu essen gezwungen sei. Einen solchen Ausspruch können erst sprachverständige Kinder verstehen, ich bin aber überzeugt, daß schon der Säugling und das Kleinkind eine solche Haltung der Mutter dem Leben gegenüber spüren, genau so gut wie eine Mutter anders auf sie wirkt, die jeden neuen Tag wieder strahlend beginnt.

9.4.2.2 Erwartungen und Befürchtungen der Eltern

Kommt ein Kind zur Welt, dann wird es bereits von bestimmten Erwartungen empfangen, die sich meistens schon zuvor in den Eltern gebildet haben. Ist das Kind erwünscht oder unerwünscht? Erwarten die Eltern, es werde ihnen zur Freude gereichen oder eine Last sein? Wurde ein Mädchen erwartet oder ein Junge? Ist ihm eine bestimmte Rolle vorbestimmt: die Rolle eines Spielzeuges? eines Ebenbildes? eines Stammhalters? eines Versorgers für das Alter? eines Stolzes für die Sippe? Die Wahl des Vornamens gibt bereits einen wichtigen Hinweis auf allfällige Erwartungen, meist ohne daß die Eltern das realisieren. Trägt das Kind den Vornamen seines Vaters oder seiner Mutter, von Großeltern oder anderen Verwandten und Bekannten? Bekommt es den Namen einer Berühmtheit in Geschichte, Theater oder Filmkunst? Bekommt es einen Namen, wie ihn unzählige andere auch tragen oder aber einen ausgesprochenen seltenen, ja in der Gegend, in der es aufwächst, ausgefallenen Namen? Manche Kinder werden nach dem Namen eines vorverstorbenen Geschwisters getauft und haben dann die Erwartungen zu übernehmen, welche die Eltern ursprünglich gegenüber diesem ausgetragen haben, meistens nach dessen Tod noch idealisiert. Ein Kind, das den Namen eines vorverstorbenen Geschwisters erhält, hat manchmal durch sein ganzes Leben das unbestimmte Gefühl, ein Stellvertreter zu sein und keine eigene Identität zu haben.

Auch der Familiennamen kann eine Rolle spielen: «Bei den Gerstmaiers gab es seit Jahrhunderten immer wieder Ärzte; vielleicht wird eben dieser Junge oder dieses Mädchen ein berühmter Arzt werden!». «Mach dir keine Hoffnungen!», sagen die Eltern, die ihre eigenen Sehnsüchte damit unterdrücken wollen, «der Großvater war ein gewöhnlicher Arbeiter, der Vater war ein Arbeiter, was wird nun aus dir wohl anderes werden können?».

Befürchtungen sind negative Erwartungen und können ebenso wirkungsvoll sein. So kann eine Mutter insgeheim fürchten, daß ihr Sohn ein Alkoholiker werden wird wie sein Vater oder sein Großvater oder der Bruder der Mutter. Ein Vater kann befürchten, daß seine Tochter einmal ein «liederliches Frauenzimmer» wird wie seine einzige Schwester, die seinerzeit ein uneheliches Kind «nach Hause brachte». Er wird seine Tochter, wenn sie in die entsprechenden Jahre kommt, besonders streng beaufsichtigen und gerade dadurch seine Erwartung zum Ausdruck bringen. Hat er vielleicht sogar insgeheim seine «liederliche» Schwester geliebt? Auch ganz ohne daß entsprechende Vorbilder bestehen, können ausgesprochen ängstliche Eltern entsprechende Erwartungen «ausstrahlen».

9.4.2.3 Erzieherisch gemeinte Vorschriften oder Anweisungen

Was die Eltern für eine Einstellung zum Leben und seinen einzelnen Bereichen haben, was sie eben gerade hinsichtlich dieser Bereiche von ihrem Kind erwarten und was für erzieherische Forderungen und Ratschläge sie dem Kind vermitteln, können drei verschiedene Dinge sein. Vielleicht denken die Eltern: «Das Leben ist ein Jammertal!», erwarten aber von ihrem Kind, daß es als ihr (!) «Sonnenschein» fröhlich und glücklich durch's Leben gehen wird und stellen die Forderung, daß es nie traurig sein, nie weinen soll. Was ich hier unter *erzieherischen Anweisungen* verstehe, sind *bewußt gestaltete Grundsätze, die dem Kind in einem Alter vermittelt werden, in dem es bereits dafür Verständnis zeigt.* Oft mag es Sprichwörter hören wie «Morgenstund hat Gold im Mund!» oder «Mit dem Hute in der Hand kommt man durch das ganze Land!» oder «Bete und arbeite!» oder «Erst die Arbeit und dann das Vergnügen!», aber auch direkte Aufforderungen wie: «Werde tüchtig!», «Sei immer liebenswürdig!» oder «Traue niemandem!». Handelt es sich hierbei um Lebenshaltungen, die wirklich von den Eltern ausgetragen werden, so werden sie dem Kind wohl schon sehr früh, wenn auch vorerst vage übermittelt. Es ist aber auch sehr wohl möglich, daß die Eltern gar nicht nach diesen Devisen leben und das Kind, wenn es sie zum ersten Mal mit Verständnis hört, deshalb verwirrt und unsicher wird.

Lob und Ermunterung einerseits, Tadel, Befehl und Drohung andererseits steuern das Verhalten des Kindes. Wohlwollend: «Du darfst das tun!» oder auch «Du darfst das lassen!», aber auch «Du bist lieb und ruhig gewesen!» oder «Sei nicht allzu ehrgeizig!». Immerhin gut gemeinte Forderungen: «Sei immer höflich zu andern Leuten!». Indirekte Forderungen: «Du bringst es zu nichts, wenn du dich nicht anstrengst!». Unwirsche Forderungen: «Halte deinen Mund!» oder «Stör mich nicht!», «Höre auf zu klagen!». Drohungen (ausgesprochen oder nur in Mimik und Gebärden ausgedrückt): «... sonst schlag ich dir alle Zähne ein!», «... sonst geben wir dich weg!». Nach Berne hindert «eine milde Form von Anweisungen» ein Kind kaum daran, ein Gewinner zu werden; die mittlere Form könne ein Kind dazu bringen, sich zu einem Nicht-Gewinner zu entwikkeln und die gröbste Form wurde sicher einen Verlierer aus ihm machen!» (1972, pp. 113–114/S. 140f). Auch ohne daß die Eltern drohen, ist anzunehmen, daß das vital und emotional von ihnen völlig abhängige Kind, das von ihnen bei Gelegenheit als unbotmäßig getadelt wird, befürchtet, es könnte eines Tages, wenn es nicht immer folgsam ist, verlassen oder fortgeschickt werden. Ich denke an das oft elterlichen Mahnungen folgende: «Oder ...».

9.4.2.4 Glückwünsche und Verwünschungen (Verfluchungen)

Manche Äußerungen der Eltern beziehen sich darauf, wie das Kind einmal sein Leben beenden soll. Ein positiver Wunsch wäre: «Lebe lang!» oder «Stirb glücklich nach einem erfüllten Leben!», natürlich immer auf eine dem Alter des Kindes entsprechende Art formuliert. Verwünschungen wären: «Mach dich aus dem Staub!», «Geh zum Teufel!», «Du wirst noch am Galgen enden!», «Du frißt dich noch zu Tode!» – Berne vergleicht mit Vorliebe derartige Wünsche und Verwünschungen mit Zaubersprüchen von guten und bösen Feen in den Märchen, eine Welt, die ja für die Kinder noch einen hintergründigen Wirklichkeitscharakter hat (s. S. 181, 186).

9.4.2.5 *Schuldgefühlerzeuger

Ich möchte noch von mir aus auf Äußerungen von Eltern hinweisen, die absichtlich darauf angelegt sind, im Kind Schuldgefühle entstehen zu lassen wie «Du bist ein Nagel zu meinem Sarg!» oder «Du bringst mich noch frühzeitig ins Grab!» oder «Wegen dir mußte ich als junger Mensch meine Zukunftspläne begraben und heiraten!». Es gibt Aussagen, die absichtlich oder unabsichtlich zu Schuldgefühlen beim Nachkommen führen werden. Es kommt auf die näheren Umstände an und auf den Ton, in dem sie ausgesprochen werden, so die Aussage, daß die Mutter durch die Geburt des Betreffenden verletzt, krank, invalid geworden ist oder sogar ihr Leben lassen mußte: *Mutterverletzungsskript* oder gar *Muttertötungsskript*. Es können übrigens auch nur Phantasien sein. Der Betreffende hat oft das Gefühl, diese «Verfehlung» könne nur durch eigene Krankheit oder Invalidität oder gar den eigenen frühen Tod gesühnt werden. Die Schuldgefühle beim Muttertötungsskript und die Überzeugung, den «Muttermord» einmal sühnen zu müssen, sind nach Berne ohne Psychotherapie kaum je überwindbar (Berne 1972, pp. 76–77/S. 99f; Steiner 1974, p. 75/S. 81f).

Ich erwähne an dieser Stelle noch das *Findlingsskript*, d.h. die Phantasie eines Kindes, nicht von denjenigen abzustammen, die es als Eltern kennt, sondern entweder viel vornehmerer oder dann ganz minderer Abkunft zu sein. Besonders letzteres soll nach Steiner eine Phantasie sein, die das Leben erschwert. Ersteres kann, wie meine Erfahrungen zeigen, das Leben erleichtern (Berne 1972, pp. 76–77/S. 99f; Steiner 1974, p. 75/ S. 81f).

9.4.2.6 Provokationen

Als Provokationen bezeichnet Berne eine direkte oder indirekte Aufforderung, die den Weg zu einer Verliererhaltung oder, bei einem unheilvollen Lebensplan, sogar zu einer Katastrophe weist. Eine direkte Aufforderung wäre «Nimm noch einen Drink!», ausgesprochen zu einem jungen Mann, der ohnehin schon alkoholgefährdet ist (1972, p. 108/ S. 135, pp. 114–115/S. 142f). Eine indirekte Aufforderung derselben Bedeutung könnte aus der Feststellung einer Mutter herausgehört werden, mit der sie einen Sechsjährigen, der an einer Whiskyflasche schnuppert, zurechtweist: «Du bist noch viel zu jung, um schon Whisky zu trinken!» Der Sohn kann (muß aber nicht!) annehmen, seine Mutter erwarte, er werde später seine Männlichkeit durch Whiskytrinken beweisen (1972, p. 100–101/S. 125). Die Aufforderung «Sei vorsichtig!» kann von einem Kind dahin ausgelegt werden, die Mutter nehme an, es sei ungeschickt und werde immer wieder Fehler begehen. Zusätzlich wirksam dürfte die Genugtuung sein, die deutlich durchklingt, wenn tatsächlich ein Mißgeschick passiert ist, und die Mutter meint: «Das hab ich ja erwartet!» (frei nach Berne 1972, p. 102/S. 127f). Provokationen grenzen in solchen Fällen an Zuschreibungen (s.u.). Eine Provokation kann nur schon in einem anerkennenden Schmunzeln des Vaters oder der Mutter liegen. Ein fünfjähriges Töchterchen sprang auf dem Spielplatz einem unbekannten Mann auf den Schoß und schmiegte sich an ihn. Der Vater, der dabei war, schimpfte zwar, lächelte aber auf den Stockzähnen. «Die hat's schon in sich!», dachte er amüsiert. Dem Mädchen hat sich das Lächeln eingeprägt!

Provokationen, die von launischen oder gar übelwollenden Eltern ausgehen, denen die Kinder lästig sind oder die mit den Kindern rivalisieren, wiegen besonders schwer. Solche Eltern oder «elterliche Tendenzen» führen zu einer Unterdrückung der Unbefangenheit ihrer Kinder und dies auch noch, nachdem sie als «sabotierende Eltern» verinnerlicht worden sind (Steiner: «Hexenmutter», «Menschenfresser-Vater», «Schweine-Eltern», 1974, p. 38/S. 46, p. 53/S. 60, p. 58/S. 64).

McCormick u. Pulleyblank (1979) kennen auch positive Provokationen, also ausgesprochene, nur angedeutete oder nur indirekt erschließbare Anerkennung und Stolz, wenn das Kind konstruktives Verhalten zeigt, während für Berne der Begriff «Provokation» eine Verführung zu negativem Verhalten bedeutet. Für McCormick und Pulleyblank ist es wichtig, auch positive Einflüsse der Eltern auf das Kind in den Skriptbegriff einzubeziehen, während andere Autoren viel mehr Nachdruck auf die negativen Einflüsse legen oder positive gar nicht in den Begriff «Skript» einbeziehen, ausdrücklich das Ehepaar Holloway (Holloway, W.H. u. M.M. 1973a, p. 15 note).

9.4.2.7 *Bannbrecher und Erlösungsrezepte*

Bannbrecher sind Erlösungsrezepte der Eltern, die Wege zeigen, wie und wann negative Einflüsse ihre Wirkung verlieren können (Berne 1972, p. 125–126/S. 156f). Auch solche können in einen Lebensplan eingebaut sein, z.B. «Du kannst Erfolg haben, wenn du erst einmal 40 Jahre alt geworden bist!», «Wenn du einmal drei Kinder hast, dann wirst du das Leben erst wirklich genießen können!», «Hast du einmal drei Jahrzehnte bei ein und derselben Firma ausgehalten, dann darfst du stolz sein!» Manchmal gibt der eine Elternteil eine Weisung, die ein mögliches Ziel setzt, und der andere Elternteil sagt, was nachher geschehen soll. Eine Mutter deutet der Tochter an: «Du wirst frei sein, wenn du einmal drei Kinder großgezogen hast!» und der Vater meint: «Wenn du frei bist, wirst du schöpferisch tätig sein!» Nach Berne soll es typisch sein, daß die erste Lebenshälfte nach der Direktive des gleichgeschlechtlichen, die zweite nach derjenigen des gegengeschlechtlichen Elternteils verläuft (1972, p. 192/S. 232). Berne kennt auch ironische, aber nichtsdestotrotz gegebenenfalls wirksame Bannbrecher: «Wenn du dann einen Herzinfarkt hast, wirst du von deinem Arbeitszwang befreit sein!» (1972, pp. 126–128/S. 157ff). Häufig wird nach Berne der Tod als Bannbrecher deklariert: «Du wirst deine Belohnung im Himmel bekommen!» (1972, p. 108/S. 135). *Ob eine Belohnung als Bannbrecher angesehen werden kann, scheint mir allerdings fraglich.

Die Bannbrecher oder Erlösungsrezepte, die durch das Skript selbst gegeben sind, nennt Berne *innere Erlösungen*, Befreiungen vom Skriptzwang durch äußere Geschehnisse, z.B. eine Psychotherapie, nennt Berne *äußere Erlösungen*.

9.4.2.8 *Zuschreibungen*

Wer immer wieder oder vielleicht sogar nur einmalig, aber in einem psychologisch entscheidenden Zeitpunkt hinsichtlich seiner Entwicklung zur Eigenständigkeit, von sich sagen hört, er sei ungeschickt oder er sei befangen, wird dabei die Erwartung seiner Mutter herausspüren, daß er wirklich ungeschickt oder befangen sei (Berne 1972, p. 114/S. 143). Nicht nur der Wunsch der Eltern ist, wie Berne feststellt, für ein Kind gleichsam ein Befehl, der sein Leben weitgehend bestimmen kann, sondern auch ihre Meinungen und Erwartungen! Wenn ein Kind «folgsam» ist, wird es auch nach dem Tod der Mutter deren tatsächliche Erwartung, es sei ungeschickt oder befangen, zu erfüllen suchen, um sie nicht eines Irrtum überführen zu müssen! (Berne 1972, p. 101–102/S. 125). Ich habe bereits auch von den Vornamen gesprochen, in denen die Erwartung der Eltern in das

Skript des Kindes eingehen kann. Dasselbe gilt von den Übernamen, Kosenamen, Nachnamen in der Bedeutung, die ihnen das Kind jeweils gibt (Berne 1972, pp. 77–79/S. 101–103).

Nach dem Psychiater Laing spricht Steiner von *Zuschreibungen* (1974, pp. 72–75/S. 79ff). Laing und Steiner weisen auf die ausgesprochen suggestive Wirkung von solchen charakterisierenden Feststellungen hin. Denken wir, die Eltern sagen von ihrem Kind: «Ich habe ihm geraten, er solle sich mehr Freunde machen, aber er ist so befangen! Nicht wahr, mein Junge?». Der Vater oder die Mutter, die das in Anwesenheit des Betreffenden äußert, sagen nach Steiner nicht: «Ich habe den Eindruck, er sei befangen!», sondern wie ein Hypnotiseur: «Er *ist* befangen!» Solche Feststellungen sind besonders gewichtig, wenn sie Dritten gegenüber geäußert werden. Nach meiner Erfahrung können auch positive Feststellungen über Geschwister oder Nachbarskinder als Zuschreibungen wirken. Hört ein Junge oder Mädchen die Eltern immer wieder von einem Geschwister sagen: «Er ist so geschickt in Handarbeiten! In diesem Fach bringt er immer die besten Noten nach Hause!», so liegt es nahe, daraus zu schließen, daß der Betreffende, der das sagen hört, als weniger geschickt gilt und daß von ihm in diesem Fach keine so guten Schulnoten erwartet werden, selbst wenn er noch gar nicht zur Schule geht.

Zuschreibungen können wirksamer sein als Gebote und Verbote. «Zuschreibungen sind wahrscheinlich nicht nur die üblichsten, sondern die heimtückischsten und vielleicht mächtigsten skriptbedingenden Botschaften!» (Woollams u. Brown 1978, S. 157).

In der allgemeinen Psychologie werden unter *Zuschreibungen* [attributions] *Kausalattributionen* verstanden, d.h. *Zuschreibung einer Begründung für eine Verstimmung oder ein Verhalten*, insofern diese das weitere Verhalten beeinflußt. Es macht einen Unterschied für *(die Einstellung und) das Verhalten eines Alkoholikers aus, ob er sich vorstellt, sein übermäßiges Trinken sei Folge einer ererbten Stoffwechselstörung oder eine Sucht, für die er allein die Verantwortung trägt. Ein kleines Kind stirbt an einer Krankheit und sein älteres Geschwister denkt, es sei als Folge seiner eifersüchtigen Haßgefühle gestorben und wird sein Leben lang darob Schuldgefühle haben. Es wird sich dies zweifellos in seinem zukünftigen Verhalten niederschlagen.

9.4.2.9 *Der innere Dämon nach Berne*

Berne erwähnt immer wieder den *inneren Dämon*, den er aber widersprüchlich umschreibt: bald handelt es sich um die Personifikation von Triebbedürfnissen und Impulsen, die dem betreffenden Menschen eigen sind und mit denen er sich gegen die negativen elterlichen Einflüsse wehrt, jedoch so radikal und unangepaßt, daß sich daraus doch wieder destruktive Folgen ergeben (1972, p. 109/S. 136, pp. 122–123/S. 152f, p. 442/S. 504), bald geht es um eine besondere Art elterlicher Provokation oder Verführung, die gerade dann wirksam wird, wenn eine positive Wendung des Schicksals oder eine Befreiung aus einem Skriptzwang scheinbar unmittelbar bevorsteht (1972, p. 56/S. 78, pp. 122–123/S. 152f, pp. 275–276/S. 322ff, p. 442/504). Im allgemeinen, aber nicht ausschließlich, handelt es sich bei Berne um negative Einflüsse. Der «innere Dämon» werde erlebt wie eine lockende attraktive Frau oder eine Zauberin, die flüstere: «Komm! Mach vorwärts! Warum denn nicht? Was hast du zu verlieren? Alles? Dafür wirst du mich gewinnen!» Das Mittel gegen Dämonen seien Bannsprüche. «Jeder Verlierer sollte einen solchen Zauberspruch in seiner Brieftasche oder in seiner Geldbörse mit sich tragen und immer, wenn etwas im Kommen ist, sollte er der Gefahr entgegentreten, seinen Spruch herausholen und ihn laut lesen. Wenn dann der Dämon flüstert: ‹Streck deinen Arm aus und setz dein Bündel Banknoten auf diese einzige letzte Nummer!› oder ‹Nimm nur noch einen letzten Drink!› oder ‹Jetzt ist der richtige Augenblick gekommen, um das Messer zu zücken!› oder: ‹... sie (bzw. ihn) zu umfangen und an dich zu ziehen!› – dann sollte er laut und deutlich sagen: ‹Mutter, ich will das lieber auf meine eigene Art tun – und gewinnen!›» (1972, p. 276/S. 323).

Der innere Dämon wird also offensichtlich von Berne einer sabotierenden «Elternperson» oder, wie ich zu sagen vorziehe: einem inneren Saboteur, zugeschrieben. Der Anstoß [come on!] des Dämons entspricht nach Berne dem Wiederholungszwang, «der die Menschen ins Verhängnis treibt» oder der Macht des Todestriebes. Berne spielt hier auf Freud an, der tatsächlich selber dem Wiederholungszwang bei Menschen, die immer die nämliche Reaktion zu ihrem Schaden wiederholen und von einem unerbittlichen, wenn auch selbst bereiteten Schicksal verfolgt scheinen, dämonischen Charakter zuspricht (Freud 1933, S. 114 – s. zum Begriff Wiederholungszwang S. 182f).

An anderem Ort spricht Berne davon, daß der «innere Dämon» einem Gewinner auch eine plötzliche Freude bescheren kann (1972, p. 134/S. 166), denn bei wirklichen Gewinnern sei der Dämon aus einem Feind zu einem Freund geworden (1972, p. 131/S. 163). «In allen menschlichen Lebewesen [auch in denen, die zu einem Gewinner geworden sind] bleibt ein Dämon, der plötzlich Spaß oder Kummer bringen kann» (1972, p. 134/S. 166).

Der Dämon treibt nach Berne sein Wesen auch als Kobold im gewöhnlichen Alltag, indem er plötzlich jede Planung durchkreuzen kann. Er kann seine Streiche auch im Laufe einer Psychotherapie betreiben, indem er, wenn die Heilung schon in Sicht ist, den Patienten eine Sitzung vergessen läßt oder ihn sogar veranlaßt, die Behandlung überhaupt abzubrechen (1972, pp. 122–123/S. 152f).

Dämonen waren im alten Griechenland ursprünglich göttliche Geister. Zur Zeit von Sokrates war der Dämon eine schützende und moralisch leitende Instanz im inneren eines Menschen. Später dachte man sich jedem Menschen gute und böse Dämonen zugeteilt. Juden und Christen haben dann die heidnischen Götter als unheilbringende Dämonen aufgefaßt.

Nach Wandel (1989) anerkennt Berne durch die Aufstellung dieses Begriffs die letztliche Unberechenbarkeit der menschlichen Natur, allerdings, wie sich aus den Äußerungen von Berne ergibt, nicht nur im Bösen, sondern auch im Guten.

9.4.3 Der Skriptapparat

Was Berne als verinnerlichte «skriptprägende» elterlichen Einflüsse auslegt, formuliert als Botschaften, werden von ihm unter dem Ausdruck *Skriptapparat* zusammengefaßt, gleichgültig, ob sie ein glückliches oder unglückliches Leben bedingen (1972, pp. 106–107/S. 132–136). Scharfe Grenzen zwischen den einzelnen Kategorien von Botschaften sind aber nicht auszumachen. Die Zuschreibungen, die Steiner in die Transaktionale Analyse eingeführt hat, wären den von Berne aufgezählten Kategorien beizufügen.

Der sog. *Skriptapparat* umfaßt formal sieben Kategorien von skriptbestimmenden Botschaften, von denen Berne annimmt, sie seien von den Eltern ausgegangen. Bei Berne stehen aus professionellen Gründen Botschaften im Vordergrund, die sich negativ, lebensfeindlich auswirken. Ich füge von mir aus zu denselben Kategorien positive Varianten bei: (1.) *Verwünschungen* oder

Flüche, die sich direkt auf das Skriptziel beziehen (1972, p. 107/S. 134, pp. 110–112/S. 137–141): «Verschwinde – aber sofort!», und *Segenswünsche*: «Lang sollst du leben!»; (2.) *destruktive Grundbotschaften* (s. S. 197ff): «Du wirst einmal unglücklich enden!», und *konstruktiven Grundbotschaften*: «Du wirst allseits beliebt werden wie dein Großvater!»; (3.) *Provokationen* oder *Verführungen*, immer als Gebote formuliert, etwas zu tun (1972, p. 108/S. 135, p. 114–115/S. 142f): «Komm, trink noch eins!» zu einem Alkoholismusgefährdeten – «Faß die Gelegenheit beim Schopf!», je nach Umständen sich positiv oder negativ auswirkend – «Halt, überleg zuerst!»; (4.) *erzieherisch gemeinte elterliche Anweisungen*, auch als Beispiel vermittelt: «Mach' ja nie einen Fehler!» – «Tu das, was du selbst sinnvoll findest!»; (5.) *Beispiel, Anleitung* oder *Instruktion*, als eine Verhaltensweise, durch die ein Skriptgebot am besten erfüllt werden kann: «Sieh, wie zurückgezogen ich lebe!» zu einem Nachkommen, der die Grundbotschaft hat: «Komm niemandem nah!» – «Hast du gesehen? Weil ich nicht aufgebe, wendet sich manches zum Guten!» zu jemandem, für den die Grundbotschaft maßgebend ist: «Geh deinen eigenen Weg!»; (6.) *Impulse, die in einen Entscheidungsprozeß eingreifen*: «So mach doch einen blauen Montag, wenn du schon Lust dazu hast, und pfeif auf deine Vorgesetzten!» oder: «Er bietet dir drei Freitage an? Nimm, was dir geboten wird!»; (7.) *Bannbrecher* oder *Erlösungsrezepte*: «Als Rentner wirst du es dann einmal schön haben!» – «Wenn du einmal auf deinen eigenen Beinen stehen wirst, wirst du deinen Weg machen!».

Verwünschungen, destruktive Grundbotschaften und Provokationen faßt Berne unter dem Begriff *Skriptbestimmer* [script controls] zusammen (1972, p. 109/S. 136). Es sind Einschränkungen des Erlebens und Verhaltens, während die Verhaltensweisen, die jemand von seinen Eltern übernimmt, einschließlich deren Spiele, ihm zeigen, wie er seine Zeit ausfüllen kann. «So ist das Skript ein vollständiger Lebensplan, der beides umfaßt: Einschränkungen und Art und Weisen, die Zeit zu verbringen» (1972, p. 134/S. 166f).

9.5 Grundbotschaften oder *existentielle Grundannahmen (auch: Einschärfungen, Verfügungen)

Es handelt sich um den englischsprachigen Begriff *Injunction*, der sich im Schrifttum der Transaktionalen Analyse erstmals bei Steiner findet und sofort von Berne aufgegriffen wurde (Steiner 1966a; Berne 1972, p. 297, note 2/nicht übersetzt). Er kann mit Mahnung oder Anordnung übersetzt werden, hat aber auch die juristische Bedeutung einer gerichtlichen Auflage, etwas zu tun oder zu unterlassen. Bei Steiner hat der Begriff die allgemeine Bedeutung eines Verbotes oder einen einschränkenden Mahnung (1970, pp. 30–31; 1974, pp. 71–72/S. 78f) durch die Eltern. Solche Verbote können nach Steiner sehr allgemein sein und einen großen Bereich des Erlebens und Verhaltens betreffen wie z.B. «Denk nicht!» oder «Hab keine eigenen Bedürfnisse!». Sie können nach Steiner aber auch sehr spezifisch und verhältnismäßig harmlos sein wie «Streich nicht soviel Marmelade auf's Brot!». Solche einschränkenden Botschaften können auch, je nach den drohenden Sanktionen, mehr oder weniger eindrücklich sein wie «Sei nicht so ausgelassen, sonst schicken wir dich weg!» oder aber «Trödle nicht so herum, sonst wirst du nie mit der Arbeit fertig!» – Schwerwiegend (maligne = bösartig) sind Botschaften, die den künftigen Lebensstil beeinflussen wie «Hör nie auf zu arbeiten!» oder «Nimm nichts in die Hände, du läßt es ohnehin fallen!» – Schließlich gibt es Botschaften, die verhältnismäßig neutral sind wie «Steck deine Finger nicht in die Steckdose!», es sei denn, das Kind präge sich dabei verallgemeinernd ein: «Berühr nichts!» (Steiner 1971, pp. 30–31; 1974, pp. 71–72/S. 78ff) oder *«Sei nie neugierig!».

Berne stellt zuerst die juristische Bedeutung des Begriffs heraus und zwar in dem Sinne, als er auf die Anwälte verweist, die immer wieder Wege finden würden, um ein Verbot zu umgehen. So auch ein Kind in bezug auf elterliche Verbote. So könne ein Junge, dem verboten worden sei, sich mit Mädchen abzugeben, sich statt dessen homosexuell an andere Junge halten (1972, p. 105/S. 131f). An anderer Stelle versteht Berne aber unter *injunction* wie Steiner ganz allgemein einschränkende Gebote, die, wenn nebensächliche Aktivität betreffend und für das Kind wenig beeindruckend angebracht, dieses nicht hemmen, ein Gewinner zu werden, wenn von den Eltern energischer vertreten, immerhin noch ein Nicht-Gewinner und nur, wenn mit beeindruckenden Drohungen verbunden, Verlierer (1972, p. 107/S. 134, pp. 113–114/S. 141f).

Schließlich aber werden im Schrifttum der Transaktionalen Analyse, andeutungsweise schon bei Steiner und Berne in entsprechenden Textstellen, unter Grundgeboten [injunctions] nur noch schwere und beeindruckende einschränkende Gebote verstanden, solche, von denen Steiner geschrieben hatte, sie würden sich auf den ganzen Lebensstil auswirken, oder solche, die Berne als «Injunction» dritten Grades bezeichnet hat. Ausnahmsweise, jedoch unübersehbar, werden unter «Injunction» aber auch positive oder ermutigende «Direktiven» verstanden, weswegen ich destruktive und konstruktive Grundbotschaften unterscheide.

Unter Grundgeboten verstehe ich einschränkende Annahmen, die sich auf die Existenz eines Menschen auswirken, ohne von dem Betreffenden in Frage gestellt zu werden, deshalb von mir als *existentielle Grundannahmen* bezeichnet. Üblicherweise werden sie aber als Botschaften formuliert und angenommen, sie gingen auf konkrete elterliche Botschaften zurück und wirkten verinnerlicht im Nachkommen weiter. Sie können aber auch auf Mißverständnissen beruhen oder auf prälogischen oder magiegläubigen Auslegungen elterlichen Verhaltens durch das Kind. Es kann sich auch um Schlußfolgerungen aus Erlebnissen handeln, die mit den Eltern nichts zu tun haben, weswegen mir der Ausdruck «existentielle Grundannahmen» treffender scheint. Sie wirken «aus dem Unbewußten» und treten oft in Widerstreit zu später angenommenen, auch bewußt erworbenen Lebensauffassungen (s. Gegenskript S. 215ff).

9.5.1 Destruktive Grundbotschaften

Leonard Campos hat sogenannte *Hexenbotschaften* aufgestellt, die von einer übelwollenden Wesensseite von Eltern dem Kind vermittelt worden sein sollen (1970). Sie entsprechen den destruktiven Grundbotschaften oder existentiellen Grundannahmen. R. Goulding und M.u.R. Goulding haben – allerdings unter Ablehnung der Bezeichnung «Hexenbotschaften» – zusätzliche Grundbotschaften beigefügt (R. Goulding 1972; R. Goulding 1976; M.u.R. Goulding 1979, p. 34–42/S. 51–60). Diese destruktiven Grundbotschaften werden nach den Autoren dem Kind bereits vermittelt, noch bevor es begrifflich denken und sprechen kann: durch Gebärden, durch mimische Äußerungen, durch die Art, wie es gehalten wird, durch den Ton, mit dem es angesprochen wird, durch die Reaktion auf seine Bedürfnisse und Äußerungen. Später allerdings werden sie häufig auch vom bereits sprachverständigen Kind manchmal auch über Worte gehört. Diese Gebote sind dem Jugendlichen und erst recht dem Erwachsenen nicht bewußt, sondern beeinflussen seine Haltung gegenüber sich, den andern und dem Leben überhaupt, seine Stimmungen, Überlegungen und Entscheidungen, wie ein Tiefenpsychologe sagen würde, «aus dem Unbewußten». Diese destruktiven Grundbotschaften sind der Schlüssel zu den im Skript beschlossenen destruktiven Lebensleitlinien.

Die Autoren formulieren diese einschränkenden existentiellen Grundannahmen grundsätzlich als verbietende Grundbotschaften [prohibition injunctions], was von anderen Transaktionsanalytikern übernommen wurde. Diese Art der Formulierung behalte ich im wesentlichen bei, wenn sie nicht stilistisch zu gezwungen tönt. Ohne grundsätzlich von den Autoren abzuweichen, lege ich die destruktiven Grundbotschaften frei aus und wähle auch die Reihenfolge frei und füge ich auch noch einige Botschaften bei, die ich zusätzlich im Schrifttum erwähnt und bei meiner Arbeit als Psychotherapeut häufig als wirksam gefunden habe.

«Sei nicht!» (Campos 1970), auch: *«Existiere nicht!», «Du hast keine Daseinsberechtigung!»*

Ein Patient erinnert sich, daß er als Kind jahrelang abends gebetet habe, doch sterben zu dürfen. Auf meine Frage, was das Schlimmste sei, was er von seinem Vater je zu hören bekommen habe, antwortete er, dieser habe nach einem heftigen Streit mit der Mutter zum ungefähr Fünfjährigen gesagt: «Wegen dir mußten wir heiraten! Wärest du nicht zur Welt gekommen, müßte ich mich jetzt nicht mit deiner Mutter herumstreiten!» Es ist anzunehmen, daß der Patient diese Grundbotschaft schon viel früher, wahrscheinlich seit seiner Geburt zu spüren bekam, denn die Eltern lebten seit jeher in einem Zerwürfnis. Manchmal läßt auch ein Elternteil einfach nur merken, daß er eigentlich keine Kinder mag. Anderen Kindern mag der Vater drohen, sie zum Fenster hinauszuwerfen oder eine Mutter mag damit drohen, das Kind zu verlassen, wenn es nicht brav ist.

Im Lebensstil eines Erwachsenen, der in der Kindheit diese Botschaft verinnerlicht hat, kann sich dies z.B. darin zeigen, daß der Betreffende nur immer für andere da ist und in Depressionen verfällt, wenn er niemandem unmittelbar nützlich sein kann. Vielleicht huldigt er auch gefährlichen Sportarten oder setzt auf andere Art immer wieder sein Leben auf's Spiel, gilt deswegen auch als kühn und mutig, aber im Grunde genommen kommt es ihm nicht darauf an, ob er am Leben bleibt.

«Sei nicht wichtig!» (Goulding 1972), auch: *«Du bist nicht wichtig!», «Die anderen (ursprünglich die Eltern und Geschwister) sind wichtiger!*

Eine Patientin bestätigte eifrig die liberale Erziehungsauffassung ihrer Eltern. Schon als Vierjährige, habe sie noch nach dem Abendbrot mit den älteren Kindern draußen spielen dürfen, und weder der Vater noch die Mutter hätten sie je gerufen, es sei Zeit, ins Bett zu gehen, wie dies bei anderen Kindern der Fall gewesen sei. Es stellte sich aber heraus, daß sie an der Grundbotschaft litt: «Du bist nicht wichtig!». Ein Junge erinnerte sich, ein wie tiefen Eindruck es ihm gemacht habe, wie sein Vater, während der Junge in der Diele spielte, zur Arbeit gegangen und einfach wortlos über ihn hinweggestiegen war, um die Wohnungstüre zu erreichen. Auch ihm hatte sich, wie sich aus anderen Umständen ergab, die Botschaft eingeprägt: «Sei nicht wichtig!».

In diesem Zusammenhang ist es mir wichtig zu erwähnen, daß eine solche als ganz wesentlich erhalten gebliebene Erinnerung, kein Beweis dafür ist, daß diese Szene ein entscheidendes Trauma war, auf welche diese Grundbotschaft zurückzuführen ist. Die erinnerte Szene braucht nicht einmal wirklich vorgekommen zu sein. *«Was erinnert wird, charakterisiert die Gegenwart!» Die Szene kann gleichsam eine Illustration dafür sein, daß der Betreffende unter der Botschaft steht: «Sei nicht wichtig!».

Der Botschaft kann die Tatsache zugrunde liegen, daß sich der Beteffende als Kind nicht ernst, nicht voll genommen erlebte. Vielleicht, weil er in einem Geschäftshaushalt aufgewachsen den Dienstboten überlassen blieb und weil er in Heimen aufwuchs und sich abgeschoben vorkam. Aber weder das eine noch das andere muß zum Gefühl, nicht wichtig genommen worden zu sein, führen!

Eine Folge der Wirkung dieser Botschaft auf den Lebensstil besteht darin, daß der Betreffende sich selber nicht wichtig nimmt, auch nicht seine Bedürfnisse, seine Gefühle und seine Gedanken!

«Hab keine eigenen Bedürfnisse!» (Schlegel 1988, S. 185) *«Verlange nichts für dich selbst!»* (Campos 1970), auch: *«Hab nicht diese oder jene Bedürfnisse!»*.

Wer unter diesem Grundgebot steht, hat als Kind erfahren, daß seine Bedürfnisse, seine spontanen Impulse nicht beachtet oder nicht ernst genommen, vielleicht sogar regelrecht unterdrückt wurden, wenn sie zum Ausdruck kamen. Auch wer unter dem Einfluß einer solchen Botschaft steht, hat Bedürfnisse, nämlich solche, die von ihm erwartet werden oder er verspürt tatsächlich eigene Bedürfnisse, achtet ihrer aber nicht, weil er sie nicht wichtig findet (s. dazu den Begriff Mißachtung S. 116). Allenfalls können aber auch nur *bestimmte* Bedürfnisse verboten worden sein.

«Hab keine (eigenen) Empfindungen!» (Woollams u. Brown 1978, p. 165), auch: *«Hab nicht diese oder jene Empfindungen!»*

Mit Empfindungen sind Körpergefühle gemeint. «Zieh den Mantel an, ich friere!»

«Hab keine (eigenen) Gefühle!» (Campos 1970), *«Hab nicht diese oder jene Gefühle!»*

Möglicherweise waren dem Betreffenden in der Kindheit auch bestimmte Gefühle verboten, vielleicht Trauer oder große Freude oder Zärtlichkeit, möglicherweise wurde aber auch überhaupt keine Notiz von seinen Gefühlen genommen, ob sie sich nun in Tränen äußerten, in Ausgelassenheit oder in wütendem Aufbegehren.

«Denk nicht!» (Campos 1970), auch: *«Laß deine Probleme sich selber oder von andern lösen!»*

«Denk nicht soviel nach, arbeite lieber!», «Mach dir nicht so viele Gedanken!», «Frag nicht soviel – du kapierst es ohnehin nicht!» – Manchmal spürt ein Therapeut recht deutlich, daß ein Klient unter diesem Gebot steht. Nur schon die Aufforderung: «Denken Sie doch einmal nach, wie es damals war!» bringt diesen in Verwirrung; er stottert; er bringt vielleicht kein Wort mehr hervor. Wenn er zu Hause über etwas nachdenkt, drehen sich die Gedanken im Kreise herum und führen nirgends hin. So wird ihm, ohne daß ihm das aber bewußt zu sein braucht, bestätigt, daß er nicht denken kann.

Es braucht nicht immer so zu sein, daß derjenige, der dieser Einschränkung untersteht, nicht vernünftig denken kann, aber er wird selten sagen: «Warte! Laß mich mal nachdenken!», sondern statt dessen zu sich selber sagen: «Da komm' ich ohnehin nicht draus!», was nach außen als Schweigen zum Ausdruck kommen kann, als ein Seufzer oder in der Bemühung, das Gespräch von dem in Frage stehenden Thema abzulenken, vielleicht auch in der Bemerkung: «Da bin ich zu dumm!» oder «Das ist nichts für mich!» oder «Das ist mir zu kompliziert!» Diese Einschränkung kann auch so zum Ausdruck kommen, daß jemand nur in Schablonen oder Klischees «denkt», statt selbständig zu denken, was sich darin zeigt, daß diese Schablonen ohne jede Überlegungen angebracht, oft auch zitiert werden, vielleicht sogar in Form eines Sprichwortes.

«Sei nicht du selbst!» (Campos 1970)

Zuerst wurde diese Grundbotschaft von Campos und nachfolgend von M.u.R. Goulding aufgefaßt im Sinn von *«Sei kein Junge!»*, bzw. *«Sei kein Mädchen!»*. Die Eltern wünschten sich nach mehreren Jungen sehnlichst ein Mädchen, aber wieder kam ein Junge! Oder: Statt eines Jungen, wie erwartet, wurde ein Mädchen geboren. Die Eltern bleiben ihrer Erwartung verhaftet, was schon in einem Namen zum Ausdruck kommen kann, der mit leicht geänderter Formulierung auch einem Buben gegeben werden könnte. Das Kind darf mit Buben spielen. Je kühner es auf Bäume klettert, mit Hunden rauft, im Turnen glänzt, je verdreckter es nach Hause kommt, je weniger es jammert und weint, umso mehr hat der Vater Spaß an ihm und umso mehr erinnert es die Mutter an ihren Lieblingsbruder. Es braucht dabei trotzdem nicht an Mahnungen zu fehlen: «Aber, aber, du bist doch kein Bub!» oder «Na, na, nur nicht so wild!». Dabei, jedoch lächelt der Vater oder lächelt die Mutter wohlwollend und dieses ermunternde oder amüsierte Lächeln hat viel mehr Einfluß als das, was in Worten gesagt wird. Wer unter einem solchen Gebot steht, kann tief innen einen Zwiespalt spüren, wird er doch von den Eltern nicht als das genommen, was er «eigentlich» ist. – Ich muß dazu immerhin sagen, daß manche Mädchen doch wohl von Natur robuster sind als der Durchschnitt ihrer Geschlechtsgenossinnen und mancher Junge im Körperbau oder in der Art sensibler als andere Jungen. Dann passen sich manchmal die Eltern einer solchen Gegebenheit an und nicht nur umgekehrt. Wenn beides sich entgegenkommt, die angeborene Konstitution und die Erwartung der Eltern, dann wird das nach konventionellem Maßstab angeblich gegengeschlechtstypische Verhalten oft noch übersteigert.

Diese Grundbotschaft wurde später in einem weiteren Sinn verstanden, z.B. auch so, daß das betreffende Kind jemand anderem gleich sein soll wie etwa einem anderen Kind oder einem Verwandten (Stewart u. Joines 1978, p. 136/S. 202f), nach meiner Erfahrung nicht selten auch einem vorverstorbenen Geschwister. Andere Transaktionsanalytiker unterstellen dieser Kategorie von Botschaften auch Rasse, Körpergrösse, Haarfarbe usw. (Woollams et al. 1974, p. 69/Brown et al. S. 69; 1977, p. 516/nicht übersetzt; Woollams u. Brown 1978, p. 169).

«Sei kein Kind!» (Goulding 1972), auch: *«Sei vernünftig!»*, *«Sei wie ein Erwachsener!»*

Es gibt Eltern, die ihrem Kind am meisten Beachtung schenken, wenn es altklug ist oder wenn es lieber lernt und «ernsthafte» Beschäftigungen den Spielen mit andern Kindern vorzieht. «Sei vernünftig!» sagt die Mutter zur ältesten Tochter, die vier kleine Geschwister hüten muß.

«Werde nicht erwachsen!» (Campos 1970), **«Bleib ein Kind!»*

Zu dieser Kategorie zählen die Autoren verschiedenartige Gebote und Verbote, so z.B. «Bleib kindlich naiv, das steht dir so gut!», «Sei deinen Eltern dankbar und bleib zu Hause, wenn sie dich nötig haben!» – Auch diese verschiedenen Formulierungen zeigen, daß es sich bei diesen Grundgeboten um Sammelnamen handelt, unter den erlebnismäßig verschiedene Botschaften zu zählen sind, nach Kahler u. Capers auch die oben erwähnte Botschaft «Denk nicht!» (1974, p. 39).

«Sei nicht gesund!» (Goulding 1972), *«Vergiß nicht: Du bist kränklich! Schon dich!»*

Eltern, die sich immer wieder heftig streiten, aber sich plötzlich gut vertragen, wenn das Kind krank ist, können dadurch dieses Gebot entstehen lassen. Manche Kinder bekommen persönliche Zuwendung, besonders wenn noch viele Geschwister da sind, nur wenn sie krank sind. Es kommt vor, daß die Kindheit eines Menschen überschattet war durch eine kranke Mutter oder einen kranken Vater. Manchmal wagt dann das Kind auch als Jugendlicher und Erwachsener nicht, sich robust und gesund zu verhalten, wie wenn es dann illoyal wäre gegenüber den leidenden Eltern, selbst wenn diese längst gestorben sind.

«Sei nicht normal! (Goulding 1972)
«Was fällt dir ein – du bist ja verrückt!», «Du gleichst ganz dem Onkel Oskar, hoffentlich endest du aber nicht wie er in der Irrenanstalt!», «Das ist einfach nicht mehr normal! So benimmt sich kein normales Kind!»

«Sei nicht glücklich!» (Steiner 1974, pp. 71–72/S. 78f), auch: *«Sei nicht zufrieden!»*
Erstaunlich viele Patienten stehen unter diesem Gebot. Es ist, wie wenn es für sie gefährlich wäre, glücklich und zufrieden zu sein, wie wenn es ein ungeheures Wagnis wäre, das sie sich nicht zutrauen. Auch hier spielt das Moment der Loyalität nach meiner Erfahrung häufig eine Rolle: Wie darf ich mir herausnehmen, glücklich und zufrieden zu sein, wenn mein Vater oder wenn meine Mutter immer so unter dem Leben (oder ihrer Ehe, ihrem Beruf, ihrer Krankheit) gelitten haben. Wer sich glücklich und zufrieden fühlt, dem sind die Götter neidisch. *Es ist schon dafür gesorgt, daß die Bäume nicht in den Himmel wachsen!*

«Sei nicht nah!» (R. Goulding 1972), sprachlich besser: **«Komm niemandem nah!»*, auch: *«Trau niemandem!»* oder *«Laß dich mit niemandem ein!»*
Dieses Gebot kann von Eltern ausgehen, die körperliche Nähe ihrer Kinder und Zärtlichkeit nicht gut ertragen. Auch der Tod eines Menschen, dem sich ein Kind nahe gefühlt hat, kann zur Schlußfolgerung führen: *«Nähe und Vertrautheit endet in Schmerzen und Trauer!»*. *«Halte Distanz!»* kann ebenfalls hier zugezählt werden.

«Gehör nicht dazu!» (R. Goulding 1972)
Vielleicht ist die Familie als rassische oder konfessionelle Minderheit in einem Dorf aufgewachsen. Die Eltern mögen immer wieder betont haben, daß die Familie nicht zu den andern gehört, oder diese andern haben das die Kinder dieser Familie auch merken lassen. Vielleicht hat aber auch das Kind den Eindruck gehabt, es gehöre gar nicht zur Familie, in die es hineingeboren wurde. «Rote Haare hat nie jemand bei uns gehabt!», «Du bist der einzige mit blonden Haaren – nimmt mich nur wunder, woher du diese hast!», «Du bist das einzige Kind, das weder dem Vater noch der Mutter ähnlich sieht!» – Wer unter diesem Grundgebot steht, wird sich auch später nirgends zugehörig fühlen und sich immer wieder fremd fühlen. Er kann darunter leiden oder aber sich innerlich elitär über die andern erheben. Das Gebot kann auch dazu führen, daß der Betreffende sich immer wieder eine Gesellschaft sucht, zu der er wegen seines Herkommens, seiner Bildung oder Wesensart nur schwer Zugang findet, wie um sich zu bestätigen, daß er eben doch nirgends hingehört.

«Sei nicht unabhängig!» (M.u.R. Goulding 1979, p. 97/ S. 124), auch: *«Geh nicht deinen eigenen Weg!»*, *«Geh den Weg, den die Mitglieder unserer Familie immer schon gegangen sind!»* oder: *«Geh den Weg, den ich dir bestimme (von dir erwarte)!»*

«Schaff es nicht!» (Campos 1970), auch: *«Hab keinen Erfolg!»*, *«Es soll dir nicht gelingen!»*
Botschaften, die zu dieser Kategorie gezählt werden, entspringen manchmal der eifersüchtigen Angst der Eltern, daß ihr Kind erfolgreicher, schöner oder intelligenter als seine Eltern werden könnte. Manche Menschen «ehren» ihre Eltern lebenslänglich, indem sie ihre tatsächlichen Erfolge im Leben geringschätzen und sich keinesfalls darüber freuen können. Die Eltern sollen die «größeren» und «stärkeren» bleiben, wie sie von dem Betreffenden in der Kleinkindheit erlebt wurden. J.u.B. Allen (1972) rechnen auch das

Verbot als Frau gegenüber Männern oder als Mann gegenüber Frauen Erfolg zu haben, zu dieser Kategorie von Grundbotschaften. Nach Jaoui (1985) wird dieses Gebot manchmal auch dadurch erfüllt, daß ich von einem Erfolg, wenn er sich doch einstellen sollte, durchaus nicht befriedigt bin.

«Tu nichts!» (R. Goulding 1972).

Bei diesem Grundgebot denken M.u.R. Goudling an die Mahnung, die ich dem Grundgebot «Sei nicht gesund!» beigefügt habe, nämlich: «Schone dich!», Ausdruck einer Furcht übervorsichtiger Eltern! Wie aus den Ausführungen von M.u.R. Goulding zu ersehen ist, unterstellen sie diesem Grundgebot, was ich eher als *«Unternimm nichts (von dir aus)!»* und *«Entscheide nichts (von dir aus)!»* formulieren würde (M.u.R. Goulding 1979, p. 35/S. 52f).

Nach Jaoui (1985) gehört das Gebot *«Unternimm nichts!»* zum Grundverbot *«Schaff es nicht!»*. Es kann sich nach Jaoui darin zeigen, daß von vornherein keine Unternehmungen ins Auge gefaßt werden oder daß ich gar nicht erst mit der Ausführung beginne, auch wenn ich mir eine Unternehmung vorstellen kann.

«Ändere dich nicht!» (J.u.B. Allen 1972), auch: *«Bleib, wie du bist, so hab ich (oder: haben wir) dich gern!»* Manchmal hält ein Patient dieses Gebot gleichsam aus Loyalität zu bereits verstorbenen Eltern ein.

Hartmann u. Narboe heben zwei destruktive Grundgebote als besonders katastrophal heraus: «Sei nicht!» und «Sei nicht normal!» Sie nehmen an, daß im Hintergrund aller anderen Grundgebote diese zwei «katastrophalen Gebote» drohen: «Sei kein Kind, sonst wirst du zugrunde gehen!» oder «Werde nicht erwachsen, sonst wirst du verrückt!» (Hartmann u. Narboe 1974).

Nach meiner Erfahrung finden sich auch bei Menschen, die sich gesund fühlen und als gesund gelten, Anzeichen einschränkender, destruktiver Grundbotschaften. In der Praxis arbeite ich mit der Arbeitshypothese, daß unser aller Leben das Ergebnis einer Überlagerung von Auswirkungen von Antreibern (s. S. 205), negativen Skriptgeboten, konventioneller Gegenskriptbotschaften (S. 215) und in Freiheit gefaßter Entscheidungen ist, wobei das Verhältnis der «Durchschlagskraft» in bezug auf jeden dieser Faktoren wesentlich ist. Auch bei anscheinend skriptfreien Menschen können sich in Zeiten übermäßiger äußerer oder innerer Belastung wieder «alte» negative Skriptgebote regen, die durch die Integration von Erlaubnissen für gewöhnlich entschärft in den Hintergrund getreten sind, überraschend häufig auch die Botschaft «Sei nicht!». Ich frage mich, wozu mich auch meine Erfahrungen bei psychoanalytischen Persönlichkeitserhellungen anregen, ob nicht destruktive Grundbotschaften mit dem Menschsein an sich gegeben sind und durch negative Erlebnisse nur gestärkt oder aber durch elterliche oder therapeutische Erlaubnisse gemildert oder aufgehoben werden können und dann nur noch sehr selten und in Ausnahmezuständen, z.B. bei durch biologische Mitbedingungen verursachten Gemüts- und Geisteskrankheiten oder auch bei anderen außergewöhnlichen Belastungen das Erleben und Verhalten beeinflussen oder gar direkt bestimmen. Vielleicht ist die Liste der destruktiven Grundbotschaften, die natürlich beliebig ergänzt werden kann, zugleich eine Liste der *Erlaubnisse* (s. S. 337), die ein Kind nötig hat, um gesund und lebensfreudig aufzuwachsen. Mit anderen Worten: Es könnten die destruktiven Grundbotschaften dann zur Wirkung gelangen, wenn in der Beziehung der Eltern zu den Kindern entsprechende, den destruktiven Grundbotschaften entgegenwirkende

Erlaubnisse *nicht* vermittelt werden. An praktischen Beispielen demonstriert: Wenn ein Kind nie spürt und später hört, daß es willkommen ist («Schön, daß es dich gibt!»), wird sein Erleben und Verhalten durch die destruktive Grundbotschaft «Sei nicht!» beeinflußt, entsprechend bei den anderen häufigen destruktiven Grundbotschaften («Du bist mir wichtig!», «Ich freue mich, daß du ein Junge bist!», «Du gehörst zu uns!» usw.). Ein Aufsatz von J.u.B. Allen (1972), der von den Erlaubnissen ausgeht, die ein Kind nötig haben soll, bestärkt mich in dieser Auffassung.

Diese Gedankengänge haben einen gewissen Bezug zur Annahme von Harris, daß ein Kind bald nach der Geburt «notwendigerweise» die Einstellung «Ich bin nicht O.K.!» entwickle (s. S. 130f) oder an die Annahme von English, daß beim unausweichlichen «Ur-Wir-Bruch (Begriff von Künkel) die Einstellung: «Ich bin nicht O.K., du bist nicht O.K.!» ebenso «notwendigerweise» das Kind erfülle (s. S. 132f).

In der traditionellen Transaktionalen Analyse wird, wie bereits erwähnt, angenommen, daß die destruktiven Grundbotschaften tatsächlich oder doch in allererster Linie auf elterliche Botschaften im weiteren Sinn, also genauer: elterliche Einflüsse zurückgehen. Nach der Lehre von der Skript-Matrix (s. S. 222) würden sie in der kleinkindlichen «Elternperson» (EL_1) gespeichert, die von Steiner als Hexenmutter, als Monstervater oder Schweine-«Elternperson» bezeichnet wird (s. S. 42, 224). Der vermittelnde Teil der leiblichen Eltern sei deren «Kind», in diesem Zusammenhang auch als «verrücktes Kind» bezeichnet (sinngemäß Steiner 1966, wörtlich 1971; Holloway, W.H. 1972). Diese Vorstellung ist vermutlich darauf zurückzuführen, daß diese Übermittlung immer unbedacht und im Affekt erfolgt, es handle sich denn um bewußt krankhaft übelwollende Eltern. Allerdings meint Berne ohnehin, daß Steiner in erster Linie ausgesprochen krankhafte Familienverhältnisse vorschwebten (1972, p. 280/S. 326), obgleich Steiner diese Verhältnisse bei jedermann feststellen zu können glaubt (1974; 1979).

Fairbairn schrieb vom «inneren Saboteur» und führte die selbstdestruktiven Einflüsse auf eine verinnerlichte «böse Mutter» zurück (1954). Wohl deswegen und möglicherweise auch noch wegen der beziehungsorientierten und nicht in erster Linie trieborientierten psychoanalytischen Betrachtungsweise, die Fairbairn vertritt, bezeichnet Berne die Konzepte dieses Autors als die «beste heuristische Brücke» zwischen Transaktionaler Analyse und Psychoanalyse (1972, p. 134, note 2/nicht übersetzt).

Steiner spricht heute statt von «Hexenmutter», «Monstervater» oder «Schweine-Eltern» auch von «Feind» (1979b), vielleicht wäre *innerer Feind* noch eindeutiger. Diesem Ausdruck haftet dann nicht mehr die Überzeugung an, daß es nur oder bevorzugt die Eltern sind, welche die destruktiven Grundbotschaften vermittelt haben, wenn auch Steiner immer noch dieser Meinung sein mag.

Es ist für mich besonders reizvoll, die Grundängste, welche die Psychoanalytiker mit den verschiedenen Stufen der Libidoentwicklung verbinden (G.u.R. Blanck 1974, S. 101, 122) mit typischen Skript-Botschaften in Vergleich zu setzen. Dabei vermerke ich ausdrücklich, daß es sich nicht um von irgendwem ausgesprochene Botschaften handeln muß, sondern um sozusagen erlebte «Gestimmtheiten», die für einen bewußt überlegenden Patienten in «Botschaften» gleichsam übersetzt werden! Die Grundangst auf der oralen Stufe ist nach Blanck die Angst vor der Vernichtung, *wohl wegen der totalen vitalen Abhängigkeit von der Umgebung. Auf die Eltern projiziert entspricht ihr, transaktionsanalytisch gesehen, die Botschaft «Sei nicht!». Der Angst vor dem Verlust des «Objekts» als solchem, von welcher der Psychoanalytiker spricht, ist in der Transaktionalen Analyse eine Reaktion auf Botschaften wie «Geh weg!» oder «Laß mich jetzt!» oder gar «Geh zum Teufel!». Eine Flucht in die Symbiose kann eine Folge dieser Gestimmtheit sein (Blank S. 134). Die Angst vor dem Verlust der Liebe des Objekts, ebenfalls eine Angst, die, psychoanalytisch betrachtet, auf der analen Stufe aktuell zu sein pflegt, entspricht, transaktionsanalytisch betrachtet, einer Folge der Botschaft «Du gehörst nicht dazu!», nämlich « ... nicht zu mir!» oder « ... nicht zu uns!». Was die Psychoanalytiker als «Kastrationsangst» oder «Penisneid» deuten, meines Erachtens Ausdruck einer existentiellen Geschlechtsunsicherheit auf die wahrhaft unglaubliche Beobachtung hin, daß es zwei Geschlechter gibt, ist, transaktionsanalytisch betrachtet, eine Folge der Botschaft «Sei kein Mädchen!» oder «Sei kein Jung!» oder etwa auch in altersmäßiger «Übersetzung»: «Du bist kein (rechter) Mann!» oder «Du bist keine (rechte) Frau!». Die Angst vor dem Über-Ich entspricht in der Transaktionalen Analyse die Angst vor den gebietenden und verbietenden Eltern bzw. vor der inneren «Elternperson», deren Überwindung die Überzeugungskraft der Autorität [Potency] im Rahmen der therapeutischen Triade verlangt (s. S. 266f).

Ich frage mich, ob nicht diese Grundängste, wie die Psychoanalyse annimmt, weitgehend an bestimmte Entwicklungsstadien gebunden sind und durch elterliche Botschaften nur eben aktualisiert werden. Sie erscheinen dann in der Transaktionalen Analyse als Folgen solcher Botschaften und können therapeutisch auch durch diese Botschaften entgegengesetzte Erlaubnisse aufgehoben werden. Es könnte dies heißen, daß ein Kind in bestimmtem Alter ganz bestimmter elterlicher Erlaubnisse bedarf, die diese Grundängste zu mildern oder aufzuheben geeignet sind. Auch hier aber handelt es sich, besonders im begriffs- und wortlosen Alter des Kindes natürlich nicht um formulierte Erlaubnisse, sondern um vom Kind zweifellos erlebte Gestimmtheiten der Betreuungspersonen.

9.5.2 Konstruktive Grundbotschaften

Es gibt auch *konstruktive* Grundbotschaften [injunctions], die aber heute im Schrifttum der Transaktionalen Analyse in den Hintergrund getreten sind: «Werde ein großer Mann!», eine Botschaft, die nach Berne Freud von seinen Eltern vermittelt worden ist (Berne 1972, p. 225/S. 267), «Werde eine sexuell attraktive Frau!» (Berne 1972, p. 121/ S. 151), «Lebe lang!» (Berne 1972, p. 111/S. 138). Auch Kahler und Caper schreiben von konstruktiven Grundbotschaften [injunctions], ebenso schreiben R.u.M. Goulding u. McCormick von Grundbotschaften [injunctions], die sich gegen Mißerfolge, Mittelmäßigkeit, Apathie und Passivität richten (1973).

Steiner schreibt von *guten Hexenbotschaften*, die aber von der wohlwollenden «Elternperson» ausgingen, weswegen er sie nicht zu verbietenden Botschaften [injunctions] rechnet. Im Gegensatz zu Berne würden also nach Steiner von der «Elternperson» beim Kleinkind (EL_1) nur negative Botschaften und damit auch die destruktiven Grundbotschaften ausgehen. Er kennt verwirrenderweise im Gegensatz zu Berne und allen anderen Transaktionsanalytikern keine kritische oder möglicherweise auch negativ bestimmende [controlling] «Elternperson» beim Erwachsenen (EL_2) (1974, pp. 54–55/S. 61 ff, pp. 76–81/S. 83–87).

Berne selbst und andere unterscheiden an einigen Stellen die konstruktiven Grundbotschaften [injunctions], statt von Hexeneltern von Feen und gutmütigen Riesen vermittelt, nicht klar von den Erlaubnissen der Eltern gegenüber dem Kind. Der Unterschied ist aber – auch wieder nach Berne – ganz klar: Die Grundbotschaft [injunction] ist, auch wenn sie positiv ist, eine (negativ oder positiv formulierte) *Direktive*, die Erlaubnis aber eine *Lizenz* (Berne p. 123/S. 154, pp. 127–128/S. 159, pp. 371–376/S. 421–427). Wenn eine konstruktive Grundbotschaft lautete: «Sei glücklich!», dann wäre das ein als Verpflichtung erlebtes Gebot, immer glücklich zu sein! Die entsprechende unverbindliche Erlaubnis würde lauten: «Du darfst glücklich sein!». Erlaubnisse gehören auch nach verschiedenen Äußerungen von Berne nicht zu einem Skript (1972, p. 127/S. 159, p. 132/S. 164), wenn sie auch nach Stewart u. Joines ebenfalls aus dem «Kind» der Eltern vermittelt werden sollten (1987, pp. 132–133/S. 196–199).

McCormick u. Pulleyblank zählen die Erlaubnisse allerdings zu den Skriptbotschaften, die vom unbefangenen «Kind» der Eltern ausgehen und im unbefangenen «Kind» der Nachkommen integriert werden sollen, die destruktiven Grundbotschaften indessen sollen vom befangenen oder angepaßten «Kind» der Eltern ausgehen und im entsprechenden «Kind» der Nachkommen gespeichert werden (1979). Das sind Konstruktionen!

9.6 Antreiber und Miniskriptablauf

Es handelt sich um zwei Konzepte von Taibi Kahler, die eng zusammenhängen. Dasjenige vom Miniskript setzt den Begriff des Antreibers voraus. Den grundlegenden Aufsatz schrieb Kahler zusammen mit Hedges Capers (Kahler u. Capers 1974). Später erschienen weitere erläuternde Arbeiten von Kahler, auch Entgegnungen an Kritiker (Kahler 1974, 1975 a-d; 1977). Schließlich erschien von ihm ein Buch als Überblick über den gegenwärtigen Stand der Transaktionalen Analyse von seinem Blickwinkel aus (1978).

9.6.1 Antreiber

Als Antreiber werden von Kahler u. Capers angeblich elterliche Forderungen bezeichnet, die dem Kind ermöglichen sollen, das Leben zu bewältigen, z.B. «Sei perfekt!» Die Bedeutung und Wirkung dieser Gebote wird erst klar, wenn wir realisieren, daß das Wort «immer» bereits von den Erziehern oder dann doch vom Kind beigefügt wird, also z.B. «Sei *immer* perfekt!» Dahinter steht die Drohung oder wird doch vom Kind «gehört»: « ... sonst haben wir dich nicht mehr gern!» oder « ... sonst wirst du im Leben scheitern!» Nach Kahler und Capers verinnerlicht als: « ... sonst bist du nicht O.K.!». Die Antreiber werden bereits in der Kindheit verinnerlicht, im allgemeinen aber erst dann, wenn das Kind begrifflich denken und sprechen gelernt hat. Unbedacht versucht später der Erwachsene, diese Forderungen zu erfüllen, wie wenn er unter einem Zwang dazu stehen würde.

Die Autoren glauben, alles, was psychologisch als Antreiber aufgefaßt werden könnte, auf fünf Kategorien reduzieren zu können. Ich nenne im folgendem immer das Schlagwort zuerst, unter dem der betreffende Antreiber im Schrifttum der Transaktionalen Analyse angeführt wird, und dann noch Varianten, die ebenfalls üblich sind. Das «immer» ist von mir beigefügt, da es die Bedeutung eines Antreibers im Leben eines Menschen erst mit vollem Gewicht herausstellt.

«Sei (immer) perfekt!» oder *«Sei (immer) der Erste!»* oder *«Sei (immer) der Beste!»*

Diese Forderung verlangt Perfektion, Fehlerlosigkeit, höchste Leistungen in allem, was der Betreffende tut, zumindest in denjenigen Bereichen, in denen er sich sozial bewegt. Er erwartet ein solches Verhalten meistens auch von anderen. Kahler schreibt manchmal, daß jeder, der unter diesem Antreiber stehe, dasselbe Verhalten auch von jedem andern verlange; an anderen Stellen seines Werkes deutet er aber an, daß es vorkomme, daß jemand nicht von sich, jedoch von anderen die Erfüllung dieser Forderung erwarte. Damit würde es von diesem Antreiber sozusagen einen elterlichen Aspekt («Du sollst ...») und einen kindlichen Aspekt («Ich muß ...») geben.

Wer unter dem Antreiber «Sei perfekt!» steht, gebraucht komplizierte Wendungen, wenn er etwas erklärt; er neigt dazu, mehr zu sagen, als eigentlich nötig wäre, und befleißigt sich großer Ausführlichkeit, um nur ja keine Mißverständnisse aufkommen zu lassen und immer alle Seiten eines Problems oder einer Gegebenheit zu beleuchten. Er flicht in seine Erläuterungen gerne die Worte «natürlich», «klar», «ich denke, ...» ein. Er sagt nie einfach nur seine Meinung, sondern rechtfertigt sie immer auch gleich. Er teilt, was er zu bemerken hat, mit Vorliebe in «erstens, zweitens, drittens» ein und zeigt möglicherweise noch durch Aufstrecken seiner Finger, daß er seine Argumente nach Priorität zählt. Er glaubt, was er sage, sei umso überzeugender, je genauer und gründlicher er es vorbringe. Wer immer der Erste und Beste sein muß, ist zwanghaft leistungsbetont.

«Versuche (immer) angestrengt!» oder *«Gib dir (immer) Mühe!»* Was Kahler mit dem Antreiber «Versuche angestrengt!» meint, umschreibt er bildlich: Ein Mann gerät in Treibsand; wenn er sich wild bewegt und zappelt, wird er immer mehr versinken; wenn er sich langsam und bedacht bewegen würde, könnte er sich retten.

*Bei diesem Beispiel wäre der Gegensatz «Geh immer sorgfältig bedacht vor!». Das beleuchtet nicht unbedingt treffend, was mit diesem Antreiber gemeint ist. Als Gegensatz wäre besser: «Es soll dir (immer alles) leicht fallen!», übrigens auch ein Antreiber. Watzlawick würde vermutlich sagen, diese Formulierung sei paradox, denn «soll» und «leicht fallen» könne keinesfalls zusammengehen wie auch die Aufforderung «Sei spontan!» unsinnig sei (Watzlawick, Beavin, Jackson 1969).

Ein anderes Beispiel bietet der Kapitän eines Flugzeuges, der nach der Begrüßung seinen Passagieren mitteilt, er werde sich anstrengen, New York zu erreichen. Das tönt dann, wie wenn er im Grunde genommen nicht damit rechne, mindestens daran zweifle, daß ihm das gelingen werde. Viele Transaktionsanalytiker rechnen damit, daß, jemand, der sage: «Ich werde versuchen, mich zu ändern!», von vornherein daran zweifle, daß ihm das gelingen werde und, dadurch gehemmt, sein Ziel auch nicht erreichen werde, sonst würde er sagen: «Ich werde mich verändern!»

Wer unter dieser Forderung steht, beantwortet Fragen oft nicht direkt, wiederholt sie vielleicht nachdenklich, überlegt, geht Nebengedanken nach oder sagt: «Es ist mühsam für mich!» oder «Ich weiß nicht sicher, aber ich könnte vielleicht sagen ... » oder «Ich will's versuchen!» oder so ähnlich. Sein Ton ist eher ungeduldig, seine Haltung und seine Gebärden verkrampft. Mit Vorliebe sitzt er nach vorn geneigt, seine Ellbogen auf die Knie gestützt, seine Stirn gerunzelt.

Wer unter der Forderung steht «Gib dir Mühe!», für den ist eine Aufgabe oder eine Unternehmung dann stimmig, wenn sie mühsam ist. «Sich Mühe geben» ist wichtiger als das Ergebnis. Wird nicht erreicht, was er anstrebt, so hat er sich doch wenigstens bemüht und das ist das Wichtigste. Wenn jemandem, der nach diesem Antreiber lebt, zwei Wege offen stehen, wählt er den schwierigeren Weg. Er muß sich sein Glück verdienen, wenn in einem solchen Fall überhaupt noch von «Glück» gesprochen werden darf. Das Leben ist eine mühsame Aufgabe. Unbekümmertheit ist Leichtsinn.

Die Verwandtschaft mit dem Antreiber: «Versuche angestrengt!» liegt auf der Hand, insbesondere weil die Haltung, die Mimik und die Gebärden, welche diese Antreiber ausdrücken, einander sehr ähnlich sehen. Trotzdem handelt es sich meines Erachtens erlebnismäßig um zwei verschiedene Lebensprinzipien.

«Jetzt denk einmal darüber nach!», «Es wird dir sicher Mühe machen, aber ... !»,

«Natürlich – ich weiß – es ist nicht so einfach!» sind «elterliche» Anspielungen auf diesen Antreiber.

Sei (immer) liebenswürdig!

Nach Kahler heißt dieser Antreiber, wörtlich übersetzt, «Gefall mir!» oder «Verhalte dich mir zuliebe!» [Please me!], ausgesprochen von einem Elternteil. Manchmal wird dieser Antreiber auch formuliert: «Mach den andern (ihm, ihr) Freude!» Da diese Forderung, wenn verinnerlicht, als Verallgemeinerung wirksam wird, ziehe ich die Formulierung: «Sei (immer) liebenswürdig!» vor. Wer dieser Forderung zu entsprechen sucht, fühlt sich verantwortlich, daß derjenige, der mit ihm zu tun hat, sich wohlfühlt. Er kommt ihm entgegen; es ist ihm wichtig, von allen geschätzt zu werden und beliebt zu sein. Wer unter diesem Antreiber steht, sagt gerne: «Sie wissen ja ... », «Könnten Sie vielleicht ... ?». Nach Kahler sieht er oft zur Seite, bevor er eine Frage beantwortet, zieht gerne die Augenbrauen hoch, äußert sich mit zustimmendem «Hmmm, hmmm» und nickt häufig mit dem Kopf. Nach Kahler sehen Menschen, die unter diesem Antreiber stehen, diejenigen, mit denen sie sprechen, kaum je direkt an. Der Betreffende ist daran interessiert zu erfahren, ob er seine Sache gut, d.h. für die andern zufriedenstellend gemacht hat. A. Harris hat den Charaktertypus dessen, der unter diesem Antreiber steht, schon vor Capers u. Kahler glänzend beschrieben (1972).

Wer einen anderen auffordert: «Könnten Sie mir bitte ... !» oder «Würden Sie mir bitte, ... !», «Es wäre mir angenehm, Sie würden ... !», «Was glaubst du, was ich machen kann? Mir ist nicht gut!» spielt, wie Kahler sagen würde, «elterlich» auf diesen Antreiber an.

Beeil dich (immer)!

Dieser Antreiber ist Anlaß, alles rasch zu erledigen, auch rasch zu antworten und rasch zu sprechen. Erinnern wir uns an eine Mutter, die zu ihrem Kind sagt: «Wie? Du bist schon zurück vom Bäcker? Du hast aber rasch gemacht!» Wer unter diesem Antreiber steht, gibt anderen zu erkennen, daß sie nicht zu lang und zu ausführlich sprechen sollen. Er sieht gegebenenfalls häufig auf die Uhr und kann ungeduldig mit den Fingern auf die Tischplatte klopfen. Bevorzugte Redewendungen sind: «Wir müssen uns beeilen!» oder «Gehen wir!» Seine Haltung ändert sich rasch; er runzelt die Stirn; sein Blick schweift häufig ab. – Nach meiner Erfahrung fassen Menschen, die unter diesem Antreiber stehen und intelligent sind, auch immer rasch auf und wissen schon nach wenigen Worten, die jemand zu ihnen sagt, was dieser sagen möchte. Schließlich haben sie sich seit Kindheit darin geübt! Umso mehr Mühe haben sie dann, ruhig und gelassen zuerst einmal zuzuhören.

«Könntest du bitte rasch ... ?», «Vielleicht ist dir das auch noch möglich!» sind «elterliche Anspielungen auf diesen Antreiber.

«Sei (immer) stark!», «Beherrsche dich immer!», «Zeig nie eine Schwäche!», «Sei ungerührt!»

«Sei stark!» hieß ursprünglich bei Kahler dasselbe wie «Zeig keine Gefühle!» oder sogar «Hab keine Gefühle!», da Gefühle und Gefühlsäußerungen für solche Menschen eine Schwäche bedeuten (Kahler u. Capers 1974). Wer unter diesem Antreiber steht, ist ein Stoiker, d.h. zeigt keine Gefühle, ist unbewegt. Er spricht nach Kahler eher monoton und zeigt wenig Bewegtheit, dementsprechend strahlt er auch wenig Wärme aus. Die Hände hält er eher steif, die Arme verschränkt. Der Gesichtsausdruck entspricht einem sogenannten Pokergesicht. Es ist naheliegend, daß, wie Kahler feststellt, ein solcher Mensch oft als jemand angesehen wird, dem es leicht fällt in kritischen Situationen seine «Erwachsenenperson» zu aktivieren. Wenn gesagt werde, jemand sei in seiner «Erwachsenenperson» befangen, handle es sich im allgemeinen um jemanden, der unter diesem Antreiber stehe. Bevorzugte Redewendungen, die Kahler angibt, die aber nicht meiner Erfahrung bei solchen Menschen entsprechen, seien: «Ich habe nichts dazu zu sagen!», «Es ist dies nicht meine Sorge!»

Das Lieblingsmotto eines Bekannten von mir, der unter diesem Antreiber steht, ist der stoische Satz: «Auch wenn der Erdkreis zusammenbricht, wird er einen Unerschrockenen begraben!»

Später kennzeichnet Kahler jemanden, der unter diesem Antreiber steht, als einen Menschen, der die Verantwortung für seine Gedanken und Gefühle nicht übernehmen wolle, sondern sich so benehme, wie wenn andere zwingend machen könnten, daß er sich gut oder schlecht fühle (Kahler 1977; 1978, p. 207). Der Betreffende sage deshalb oft: «Es fiel mir nicht ein!» oder «Er brachte mich dazu, daß ...» (1978, p. 245, 292). Wenn die Forderung «Sei stark!» diese Bedeutung hat, dann stimmt diese nicht mehr überein mit «Zeig keine Gefühle!» Immerhin meint Kahler später doch auch, daß, wer unter diesem Antreiber stehe, sich nicht gestatten könne, etwas zu zeigen, was er als Schwäche beurteile (1977, p. 224).

Die neue Umschreibung des «Sei stark!»-Antreibers durch Kahler entspricht dem Computer-Typ nach Virginia Satir, der seine eigene Person mit ihren Bedürfnissen und Gefühlen ausklammert und z.B. statt «Ich ärgere mich!» sagt «Da könnte sich jemand ärgern!» oder statt «Ich brauche nach dem Mittagessen eine Tasse Kaffee, um wach zu bleiben!» «Man braucht ...» (Satir 1972, S. 63–72).

Ich frage mich, ob den fünf Kategorien von Antreibern von Kahler u. Capers nicht noch weitere beigefügt werden könnten, wie z.B. *«Sei immer wie die andern!», «Fall nicht aus dem Rahmen!», «Fall nicht auf!»* oder dann *«Sei (immer) vorsichtig!»*, jeweils mit der entsprechenden körperlichen Haltung, der entsprechenden Mimik und den entsprechenden Gebärden. Den letzterwähnten Antreiber erwähnt M. Goulding und bringt ihn in Beziehung zur destruktiven Grundbotschaft: «Tu nichts!» (M.u.R. Goulding 1979, p. 38/56). Ich habe den Eindruck, es gibt noch mehr elterliche Anweisungen, die sich als Antreiber auswirken. Es würde dies damit übereinstimmen, daß von Kahler selbst die Antreiber zum Gegenskript (s. S. 215ff) gerechnet werden, also zu den elterlichen Anweisungen, mit denen konventionelle, kulturelle und soziale Vorstellungen verbunden sind. Nach meiner Erfahrung ist es praktisch sinnvoll, von *Anweisungen oder Gegenskriptbotschaften (s.u.) auf Antreiberebene* zu sprechen und sich nicht darauf zu versteifen, nur die fünf oben erwähnten Antreiber gelten zu lassen, wenn sie auch besonders häufig sind und ihre Erwähnung eine sehr wichtige Anregung bedeutet.

Zu solchen Überlegungen kam ich beim Studium der rational-emotiven Therapie von Albert Ellis (1962) und der kognitiven Psychotherapie von A. Beck (1976). Die verabsolutierten Überzeugungen von Patienten, führen nach diesen Autoren zu Verstimmungen, wie sie dem Miniskriptablauf entsprechen. Sie haben also diesbezüglich die Auswirkung von Antreibern.

Die Antreiber werden dem Kind nach den Kahler von einer zwar wohlwollenden, aber gleichwohl einschränkenden «Elternperson» vermittelt. Kahler spricht in diesem Zusammenhang von der «negativ wohlwollenden Elternperson», zu dem ja auch die verwöhnende «Elternperson» gezählt wird (s. S. 39). Wir könnten von einer «antreibenden Elternperson» sprechen. Die Antreiber werden, wie im allgemeinen angenommen wird, dem Kleinkind später als die destruktive Grundbotschaft, nämlich «postödipal» (Kahler) übermittelt und zwar durch Worte, meines Erachtens allerdings auch durch das Beispiel. Kahler äußert an einer Stelle seines Werkes, daß auch die Antreiber dem Kind bereits in den ersten Lebensmonaten eingeprägt werden könnten, nur kämen sie erst in der Schulzeit zur Wirkung. Ich stelle mir dazu vor, daß einem Säugling bereits durch die Art, wie seine Mutter ihn pflegt und wickelt, der Antreiber «Sei perfekt!» übermittelt werden kann, ohne daß er aber selbst perfekt sein kann. Bei der Reinlichkeitserziehung dann, also immer noch «präödipal», kann schon die ganze Palette von Antreibern zur Wirkung kommen und vom Kind verinnerlicht werden.

Nach Kahler übermitteln die Eltern dem Kind gewöhnlich diejenigen Antreiber, unter denen sie selber stehen. Obgleich derjenige, der einem Kind einen solchen Antreiber vermittelt, annimmt, dieser diene dem Kind dazu, gut durch's Leben zu kommen, wirkt der Antreiber doch einschränkend, da er mit dem Zwang verbunden ist, so zu leben, wie er fordert, was die Beweglichkeit in bezug auf die Reaktionen auf die Realität vermindert. Im Alltag unter allen Umständen und in jeder Beziehung perfekt oder der Erste oder der Beste zu sein, ist unsinnig; Irrtümer und Fehler sind unvermeidlich. Niemand kann auf allen Gebieten der Beste sein. Krampfhafte Bemühung lohnt sich durchaus nicht immer, sondern läßt kreative Einfälle gar nicht aufkommen. Ich kann mich mit fortlaufender Liebenswürdigkeit nicht aus sozialen Problemen heraushalten; manchmal schätzt es derjenige, mit dem ich mich eben auseinandersetze, durchaus nicht, daß ich ihm immer beistimme oder doch immer nur die Gemeinsamkeit verschiedenartiger Ansichten herauszuheben trachte. Es ist gut, wenn sich jemand beeilen kann, aber auch wieder nur dann, wenn es sich lohnt. Oft ist es besser, zuerst einmal eine Nacht darüber zu schlafen. Wenn ich mich emotional verschließe und keine Gefühle zeige, wirke ich kühl und distanziert und muß dann auch auf Zuneigung und Bestätigung verzichten.

Die Antreiber leiten sich aus an sich durchaus positiven Verhaltensweisen ab, ist es doch gut, perfekt sein zu können, sich beeilen zu können usw., wenn es die Situation erfordert. Wenn wir aber von einem Antreiber sprechen, dann ist ein solcher zwanghaft und meistens nicht realitätsangemessen. Antreiber werden befolgt, wie wenn eine Katastrophe drohen würde, wenn sie nicht erfüllt würden. Diese Katastrophe wäre nach Kahler die Erfüllung einer destruktiven Grundbotschaft, die sozusagen hinter einem Antreiber lauern würde.

Die meisten Menschen stehen unter mehreren Antreibern, von denen einer jedoch im allgemeinen die Priorität hat. Es kann jemand nach dem Antreiber: «Sei der Erste und Beste leben!», in zweiter Linie aber auch noch dem Antreiber «Gib dir Mühe!» folgen und in dritter Linie dem Antreiber: «Sei liebenswürdig!» Welcher Antreiber die Priorität hat, ergibt sich in Situationen, in denen diese Antreiber konkurrieren, wenn z.B. die Befolgung des Antreibers «Sei der Erste und Beste!» einem «Sei liebenswürdig!» entgegensteht.

Unter was für einem Antreiber jemand steht, kann nach Kahler bei einem Gespräch in wenigen Minuten festgestellt werden, auch wenn nur über das Wetter gesprochen wird. Es gilt nur eben seine Redewendungen, den Ton, in dem er spricht, seine Körperhaltung, seine Gebärden und seine Mimik zu beobachten. Wenn jemand, der unter dem Antreiber steht «Sei perfekt!», gefragt wird, was zwei und zwei gibt, mag er antworten: «Das ist abhängig vom System, auf das sich diese Zahlwerte beziehen!» Steht derjenige, der gefragt hat, selbst unter dem Antreiber «Sei perfekt!» oder aber auch unter dem Antreiber «Müh dich ab!» oder «Sei liebenswürdig!», so wird er durch diese Antwort veranlaßt, von nun an «intelligentere» und «vollkommenere» Fragen zu stellen. Auf diese Art könnten sich zwei Partner in ihren Antreibern gegenseitig bestärken. Für jemanden, der unter dem Antreiber «Sei perfekt!» steht, paßt erfahrungsgemäß ein Partner, der sich gemäß dem Antreiber «Sei liebenswürdig!» verhält.

Ein Patient sagt zum Therapeuten: «Ich habe wirklich ein Problem» und macht dann eine Pause. Er steht nach Kahler unter dem Antreiber «Sei perfekt!», der verhindere, daß er geradewegs sage, was ihn zum Therapeuten führe. Er nenne gleichsam zuerst den Titel dessen, was folgen werde: «Ein Problem». Warte der Therapeut nicht stillschweigend ab, sondern sage er nun «Um was für ein Problem handelt es sich?», sei zu vermuten, daß er selbst unter dem Antreiber «Gib dir Mühe!» oder auch «Sei liebenswürdig!» stehe. – Ein Therapeut, der einen Patienten fragt: «In was für einer Situation fühlen Sie sich deprimiert? Wann fühlen Sie sich deprimiert?» hat zwei Fragen gestellt, ohne dazwischen eine Antwort abzuwarten, nach Kahler ein Hinweis darauf, daß er unter dem Antreiber steht: «Versuche angestrengt!». Nehmen wir an, der Patient sage darauf: «Nun, es ist schwierig, das so genau zu sagen!», ist auch das Ausdruck desselben Antreibers, wobei der Aspekt «Gib dir Mühe!» im Vordergrund steht. Sagt nun der Therapeut «Könnten Sie das jetzt nicht einmal versuchen?», so steht vermutlich dahinter eine Liebenswürdigkeit des Therapeuten, der mit einem ebenso liebenswürdigen Entgegenkommen des Patienten rechnet, sonst würde er wahrscheinlich sagen: «Bitte versuchen Sie es jetzt!»

Das Modell von den Antreibern ist, wie die Praxis zeigt, eine ganz ausgezeichnete Anregung, unter anderem, weil sich die Antreiber im ganzen Verhalten ausdrücken. Der maßgebende Antreiber gibt auch wieder, wie jemand seine Erfahrungen auslegt, welche Werturteile er fällt, was ihn zufrieden oder unzufrieden sein läßt, die Art, wie er an seine Arbeit herangeht, *wie* er etwas sagt, *wie* er formuliert, mit was für Gebärden er seine Worte begleitet, was für eine Stimmlage er einhält, worauf er in seinem Lebens besonderen Nachdruck legt usw.

*Da die Antreiber meines Erachtens sich ganz offensichtlich auf «bürgerliche Tugenden» des westlichen Kulturkreises beziehen, sind auch Protesthaltungen möglich: «Mach nur ja nichts perfekt!», «Was willst du dir Mühe geben. In dieser Scheißgesellschaft führt das ohnehin zu nichts!» usw. Genauer wäre allerdings die Formulierung: «*Ich* werde doch nichts perfekt machen!», «Was soll *ich* mir Mühe geben?» usw. Mit einer solchen Protesthaltung ist der Antreiber allerdings nicht entschärft, nur seine Wirkung auf das Verhalten verkehrt.

Mescavage u. Silver sind der Ansicht, daß es nur zwei echte Antreiber gebe. «Versuche angestrengt!» (oder «Gib dir Mühe!») sowie «Tu es mir zuliebe!» (nach meiner Formulierung: «Sei immer liebenswürdig!»). Sie würden ganz allgemein die Beziehung zwischen Erzieher und Kind kennzeichnen, erstere Aufforderung als Grundlage der Sozialisierung bereits im «oralen Alter», letztere im «analen Alter» (1977).

9.6.2 Miniskriptablauf

Kahler kam auf die Lehre von den Antreibern, als er Menschen beobachtete, die plötzlich einer negativen Verstimmung verfielen. Er beobachtete, daß diese dann aufgetreten war, wenn sie versucht hatten, einen der Antreiber zu verwirklichen, ihnen aber das mißglückt war. Er konnte dabei einen Ablauf über vier Stationen beobachten: (1.) Ich muß immer liebenswürdig (oder perfekt usw.) sein, entsprechend der innerlich gespürten Forderung: «Sei immer liebenswürdig, sonst droht eine Katastrophe». Es gibt Schwierigkeiten, z.B. wenn in gewissen Situationen der Betreffende zum einen Mitmenschen liebenswürdig sei, könne dies von einem anderen als Beleidigung aufgefaßt werden. – (2.) Es komme nun zur heimlich befürchteten Katastrophe, die einer destruktiven Botschaft entspreche, z.B. «Du bist kein Mann!» oder «Auf dich ist kein Verlaß!» Der Betreffende fühle sich schlecht. (3.) Er versucht, sich wie auf eine Insel zu retten: «Die sind es ja gar nicht wert, daß ich mich mit ihnen abgebe!» oder «Geschieht euch recht – warum stellt ihr mir solche Fragen!» Es ist dies die Position eines, wie Kahler es nennt, «rachsüchtigen Kindes». Besser wäre es wohl, zu sagen: die Position eines aufbegehrenden Kindes: «Die andern sind schuld!». Diese dritte Position ist fakultativ. Nicht nur von ihr aus, sondern direkt von der Position 2 aus hätte der Betreffende noch tiefer «sinken» können, nämlich (4.) in eine Verstimmung, die mit «Das Leben ist sinn- und zwecklos» am besten gekennzeichnet wäre (s. Abb. 38).

Ein solcher Ablauf kann sich auf das Abgleiten von Pos. 1 (Wirksamkeit des Antreibers) auf Pos. 2 (Niedergeschlagenheit wegen situationsbedingter Unerfüllbarkeit) beschränken. Der Betreffende kann sich dann wieder «zusammennehmen», auf Pos. 1 zurückkehren und sich nun erst recht bemühen, immer liebenswürdig zu sein. Auch von der Pos. 3 ist eine «Rückkehr» möglich. Viele Menschen fallen aber über Pos. 2 oder 2 und 3 auf die Pos. 4, die Position der Hoffnungslosigkeit, der eigentlichen Katastrophe. Ein solcher Ablauf kann nach Kahler nur Sekunden oder aber Minuten dauern. Er nennt ihn etwas ungeschickt *Miniskript*, besser wäre wohl *Miniskriptablauf*. Er selbst bezeichnet das Miniskript als Ablauf.

Wenn ich den Umschreibungen von Kahler folge, dann könnte ich, was er «Miniskript» nennt, etwa definieren als «einen Ablauf im Bereich der Stimmung der Sekunden bis Minuten dauert und die negative Einstellung zum Leben verstärkt». So kompliziert diese Ausführungen sich anhören und lesen, so praktisch sind sie, denn wenn ich mich plötzlich schlecht fühle (Pos. 2) oder in eine Trotzstimmung gerate (Pos. 3) oder verzweifle (Pos. 4), oft hintereinander, dann kann ich mich fragen: «Wann bin ich soeben meinem bevorzugten Antreiber nicht gerecht geworden?» und ich kann den Ausgangspunkt finden, der oft, von außen gesehen, einem harmlosen Ereignis entspricht.

Kahler bringt die Pos. 1 mit einer «bedingten O.K.-Haltung» in Verbindung: «Du bist O.K., wenn du ...», die Pos. 2 entspricht bei ihm einer – + Haltung, die Pos. 3 einer (kindlichen) + – Haltung, die Pos. 4 einer – – Haltung. Er meint auch, daß die Pos. 4 dem Lieblingsgefühl entspreche. Meines Erachtens handelt es sich bei diesen Vergleichen um den zweifelhaften Versuch, verschiedene Konzepte der Transaktionalen Analyse, die sich nur weitgehend überschneiden, jedoch nicht decken, miteinander gleichzusetzen.

Was ich bis jetzt erwähnt habe, ist nach Kahler der Nicht-O.K.-Miniskriptablauf. Diesem stellt der Autor einen O.K.-Miniskriptablauf gegenüber, mit dem sich besonders Capers (in Kahler u. Capers 1974) und Gere (1975) beschäftigt haben. Beispiel eines O.K.-Miniskript-Ablaufs: (1.) Du darfst Gefühle und menschliche Wärme zeigen (eine Erlaubnis statt eines Antreibers), (2.) «Sei nah!» (ein konstruktives statt destruktives Grundgebot), (3.) «Ich genieße es, zu streicheln und gestreichelt zu werden», (4.) «Ich fühle mich frei und stark!» (positives Grundgefühl) und weiter im Kreislauf: (1.) «Deshalb darf ich es mir leisten, meine Gefühle zu zeigen ... » usw. Nach Kahler ist jedermann «jede Sekunde des Tages» entweder in seinem O.K.-Miniskript oder in seinem Nicht-O.K.-Miniskript.

Nach diesem selben Autor, bestätigt durch Gere (1975), ist ein Nicht-O.K.-Miniskript (-Ablauf) der einzige Weg, auf dem jemand seinen destruktiven Grundbotschaften verfallen kann, nämlich indem er den ihm auferlegten Antreiber nicht erfüllt. Der Antreiber bildet nach Kahler die dynamische Grundlage von manipulativen Spielen, negativen Lieblingsgefühlen, Nicht-O.K.-Grundeinstellungen. Der naheliegendste und in der Praxis wirksamste Weg, um den Miniskript-Ablauf und damit auch den Verfall an destruktivev Grundbotschaften, an manipulativen Spielen, an das negative Lieblingsgefühl zu entgehen, ist nach Kahler die Bearbeitung und Auflösung des Antreibers oder der Antreiber (s. S. 330f).

Der Miniskript-Ablauf

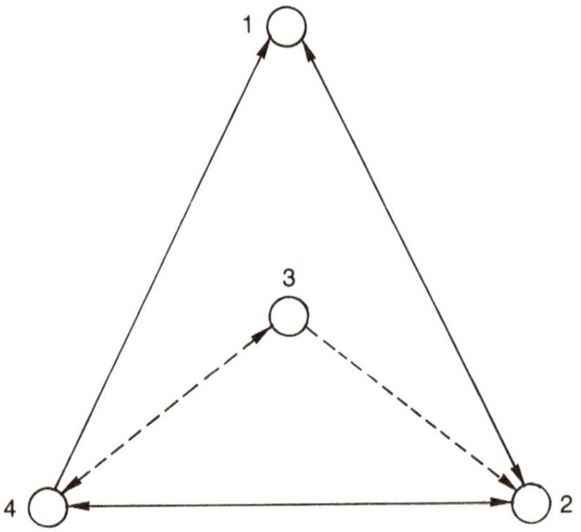

Abb. 38

Interpretation des Miniskript-Diagramms nach Kahler (1978):

1 = wEL: «Du bist O.K., wenn ...»/rK: «Ich bin O.K., wenn ...»
2 = Gefühle der Verwirrtheit, Minderwertigkeit, Schuld, Besorgtheit, Angst, Depression. Entspricht nach Kahler einer – + Haltung.
3 = Gefühle von Ärger, Rache, Triumph, Vorwurf, Trotz. Entspricht nach Kahler einer (kindlichen oder kindischen) + – Haltung.
4 = Gefühle der Verzweiflung, Isoliertheit, Unerwünschtheit, Ungeliebtheit, Hoffnungslosigkeit. Entspricht nach Kahler einer – – Haltung.

Im Gegensatz zu Kahler würde ich alle Verbindungsstriche zwischen den verschiedenen Positionen mit Doppelpfeil einzeichnen, da die entsprechende Gestimmtheit sich in beiden Richtungen verändern kann. Kahler selbst hat in gewissen seiner Schemata zum Miniskript die Verbindung zwischen Pos. 2 und 4 weggelassen.

Vereinfachte Version nach Schlegel:

1 = «Ich bin O.K:, wenn ...»
2 = «Ich kann nichts! (und fühle mich schlecht)»
3 = «Ihr seid schuld! – Geschieht euch recht!»
4 = «Ich bin nichts! – Ich bin verzweifelt! – Ich bin hoffnungslos!»

9.6.3 Das Verhältnis der destruktiven Grundbotschaften zu den Antreibern

Der psychologische Unterschied zwischen destruktiven Grundbotschaften und Antreibern wird von den Transaktionsanalytikern traditionell darin gesehen, daß die destruktiven Grundbotschaften den Kleinkindern früher, oft schon im Säuglingsalter, sozusagen atmosphärisch vermittelt werden, z.B. daß dem Kind ohne Worte zu erkennen geben wird, genauer: zu spüren gegeben wird, daß es lästig ist («Sei nicht!»), daß sein Geschlecht eine Enttäuschung für die Eltern war und ist («Sei kein Mädchen!»), während die Antreiber vom Kind erst aufgenommen würden, wenn es begrifflich denken gelernt und auch die Sprache anwenden und verstehen gelernt habe, auch wenn der Antreiber nicht durch Worte, sondern durch das Beispiel eines der Eltern vermittelt werden sollte wie häufig (wenn durch Worte, dann manchmal im Gegensatz zum Verhalten). Meines Erachtens besteht aber der wesentliche Unterschied darin, daß es sich bei den destruktiven Grundbotschaften und den Antreibern (und vergleichbaren Anweisungen) um vor allem inhaltlich verschiedene Einflüsse handelt. Die destruktiven Grundbotschaften beeinflussen das Lebensgefühl als solches, die Einstellung zum Leben überhaupt, ohne daß dies formulierbar bewußt wäre. Wem die Daseinsberechtigung abgesprochen wurde, hat vielleicht nur ein höchst dumpfes Gefühl, keine Daseinsberechtigung zu haben, ebenso wie jemand, der anderen Geschlechtes ist, als die Umgebung gerne hätte, ein unbestimmtes Gefühl der Geschlechtsunsicherheit entwickeln kann. Unter anderem deswegen habe ich die destruktiven Grundbotschaften auch als *existentielle Grundannahmen* umschrieben. Sie betreffen tatsächlich die Existenz, das Dasein. Ganz anders die Antreiber! Diese sind erzieherisch gemeinte *moralische Gebote*. So sollte ich sein: immer korrekt oder immer liebenswürdig usw. Die destruktiven Grundbotschaften sind keine moralischen Gebote, sondern innerliche «Lebensbegleiter».

Die Frage, in welchem Alter, diese Botschaften übermittelt wurden, die destruktiven Grundbotschaften wie die Antreiber, spielt insofern eine Rolle, als frühe «Einschärfungen» (beides sind Einschärfungen!), wenn integriert, eine durchdringendere Wirkung haben können, da das junge Kleinkind wehrloser, weicher, beeinflußbarer, abhängiger ist als ein Kind z.B. bereits im Trotzalter von drei Jahren!

Destruktive Grundbotschaften und Antreiber können sich gegenseitig verstärken oder unterstützen, z.B. «Du bist nicht wichtig!» und «Sei immer liebenswürdig!», oder sie können sich widersprechen, z.B. «Gehör nicht dazu!» und «Sei wie die anderen!» (s. dazu S. 217).

Kahler ist der Ansicht, daß es genügt, die Antreiber zu entschärfen, um dann auch nicht mehr den destruktiven Grundbotschaften zu verfallen. Bei ihm sind die destruktiven Grundbotschaften gleichsam die Drohungen, die hinter den Antreiber stehen, also an diese gebunden. Nach meiner Erfahrung und derjenigen anderer Transaktionsanalytiker ist es umgekehrt: Eine Entschärfung der Antreiber kann die destruktiven Grundbotschaften erst recht zur Wirkung bringen. Wem es gelungen ist, seinen Antreiber, immer liebenswürdig sein zu müssen, zu entschärfen, in dem kann plötzlich ein bedrohliches Gefühl mangelnder Daseinsberechtigung auftauchen: «Und jetzt? Wenn ich mich nicht mehr Tag und Nacht bemühe, liebenswürdig zu sein – zu was bin ich denn noch auf der Welt?» Hinter einem Antreiber kann sich also gleichsam eine destruktive Grundbotschaft verbergen. Stewart u. Joines schreiben von kombinierten Botschaften (1987, pp. 142–144/S. 212ff).

Zur auf die Antreiber und das Miniskript bezogener Behandlungsmethode nach Kahler siehe S. 330ff!

9.7 Antiskript, Gegenskript, Episkript, Delegation

9.7.1 Antiskript

Im Werk von Berne ist der Begriff Antiskript vieldeutig. Ich möchte nur die folgende Bedeutung gelten lassen:

«Wenn jemand das ihm auferlegte Programm einfach umkehrt, ist er trotzdem programmiert.» Wer genau dem Gegenteil dessen folgt, was die elterlichen Weisungen ihm aufgeben, verhält sich nach einem Antiskript. «Antiskript: Die trotzige Umkehr des Skripts, das Gegenteil dessen, worauf die einzelnen Weisungen des Skripts hinzielen». Die Mutter sagt: «Trink keinen Alkohol!» und der Sohn trinkt Alkohol; die Mutter sagt: «Dusch dich jeden Morgen!» und der Sohn wäscht sich überhaupt nicht. Um zu wissen, was er tun soll, muß ein solcher Sohn also sehr wohl auf die Anweisungen seiner Mutter hören. Die Einstellung, die einem solchen Antiskript entspricht, beruht zwar immer noch auf der Abhängigkeit von den Erziehungspersonen, kann aber manchmal, wie Cellini u. Fraser sowie Matuschka dartun, bereits den ersten Schritt auf dem Weg zu einer endgültigen Ablösung von den elterlichen Forderungen bedeuten. Um ein autonomes Verhalten handelt es sich aber noch keineswegs (Berne 1972, p. 132–133/165f, p. 442/S. 507; Cellini u. Fraser 1976; Matuschka 1976).

1. An anderen Stellen seines Werks setzt Berne, was er «Antiskript» nennt, den Anweisungen und erzieherischen Geboten der Eltern gleich (1972, p. 216/S. 257). Dieses Antiskript ergebe sich also aus der Antwort auf die Frage: «Was war die bevorzugte Redensart oder Vorschrift deiner Eltern?» (1972, p. 281/S. 327).

2. Berne schildert einen Vater, der im Familienkreis und im Alltag ein ordentlicher und moralischer Mensch war, im Hinterzimmer jedoch gelegentlich mit Freunden zusammensaß, wobei sich alle an Zoten ergötzten. Es gebe Familien, in denen ein «Vorderzimmer-Verhalten» von einem «Hinterzimmer-Verhalten» unterschieden werden könne, ein Beispiel für die Heuchelei, die in dieser Welt üblich sei. «In der Sprache der Skriptpsychologie entspricht das ‹Vorderzimmer› dem Antiskript, in dem elterliche Lebensregeln maßgebend sind, während das ‹Hinterzimmer› dem Skript entspricht, in dem das geschieht, was wesentlich ist» (Berne 1972, p. 170–171/S. 209f).

3. Das «Kind» einer Mutter hat Freude an ihrem Kleinkind und lächelt ihm zu, wenn sie Spaß an ihm hat. Es kann vorkommen, daß dieses etwas anstellt, was ihm schadet, vielleicht schimpft sie mit ihm, aber auf den Stockzähnen lacht ihr «Kind», das in diesem Fall einer Hexenmutter (wenn vom Kind verinnerlicht: «innerer Saboteur») entspricht (s. S. 192), eben doch. Das Antiskript des Kleinkindes kann die Mutter zu einem Lächeln einladen, aber auch das Skript (Berne 1972, p. 336/S. 382 mit Hinweis auf Crossman 1967). *Es würde dies gleichsam einem Vorderzimmer- und einem Hinterzimmerlächeln entsprechen. – Bei dieser Bedeutung des Begriffs «Antiskript» handelt es sich ungefähr um das, was Steiner, wie ich weiter unten besprechen werde, als «Gegenskript» bezeichnet.

4. Als «Antiskript» werden von Berne auch Feststellungen und Erwartungen verstanden, die eine Verwünschung aufzuheben versprechen, dasselbe also, das er auch «Bannbrecher» oder «Erlösungsrezepte» nennt (1972, p. 49/69, p. 108/S. 135).

5. Wenn es einem Kind gelingt, den gesamten Inhalt seines Skripts in sein Gegenteil zu verkehren, «ohne tatsächlich auch nur einer einzigen elterlichen Weisung zu widerhandeln», so spricht Berne ebenfalls von einem «Antiskript» (1972, p. 106/».132). Ein Mädchen, dem die Mutter

verboten hat, sich von Buben anfassen zu lassen, masturbiert mit durchaus gutem Gewissen, denn es widerspricht ja durchaus nicht dem mütterlichen Gebot. Ich denke in diesem Zusammenhang auch an ein bereits erwähntes Beispiel: den Sohn, der der Weisung seines Vaters folgt, Autoritäten gegenüber gehorsam zu sein. Sein Vater meint Adolf Hitler, der Sohn aber wird ein fanatischer Anhänger von Karl Marx oder Jesus Christus (1970, p. 169–170/S. 145). – *Bei beiden Beispielen handelt es sich doch wohl nicht um etwas, was den Namen «Antiskript» verdient; es handelt sich vielmehr um ein klar skriptbedingtes Verhalten, nur hat eben das Kind mitentschieden, was an der Aussage der Mutter oder des Vaters prägende Wirkung «haben soll» (s. S. 189ff).

9.7.2 Gegenskript

Der Begriff *Gegenskript* wurde von Steiner in die Transaktionale Analyse eingeführt, in der Folge aber von Berne und einigen seiner Schüler übernommen (Steiner 1966a; 1967a; 1971, pp. 27–28, 43–51, 57; 1974, pp. 104–111/S. 109–113, 244/S. 235).

Nehmen wir an, ein Vater übermittle seinem kleinen Töchterchen aus rein emotionalen Motiven und vorerst wortlos den Auftrag: «Sei ein attraktives Mädchen!» Dieser Wunsch entspricht nach dem transaktionsanalytischen Modell einer konstruktiven Grundbotschaft, die dem «Kind» des Vaters entspringt. Möglicherweise wird die Mutter diesen Wunsch des Vaters unterstützen, indem sie dem Töchterchen vorlebt und zeigt, wie sich eine Frau pflegt und herrichtet, wie sie sich bewegt und in der Gesellschaft gibt, um attraktiv zu wirken. Das wäre die Anleitung oder das Beispiel (s. Skriptmatrix S. 224). Die Forderung des Vaters kann sich, unterstützt durch die Mutter, als Skript im Töchterchen niederschlagen, d.h. die Forderung oder der Wunsch des Vaters wird verinnerlicht und damit zu einem Leitfaden für das Leben. Dabei geht das Grundgebot, wie Berne und Steiner annahmen, meistens vom gegengeschlechtlichen Elternteil aus, während der gleichgeschlechtliche Elternteil im Idealfall zeigt, wie diese Forderung verwirklicht wird. Wird die Tochter älter, wird nun weiterhin die Forderung an sie gestellt, eine attraktive Frau zu werden, diesmal aber überlegt und erzieherisch ganz bewußt aus Motiven, die der Anerkennung der sozialen und kulturellen Normen der betreffenden Gesellschaftsschicht durch die Eltern entspringen, eine verinnerlichte Anweisung, vermittelt durch die beiden Elternpersonen. Im angenommenen Fall decken sich die beiden elterlichen Einflüsse: der frühere aus dem «Kind» des Vaters und der erst später wirksame aus den «Elternpersonen» beider Eltern. In einem solchen Fall besteht nach Berne die größte Chance, daß aus dem Kind ein Gewinner wird (Berne 1972, p. 287/S. 332f), wobei Berne nicht zu bedenken scheint, daß der elterliche Wunsch (in das Skript übernommen damit zugleich «Befehl»), ein schönes Mädchen oder eine attraktive Frau werden zu müssen, auch eine Einschränkung bedeutet!

Der Begriff des Gegenskripts wurde von Steiner nun aber aus solchen Beobachtungen entwickelt, in denen zwischen den unüberlegten emotionalen Forderungen aus dem «Kind» der Eltern und denjenigen, die das Kind erst später aus den «Elternpersonen» der Eltern erreichen, ein Widerspruch besteht. Steiner hat dabei immer die destruktiven und lebensfeindlichen Einflüsse im Auge, die von einem krankhaft verwirrten, verängstigten, böswilligen, irrationalen «Kind» in den Eltern ausgehen, wie er dies vor allem aus der Lebensgeschichte von Alkoholikern rekonstruieren konnte. Da läßt z.B. eine Mutter ihrem Sohn die Erwartung und Forderung zukommen (1. Beispiel) «Sei kein Mann!» oder (2. Beispiel) «Denk nicht!». Auch derartige Gebote können vom gleichgeschlechtlichen Elternteil, in diesem Fall vom Vater, unterstützt werden, der im einen Fall

(1. Beispiel) selbst das Beispiel eines unmännlichen Mannes vorlebt, im anderen Fall (2. Beispiel) trinkt, um nicht denken zu müssen. Diese Einflüsse führen beim Sohn zu einem ausgesprochen destruktiven Skript. Kommt der Sohn nun aber in die Pubertät, so treten neue Forderungen der Eltern an ihn heran, die nun unter dem Eindruck gesellschaftlicher Normen von ihm verlangen (1. Beispiel) «Sei ein Mann!» oder (2. Beispiel) «Bleib nüchtern und geh mit klarem Kopf durch die Welt!». Damit konstituieren sie das, was Steiner ein *Gegenskript* nennt, nämlich ein Skript, dessen Forderungen den früheren, vornehmlich unbewußten Einflüssen der Eltern auf ihren Sohn widersprechen.

Die Folge ist nun, daß der Betreffende später im Wechsel einmal ein *skriptgemäßes Verhalten* zeigen kann im Sinne der destruktiven Devisen «Sei kein Mann!» oder «Denk nicht! (sondern trink)!», dann wieder ein *gegenskriptgemäßes Verhalten* im Sinne von «Sei ein Mann!» oder «Sei nüchtern und klar!» Jeder Alkoholiker hat nach Steiner Zeiten, in denen er nur mäßig oder überhaupt nicht trinkt, ohne aber deswegen geheilt zu sein. Er folge nur vorübergehend seinem Gegenskript. Auch ein Mann, dessen Skript dahin laute, Frauen seien verachtenswürdige unnütze Wesen, könne sich plötzlich einmal einer Frau nahe fühlen, sie lieben und es genießen, wiedergeliebt zu werden. Nach Steiner wird aber in jedem Fall schließlich das Skript über das Gegenskript den Sieg davontragen: Der eine werde sich durch Alkoholismus zugrunde richten, und der andere werde seine Beziehungen zu Frauen immer wieder zerstören.

Nach einer Textstelle bei Berne bestimme das ursprüngliche Skript das *schlußendliche Schicksal*, das Gegenskript den *Lebensstil*. Aus ihrem Widerspruch würden sich oft Überraschungen ergeben, die sich in Schlagzeilen niederschlagen würden: Statt «Hart arbeitender Diakon wird Ratspräsident» oder «zieht sich nach 30 Jahren ehrenvoll zurück!» heiße es dann: «... kommt wegen Veruntreuung ins Gefängnis!»; statt «Hingebungsvolle Hausfrau wird Mutter des Jahres!» oder «... feiert goldene Hochzeit» heiße es dann: «...springt vom Dach eines Wolkenkratzers in den Tod!» Die Menschen folgen nach Berne entweder dem Gegenskript, das da heißen kann: «Arbeite hart!» oder «Beib dabei!» oder dann aber dem Skript wie z.B. «Vergiß deine Aufgaben!», «Handle ungeschickt!» oder gar «Fall tot um!» (Im Englischen eine sehr abwertende Wendung etwa der Bedeutung «Geh zum Teufel!»). Zwischen diesen beiden Möglichkeiten – es sei denn, es werden beide bewußt verworfen – wickeln sich der vordergründige Lebensstil im Alltag und das heimlich vorbestimmte Ende im Sinn des Skripts ab (Berne 1972, pp. 119–120/ S. 148f). Die Unterscheidung von schlußendlichem skriptbedingtem Schicksal und unauffälligem Lebensstil setzt nur das **Endzielskript* in Rechnung, während ja die **Wiederholungsskripts* eben gerade den Lebensstil im Alltag beeinflussen sollen.

Für einen Therapeuten ist es wichtig, ein vorübergehend gegenskriptgemäßes Verhalten bei einem Menschen mit destruktivem Skript nicht mit einer Heilung zu verwechseln. Wenn ein Alkoholiker nur mehr mäßig trinkt oder überhaupt zu trinken aufhört, ist das noch kein Beweis, daß er tatsächlich skriptfrei lebt, möglicherweise ist er nur eben in seinem Gegenskript befangen und kann jederzeit wieder seinem Skript verfallen. *Ist seine Haltung aber ungezwungener, freier und offener geworden, bewältigt er seine Schwierigkeiten nicht mehr mit Alkohol und kann er sich auf andere Weise als am Wirtshaustisch vergnügen, können wir allerdings auf eine Heilung schließen.

«Ein differenziertes Gegenskript kann zum Kern eines neuen Lebenslaufs werden und es dem Patienten ermöglichen, den therapeutischen Prozess mit einer nur sehr geringgradigen Depression zu überstehen», denn ein Skript aufzugeben kann nach Steiner zu einer Depression führen (1966a).

Verwirrung stiftet die Tatsache, daß Berne den Begriff «Gegenskript» in einem weiteren Sinn gebraucht, als von Steiner ursprünglich vorgeschlagen. Er identifiziert das Gegenskript nämlich völlig mit den wohlmeinenden Erziehungs- und Lebensregeln, zusammengefaßt von mir als *Anweisungen* bezeichnet, welche die Eltern ihren Kindern nach traditionellem Muster von «Elternperson» zu «Elternperson» mitgeben und zwar nun unabhängig davon, ob sie einem (anderen) Skript widersprechen oder nicht (Berne 1972, p. 442/S. 507), ja sogar mit dem Ergebnis eindeutig konstruktiver elterlicher Botschaften (1972, p. 56/S. 78f).

Nehmen wir an, eine destruktive Grundbotschaft der Eltern, die emotional und unbedacht ihrem «Kind» entspringt, laute: «Du bist nicht wichtig!» und «Hab keine Bedürfnisse!». Eine erzieherische Anweisung oder sogenannte Gegenskriptbotschaft, die dem Kind, wenn es verständiger geworden ist, und die bedacht gegeben wird, heiße: «Sei immer zu jedermann liebenswürdig!». In diesem Fall kann nicht gut von einem Gegenskript die Rede sein, denn die beiden Forderungen sind durchaus vereinbar (s. auch S. 223f).

Woollams u. Mitarbeiter möchten, da die elterlichen Anweisungen oder, nach Steiner, da die Gegenskript-Botschaften keineswegs immer dem ursprünglichen Skript widersprechen von *Subskript* sprechen (1974, p. 35; Woollams u. Brown 1978, p. 176). Ein sogenanntes Gegenskript, in dem konventionelle gesellschaftliche Regeln zum Ausdruck kommen, wie Steiner voraussetzt, könnte auch, wenn es ein anderes Skript zeitweise überlagert, *Fassadenskript* genannt werden.

Vielleicht wäre es geschickter, überhaupt nicht von einem Gegenskript zu sprechen, auch nicht von einem Subskript oder Fassadenskript. Bei Steiner heißt es nicht viel mehr als «konventionelles Wohlverhalten» und bei Berne «elterliche Anweisungen oder Vorschriften». Ich ziehe es vor, allein nur von *Gegenskriptbotschaften* zu sprechen.

In diesem Zusammenhang läßt sich die Frage stellen, ob ein Lebensstil, den Steiner auf ein banales Skript zurückführt (s. S. 185, 220), nicht letztlich ein solcher ist, der auf erzieherische elterliche Anweisungen zurückgeht, z.B. hinsichtlich konventioneller Geschlechterrollen, und letztlich also auch nicht auf einem Skript im Sinne von Berne beruht.

Der Vollständigkeit halber erwähne ich noch, daß Berne an einer Stelle seines Werks unter elterlichen Gegenskriptbotschaften elterliche Gebote versteht, welche die Entstehung eines Gewinnerskripts veranlassen (1972, p. 205/S. 246). In diesem Fall muß es sich um konstruktive Grundgebote statt destruktiven handeln. In diesem Zusammenhang weist die Bezeichnung *Gegenskript* auf einen glückhaften Lebensentwurf im Gegensatz zum *Skript* als einem unheilvollen.

9.7.3 Episkript (English), Überskript (Berne), Delegation (Stierlin)

Nach English kommt es vor, daß es jemandem gelingen kann, sein eigenes verhängnisvolles Skript einem Menschen, der ihm nahesteht, sozusagen aufzubürden, um es nicht selbst erfüllen zu müssen. Es könne sich bei dem «Empfänger» um ein Familienmitglied, einen Ehepartner, einen Schüler, ein Mitglied derselben therapeutischen Gruppe handeln. Der Betreffende müsse nur suggestibel genug sein, um ein solches fremdes Skript anzunehmen. Meistens handle es sich um jemanden, dessen eigener unbewußter Lebensplan weniger verhängnisvoll, sondern vergleichsweise «banaler» sei als der Lebensplan, der ihm auferlegt werde. Laute das Hauptgebot des auferlegten Skripts beispielsweise «Stirb an Überarbeitung!» oder «Trinke!», so werde nun der «Stellvertreter» sich gezwungen fühlen, sich entsprechend zu verhalten, während sich der ursprüngliche «Träger» dieses Skripts vom Zwang zu seiner Erfüllung befreit fühle.

English berichtet von einem Psychologen, dessen elterliche Botschaft in die Worte zusammengefaßt werden konnte: «Laß dich in ein Irrenhaus einsperren!», nach Berne eine Skriptbotschaft, die bereits die Mutter von ihren Eltern übernommen hatte, an ihren Sohn weitergab und sich so davon befreien konnte. Dieser Sohn konnte Patienten dazu benutzen, sich von diesem Skriptzwang seinerseits zu befreien, indem er Gelegenheit hatte, sie in eine psychiatrische Klinik einzuweisen. Er versuchte auch, natürlich völlig unbewußt, Patienten in Behandlung zu nehmen, bei denen die Notwendigkeit einer Einweisung in eine Klinik vorauszusehen war. Es kommt nach English auch vor, daß sich ein «Stellvertreter» sofort oder nach einer Weile weigere, sich einem solchen Episkript zu unterziehen, das dann auf seinen ursprünglichen «Träger» zurückfalle. Alles dies würde natürlich völlig unbewußt vor sich gehen. English schreibt von der «heißen Kartoffel», die von einer Hand zur anderen weitergereicht werde, wie dies beim Gesellschaftsspiel dieses Namens der Fall ist (English 1969; Berne 1972, p. 290–292/S. 336–339).

Für Berne ist für die Übertragung von Teilen eines Skripts auch ein Entgegenkommen des Kindes notwendig. Es muß bereit sein, sich eine destruktive Grundbotschaft aufbürden zu lassen. Daß es dazu bereit ist, ist aber für Berne selbstverständlich, denn das Kind sei von Natur aus «begierig», Weisungen entgegenzunehmen; es müsse ja lernen, sich mit der Welt auseinanderzusetzen und entwickle in diesem Zusammenhang geradezu einen Skripthunger (1972, pp. 290–291/S. 336f). Andererseits gibt es nach Berne allerdings auch Eltern, die ihrerseits ganz besonders darauf drängen, ihrem Kind Anweisungen zu geben und zwar aus drei Gründen: aus einem Wunsch nach Unsterblichkeit, worunter wohl Berne versteht, daß sie in ihrem Kind fortleben wollen, dann in Befolgung von in ihrem eigenen Skript enthaltenen Anweisungen («Mach keine Fehler!» oder «Verwirre dein Kind!»), schließlich aus dem von English erwähnten Streben, sich von negativen Skriptbotschaften zu befreien, indem sie weitergegeben werden (1972, p. 291/S. 337).

Berne widerspricht sich allerdings, was die Vorstellung vom Episkript angeht, denn er stellt einerseits fest, daß es niemals möglich sei, sich auf diese Art von negativen Botschaften zu befreien, und daß es ein Elternteil immer wieder erneut vergeblich zu versuchen pflege (1972, p. 291/S. 337), andererseits aber führt er selbst das Beispiel vom Psychologen an, das English erwähnt hat, um zu zeigen, wie negative Botschaften eben doch weitergegeben werden können (1972, p. 292/S. 338).

Ich habe als *Episkript* denjenigen Teil eines Skript bezeichnet, der auf jemand anderen übertragen wurde. English definiert, was sie genau unter einem Episkript versteht, nicht so klar, sondern als «geheimen Plan», den die kleinkindliche «Erwachsenenperson» (ER_1) entwickle und der auf der «magischen Annahme» beruhe, daß die der eigenen Person zugedachte Tragödie vermieden werden könne, wenn sie an «ein Opfer oder einen Sündenbock» weitergereicht würde. Die Autorin schreibt von einer «magischen Manipulation». Nehmen wir das wörtlich, so liegt also nach der Autorin ein Episkript schon in demjenigen vor, dem es übertragen wird. Merkwürdigerweise faßt sie das, was sie als «magische Annahme» bezeichnet, selbst als reale Möglichkeit auf!

Für Berne besteht das *Episkript* oder *Überskript* aus Anweisungen, die ein Kind noch über seinen Skripthunger hinaus aufgedrängt oder sozusagen seinem eigenen Skript übergestülpt würden (1972, p. 291/S. 337f).

Der von Fanita English 1969 in die Transaktionale Analyse eingeführte Begriff des Episkripts ist einem zwischenmenschlichen Vorgang einzuordnen, der einige Jahre später in einem allgemeineren Sinn von Helm Stierlin in die Familientherapie eingeführt wurde (Stierlin 1974, S. 65–80, 215–220; 1978, S. 24–33; Stierlin u. Mitarb. 1979, S. 24–29; Simon u. Stierlin 1984, Stichwort «Delegation»).

Als *Delegation* bezeichnet Stierlin «Aufträge» von Eltern an Kinder, die diese in ihrer Lebensführung unbewußt erfüllen. Es geht nicht allgemein um «Aufträge» von Autoritäten an Abhängige wie bei English. Es kann sich bei der Delegation um einen «Auftrag» handeln, etwas auszuführen, was den Eltern auszuleben nicht vergönnt war, obwohl sie das Bedürfnis dazu gehabt hätten. So kann ein Elternteil seinem Kind suggerieren, einen Beruf zu ergreifen, den er selbst gern ergriffen hätte, aber wegen äußerer oder innerer Umstände nicht ergriffen hat. Ein oder beide Elternteile können ihrem Kind den Auftrag erteilen, sexuelle Freizügigkeit zu praktizieren, sie sie seinerzeit selbst nicht zu leben gewagt hatten oder gegenwärtig nicht wagen und sogar höchst unmoralisch beurteilen.

Nach Stierlin sollen solche Delegationen oft Ausdruck eines notwendigen und legitimen Beziehungsprozesses sein (Simon u. Stierlin 1984). Ich würde aber nicht jede Erwartung, auch wenn sie ein Kind beeinflußt, als Delegation bezeichnen, wozu Stierlin, wie seine Ausführungen zeigen, offensichtlich neigt, sondern nur die Erwartungen, die *unbewußt* weitergegeben werden, sonst handelt es sich einfach um einen Wunsch oder Rat der Eltern. Im Grunde genommen wirken solche Delegationen hemmend auf die Entwicklung der Eigenständigkeit und der Selbstverwirklichung. Sie können das Kind überfordern oder mannigfache Konflikte mit sich bringen. Die «Weitergabe» der Ansicht, daß das Leben ein Jammertal ist, oder den Auftrag, an die Eltern oder die Familie gebunden zu bleiben und sich nicht davon zu lösen, würde ich ebenfalls nicht als Delegation bezeichnen.

Es gibt die Möglichkeit, daß sich ein Kind sozusagen selbst eine Delegation auferlegt. Dazu gehört, worauf ich durch Anton Suitbert Hellinger mündlich aufmerksam gemacht worden bin, daß manche Kinder sich mit «tabuisierten» Vorfahren oder Verwandten aus vorangehenden Generationen gleichsetzen oder aber durch bestimmte Vorkehrungen deren Schicksal auszuweichen versuchen. Ein Kind entdeckt, daß die Mutter einen Bruder hatte oder hat, von dem auffallenderweise nie gesprochen wird und erfährt zufällig oder bildet sich auch nur ein, daß er geisteskrank war oder ist, was als Botschaft in seinem Skript Eingang finden kann, selbst einmal geisteskrank zu werden oder aber das heimliche Motiv sein kann, sich zum Psychiater oder zum Psychiatriepfleger auszubilden. Oder es erfährt, daß irgendein Vorfahr, dem die Eltern untersagt hatten, Priester zu werden, eine unglückliche Ehe führte und entschließt sich nun, selbst Priester zu werden, wobei es den seinerzeitigen Wunsch dieses Verwandten übernimmt und zugleich vermeidet, eine Ehe einzugehen, die unglücklich werden könnte.

9.8 Hat jedermann ein Skript?

Diese Frage stellen sich ausdrücklich sowohl Berne (1972, pp. 131–132/S. 164) wie Steiner (1974, pp. 123–124/S. 126f). Eigentlich muß diese Frage umformuliert werden, denn beim *Skript* handelt es sich um ein psychologisches Modell. Die Frage müßte lauten: «Ist es sinnvoll und praktisch, das Denkmodell eines Skripts so auszulegen, daß das Bestehen eines solchen bei jedermann angenommen wird, oder ergeben sich dann Widersprüche in den Aussagen der maßgebenden Autoren über das, was sie als Skript bezeichnen?»

Für Berne besteht vorläufig keine Möglichkeit, diese Frage mit hinlänglicher Sicherheit zu beantworten, aber er nimmt doch an, daß jedermann bis zu einem gewissen Ausmaß von seinen frühen Jahren her «programmiert» sei. Es gibt nach Berne selten jemanden, der das eine oder andere Mal nicht eine innere Stimme gehört habe, die ihn kaufen hieß, wo er doch besser verkauft hätte oder die ihn aufforderte zu bleiben, wenn er sich besser entfernt hätte, oder die ihm sagte, er solle reden, wo er doch besser geschwiegen hätte (Berne 1972, pp. 131–132/S. 164).

Nach diesen Aussagen von Berne wäre anzunehmen, daß er unter einem Skript nur negative Auswirkungen auf das Erleben und Verhalten versteht, was anderen seiner Äußerungen, wie der Ausdruck «Gewinnerskript» erkennen läßt, widerspricht. Nur stehen eben Patienten, die einen Psychiater oder Psychotherapeuten aufsuchen, nach ihm regelmäßig unter dem Einfluß eines Skripts (1972, p. 422/S. 477), von mir aus genauer formuliert: ... empfiehlt es sich bei solchen, sich den Einfluß eines Skripts vorzustellen.

Immerhin gibt es nach Berne und Steiner doch selten Menschen, von denen gesagt werden kann, sie seien autonom und damit skriptfrei, was nach Berne jedoch nie von früher Kindheit her der Fall sein kann, sondern später unter dem Einfluß von außergewöhnlichen äußeren Umständen, von innerlichen Umstellungen und durch Anwendung des Antiskripts (s. S. 214) sich ereignen könne (Berne 1972, S. 131–132/S. 164; Steiner 1974, pp. 123–124/S. 126f). «Immer noch gibt es bemerkenswerte Diskussionen darüber, ob Gewinner Gewinner sind, weil sie ein Gewinner-Skript haben oder weil sie die Erlaubnis haben, autonom zu sein» (Berne 1972, p. 227/S. 270). Gewisse Menschen sind aber nach Berne auf jeden Fall geradezu «besessene» Opfer eines tragischen Skripts, das sie um jeden Preis (!) zu erfüllen trachteten, um ihrem Verhängnis so rasch wie möglich entgegenzueilen, so z. B. Trinker und Drogensüchtige (Berne 1972, p. 132/S. 164).

Die «große Menge» liegt nach Berne zwischen diesen zwei Extremen, so z. B. diejenigen, die zwar die Forderungen ihres Skripts zuerst erfüllen müßten und streng dafür arbeiteten, dann aber doch noch Zeit fänden, Spaß zu haben. Solche Menschen seien zwar verhältnismäßig skriptgebunden, hätten aber doch auch befreiende Erlaubnisse (Berne 1972, p. 132/S. 164).

Aus dieser Äußerung von Berne geht hervor, daß er, wie selbstverständlich, annimmt, Spaß zu haben, sei nicht im Skript verankert. An dieser Stelle besteht für ihn das Skript nur aus Geboten und Verboten.

Nach Steiner folgen die meisten Menschen einem banalen Skript, das vorschreibt, wie «man eben so lebt», als Mann oder als Frau, als Schwarzer oder als Weißer, als Angehöriger dieser oder jener Gesellschaftsschicht. Diese Skripts seien harmloser als die eigentlich tragischen Skripts. Diejenigen, die ein banales Skript erfüllen würden, lebten also nach konventionellen Richtlinien (1974, p. 123/S. 129). Nach Berne gibt es, wie bereits erwähnt, Gewinner- und Verliererskripts, was davon abhänge, was für Botschaften der Betreffende in seiner Kleinkindheit mitbekommen habe (1972, p. 131/S. 163, pp. 213–229/254–272, nicht vollständig übersetzt). «Ein Gewinner hat denselben Skriptapparat, aber das Programm ist angepaßter, und er verfügt gewöhnlich über mehr Autonomie, da ihm mehr Erlaubnisse übermittelt wurden» (1972, p. 134/S. 166). Es könnte wohl auch von Nicht-Gewinner-Skripts gesprochen werden, z. B. bei den von Berne erwähnten Menschen, die zwar mit strenger Arbeit in erster Linie ihre Skriptgebote erfüllten, daneben aber noch «Freizeit» für Spaß übrig hätten (s. o.).

Steiner schreibt von guten und schlechten Skripts, wobei sich das, was er «gut» nennt, nur auf die sozialen Auswirkungen bezieht und nicht auf das persönliche Geschick des Betreffenden. In diesem Sinn hätte ein Chirurg, der vielen Menschen durch seine Kunst das Leben gerettet habe, aber sich schlußendlich, wie es seinem Skript entspreche, umbringe, ein «gutes Skript» (Steiner 1974, p. 123–124/S. 127). Es ist schwierig, sich vorzustellen, was Berne zu dieser Aussage von Steiner sagen würde. Einerseits deutet auch er an, daß er in einem erfolgreichen Chirurgen einen Gewinner, demzufolge jemanden mit einem Gewinnerskript, vermute (1971), andererseits schreibt er aber auch von sozial erfolgreichen Menschen, die unerwarteterweise ein böses Ende nehmen, weil plötzlich ihr nach einem tragischen Ende ausgerichtetes Skript in eine unauffällige oder sogar erfolgreiche bürgerliche Existenz sozusagen einbrechen kann (1972, pp. 119–120/S. 169; s. auch S. 216f). Schließlich ist noch zu erwähnen, daß nach Berne jemand, der in seinem Skript einen Bannbrecher oder Skripterlöser integriert habe («Wenn du einmal 40 Jahre alt bist, wirst du frei und glücklich leben können!» oder «Wenn du einmal drei Kinder gehabt hast, dann kannst du das Leben genießen!») skriptbedingt skriptfrei werden kann (Berne 1972, pp. 123–124/S. 157), eine Feststellung, die begrifflich widersinnig ist.

Es gibt Transaktionsanalytiker, die unter einem Skript ausdrücklich nur einschränkende und destruktive Lebensleitlinien verstehen wie W.u.M. Holloway (1972, p. 15 Anm.) und andere, nach denen auch durchaus positive und lebensbejahende Botschaften in einem Skript enthalten sind wie McCormick u. Pulleyblank (1979). Wie aus den vorstehenden Erörterungen hervorgeht, können sich beide auf Berne berufen! Natürlich ist auch der Begriff der zu erreichenden Autonomie von der diesbezüglichen Auffassung des Skriptbegriffs abhängig. Wenn das Skript auch positive Botschaften enthält und jedermann ein Skript haben soll, so gilt es, nur die negativen Einflüsse des Skript auszuschalten, wozu eine Verstärkung der positiven Einflüsse dienlich sein kann. Wenn aber Autonomie mit Skriptfreiheit gleichgesetzt wird, dann ist jedes Skript einschränkend und ein Hindernis für die Erreichung der Autonomie. Diese Ansicht ist Steiner (1974, p. 124/S. 127), während nach Berne, wer nach einem Gewinnerskript lebe, auch glücklicher und sorgenfreier leben könnte, als wer skriptfrei sei (1972, p. 277/S. 324). Allerdings stellt an anderer Stelle auch Berne fest, daß Menschen, denen es gelungen sei, sich aus dem Schicksalszwang ihres Lebensplans zu befreien, das, was sie täten, aus eigenem Entschluß und auf eine eigene unverwechselbare Weise tun würden. Solche Menschen seien frei und unabhängig und erfüllten sich ihre Bedürfnisse, wenn auch unter Rücksichtnahme auf die Bedürfnisse der Menschen, die mit ihnen leben. Eine solche Freiheit habe im Altertum nur Göttern und Königen zugestanden (Berne 1972, p. 32/48, pp. 53–55/S. 74–79). Ein solcher Mensch lebt nicht nach einer geheimen Formel, die sein Leben bestimmt, sondern trifft seine Entscheidungen von einem Augenblick zum andern bewußt und unter Berücksichtigung der Realität. Er hat sich von den elterlichen Anweisungen wie auch von den infantilen Illusionen distanziert. Er lebt wirklich autonom. Bei ihm hat – um in der Ausdrucksweise der Lehre von den Ich-Zuständen zu sprechen – die «Erwachsenenperson» eindeutig die Oberhand und nicht das (angepaßte) «Kind», das unter dem Einfluß der «Elternperson» steht und das Skript zu befolgen versucht. Ein solcherart autonomer Mensch sei aber durchaus in Fühlung mit seinem unbefangenen oder natürlichen «Kind»; deshalb kennt und äußert er auch durchaus Gefühle, z.B. der Angst oder des Zorns, der Unzulänglichkeit und andere mehr, dies aber immer aus der Situation heraus begründet und nicht, weil seine Eltern solche Gefühle erlaubt oder belohnt hätten (Berne 1972, p. 277/S. 323f, p. 418/S. 472). Nach Berne ist jemand, der aus seinem Skript ausgestiegen ist, jemand geworden, der fähig ist, ein autonomes, kreatives, erfülltes, auch seiner politischen Verantwortung als Bürger bewußtes Leben zu führen (1972, p. 315/S. 360).

Das Problem der Willensfreiheit hat nichts mit dem Problem der Skriptfreiheit zu tun. Es handelt sich ohnehin um ein Pseudoproblem, denn die naturwissenschaftliche-deterministische Betrachtungsweise kennt gar keinen Willen, den es nur als Eigenerlebnis gibt, und kann damit auch nicht von Willenfreiheit oder -unfreiheit sprechen. Auch sind wir alle Gewordene und damit vorgeprägt und an den Zeitgeist gebunden, sogar wenn wir gegen ihn revolutionieren. Es handelt sich beim Skript um eine Einschränkung meiner ganz konkreten, im Grunde genommen durchaus zur Verfügung stehenden Möglichkeiten im Alltag: Ich «kann» nicht «nein» sagen, weil ich immer liebenswürdig sein «muß», oder ich kann nicht glücklich sein, weil ich nicht zufrieden sein «darf».

Der Begriff des Gewinnerskripts ist in diesem Zusammenhang gesehen, höchst fraglich, besonders wenn gesagt wird, es sei die Aufgabe des transaktionsanalytisch vorgehenden Psychotherapeuten, aus Verlierern Gewinner zu machen. Berne greift das Problem auch in bezug auf sich selber auf: Er wisse nicht, ob er nach einem Skript lebe, also nur annehme, er lebe autonom, wie ein Klavierspieler an einem elektrisch gesteuerten Klavier möglicherweise annehmen könne, er spiele seine eigene Melodie und doch nur eine Melodie spiele, die durch eine vorgestanzte Rolle im Instrument gegeben sei. Vielleicht folge sein eigenes Leben, meint Berne, der langen und ruhmvollen Überlieferung seiner Ahnen und sei dadurch angenehmer [als Melodie «süsser»], als wenn er die Melodie selber komponiert hätte. Vielleicht aber gehöre er doch zu den wenigen glücklichen Menschen auf Erden, die den Zwang ihres Skripts gänzlich abgeworfen hätten und ihre eigene Melodie spielten (1972, p. 277/S. 324). Letzteres bezweifelt Steiner. Er nimmt an, Berne, der auch gegenüber Freunden emotional distanziert war, habe ein Skript verfolgt, das ihm verboten habe zu lieben und geliebt zu werden und sei unter anderem deshalb an einem Herzinfarkt gestorben, übrigens – auch das von Steiner als skriptgemäß ausgelegt – wie seine Mutter im 60. Lebensjahr (1974, pp. 17–24/S. 28–34).

9.9 Skript-Matrix

Die Skript-Matrix ist ein Schema zur Veranschaulichung, wie elterliche Botschaften den Nachkommen vermittelt werden, d.h. von welchem Ich-Zustand der Eltern sie ausgehen und in welchem Ich-Zustand des Nachkommen sie integriert werden.

Steiner hat erstmals eine solche Skript-Matrix veröffentlicht (1966a), eine Idee, die von Berne sofort aufgenommen und als genial gelobt wurde, nicht ohne daß er aber mit Recht anmerkt, daß es sich um eine Weiterentwicklung seiner eigenen Anregungen handle (1972, p. 279/S. 325, p. 297, note 2/nicht übersetzt). Tatsächlich kommt die Analyse zweier Patienten mit Skizzen durch Berne inhaltlich dem Modell der Skript-Matrix sehr nahe (1961, pp. 218, 223).

Eine Skript-Matrix befaßt sich mit mindestens drei Arten von elterlichen Einflüssen: (1.) Grundbotschaften, (2.) *Anleitung und Beispiel (Steiner u. Berne: «Programm», «Muster») und (3.) elterlicher Anweisung oder Vorschrift (s. Abb. 39).

1. Die *Grundbotschaften*, wie z.B. die destruktiven Grundbotschaften nach Campos und Goulding (s. S. 197ff) sollen nach Berne (1972, p. 279/S. 325) und Steiner (1966a) vom «Kind» meist des gegengeschlechtlichen Elternteils ausgehen und im elterlichen Anteil des «Kind» des Nachkommen integriert werden. Steiner führt dies auf die ödipale Konstellation zurück, was meines Erachtens keinen Sinn macht, insbesondere weil die Grundbotschaften ja schon präödipal vermittelt werden sollen! Berne nahm anfangs an, diese Grundbotschaften würde allen Nachkommen durch das «Kind» der Mutter ver-

Skript-Matrix

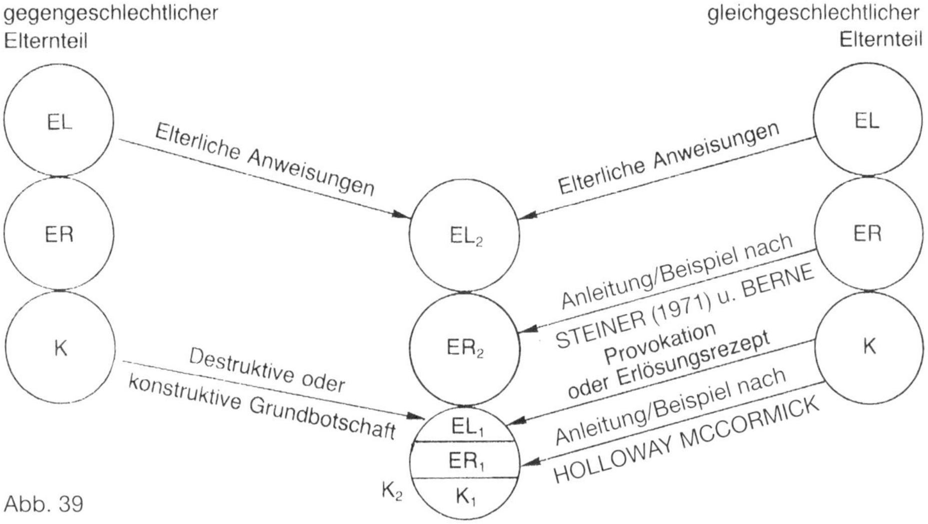

Abb. 39

1. *Ein destruktives Skript* (Berne: Verlierer-Skript) mit *Kongruenz* zwischen Anweisung und Grundbotschaft.
   Grundbotschaft (Vater zu Tochter): «Hab keine eigenen Bedürfnisse und Gefühle:»
   Erlösungsrezept (M): «Wenn das Leben vorbei ist, hast du dir Glück verdient:»
   Beispiel (M): «Du siehst, wie ich Mann und Kindern diene!»
   Anweisungen (V, M): «Sei immer liebenswürdig! Die andern sollen sich wohlfühlen! Mit Bescheidenheit kommt man am besten durch's Leben!»

2. *Ein destruktives Skript* (Berne: Verlierer-Skript) mit *Divergenz* zwischen Anweisung und Grundbotschaft.
   Grundbotschaft (Mutter zu Sohn): «Du wirst ein Versager wie dein Vater!»
   Provokation im Spielkasino (V): «Gib nicht auf: Leg hin, was du noch hast!»
   Beispiel (V): «Du siehst, wie ich alles Geld für Lottoscheine ausgebe!»
   Anweisung (M): «Sei immer sparsam!»
   Anweisung (V): «Laß dich nicht gehen!»

3. *Ein konstruktives Skript* (Berne: Gewinner-Skript)
   Grundbotschaft (Vater zu Tochter): «Lebe lang und glücklich!»
   Provokation bei Schwierigkeiten (M): «Was ist das beste, was du daraus machen kannst?»
   Beispiel (M): «Sieh, wie ich das Leben genieße!»
   Anweisung (M): «Du bist O.K. und die andern sind O.K.!»
   Anweisung (V): «Aus Fehlern kannst du lernen!»

Bemerkungen: Abgebildet wurde das Gerüst der sozusagen «klassischen Skript-Matrix», in der angenommen wird, daß die (destruktiven) Grundbotschaften vom gegengeschlechtlichen Elternteil ausgehen (s. dazu den Text dieses Kapitels).

mittelt wegen deren hervorragenden Bedeutung für das Kleinkind (1966b, pp. 70–71). Im übrigen könne aber eine Grundbotschaft auch von der «Elternperson» der Eltern ausgehen, die destruktiven Grundbotschaften von der kritischen oder kontrollierenden «Elternperson», die in einem solchen Fall dann als Hexenmutter oder als Monstervater wirke, die konstruktiven Grundbotschaften hingegen von der wohlwollenden «Elternperson», die dann als gute Fee oder gutmütiger Riese bezeichnet werden könne (s. S. 204f). Daß Steiner nicht an die Möglichkeit gedacht habe, daß Grundbotschaften auch von der «Elternperson» der Eltern ausgehen könnten, habe vermutlich damit zu tun, meint Berne, daß Steiner seine Skript-Matrix aus der Beobachtung stark gestörter Familienverhältnisse entwickelt habe (1972, p. 280/S. 326). Wenn Grundbotschaften von der «Elternperson» der Eltern ausgingen, würden sie auch in der «Elternperson» des Nachkommen integriert (1972, p. 103, fig.6/S. 129, ABB.6, p. 280/S. 326).

Der Ich-Zustand oder die innere Person, von dem aus dem Nachkommen die Grundbotschaften vermittelt würden, ist nach Steiner das «verwirrte, erschreckte, oft unbeherrschte und immer irrationale Kind-Ich» der Eltern (Steiner 1972). Es wird auch als das «verrückte Kind» bezeichnet (Steiner 1971, p. 28; Berne 1972, p. 280/S. 326; W.H. Holloway 1972). Es braucht allerdings nicht immer im psychopathologischen Sinn gestört («verrückt») zu sein: Angst, Unbehagen, Unsicherheit, Enttäuschung, Ärger, Frustration, Wünsche, Sehnsüchte können die Motive für die «Aussendung» destruktiver Grundbotschaften aus dem «Kind» der Eltern sein (Steiner 1966a; Campos 1970, M.u.R. Goulding 1979, pp. 34–35/S. 52). Holloway fügt bei, daß besonders auch die emotionale *(und soziale) Überforderung von Eltern durch die Geburt eines Kindes zu destruktiven Ausstrahlungen diesem gegenüber führen kann (Holloway 1972).

Gehen die destruktiven Grundbotschaften, wie Berne dies ebenfalls für möglich hält, von der «Elternperson» der Eltern aus, so würden sie letztlich beim männlichen Nachkommen vom Großvater mütterlichseits, beim weiblichen Nachkommen von der Großmutter väterlicherseits über die Eltern übertragen werden (Berne 1972, p. 280/S. 326, pp. 288–289/S. 333ff).

2. Die *Anleitung oder das Beispiel* umfaßen Botschaften, die im allgemeinen vom gleichgeschlechtlichen Elternteil ausgehen und zeigen, durch was für ein Verhalten der Nachkomme der destruktiven Grundbotschaft gerecht werden kann. Nach Berne und Steiner gehen diese Botschaften von der «Erwachsenenperson» des betreffenden Elternteils aus. Steiner glaubte zuerst, die Anleitung oder das Beispiel («Programm») würden im erwachsenen Anteil des «Kindes» des Nachkommen integriert (1966a), schloß sich aber später Berne an (Steiner 1971b). Andere Transaktionsanalytiker sind der Ansicht, auch Anleitung und Beispiel («Programm») würden vom «Kind» eines Elternteils vermittelt (McCormick 1971, p. 8; W.u.M. Holloway 1973a, p. 15).

Meines Erachtens zeigt die Konstruktion des Vermittlungsweges für Anleitung und/oder Beispiel was für Unklarheiten entstehen, wenn unbedingt eine Botschaft in das Modell der drei Ich-Zustände gepresst werden muß! Ist es wirklich sinnvoll, hier die «Erwachsenenperson» anzuführen?

3. Elterliche *Anweisungen* (wie z.B. die Antreiber nach Kahler u. Capers, s. S. 205ff) gehen nach den Autoren von der «Elternperson» der Eltern aus, wenn von Generation zu Generation vermittelt, jedenfalls von dessen elterlichem Anteil («Elternperson» in der «Elternperson»), nach Berne von der natürlichen oder *wohlwollenden «Elternperson» (1972, p. 118/S. 146f). Sie werden auch in der «Elternperson» des Nachkommen integriert. Sie entsprechen einem Gegenskript, wenn sie den destruktiven Grundbotschaften widersprechen (s. S. 215f) und werden dem Kind im allgemeinen verbal und im späteren Kleinkindesalter («postödipal») übermittelt. Im Kommentar zur beigefügten

Abbildung habe ich ein Beispiel von einer *Konvergenz* zwischen Anweisung und Grundbotschaft angeführt und ein Beispiel von einer *Divergenz* zwischen Anweisung und Grundbotschaft. Nur im letzteren Fall kann die elterliche Anweisung, genau genommen, als *Gegenskript*-Botschaft bezeichnet werden.

Nach Berne gehen auch *Provokationen* oder *Verführungen* sowie *Bannbrecher* oder *Erlösungsrezepte* vom «Kind» der Eltern aus, nach seinen Darstellungen vom «Kind» des gleichgeschlechtlichen Elternteils (1972, p. 125–128/S. 156–159, pp. 280–281/ S. 326f), was mir persönlich allerdings in bezug auf die Provokationen nicht einleuchtet.

Berne spricht von einem *Gewinner-Skript*, wenn der unbewußte Lebensplan in erster Linie auf *konstruktiven Grundbotschaften* beruht (1966a; 1961, p. 117; 1972, p. 116/ S. 145,, pp. 123–125/S. 153–156, pp. 224–227/S. 267ff). Es ist nach Berne immer noch eine bemerkenswerte Streitfrage, ob Gewinner Gewinner sind, weil sie einem Gewinnerskript folgen oder ob sie die Erlaubnis haben, skriptfrei («autonom») als Gewinner zu leben. Daran, daß Verlierer einem entsprechenden elterlichen Programm und dem Einfluß ihres übelwollenden inneren Dämons (s. dazu auch S. 194f) unterliegen, bestünden hingegen kaum Zweifel (1972, pp. 227–228/S. 270ff). Jemand, der ein Gewinner wird, weil er von seinen Eltern die Erlaubnis dazu bekommen hat, kann doch wohl nur dann skriptfrei sein, wenn ein Skript so definiert wird, das in ihm keine elterliche Erlaubnisse integriert sein können (s. dazu S. 204f, 221).

McCormick u. Pulleyblank (1979) schlagen vor, in der Skriptmatrix konstruktive und destruktive Botschaften gleichzeitig anzuführen. *Anweisungen*: «Sei erfolgreich!» (aus der wohlwollenden «Elternperson» der Eltern, verinnerlicht in der wohlwollenden «Elternperson» des Kindes) neben «Wisse, daß du alles noch besser tun kannst!» (aus der negativ aufgefaßten kritischen «Elternperson» der Eltern, verinnerlicht eben dort beim Kind); *Anleitung/Beispiel*: «Sieh, ich lebe ein Leben von Ausdauer und Erfolg!» (aus der «Erwachsenenperson» der Eltern und ebendort beim Kind verinnerlicht), aber auch: «Vor allem Arbeit und wenig Vergnügen!»; *Grundbotschaften*: «Ich freue mich, wenn du Erfolg hast!» (vom «Kind» der Eltern, verinnerlicht im freien «Kind» des Nachkommen), und aber auch: «Sei kein Kind!» (vom «Kind» der Eltern, verinnerlicht im reaktiven «Kind» des Nachkommen). Die Autoren gehen also davon aus, daß es weder reine Verlierer- noch reine Gewinnerskripts gibt. Auf die konstruktiven Botschaften könne sich eine Selbst-Neubeelterung nach M. James (s. S. 310f) und könne sich eine Neuentscheidung nach Goulding (s. S. 346ff) stützen.

Die Autoren setzen, was ich als konstruktive Grundbotschaften auffasse, den Erlaubnissen gleich (s. dazu S. 204f). Überdies kennen sie, je nach Botschaft, die dem Kind vermittelt wird, bei den Anleitungen und Beispielen eine positive und ein negative «Erwachsenenperson».

Die meisten Transaktionsanalytiker sind heute nicht mehr der Ansicht, daß die (destruktiven) Grundbotschaften meistens vom gegengeschlechtlichen Elternteil ausgehen und die Anleitung oder das Beispiel vom gleichgeschlechtlichen, wie dies Steiner und Berne angenommen haben (Holloway 1977, fig. 12; Woollams et al. 1974, p. 35/S. 70, Woollams u. Brown 1978, p. 177; Stewart u. Joines 1987, p. 129/S. 193). Die klassische Skript-Matrix verführt auch zur Annahme, daß der Einfluß der Eltern auf das Kind, wie er in der Skript-Matrix dargestellt wird, immer real sei. *Die Eltern sind aber immer nur so, wie sie vom Kind erlebt werden, und ihre Mienen, Gebärden und Worte haben die Bedeutung, die ihnen das Kind gibt.* Von den verschiedenen Einflüssen der Eltern und elterlichen Autoritäten in der Umwelt des Kindes werden manche als Botschaften vernommen und integriert, andere aber nicht. Der Anteil des Kindes kommt im Begriff der *Grundentscheidung* zur Geltung (s. u.).

9.10 Grundentscheidung oder Skriptentscheidung

Nicht alles, was die Eltern sagen, beeindrucken das Kind gleichermaßen. Die meisten Kinder werden ja auch widersprüchliche Botschaften hören, unter anderem, weil durchaus nicht immer beide Elternteile gleichsinnig auf das Kind einwirken. Es liegt also nicht allein bei den Eltern, welche ihrer Botschaften das Skript des Kindes, seine Einstellung zu sich selbst, den Mitmenschen, der Welt und dem Leben, maßgebend beeinflussen werden. Das Kind fällt seine «Entscheidung» selbst und zwar nach Ansicht der Transaktionsanalyse oft an einem bestimmten Tag, ja zu einer bestimmten Stunde. Nehmen wir an, ein Kleinkind erfahre *in einem bestimmten Augenblick*, in dem es, aus welchen Gründen auch immer, besonders empfänglich ist, oder es erfahre mehrmals *während einer längeren Zeitspanne*, daß es seinen Eltern lästig ist. Der Vater mag sagen: «Stör mich nicht!», wenn es mit einem Anliegen zu ihm kommt. Enttäuscht will es sich bei der Mutter Trost holen, die eben mit dem Staubsauger hantiert und möglicherweise gerade an diesem Tag besonders ungeduldig ist. Und das Kind hört nochmals «Geh mir aus dem Weg!» Je jünger das betreffende Kind ist, umso weniger vermag es natürlich die Situation zu übersehen, z.B. zu realisieren, daß der Vater eben gerade jetzt dringend Ruhe braucht, weil er krank ist, oder daß die Mutter innerlich gespannt ist, weil die Familie in Geldnöten steckt. In diesem Moment zieht das Kind die Schlußfolgerung: «Sie mögen mich nicht! Ich bin ihnen lästig!» und es wird von nun an, sein Verhalten danach ausrichten, wie in der Transaktionalen Analyse gesagt wird, «die Entscheidung fällen», den Eltern nie mehr lästig zu fallen, sich nie mehr unaufgefordert an sie zu wenden, und später wird sich diese «Entscheidung» ausweiten: Es wird nie mehr das Risiko eingehen, irgend jemandem lästig zu fallen oder sich an irgend jemanden unaufgefordert zu wenden.

Das kleine Mädchen Rita, das, wie bereits erwähnd, eine wüste Szene zwischen ihrer Mutter und dem betrunkenen Vater erlebt hatte, fällt die Grundentscheidung «Nie mehr werde ich einen Mann lieben!» Berne konnte mit Hilfe der Patientin rekonstruieren, daß sie, als sie diese Entscheidung traf, 6 Jahre, 2 Monate und 23 Tage alt gewesen ist (1966b, p.264–267). Mehrmals haben mir Patienten von solchen entscheidenden Szenen berichtet, wobei es für mich gleichgültig war, ob es sich tatsächlich um ein entscheidendes Schlüsselerlebnis gehandelt hat oder um eine Verdichtung vieler ähnlicher Szenen oder sogar nur um eine eingebildete Erinnerung, die eine aus irgendwelchen Gründen in der Gegenwart noch wirksame Überzeugung illustriert.

Was in der Transaktionalen Analyse als *Grundentscheidung*, *Skriptentscheidung*, auch etwa *frühe Entscheidung* bezeichnet wird, hat zwei Aspekte, die aber eng zusammenhängen: Es ist (1.) eine Entscheidung zu einem bestimmten Selbst- und Weltbild und es ist (2.) eine Entscheidung, was für einen Lebensstil der Betreffende wählt, um im Rahmen dieses Bildes das Leben zu bestehen.

Berne zählt verschiedene Beispiele auf, die er so formuliert, als wenn die entsprechenden Entscheidungen von Erwachsenen getroffen worden wären. Im Grunde genommen handelt es sich aber um Entscheidungen, die bereits vom Kind, sogar meistens von einem Kleinkind getroffen worden sind, sich aber dann der Erlebniswelt des Jugendlichen und später Erwachsenen angepaßt haben, ohne sich in den Grundzügen zu ändern:

«Es ist eine gute Welt; eines Tages sorge ich dafür, daß sie noch besser wird, sei es als Wissenschaftler, Dienstbote, Dichter oder Musiker!» Oder: «Es ist eine schlechte Welt, eines Tages bringe ich mich um!», «... werde ich verrückt!», «... ziehe ich mich zurück!». Oder: «Das ist eine mittelmäßige Welt, in der jeder sich mühsam durchschlagen muß, wobei er aber zwischenhinein auch einmal tun darf, was ihm Spaß macht!» Oder: «Das ist eine rauhe Welt, in der du das beste daraus machst, wenn du einen weißen Kragen anziehst und dich mit anderer Leute Papier beschäftigst!» Oder: «Es ist eine trostlose Welt, in der du nichts anderes tun kannst, als in einer Bar zu sitzen, um auf bessere Zeiten zu hoffen!» (Berne 1972, pp. 84–85/S. 106).

Je jünger das Kind ist, um so mehr lebt es nicht in einer rational überschaubaren, sondern in einer emotional bestimmten Welt. Zudem steht es, je jünger es ist, umso ausgesprochener, unter einem schweren Druck, da es ohne Eltern nicht leben kann und ihre Zuneigung dringend nötig hat. Die Drohung, die das Kind hinter jeder einschränkenden Botschaft hört, heißt: «Wenn du nicht gehorchst, entziehe ich dir meine Liebe» oder noch drastischer: «Wenn du nicht gehorchst, laß ich dich im Stich!» Eine einschränkende Botschaft entspricht für das abhängige Kleinkind der Formulierung einer Bedingung, die es erfüllen muß, um sich der Zuneigung seiner Eltern zu versichern. English spricht treffend von einer *Überlebensschlußfolgerung* (1980b). Auch ein verhältnismäßig liberal erzogenes Kind hat immer Gelegenheit, solche Bedingungen herauszuhören: «Wenn du nicht brav bist ...». «Wenn du dermaßen trotzig bist...», «Wenn du solchen Lärm verführst ...» «... dann ...». Nicht selten wird auch von Eltern, die sich selbst als wohlwollend betrachten, eine Drohung direkt oder indirekt geäußert: «... dann verleidet es mir!», «... dann bringst du mich ins Grab!», «... dann bringe ich dich irgendwo anders unter!» oder nur unbestimmt: «... dann wirst du schon sehen!» Am übelsten sind natürlich Botschaften wie «Verschwinde!» oder «Wenn du nicht wärest, ginge es uns gut!» Maßgebend ist immer, was das Kind hört, und es «hört» auch Dinge, die nicht in Worten ausgesprochen werden und die es nicht einmal selbst in Worten zu formulieren vermöchte.

Es gibt entscheidende Schlußfolgerungen, die einem Rückzug oder einer Resignation entsprechen. Es gibt aber auch Entscheidungen, die einem «und jetzt erst recht!» entsprechen. Das Kind mag zur Überzeugung gekommen sein, es sei immer lästig, aber es kann für sein zukünftiges Verhalten daraus folgern: «Ich schere mich nicht darum, ob ich als lästig empfunden werde oder nicht!», oder: «Lieber negative Beachtung als gar keine!». Das Letztere wäre eine Entscheidung, die nach Ansicht der Transaktionsanalytiker am Beginn einer Laufbahn als Soziopath stehen könnte. Oder nehmen wir an, ein kleines Mädchen stehe unter dem Eindruck, daß seine Eltern immer um einen Sohn trauern, der kurz vor der Geburt des Mädchens gestorben ist. Das Mädchen kann daraus die Schlußfolgerung ziehen: «Ich werde immer unwichtig und lästig sein!»; es ist aber durchaus möglich, daß es sich sagt: «Ich würde geliebt, wenn ich ein Bub wäre!», und sich von nun an bemüht, sich wie ein Knabe zu verhalten. Auch eine solche kompensatorische Verhaltensweise wird aber, da eben doch aus einem Mädchen nie ein Knabe werden wird, letztlich von einer Resignation getragen. Aus diesen Beispielen geht hervor, daß nicht nur die Grundeinstellung im Moment der Entscheidung festgelegt wird, sondern auch, ob aus dem Kind ein Verlierer, ein Nicht-Gewinner oder ein Gewinner werden wird. Es sind auch Entscheidungen möglich wie «Ich habe immer Glück!» oder: «Mir schlägt alles zum Besten aus!»

Grundlage von «Entscheidungen» sind nicht immer nur Schlußfolgerungen aus dem Verhalten der Eltern, sondern, als Möglichkeit in der Transaktionalen Analyse eher vernachlässigt, manchmal auch unpersönliche Ereignisse. So kann z.B. ein Mädchen «ewig» auf den verschollenen Vater warten und in seiner psychischen Entwicklung stehen bleiben, gleichsam wie wenn es das Gebot erhalten hätte «Wart auf deinen Vater!»

(Beispiel nach R. Goulding 1972a). Unpersönliche Ereignisse und elterliche Botschaften können auch zusammenwirken, so wenn ein Kind, das langsamer, als es seine Mutter wünschen würde, vom Kindergarten nach Hause schlendert und von einem Auto angefahren wird, die Entscheidung trifft: «Nie mehr werde ich schlendern, immer werde ich mich beeilen!» Zweifellos gibt es auch angeborene Neigungen, die bei der Reaktion auf elterliche oder andere Einflüsse eine Rolle spielen.

M. James erwähnt ihrer Ansicht nach angeborene Eigenschaften, die sie mit dem Ausdruck *Temperament* zusammenfaßt: (1.) das Ausmaß des Bewegungsbedürfnisses; (2.) die Regelmäßigkeit oder Unregelmäßigkeit, in der sich die physiologischen Funktionen, wie Schlafbedürfnis oder Stuhlgang, vollziehen; (3.) die Attraktivität, die neue Situationen für jemanden haben, bzw. den Hang zum Gewohnten; (4.) die Anpassungsfähigkeit an Situationen und Personen; (5.) die Dringlichkeit, mit der Bedürfnisse gestillt oder Gefühle ausgedrückt werden müssen; (6.) die Reagibilität und Sensibilität auf sinnliche Reize, manchmal verschieden ausgeprägt in bezug auf die verschiedenen Sinnessysteme; (7.) der Grad der Leicht-oder Schwerblütigkeit; (8.) der Grad der Hartnäckigkeit, mit der auch mühsame Angelegenheiten zu Ende geführt oder Forderungen an andere gestellt werden, dies im umgekehrten Verhältnis zur Ablenkbarkeit (M. James 1981, pp. 23–29).

Nach Berne wird die entscheidende Schlußfolgerung immer vor dem siebenten, meist sogar im dritten Alterjahr gefällt (1972, p. 53/S. 74). Sie werden nach den Vertretern der Neuentscheidungsschule von der «Erwachsenenperson» des Kleinkindes (EL_1) gefällt (s. S. 347), was Stewart u. Joines bestätigen (1987, p. 31/S. 61). Steiner glaubt, daß die Entscheidung doch auch manchmal erst im frühen Jugendalter fallen könne. Allerdings ist es nach diesem Autor für verhängnisvolle Lebenspläne, die schließlich zu einer Geisteskrankheit, zu einer Gemütskrankheit oder zu einer Sucht führen, typisch, daß die Entscheidungen schon in einem sehr frühen Alter gefällt werden, während sogenannte banale Lebenspläne eher auf Entscheidungen gründeten, die erst in der Jugend gefällt worden seien, allerdings in einem Alter, in dem der Betreffende noch nicht fähig gewesen sei, seine Identität bewußt zu wählen. Nach Erskine kann in jedem Alter eine Grundentscheidung oder Skriptentscheidung gefällt werden, wenn nur der Betreffende unter einem so starken Druck stehe, daß er keine freie, überlegte Wahl mehr habe. Wer sich nach Steiner erst in einem Alter zu einer bestimmten Einstellung gegenüber sich selbst und der Welt entschließe, in dem er bereits genügend sachliche Informationen über seine eigenen Möglichkeiten und die Realität habe sammeln können und lebe er zudem frei von Druck und Erpressung von Seiten seiner Umgebung, so könne er seine Entscheidung autonom fällen und werde, wie Steiner glaubt, danach ein Leben führen, das nicht auf einem unbewußten Lebensplan fuße. Das seien aber Ausnahmen (Erskine 1980b; Steiner 1974, pp. 82–85/S. 89ff, pp. 123–124/S. 126f). Im letzteren Fall würde es sich aber nicht mehr um eine Skriptentscheidung handeln.

Meiner Erfahrung nach wird immer bereits in der Kleinkinderzeit eine Grundentscheidung gefällt, aber diese ist mehr oder weniger fixiert bzw. schwerer oder leichter korrigierbar. Ich halte es aber für möglich, daß auch später das Erleben und Verhalten einschränkende Entscheidungen getroffen werden, in weitaus der überwiegenden Anzahl von Fällen aber – so lassen mich meine Erfahrungen vermuten – im Rahmen bereits frühkindlich getroffener Entscheidungen, die dann sozuagen wiederholt werden.

Nach W.u.M. Holloway (1973, p. 15) umfaßt die Grundentscheidung folgende Elemente: (1.) Gehorsam gegenüber den destruktiven Grundbotschaften, (2.) Wahl eines Notausstiegs (s.u.), (3.) Wahl einer Grundeinstellung, (4.) Wahl eines negativen Lieblingsgefühls, (5.) eine fortlaufende Abhängigkeit oder mangelhafte Lösung von den Eltern:

Was den Gehorsam gegenüber der destruktiven Grundbotschaft anbetrifft, so kann sie auch, wie ich es nenne, durch einen *Aufbäumer* ersetzt werden (Schlegel 1986b). Jemand, der die Botschaft vermittelt bekommen hat: «Du bist nicht wichtig!», kann diese annehmen («Ich bin nicht wichtig!»), aber er kann sich auch dagegen aufbäumen («Ich will euch zeigen, wie wichtig ich bin!») Damit ist er immer noch abhängig von der Botschaft, aber es kann doch nicht wohl von einem Gehorsam ihr gegenüber gesprochen werden. Ein solcher «Aufbäumer» hat die Funktion einer Abwehr.

«Sei nicht!»: Aufbäumer «Ich will zeigen, daß ich nicht unterzukriegen bin! Ich bin Kettenraucher und dabei durchaus gesund!» – «Sei kein Mädchen!»: Aubäumer «Seht ihr, eine wie attraktive Frau ich bin? An jedem Finger beider Hände ein Mann!» – «Sei nicht glücklich!»; Aufbäumer «Gibt es jemanden, der ausgelassener ist als ich? Alle lieben mich, weil ich so überschäumend fröhlich bin!»
Für einen Psychotherapeuten ist es oft nicht sehr schwierig, hinter einem solchen Aufbäumer die destruktive Grundbotschaft zu entdecken.

Der *Notausstieg* ist eine Möglichkeit, die sich der Betreffende vorbehält, «wenn alle Stricke reißen sollten». Dann kann er, wie die Autoren anführen: (l.) sich immer noch umbringen, (2.) jemand anderen umbringen, (3.) ausflippen, d.h. süchtig, verrückt, kriminell oder, nach Gende (1982), auch krank werden, vielleicht auch, sich in ein Kloster zurückziehen. Die Wahl des Notausstiegs hängt, wie die Autoren vermerken, von der Grundeinstellung ab (1= – +, 2 = + –, 3 = – –). Das Verhältnis dessen, was W.u.M. Holloway «Notausstieg» nennen, zu dem, was Berne ein (destruktives) Skriptende (s. S. 184f) nennt, bleibt unklar. Unter Abhängigkeit verstehen die Autoren eine symbiotische Haltung (s. S. 91ff), aus der heraus Beziehungen durch Ausspielen von Lieblingsgefühlen (s.S. 137f) oder durch manipulative Spiele (s. S. 150ff) eingegangen und aufrechterhalten würden. Damit sei immer auch eine «Mißachtung», vor allem seiner selbst, verbunden und die Möglichkeit des Erlebnisses echter Intimität (s. S. 109ff) ausgeschlossen.

Berne berichtet über einen jungen Mann, der während einer Gruppenbehandlung, nach Berne im Sinne eines Widerstandes, mit einem Notausstieg (Berne: mit einer Nicht-O.K.-Grundeinstellung) nach dem anderen droht (1966b, pp.275–280):

Der 17jährige John war Mitglied einer therapeutischen Gruppe, aber daneben auch in Einzeltherapie. Er war, ohne daß ihm das aber bewußt gewesen wäre, mit einer Behandlung einverstanden, um sich und seinen Eltern zu beweisen, daß er wirklich verrückt sei. Da der Therapeut und die Gruppenmitglieder auf dieses «Spiel» nicht eingingen, sondern ihm vielmehr bewußt machten, was er mit der Behandlung erreichen wollte, wurde ihm klar, daß er nun nicht mehr damit rechnen konnte, in eine psychiatrische Klinik eingewiesen zu werden. Wird aber einem Patienten verunmöglicht, manipulative Spiele zu spielen, nur um nicht die Verantwortung für sein Leben zu übernehmen und sich mit der Realität, wie sie ist, auseinanderzusetzen, so kann er einer existentiellen Verzweiflung verfallen und aus dieser heraus nach weiteren Möglichkeiten suchen, um nicht gesund und das heißt autonom und selbstverantwortlich werden zu müssen. John erzählte später in der Gruppe, daß er in Versuchung sei, sich umzubringen. Die Gruppenteilnehmer reagierten nicht damit, daß sie in eine Retterrolle verfielen oder ihm doch zumindest gut zuredeten, auf sein Vorhaben zu verzichten, sondern sie wiesen ihm vielmehr nach, inwiefern seine Idee, sich umzubringen mit seiner Beziehung zu den Eltern und nun auch zum Therapeuten zusammenhingen und ebenfalls manipulativen Ursprungs seien, vielleicht, wie ich von mir (L. S.) aus beifüge, weil er sich ausgemalt haben mochte, wie sie es um seine Bahre versammelt bereuen würden, sich zu wenig um ihn gekümmert und ihm nicht seine Sorge um sich selber abgenommen zu haben. Darauf gab er den Plan auf, sich umzubringen. Dafür berichtete er später davon, daß er manchmal den Drang verspüre, andere Leute zusammenzuschlagen oder umzubringen. Tatsächlich kam aus, daß er einmal durch einen, wie er es erlebt hatte, versehentlich losgegangenen Schuß aus einem Gewehr beinahe einen Kameraden umgebracht hatte. Auch dieser Impuls wurde durch die Gruppe für ihn einsichtig als unredliches Manöver entlarvt. Nun trat etwas ganz anderes ein: John machte in der Autowerkstätte, in welcher er arbeitete, eine erfolgversprechende Erfindung und leitete deren Auswertung ein. Jetzt wußten Berne und die Gruppe, daß er schließlich doch die letzte und positive Alternative gewählt hatte, d.h. den entscheidenden Schritt getan hatte, um gesund zu werden.

Die Theorie vom Skript ist nach Steiner eigentlich eine *Entscheidungstheorie* und nicht etwa eine *Theorie von emotionalen Störungen im Sinne von Krankheiten.* «Die Skripttheorie gründet sich auf die Überzeugung, daß in der Kindheit oder frühen Adoleszenz ein bewußter Lebensplan gestaltet wird, der den Rest des Lebens beeinflußt und voraussehbar macht. Jemand, der sein Leben auf solche Entscheidungen gründet, hat eben ein Skript. ... Weil Skripts die Folgen willentlich bewußter Entscheidungen sind und nicht etwa Ausdruck Veränderungen zellulären Gewebes [im Gehirn], können sie auch widerrufen und mit ebenso willentlichen Entscheidungen aufgehoben werden. Tragische Lebensskripts, die auf Suizid, Drogensucht oder ‹unheilbare Geisteskrankheit›, wie ‹Schizophrenie› oder ‹manisch-depressive Gemütskrankheit›, zielen, sind eigentlich das Ergebnis eines Skripts und nicht Ausdruck einer Krankheit» (Steiner 1974, pp. 28–29/S. 37f).

*Der Ausdruck *Entscheidung* für das, was die Autoren meinen, ist zweifelhaft. *Überlebensschlußfolgerungen* (English) wäre ein treffenderer Ausdruck, wenn in bezug auf das «Seelenleben» des Kleinkindes wohl immer noch zu rational und intellektuell. Es ist eine Vorstellung, die nicht dem Erleben eines Kindes entspricht, anzunehmen, daß es sich bewußt entscheidet, den Geboten und Verboten der Eltern, von denen es sich vital und emotional völlig abhängig fühlt, nachzukommen. Daran ändert auch nichts, wenn R.u.M. Goulding von «wortloser Entscheidung» sprechen (1976).

Ich habe den Verdacht, Berne wie andere würden in diesem Zusammenhang nur deshalb von «Entscheidung» sprechen, um begründen zu können, weswegen eine Heilung häufig mit einer Neuentscheidung beginne (Berne 1972, p. 362/S. 410). Diese Begründung ist gar nicht nötig. Mit einer Neuentscheidung geschieht das, was etwa gemeint wird, wenn in der Umgangssprache gesagt wird: «Er nimmt von nun an sein Schicksal in die eigene Hand!».

Genau genommen geht es gar nicht um den «Gehorsam gegenüber destruktiven Grundgeboten», wie Holloway schreibt, sondern um eine «Verinnerlichung». Berne stellt den Ausdruck «Entscheidung», oder gar nach Steiner «bewußte Entscheidung», selbst in Frage, so wenn er davon schreibt, daß jemand keineswegs allein verantwortlich sei für seinen Lebensplan, wie dies Alfred Adler, der Begründer der Individualpsychologie angenommen habe (Adler 1933, S. 23; Berne 1972, p. 59/S. 81). Noch deutlicher wird Berne, wenn er einem Therapeuten den Rat gibt: «Die entscheidende Frage bei der praktischen Skriptanalyse» heißt: «Wie würdest du ein Kind aufziehen, damit es, wenn es herangewachsen ist, so reagieren würde, wie dieser Patient reagiert?» Indem der Skriptanalytiker diese Frage jeweils zu beantworten suche, werde er schließlich fähig, sich eine genaue Vorstellung davon zu machen, wie ein Patient erzogen worden sei und dies noch bevor dieser etwas darüber erzählt habe (1972, p. 228/S. 271). Diese Frage, die sich nach Berne der Psychotherapeut zuweilen stellen soll, wurde, merkwürdigerweise ohne Bezug auf Berne, von Gardenhire zu einem eigentlichen Verfahren umgestaltet, bei dem der Patienten angeleitet wird, diese Frage selbst zu beantworten (Gardenhire 1981).

Berne schreibt auch, ein Gewinner werde durch elterliche Botschaften zu einem solchen programmiert (1972 p. 84/S. 105, p. 131/S. 163). Auch gewisse elterliche Mahnungen wie «Du bist zu ehrgeizig!» würden immer noch eine Entwicklung zu einem Gewinner offen lassen, während grobe Bemerkungen der Eltern wie «Halt die Schnauze!» das «beste Mittel» seien, ein Kind ein Nicht-Gewinner werden zu lassen. Ein Kind, das angebrüllt werde. «Ich schlage dir alle Zähne ein, wenn du nicht ... !» werde zu einem Verlierer (Berne 1972, pp. 113–114/S. 142).

Die praktische Folgerung aus dem Modell der Grundentscheidung oder Skriptentscheidung besteht darin, daß der Patient, der sein Skript oder doch seine unheilvollen Verbote und Einschränkungen aufgeben will, sich mit sich selbst und nicht mit den möglicherweise bereits verstorbenenen Eltern auseinandersetzen muß, denn es handelt sich um verinnerlichte und damit in seine Persönlichkeit integrierte Gegebenheiten. Die Auffassung von der Grund- oder Skriptentscheidung will im Grunde genommen sagen, daß der Patient für diese verinnerlichten Verbote und Gebote die Verantwortung übernehmen soll.

9.11 Skriptvorbilder

Früher oder später findet das Kind nach Berne ein Vorbild, mit dem es sich aufgrund seines ersten Lebensentwurfs identifizieren kann. Bereits hat es eine Idee, ob es ein Gewinner oder Verlierer werden wird; bereits ahnt es, wie es zu seinen Mitmenschen stehen wird und wie diese ihm gegenüber eingestellt sein werden. Das Vorbild aber, von dem es plötzlich spürt: «Das bin ich!», zeigt ihm, wie sein Leben verlaufen wird und auf was für ein Ende es zusteuert. Berne sagt sogar kurz: «Diese Erzählung wird sein Skript!». Damit tauchten präzise Vorstellungen auf, die nicht mehr an die enge häusliche Umgebung gebunden seien, sondern dem Kind nun, möchte ich von mir aus sagen, «vor Augen stehen» (1972, pp. 95–96/S. 119f).

Vorbilder können aber auch Menschen sein, die das Kind selbst erlebt hat oder auch Verwandte und Bekannte, von denen es gehört hat, vielleicht nur durch einen Satz, von einem der Eltern bewundernd oder verabscheuend ausgesprochen. Vorbilder können aber auch Gestalten aus Tiergeschichten, Märchen und Mythen sein. Nie ist maßgebend, wie diese Vorbilder wirklich waren oder, wenn es sich um Gestalten aus Sagen und Legenden handelt, wie sie tatsächlich überliefert sind, sondern immer nur, was sich das Kind unter ihnen vorstellt. Ein Großvater kann für das Kind eine mythische Figur sein, andererseits kann ihm eine Sagengestalt so vertraut sein wie ein Mensch, der neben ihm lebt.

Wichtige Einflüsse der *Eltern* gehen auch aus dem hervor, was sie dem Kind vorleben. Genau genommen könnte dabei auch von (wortlosen) Botschaften gesprochen werden. Der gleichgeschlechtliche Elternteil spielt dabei eine besondere Rolle, zeigt er doch, wie eine Frau oder ein Mann, wie einmal das Kind einer sein wird, mit dem Leben fertig wird, wie er es aktiv gestalten kann oder wie er passiv fremden Mächten ausgeliefert ist. Auch der Umgang mit gesellschaftsfähigen Drogen wie Alkohol und Nikotin wird von den Eltern vorgelebt sowie z.B. auch die Einstellung zur Ehe und zum Ehepartner.

Eltern, die bereits gestorben sind, haben ihren Kindern auch «vorgelebt», wie alt diese selbst werden können. Ein unbewußter Lebensplan kann dahin lauten, auf jeden Fall älter zu werden als der gleichgeschlechtliche Elternteil oder auch beide Eltern, die in dieser Hinsicht als Rivalen erlebt werden, oder aber keinesfalls älter zu werden als der gleichgeschlechtliche Elternteil oder beide Eltern, um sie nur ja nicht zu übertreffen. Wird jemand, in dessen Lebensplan beschlossen war, nicht älter als die Eltern zu werden, unerwarteterweise doch älter, so kann er sich erleichtert und befreit fühlen; er kann aber auch an einer *Überlebensneurose* erkranken. Dies kann sich in einer depressiven Verstimmung zeigen: der Patient ist bedrückt, weil er befürchtet, die Liebe der (verinnerlichten) Eltern verloren zu haben. Eine Überlebensneurose kann auch dazu führen, daß der Betreffende ein auffallend hektisches Leben führt, um die Frist, die ihm noch vergönnt ist, möglichst auszunützen. Eine dritte Möglichkeit besteht darin, daß derjenige, der an einer Überlebensneurose erkrankt ist, sich ganz auf sich selbst zurückzieht, da er glaubt, er würde mit dem Tod bestraft, wenn er das Leben wirklich genießen würde. An einer solchen Überlebensneurose kann übrigens nach Berne jedermann erkranken, der in einer Situation überlebt hat, in der andere sozusagen «an seiner Stelle» gestorben sind, sei es im Krieg oder im Konzentrationslager (1972, pp. 188–190/S.S. 228ff).

Bei der Gestaltung des unbewußten Lebensplans können auch Familienüberlieferungen eine Rolle spielen (Berne 1972, pp. 283–288/S. 329–333). Bei manchen Familien der kulturtragenden Schicht in Norddeutschland war es einmal Sitte, daß der älteste Sohn immer Offizier, der zweitälteste Geistlicher wurde. Es gibt kinderreiche katholische Familien, bei denen traditionsgemäß immer eines der Kinder Priester oder Nonne wird. So können nach Berne Skripteigenheiten manchmal über mehrere Familien verfolgt werden.

Die Vorfahren, insbesondere die Großeltern, beeinflussen sehr häufig die Skriptbildung (Berne 1972, pp. 66–68/S. 87–91). Ein Patient kann in irgendeiner Beziehung stolz auf eine oder mehrere Großeltern sein. Es brauchen nicht immer bürgerliche Tugenden zu sein, die Kindern an den Großeltern imponieren. Ein Kind kann erwarten, es einmal einem seiner Großeltern gleich zu tun. Er kann auch befürchten, einmal ihnen ähnlich zu werden, was einer Erwartung entspricht, oder er kann befürchten, es ihnen einmal nicht gleich tun zu können, obgleich er sich dazu verpflichtet fühlt. Das Kind braucht dabei die Großeltern gar nicht persönlich gekannt zu haben, sondern hat vielleicht nur von ihnen erzählen gehört oder Fotografien gesehen. Auch den Eltern können ihre Eltern, also die Großeltern des Kindes, als Vorbilder für diese vorschweben, ohne daß sie sich dessen klar bewußt sind. Meistens geht es dann um die zum Kind gegengeschlechtlichen Eltern, d.h. den Vater der Mutter als Vorbild für einen ihrer Söhne oder die Mutter des Vaters als Vorbild für einen seiner Töchter. Diese Erwartungen der Eltern gegenüber dem Kind werden dieses beeinflussen, weil jede Eigenschaft, die der Erwartung entspricht, wortlos oder vielleicht später auch mit Worten verstärkt werden wird, jede Eigenschaft, die der Erwartung widerspricht jedoch mißbilligt.

Die Großeltern können in den Augen des Kindes auch diejenigen sein, die mächtiger waren oder sind als die Eltern. Das Kind kann sich mit ihnen gleichsetzen wie der Junge, der, als ihn seine Mutter einmal wegen eines Vergehens bestrafte, trotzig sagte: «Jetzt werde ich die Großmutter heiraten!» Botschaften noch lebender Großeltern können entsprechend für das Kind noch eindringlicher wirken als Botschaften der Eltern. Das kann sich dann positiv auswirken, wenn sie einen «Fluch» oder eine destruktive Grundbotschaft der Eltern durch ihre wohlwollenden Äußerungen gegenüber dem Kind aufheben.

Hinsichtlich des Pokerspiels meint Berne, in den meisten Fällen sei es die Großmutter, die entscheide, welche Karten der Spieler «halten» werde. Wenn er auf gutem Fuß mit ihr stehe – *sei es wirklich so gewesen oder nur phantasiert –, werde er sicher nicht verlieren, sondern gewinnen. Immerhin müsse der Spieler aber bedenken, korrigiert sich Berne selbst selbst, daß auch die anderen Spieler Großmütter hätten, mit denen sie gut stehen oder gestanden haben könnten! (Berne 1972, p. 340/S. 386).

Hier stilisiert Berne die Großmutter zu einer magischen Gestalt hinauf, wie eine solche von ihm als wirksam im Leben eines Menschen anerkannt wird (s. Dämon S. 194). Irgendwo sagt Berne, daß, wer auf eine Frage hin, sich besinnend nach einer oberen Zimmerecke blicke, bei seiner Großmutter Rat hole, was er antworten solle! (1972, p. 339/S. 385). *So ähnlich hat Sokrates auf den Daimon in seiner Brust gehört.

Der Vorbildhaftigkeit gewisser Eltern-, Großelternpersonen, Ahnen oder auch andern Verwandten kann die Loyalität zu solchen zur Seite gestellt werden. Das Gefühl verpflichtender Loyalität kann zu ernsthaften Konflikten führen, aber auch auf direktem Wege schicksalsbestimmenden Einfluß nehmen (Boszorgmeny-Nagy u. Spark 1973). Eine Tochter kann es z. B. als Verrat an ihrer Mutter, die ein unglückliches Leben führte, empfinden, wenn sie selbst glücklich sein sollte. Es wirkt sich dies wie eine Botschaft: «Sei nicht zufrieden! Sei nicht glücklich!». Von Hellinger wurde ich darauf aufmerksam gemacht, daß nicht selten ein Kind sich heimlich und unbewußt mit einem Mitglied vorangegangener Generationen identifiziert, das in irgendeiner Hinsicht von der Familie tabuisiert worden ist und wird, z. B. weil es geisteskrank war, dreimal geschieden oder eine Frau geheiratet hat, von der ihm abgeraten wurde und die dann sein ganzes Vermögen durchgebracht haben soll. Im Schicksal desjenigen, der sich mit einem solchen tabuisierten Verwandten identifiziert, kann entweder dessen Schicksal wiederholt werden, oder der Betreffende weicht einer Wiederholung aus, indem er z. B. ehelos bleibt, oder er versucht, das, was dem «Vorbild» geschehen ist, auf irgendeine Art wiedergutzumachen, z. B., um auf die obigen Beispiele anzuspielen, den Beruf eines Psychiaters zu ergreifen, sich trotz unsäglicher ehelicher Quälereien eben gerade nicht scheiden zu lassen oder nicht diejenige Frau zu heiraten, die er liebt, sondern diejenige, welche der Familie zusagt (was aber nicht heißt, daß diese dann nicht ebenso verschwenderisch sein kann, wie jene angeheiratete Großtante!).

Zum Vorbild kann auch eine Gestalt aus einer Geschichte oder einer Sage gewählt werden. Steiner schildert jemanden, der sich mit Jesus gleichsetzte und in der Folge viele Ereignisse, die ihm zustießen, mit dem Leben von Jesus in Beziehung brachte: Als ihm einmal ein Freund abschlug, bei ihm zu übernachten, sagte er sich innerlich: «Kein Platz in der Herberge!» Als er einmal die Stirne blutig schlug, kam ihm sofort die Dornenkrone in den Sinn. Wer die Rolle eines Skript-Helden spielt, kann sich aus der Frage ergeben: «Mit welcher Märchen- oder Sagengestalt hast du dich als Kind gleichgesetzt?» Viele Erlebens- und Verhaltensweisen können verstanden werden, wenn der Skript-Held des Betreffenden bekannt ist. Dabei ist die kindliche Interpretation der Geschichte von diesem «Helden» maßgebend.

Nicht jedermann hat aber nach Steiner einen solchen Helden als Vorbild, mancher fühle sich wie «Irgendwer» oder «Jedermann» (1971, p. 57; 1974, pp. 87–89/S. 93ff, pp. 110–111/S. 115). Auch dieser «Irgendwer» oder «Jedermann» kann allerdings in einer Erzählung vorkommen. Jemand nannte mir einmal ganz spontan und ohne Besinnung einen der sieben Zwerge im Märchen von Schneewittchen als Identifikationsfigur und zwar weder den ersten noch den letzten noch den mittleren. Es stellte sich nachträglich heraus, daß er unter der Wirkung der Grundbotschaft «Sei nicht wichtig!» stand.

9.12 Die Skriptgeschichte oder Faszinationsgeschichte

Berne führt Hans Dieckmann an, einen Psychologen Jungscher Richtung, der in mehreren Veröffentlichungen dargelegt hatte, daß die Lieblingsgeschichte oder Faszinationsgeschichte aus der Kindheit Aufschlüsse über das Wesen der Neurose eines Patienten und über seine Persönlichkeit geben könne. Nach den Beispielen von Dieckmann sind die Märchen und Erzählungen Illustrationen des Skripts der Betreffenden (Berne 1972, p. 61, note 6/nicht übersetzt; Dieckmann 1966, 1968, 1978, 1979, s. a. Schlegel 1993).

Märchen und Erzählungen, aber auch Theaterstücke oder Filme, die jemand in der Kindheit, in der Jugend, aber auch noch später im Erwachsenenalter besonders beeindruckt haben, stehen im allgemeinen tatsächlich in Beziehung zum Skript. English legt auf die psychologische Analyse des jeweiligen Lieblingsmärchens oder der Lieblingsgeschichte großen Wert (1976g). Ich kann mir von einem Patienten oder Klienten diejenige Tiergeschichte, dasjenige Märchen oder diejenige Erzählung in 10 Sätzen oder nach English in 15 Zeilen aufschreiben lassen, das ihm je im Vorschulalter, im Schulalter (nicht bei English), in der Pubertät und Adoleszenz (English: 12.-21. Altersjahr) und schließlich im letzten Jahr (oder in den letzten Jahren) am meisten Eindruck gemacht hat. Bei English können es auch Berichte aus den Nachrichten, Gedichte, Verse oder Fragmente aus einem Gedicht oder einer Erzählung sein. Hellinger bevorzugt eine Lebensgeschichte oder doch eine Geschichte eines Lebewesens mit einem Anfang und einem Ende. Hellinger rechnet damit, daß ihm als Ausdruck eines Widerstandes zuerst verhältnismäßig bedeutungslose Geschichten vorgelegt werden können (mündl. Mitteilung).

Gemeinsamkeiten und Unterschiede im Inhalt dieser Geschichten können sehr aufschlußreich sein; es gilt dies besonders für die erste und letzte Geschichte, die sich oft im Inhalt und sogar in der schriftlichen Kurzdarstellung auffallend gleichen; die anderen Geschichten können etwas wie Befreiungsversuche darstellen. Es kommt nach meiner Erfahrung vor, daß die erste Geschichte aus der Vorschulzeit auf ein glückliches Gewinnerskript weist, die zweite aus der Schulzeit aber auf eine destruktive Leitlinie, weil in der Zeit zwischen den beiden Geschichten ein einschneidendes Erlebnis stattfand, z.B. die Scheidung der Eltern und die Trennung von den Geschwistern. Es ist wichtig, daß diejenige Geschichte aus der Vorschulzeit ins Auge gefaßt wird, die *tatsächlich damals* die Faszinationsgeschichte war. Vielleicht muß sich der Patient deswegen noch mit seiner Mutter in Verbindung setzen, wenn sie noch lebt. Wenn er nur diejenige Geschichte erzählt, von der er heute *meint*, es sei die Faszinationsgeschichte gewesen, ohne daß es sie war, dann bezieht sie sich auf seine *gegenwärtige* innere Situation (die allerdings dieselbe sein kann). Nach meiner Erfahrung ist ebenfalls wichtig, daß danach gefragt wird, was den Betreffenden an diesem Märchen besonders beeindruckt hat. Die Aschenbrödelgeschichte hörte ich verschiedentlich als Skriptgeschichte, aber einmal stand die Tatsache im Mittelpunkt, daß das Aschenbrödel, aus der Familie verstoßen, sein Dasein in der Küche fristen mußte; für einen anderen Erzähler war die Rivalität zwischen Aschenbrödel und seinen Stiefschwestern besonders beeindruckend; für wieder einen anderen Patienten stand das Verhältnis zur Stiefmutter im Vordergrund.

9.13 Märchen und Mythen als Skriptmodelle

Hier handelt es sich an sich nicht um Faszinationsgeschichten, von denen berichtet wird, sondern von Skriptmodellen, die der Therapeut als gültig für das Skript eines Patienten entdeckt. Natürlich mag es vorkommen, daß sich – besonders bei Märchen – die Faszinationsgeschichte damit deckt.

9.13.1 Allgemeines

Nach Berne wird die Analyse des unbewußten Lebensplans dadurch erleichtert, daß dieser mit einem Mythos aus dem klassischen Altertum oder einem Volksmärchen in Beziehung gesetzt wird. Berne behauptet, von jedem Skript finde sich ein Modell unter den griechischen Mythen oder Dramen. Mit der Bemerkung, daß Mythen und Märchen Modelle menschlicher Lebensläufe darstellen, bezieht sich Berne auch auf C.G. Jung und S. Freud. Mythen und Märchen seien archetypische Bilder menschlicher Schicksale und die unbewußten Lebenspläne, für die sich die Menschen bereits in der frühen Kindheit entschließen würden, seien Variationen solcher Grundmuster (1972, p. 47–48/S. 66–69, p. 57–58/S. 79–81). Mythen und Märchen hängen nach Berne zusammen. Volkstümliche Sagen und Märchen seien Umgestaltungen der Mythen: aus Europa wurde nach Berne Rotkäppchen, aus Proserpina Aschenbrödel und aus Odysseus jener Prinz, der in einen Frosch verwandelt worden ist (1972, p. 210/S. 251).

Es ist nicht notwendig, daß der Therapeut genau den Mythos oder das Märchen findet, «nach dem der Patient sich richtet» (besser: «... welches das Grundmuster vom Skript des Patienten bildet»), aber es ist stets von Vorteil, wenn es gelingt. Immerhin sprechen sich in diesen Geschichten die Jahrhunderte oder sogar Jahrtausende alten und damit primitiven Schichten der menschlichen Seele aus. Wer sich darauf stützen kann, darf wenigstens das Gefühl haben, von einer soliden Grundlage aus zu arbeiten. Nur schon die Kenntnisse einiger Elemente aus dem Lebensplan erlauben dann manchmal, das Ziel, auf das dieser Plan im Leben hinsteuert, vorauszusagen. Der Therapeut hört also zuerst einmal dem Patienten zu, erfaßt die Grundzüge seines Skripts und sucht dann im Märchenbuch nach dem passenden Märchen – und nicht umgekehrt! Nach Berne besteht ein Ziel der Skriptanalyse darin, «den Lebensplan des Patienten in einen passenden Zusammenhang mit der großen historischen Psychologie der ganzen menschlichen Rasse zu bringen, einer Psychologie, die sich seit dem Zeitalter der Höhlenbewohner über dasjenige der ersten Ackerbauer und der großen Reiche im Mittleren Orient bis zur Gegenwart nur wenig geändert hat». Das Schicksal, das den Menschen in den Mythen und Märchen durch Götter oder durch Feen und Zauberer auferlegt wird, ist nach Berne eine Veranschaulichung des Zwanges, der vom unbewußten Lebensplan auf unser Schicksal ausgeht (1972, pp. 47–49/S. 67ff, p. 409/S. 462).

Für Berne sind die Märchen und Mythen Grundmuster für Skriptschicksale. Jedes reale, in einem Skript vorgesehene Schicksal soll seines Erachtens einem Märchen oder einem Mythos gleichen. Obgleich er sich auf die Lehre von den Archetypen von Jung beruft, den er zum Teil auch durch Campbell vertreten sein läßt (1972, pp. 47–48/S. 67f, p. 57/S. 79f), greift er die Archetypen nur als magische Gegebenheiten in Skriptmustern auf, nicht aber als tiefgründige bildhafte Gleichnisse für «ewige Wahrheiten». Er ist Freudianer, wozu er sich auch bekennt, und nicht Jungianer, was er auch nicht behauptet! (s.a. Drewermann S. 472f).

9.13.2 Griechische Heldensagen als Skriptmodelle

Es ist einleuchtend, daß, wo Erzählungen mit unglückseligem Verlauf als Skriptmodelle gesucht werden, der Gedanke an die antiken Dramen auftaucht: Von der Psychoanalyse wurde der Nachdruck auf den Ödipusmythos gelegt. Ödipus brachte unwissentlich seinen Vater um und heiratete seine Mutter, eine Verfehlung, wegen deren er in der Folge schwer büßen mußte. Nach Berne handelt es sich dabei um das Grundmuster eines häufigen unbewußten Lebensplans und zwar nicht nur vom Schicksal des Kindes, sondern auch von demjenigen der Eltern aus gesehen. Immer, wenn Ödipus einen älteren Mann treffe, werde er vermutlich zuerst «Guten Tag!» sagen, dann «Wollen Sie mit mir kämpfen?». Verneine der ältere Mann die Frage, dann habe Ödipus ihm nichts mehr zu sagen, als vielleicht noch einige belanglose Sätze über das Wetter, ein politisches Tagesereignis oder die neuesten Sportnachrichten; sage der Mann aber «Ja!», dann habe er einen Mitspieler für sein Skript gefunden und das Spiel beginne (1972, p. 38/S. 55f). «Verlangt das Skript von ihm, daß er einen König tötet und eine Königin heiratet, dann muß er einen König suchen, dessen Skript dahin lautet, umgebracht zu werden und eine Königin, deren Skript von ihr fordert, dumm genug zu sein, ihn zu heiraten» (1972, p. 58/S. 80). Die Verwirklichung einer ödipalen Konstellation wäre nach Berne gegeben, wenn sich alle drei Beteiligten (eine «Mutter», ein «Vater» und ein «Sohn» oder eine «Tochter») treffen, deren Lebenspläne aufeinander abgestimmt sind (1972, p. 58/S. 80), wie er dies andernorts ganz allgemein für irrationale mitmenschliche Bindungen, z.B. auch für die Wahl der Ehepartner, voraussetzt (s. S. 365).

Viele Familiendramen ließen sich, wie Freud schon erkannt habe, auf die Ödipusformel bringen: der gleichgeschlechtliche Elternteil und das gleichgeschlechtliche Kind werden zu Rivalen in bezug auf den andersgeschlechtlichen Familienangehörigen. Diese Situation sei manchmal hinter «Familienspielen» verborgen, die in einem «Tumult» enden, z.B. zwischen dem Vater und seiner Tochter, die vielleicht immer wieder später, als er erwartet hat, nach Hause kommt (Berne 1964b, pp. 130–131/S. 173ff). Manchmal komme es zu Abwandlungen, so wenn die Mutter sich in den Freund der Tochter verliebt oder die Tochter in den Freund oder Lieblingsbruder der Mutter (frei nach Berne 1972 p. 51–52/S. 72ff).

Die Ödipuskonstellation ist nach Berne häufig die Ausgangssituation zur Bildung des Skripts, das sogenannte Skript-Protokoll.

Nach psychoanalytischen Vorstellungen wird die Zeit, in welcher die Ödipuskonstellation ganz konkret aktuell ist durch die Verinnerlichung der Eltern zum Überich abgelöst, transaktionsanalytisch wäre das die «Entstehung» der inneren «Elternperson». Es besteht aber ein wichtiger Unterschied zwischen Psychoanalyse und Transaktionaler Analyse darin, daß die Psychoanalytiker nur an die Verinnerlichung der Eltern als gebietender und verbietender Instanz denken, die Transaktionsanalytiker aber auch an die gleichzeitige Verinnerlichung der Eltern als wohlwollende, sei es wohlwollend-fördernde oder wohlwollend-verwöhnende Instanz.

Im folgenden einige Beispiele, in denen Berne andere griechische Heldensagen mit bestimmten Skripttypen (S. 235ff) in Beziehung setzt (1970, pp. 141–144/S. 119–122; 1972, p. 205–207/S. 246ff). Es gibt dazu ergänzende Bemerkungen von Kahler (1975), die sich aber nicht immer völlig mit der Auffassung von Berne decken. Es handelt sich dabei um die sechs **Wiederholungsskripts* [process scripts] im Gegensatz zu den Skripts, die ein tragisches Lebensende vorsehen, den **Endzielskripts* [content scripts]:

In der griechischen Sage steht *Tantalus* bis zu den Knien in einem See und sieht herrliche Früchte über sich hängen. Trotzdem ist er verdammt, Durst und Hunger zu leiden, denn wenn er sich bückt, um zu trinken, schwindet das Wasser, und wenn er sich hochreckt, um nach den Früchten zu greifen, schnellen die Äste hoch. Diese Sage ist für Berne ein Bild für ein *Niemals-Skript* von Menschen, die umgeben sind von verlockenden Möglichkeiten, deren Eltern ihnen aber verboten haben, zu genießen, wonach sie gelüstet. Sie tragen überall den elterlichen Fluch mit sich, denn ihr «Kind» fürchtet immer diejenigen Dinge, die es gleichzeitig begehrt. Ein Niemals-Skript kann in verschiedenen Lebensbereichen zur Geltung kommen. Jemand mit einem solchen Skript bringt es nach Kahler möglicherweise nie fertig, einen Satz wirklich abzuschließen. Ein solches Niemals-Skript kann auch die Grundlage dazu sein, daß eine Frau überhaupt nie einen Orgasmus erlebt oder daß ein Mann nur dann zum Orgasmus gelangt, wenn er nicht liebt.

Arachne wagte es, Athene zum Wettkampf in der Kunst des Webens aufzufordern und wurde von dieser zur Strafe für dieses Wagnis in eine Spinne verwandelt, als welche sie fortan gezwungen war, unaufhörlich immer Netze zu knüpfen. Diese Sage erinnert Berne an ein *Immer-Skript* als Folge einer elterlichen Botschaft, die lautete: «Wenn es das ist, was du willst, so kannst du den Rest deines Lebens damit verbringen!» Unter einem Immer-Skript stehen junge Leute, die von ihren Eltern wegen Vergehen, zu denen sie ihre Kinder selbst unbewußt veranlaßt hatten, aus dem Haus geworfen wurden. «Wenn du schwanger bist, dann verdiene deinen Lebensunterhalt doch gleich auf der Straße!», sagt der Vater, der selbst wollüstige Phantasien hatte, als seine Tochter zehnjährig war. Der Vater, der seinen Sohn fortjagt, weil er hascht, mag sich in der Nacht darauf betrinken, um seinen Kummer zu vergessen. Das Immer-Skript kann auch Veranlassung sein, daß eine Frau zur Nymphomanin, ein Mann zum Don Juan wird.

Jason und *Herakles* waren griechische Helden, denen schwierige Aufgaben auferlegt waren, ehe sie dann erhalten sollten, was ihnen gebührte. Diese Sage steht nach Berne für ein *Bis-Skript* oder *Bevor-nicht-Skript*. Ein solches Skript wird durch eine Mutter ausgelöst, die zur Tochter sagt: «Du darfst nicht heiraten, solange du noch für deine Mutter sorgen mußt» (oder: «... solange du noch in der Ausbildung bist!») Nach Kahler ist es für Menschen, die unter dem Zwang eines solchen Skripts stehen, typisch, daß sie in Schachtelsätzen sprechen, um nur ja immer alles richtig und korrekt gesagt zu haben. Was das Liebesleben anbetrifft, so kann dieses Skript die Veranlassung dafür sein, daß geplagte Hausfrauen und Geschäftsmänner keinen Orgasmus erreichen können, ohne daß zuerst alles, wofür sie verantwortlich sind, erledigt ist: «Wart mal! Ich glaube, ich habe die Kühlschranktür nicht richtig zugestoßen!» oder «Eben kommt mir etwas wichtiges für's Geschäft in den Sinn, das ich noch notieren muß!» (Berne 1970, pp. 159–160/ S. 135 f). Beides wird allerdings von Berne selbst zu den psychologischen Spielen gerechnet.

Damokles wollte einmal das Glück eines Herrschers von Syrakus genießen. Es wurde ihm von seinem Gönner Dionysios, dem Tyrann von Syrakus, gewährt. Damokles wurde mit allem möglichen Luxus umgeben, aber über ihm hing ein scharfes Schwert an einem Pferdehaar, um die Gefahr zu veranschaulichen, in welcher ein solcher Herrscher ständig schwebte. Es verging ihm jeder Neid. Das wäre nach Berne das Bild eines *Danach-Skripts*, das auf der Überzeugung gründet: «Ich kann das Glück eine ganze Weile genießen, aber nachher wird das Übel über mich hereinbrechen!» Einem solchen Skript sind Menschen verfallen, die sich immer wieder sagen: «Wenn es mir allzu gut geht, muß etwas Schlimmes passieren!» Nach Kahler ist es eine Eigenheit von Leuten, die einem solchen Skript gehorchen, daß sie etwas Positives sagen, dann ein «aber» anhängen und mit etwas Negativem enden. Unter dem Einfluß eines solchen Skripts leben auch Menschen, die von der elterlichen Drohung beeindruckt sind: «Wenn du erst einmal verheiratet bist und Kinder hast, dann weißt du, was der Ernst des Lebens ist!»

Das *Immer-und-immer-wieder-Skript* (Berne) oder *Beinahe-Skript* (Kahler) findet sich im Bild des *Sisyphos*. In der Unterwelt war ihm aufgetragen worden, mit größter Anstrengung einen Felsbrocken einen Hügel hinaufzuwälzen, aber jedesmal, wenn er den Gipfel beinahe erreicht hatte, rollte der Brocken wieder herunter. Es ist dies nach Berne das Skript dessen, der immer wieder sagen kann: «Fast hätte ich es geschafft, wenn nur nicht ...». Ein solches Schicksal habe auch ein Mädchen, das immer wieder als Brautjungfer aufgeboten werde, aber nie als Braut. Jemand mit einem solchen Skript mache im Gespräch immer wieder Feststellungen oder stellt eine Frage, die er im nachhinein andeutungsweise wieder zurücknehme, z.B. «Ich habe mich wirklich verändert – sozusagen» oder «Die Farben auf deinem Fernsehschirm sind großartig – er ist aber etwas schmutzig» (Kahler). Das «Immer-und-immer-wieder» kann sich darin zeigen, daß jemand mit diesem Skript wiederholt heiratet, sich aber dann immer wieder scheiden läßt (Kahler).

Kahler kennt noch eine Abart der Verwirklichung dieses Skripts, wenn jemand den Felsbrokken wirklich nach oben bringt, aber immer wieder neu erstaunt feststellen muß, daß er wieder vor einem neuen Berg steht, auf den er den Felsbrocken wälzen muß. Dies ist nach Kahler z.B. bei von Grund auf ehrgeizigen Menschen der Fall, die nie genießen können, wenn sie ein Ziel erreicht haben.

Philemon und Baukis, zwei alte fromme Leutchen, wurden von den Göttern, die sie, ohne sie zu kennen, einmal gastfreundlich aufgenommen hatten, nach ihrem Tod in Lorbeerbäume verwandelt. Sie sind nach der Vorstellung von Berne wie zwei alte Menschen, die das Schicksal erfüllt haben, das ihnen von den Eltern aufgetragen worden ist, und nun untätig, ohne Sinn und Zweck dahinvegetieren, höchstens vielleicht noch in seichtem Klatsch mit andern eine gewisse Befriedigung finden. Dazu zählt Berne Mütter, die brav ihre Kinder großgezogen haben, die aber jetzt in alle Winde zerstreut fern von ihnen wohnen, oder Rentner, die 40 Jahre brav ihre Pflicht erfüllten und jetzt ihr Leben in trostlosen Pensionen, Mietzimmern oder einfachen Alterssiedlungen fristen. Der Weihnachtsmann, auf den sie ein Leben lang hofften, ist nicht gekommen! (s.a. S.241f) Berne spricht von einem unabgeschlossenen Skript. Kahler vermutet, es handle sich um das tragische Ende eines Danach-Skripts.

*Eigentlich handelt es sich um kein Wiederholungsskript, sondern um ein Endzielskript: Das Endzielskript eines sinnentleerten Alters! Es wird auch von Berne als Endzielskript beschrieben, obgleich er es den Wiederholungsskripts anreiht. Stewart u. Joines allerdings deuten die Darlegung von Berne etwas gezwungen so, daß sie schreiben, es handle sich um Menschen, die immer wieder vor einer Leere stünden, wenn sie ein Ziel erreicht hätten, bis sich ihnen ein neues biete (1987, p.152/S,224).

Diese Wiederholungsskripts verwirklichen sich bei den Betreffenden nicht nur über das ganze Leben, sondern vielleicht jedes Jahr, ja jeden Monat oder sogar jeden Tag neu. Wer einem Bis-Skript untersteht, wird, bei allem, was er erreichen will, durch noch unerledigte Geschäfte gehemmt und sei es z.B. nur während einer Sitzung in der Gruppentherapie, für welche er sich vorgenommen hat, ein Thema, das ihn beschäftigt, zur Sprache zu bringen. Er muß aber unbedingt noch zuerst das sagen und jenes sagen und die Sitzung ist zu Ende – und er hat wieder nicht die Möglichkeit ergriffen, zu sagen, was er sich vorgenommen hat. Und in der Firma, in welcher er arbeitet, wollte er schon lange den Chef um eine Beförderung bitten, aber zuerst alle obliegenden Arbeiten erledigt und den Schreibtisch aufgeräumt haben. Und in seinem ganzen Leben kommt er nie dazu, Urlaub zu nehmen, da er ihn nur genießen zu können glaubt, wenn er zuerst «alles» erledigt hat.

Natürlich könnte aus diesem Erleben und Verhalten auch auf Widerstände geschlossen werden. Bei den Wiederholungsskripten handelt es sich aber nicht um das, was in der Psychotherapie für gewöhnlich als Widerstände bezeichnet wird, weil Unangenehmes droht.

Auf ähnliche Art möchte Berne auch viele andere Themen der altgriechischen oder auch germanischen Mythologie auslegen, wobei er seiner Phantasie recht freien Lauf läßt!

9.13.3 Volksmärchen als Skriptmodelle

Was das Märchen von Rotkäppchen betrifft, so ist zu bemerken, daß «wolf» ein verbreiteter amerikanischer Slang-Ausdruck ist für jemanden, der Frauen nachstellt. Berne phantasiert, daß Rotkäppchen bei den Großeltern nur den Großvater vorfand, der mit ihr sexuelle Spielereien anstellte oder sogar mit ihr schlief und das in der Folge auch bei jeder Gelegenheit wiederholte, bis er durch einen Konkurrenten, den Jägersmann im Märchen, ausgestochen wurde. Das Märchen vom *Rotkäppchen* fand Berne im Lebensstil von Frauen verwirklicht, die im Alltag gerne Botengänge für andere ausführten und/oder gerne im Wald Blumen pflückten und/oder deren sexuelle Empfindungsfähigkeit tatsächlich seinerzeit durch Spielereien mit dem Großvater geweckt worden sei und die gerne wieder so etwas Aufregendes erleben würden, überdies auffallend häufig gerne rote Jäckchen oder einen roten Mantel trügen oder zu Hause sitzten. Berne fragt sich, ob wohl auch andere solche Kombinationen bei Patientinnen erfahren hätten (1972, pp. 42–47/S. 61–67, pp. 420–421/S. 475f). – Das Märchen vom *Aschenbrödel* findet Berne wieder in der Lebensgeschichte eines Mädchens, das als Tochter geschiedener Eltern beim Vater und der Stiefmutter aufwächst. Der Vater hat eine heimliche Geliebte, mit der sich «Aschenputtel» anfreundet. Diese sorgt dafür, daß die Tochter ihres Geliebten sich in Gesellschaft mit Jungen vergnügen kann. Die Tochter nimmt sich dann heimlich einen Geliebten, der zuerst arm scheint, dann aber sich doch als ein sehr erfolgreicher junger Mann aus gutem Hause entpuppt (1972, p. 236/S. 280). – Das Märchen von *Dornröschen* paßt nach Berne auf eine Frau, die ständig auf den reichen Prinzen wartet, der sie erwecken wird. An jedem Mann, der ihr begegnet, sogar wenn sie ihn schließlich heiraten sollte, hat sie etwas auszusetzen, weil er kein Prinz ist, weswegen sie sich betrogen vorkommen wird (1972, p. 50–51/S. 70ff).

Wichtig ist, daß Berne das glückliche Ende der volkstümlichen Märchen nicht dem Grundmuster zuzählt, sondern als eine künstliche Ergänzung aus der «wohlwollenden aber lügnerischen ‹Elternperson›» betrachtet (1972, p. 47/S. 67). Der Lebensplan, der einem Märchen entspreche, ziele demgegenüber immer auf ein unbefriedigendes Ende hin. Dornröschen warte tatsächlich 100 Jahre auf den erlösenden Prinzen, sterbe aber im realen Leben, bevor ein solcher auftauche (1972, p. 50–51/S. 70ff), es sei denn, es sei in seinem Skript geschrieben, daß es eines Tages geweckt werde. In diesem Fall wäre dann aber auch jede Art Prinz dazu geeignet (1972, p. 354/S. 400) Die Schwierigkeiten würden dann beginnen, wenn die Verwünschung von ihr gewichen sei. Es hänge dies damit zusammen, daß keineswegs jedermann dann glücklich lebe, wenn ein Fluch von ihm genommen sei. Seinen eigenen Weg zu gehen kann Widrigkeiten und Sorgen mit sich bringen, vor denen derjenige, der Skriptbotschaften folge, geschützt sei (Berne 1972, p. 192/S. 233). Was Berne hier feststellt, hat eine Beziehung zu seinem Vergleich des Skripts mit einem Gefängnis, das einem langjährigen Insassen hinsichtlich des Lebensstil, den er führte, hinsichtlich der Regeln, die dort gelten, so vertraut sein kann, daß ihn die äußere Welt kalt, schwierig und angsterregend anmutet und er sich wieder eines Vergehens schuldig macht, nur um wieder ins Gefängnis gesteckt zu werden (1972, p. 228/S. 271f).

9.14 Die drei Skriptmodelle nach Steiner

Steiner hat drei grundlegende Typen von einschränkenden bis destruktiven Skripts aufgestellt. Jedermann soll in seinem unbewußten Lebensplan Züge eines oder mehrerer dieser Typen aufweisen. Es kann aber auch jemand völlig einem dieser Skripts verfallen sein (Steiner 1974, pp. 91–95/S. 98–101, p. 121/S. 124, pp. 125–174/S. 129–171, pp. 323–349/S. 305–330). Die Ausführungen von Steiner selbst scheinen mir weniger eindeutig und überzeugend als die Zusammenfassung und zugleich Interpretation der Modelle von Steiner durch Wahking (1979), an den ich mich im folgenden weitgehend halte. Ein klares Bild, was Steiner unter den einzelnen Skriptmodellen versteht, ergibt sich auch auch aus den Grundbotschaften, die nach Rozlyn Kleinsinger für sie typisch sein sollen (in: Steiner 1974, p. 121/S. 124):

Keine-Liebe-Skript

Oft wurde der Betreffende als Kleinkind mit Liebesentzug bestraft oder mit Liebesbezeugungen für Leistungen belohnt. Die Grundeinstellung ist: «Ich bin nicht O.K., du bist O.K.» Der Betreffende fürchtet sich vor Nähe und Vertrautheit, hat Schwierigkeiten, positive Zuwendung zu akzeptieren, erlebt sich in manipulativen Spielen oft als Opfer und lädt andere dazu ein, ihn abzuweisen. *Depressive Verstimmungen* sind für den Betreffenden typisch.

Botschaften: «Komm niemandem nah!», «Trau niemandem!»

Kein-Verstand-Skript

Diese Menschen fühlen sich unfähig, mit dem alltäglichen Leben fertig zu werden und sie haben Angst, den Geschehnissen ausgeliefert zu sein. Sie sind überzeugt, keinen genügend starken Willen zu haben und nicht zu wissen, was sie als nächstes tun sollen. Sie können sich als dumm erleben. Ihre Grundeinstellung ist «Ich bin nicht O.K., du bist nicht O.K.» Die Grundentscheidung dieser Menschen umfaßt kennzeichnenderweise die Annahme der Botschaft, nicht zu denken, nicht wichtig oder nicht leistungsfähig zu sein. Häufigste Symptome sind *Zustände der Verwirrtheit.*

Botschaften: «Hab keinen Erfolg!», «Denk nicht!»

Keine-Freude-Skript

Diese Menschen haben eine schlechte Beziehung zu ihrem Körper und leiden an Alkohol-, Nikotin-, Drogenmißbrauch oder essen zuviel, um ihre echten Gefühle und Leibempfindungen (die Steiner nicht voneinander unterscheidet) niederzuhalten. Sie neigen dazu, aus dem Kopf zu leben und nicht in Fühlung mit ihrem Körper zu sein. Ihre Grundeinstellung lautet «Ich bin O.K., du bist nicht O.K.». Ihre Entscheidung lautet dahin, keine Gefühle zu haben, niemandem nahe zu kommen, sich an nichts zu freuen. *Süchtigkeit*, auch Arbeitssüchtigkeit, kann nach Steiner Ausdruck eines solchen Skripts sein.

Botschaften: «Habe keine eigenen Gefühle!, «Sei nicht glücklich!»

9.15 Grundlegende Phantasien oder Illusionen

Nach Berne kommen in allen Lebensplänen grundlegende Illusionen zur Geltung. «Skripts gründen sich gewöhnlich auf kindliche Illusionen, die durch das ganze Leben bestehen bleiben können» (Berne 1972, p. 26/S. 66). Es handle sich vor allem um (1.) die Illusion von der Enderwartung, (2.) die Illusion von der Allmacht des Kindes und (3.) die Illusion von der magischen Potenz der Eltern (Berne 1972, pp. 147–154/S. 181–190).

Der eine erwartet, daß schlußendlich etwas wie ein Weihnachtsmann kommen und ihm den verdienten Lohn bringen wird; der andere erwartet die Erlösung in Form des Todes, des *Sensenmanns. Solche Enderwartungen kommen aber bereits in «kleineren Erwartungen» im Alltag zum Ausdruck. Das «Warten auf den Weihnachtsmann» zeigt sich dann als Warten auf den großen Lotteriegewinn, auf die Rente, die den Betreffenden aller materiellen Sorgen enthebt, oder auf lange währende Jugendlichkeit, das «Warten auf den Sensenmann» als Wunsch nach Invalidität, nach Aufhebung aller sexuellen Bedürfnisse, *wenn der Betreffende unter diesen leidet, weil sie immer wieder Probleme mit sich bringen, oder vorzeitiges Altern. Würden solche Wünsche verwirklicht, hätten sie für den Betreffenden die Bedeutung einer Entlastung, das eigene Leben aktiv und selbstverantwortlich zu gestalten; genau das ist auch der psychologische Hintergrund der Enderwartung!

Im Zusammenhang mit dem Warten auf den Weihnachtsmann oder den Sensenmann schreibt Berne von einer Art von Rabattmarken, deren psychologische Bedeutung nicht ganz dem entspricht, was er sonst über Rabattmaken geschrieben hat (s. S. 140): «Die transaktionsanalytische Bedeutung der Illusion besteht darin, daß sie ein Motiv ist, um Rabattmarken aufzubewahren. So bewahren diejenigen, die auf den Weihnachtsmann warten, entweder Komplimente auf, um ihm zu beweisen, wie gut sie sind oder aber verschiedene Gelegenheiten, unter denen sie gelitten haben, um seine Sympathie zu erringen. Wer auf den Sensenmann wartet, wird Schuldgefühle oder Gefühle von der Sinnlosigkeit des Lebens sammeln, um zu zeigen, daß er das Kommen des Sensenmannes verdient hat und ihn dankbar willkommen heißen wird. Aber eigentlich wird jede Art von Rabattmarken je nachdem dem Weihnachtsmann oder dem Sensenmann vorgezeigt werden in der Hoffnung, durch einen klug arrangierten Eintausch das zu bekommen, was sich der Betreffende wünscht» (frei übersetzt nach Berne 1972, p. 149/S. 183f). Der Weihnachtsmann und der Sensenmann sind etwas wie fliegende Händler, die irgendwann einmal vorbeikommen. Deshalb darf derjenige, der den Weihnachtsmann erwartet, nicht nachlassen, aufgeräumter Laune zu sein oder aber zu klagen, wenn er die entsprechenden Marken dem Weihnachtsmann, wenn er unversehens vorbeikommt, anbieten möchte. Der andere muß aber darauf achten, sich jederzeit seiner Schuld bewußt zu sein oder keinen Sinn im Leben zu finden, womit er sich den Tod «erkaufen» will. Hat er diese Rabattmarken nicht bereit, wenn der Sensenmann plötzlich vorbeikommt, so muß er eine unbestimmte Zeit warten, bis sich wieder eine Gelegenheit bietet (Berne 1972, pp. 149–150/S. 184).

Denjenigen, der auf den Weihnachtsmann wartet, nennt Berne «Gewinner», was mir nicht zutreffend scheint. Ich sehe in ihm eher einen Nicht-Gewinner, der ständig in der Hoffnung lebt, durch den Eingriff einer wunderbaren Schicksalsmacht doch noch zum Gewinner zu werden (zu den Begriffen «Gewinner», «Verlierer» und «Nicht-Gewinner» s. S. 120ff). Derjenige, der auf den Tod wartet, der alle seine Probleme lösen wird, ist nach Berne ein «Verlierer».

Im «Kind» ist nach Berne unter anderem die Illusion verankert, es sei unsterblich, allmächtig und unwiderstehlich, eine Phantasie, die bereits Freud vorausgesetzt habe. Diese Phantasie stehe allerdings mit der Realität der Naturgesetze wie der Eltern im Widerspruch. Sie wird nach Berne durch Illusionen ersetzt, die sich an bestimmte Voraussetzungen knüpfen und den Lebensplan weitgehend beeinflussen. Sie tauchten auf als «Wenn doch nur ...» oder «Wenn ich mich richtig verhalte, dann wird der Weihnachtsmann tatsächlich kommen!» und ähnliches.

Das Kind glaube auch, die Eltern hätten magische Kräfte. Tatsächlich könnten sich ja Eltern auch so benehmen, als würden sie selber daran glauben, so wenn sie zum Ausdruck brächten: «Wenn du tust, was ich dir sage, dann wird alles gut gehen». Für das Kind heiße das: «Wenn ich tue, was sie mir sagen, dann stehe ich unter magischem Schutz und alle meine liebsten Träume werden Wirklichkeit werden». Das Kind halte an diesem Glauben so fest, daß er kaum zu erschüttern sei. Wenn es anders komme, als das Kind erwartet habe, dann in seinen Augen nicht, weil die magischen Wirkungen der elterlichen Anweisungen nicht mehr spielten, sondern weil es ihnen nicht genau genug gehorcht habe. Es könne zwar gegen diese Anweisungen rebellieren, aber nur in der Annahme, es könnte dasselbe, was es erträumt, auf anderen, im Grunde aber ebenso magischen Wegen, z.B. durch Drogen oder Umsturz der Gesellschaftsordnung, erlangen. Das Kind könne aber auch verzagen und meinen, es könnte die elterlichen Anordnungen nie aus eigener Kraft erfüllen. In beiden Fällen sei der Glaube an die Magie eigentlich nicht aufgehoben.

Manchen Menschen gelingt es nach Berne mit zunehmender Lebensreife von sich aus, solche Phantasien und Illusionen aufzugeben. Andere bedürften dazu der Hilfe eines Psychotherapeuten. Dieser habe dann die schmerzliche Pflicht, seinen Klienten beizubringen, im Hier und Jetzt zu leben und nicht im «Wenn doch nur ...» oder «Eines Tages, dann ...» und ihnen schlußendlich klar zu machen, daß es den Weihnachtsmann, auf den hin sie gegebenenfalls ihr Leben eingerichtet hätten, nicht gibt.

9.16 Galgen-Transaktion und Galgenlachen

Steiner spricht von einer Galgentransaktion, wenn ein Gruppenmitglied die andern Teilnehmer und manchmal auch den Therapeuten dazu verleitet, über sein Eingeständnis eines skriptgemäßen selbstzerstörerischen Verhaltens zu lächeln oder zu lachen (Steiner pp. 121–122/S. 125, pp. 307–308/S. 289ff). Der Betreffende pflegt bei seinem Bericht selbst mitzulächeln, wie wenn er einen Scherz erzählen würde: Galgenlachen oder Galgenhumor. So starben im 18. Jahrhundert Verbrecher unter dem Galgen oft mit einem Lachen auf dem Gesicht oder einem Scherzwort auf den Lippen, während sich schon die Schlinge um ihren Hals zusammenzog, und das Publikum lachte mit (Berne 1972, pp. 195–196/S. 236f, pp. 335–336/S. 380–383, unvollständig übersetzt).

«Ein typisches Beispiel ist ein Alkoholiker, der seit sechs Monaten nicht mehr getrunken hat, was jeder in der Gruppe weiß. Dann, eines Tages, kommt er in die Gruppe, läßt die andern eine Weile sprechen. Nachdem sie sich dann ihre Sorgen von der Leber geredet haben und er die Bühne für einen eigenen Auftritt zur Verfügung hat, sagt er: ‹Ratet, was über das letzte Wochenende passierte?› Ein Blick auf sein grinsendes Gesicht und die andern wissen, was passiert ist und sind bereit, auch ein Lächeln aufzusetzen. Einer von ihnen leitet die Galgentransaktion ein, indem er fragt: ‹Was ist denn geschehen?›. ‹Ich nahm einen Drink und dann noch einen und das, was ich noch weiß ist› – hier lacht der Erzähler und die andern lachen mit –, ‹daß es zu einer dreitägigen Sauferei kam!›» (Berne 1972, p. 337/S. 383).

Das Lachen des Erzählers oder das Lachen des Delinquenten unter dem Galgen ist Ausdruck des Vergnügens darüber, dem «inneren Saboteur» (Berne: der «Elternperson») zu gehorchen, der im einen Fall gesagt haben mag: «Denk nicht – trink!», im andern Fall: «Du wirst noch am Galgen enden wie seinerzeit dein Vater!» Das (fügsame) «Kind» und der innere Saboteur lachen sich in gegenseitigem Einverständnis zu und das Publikum lacht mit.

Das Galgenlachen hängt nach Kahler oft mit der destruktiven Grundbotschaft «Werde nicht erwachsen!» zusammen, wenn im Zusammenhang mit körperlichen Schmerzen auch mit der Botschaft «Sei nicht!» (Kahler 1978, p. 209). Durch das lachende Publikum, das sich dabei sozusagen mit dem *inneren Saboteur identifiziert, wird die selbstzerstörerische Neigung des Betreffenden verstärkt statt vermindert, weswegen der Therapeut in einem solchen Fall nie mitlachen sollte. Er geht dabei allerdings das Risiko ein, als Spielverderber zu gelten und soll der Gruppe erklären, um was es geht (Berne 1972, pp. 334–338/S. 380–383; Steiner 1974, pp. 307–308/S. 289f).

Nach Steiner und Berne ist das Galgenlachen eine Folge einer Galgentransaktion. Deshalb kann das hämische Lächeln eines Lehrers über das Ungeschick eines Schülers oder einer Mutter über das Ungeschick ihres Kindes (Cardon u. Mitarb. 1984, p. 48) nicht als Galgenlachen im Sinne von Berne und Steiner bezeichnet werden, ebenfalls nicht ein Lachen über den Satz: «Jetzt habe ich aber *ihn* hereingelegt!» (Stewart u. Joines 1987, p. 180/S. 261). Die typische Situation wurde oben am Beispiel mit dem Alkoholiker in einer Behandlungsgruppe geschildert.

9.17 Primärszene und Primärbedürfnis

Die im folgenden erörterten Überlegungen und Erfahrungen von Berne haben eine enge Beziehung zur psychoanalytischen Theorie und Praxis. Zudem weisen sie daraufhin, eine wie große Bedeutung Berne der Intuition in der Diagnostik des Psychotherapeuten beimißt. Als Intuition bezeichnet Berne *unbewußte Schlußfolgerungen aus unterschwelligen, vor allem physiognomischen Wahrnehmungen*. Seine intuitiven Fähigkeiten machen bereits das Kleinkind zum Menschenkenner, da sie bei ihm noch nicht durch analytisches Denken verdängt werden. Die Intuition seines «Kindes» ist für den Psychotherapeuten eines seiner wertvollsten «Instrumente». Berne hat der Rolle der Intuition in Psychotherapie und Psychopathologie mehrere frühe Arbeiten gewidmet (Berne 1949; 1952; 1962).

9.17.1 Die Primärszene
(Berne 1957a; 1961, pp. 53, 57–58,70)

Berne hatte von einem jungen unverheirateten Mann, den er in einer Gruppen behandelte, intuitiv den Eindruck, seine Grundbefindlichkeit sei wie die eines jungen Welpen, der dabei ertappt werde, wie er sein Geschäft auf dem Teppich einer Wohnung erledigt. Dieser Patient hatte die Gewohnheit, drei- bis viermal im Verlauf einer Sitzung, wenn er nach Gefühlen gefragt worden war, mit der Faust auf seinen Schenkel zu schlagen und auszurufen: «Wieso soll ich denn das wissen!» Diese Geste wurde während Wochen von den übrigen Teilnehmern einfach als eine Eigenart des Patienten hingenommen, ohne daß sich jemand darüber Gedanken machte. Aufgrund der oben erwähnten Phantasie fragte ihn Berne aber einmal unvermittelt, ob er als kleiner Junge je auf ungehörige Weise sein Bett beschmutzt habe. Der Patient reagierte völlig verdutzt, bejahte dann aber die Frage. «Und was haben deine Eltern dazu gesagt?» – Sie fragten: «Warum auch hast du das getan?» – «Und was hast du jeweils geantwortet?» – «Ich weiß doch nicht, weswegen ich es getan habe!» und während der Patient das sagte, schlug er wieder mit seiner Faust auf den Schenkel.

Diese Szene mit den Eltern gab Berne einen wichtigen Aufschluß zur Neurose des Patienten. Dieser hatte sein «Kind» verdrängt («ausgeschlossen» – s. S. 60f), das sadistische sexuelle Phantasien hatte. Die Verdrängung erstreckte sich auf sexuelle Bedürfnisse überhaupt. Er führte diesbezüglich ein mönchisches Leben. Ohne daß Berne näher darauf eingeht, besteht aufgrund dieser Aufschlüße die Vermutung, daß der Patient auf die Entwicklungsstufe des, wie in der Psychoanalyse gesagt wird, analsadistischen Alters fixiert geblieben war. Eine psychopathologisch formulierte Beschreibung seiner Grundbefindlichkeit würde lauten: «Ein gespannter, schuldbelasteter, anal frustrierter junger Mann».

Die Szene aus der Kindheit wäre in der von mir vorgeschlagenen Terminologie die **Primärszene* (Berne: «ego image» = Ich-Bild). Sie ist die Konkretisierung des intuitiven Eindruckes von Berne vom Welpen. Dieser intuitive Eindruck wäre eine **symbolische Veranschaulichung der Grundbefindlichkeit des Patienten* (Berne: «ego symbol» = Ich-Symbol). Schließlich kann beidem noch die **deskriptive psychopathologische Diagnose* angereiht werden (Berne: «ego model»).

Berne legt besonderen Wert auf die Entdeckung der Primärszene bei den Patienten, vermutlich weil er sie als emotional prägendes Ereignis («Trauma») betrachtet, dies trotzdem er anläßlich anderer Beispiele andeutet, es könnte sich auch um Deckerinnerungen handeln, hinter denen sich erst das «eigentliche» Ereignis verstecke.

9.17.2 Das Primärbedürfnis und die Schließmuskelpsychologie
(Berne 1955; 1966b; 1972, p. 159–164/S. 197–203, p. 170/S. 208f, pp. 321–322/S. 376)

Beim Säugling und Kleinkind haben Schließmuskeln eine besondere Bedeutung, als da sind: Mund-Schlund, After, Harnorgane, Geschlechtsorgane. Sie gelten in der Psychoanalyse als lustspendende («erogene») Körperzone, wobei zuerst die orale, dann die anale, schließlich die genitale Zone im Vordergrund stehe («Organisationsstufen der Libido»). Der Mund-Schlund funktioniert als aufnehmend und einverleibend (mit den Zähnen: zerstörend-einverleibend), der After als zurückhaltend und ausstoßend, die Harnorgane als herauslassend und zurückhaltend, die Genitalien als Ausdruck von Aktivität und Passivität, Eindringen und Aufnehmen.

Ich bin mir bewußt, damit die «Organisationsstufen der Libido», die Grundlage der psychosexuellen Entwicklungspsychologie von Freud, nur sehr beiläufig und vereinfacht skizziert zu haben. Es gäbe auch einiges an den Ausführungen von Freud, durchaus vom (reduzierten) psychoanalytischen Standpunkt aus, zu ergänzen und zu kritisieren, so ist es unübersehbar, daß der Mund beim Säugling, genauer: die Lippen, ganz wichtige, ebenfalls lustvoll funktionierende Tastorgane sind oder daß, um im psychoanalytischen Jargon zu formulieren, die Nasalerotik von ihm meines Wissens nicht bemerkt (oder im Sinne einer «Verlegung nach oben» als genital angesehen?) wurde.

Berne hält sich bezüglich der Funktionen an Erikson, der die verschiedenen Funktionseigentümlichkeit nicht an bestimmte «Schließmuskeln» bindet, so funktioniert der After z.B. bei Homosexuellen auch «passiv»-aufnehmend, andererseits kann z.B. auch mit dem Mund zurückgehalten und herausgelassen werden und nicht nur mit Mastdarm und After usw.

Die **Schließmuskelpsychologie* [«Think sphincter»] von Berne, die sich auf diese Überlegungen gründet, ist beziehungsorientiert. Für einen Säugling oder ein Kleinkind sei es bei einer Beziehungsaufnahme wesentlich, inwiefern die ihm begegnende Person auf seine *Schließmuskelbedürfnisse reagiere.

Von mir aus würde ich mich diesbezüglich nicht auf die Schließmuskeln beschränken, sondern auch noch das Hautorgan beiziehen, wie denn auch der Neopsychoanalytiker Schultz-Hencke das *epidermale Gebiet* als Aufnahmeorgan für Zärtlichkeit dem oralen, analen, genitalen (und anderen zusätzlichen Gebieten) beifügt (Schultz-Hencke 1927; 1951).

Berne stellt nun aber fest, daß Menschen auf bestimmte «Schließmuskeln» und zusätzlich auf bestimmte «Schließmuskelfunktionen» fixiert sind. Ein auf «genitales Eindringen» eingestellter Mann sucht die auf «genitales Aufnehmen oder Umfassen» eingestellte Frau», der auf «anales Eindringen» eingestellte Mann suche den auf «anales Aufnehmen» eingestellten Mann, der auf «Bescheißen» Eingestellte suche diejenige Person, die darauf eingestellt sei, «sich bescheißen» zu lassen usw.

Die Ausführungen von Berne sind skizzenhaft und anekdotisch und sollen nicht an logischen und systematischen Regeln gemessen, sondern als anregende Einfälle aufgefaßt werden!

Wenn sich zwei Menschen beiläufig treffen, würden sie sich meist unbewußt oder nur sekundenlang bewußt und gleich wieder vergessen immer einschätzen, wie der andere *«schließmuskelmäßig» eingestellt sei, vor allem, ob nicht vielleicht komplementär. Natürlich trete dabei, transaktionsanalytisch formuliert, ihr «Kind» oder sogar das «Kind» ihres «Kindes» in Funktion, denn für Säuglinge seien ja Schließmuskeln, wie einleitend erwähnt, *Kontaktorgane. Sogleich aber würden sie sich aber nur noch als Persona begegnen, d.h. nach Berne so, wie jeder in konventionellem Rahmen sich wünsche, gesehen zu werden. Und hier könne es nun für einen Psychotherapeuten bei der allerersten Begegnung mit einem Patienten ein großer Vorteil sein, intuitiv sich einfallen zu lassen, wie dieser *«schließmuskelmäßig» eingestellt sei und was für einen komplementären Widerpart er im Psychotherapeuten insgeheim zu finden hoffe.

Obgleich Berne nicht näher darauf eingeht, ist es für mich selbstverständlich, daß er bei diesen Vorstellungen daran denkt, daß ein Neurotiker häufig, wie psychoanalytisch gesagt wird, «prägenital fixiert» ist, was seine Neurose und das heißt sein Erleben und Verhalten weitgehend kennzeichnen wird. Damit wird für den Psychotherapeuten der *psychologische Gehalt der jeweiligen *«Schließmuskelprädisposition»* wichtig.

Berne schreibt selbst von *primal need* und damit *Primärbedürfnis*, welches Wort ich als Titel dieser Skizze gesetzt habe. Die früheste, noch völlig unzulängliche Arbeit über diese Verhältnisse hat den Titel *Primal Images and Primal Judgement* [Primärbilder und Primäreinschätzungen] (1955).

Zur Ausdrucksbedeutung der Schließmuskeln siehe S. 247!

9.18 Skriptzeichen, Skriptsignale, Körperveränderungen und Krankheitssymptome

Unter *Skriptzeichen* versteht Berne beobachtbare Verhaltenseigentümlichkeiten von Patienten, die einen Hinweis auf ihr Skript geben. Solange solche Zeichen bestehen, ist das Skript noch wirksam.

Nach meiner Erfahrung können ursprünglich skriptbedingte Verhaltenseigentümlichkeiten noch bestehen bleiben, während das Skript doch bereits aufgehoben ist oder seine Einwirkungen unter gewöhnlichen Lebensumständen verschwunden sind. Gewisse Gewohnheiten können bleiben und erst allmählich, spontan oder bewußt geübt, allenfalls unterstützt von suggestiven Einflüssen, verschwinden.

Körperliche Symptome können die Rolle solcher Skriptzeichen spielen. Ich werde darauf zurückkommen. Daneben können auch Hinweise auf heimliche Sehnsüchte, Eigenheiten der Stimme, z.B. beim Lachen oder Seufzen, auch die Wortwahl oder immer gleiche Wendungen oder Betonungen beim Sprechen usw. auf Eigenheiten eines Skripts hinweisen. Auch Verhaltens-, Begegnungs- und Beziehungsweisen, die darauf schließen lassen, daß jemand, ohne daß es ihm bewußt ist, im Dramadreieck kreist oder eine symbiotische Haltung austrägt, haben die Bedeutung von Skriptzeichen. Auch die Galgentransaktion oder das Galgenlachen (s. S. 242f) zählt Berne zu den Skriptzeichen (Berne 1972, pp. 315–348/S. 360–349). Skriptzeichen in dem, was jemand sagt und wie er es sagt, werden in erster Linie vom kleinen Professor (s. S. 34f), der über Intuition verfügt, herausgehört, d.h. von der «Erwachsenenperson» im «Kind».

Unter *Skriptsignalen* versteht Berne solche Skriptzeichen, die wenig aufdringlich sind, meist physiognomisch bedeutsame Körperhaltungen oder Gebärden, die manchmal bereits als auffallend bemerkt werden, bevor ihre psychologische Bedeutung klar geworden ist. Aus der Mimik gehen wichtige Skriptsignale aus. Babys und Kleinkinder, die den Erwachsenen noch ungescheut ins Gesicht sehen, pflegen nach Berne schon die geringste Bewegung der Gesichtsmuskulatur wahrzunehmen. Sie würden, ohne daß es dem Gegenüber bewußt werde, erkennen, was hinter seiner Person (s. S. 34) vorgeht. Sie reagierten dann entsprechend, was denjenigen mit der beobachteten Mimik zutiefst verletzen könne, bis er sich einmal selbst im Spiegel beobachtet, wenn er spricht. Vielleicht will er sich aber im Spiegl nicht beobachten, weil das «künstlich» sei. Daraus schließt Berne, daß er es als «natürlich» erleben, sein Skript auf vorbestimmte Weise unbewußt auszuspielen (frei nach Berne 1972, pp. 246–247/S. 290). Als Beispiele erwähnt Berne eine Frau, die gewöhnlich ganz gelassen dasitze, aber jedesmal, wenn ein sexuelles Thema angeschlagen werde, die Beine übereinanderschlage und erst noch das Fußgelenk des obenliegenden Beines um das andere schlinge, nach Berne Zeichen die Abwehr einer unbewußt befürchteten oder phantasierten Vergewaltigung (1972, pp. 316–317/ S. 362). Als weiteres Beispiel erwähnt Berne das gewohnheitsmäßige Schräghalten des Kopfes als Ausdruck einer Märtyrerhaltung bzw. eines Märtyrer-oder Heimatlosen-Skripts (1972, p. 317/S. 362).

Berne betont, daß psychopathologische Störungen des Erlebens und Verhaltens eine enge Beziehung zu körperlichen Störungen hätten. Auch umgekehrt gebe der Spannungszustand der Muskulatur an, ob jemand geheilt sei. Patienten investierten viel Energie, um gewisse physiologische Reflexe zu beherrschen. Dabei spielen nach Berne die *Schließmuskeln* eine besondere Rolle (Berne 1966c). Deshalb denke jeder gute Transaktionsanalytiker immer an die Ausdrucksbedeutung der Schließmuskeln. Bei dieser Forderung bezieht sich Berne auf die psychoanalytische Entwicklungslehre, die ein orales [mundbezogenes], anales [afterbezogenes], urethrales [harnröhrenbezogenes] und phallisches [genitalienbezogenes] Entwicklungsstadium kennt. Nach Berne ergibt sich für einen aufmerksamen Beobachter aus den Gesprächen am Familientisch, auf welche Schließmuskeln die betreffende Familie vorzugsweise fixiert sei. In der einen Familie drehten sich die Gespräche vor allem um die Funktion der oral-digestiven Schließmuskeln. Es gehe ums Mund-Halten, Schlucken, Verdauen oder Erbrechen. In der andern Familie drehen sich die Gespräche um anale Themen, wobei vor allem dem Stuhlgang, der als Entgiftung angesehen wird, viel Wichtigkeit beigemessen werde. In einer urethralen Familie werde viel gesprochen, die Gedanken strömten frei heraus, wobei aber immer noch einige Tropfen zurückgehalten und nur herausgepreßt würden, wenn die Zeit dazu gekommen sei. In wieder andern Familien gehe die Unterhaltung um das Übel der Sexualität. Die Frauen hielten die Beine gekreuzt, und wenn sie sie nicht gekreuzt hielten, dann verspannten sie doch wenigstens ihre vaginalen Schließmuskeln. Wenn jemand einen Schließmuskel immer krampfhaft geschlossen halten muß, wirkt sich das auch auf andere Körperteile aus und kommt in seiner ganzen Haltung zum Ausdruck, dasselbe wenn er seinen Schließmuskel gewohnheitsmäßig offen hält (Berne 1972, pp. 159–164/».197–203, pp. 319–320/S. 365–366 – Siehe zur «Schließmuskelpsychologie» auch S. 245f!).

Unter dem Einfluß seelischer Bedingungen können sich *rein gestaltmäßige oder auch gewebliche Körperveränderungen* ausbilden, so z.B. Unter- und Überentwicklungen, die dann an der körperlichen Statur oder am Bewegungsstil sichtbar werden. Unter dem Einfluß elterlicher Gebote und Verbote kann es dazu kommen, daß die Arme nicht mehr frei dazu gebraucht werden können, um Menschen und Dinge heranzuholen oder wegzustoßen, daß die Füße und Beine nicht mehr fest und sicher auf dem Boden stehen, daß die Gesichtsmuskulatur steif wird und die Mimik erstarrt, so daß die Gefühle, die aus dem Bauch und Herzen aufsteigen, sich nicht mehr äußern können. Es kann eine Hemmung entstehen, den Brustkasten voll mit Luft zu füllen, so daß der Betreffende nicht mehr mit voller Kraft und Überzeugung sprechen oder seiner Wut nicht mehr frei Ausdruck geben kann. Derjenige, dessen Ausatmung eingeschränkt ist, vermag nicht mehr zu seufzen, zu flüstern, zu stöhnen, worunter die Möglichkeit leidet, Schmerz und Trauer auszudrücken. Nach Steiner führt die Last der Verantwortung zu einer Überentwicklung von Händen, Armen und Schultern, während der Unterkörper steif und leblos werde. Einseitige Entwicklung von Sensitivität und Emotionalität führe zu einer guten Entwicklung der Sinnesorgane, lasse aber die Muskulatur weich und schlaff. Zu jedem

Skript gehört ein bestimmter körperlicher Ausdruck. Auch ein heldenhaftes Vorbild kann sich in der körperlichen Haltung ausdrücken. Dabei werden auch die physiologischen Funktionen einbezogen, was sich schließlich auch in strukturellen Veränderungen wie Herzleiden, Magengeschwüren, rheumatischen Gelenkleiden ausdrücken kann, die das Leben verkürzen (frei nach Steiner 1974, S. 111–114).

Nach Berne ist der plötzliche Ausbruch von *körperlichen Symptomen* für gewöhnlich ein Skriptzeichen. Dabei sieht er aber verschiedene Möglichkeiten einer Beziehung zwischen Skript und körperlichem Symptom. Er berichtet von einer jungen Frau, deren Skript ihr vorschrieb, verrückt zu werden. Unter normalen Umständen gelang es ihr, diesem elterlichen Gebot standzuhalten, und sie war, solange ihr Erwachsenen-Ich in Funktion war, ein ganz durchschnittliches Amerikanermädchen. Wenn sich aber jemand in ihrer Umgebung verrückt verhielt oder sagte, er fühle sich so, bekam sie sofort Kopfschmerzen und zog sich zurück. Wenn sie bei ihrem Therapeuten auf der Couch lag und zwischen ihnen ein Gespräch in Gang war, ging alles gut. Schwieg der Therapeut aber, so verlor ihre «Erwachsenenperson» die Herrschaft über die Situation, das «Kind» tauchte mit verrückten Vorstellungen auf und sie bekam augenblicklich Kopfschmerzen (Berne 1972, p. 318/S. 363).

Bei diesem Beispiel muß offen bleiben, ob Berne glaubt, die Kopfschmerzen seien für die Patientin ein Zeichen von Wahnsinn oder kündigten Wahnsinn an oder ob es sich dabei um einen Widerstand gegen das Auftauchen von Gedanken, Gefühlen und Vorstellungen handelt, die von der Patientin als «verrückt» beurteilt werden. Im ersteren Fall handelte es sich um eine Borderline-Krankheit (für mich eine Gegenindikation für eine Couch-Therapie), im zweiten Fall um eine einfache Abwehrneurose.

Manche Patienten, denen plötzlich übel wird, stehen nach Berne unter dem elterlichen Gebot «Werde krank!». Er erwähnt auch Angstanfälle mit Herzklopfen, plötzliche allergische Ausbrüche, wie Asthma und Nesselsucht, geschwürige Dickdarmentzündung und Durchbruch von Magengeschwüren. Aus einem Beispiel, das er beisteuert, ergibt sich allerdings, daß solche Skriptsignale auch dann auftreten können, wenn ein Skript «bedroht» ist, z.B. nachdem ein Therapeut einer Patientin zur Scheidung geraten hat, während doch ihr Skript ihr eine Scheidung erst erlaubt hätte, nachdem ihre Kinder groß geworden sind. «In einem Fall gab ein Paranoider seine Skript-Welt auf und begann in der realen Welt zu leben. Er war aber nicht genügend darauf vorbereitet und entbehrte der notwendigen Unterstützung. Weniger als ein Monat nach dem Neubeginn konnte Zucker in seinem Urin festgestellt werden. Er war zuckerkrank geworden und erfüllte damit nun in einem andern Bereich das Skriptgebot ‹Scheitere und werde krank!›» *(?) (Berne 1972, p. 318–319/S. 363ff).

9.19 Lebenslauf und unbewußter Lebensplan oder Skript

Das Skript ist ein in der frühen Kindheit entwickelter Lebensplan; der Lebenslauf ist das, was wirklich geschieht. Der Lebenslauf wird außer durch das Skript im Sinne eines «dramatischen elterlichen Programms» auch durch konstruktive Einflüsse der Eltern, durch Erbfaktoren, durch unausweichliche äußere Umstände wie Krieg und Frieden, schließlich durch in Freiheit gewählte Ziele beeinflußt (Berne 1972, pp. 53–56/S. 74–79).

Ein Individuum, dessen Erbfaktoren zu einem geistigen Mangelzustand, zu einer körperlichen Invalidität oder zu einem frühen Tod, z.B. an einem bösartigen Tumor oder einer Zuckerkrankheit, Anlaß geben, wird wenig Gelegenheit haben, eigene Entscheidungen zu verwirklichen oder überhaupt solche zu treffen. Sein Lebenslauf wird durch seine Gene, allenfalls auch, in der Auswirkung praktisch gleichbedeutend, durch einen Geburtsschaden bestimmt. – Wenn Eltern als Kinder selbst an ernsthaften körperlichen oder emotionalen Mangelzuständen gelitten haben, können sie ihre Nachkommen daran hindern, ein Skript zu bilden oder ein solches auszutragen *(?), kommt es doch vor, daß solche Eltern ihr Kind durch Vernachlässigung oder aktiv schädigende Handlungen umbringen oder sie dazu verdammen, von frühem Alter an versorgt zu werden. – Krankheiten, Unfälle politische Unterdrückung und Krieg («forces majeures» – Berne 1972, p. 194/S. 235) können die Verwirklichung selbst eines detailliert ausgestalteten und abgestützten Lebensplans unterbinden; das kann auch durch die unvorherzusehende Begegnung mit einem Mörder, einem Gangster oder jemandem, der mit dem Auto einen Frontalzusammenstoß verursacht, weil dies in *seinem* Skript vorgeschrieben ist, geschehen (Berne 1972, pp. 53–54/S. 75f). Es wird dann bedeutungslos, was für eine Todesszene oder was für letzte Worte vor dem Tod im Skript des Opfers vorgesehen waren (Berne 1972, p. 194/S. 235). Eine Kombination solcher Möglichkeiten, z.B. von Erbeigenschaften und Unterdrückung, kann nach Berne so viele Entwicklungswege versperren, daß kaum noch Gelegenheit zu einer skriptmäßigen Planung bzw. zur Verwirklichung einer solchen Planung bleibt. Ein tragischer Lebenslauf kann in einem solchen Fall ganz unabhängig von irgendeinem Skript unausweichlich sein. Sehen wir von einem Bombentreffer, einer Epidemie oder einem Gemetzel ab, so können allerdings selbst bei weitestgehender Einschränkung durch äußere Umstände noch Alternativen bestehen, z.B. ob ich in einer entsprechenden Zwangslage jemanden umbringe, mich umbringen lasse oder mich selbst umbringe, was dann doch die Folge einer frühkindlichen Skriptentscheidung sein kann (Berne 1972, p. 54/S. 76). *Es kann sich auch bei weniger makabren Zwangslagen, aber doch irgendwelchen andern schicksalsbestimmenden äußeren Ereignissen immer noch ein Skript auswirken, das bestimmt, was für eine Haltung ich eben gegenüber bestimmten Situationen, z.B. Kriegsereignissen, einer unverschuldeten Invalidität nach Unfall usw. einzunehmen geneigt bin.

Berne vergleicht das Leben eines Menschen, das einerseits von frühkindlichen Skriptentscheidungen, andererseits durch von diesen unabhängigen äußeren Ereignissen bestimmt wird, mit dem Schicksal eines Versuchstiers in einem Laboratorium. Diesem kann es theoretisch freigestellt sein, ob es einen Hebel betätigt, der ihm Nahrung herbeischafft oder einen anderen, der ihm Alkohol zur Verfügung stellt, oder einen solchen, der ihm einen lustvollen Schock versetzt, allenfalls dies alles zugleich mit der Möglichkeit, in einer Trettrommel «die Muskeln zu trainieren». Auch die Wahl, die ein solches Versuchstier trifft, wird aber durch Einflüsse aus seiner Kindheit bestimmt werden, indem es z.B. auf Nahrung oder Alkohol süchtig gemacht worden sein könnte. Darüber hinaus wird aber das Schicksal solcher Tiere durch das bestimmt, was von ihm unabhängige äußere Gewalten, nämlich die Forscher, letztlich mit ihm vorhaben. Bei einem Menschen komme allerdings noch dazu, daß dieser oftmals die Wahl hätte, «den Käfig», der ihn in Unfreiheit hält, zu verlassen und doch würde er nach Berne für gewöhnlich angesichts der Freuden wie der Gefahren, die in der Außenwelt erwarten, sich entschließen, im Käfig zu bleiben oder wieder in ihn zurückzukehren. Er habe dann wenigstens die Gewißheit, was geschieht, wenn er diesen oder jenen Hebel betätigt, wenn auch die Auswahl der Möglichkeiten beschränkt sei (Berne 1972, p. 56/S. 78). Viele ehemalige tatsächliche Gefängnisinsassen erleben nach Berne die Freiheit als kalt, schwierig und angsterregend und vergingen sich manchmal erneut gegen die Gesetze, um wieder in die eingeschränkte Welt des Gefängnisses zurückzukehren, wo die Atmosphäre ihnen vertraut ist, da sie die Regeln, nach denen dort gelebt wird, bereits kennen und auch ihre alten Freunde wieder treffen. Ähnlich könne es denjenigen gehen, die versuchten, ihr Skript abzuwerfen. Sie könnten nicht mehr länger ihre alten manipulativen Spiele spielen; sie verlören ihre alten Freunde und müssten neue finden. Wie heimwehkranke alte Gefängnisinsassen könnten sie es angenehmer finden, sich wieder ihren alten Skriptgeboten zu unterstellen (Berne 1972, p.228/S.271f). Aber immer hoffe oder fürchte ein derart Gefangener, daß eine ihm übergeordnete Gewalt, der Große Experimentator oder der Große Computer, sein Schicksal verändern oder zu Ende führen werde! (Bern 1972, p.56/S.78).

Es gibt nach Berne vier maßgebende Schicksalsmächte: (1.) das dämonische elterliche Programm, vertreten durch eine innere Stimme, die von den Alten «Dämon» genannt worden sei, (2.) das konstruktive elterliche Programm, unterstützt vom Lebensdrang, in alten Zeiten «Physis» geheißen, (3.) äußere personenunabhängige Einflüsse, Schicksal genannt, und schließlich (4.) der Wille zur Unabhängigkeit, für den es im Altertum keine Bezeichnung gegeben habe, da eine solche Freiheit den Göttern und Königen vorbehalten gewesen sei. Entsprechend sind theoretisch vier Arten von Lebensläufen möglich: (1.) ein skriptgemäßer, (2.) ein durch ein Gegenskript bedingter, (3.) ein von außen aufgezwungener [forced] und (4.) einer, der sich fortlaufend aus freien Entscheidungen ergibt. In der Praxis überlagern sich diese vier Möglichkeiten (frei nach Berne 1972, p.56/S.78f).

Wieder wird von Berne selbst hier das Skript als Ergebnis «dämonischer», und darunter versteht Berne hier eindeutig negative oder verhängnisvolle Einflüsse der Eltern, aufgefaßt, das Gegenskript aber als Folge konstruktiver Einflüsse der Eltern (zum Begriff Gegenskript s. S. 215f, zum Begriff Dämon s. S. 194f).

Der unbewußte Lebensplan oder das Skript bedeutet für das Individuum einen Zwang, sich sein Leben so einzurichten, daß es ihn erfüllt. Es komme aber vor, daß der tatsächliche Lebenslauf dem Lebensplan nicht entspreche, auch wenn wir von einem Antiskript (s. S.214f) absehen. Berne beschäftigt sich recht eingehend mit dieser Möglichkeit. Einmal gebe es *Skriptversager*, denen es trotz Bemühung bisher nicht gelungen sei, ihrem Lebensplan gemäß zu leben (1972, p. 133/S. 165). Um den elterlichen Anweisungen gemäß leben zu können, brauche es nämlich einen Spielraum von charakterlichen Möglichkeiten, der unter anderem auch durch Vererbung mitbestimmt werde (1972, 53/S. 75). Weiter brauche es doch auch äußere Gegebenheiten, die einer Erfüllung des Skripts entgegenkämen (1972, p.53/S.75), z.B. einigermaßen geeignete Mitspieler. Sei im Lebensplan einer Mutter ein körperlich oder geistig behindertes Kind nicht vorgesehen, bekomme sie aber ein solches Kind, um das sie sich ihr Leben lang kümmern müsse, bedeutete dies für die Mutter in bezug auf ihr Bestreben, den unbewußten Lebensplan zu erfüllen, eine tragische Frustration (1972, p.191/S.232). Schließlich könne jemand, der bisher brav nach seinem Lebensplan gelebt habe, der ihn zwang, in abhängiger Position hart zu arbeiten, nach seiner Pensionierung völlig ratlos dastehen und, da er bisher gewöhnt war, der Direktive seines Lebensplans zu folgen, nichts anderes mehr tun, als auf seinen Tod zu warten (1972, p. 192/232). Auch ein solches Schicksal könne allerdings durch ein Skript vorbestimmt sein, Berne spricht vom «unabgeschlossenen Skript» (s. S.238).

Es gibt aber Menschen, denen es gelungen ist, sich aus dem Schicksalszwang ihres Lebensplans zu befreien, so daß sie das, was sie tun, aus eigenem Entschluß und auf ihre eigene unverwechselbare Weise tun. Ein solcher Mensch spielt seine eigene Melodie, ein tapferer Improvisator, welcher der Welt allein gegenübersteht (1972, p. 277/S. 324). Keinesfalls darf die Situation und das Lebensgefühl dessen, dem es durch aktive Bemühung gelungen ist, sich aus seinem Skript zu befreien, verwechselt werden mit der Situation und dem Lebensgefühl dessen, dem es trotz Bemühung nicht gelungen ist, sein Skript zu erfüllen. Dieser hat resigniert. Viele Depressionen und schizophrene Zusammenbrüche sind nach Berne angeblich Ausdruck einer solchen Resignation (1972, p. 133/S. 165).

9.20 Skript und Bezugsrahmen

J.Schiff und ihre Mitarbeiter haben den Begriff des *Bezugsrahmens* oder, wie in der deutschsprachigen Psychologie gebräuchlicher, des *Bezugssystems*, in die Transaktionale Analyse eingeführt.

In der allgemeinen Psychologie, um die sich aber J.Schiff u. ihre Mitarbeiter in diesem Zusammenhang nicht kümmern, war ursprünglich unter Bezugsrahmen oder Bezugssystem der Maßstab gemeint, nach dem die Größe oder Lage von etwas bestimmt wird, so in der Physik der Meter oder das Gramm, in der Geometrie ein Koordinatensystem, nach dem die Lage von verschiedenen Punkten usw. gegeneinander bestimmt werden konnte, in der Psychologie dann aber im Erleben auch Qualitäten wie groß oder klein, oben oder unten usw.

In einem weiteren Sinn wird unter Bezugssystem oder Bezugsrahmen die Einordnung alles Erfahrenen in einen bestimmten Bedeutungszusammenhang verstanden, mit anderen Worten: die im allgemeinen nicht als solche bedachte subjektive Zuteilung von Sinn, Bedeutung und Wert einer Ereignisses. Es ergibt sich daraus eine «festgelegten Sicht seiner selbst, anderer Menschen und der Welt als Ganzer» (Schiff u. Mitarb. 1975b, pp. 54–55). Das Bezugssystem oder der Bezugsrahmen ist etwas wie ein Orientierungssystem, mit dem sich jemand in der Welt zurechtfindet, darum auch *innere Landkarte*. Die Bezugsrahmen zweier Menschen im selben Kulturkreis und ähnlicher Erziehung könnten sich weitgehend ähnlich sein, aber in vielen individuellen Zügen doch verschieden.

Eine Ausnahme bildet nach der Schiff-Schule das natürliche oder unbefangene «Kind» eines Menschen, das mit demjenigen eines anderen unter Umständen unter Umgehung der Bezugsrahmen eines jeden der beiden Kontakt aufnehmen könne, insbesondere, wo es um Intimität gehe oder um den Kampf um's Überleben (J.Schiff u. Mitarb. 1975b, pp. 49–54).

Wie das Skript nach dem Verständnis von Berne, ist auch der Bezugsrahmen, wie dieser Begriff in der Schiff-Schule gebraucht wird, weitgehend durch die Überlieferung gegeben und folglich, nach dem Modell der Transaktionalen Analyse, in der «Elternperson» verankert.

Das Bezugssystem oder der Bezugsrahmen eines Gesunden und Geisteskranken werden auseinanderklaffen, wobei spontan eine sinnvolle Verständigung kaum möglich ist, denn jemand kann die Reaktionen eines Menschen, dem er begegnet, erst dann wirklich verstehen, wenn er sie zu dessen Bezugsrahmen in Beziehung setzen kann. Dazu möchte die Schiffschule die Therapeuten von Geisteskranken auffordern, ist sie doch aus der Behandlung jugendlicher Patienten, die an Schizophrenie erkrankt sind, erwachsen und handelt es sich bei den Therapeuten darum, sich in den Bezugsrahmen solcher Kranker einzufühlen, um diese zu verstehen. Da bestimmte klassische psychopathologischen Syndrome je einen ähnlichen Bezugsrahmen haben, betonten die Autoren, daß eine klassisch-psychopathologische Diagnose zu stellen, nicht sinnlos sein könne (J.Schiff u. Mitarb. 1975b, pp. 79–80).

Es stellt sich Frage nach der Unterscheidung von Skript und Bezugsrahmen, denn bei beidem handelt es sich ja um das Bild, das sich jemand von sich selber, den anderen, der Welt und dem Leben als ganzem macht. Stewart u. Joines schreiben vom Skript als einem Bezugsrahmen, der Ausblendungen und Verfälschungen der Realität miteinbeziehe (1987, p. 190/S. 275).

Wer nach der konstruktivistischen Betrachtungsweise annimmt, daß jeder in *seiner* Welt lebe, könnte glauben, daß es am Beobachter liege, ob er im Bezugsrahmen eines Mitmenschen Ausblendungen und andere Verfälschungen der Realität feststelle, einfach weil dessen Bezugsrahmen seinem eigenen zum Teil widerspreche. Bei dieser Überlegung ist aber zu bedenken, daß Ausblendungen («Verdrängungen») bereits eine Realität ohne Ausblendungen voraussetzen; dasselbe gilt, wenn wir von Verfälschungen der Realität sprechen. Jeder, der ausblendet oder die Realität verfälscht, blendet also *aus seiner* Realität aus, verfälscht *seine* Realität!

Stellen wir uns einen Menschen vor, der unter einer Geisteskrankheit mit Verfolgungswahn leidet und jeden, dem er begegnet, mißtrauisch als sicheren oder sehr wahrscheinlichen Verfolger erlebt, dann ist es unmittelbar einleuchtend, daß wir viele seiner Reaktionen nur verstehen, wenn wir diesen seinen Bezugsrahmen, der in diesem Fall seiner Wirklichkeit entspricht, kennen, ohne anzunehmen, daß er aus diesem etwas ausblendet. Anders bei einer Neurose: Nehmen wir an, jemand komme sich minderwertig vor und glaube, daß ihm jeder seine Minderwertigkeit ansehe; er wird auf menschliche Begegnungen und auf Probleme, die sich ihm stellen, anders reagieren, als jemand, der ein gesundes Selbstbewußtsein hat. Von den Minderwertigkeitsgefühlen des Betreffenden zu wissen, wird das Verständnis für sein Verhalten zweifellos fördern oder sogar überhaupt erst ermöglichen. Hier haben wir aber mit erlebnisbedingten Ausblendungen oder anderen Verkennungen der Realität zu rechnen. Eine genügend eingehende tiefenpsychologische Untersuchung wird zeigen, daß er unbewußt seine Minderwertigkeitsgefühle mit Überwertigkeitsgefühlen kompensiert.

Skriptbotschaften – nehmen wir als Beispiele destruktive Grundbotschaften und Antreiber – bilden sozusagen die *Pfeiler des Bezugsrahmens.* Wer z.B. der Überzeugung ist, er habe keine Daseinsberechtigung (ohne daß ihm diese Überzeugung formulierbar bewußt sein muß), wird unzählige Erfahrungen im «Lichte» dieser Überzeugung auslegen. Wer überzeugt ist, daß er nicht O.K. ist, wenn er nicht zu jedermann «liebenswürdig» ist, d.h. wer sich verpflichtet fühlt, dafür zu sorgen, daß der andere oder die anderen sich wohlfühlen, wird unzählige Situationen im Alltag als Aufforderungen auslegen, diesem Gebot gerecht zu werden.

Eine psychische Störung besteht dann, wenn der Bezugsrahmen eines Menschen ihm nicht erlaubt, seine Bedürfnisse zu befriedigen, seine Ziele zu erreichen. Er kann z.B. sein Bedürfnis nach einer echten, aufrichtigen und anregenden Beziehung zu einem anderen Menschen nicht befriedigen, dieses Ziel nicht erreichen, weil er sich jedesmal verletzt und beleidigt erlebt, wenn ihm die Erfüllung eines Wunsches nicht bedingungslos gewährt, seine Ansichten nicht übernommen, seine Gefühle nicht geteilt werden. *Es gehört zu seinem Bezugsrahmen, sich bei solchen Gelegenheiten als Person abgewiesen zu erleben.* Im Rahmen einer transaktionsanalytischen Psychotherapie wird er dazu ermutigt, die eigene Verantwortung auch für seine emotionalen Reaktionen zu übernehmen. *Er* reagiert auf solche Ereignisse verletzt. Jemand anderer würde vielleicht anders reagieren, z.B. gleichgültig, belustigt, traurig, streitsüchtig oder interessiert. Das kann in Gruppen besonders einleuchtend festgestellt werden. Eine solche erste Einsicht, wenn der Patient ihr gegenüber offen steht, hat eine gewisse Desidentifikation zur Folge (s. S. 71). Der nächste Schritt wäre die Erkenntnis, daß *auch er* anders reagieren *könnte*. Ein dritter Schritt besteht in einer nun bereits maßgeblich emotional mitbestimmten, vielleicht sogar erschütternden Einsicht, daß es *seine Wahl*, wie in der Transaktionalen Analyse vorzugsweise gesagt wird: *seine Entscheidung* ist, *wie* er reagiert. Vielleicht wird ihm bewußt, daß er selbst verantwortlich ist, wie er sich mit der Realität auseinandersetzt, wozu auch seine emotionalen Reaktionen gehören (s. S. 371f). Damit verbunden ist keine Vorschrift, wie er reagieren *sollte*, sondern im Gegenteil die Erlaubnis: «Du *darfst* verletzt und beleidigt reagieren, wenn dir jemand widerspricht! Du *darfst*, aber du *mußt* nicht!»

Jetzt erscheint der Widerspruch zwischen dem Bedürfnis nach einer echten und aufrichtigen Beziehung zu anderen Menschen und – wie ich nun formulieren möchte – der Entscheidung, sich verletzt und beleidigt zu fühlen, wenn ihm rational oder emotional widersprochen wird, in einem anderen Licht. Hier kommt das begrifflich sehr weit ausgreifende Modell der Symbiose in der Transaktionalen Analyse zum Zug: eine mangelhafte Abgrenzung und dadurch Abhängigkeit auch der emotionalen Gefühlslage von dem, was andere tun oder sagen. Der Therapeut ermutigt zum Verzicht auf diese «symbiotische Reaktion», nämlich die Neuentscheidung zu wagen, nicht mehr verletzt und beleidigt, sondern interessiert auf Widerspruch zu reagieren, mit anderen Worten: den bisherigen Bezugsrahmen zu ändern.

Hier können in der Therapie gegebenenfalls Übungen einsetzen, sei es rituell in der Gruppe oder bereits realistisch im Alltag. Manchmal ist es aber auch nötig, zuerst eine Erhellung der Erlebnisgeschichte vorzunehmen: «Wer sagt, du müßtest verletzt und beleidigt sein, wenn dir jemand widerspricht? Der Vater oder die Mutter? Ausdrücklich durch Worte oder in Andeutungen und im Beispiel? Oder liegt dieser Entscheidung, verletzt und beleidigt zu reagieren, ein bestimmtes Schlüsselerlebnis zugrunde, eine seinerzeitige Überforderung des Kleinkindes etwa?» Ein solcher Rückgriff in die Vergangenheit kann den «Heilungsprozeß» erleichtern, nicht weil die Vergangenheit als Anlaß dargestellt wird, daß es so kommen mußte, sondern allein, um Distanz zu gewinnen. Erinnerungen werden ohnehin selektiv nach der gegenwärtigen Verfassung ausgewählt! Diese Distanz erleichtert dann eine Neuentscheidung!

Psychotherapie kann als Hinweis und Ermutigung zur Veränderung des Bezugsrahmens im Dienste eines Lebensleitziels aufgefaßt werden. Allerdings kann der Therapeut nur, wenn er mit diesem Ziel einverstanden ist, Hilfe leisten. Nach transaktionsanalytischem Modell gesagt: Nur wenn er dieses Bedürfnis als eines solchen des freien, natürlichen oder unbefangenen «Kindes» des Betreffenden anerkennt.

Eine Änderung des Bezugsrahmens ist gemeint, wenn wir von jemandem sagen, er habe sich, die Welt und sein Problem anders sehen gelernt.

9.21 Der Skript-Begriff in der Praxis

Die Bildung eines Skripts, nach Berne vor allem unter dem Einfluß von Prägungen durch die Eltern und unmittelbar oder mittelbar auch der Großeltern sowie anderer erwachsener Bezugspersonen aus der Kleinkindheit, ist nach ihm ein durchaus natürlicher Vorgang, «wie das Wachstum von Unkraut und Blumen». Das Skript ergebe sich aus den Folgen elterlicher Anweisungen und vorgelebter Verhaltensmuster sowie aus destruktiven und konstruktiven Grundbotschaften, wobei es gar nicht so einfach sei, aus dem Verhalten von jemandem sowie aus dem dadurch veranlaßten Schicksal herauszuschälen, was auf diese, was auf jene Einflüsse zurückzuführen sei. Berne schreibt von einer Mischung der Skript-Direktiven, aus denen sich ein Programm, gleichsam als Resultate ergebe. Die wichtigsten positiven und negativen Zielbestimmungen [payoffs] eines Skripts interferierten zu einem konkreten Endergebnis [final display], im schlimmsten Fall zum Ausbruch einer Psychose, einem Delirium tremens, einem Selbstunfall, einem Suizid oder einem Mord (Berne 1972, pp. 292–293/S. 338f).

Den Ausdruck «final display», praktisch identisch mit dem Ausdruck «script payoff» [Skriptziel] (Berne 1972, p. 446), entnimmt Berne einer wissenschaftlichen Arbeit über den Vogelzug. Die physiologisch zu betrachtende Hormonkonstellation führe schließlich zusammen mit der Wahrnehmung der verlängerten Nächte zum Vogelzug als dem «final display»! (Berne 1972, p. 297, note 1/S. 516, Anmerkung 13; Hendricks, S.B. 1963).

Aus den Ausführungen von Berne wird nicht klar, wie er sich die Kombination oder Verschmelzung von negativen und positiven «Skriptdirektiven» in ihrer Auswirkung vorstellt, denn es ist denkbar, daß sie sich zum Teil gegenseitig widersprechen (s. a. Skriptmatrix). Es fehlen auch Angaben, wie ein ganzes Skript, als Kombination oder Verschmelzung ja offensichtlich seines Erachtens ein geschlossenes Gebilde, in der psychotherapeutischen Praxis aufgerollt zu werden pflegt, vielleicht, wie die Anlage seines letzterschienenen Buches (1972) nahelegt, durch eine chronologische Entfaltung der Erlebnisgeschichte. Er stellt fest, daß jedes Skript auf drei Fragen Antwort gebe: «Wer bin ich?», «Was tue ich auf dieser Welt?», «Wer sind die andern um mich herum?» (1970, pp. 166–167/S. 142). So könne ein Skript lauten: «Ich bin ein Nichtsnutz! Aus mir wird nie etwas! Die andern Nichtsnutze halten mich am Boden!» oder «Ich bin gescheit! Ich kann das tun, zu dem ich mich entschließe! Andere werden mir dabei behilflich sein!» (James u. Jongeward 1971, pp. 86–87/S. 106) oder «Ich will versuchen, perfekt zu sein, obgleich ich weiß, daß ich nicht gut genug bin, um es den Leuten recht zu machen, und wenn alles schief geht, bringe ich mich um. Im Grunde genommen kümmert sich ohnehin niemand um mich!» (Woollams u. Brown 1978, p. 176).

Nach Steiner ist ein Skript in der Praxis inhaltlich umschrieben, (1.) wenn das Lebensmotto formuliert werden kann *(z.B. «Nie werde ich an etwas Spaß haben!»), (2.) wenn die Einflüsse des Gegenskripts bekannt sind, also die Direktiven der Eltern und der Gesellschaft, die Wohlverhalten erwarten, wozu dann auch die Antreiber gehören *(«Sei immer perfekt!» als vordringlicher, «Gib dir Mühe!» als zweiter Antreiber), (3.) wenn die maßgebenden destruktiven Grundbotschaften (Einschärfungen) und Zuschreibungen offen liegen *(«Sei nicht wichtig!» und/oder «Er war schon immer ein schüchterner und bescheidener Junge!»), (4.) wenn die Anleitung oder das nachgeahmte Beispiel bekannt ist, nämlich inwiefern ich von einem Elternteil gelernt habe, wie ich mich verhalten muß, um gemäß der destruktiven Grundbotschaften zu leben; (5.) wenn bekannt ist, was für manipulative Spiele ich bevorzugt spiele, um zu den Lieblingsgefühlen und Lieblingsüberzeugungen zu gelangen, die ich ohnehin kennen muß, um mir auch bewußt zu werden, was für eine Art Rabattmarken ich sammle; (6.) auf welche Themen ich bei unverbindlichen Unterhaltungen zuzusteuern pflege; (7.) wenn mir der Aushänger bewußt ist, mit dem ich andern zu begegnen pflege; (8.) wenn ich durchschaue, auf was für ein banales oder tragisches Skriptziel ich zusteuere (frei und ergänzt nach Steiner 1967a). Steiner legt zudem Wert auf die Identifikation mit den Skripthelden, einem Vorbild aus der leibhaftigen Umwelt oder der Geschichte, der mir mein Lebensmotto vorlebt (s. S. XX).

In der transaktionsanalytischen Praxis werden nicht alle heute noch wirksamen Prägungen aus der Kindheit aufgedeckt, sondern nur solche mit einer in der Gegenwart aktuellen einschränkenden oder gar destruktiven Wirkung auf das Erleben, das Verhalten und die Beziehungsfähigkeit. Dabei geht es, wie ganz im Sinn der individualpsychologischen Betrachtungsweise von Alfred Adler gesagt werden kann, um einschränkende oder destruktive Lebensleitlinien. Um solche handelt es sich z. B. bei den Skriptmodellen von Berne (s. S. 235ff) und Steiner (s. S. 240f).

Bei der praktischen Skriptanalyse richtet sich die Aufmerksamkeit des Therapeuten und Patienten in den einzelnen Sitzungen im allgemeinen nur auf bestimmte umschriebene einschränkende Skriptgebote und Skriptverbote, auch Skriptthemen zu nennen. Deswegen ist die transaktionsanalytische Therapie eine *Fokaltherapie*. Für M. u. R. Goulding hat z.B. jemand eine Neuentscheidung getroffen, wenn er erstmals nach Jahrzehnten wieder zu weinen wagt (1978). Damit hat er einen Antreiber durchbrochen («Sei stark!») und/oder eine destruktive Grundbotschaft aufgelöst («Hab keine Gefühle!»). Aus der ehemaligen Entscheidung – nach dem Ehepaar Goulding ursprünglich von der kleinkindlichen «Erwachsenenperson» getroffen – wird die Neuentscheidung: «Ich darf weinen!» (zum Begriff der *Skriptentscheidung* s. S. 226ff, zum Begriff *Neuentscheidung* s. S. 346ff).

9.22 Der Skriptzirkel («Racket-System») nach Erskine u. Zalcman

Unter dem Titel Racket-System, welcher dem Wort «Racket» völlig unnötigerweise eine wieder andere Bedeutung gibt (s. S. 134f), haben Erskine u. Zalcman (1979) eine Aufstellung veröffentlicht, die besser als Skript-System zu bezeichnen ist (Erskine 1980b). Ich spreche von *Skriptzirkel*. Die Autoren verstehen darunter ein sich selbst verstärkendes System von Erlebens- und Verhaltensweisen, das dazu verhilft, daß ein Leben unter Skriptdirektiven aufrechterhalten wird.

Die Autoren haben die skriptbedingten Erlebens-und Verhaltensweisen in drei Kategorien aufgeteilt: (1.) *Skriptüberzeugungen*: Was die Autoren als Skriptüberzeugungen [Script Beliefs] bezeichnen, entspricht dem, was ich Lieblingsüberzeugungen nenne (s. S. 144f). Die Autoren unterteilen diese in Überzeugungen, die mich selbst betreffen («Ich bin ...»), in solche, welche die anderen betreffen, besonders, insofern sie in Beziehung zu mir stehen, («Die anderen sind ...») und schließlich die Bewertung der Welt und des Lebens als Ganzem («Das Leben ist . . .»). (2.) *Auswirkungen im Alltag:* Beobachtbare Verhaltensweisen, die allgemeine Befindlichkeit, einschließlich Körperempfindungen, und *allfällige* körperliche (psychosomatische) Störungen sowie schließlich skriptentsprechende oder kompensatorische (psychoanalytisch: reaktionsbildende) Phantasien. (3.) *Skriptbestätigende Erinnerungen und Erfahrungen:* Wahre oder eingebildete Erinnerungen in einer Auswahl, welche die Skriptüberzeugungen bestätigen. Es kann dies mit dem Sammeln von Rabattmarken einhergehen. Erinnerungen, die den Skriptüberzeugungen widersprechen, werden meistens «ausgeblendet» oder in ihrer Bedeutung abgewertet: «Einmal ist kein Mal», «Die Ausnahme bestätigt die Regel» u.ä. *Die wichtigste Erkenntnis der Autoren ist nun, daß die drei Kategorien von Erlebens- und Verhaltensweisen sich gegenseitig bestätigen und verstärken. Meine Art der kreisförmigen Darstellung veranschaulicht die Zusammenhänge noch besser als die Originaltabellen der Autoren. Zudem zeichne ich auch einen Pfeil von den Skriptüberzeugungen zu den Erinnerungen und Erfahrungen ein, da die Überzeugungen Erinnerungen und Erfahrungen auswählen und auslegen. Die Autoren erwähnen (4.) bei der Skriptentscheidung verdrängte Gefühle oder verdrängte Bedürfnisse und Gefühle:* Zuerst führten die Autoren als verdrängte Gefühle meistens Ärger oder Wut an, die, wenn durch eine Situation «angeschlagen», die Skriptüberzeugungen verstärken würden. Die Vertretung der Skriptüberzeugungen würden umgekehrt diese (verdrängten!) Gefühle verstärken *(?). Trotz Umfragen bei den Transaktionsanalytikern, die das «Racket-System» verwenden, aber auch mündlichen Erläuterungen von Zalcman mir persönlich gegenüber blieb für mich immer eine Unklarheit zurück. Erskine u. Moursund schreiben nicht nur von verdrängten Gefühlen, sondern damit auch von verdrängten Bedürfnissen. Auf der Tabelle ist *meine Deutung*, um was für Gefühle und Bedürfnisse es sich bei meinem Beispiel handeln könnte.

Es leuchtet mir ein, daß mit einer Entscheidung zu einer Skriptüberzeugung Bedürfnisse und Gefühle verdrängt werden. Wenn der früher so zärtliche und geliebte Vater, nun zum Alkoholiker geworden, die Mutter schlägt, fällt die kleine Rita, Zeuge dieser Szene, die Entscheidung zur Überzeugung, der Vater, später erweitert auf alle Männer, ist ein Scheusal. Später provoziert sie die Männer dazu, sich als brutale Kerle zu gebärden, damit ihre Skriptüberzeugung bestätigt wird, ein immer wieder erneut inszeniertes, echtes manipulatives Spiel (Berne 1966b, pp. 264–265). Bei der Skriptentscheidung der kleinen Rita wäre nach meiner Betrachtungsweise das Bedürfnis, das mit der Skiptentscheidung verdrängt wurde, die *Sehnsucht nach einem liebenden Vater*, wie sie ihren Vater tatsächlich früher erlebt hatte. Damit wurden aber nach meinem Verständnis nicht Ärger und Wut verdrängt über die Tatsache, daß diese Sehnsucht nicht mehr erfüllt wird, wie Erskine und seine Mitarbeiter wohl sagen würden, vielmehr werden Wut und Ärger durchaus als Spielgewinn *gelebt*, wenn Rita jeweils Männer so reizt, daß sie brutal werden. Es sind vielmehr *Enttäuschung und Traurigkeit*, die verdrängt sind. Jede Provokation von Männern durch die Verführung zu einem Spiel, dessen Ergebnis die Skriptüberzeugung bestätigen soll, ist meiner Erfahrung nach von der «unbewußten» Sehnsucht getragen, daß es einmal ganz anders sein könnte. Es besteht sozusagen ein Widerstreit zwischen der Sehnsucht nach einer liebenden Zuwendung durch einen Mann und Widerlegung der Skriptüberzeugung und dem Bestreben, die Skriptüberzeugung zu bestätigen. Jeder erfahrene Psychotherapeut weiß, daß dieser Widerstreit seltsame Blüten treiben kann:

Ich stelle mir vor, wie Rita immer andere Männer kennenlernt. Wie «vom Teufel gestochen» kann sie einen solchen immer wieder neu provozieren, wenn er sich nicht aus der Ruhe bringen lassen sollte. Nach Berne ergreift jemanden Verzweiflung, wenn der Gegenüber nicht auf seine Spiele eingeht. Manchmal wirft sich vielleicht Rita in spontaner Aufwallung einem Mann um den Hals, ohne zu prüfen, ob er dessen wert ist und muß dann erkennen, daß sie sich «gerirrt» hat, was dann wieder die Skriptüberzeugung verstärkend bestätigt. Vielleicht kommt es doch einmal zu einer gegenseitigen Zuneigung. Die Beziehung wird aber von Zeit zu Zeit durch einen «Dämon» in Rita immer wieder gefährdet: «Er meint es eben doch nicht so, wie er tut!», «Er will meine Liebe nur zu egoistischen Zwecken, nämlich weil er geliebt werden will» oder noch grotesker: «Er liebt mich nur, weil es ihm ein Bedürfnis ist!».

Das ist meine Sicht von bei der Skriptentscheidung «verdrängten Bedürfnissen und Gefühlen», die sich aus meinen Erfahrungen, besonders aus der Paartherapie, ergibt.

Beispiel zum Skriptzirkel:

In der frühen Kindheit als Mädchen abgelehnt (destruktive Grundbotschaft: «Sei kein Mädchen!»). Fand aber durch ausgesprochen, sogenanntes jungenhaften Benehmen doch Anerkennung bei den Eltern.

Skriptzirkel

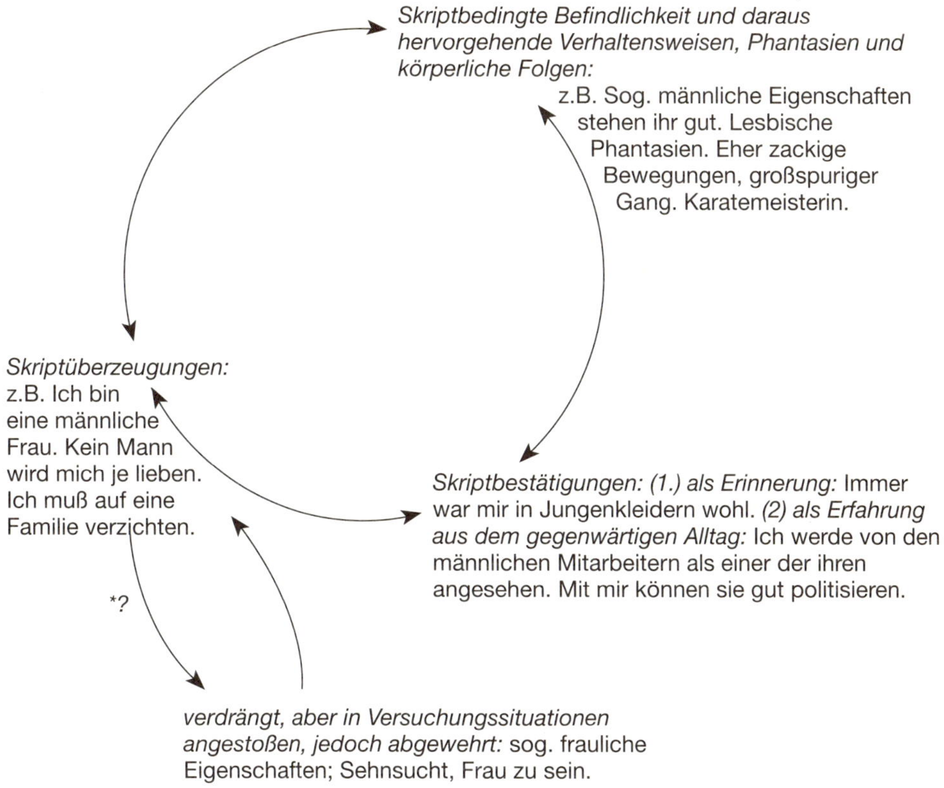

Abb. 40

Eine Therapie kann bei offengelegtem Skriptzirkel bei irgendeiner dieser drei Kategorien ansetzen: Durch eine Skriptanalyse kann durch Aufdeckung der Entstehung der Skriptüberzeugungen aus der Erlebnisgeschichte eine innere Distanz (statt Identifikation) zu ihnen gelegt werden. Die Skript-Überzeugungen können nach weiterer «Durcharbeit» dann z.B. therapeutisch entschärft oder aufgehoben, mindestens vorerst erschüttert werden durch Neuentscheidungen (s. S. 346ff) oder Erlaubnisse (s. S. 337ff). Verhaltensweisen im Alltag können z.B. mit dem Wagnis des Übens gegenteiligen Verhaltens, ohne daß es zu einer Katastrophe kommt, zu verwandelnder Einsicht führen. Das wäre ein kognitives Verfahren, das, allein anzuwenden, einen Patienten mit einer schweren Neurose meistens überfordert. Skriptbestätigende Erinnerungen und Erfahrungen können durch Offenlegung auch anderer Erinnerungen und Erfahrungen, die sich immer finden, ausgeglichen werden. Es geschieht dies typisch transaktionsanalytisch durch eine Kombination kognitiven und skriptanalytischen Vorgehens.

10. Die Transaktionale Analyse als Therapie

10.1 «Ortsbestimmung» der Transaktionalen Analyse auf dem Gebiet der Psychotherapie

Viele der in diesem Kapitel besprochenen Überlegungen und Denkmodelle bieten Anregungen für jede psychotherapeutische und nicht nur für die transaktionsanalytische Praxis!.

Unter *Psychotherapie im weitesten Sinn* verstehe ich eine *Behandlung durch Vermittlung oder Anregung verwandelnder Erlebnisse mit klarer Aufgabe, klarer Methode und sachlich abgestecktem Ziel* (Schlegel 1993). *Einsicht* wirkt nur, wenn sie emotional zum Erlebnis wird oder Folge eines Erlebnisses ist. Die Methodik einer Psychotherapie sagt aus, *wie* es zu verwandelnden Erlebnissen kommt, durch kognitive Verarbeitung, durch analytische Deutungen, durch Musik, durch Tanz usw.

Die Psychotherapie kann *problemorientiert* sein, verändert aber auch dann, wenn sie mehr ist als eine einfache Beratung, die Persönlichkeit. Die Psychotherapie kann aber auch von vornherein eine *Neuorientierung der Persönlichkeit* anstreben wie die «klassische» Psychoanalyse. Die Transaktionale Analyse gilt wegen der Wichtigkeit, die dem Abschluß von Verträgen zugemessen wird, als problemorientiert. Schreitet eine längere oder wiederholte Behandlung aber von Problem zu Problem fort, kommt sie einer *«fraktionierten persönlichkeitsorientierten Psychotherapie» gleich. Manche Transaktionsanalytiker fassen sie aber, auch wenn die Bearbeitung eines Problems im Mittelpunkt steht, als persönlichkeitsorientiert auf und fragen den Patienten zuerst: «Was wollen Sie an sich verändern?» Die Vorstellung dessen, was in der Transaktionalen Analyse als «Autonomie» bezeichnet wird und was ich Leitziel nenne (s. S. 317ff), schwebt mindestens dem Therapeuten immer vor Augen, auch wenn er den Patienten nur zur Lösung eines aktuellen Problems begleiten will.

Berne hat klar zwei verschiedene Vorgehensweisen voneinander unterschieden: Die *Emanzipation einer von Trübungen befreiten «Erwachsenenperson»* einerseits, die *Skriptanalyse*, oft folgend, andererseits. Das Verfahren, das dem ersterwähnten Ziel dient, entspricht weitgehend der *kognitiven Therapie*, die Skriptanalyse wird von Berne selbst der *tiefenpsychologisch-analytisch fundierten Psychotherapie* zugezählt.

Sogenannte kognitive Verfahren bleiben in der Gegenwart und bestehen, sehr vereinfach gesagt, in einem einfachen Umlernen aus Einsicht; tiefenpsychologische Verfahren führen den Patienten in seine Vergangenheit zurück, aus der sich die gegenwärtigen Erlebens- und Verhaltensweisen ergeben haben, um durch emotional bedingte Aha-Erlebnisse zu einer Verwandlung der Persönlichkeit zu führen *(was natürlich theroretisch auch als «Umlernen» in einem weiteren Sinn bezeichnet werden könnte – Heigl u. Triebel 1977).

1. *Kognitiv orientierte Verfahren* leiten den Patienten dazu an, aus seinen Auseinandersetzungen mit der Realität zu lernen und sein Verhalten bewußt zu modifizieren. Diese Verfahren umfassen auch Belehrungen im Sinne von Informationen über die Realität, nicht von Ratschlägen, aber immerhin Aufzeigen von Problemlösungsstrategien. Insofern spricht Berne gerne von *aktionistischer Therapie* (1961, pp. 110, 151), weil der Pa-

tient aufgefordert werde, zu handeln, oder sogar von *aktionistisch-rationaler Therapie* (1961, p. 1). *Es geht um die gemeinsam mit dem Patienten entwickelte Aufklärung psychologischer Zusammenhänge und Hinweise, wie die neue Einsicht im Alltag fruchtbar gemacht werden kann und um die Empfehlung von Verhaltensmodifikationen.

Die *Emanzipation einer von Trübungen befreiten «Erwachsenenperson»* geschieht in der Transaktionalen Analyse durch ein Erspüren und Erkennen des inneren «Kindes» und der inneren «Elternperson» und ihrer Absetzung von der «Erwachsenenperson». In der *kognitiven Psychotherapie* nach Ellis und später A. Beck werden im selben Sinn unrealistische Überzeugungen oder «automatische» Gedanken aufgedeckt, unter denen ein Transaktionsanalytiker solche, die in der «Elternperson» und solche, die im «Kind» wurzeln, voneinander unterscheiden würde, letztere oft weniger Gedanken als Vorstellungen und Bilder. In der *kognitiven Verhaltenstherapie* geht es vor allem um das Aufzeigen von *(vorbewußten) Gedanken, Gefühlen und Urteilen in kritischen Situationen, aus denen sich dann das gegebenenfalls dysfunktionelle Erleben und Verhalten ergibt. In der Transaktionalen Analyse wird der Patient ganz entsprechend dazu angehalten, auf die «Stimme» seiner «Elternperson» zu hören und auf die Emotionen und bildlichen Vorstellungen seines «Kindes» zu achten, um sich klar zu werden, mit was für Vorannahmen er an die innerlichen und äußeren Ereignisse herangeht. Damit wäre bereits die «Erwachsenenperson» des Patienten aktiviert.

Den Patienten zu lehren, wohlwollender mit sich selber umzugehen, sowie Maßnahmen zur Verbesserung seines Selbstwertgefühls ergänzen die ohne Vollständigkeit erwähnten der kognitiven Verfahren.

2. Die *analytisch-tiefenpsychologischen Verfahren* beziehen die Erlebnisgeschichte des Patienten mit ein, indem sie Prägungen in der frühen Kindheit des Patienten aufspüren, die seine Erlebens- und Verhaltensweise auch noch in der Gegenwart bestimmen und nicht realitätsgerecht sind, vor allem auch die bewußte Entscheidungsfähigkeit des Patienten einschränken. Nach Berne sollen dabei «Verwirrungen» des «Kindes» durch frühkindliche unerledigte Konflikte behoben werden. Daß es sich bei frühkindlichen Prägungen, die gegenwärtige Erlebens- und Verhaltensweisen bedingen, an denen der Patient leidet, um Konflikte handelt, ergibt sich im Rahmen der Transaktionalen Analyse am klarsten aus den Ausführungen von M.u.R. Goulding über *Blockierungen* oder *Sackgassen* (s. S. 349). Im Mittelpunkt der tiefenpsychologisch fundierten Verfahren im Rahmen der Transaktionalen Analyse stehen besondere, praktisch bewährte Modellvorstellungen, z.B. die Formulierung frühkindlicher Prägungen als *Botschaften* und die Vorstellung des *Skripts*. Unter den *Skriptbotschaften* spielen heute die *Antreiber* nach Kahler und die *destruktiven Grundbotschaften* nach Campos und Goulding eine ganz besondere Rolle.

Die Annahme ist falsch, daß in der *tiefenpsychologisch-analytisch fundierten Psychotherapie* und der mit ihr vergleichbaren *Skriptanalyse* die Aufarbeitung der Vergangenheit Selbstzweck ist. Die Aufdeckung der erlebnisgeschichtlichen Wurzeln einschränkender Erlebens- und Verhaltensweisen ermöglicht vielmehr eine Distanzierung von diesen und eröffnet dadurch eine Neuorientierung. Ausgangspunkt und Endpunkt ist immer die Gegenwart. Das gilt übrigens auch für die «klassische» Psychoanalyse!

Tiefenpsychologische Verfahren werden mit Recht als «aufdeckend» gekennzeichnet. Es würde aber nicht zutreffen, wenn kognitive Verfahren, wie sie hier gemeint sind, im Gegensatz dazu «zudeckend» genannt würden. Damit stünden sie in einem unversöhnlichen Widerspruch zu ersteren. Sie sind vielmehr ebenfalls «aufdeckend», decken aber nur oberflächliche Schichten auf und nicht für das Erleben und Verhalten in der Gegenwart verantwortliche Kindheitserlebnisse.

Eine Patientin litt unter einer plötzlich aufgetretenen depressiven Verstimmung. Es stellte sich heraus, daß dieser ein mehrstündiges Unbehagen vorangegangen war. Dieses Unbehagen hatte begonnen, als die Patientin den Besuch bei ihrer alten Mutter gleich nach Eintreffen hatte abbrechen müssen, nachdem sie erfahren hatte, daß ihr Mann zu Hause verunglückt war. Bedauernd verabschiedete sie sich von der ungehaltenen Mutter. Auf der Fahrt nach Hause trat das Unbehagen auf, dann die depressive Verstimmung. Die kognitive Erörterung der Situation nach Ellis und A. Beck ließ darauf schließen, daß ihr beim Verlassen der Mutter der Satz durch den Kopf gegangen war: «Da sieht man's wieder: Du bist rücksichtslos!» Nach Ellis und Beck wäre dieser Satz der eigentliche Auslöser der Depression. Damit wurde durchaus etwas aufgedeckt. Nach den Regeln der kognitiven Psychotherapie geht es darum, die Überzeugung, rücksichtslos gehandelt zu haben, zu überprüfen und falls es sich um eine irreale Überzeugung handelt in Frage zustellen. Es stellte sich heraus, daß oft etwas, was für andere als rücksichtslos empfunden werden könnte, in Kauf genommen werden muß, um auf einer andere Seite Rücksicht walten zu lassen. Die Entscheidung der Patientin, den Besuch bei der Mutter abzubrechen, war offensichtlich nach gesundem Menschenverstand gerechtfertigt gewesen. Es stellte sich überdies heraus, daß die Patientin hin und wieder depressiven Verstimmungen verfiel, und eine nähere Besinnung ergab, daß es sich um vergleichbare Situationen zu handeln pflegte, welche sie auslösten.

Der kognitiv arbeitende Psychotherapeut versuchte durch Diskussion mit dem Patienten eine Formel zu finden, mit der dieser im Selbstgespräch solche Situationen in Zukunft wird bewältigen können. Meistens braucht es dazu Übung und weiteren Kontakt mit dem Psychotherapeuten, manchmal noch weitere Maßnahmen wie ein Selbstsicherheitstraining und ähnliches.

Eine tiefenpsychologische Behandlung setzt bei der Frage an, wie es dazu komme, daß gerade bei diesem Patienten solche «irrationalen Überzeugungen» oder «automatischen Gedanken» auftreten. Was steckt erlebnisgeschichtlich dahinter? Diese Frage muß insbesondere gestellt werden, wenn die rein kognitive Bearbeitung der Symptome zu keinem bleibenden Erfolg führt. In diesem Fall stellte sich heraus, daß die Patientin als Kind von den Eltern immer dann als rücksichtslos gescholten und manchmal auch bestraft wurde, wenn sie selbständige Regungen gezeigt hatte, so bereits im Vorschulalter, dann auch im Schulalter und in der Pubertät. Sie verfiel dem Antreiber «Sei immer und zu jedermann liebenswürdig!» (s. S. 207).

Es gibt verschiedene Wege, wie es zu solchen «aufdeckenden» Erkenntnissen kommen kann. Berne hatte z.B. manchmal auch die aus der «klassischen» Psychoanalyse bekannte Methode der freien Einfälle während seiner Art analytischer Psychotherapie (Skriptanalyse) angewandt. Er betrachtete sie als eine Methode, das «Kind» zum Sprechen zu bringen. Andere Möglichkeiten werden wir im folgenden kennen lernen. *Wichtig ist in diesem Zusammenhang allein, daß sich eine tiefenpsychologisch fundierte Behandlung gegebenenfalls ohne weiteres und ohne Widerspruch an eine kognitive Psychotherapie oder einen Versuch zu einer solchen anschließen läßt.*

Es ist eine Besonderheit der Transaktionalen Analyse, daß die Modelle der Ich-Zustände oder inneren Personen und alle anderen Modelle einen sozusagen nahtlosen Übergang von einer kognitiven Therapie zu einer tiefenpsychologisch fundierten Psychotherapie in der Form der Skriptanalyse gestatten, wenn eine solche nötig sein sollte, und sogar in der Praxis eine Verquickung kognitiver und tiefenpsychologisch-analytischer Vorgehensweisen ohne «Modellwechsel» ermöglichen.

In der Transaktionalen Analyse werden diese Verfahren zudem durch eine bewußt eingesetzte korrigierende emotionale Erfahrung und durch die direkte Konfrontation von vermeidendem Verhalten («Passivitätsyndrom») sowie schließlich, wenn zwischenmenschliche Beziehungen dauernd oder zeitweise im Mittelpunkt stehen, durch kommunikationspsychologische und kommunikationstherapeutische Verfahren erweitert.

10.2 Begegnung zwischen Therapeut und Patient

Der Psychotherapeut erhält vom Beginn der Behandlung an (genau besehen bereits bei der Anmeldung, von der ich hier absehen will), eine Menge wichtiger Informationen über den Patienten, vor allem auch solche, die er nur aus Beobachtungen erschließt, nämlich durch die Gangart, die Gebärden, die Mimik, den Klang der Stimme. *Was spricht er für einen Dialekt: Eher denjenigen der Mutter oder des Vaters? oder denjenigen, in dem er sich ausdrückt, wenn er sich mit seinen Schulkameraden unterhält?. Spricht er eher viel, spricht er eher wenig? Möchte er, daß ihn der Therapeut fragt oder möchte er von sich aus berichten? Stellt er gleich das heraus, was ihn das Wesentliche dünkt oder spricht er darum herum wie um einen heißen Brei? Diejenigen Informationen, in denen sich seine Erwartungen und Gefühle gegenüber dem Psychotherapeuten ausdrückt, sind vorerst die wichtigsten (Louis 1985).

10.2.1 Die Werthaltung des Therapeuten

Die Transaktionale Analyse gibt ehrlicherweise nicht vor, wertfrei zu arbeiten. Es ergibt sich dies ohne weiteres aus den Ausführungen über Gewinner und Verlierer, über die Grundeinstellung, über die manipulativen Verhaltensweisen, über die Befangenheit im Lebensplan oder Skript und aus anderen Themen. *Besonders aufschlußreich zu diesem Punkt dürften die Ausführungen von James u. Jongeward zur Charakterisierung eines Gewinners sein (S. 121f) und meine Ausführungen zum Leitziel (S. 371ff).*

Bei seinen Ausführungen über die «Erwachsenenperson» einer integrierten Persönlichkeit (s. S. 47) stellt Berne dar, wie er sich idealtypisch einen gesunden und reifen Menschen vorstellt, nämlich als jemanden, der den anziehenden Charme und die mitmenschliche Interessiertheit [responsiveness] eines Kindes mit persönlichem Mut, Redlichkeit, Loyalität und Zuverlässigkeit sowie der Fähigkeit zu sachlichem Urteil verbindet (1961, pp. 211–212). Allerdings sei es nicht leicht, diese Werte einem Patienten gegenüber zugleich mit der in jedem Fall notwendigen wohlwollenden und akzeptierenden Haltung zu vertreten (1966b, pp. 97–98), dürfen doch diese Werte keinesfalls dem Patienten als Normen aus der kritischen «Elternperson» aufgedrängt werden.

Berne betonte ausdrücklich, daß die Transaktionale Analyse und damit auch die Skriptanalyse weder zur Soziologie noch zur Sozialpsychologie zu rechnen sei, sondern zur *Sozialpsychiatrie*. Er nannte auch die Seminare, die er 1958 begründete, um seinem Gedankengut Verbreitung zu verschaffen, *Sozialpsychiatrische Seminare*. Unter Sozialpsychiatrie verstand Berne *die Erforschung und Behebung von Beziehungsstörungen*, wozu er auch die Aufklärung ihrer erlebnisgeschichtlichen Hintergründe rechnete (1961, pp.XII, 75–139; 1963, p. 176/S. 192, p. 233/S. 255, p. 244/S. 266, p. 327/nicht übersetzt; 1964b, p. 51/S. 62, p. 52/S. 63). Die Aussage, daß die Transaktionale Analyse zur Sozialpsychiatrie gehöre, wie Berne diese auffaßte, zeigt, wie sehr ihm an der mitmenschlichen Beziehungsfähigkeit gelegen war.

Erst im selben Jahr, als Berne seine sozialpsychiatrischen Seminare eröffnete (1958), wurde durch die Weltgesundheitsorganisation definiert, was heute unter Sozialpsychiatrie verstanden wird, nämlich Maßnahmen, um die soziale Eingliederung bei Menschen, die von einer seelischen Störung bedroht oder befallen sind, aufrechtzuerhalten oder herzustellen.

Ergänzend füge ich bei, daß Berne an einer Stelle seines Werks eine «so offene und echte Beziehung zwischen den affektiven und kognitiven Teilen der Persönlichkeit wie irgend möglich» als Ziel einer Transaktionalen Analyse bezeichnet (1966b, p.216). Er schreibt auch davon, daß das Ziel in einer Verwandlung von Fröschen, wie er Verlierer nennt, in Prinzen und Prinzessinen, also in Gewinner, bestehe, die ihr Skript abgeworfen hätten (1972, p.37/S.55). Gewisse Transaktionsanalytiker stellen das Erreichen einer stabilen Grundeinstellung «Ich bin O.K., du bist O.K.» in den Vordergrund (Novey 1980).

10.2.2 Die vom Therapeuten einzusetzenden Ich-Zustände

Wir können uns vorstellen, daß bei einem Gespräch zwischen Therapeut und Patient sich je drei Ich-Zustände gegenübersitzen. Vielleicht ist auf Seiten des Therapeuten ein Vater, der vorschnell Werturteile fällt, eine grundsätzlich mißtrauische Mutter und ein kleiner Junge, der möglicherweise das, was der Patient erzählt ganz amüsant findet, vielleicht aber auch nichts lieber möchte, als draußen in der Sonne zu spielen; vielleicht ist auf Seiten des Patienten ein Vater, der ihn herabsetzend behandelt oder gar beschimpft, weil er sich gestattet hat, einen Psychotherapeuten aufzusuchen, wo doch der Heiland der einzige wahre Arzt ist, eine Mutter, die alles nicht so schlimm findet und schließlich möglicherweise zugleich ein kleines Kind, das verwirrt und resigniert vor sich hin weint. Beide, Therapeut und Patient, erleben sich aber möglicherweise in je ihrer «Erwachsenenperson», d.h. unterhalten sich vordergründig durchaus sachlich. Viele Mißverständnisse bei einem solchen Gespräch könnten nach Berne aufgeklärt werden, wenn dies alles bedacht würde (angeregt durch Berne 1961, p.260).

Wir können uns vorstellen, daß gleich in der ersten Sitzung einer Paartherapie der eine Ehepartner sagt: «Ich weiß wohl: Eigentlich sollten wir selbst und ohne Hilfe mit unseren Problemen fertig werden!» Es ist seine «Elternperson», die aus ihm spricht. Stelle ich als Therapeut diese Ansicht nicht gleich richtig, d.h. kennzeichne sie als elternhaft, so kann es vorkommen, daß der Betreffende, kaum ist er nicht mehr so verzweifelt und eine kleine Besserung in der Beziehung eingetreten, die Therapie unvermittelt abbricht.

Nach Berne ist am Anfang einer jeden Therapie die Emanzipation der «Erwachsenenperson» des Patienten wichtig (s.S.77). Darum soll der Therapeut seine Patienten vorzugsweise aus seiner «Erwachsenenperson» ansprechen. Berne bezeichnet dieses Vorgehen an einer Stelle seines Werks als eine entscheidende Bedingung einer erfolgreichen Behandlung. Es hat dies zur Folge, daß es vorerst häufig zu Transaktionen mit unstimmigen oder disparaten («überkreuzten») Botschaften kommt, da der Patient, der den Therapeuten als Autorität betrachtet und allein ihm auch die Verantwortung für den Erfolg der Behandlung zuschreiben möchte, diesen immer wieder einlade, seine «Elternperson» einzusetzen (Berne 1972, p.374/S.424). Hinsichtlich des Einsatzes seiner «Erwachsenenperson» ist der Therapeut gleichsam ein Vorbild, wenn auch der Patient das, was der Therapeut äußert, vorerst immer wieder elternhaft auffassen mag, bis er schließlich lernt, was eine erwachsene Haltung ist und diese dann vom Therapeuten übernimmt (Berne 1962a).

Solange der Therapeut dem Patienten gegenüber in einer Erwachsenenhaltung bleibt, ist er auch nicht spielanfällig und nimmt den Einladungen des Patienten zu manipulativen Spielen fortlaufend den Wind aus den Segeln (Berne 1961, p. 174). Durch eine Unterhaltung auf der Ebene der «Erwachsenenpersonen» zeigt der Therapeut auch, daß er den Patienten als ebenbürtigen Partner anerkennt, eine wesentliche Forderung der Transaktionalen Analyse.

Wichtig ist allerdings, daß das alles nicht heißt, daß der Therapeut innerlich seine «Elternperson» und sein «Kind» außer Funktion setzt. Sie «hören zu» und beeinflussen seine «Erwachsenenperson». Er unterstellt seine Behandlung überprüften ethischen Grundsätzen und läßt seinen kleinen Pfiffikus mit seinen naiv intuitiven und kreativen, vielleicht sogar mit seinen naiv manipulativen Fähigkeiten unter Kontrolle durch die «Erwachsenenperson» mitwirken.

Bei Patienten, die keine Eltern hatten, die wirklich als Eltern wirksam waren, oder bei solchen, die ihre Eltern früh verloren haben, oder bei solchen, die immer in Heime abgeschoben worden sind, muß der Therapeut nach Berne zuerst eine Art Zuflucht darstellen. Er muß einfach einmal für diese Patienten da sein, die sozusagen an einem «Eltern-Hunger» (Berne 1966a) leiden. Ein solcher Patient muß vorerst Gelegenheit haben, Spiele zu spielen, um seine Ängste zu verbergen und seine Depressionen zu mildern. Der Therapeut muß in einer Elternrolle ermutigen und vergeben, «Bußen» auferlegen und «Bonbons» verteilen, damit der Patient überhaupt diese menschlichen Beziehungsmöglichkeiten erfahren kann. Es ist dies eine Methode, um an ein einsames «Kind» heranzukommen (Berne 1972, p. 356/S. 402). Ebenfalls nimmt der Therapeut sinnvollerweise zuerst eine elterliche Haltung ein, wenn schizoide Elemente das «Kind» des Patienten auszeichnen (Berne 1961, p. 165) oder wenn der Patient gar von einem verwirrten schizoiden «Kind» beherrscht wird (Berne 1972, p. 356/S. 402). Die Ermöglichung einer positiven Übertragung (s.u.) ist wichtig (Berne 1961, p. 170). Ein solcher Patient bedarf vorerst der Hinweise und Ratschläge, wie er sich bequemer in seiner Skriptwelt einrichten und darin leben kann (Berne 1972, p. 356/S. 402). Damit verbindet sich allerdings die Möglichkeit, mit dem Therapeuten auch manipulative Spiele zu spielen, die in der Kindheit vorzeitig, z.B. wegen des Verlustes eines Elternteils, abgebrochen werden mußten. Der Therapeut sollte dazu sehen, daß ein solches Spiel gutartiger ablaufen kann, als es der Patient möglicherweise mit seinen Eltern zu spielen pflegte (Berne 1961, p. 170).

Berne berichtet, daß ein solches Vorgehen z.B. sinnvoll gewesen sei bei einer Patientin, deren Eltern, besonders die Mutter, sie wie Dreck behandelt und jeweils gnadenlos beschämt habe, wenn sie ihre Windeln oder Hosen genäßt oder beschmutzt hatte. Es war zuerst die Aufgabe des Therapeuten, sich so zu verhalten, daß sich die Patientin keinesfalls herabgesetzt erleben konnte, wenn sie von Begebenheiten erzählte, bei denen sie sich schämte. Sie trieb das immer weiter, um das Wohlwollen des Therapeuten abzuschätzen. Als dieser zu deuten begann, erlebte die Patientin dies sofort als Abweisung, jedoch kam er ihr trotzdem nicht in einem Grade übelwollend vor wie seinerzeit ihre Mutter, so daß es doch gelang, sie mehr und mehr vom Druck ihrer herabsetzenden «Elternperson» zu befreien (Berne 1961, pp. 170–171).

Berne beschreibt eine Gruppe, in der er Patienten mit latenter Psychose aufgenommen hatte. Bei einer solchen Gruppe lasse der Therapeut vorerst mit Vorteil seine «Elternperson» zu Wort kommen. Berne erwähnt auch eine Patientin, die er in eine andere Gruppe aufgenommen hatte, in der er eine erwachsene Haltung einnahm, die aber gleichzeitig bei einem Sozialarbeiter in Behandlung war, der ihr in einer wohlwollenden elterlichen Haltung gegenübertrat. Eine solche Zusammenarbeit könne sehr wertvoll sein. Der eine Therapeut analysiere dann mit dem Patienten die Spiele, die er beim andern durchzuführen versuche (Berne 1961, pp. 157–158).

Nach Steiner bedürfen Patienten mit einem banalen Skript, das ihnen ein durchschnittliches Leben ohne individuelle Entfaltung vorschreibt, therapeutische Interventionen von «Erwachsenenperson» zu «Erwachsenenperson», Patienten mit einem tragischen (selbst-)destruktiven Skript jedoch auch Interventionen aus der «Elternperson» oder aus dem «Kind» des Therapeuten (1971, pp. 106–107). Eine Auflockerung der Behandlung durch Scherz und Spaß bedingt, daß der Therapeut auch sein «Kind» einbringt. Da nach meiner Erfahrung jedermann unbewußt auch von destruktiven Leitlinien beeinflußt wird, ist es meines Erachtens sinnvoll, daß der Therapeut mit allen seinen drei Ich-Zuständen an der Behandlung beteiligt ist, wenn auch unter «Vorherrschaft» der «Erwachsenenperson». Zu bedenken ist auch, daß eine Erlaubnis (s. S. 337f) sich immer aus der wohlwollenden «Elternperson» des Therapeuten an das unbefangene «Kind» des Patienten richtet. Überhaupt kann sich das oft verschüttete unbefangene «Kind» des Patienten nur befreien, wenn es vom Wohlwollen des Therapeuten, manchmal auch von dessen eigenem unbefangenen «Kind» angesprochen wird.

Aus den vorangegangenen Ausführungen ergibt sich, wie wichtig es für den Therapeuten ist, über seine verschiedenen Ich-Zustände zu verfügen und gezielt bestimmte Ich-Zustände im Patienten ansprechen zu können, wobei, wie bereits erwähnt, auch zeitweilig unstimmige Transaktionen ihren Sinn haben (vergl. Karpman 1971; s. auch S. 262). Ebenso wichtig ist es, sich bewußt zu sein, daß die Wirkung einer Aussage des Therapeuten nicht nur davon abhängt, wie sie von der «Erwachsenenperson» des Patienten aufgenommen wurde, sondern auch, wie sein «Kind» darauf reagiert hat, auch wenn es nicht direkt angesprochen worden ist (Berne 1957a; 1961, pp. 55, 173).

10.2.3 Das «Retter-Opfer-Spiel» zwischen Therapeut und Patient (s. auch S. 149, 173f)

Zwischen Patient und Therapeut besteht das Verhältnis von Mitarbeitern. Die Verantwortung ist geteilt. Die Therapie darf, wie Steiner betont, nicht in ein Retter-Opfer-Spiel ausarten. Als «Retter» im Sinne eines solchen Spiels muß jeder betrachtet werden, der einem anderen von überlegener Position aus Hilfe leistet und dabei dessen Fähigkeit zur Selbsthilfe entweder völlig übersieht oder zu gering einschätzt. In einer Retter-Rolle befangen ist auch, wer einem anderen Hilfe aufdrängt, die dieser gar nicht verlangt, oder derjenige, der es unterläßt, den, der Hilfe nötig hat, zur Mitarbeit an der Konfliktlösung aufzufordern. Das «Retter-Opfer-Spiel» führt häufig nach einer gewissen Zeit zu Ressentiment-Gefühlen: Beim «Retter», weil sich kein Erfolg einstellt, beim «Opfer», weil es sich gegenüber der ausgespielten Überlegenheit des «Retters» innerlich wehrt, der offensichtlich ein Opfer für sein eigenes Selbstbewußtsein nötig hat. Folgende Regeln verhindern, daß ein Therapeut (oder sonst ein Angehöriger eines helfenden Berufes) in ein solches Spiel verwickelt wird: (1.) Der Therapeut soll nie ohne genaue Abmachung arbeiten, in welcher Beziehung und mit welchem Ziel die Hilfe geleistet werden soll! Ich werde weiter unten unter dem Titel «Behandlungsvertrag» auf diesen Punkt zurückkommen. (2.) Wer helfen will, soll nie voraussetzen, daß der andere völlig hilflos und ohnmächtig sei, es sei denn, er sei wirklich bewußtlos! Die Hilfe besteht im wesentlichen darin, dem anderen zu zeigen, wie und wo er seine eigenen Fähigkeiten einsetzen kann! Der Therapeut soll sich nicht bemühen, mehr als 50% der therapeutischen Arbeit zu leisten; mindestens 50% soll derjenige, dem die Hilfe zukommen soll, selber leisten! (3.) Der

Therapeut soll nicht mehr tun, als er eigentlich tun will! *Ich verstehe diese Regel auch dahin, daß er sich nicht mehr einsetzen soll und nicht mehr Kräfte in seine Arbeit investieren soll, als es ihm, ohne daß er überfordert wird, auf die Dauer möglich ist. (4.) Der Helfer soll jedes Verhalten vermeiden, das ihn in eine überlegene Position bringt! Die einzige Überlegenheit, die er hat und die er auch nicht verleugnen soll, besteht darin, daß er, eine entsprechende Ausbildung und Erfahrung vorausgesetzt, ein Experte für Psychotherapie ist. (5.) Nimmt der Therapeut bei sich selbst gegenüber einem Klienten oder einem Gruppenteilnehmer eine Verärgerung wahr, darf er annehmen, daß er einer zuvor in einer Retter-Rolle an den Patienten herangetreten ist: Entweder wollte er mehr als 50% helfen oder er hat etwas getan, was er eigentlich nicht tun wollte, z.B. den Klienten zu schonen, statt ihm die Realität vor Augen zu führen. (6.) Der Helfer muß sich auch hüten, selbst in eine Opfer-Rolle zu geraten! – Der Therapeut darf nie vergessen, daß niemand ein Spiel mit ihm spielen kann, wenn er nicht mitspielt. Die Fähigkeit eines Therapeuten hängt weitgehend davon ab, inwiefern er es versteht, das Retter-Opfer-Spiel zu vermeiden (Diese Ausführungen über die Vermeidung eines Retter-Opfer-Spiels nach Anregungen von Steiner 1974, pp.286–288). *Wenn ich spüre, daß ich verärgert gegenüber einem Klienten oder Patienten in eine Verfolgerrolle oder resigniert in eine Opferrolle geraten bin, kann ich annehmen, daß ich vorher in einer Retterrolle war.

Wer unbedacht, sozusagen automatisch, um seine Identität aufrechtzuerhalten, im sozialen Bereich eine Retter-Rolle einnimmt, leidet an einem «Helfersyndrom». Nach Schmidbauer (1977) identifiziert er sich mit seinem Über-Ich, transaktionsanalytisch: agiert als «Elternperson», statt daß er seinen Helferwillen in den Dienst seines realitätsorientierten Ichs, transaktionsanalytisch: seiner «Erwachsenenperson», stellt. Schmidbauer stellt fest, daß, wer in einem Helfersyndrom befangen sei, eine Beziehung zu Nicht-Hilfbedürftigen vermeide, da ihm ein *gegenseitiges* Nehmen und Geben zweier eigenständigen Persönlichkeiten fremd sei. Er könne sogar Nicht-Hilfbedürftigen gegenüber aggressiv werden, transaktionsanalytisch: in eine Verfolger-Rolle wechseln.

Steiner betont, daß ein Therapeut, der im Rahmen der Transaktionalen Analyse arbeitet, auch Ratschläge erteilen dürfe. Als Experte dürfe er auch seine Ansichten zu psychologischen Problemen äußern. Hierzu möchte ich präzisierend und vielleicht einschränkend sagen, daß ein Unterschied darin besteht, ob ich als Psychotherapeut einem Patienten Ratschläge zur inhaltlichen Lösung eines Problems gebe oder ihm eine Problemlösungsstrategie empfehle. Ich halte nur das letztere für unbedenklich. Immer wird ein Transaktionsanalytiker den Patienten auf die Realität aufmerksam machen bzw. auf Verzerrungen, unter denen dieser die Realität sieht. Einverstanden bin ich mit Steiner, wenn er meint, daß ein Therapeut, der annimmt, er könne mit einem Patienten arbeiten, ohne eigene Ansichten und Werturteile ins Spiel zu bringen, sich irrt (Steiner 1974, pp.274–276/S.262ff).

10.2.4 Zuwendung («Streicheln») und Vermeidung von «Mißachtung»

Die Zuwendung, die der Therapeut seinem Patienten zukommen läßt, besteht schon in der Beachtung, die er ihm während der Sprechstunde schenkt, weiter darin, daß er sich in dieser Zeit ausschließlich auf ihn konzentriert (wenn er nicht ständig Telefonanrufe entgegenimmt!) und darin, daß er ihn als Person, aber auch seine Bedürfnisse, Empfindungen, Gefühle, Ansichten und Anliegen ernst nimmt. Anzunehmen, jeder Patient müßte noch zusätzlich «gestreichelt» werden, indem ihm nach jedem zweiten Satz gesagt wird, wie recht er habe und wie gut er sich zu artikulieren wisse usw., ist gefährlich, denn es bringt den Patienten, ohne daß es ihm bewußt wird, in Versuchung, mit Vorliebe etwas zu sagen, wovon er annimmt, es gefalle dem Therapeuten. Es schließt dies nicht aus, daß der Therapeut als «Erwachsenenperson» (!) hie und da, ohne zuviel Emotionen hineinzulegen, etwa sagt: «Das leuchtet mir ein!» oder «Ich kann mich gut in Sie einfühlen!» oder «Das klingt für mich sehr verständlich!».

Die Ausführungen von Woollams (1977) über die Möglichkeit der «Mißachtung» des Patienten sind ausgezeichnet: Ich «mißachte» einen Patienten und ermutige sogar noch auf subtile Art und Weise sein skriptbedingtes Verhalten, wenn ich ihn als «eine arme Seele ansehe, die zu schwach ist, um sich zu ändern» oder indem ich ihn nicht aufmerksam mache auf seine weinerliche Stimme oder indem ich ihn frage, ob er erfüllt habe, was er selbst als Übung im Alltag vorgeschlagen hat (!). Der Therapeut «mißachte» einen Patienten, wenn er zulasse, daß dieser eine Frage nicht beantworte, obgleich er sie sicher gehört und verstanden habe. Damit nimmt der Therapeut nicht ernst, was zwischen ihm und dem Patienten geschieht.

Woollams schreibt im selben Zusammenhang auch von Ausblendungen von seiten des Patienten (ohne diesen Vorgang von den beschriebenen «Mißachtungen» grundsätzlich zu unterscheiden – s. S. 115 oben):

Er schreibt davon, daß jemand immer dann, wenn er sich skriptgemäß verhalte, wozu er sich vor Jahren unter ganz anderen äußeren Umständen entschieden habe, die reale Situation ausblende, nämlich falsch einschätze. Derselbe Autor bringt die Ausblendung mit dem Begriff der «Übertragung» in Zusammenhang, denn bei einer solchen lasse sich durchaus sagen, daß dabei der Therapeut unrealistisch eingeschätzt werde. «Du magst mich nicht!» mag der Patient zu seinem Therapeuten sagen, da er in ihm seine verhaßte Mutter erlebt. Wenn der Therapeut dem Patienten dazu verhilft, die Realität zu sehen, wie sie ist, bringt er ihn dazu, im Hier und Jetzt zu leben und damit ihn auch nicht mehr anders zu sehen, als er ist.

10.2.5 Die therapeutische Triade

Angeregt durch eine Arbeit von Pat Crossman (1966) und ihr folgend von Steiner (1968) und schließlich auch Berne (1972, pp. 358–359/S. 405f, pp. 375–376/S. 426f) kennzeichnen die Transaktionsanalytiker die Beziehung zwischen Therapeut und Patient durch drei Begriffe, in englischer Sprache Permission, Protection und Potency – die drei P.

Die *Erlaubnis* [permission] entspricht einer nach Berne entscheidenden Intervention des Therapeuten, mit der dieser gleichsam einer destruktiven prägenden Botschaft eine «Gegenbotschaft» gegenüberstellt. Statt «Sei nicht!» z.B. «Du darfst leben!» Entscheidend ist allerdings, daß der Patient lernt, sich selbst eine solche «Erlaubnis» aus seiner eigenen wohlwollenden «Elternperson» geben, die er allerdings zuerst in sich entdeckt oder sogar erschaffen haben muß, um vom Therapeuten unabhängig zu werden (Holloway 1974). Eine integrierte «Erlaubnis» führt zu einer «Neuentscheidung» (Berne 1972, p. 362/S. 410; R. Goulding 1972 ; M. u. R. Goulding 1979). Auf die Rolle der «Erlaubnis» und den «Aufbau» einer wohlwollenden «Elternperson»« komme ich später zurück.

Mit *ermutigendem Rückhalt* übersetze ich «protection» nach der Bedeutung, welche die für mich maßgebenden Autoren diesem Wort in diesem Zusammenhang geben. Dieser Rückhalt entspricht einem unterstützenden Beistand des Therapeuten, besonders in der Zeit unmittelbar nachdem der Patient eine Neuentscheidung getroffen hat. Es kann dies eine schwierige Zeit sein, während derer der Patient oft von Angst und Panik erfaßt wird, da er sich von lebensfeindlichen und autonomiefeindlichen elterlichen Botschaften befreit hat und entsprechend frei zu entscheiden und zu handeln versucht. Steiner legt Wert darauf, daß der Therapeut in dieser Zeit immer erreichbar ist. Manchmal genüge ein kurzes Telefongespräch mit dem Patienten, um die «Erlaubnis» und die darauf beruhende Neuentscheidung zu verstärken (Steiner 1968; 1971, p. 150; 1974, pp. 314–315/S. 296f; Berne 1972, pp. 358–359/S. 405f, pp. 374–375/S. 425ff).

Was Crossman «protection» [Schutz] nennt, ist die Tatsache, daß der Therapeut mit seiner Persönlichkeit hinter der «Erlaubnis» steht, die er dem Patienten gibt, um die destruktiven Grundbotschaften oder existentiellen Grundannahmen zu entschärfen. Für Berne dient das, was er «protection» nennt, dazu, dem Patienten Sicherheit und Vertrauen zu vermitteln [to reassure] (Berne 1972, p. 359/S. 406), was ohne weiteres in den Begriff «ermutigender Rückhalt» einbezogen werden kann. In der deutschen Übersetzung schreibt der deutschkundige Steiner «Geleitschutz» (1974, S. 294).

Campos schreibt, daß die «protection» darin bestehe, daß der Therapeut den Patienten anleite, sich nicht durch die Verwirklichung neuen Verhaltens im Alltag zu schädigen, z.B. wenn er lernen soll, seinem Ärger Ausdruck zu geben, dies nicht gleich in unangemessener Form seinem beruflichen Vorgesetzten gegenüber zu tun, mit der Folge, daß er entlassen wird (Campos 1987, p. 12). Woollams u. Brown rechnen auch Anordnungen, die einen Patienten davon abhalten, sich und andere zu verletzen, zur «protection» (1978, pp. 202–203). Die deutschsprachigen Transaktionsanalytiker verstehen, wie ich mündlichen Äußerungen entnommen habe, unter protection in diesem Zusammenhang ungefähr die Haltung des Therapeuten, die den Patienten darauf vertrauen läßt, daß er ihn in kritischen Situationen nicht fallen lassen wird. Bei diesen Autoren wäre die wörtliche Übersetzung mit Schutz sinngemäß, aber es handelt sich um einen anderen Akzent, als sowohl bei Crossman wie bei Berne und Steiner.

Als *Überzeugungskraft durch Autorität* übersetze ich «potency». Die Autorität wird dem Therapeuten vom Patienten verliehen. Sie ist notwendig, wenn Erlaubnis und ermutigender Rückhalt wirksam sein sollen. Sie kommt dem Therapeuten aufgrund des Vertrauens zu, das der Patient ihm aufgrund von Empfehlungen oder aufgrund dessen, daß er ihn als kompetent ansieht, schenkt sowie auf Gefühlen und Erwartungen, die mit dem Begriff einer (positiven) Übertragung (s.u.) zusammengefaßt werden können. Das Zugeständnis der Autorität wird erleichtert, wenn der Therapeut Selbstsicherheit und Selbstvertrauen ausstrahlt, die sich sinnvollerweise auf seine beruflichen Fähigkeiten und auf seine berufliche und menschliche Zuständigkeit stützen, wozu auch Verantwortungsgefühl gehört (s. zu den bereits erwähnten Autoren auch Hagehülsmann 1983). Berne schreibt auch von der *suggestive Zuversicht*, die der Therapeut ausstrahlen muß, wenn er eine «Erlaubnis» geben will. Ein zaghafter Therapeut habe ebensowenig Erfolg, wie ein zaghafter Cowboy, der ein wildes Pferd zu bändigen versuche (Berne 1972, p. 376/S. 426).

Die persönliche Autorität und damit Überzeugungskraft eines Therapeuten, die letztlich für seinen Einfluß auf den Patienten maßgebend sind, gehen allerdings nicht immer mit Zuständigkeit und Verantwortungsgefühl einher. Jongeward u. Blackeney (1979) erwähnen den Einfluß oder die Macht, «der (die) den Therapeuten im Leben eines Patienten zukommt, um die negativen Grundgebote, die, ursprünglich von einem Elternteil ausgehend, verinnerlicht worden sind, außer Kraft zu setzen», was mit den Aussagen von Crossman (1966) und Berne (1966c; 1968a, 1972, p. 374/S. 425) übereinstimmt.

Wenn der Therapeut vom «Kind» des Patienten wie ein Zauberer erlebt wird, der dem Patienten die magischen Mittel zur Erreichung seines Zieles überreicht (Berne 1972, p. 349/S. 395), so handelt es sich um eine archetypische Übertragung, wie ich noch weiter ausführen werde. Auf eine Übertragung spielt Berne auch an, wenn er betont, daß eine Patientin, die einen langen Weg auf sich nehme, um den Therapeuten zu treffen und deren «Kind» dabei magische Erwartungen in seine Fähigkeit hege, noch bevor sie ihn gesehen habe, ihm von vornherein «Potenz» im Sinne von Autorität zugestehe (1972, pp. 358–359/S. 405f).

Sowohl Berne wie Steiner rechnen zur «Potency» auch die Fähigkeit des Therapeuten, einen Patienten mit einer Gegebenheit, die er nicht beachtet, vielleicht unterdrückt hat, weil sie ihm unangenehm ist, zu konfrontieren, allenfalls sogar (Steiner) einen gewissen Druck auf ihn auszuüben *(?), damit er seine Widerstände überwinden lernt (Berne 1972, p. 375/S. 426; Steiner 1968b). Um sinnvoll und für den Patienten gewinnreich konfrontieren zu können, ist Voraussetzung, daß der Therapeut für den Patienten Autorität besitzt, wenn wir vom therapeutischen Wissen, der Erfahrung und einer gewissen Entschlossenheit absehen, die auch vor Frustrationen des Patienten nicht zurückschreckt.

10.2.6 Widerstand, Übertragung, Gegenübertragung

Widerstand und *Übertragung* sind zwei Begriffe aus der Psychoanalyse und analytischen Psychotherapie. Sie lassen sich aber ohne weiteres auf praktische Probleme der Transaktionalen Analyse anwenden.

10.2.6.1 Widerstand

Es bestehen Widerstände dagegen, geheilt zu werden. Eine Heilung wird vom Patienten wie eine Gefahr empfunden (Freud 1937, S. 84), *denn er wird seinen Bezugsrahmen ändern müssen, der ihm bis jetzt Sicherheit bei der Auslegung der Ereignisse gegeben hat, von denen er betroffen wurde, wenn auch unter Verkennung der Realität. Unter *Widerstand* in diesem Sinne sind alle Umstände zu verstehen, die einen Patienten von einer positiven Veränderung abhalten. Widerstände gegen eine Veränderung sind verständlich. Der Widerstand ist Ausdruck der nur unklar bewußten Vermutung, der in der Kindheit aufgebaute Bezugsrahmen zur Auslegung der Erfahrungen, mit anderen Worten: das bisherige vertraute und sich selber immer wieder bestätigte Selbst- und Weltbild werde durch die Behandlung bedroht. Ein Therapeut, der die Einhaltung bestimmter Regeln und das Einverständnis mit bestimmten Ansichten als für die heilende Wirkung seiner Behandlung wesentlich ansieht, wird eine Weigerung des Patienten, sich diesen Regeln zu unterziehen oder diese Ansichten zu teilen, als Widerstand auffassen. Nicht nur in der Psychoanalyse, sondern auch in der Transaktionalen Analyse kommt es vor, daß deshalb Zweifel des Patienten an der Wirksamkeit der vom Therapeuten angeordneten Maßnahmen von vornherein als Widerstand betrachtet werden, ohne daß in Betracht gezogen wird, daß ein solcher «Widerstand» auch für einen Patienten subjektiv oder objektiv berechtigt sein könnte. Überhaupt hat jeder Widerstand für einen Patienten seinen Sinn, der aufgedeckt werden sollte und ist nicht eine lästige Unart!

Berne beschäftigt sich immer wieder mit den möglichen Widerständen von Patienten. Komme ein solcher zu einem Therapeuten, so müsse dieser sich darüber im klaren sein, daß sein Patient sich im Grunde genommen weigern werde, ein Gewinner zu werden. Er komme nämlich in Behandlung, um ein tapferer Verlierer zu werden und im Rahmen seines unbewußten Lebensplans bequemer leben zu lernen, mit anderen Worten: nicht um geheilt zu werden, sondern um herauszufinden, wie er ein noch besserer Neurotiker sein könnte. Wenn ein Verlierer zu einem Gewinner werden wolle, müsse er nämlich seinen ganzen Lebensplan oder doch den größten Teil desselben von sich werfen und neu beginnen, wogegen die meisten Leute aber einen ausgesprochenen Widerwillen hätten. Es bestehe ein Widerstand von seiten des «Kindes», weil es Angst habe, allein, verlassen, ohne Schutz von seiner «Elternperson» dazustehen. Diese Angst könne stärker sein als das Leiden an Ängsten, Zwangsvorstellungen und psychosomatischen Symptomen. Viele Patienten würden sich einen Therapeuten wählen, von denen sie annehmen, er sei kein guter oder sogar der schlechteste Therapeut, weil sie einer Heilung, d.h. einer grundsätzlichen Veränderung ausweichen möchten (Berne 1972, p.37/S.55, pp.174–175/S.214, p.175/S.215, unvollständig übersetzt, p.312/S.357f, p.349/S.395, pp.351–352/S.397, unvollständig übersetzt).

Das Behandlungsziel, «bequemer» zu leben, ohne sich ändern zu müssen, ist nach Berne ein solches der «Erwachsenenperson», während das «Kind» auch die Behandlung so gestalten möchte, daß das (negative) Skript bestätigt wird (Berne 1972, p.352/nicht übersetzt). Deshalb wähle ein Patient, der in seinem Lebensplan befangen sei, einen Therapeuten, von dem er voraussetze, daß er in seinen Lebensplan paße. Dabei spiele das Alter und das Geschlecht des Therapeuten eine Rolle, auch die Vermutung, ob er wohl als Verführer oder zu Verführender «mitzuspielen» geeignet sei. Rebellische Patienten wählten häufig einen Therapeuten, von dem sie annehmen würden, er habe ebenfalls eine rebellische Einstellung. Auch wenn ein Patient einem Therapeuten zugewiesen werde, werde er allsogleich versuchen, ihn in eine bestimmte Rolle zu drängen, die in seinen Lebensplan passe (Berne 1972, p.304–306/S.350f, aber im wesentlichen nicht übersetzt, p.349/S.395f).

Dieses Bild von den Erwartungen von den Patienten, die Behandlung suchen, ist einseitig gezeichnet. Ein Patient sucht fast immer auch wirklich Befreiung von den Einschränkungen seiner Erlebens- und Verhaltensmöglichkeiten, was gleichzeitige Widerstände nicht ausschließt. (Woollams u. Brown 1978, p.167). Den Widerstand, den Berne beschreibt, ist immer nur eine Seite einer Zwiespältigkeit, sonst wäre doch wohl jede Behandlung von vornherein aussichtslos. Kottwitz (1981) stellt fest, daß ein Patient einen Therapeuten oft aufsuche, um Unterstützung gegen eigene Widerstände zu finden.

Es ist für den Therapeuten wichtig, Widerstände möglichst schon zu Beginn der Behandlung aufzuspüren und zu besprechen. Berne empfiehlt, ein solches Gespräch z.B. gleich mit Fragen einzuleiten wie «Haben Sie wirklich im Sinn, sich heilen zu lassen?» oder «Sind Sie einverstanden, daß ich helfe, den Weg zu finden, der Sie aus der Krankheit hinausführt?» (Berne 1972, p.310/S.355f, pp.352–354/S.398ff). Solche Fragen werden besser ersetzt durch die gemeinsame Ausarbeitung eines Behandlungsvertrages, in dem wenigstens die bewußtseinsnahen Widerstände bereits zur Diskussion gestellt werden (s.S.279–284). Dabei kann der Therapeut erwähnen, daß Widerstände nichts Absonderliches, sondern durchaus normale Erscheinungen seien.

Der Abschluß eines Behandlungsvertrages erleichtert später den «Umgang mit dem

Widerstand» des Patienten außerordentlich. Dieser «Umgang» ist eine wichtige therapeutische Kunst, wie Thomas Weil in einem wertvollen Artikel darlegt (1986). Er schreibt von der Möglichkeit, den Widerstand vorerst zu ignorieren, um «seine Entfaltung zu beobachten». Der Patient kann nach Weil auch mit den Äußerungen eines Widerstandes kognitiv konfrontiert werden. Er könne im Sinne einer Deutung auch darauf aufmerksam gemacht werden, welche Skriptbotschaften hinter seinem Widerstand stünden. Der Widerstand könne aber auch aufgenommen und therapeutisch genützt werden: Dem Patienten könne aufgewiesen werden, daß er sich mit dem Widerstand gegen etwas schützen wolle, das ihn bedrohe; der Widerstand könne auch als Schutz gegen einschränkende elterliche Botschaften verstanden werden; im Widerstand drücke sich auch die Eigenständigkeit des Patienten aus u.a.m.

R.u.M. Goulding regen manchmal zu einer gelenkten Phantasie an: Der Patient soll sich vorstellen, wie er sich nach dem erfolgreichen Abschluß der Therapie befinden und verhalten wird, wenn er geheilt die Gruppe verläßt (angeführt von M.u.W. Holloway 1973a).

10.2.6.2 Übertragung

Unter *Übertragung im engsten Sinn* werden in der Psychoanalyse die Erwartungen und Gefühle des Patienten gegenüber dem Therapeuten verstanden, insofern dieser, ohne daß es dem Patienten bewußt ist, wie eine Beziehungsperson aus seiner Kindheit erlebt wird und zwar ohne daß der Therapeut ihn durch sein persönliches Verhalten dazu einladen würde. Berne denkt in erster Linie an die Übertragung einer Elternperson auf den Therapeuten: Wenn der Therapeut aus einer erwachsenen Haltung heraus die «Erwachsenenperson» des Patienten anspreche, dieser aber aus einer kindlichen Haltung heraus sich an die «Elternperson» des Therapeuten wende, finde eine unstimmige oder überkreuzte Transaktion statt. Berne spricht in einem solchen Fall von *Übertragungstransaktion*, da er sie als kennzeichnend für ein Übertragungsverhältnis von Patient zu Therapeut ansieht.

Der Therapeut fragt den Patienten, der sich in bewegten Worten über das Verhalten seines Lebenspartners beklagt hat, ganz sachlich: «Haben Sie in dieser Zeit auch schon an eine Trennung gedacht?» und der Patient erzählt nachher überall, vielleicht sogar mit Entrüstung, der Therapeut hätte ihm geraten, sich trennen zu lassen. Der Patient erwartet eben vom Therapeuten häufig nichts anderes als Gebote und Verbote aus einer kritischen «Elternperson» (oder Trost aus einer wohlwollenden), tritt er doch im allgemeinen als Kind an ihn als Autorität heran.

Wenn Berne allerdings feststellt, daß diese transaktionale Betrachtungsweise das Hauptproblem der psychoanalytischen Technik illustriere (1961, p. 89), so vereinfacht er sowohl das Problem der Übertragung und Gegenübertragung wie die psychoanalytische Behandlungsmethode doch etwas allzusehr und widerspricht damit andern eigenen Ausführungen (1961, p. 170–174), insbesondere auch denjenigen über die archetypischen Aspekte der Übertragung (s. S. 271f).

Der Transaktionsanalytiker Carlo Moiso unterscheidet zwei Arten von Elternübertragung auf den Therapeuten (1985): Bei Patienten, die an einer Neurose litten, würden die anweisende und mahnende Elternperson oder «Elternperson» (EL_2) auf den Therapeuten übertragen, eine verhältnismäßig bewußtseinsnahe Realitätsverkennung. Bei Patienten, die an einer narzißtischen Störung litten, würde der positive Anteil der kleinkindlichen «Elternperson» (EL_1 – die gute Fee, der gutmütige Riese, s. S. 204) auf den Therapeuten übertragen und der negative Anteil (Hexenmutter, Monstervater, innerer Saboteur, s. S. 42f) sozusagen abwehrend ausgeschlossen. Wenn diese primäre Übertragung, die Moiso mit der idealisierenden Übertragung und der Übertragung des Größenselbst nach Kohut gleichsetzen zu können glaubt, aufgelöst werde, komme es allerdings zur Übertragung der negativen Anteile der kleinkindlichen «Elternperson». Ein Patient, der an einem Borderline-Syndrom leide, oszilliere zwischen der Übertragen dem negativen und der positiven Anteile der kleinkindlichen «Elternperson».

Unter *Übertragung in einem weiteren Sinne* werden alle Erwartungen und Gefühle eines Patienten gegenüber seinem Therapeuten verstanden, die nicht auf dessen Verhalten zurückgeführt werden können. Dabei ist zu bedenken, daß die soziale Bedeutung einer psychotherapeutischen Behandlung in einem bestimmten Kulturkreis gewissen Erwartungen und Gefühlen auch ohne das Zutun des Therapeuten persönlich Vorschub leisten.

Es ist eine mißverständliche Einengung des Übertragungsbegriffs, wenn nur erotische oder sexuelle Erwartungen und Gefühle des Patienten gegenüber dem Therapeuten unter Übertragung verstanden werden.

S.D. Samuels (1971) bezieht sich nicht ausdrücklich auf die Übertragung, wenn er fordert, es sollten bei einer Behandlung schon vor Vertragsabschluß geklärt werden, was das «Kind» des Patienten für Bedürfnisse gegenüber dem Therapeuten habe. Einerseits gehe es um bestimmte, nicht selten abartige Bedürfnisse nach Körperkontakt: Möchte der Patient vom Therapeuten liebkost, umarmt, gefüttert, gebissen, an den Haaren gezogen, geschlagen werden? Was für eine Art Körperkontakt möchte der Patient keinesfalls? Andererseits gehe es um »symbolisches Streicheln»: Möchte der Patient vom Therapeuten angeblickt, gelobt oder getadelt oder angebrüllt werden, möchte er, daß diese sich ihm gegenüber besorgt zeigt, möchte er, daß er ihm unendlich Zeit zur Verfügung stellt? Was möchte der Patient keinesfalls? Samuels fürchtet, daß ohne diese Klarstellung sich solche Bedürfnisse in den Behandlungsvertrag einschleichen. Dabei stellt er durchaus in Rechnung, daß auch entsprechende Bedürfnisse des Therapeuten, wenn er sich deren nicht bewußt sei, den Vertrag beeinflussen könnten.

Diese Vorschläge von S.D. Samuels zeigen, wie optimistisch aktiv vorgehende Transaktionsanalytiker hinsichtlich der Aufdeckung von normalerweise bei den Patienten unbewußten Bedürfnissen sind! Tatsächlich betrachten viele Transaktionsanalytiker Gegebenheiten, die andere Psychotherapeuten als tief unbewußt bezeichnen würden, als vorbewußt. Zum Teil fahren sie gut damit. Ich würde sagen: Je weniger gestört ein Patient ist, umso mehr bewährt sich dieses Konzept.

Es gibt auch eine *archetypische Übertragung*, bei der die therapeutische Situation als märchenhaft oder numinos und der Therapeut als märchenhafte oder mythische Gestalt erlebt wird (zum Begriff «Archetypus» s. S. 181). Der Therapeut wird dann, wie Berne schildert, vom «Kind» des Patienten als eine Märchenfigur in der Art eines Magiers, Hexenmeisters, hilfreichen Fisches, Fuchses oder Vogels erlebt (Berne 1972, p. 307/ S. 351f). Im Grunde genommen erwarte der Patient, daß der Therapeut ihm die goldene Kugel oder die goldenen Äpfel, von denen Märchen und Sagen berichten, *oder den Stein der Weisen, den die mittelalterlichen Alchemisten herzustellen hofften, überreiche. Vielleicht ahne aber der Patient bereits, daß das, worauf er heimlich seit Jahrzehnten warte, sich nicht erfülle, vielleicht nachdem er vermeintliche Hindernisse aus dem Weg geräumt hat, sich z.B. scheiden gelassen oder seine Kinder alle auswärts in ein Internat geschickt hat. Hier spielt Berne auf eine extreme + –Grundeinstellung an (s. S. 125). Der Patient könne auch verzweifeln und sich aus der menschlichen Gesellschaft zurückziehen in ein Gefängnis, in eine psychiatrische Klinik, in ein einsames Dasein als Sonderling oder in den Tod. Damit spielt Berne auf eine extreme – + oder – – Grundeinstellung an (s. S. 124, 126f).

Der Patient kann nach Berne aber auch, vielleicht mit leisem Bedauern, ein neues Leben ohne Illusionen beginnen. Häufig habe der Therapeut die unangenehme Aufgabe, ihn seiner Illusion zu berauben und ihm schließlich behilflich zu sein, der Realität, wie sie tatsächlich ist, ins Auge zu sehen und doch ein glücklicher Mensch zu werden (Berne 1966b, p. 229; 1972, p. 153/S. 189).

Manchmal werden schlicht *alle* Gefühle und Einstellungen eines Patienten gegenüber dem Analytiker als «Übertragung» bezeichnet, eine «totalistische» Auffassung von diesem Begriff, die ich persönlich ablehne! Das Wort «Übertragung» würde damit sinnlos.

Für das Verständnis der Übertragung in der therapeutischen Praxis ist es wichtig, sich klar zu sein, daß ein Patient sich durchaus als Elternperson oder als Erwachsenenperson mit dem Therapeuten unterhalten, gleichzeitig aber mit seinem «Kind» in einer Übertragungsbeziehung leben kann. Eine Übertragung ist insofern als Widerstand zu betrachten, als sie die Sicht auf die Realität trübt oder verstellt. Die Auflösung des sogenannten Übertragungswiderstandes korrigiert, wenn sie gelingt, die Sicht des Patienten auf die Realität und stellt seine unrealistischen Vorstellungen in Frage, ist also ein therapeutischer Akt, andererseits hilft eine positive Übertragung einem Patienten auch, unangenehme Forderungen der Therapie zu ertragen. Es gehört zur Kunst des Therapeuten, zu berücksichtigen, wann eine Übertragung durch Deutung aufzulösen und wann sie vorerst besser unberührt gelassen wird.

Natürlich kann auch, was schon Freud durchaus geläufig war, von einer *Übertragung außerhalb der psychotherapeutischen Situation* gesprochen werden, wenn z. B. ein Lehrling seinem Lehrmeister, mindestens anfangs, solche Gefühle und Erwartungen entgegenbringt, wie er seinerzeit seinem Vater entgegengebracht hat und sich entsprechend verhält. Im Alltag werden solche Übertragungen bei gesunden Leuten meistens durch das Verhalten desjenigen, auf den «übertragen» wird, bald korrigiert, wenn dieser nicht so beeinflußbar sein sollte, daß er sich allmählich tatsächlich so benimmt, wie der Projizierende von ihm erwartet!

Als *Übertragung in einem unpersönlichen Sinn* wird manchmal die Neigung von jedermann verstanden, Situationen im Alltag wie solche aus der frühen Kindheit zu erleben und unabhängig oder sogar entgegen den realen Verhältnissen entsprechend zu reagieren. Je mehr jemand in seinem Skript befangen ist, umso häufiger wird das vorkommen und umso starrer wird der Betreffende an diesem vorprogrammierten Verständnis der Situation festhalten oder, wenn die anderen sich nicht in die erwartete Rolle hineinmanövrieren lassen, die Situation so rasch wie möglich verlassen, um eine andere aufzusuchen.

Aus psychoanalytischer Sicht ist die *Übertragung* keine *Projektion*, wenn auch eine Realitätsverkennung. Eine Projektion besteht dann, wenn jemand Wesensseiten, die er bei sich ablehnt und verdrängt hat, bei anderen Menschen erfährt. Es ist dies besonders auffällig, wenn der «Projektionsträger» keinen Anlaß dazu gegeben hat. Möglicherweise hat er aber durch seine eigene Wesensart doch Anlaß dazu gegeben, dann ist die Bindung des Projizierenden zu ihm auffällig, meist von Abneigung geprägt.

Die transaktionsanalytische Betrachtungsweise leistet zum Begriff der Übertragung, den sie von der Psychoanalyse übernommen hat, einen wichtigen Beitrag mit dem Skriptbegriff, der ja als Lebensentwurf auch vorsieht, was für eine Rolle «die anderen» im Leben des Patienten spielen werden, darunter auch «die anderen» als solche, die dem Patienten als Autoritäten gegenübertreten. Natürlich spielt dabei die Erfahrung der Eltern eine wichtige Rolle und damit auch die innere «Elternperson». Ein Patient wird dem Therapeuten eine Rolle in seinem Skript «zuweisen» und ihn so erleben und infolgedessen sich ihm gegenüber auch so verhalten, wie wenn er diese Rolle tatsächlich einnehmen würde. Für den Therapeuten ist es deshalb nach Berne auch vordringlich, herauszufinden, welche Rolle er im Skript des Patienten spielen sollte (Berne 1968a). Ein Weg zur Beantwortung dieser Frage zeigt sich bei einem Patienten, der schon früher einen oder gar mehrere Therapeuten vergeblich aufgesucht hat. Der Therapeut kann sich dann genau erkundigen, weswegen die früheren Behandlungen gescheitert sind und einen Patienten, von dem nicht anzunehmen ist, daß er dadurch überfordert wird, direkt zu fragen: «Und was tun wir nun, daß das bei uns nicht auch wieder passiert?» (frei nach pp. 353–354/S. 399f). Nach meiner Erfahrung darf allerdings in diesem Zusammenhang nicht vergessen werden, daß ein Patient einen Therapeuten auch verlassen kann, *weil dieser sich weigert, auf irgendwelche «Einladungen» zu bestimmten Verhaltensweisen einzugehen, die ihm vom Patienten angeboten werden!* Sein Fehler bestand dann nicht darin, daß er eine Übertragung nicht durchschaut hat, sondern daß er die «Einladungen» nicht sofort zum Thema eines Gespräches machte. Es ist dies ein Schritt, der gerade einem aktiver vorgehenden Transaktionsanalytiker näher liegt als einem passiv vorgehenden klassischen Psychoanalytiker, der sich, wenn er kunstgerecht vorgeht, zwar auch nicht durch «Einladungen» seines Patienten verführen läßt, aber die Übertragung erst «auflaufen» lassen will, um sie dann später umso besser deuten zu können.

10.2.6.3 Gegenübertragung

Der Begriff der *Gegenübertragung* hat zwei Bedeutungen:

1. Eine *Übertragung des Therapeuten auf den Patienten*, die ihm aber schon als «Neigung» bewußt werden sollte, bevor sie sich in der Beziehung zum Patienten auswirkt. Berne spricht von *Gegenübertragungstransaktion*, wenn ein Patient die «Erwachsenenperson» des Therapeuten anspricht, dieser aber aus seiner «Elternperson» heraus antwortet (Berne 1961, pp. 89–90; 1963, p. 193/S. 210f; 1972, pp. 14 u. 17/S. 31f).

> Ein Patient fragt den Therapeuten sachlich: «Könnte ich nächsten Donnerstag eine Stunde früher zu Ihnen kommen? Ich sollte um fünf Uhr meine Tochter am Flugplatz abholen.» Therapeut: «Was fällt Ihnen eigentlich ein? Glauben Sie, Sie seien mein einziger Patient?»

2. die *Reaktion des Therapeuten auf die Übertragung seines Patienten.* Diese Art Gegenübertragung kann, *wenn vom Therapeuten realisiert,* für die Behandlung verhältnismäßig harmlos sein, ihre Beachtung für den Therapeuten aber trotzdem wichtig, weil sie oft erst auf die Übertragung des Patienten aufmerksam macht und damit sein Erleben und Verhalten verstehen läßt. Überdies kann sie zur Vermutung Anlaß geben, daß der Patient andere Menschen seiner Umgebung ähnlich unrealistisch erleben könnte, was zu Beziehungsstörungen führt, derem «Ursachen» dem Patienten oft unbegreiflich sind. Für die Behandlung «gefährlicher» ist eine andere Art von Gegenübertragung, die darin besteht, daß der Therapeut, ohne es zu merken, den Gefühlen und Erwartungen des Patienten unbewußt immer mehr entspricht, schließlich sich tatsächlich so verhält, wie dieser voraussetzt, sich z.B. zu solchen Spielen verführen läßt, die dessen Skriptüberzeugungen bestätigen! Patienten sind oft Therapeuten gegenüber unbewußt außeror-

dentlich gute Menschenkenner und vermögen ihn so zu manipulieren, daß er ihren «Wünschen» entspricht! Gerade für diese Art Gegenübertragung gilt meines Erachtens die Mahnung von Gooß an die Transaktionsanalytiker ganz besonders, der seines Erachtens von ihnen im allgemeinen zu wenig beachteten Möglichkeit der Gegenübertragung mehr Beachtung zu schenken (1984). Er empfiehlt ihnen, mindestens ein Drittel ihrer Aufmerksamkeit auf das zu richten, was in ihnen selbst bei der Begegnung mit einem Patienten vorgehe. Es bestehe die Gefahr, daß *gerade durch die in der Transaktionalen Analyse im Vergleich zur Psychoanalyse vermehrte Aktivität des Therapeuten* sich unbemerkt eine Gegenübertragung installiere.

Der Psychoanalytiker Heinrich Racker (1949, S.157–161) unterscheidet bei der Gegenübertragung eine empathische Identifizierung des Analytikers mit dem Analysanden («konkordante Identifizierung») von einer Übernahme der Rolle, die ihm der Analysand zuschiebt («komplementäre Identifizierung»). Der Transaktionsanalytiker Michele Novellino (1984), der darauf aufbaut, betont, daß beim Analytiker immer eine Gegenübertragung entstehe, indem die Eigenheiten des Patienten und was er berichtet, auch im Analytiker etwas auslöse, z.B. einen Antreiber oder eine Neigung, bestimmte Spiele zu spielen, aber auch Phantasien, Vorurteile, Gefühle oder psychosomatische Reaktionen. Unterliege allerdings der Analytiker den Antreibern «Sei stark!» oder «Sei perfekt!» und/oder der Grundbotschaft «Hab' keine Gefühle!», sei anzunehmen, daß er seine Gegenübertragung verdränge und daraus ein «Gegenwiderstand» (nach Kernberg) entstehe. Mache sich aber der Psychotherapeut die Gegenübertragung bewußt und interveniere nicht unbesonnen aus ihr heraus, könne sie ihm dazu dienen, besser zu verstehen, was sie ausgelöst habe und dementsprechend was im Patienten vorgehe. Als Beispiel erwähnt Novellino die manipulativen Rollen von Karpman aus dem Dramadreieck, wobei der Therapeut in Versuchung kommen könnte, entweder die Rolle des Patienten zu übernehmen, sich mit ihm zu solidarisieren («konkordante Identifikation»), oder aber die Gegenrolle («komplementäre Identifikation»).

Die Möglichkeit einer echten Heilung ist am größten, wenn im Lebensplan des Patienten eine Weisung verankert ist, daß zu seiner Heilung bestimmte Voraussetzungen erfüllt sein müssen und diese Voraussetzungen zu Beginn der Behandlung bereits bestehen oder während der Behandlung eintreten. Diese Voraussetzungen brauchen mit dem Therapeuten persönlich nichts zu tun haben, z.B. «Die Schweiz ist das gelobte Land; hier werde ich Heilung finden!» Dies für einen Ausländer oder einen Schweizer aus dem Ausland, der sich zur Behandlung in die Schweiz begibt. Oder: «Aller guten Dinge sind drei und das ist mein dritter Therapeut!». Ist im Lebensplan des Patienten einprogrammiert, daß ihm nie irgend jemand wird helfen können oder daß er ein Versager ist und bleiben wird, so sind die Anforderungen an eine erfolgreiche Behandlung sehr groß. Der Therapeut muß diese Verwünschungen durchbrechen, wozu er einen stärkeren Einfluß auf den Patienten ausüben muß als seinerzeit dessen Eltern. Eine unbewußte Direktive kann auch lauten: «Du darfst so lange zum Psychiater gehen, als er dich sicher nicht heilt, denn schließlich wirst du ohnehin Selbstmord begehen!» (Berne 1972, p.353/S.399).

Voraussetzung einer erfolgreichen Behandlung ist, daß das «Kind» des Patienten zum Therapeuten so viel Vertrauen gewinnt, daß der Lebensplan oder doch die in ihm enthaltenen destruktiven Leitlinien aufgelöst werden können. Die Grundeinstellung «Ich bin nicht O.K., du bist O.K.» ist eine bessere Voraussetzung dazu, als eine Einstellung, die von vornherein den anderen und damit auch den Therapeuten als nicht O.K. betrachtet. Der Therapeut muß den Patienten dazu ermutigen, die einschränkenden elterlichen Direktiven zu durchbrechen. Es kommt zum Einsatz der sogenannten «Therapeutischen Triade» (s.S.266ff). Das Kind des Patienten schreckt aber auch davor zurück, gesund zu werden. Er hat Angst, seine Mutter würde ihn verlassen und diese Angst droht immer wieder stärker zu werden als der Leidensdruck. «Zu diesem Zeitpunkt gibt es ein Stadium, in dem eine therapeutische Skriptanalyse sich kaum mehr von einer psychoanalytischen Therapie unterscheidet. Das Protokoll des Skripts wird zum Objekt der Forschung und die anderen frühen Einflüsse, die den Patienten dazu führten, sich für eine Nicht-O.K.-Haltung und eine Nicht-O.K.-Lebensweise zu entscheiden, werden einer genauen Prüfung unterzogen.» Hier wird von Berne das «Skriptptokoll» (s. S. 186) als maßgebendes Schlüsselerlebnis für die Bildung des Skripts betrachtet, das erlebnisgeschichtlich zu vergegenwärtigen ist. Dabei würden auch die Widerstände deutlicher, z.B. der Stolz, ein Neurotiker, ein Schizophrener, ein Drogensüchtiger oder ein Krimineller zu sein (Berne 1972, p. 312/S. 358f).

Aus dieser Schilderung, bei der ich Berne gefolgt bin, zeigt sich, einen wie großen Anteil an einer erfolgreichen therapeutischen Beziehung einer positiven Übertragung auch im Rahmen der Transaktionalen Analyse zukommt. Berne hat deren Bedeutung in seinem ersten Buch ausführlich und durchaus in Übereinstimmung mit der Psychoanalyse geschildert (1961, S. 117, 170–172), trotzdem wird sie von manchen Autoren aus dem Bereich der Transaktionalen Analyse nicht genügend gewürdigt. R. Goulding schreibt zwar ausdrücklich, daß eine negative Übertragung immer sofort aufgedeckt und durchgearbeitet werden müsse (1975b). M.u.R. Goulding schreiben aber auch, sie «entmutigten» das Aufkommen einer positiven Übertragung, wie sie überhaupt jede Abhängigkeit «entmutigen» würden (M.u.R. Goulding 1979, p. 49/S. 69). Sie scheinen nicht zu realisieren, eine wie große Rolle die positive Übertragung auf den Therapeuten gerade bei ihrer Art Therapie spielt. J. Schiff ist insofern eine Ausnahme, als sie für ihre Arbeit eine positive Übertragung und Gegenübertragung als unabdingbar erklärt, was mit ihrer Methode der Neubeelterung (s. S. 343f) zusammenhängt. Gefragt, ob nicht ihre Patienten von ihr abhängig würden, antwortete sie: «Aber sie werden geheilt!».

Steiner und Berne betonen, daß eine Heilung durch Einsatz der «therapeutischen Triade» keinesfalls mit einer *Übertragungsheilung* verwechselt werden dürfe (Steiner 1971, p. 150; 1974, p. 314/S. 296f; Berne 1972, p. 378 Anm. 6/nicht übersetzt). Als Übertragungsheilung wird in der Psychoanalyse eine Heilung bezeichnet, die sozusagen «dem Therapeuten zuliebe» geschieht, ohne daß der Patient sich dabei verändert, ohne daß er an Autonomie gewonnen hätte. Früher wurde angenommen, daß eine Übertragungsheilung keinen Bestand haben würde; heute wissen wir, daß eine Fortdauer der Übertragung über das Verschwinden der Symptome hinaus, gerade auch bei einer Kurztherapie, zu einer dauernden Heilung, ja zu einer nachträglichen Veränderung des Patienten führen kann, wenn einerseits die erlaubende elterliche Haltung, andererseits die sachliche (erwachsene) Haltung des Therapeuten zunehmend verinnerlicht und schließlich assimiliert wird, so daß eine Abhängigkeit vom Therapeuten als Person nicht weiterbestehen muß und trotzdem die Arbeit an sich selbst weitergehen kann (s. a. Leuzinger u. Grüntzig 1983). Zweifellos kann dies auch bei einer transaktionsanalytischen Behandlung der Fall sein.

10.2.6.4 Die Verquickung von «Übertragung» und «Gegenübertragung»

Nach der Entdeckung der Übertragung in der psychoanalytischen Situation glaubte man, der Therapeut werde fast nur wie diejenige einflußreiche Person aus der frühen Kindheit des Patienten erlebt, an der sich der grundlegende neurotische Konflikt entwickelt habe. Später wurde erkannt, daß daneben aber doch die durchaus realistische Beziehung, die der Patient zeitweise zu seinem Analytiker hat, nicht übersehen werden kann. Schließlich wurden sich viele Analytiker bewußt, daß die Beziehung zwischen dem Patient und ihnen viel komplexer ist, als vorerst angenommen, denn zwischen Übertragung und Gegenübertragung (im totalitaristischen Sinn) bestehen zirkuläre Einflüsse. Es ist ja keineswegs so, daß der Analytiker sich als leeres Blatt oder Spiegel verhalte, begrüße er doch den Patienten auf seine individuelle Art, habe eine individuelle Stimme, die je nach seiner Stimmung variiere, lasse sich das Interessse, das er an bestimmten Äußerungen des Patienten habe und das Desinteressse an anderen keinesfalls verbergen usw., wie dies bei jeder zwischenmenschlichen Beziehung der Fall sei, aber bei der «unausweichlichen» und immer sehr intensiven Beziehung zwischen einem Patienten und einem Analytiker oder Psychotherapeuten besonders bedeutsam. Ähnlich, würde ich von mir aus sagen, wie zwischen Eltern und Kind. Bei jeder tiefgehenden Psychotherapie ist dementsprechend die Verquickung von Übertragung und Gegenübertragung, wie wir jetzt sagen könnten, ganz entscheidend. Das hat von den tiefenpsychologischen Psychotherapeuten C.G. Jung als erster erkannt, als er seine «Psychologie der Übertragung» schrieb (1946), im Grunde genommen ein großartiges Werk zum Thema, aber dadurch, daß er dieses an seiner Auffassung von der Alchemie abhandelte, für Leser, die nicht von vornherein mit den von historischen Quellen durchtränkten Jungschen Gedankengängen vertraut sind, schwer zu lesen und schwer verständlich, weswegen es auch keinen Widerhall bei Autoren anderer Richtungen gefunden hat. Heute jedoch entdeckten psychoanalytische Autoren die entsprechende Bedeutung der Beziehung zwischen Patient und Therapeut neu, – Jung hat als erster gesagt: zwischen dem Unbewußten des Patienten und dem Unbewußten des Therapeuten – gegenwärtig nach amerikanischen Autoren im deutschsprachigen Raum besonders energisch vertreten durch Wolfgang Mertens (1990/^{2}1992–1993, Bd.II, S. 165–279, Bd.III, S. 13–68).

Es erübrigt sich, im Zusammenhang mit der Transaktionalen Analyse hier näher darauf einzutreten!

10.3 Einzeltherapie und Gruppentherapie

Die Transaktionale Analyse wurde, wie sowohl die frühen als auch die späteren Veröffentlichungen von Berne ergeben, sowohl aus der Einzeltherapie wie aus der Gruppentherapie entwickelt. Die Transaktionale Analyse als ganzes wurde von ihm als «Methode der Gruppentherapie» vorgestellt (1958) und bis heute wird von den Transaktionsanalytikern der Gruppentherapie ein besonderer Wert beigemessen. Nach Berne soll diese die nur zögernd eingeführte psychoanalytische Gruppentherapie ersetzen, da sich ihre Verfahren und Modelle für diese besser eignen sollen (s. S. XV). Noch in seinem Buch, das er der Psychotherapie in Gruppen gewidmet hat, hält Berne aber die Frage, ob die Gruppentherapie der Einzeltherapie überlegen sei, immer noch für dikussionswürdig (1966b, p. 28).

Die Gruppenatmosphäre hat ganz an sich eine positive Wirkung auf Kranke (Yalom 1970), weswegen Berne an irgendeiner Stelle davor warnt, günstige Wirkungen auf Kranke bei der Gruppentherapie in jedem Fall auf die spezifisch angewandte Methode zurückzuführen. So läßt nach Steiner die Gruppe den einzelnen erfahren, daß er gar nicht so entsetzlich allein in seinem Unglück ist, daß er sich nicht zu schämen braucht und daß noch andere Mühe haben, Liebe zu geben und zu finden sowie die Realität anzunehmen, wie sie ist. Für Berne steht bei der Psychotherapie in Gruppen die Tatsache im Vordergrund, daß sie dem Leiter gestattet, die Eigenheiten im Verhalten der Teilnehmer und damit indirekt auch in ihrem Erleben direkt im Umgang mit den anderen Teilnehmern zu beobachten. Es leuchtet deshalb auch ein, daß er einen Patienten, den er in eine seiner Gruppe aufnehmen will, dazu verpflichten möchte, sich dann auch persönlich einzubringen. Dafür verspricht er ihm, ihn darauf aufmerksam zu machen, wenn er als Leiter etwas beobachtet, dessen bewußt zu werden, dem Patienten zum Vorteil gereichen würde (1966b, p. 92). Mit oder ohne Deutungen ermöglichen die Auseinandersetzungen in einer Gruppe dem Patienten, sich über sich selbst klarer zu werden und das an sich zu ändern, was zu ändern er sinnvoll findet, und diejenigen Wesenszüge zu fördern, die zu fördern er sinnvoll findet (James u. Jongeward 1971, p. 11/S. 28). Die Gruppe schafft dem Patienten dann auch Gelegenheit, neue spielfreie und flexiblere Verhaltensweisen einzuüben, wozu ihm erfahrenere andere Teilnehmer behilflich sein können (Steiner 1974, pp. 271–273/S,261 f). Berne ließ die Zusammensetzung seiner Gruppen nicht von Anfang bis Ende unverändert, sondern ersetzte immer wieder aus irgendwelchen Gründen austretende Teilnehmer durch neue (1966b, pp. 6, 13). Seine Gruppen waren also «slow open groups», wie im englischsprachigen Jargon gesagt wird.

Bei einer Einzeltherapie kann sich die Problematik des Patienten nur in der Beziehung zum Therapeuten aktualisieren. Es besteht, gruppenpsychologisch betrachtet, sozusagen eine «Gruppe zu zweit». *Übertragung* und *Gegenübertragung* sind Aspekte einer Aktualisierung der Problematik des Patienten. Entsprechend können z. B. Spiele nur in Zusammenhang mit der Übertragung auf den Therapeuten direkt beobachtet werden, was Berne durchaus in Betracht gezogen hat. Die «Handhabung» der Übertragung und besonders der Gegenübertragung ist aber schwieriger zu bearbeiten. Berne befaßt sich u. a. unter Anwendung der Modelle von den Ich-Zuständen mit dieser Frage. In der Gruppe erleichtern zudem «neutrale Beobachter» die Analyse persönlichkeitsspezifischer und damit auch dysfunktioneller Eigenheiten.

Die Aufmerksamkeit des Teilnehmers hat sich nach Berne auf den einzelnen Teilnehmer zu richten und nicht auf die Gruppe als solche, die er nicht als ein plurales Individuum, das als solches behandelt werden könnte, anerkennt (1961, p. 176; 1966b, p. XX), dies im Gegensatz zu anderen Gruppentherapeuten (Bion 1961; Argelander 1972). Allerdings schreibt auch Berne von «kranken Gruppen» (1963, p. VII/S. 7), versteht aber darunter, wie sich aus dem Zusammenhang ergibt, «mangelhaft geleitete Gruppen, in denen die Teilnehmer nicht profitieren». In den Gruppen von Berne bestand also ein Wechsel zwischen freien Auseinandersetzungen der Gruppenmitglieder untereinander und deutenden Interventionen des Therapeuten, an Hand derer er die Teilnehmer in die Psychologie der Ich-Zustände, der Transaktionen, der Spiele einführte, wobei das Verhalten der Teilnehmer selbst das Demonstrationsmaterial zur Verfügung stellte. Auf das Skript als Hintergrund des Verhaltens der Teilnehmer kam Berne, wie er schreibt, nur bei lange dauernden Gruppen zu sprechen, sonst schaltete er zu diesem Zweck, wie ohnehin nach ungefähr acht oder zehn Gruppensitzungen, Einzelsitzungen ein (1961, pp. 87, 120, 1966b, p. 10).

Die meisten gruppentherapeutischen Erfahrungen von Berne beziehen sich auf Kleingruppen von 6–10 erwachsenen Teilnehmern, die mit einer Sitzungsdauer von 1½ Stunden wöchentlich zusammenkamen (1963, pp. 235–237/S. 257 ff; 1966b, p. 3) und von ihm oder einem Schüler als einzigem Leiter behandelt wurden. Von Ko-Therapie hielt Berne nicht viel, ließ aber Beobachter zu (1963, pp. 238–239/S. 261 f; 1966b, pp. 23–27, 172). Mehr als acht Patienten in einer Gruppe zu behandeln, empfiehlt er nicht, da darunter die genaue Beobachtung der einzelnen Teilnehmer leiden würde (1972, p. 315/ S. 360). Hinsichtlich Alter, Geschlecht und Krankheitsgruppe sollte seines Erachtens eine Gruppe gemischt zusammengesetzt werden (1966b, pp. 2–4, 29). Eine ausführliche Darstellung der von Berne empfohlenen gruppentherapeutischen Methode findet sich in der Zeitschrift für Transaktionsanalyse 1993, S. 85–125 (Schlegel: Gruppentherapie nach Berne).

Bei den transaktionsanalytisch geleiteten Gruppen, die ich selbst beobachten konnte und zwar von amerikanischen wie deutschen Leitern spielte die Auseinandersetzung der Teilnehmer während der Sitzungen keine Rolle. Es handelte sich um eine sozusagen reine «Einzeltherapie in der Gruppe», wobei entgegen der Empfehlung von Berne häufig eine Ko-Therapie statthat. Häufig wurden mit den einzelnen Teilnehmern anfangs «Verträge» abgeschlossen, was sie in der Therapie ganz allgemein und während der bevorstehenden Sitzung insbesondere lernen wollten. Eine andere Art der Gruppenführung besteht darin, daß ein Teilnehmer nach dem anderen aufgefordert wird, ein Problem aus seinem Leben vorzutragen, worauf dann der Leiter, bevorzugt aber nicht ausschließlich unter Zugrundelegung von transaktionsanalytischen Modellen, darauf eingeht. Dieses Vorgehen entspricht etwa dem, das bereits Steiner geschildert hat: Der Therapeut wie auch die anderen Gruppenmitglieder helfen dem Patienten, der ein Problem vorgebracht hat, herauszufinden, inwiefern eine alte eingeübte Erlebens und Verhaltensweise, inwiefern eine hinderliche elterliche Vorschrift, inwiefern eine in Anpassung oder Rebellion festgefahrene kindliche Haltung einer Lösung des Problems im Wege steht. Manchmal kann der Therapeut mit einer gezielten «Erlaubnis» (s. S. 337) ein Skriptgebot aufheben oder doch den Weg zu seiner Überwindung zeigen (Steiner 1974, pp. 301–304/S. 283–286). Im Sinne eines Verhaltenstrainings werden den einzelnen Teilnehmern «Hausaufgaben» gestellt, über deren Erledigung sie den andern Teilnehmern in der nächsten Sitzung berichten sollen (Steiner 1974, pp. 318–320/S. 299–301).

Um der für mich sehr wertvollen Forderung von Berne gerecht zu werden, daß der Therapeut in einer Gruppe Gelegenheit haben sollte, die gewohnten Erlebens- und Verhaltensweisen der Patienten «in vivo» zu beobachten und dann gelegentlich, wenn die Zeit dazu günstig ist, zu deuten, habe ich die meisten meiner Gruppen mit Patienten und Gesunden als allgemeine Selbsterfahrungsgruppen geführt und nicht als transaktionsanalytische Gruppen deklariert. Es war dann für mich auch leichter, wenn es sich aufdrängte, andere als der Transaktionalen Analyse entnommene Übungen und Verfahren anzuwenden. Dagegen hätte wohl auch Berne nichts auszusetzen, schreibt er doch, was er gruppentherapeutisch empfehle, brauche kein Ersatz zu sein für andere, z. B. psychoanalytische gruppentherapeutische Methoden, sondern könne als Grundlage dienen, um auch andere Methoden anzuwenden (1961, p. 178). Später meint er immerhin, wenn es sinnvoll sei, dürfe gelegentlich auch vom transaktionsanalytischen Vorgehen, falls dieses ursprünglich als Behandlungsmethode gewählt worden sei, abgewichen werden (1966b, p. 9).

Bei einem Patienten, der sich zu einer Gruppentherapie meldet, können nach Berne noch andere Motive als diejenige für die Aufnahme einer Einzeltherapie mitspielen, nämlich (1.) ein Bedürfnis nach Anregung ganz allgemein, hinter dem Berne den urtümlichen Wunsch vermutet, konkret gestreichelt, auf höchster Sublimationsstufe: anerkannt zu werden (S. 102); (2.) ein Bedürfnis, die Zeit [mit anderen] zu verbringen; (3.) ein Bedürfnis, Intimität zu erleben, was allerdings für viele erlebnismäßig mit einer sexuellen Verbindung gleichgesetzt werde (s. S. 110); (4.) das Bedürfnis, frühe Kindheitssituationen zu wiederholen und wieder die alten manipulativen Spiele spielen zu können; (5.) das Bedürfnis, die Vorstellungen von dem, was in einer Gruppe vor sich geht (Berne: die «Gruppenimago»), erfüllt zu sehen, aus dem sich nach Berne die Dynamik der «inneren Gruppenprozesse ergibt» (Berne 1963, p. 214–222/S. 234–244).

Die «Bedürfnisse», die Berne hier aufzählt, sind ganz verschiedener Art. Bei den meisten handelt es sich um unbewußte Erwartungen und überdies um solche, die bei den einzelnen Teilnehmern nach meiner Erfahrung ganz verschieden ausgeprägt sind. Bei demjenigen, der außerhalb der Gruppe voll befriedigende mitmenschliche Beziehungen hat, fallen verschiedene dieser «Bedürfnisse» dahin. Im übrigen sind diese Erwartungen zwiespältig und oft mit Ängsten verbunden, z.B. mit der Befürchtung, eben gerade *keine* Beachtung und Anerkennung und *keine* Gelegenheit zu Intimität zu finden. Häufig fand ich auch die Erwartung nach einer heilen Welt, die dem, was der Betreffende in der Kindheit erlebt hat, widerspricht. Was Berne als 5. Bedürfnis aufzählt, hängt, abgesehen von erhaltenen Informationen, weitgehend von den bewußten und unbewußten anderen Wünschen und Erwartungen ab. Es ist für jeden Gruppenleiter wichtig, von diesen Bedürfnissen und Erwartungen zu wissen, ganz besonders von denjenigen, die den Betreffenden unbewußt sind.

10.4 Der Behandlungsvertrag und andere vertragliche Abmachungen

10.4.1 Der Behandlungsvertrag

Eine Behandlung beginnt in der Transaktionalen Analyse immer mit einer *Abmachung* oder *Übereinkunft* zwischen Patient und Therapeut, was das Ziel der Behandlung sein soll und wie festgestellt werden kann, daß es erreicht ist. Es handelt sich nach der Terminologie der Transaktionalen Analyse um den *Behandlungsvertrag* (Berne 1966b, pp. 87–97), ein Ausdruck, der mir etwas zu juristisch tönt. Besonders ausführlich haben sich die Autorinnen James und Jongeward mit diesem Kapitel beschäftigt (M. James 1975, pp. 139–142; James u. Jongeward 1971, p. 11/S. 28, pp. 266–269/S. 275–279; 1975, pp. 182–185; Jongeward u. James 1973, p. 108), daneben auch viele andere Autoren, von denen ich Woollams u. Brown (1978, pp. 250–157), W.u.M. Holloway (1973a), Stewart u. Joines 1987, pp. 260–265/S. 371–379 und Kottwitz (1977) erwähne.

Mit dem sogenannten Behandlungsvertrag wird die «Erwachsenenperson» des Patienten angesprochen. Vielleicht geht es darum, ein neurotisches Symptom wie eine Impotenz, eine funktionelle Lähmung, Zwangssymptome zu beheben; vielleicht geht es um eine charakterliche Veränderung oder um eine Veränderung der Erlebens- und Verhaltensweise, z.B. darum, die Grundstimmung der Unzufriedenheit zu verlieren, seine Kinder nicht mehr zu verprügeln, eine pedantische Verhaltensweise zu verlieren, weniger Alkohol zu trinken; vielleicht geht es um psychosomatische Symptome, z.B. den Blutdruck zu senken, nervöses Herzklopfen zu beheben, an Gewicht zu oder abzunehmen. Berne würde als Behandlungsziel auch gelten lassen, wenn jemand Arbeit finden, eine Prüfung überstehen, mehr Geld verdienen, eine attraktive Freundin finden möchte. Das Behandlungsziel soll immer konkret definiert werden. Wer sagt, er möchte seine Ehe verbessern oder mit seinen Arbeitskollegen besser auskommen, soll sagen, was er darunter versteht, an was später ermessen werden kann, ob das Ziel, das er sich gesetzt hat, erreicht worden ist oder nicht (s.u.).

Das Gespräch zwischen Therapeut und Patient, das in einen Behandlungsvertrag mündet, soll auch Ausdruck der Ebenbürtigkeit zwischen Therapeut und Patient sein. Der Patient wird damit ernst genommen und realisiert, daß er von Anfang an mitverantwortlich an der Behandlung beteiligt ist. Er stellt mit Hilfe des Therapeuten, nicht als einer ihm menschlich überlegener Autorität, sondern in seiner Eigenschaft als Experte, klar, was er verändern will. Der Therapeut achtet darauf, daß der Patient *an sich etwas verändern will* und nicht an der Umgebung. Er achtet weiter darauf, daß der Wunsch nach Veränderung einer Entscheidung des Patienten entspringt und nicht nur ein Wunsch des Ehegatten oder der Eltern, die den Patienten z.B. dazu bringen wollen, nicht mehr zu rauchen, oder des Arbeitgebers, der die bemerkenswerte Unpünktlichkeit seines Angestellten als «krankhaft» beurteilt, oder einer juristischen Behörde, die den Hang zum Exhibitionismus eines Angeklagten «behandelt» haben möchte. Natürlich kann der «Wunsch» der Veränderung trotzdem sinnvoll sein, aber dann müßte eine Motivierung des Patienten vorausgehen, sonst ist eine Behandlung zum Scheitern verurteilt. Der Therapeut achtet darauf, daß sich die angestrebte Veränderung nicht nachteilig für den Patienten auswirken kann oder doch Risiken mit sich bringen, die zu tragen der Patient gar nicht bereit sein dürfte, z.B. einen Verlust der Stelle. Der Therapeut achtet auch darauf, daß, was erreicht werden soll, realistisch und nach der Situation, in welcher der Patient steht und nach seiner Wesensart vermutlich auch erreichbar ist. Die Veränderung, die der Patient anstrebt, sollte mit den Bedürfnissen des freien, unbefangenen «Kindes» und mit der Abschätzung der Realität durch die «Erwachsenenperson» in Übereinstimmung stehen und die Entwicklung des Patienten zur Selbstverantwortlichkeit und den anderen, von der Transaktionalen Analyse aufgestellten Leitzielen fördern. Hier kommen also Wertmaßstäbe des Therapeuten mit ins Spiel. Immerhin kann es sogar nach Berne vorübergehend sinnvoll sein, bei einem Patienten zuerst einmal Elternstelle zu vertreten, wie er es anstrebt, und erst nachher ihn zur Autonomie zu führen. Extrem ist dies bei der Neubeelterung nach J. Schiff der Fall (s.S. 343ff).

Der Therapeut hat auch dem Patienten behilflich zu sein, das, was erreicht werden soll, klar, einfach und konkret sowie ohne «wenn» und «aber» *und positiv zu formulieren. Die Formulierung sollte sich meines Erachtens nicht darauf beziehen, daß eine Erlebnis- oder Verhaltensweise aufgegeben wird, sondern daß an Stelle einer aufzugebenden Erlebens- und Verhaltensweise eine andere tritt, die zu erreichen dann als Ziel formuliert wird. Zum Beispiel: *nicht* «Ich werde nicht mehr so perfekt sein!», *sondern* «Ich will, wo es niemandem schadet, Fünfe grade sein lassen!»

Berne hält sich nicht an diese Regel. Er läßt es z.B. gelten, wenn jemand vertraglich mit ihm abmacht, durch die Therapie sollte erreicht werden, daß er nicht mehr so beklommen sei, wenn er sich anderen zugesellt (1968a). Ich würde in einem solchen Fall abmachen, durch die Therapie solle erreicht werden, daß er sich frei und locker fühlen wird, wenn er sich einer Gesellschaft beigesellt.

Der Abschluß einer Behandlungsvertrages ist immer nur vorläufig: (1.) Es kann sich unter dem zuerst formulierten Ziel ein anderes, grundlegenderes oder zuerst anzustrebendes Ziel verbergen. Ich hatte verschiedentlich Patienten, die immer wieder heftige und unfruchtbare Auseinandersetzungen mit dem Ehepartner hatten, wobei sie sich auch mit obszönen Schimpfwörtern titulierten. Ich fomulierte als Ziel einer Behandlung, zu lernen, sich konstruktiv miteinander auseinanderzusetzen, wobei ich auch umschrieb, was ich unter «konstruktiv» verstehe. Es stellte sich nachträglich heraus, daß sie sich nur unter massivem Alkoholeinfluß zu beschimpfen pflegten. Es trat das Ziel in den Vordergrund, nur noch mäßig Alkohol zu trinken. Nach Weil soll es geradezu die Regel sein, daß das vorgestellte Problem nicht das eigentlich zu behandelnde Problem sei (Sell 1990/1991). Auch wenn das so sein sollte, muß meines Erachtens trotzdem ein vorläufiges Behandlungsziel aufgestellt werden. Im übrigen bestehen meistens mehrere

Probleme, wobei eines vom Therapeuten herausgegriffen werden soll, das er als grundlegend ansieht. Die anderen können später ins Auge gefaßt werden, wenn sie sich nicht erledigt haben. (2.) Der Patient ist oft beim Abschluß eines Behandlungsvertrages noch gar nicht fähig, seine ungetrübte «Erwachsenenperson» zu mobilisieren. Es stellt sich in solchen Fällen die Aufgabe, ihm die Möglichkeit nahezubringen, seine «Erwachsenenperson» zu aktivieren und einzusetzen. Nach Berne stellt sich sogar bei jeder Behandlung anfänglich diese Aufgabe. Manchmal ändert sich, wenn der Patient gelernt hat, seine «Erwachsenenperson» zu mobilisieren, das angestrebte Ziel; es ist auch möglich, daß dann sogar eine Behandlung gar nicht mehr notwendig ist! (3.) Der Therapeut kann zu Beginn der Behandlung noch ganz in seinem eigenen Bezugsrahmen (s. S. 251) befangen sein und muß sich erst einfühlen, in was für einer Welt sein Patient lebt, um das Ziel, das ihm der Patient nennt, in seiner Bedeutung für diesen abschätzen zu können. Es spricht dies dafür, daß nicht schon in den ersten therapeutischen Sitzungen der Abschluß eines Behandlungsvertrages gewaltsam vorangetrieben wird, sondern daß sich die «Kontrahenten» vorerst näher kennenlernen. Berne stellt an verschiedenen Orten seines Werkes fest, daß dem «Kind» des Patienten Zeit gelassen werden müsse, den Therapeuten kennen zu lernen, um Vertrauen zu ihm fassen zu können. Ich bin in Versuchung beizufügen: und dem «Kind» des Therapeuten Zeit gelassen, um den Patienten kennenzulernen! (4.) Ein angestrebtes Ziel kann «skriptfördernd» sein. Gar nicht selten haben Patienten bei mir als Ziel genannt, «sich besser durchsetzen zu lernen» und dahinter stand die destruktive Grundbotschaft «Du wirst dich nie mit irgend jemandem auf Dauer vertragen!». Seither habe ich, sich durchsetzen zu lernen, nicht mehr als Ziel einer Behandlung anerkannt, sondern den betreffenden Patienten geraten sich konstruktiv auseinandersetzen zu lernen, wozu auch gehört, daß er lernt, seine Ansichten mit Nachdruck zu vertreten. Sich unbedingt durchsetzen zu wollen ist meines Erachtens kein konstruktives Ziel, wenn es auch oft mit dem Erreichen von Selbstbewußtsein und Autonomie verwechselt wird.

Kann der Patient vorerst nicht genau sagen, weswegen er den Therapeuten aufgesucht hat, so ist er nicht wegzuschicken, wie von radikalen Transaktionsanalytikern schon vorgeschlagen wurde, sondern davon auszugehen, daß er sehr wohl ein Motiv gehabt hat oder noch hat, das er aber nicht zu formulieren vermag. Der Therapeut hat dann mit dem Patienten gemeinsam herauszufinden, weswegen er ihn aufgesucht hat. Manchem Patienten ist es ein ungewohnter Gedanken, sich ein Ziel zu setzen. Während es Transaktionsanalytiker gibt, die als Ziel einer Behandlung die Heilung von einem vermutlich erlebnisbedingten körperlichen Leiden, z.B. von hohem Blutdruck oder einem Magengeschwür, gelten lassen, wollen andere erst die Haltung oder den inneren Konflikt herausarbeiten, die dem Leiden zugrunde liegen und dann ein psychologisches Ziel setzen. Während der ersten Sitzungen kann der Therapeut dem Patienten erklären, was er ihm zu bieten hat, und dieser kann daraus wählen, was für ihn sinnvoll sein könnte. Keineswegs muß schon anläßlich der ersten Sitzung oder der ersten Sitzungen die Formulierung eines Behandlunsvertrages erzwungen werden. Viele Patienten müssen sich zuerst einmal angenommen und ernstgenommen erleben, um überhaupt auf ein formulierbares Motiv zur Behandlung angesprochen zu werden. Allerdings liegt es auch in einem solchen Fall im Sinne der Transaktionalen Analyse, auszumachen, daß sich Patient und Therapeut vorerst näher kennenlernen wollen. Realisiert der Patient, daß er nicht bekommen kann, was er möchte, können sich beide auf freundschaftlicher Basis wieder trennen (Berne 1966b, pp. 87, 92; 1972, p. 356/S. 402; Hagehülsmann U. 1992, S. 19).

Therapeut und Patient sollen immer wissen, an was sie arbeiten. In meinen Supervisionsgruppen war jeder Teilnehmer gehalten, bevor er über eine Behandlung berichtete, zu sagen, was er mit dem Patienten vereinbart hatte, zu erreichen und welches Teilziel er sich für die Sitzung oder die Sitzungsfolge, über die er berichtete, vorgenommen hatte. Der Behandlungsvertrag dient nämlich auch der Disziplinierung der Behandlung, die mehr sein soll als ein freundschaftliches Gespräch. Nach Gisela Kottwitz (1977) ist nicht anzunehmen, daß jemand Ziele erreicht, wenn er sich keine gesetzt hat! Nach meiner Erfahrung muß oft ein Behandlungsvertrag, der sich auf ein definierbares neurotisches Symptom bezieht, im Laufe der Behandlung geändert werden, ohne daß das Endziel, dieses Symptom zu verlieren, völlig fallen gelassen wird. Hinter den Symptomen stecken oft bestimmte seelische Störungen und Unzulänglichkeiten, an denen Therapeut und Patient nach ihrer Aufdeckung zu arbeiten beschließen. Es dürfte sich auch bei den psychosomatischen Symptomen so verhalten. Viele Symptome werden besser nicht frontal angegangen, sondern wie eine Festung zuerst umgangen.

Zum Abschluß eines Behandlungsvertrages gehört immer auch die Besinnung, wie sich der Patient selbst daran hindert, das zu erreichen, was er erreichen will. Mit der Frage danach können oft Widerstände, die immer mitspielen, direkt angegangen werden. Hat er Angst, ein Tabu aus seiner «Elternperson» zu verletzen? Muß er dann auf etwas verzichten, was ihm wichtig ist? Revoltiert vielleicht gar sein unbefangenes «Kind» dagegen, was heißen würde, daß der Behandlungsvertrag anders formuliert werden müßte? Mit einem Behandlungsvertrag sollte die ganze «O.K.-Familie», d.h. die teilnehmend-ermutigende «Elternperson», die sachbezogene «Erwachsenenperson» und das freie, unbefangene «Kind» mit seinen elementaren oder sublimierten Bedürfnissen einverstanden sein. Vorerst muß oft der Therapeut als Anwalt eines dieser Ich-Zustände des Patienten, die dieser möglicherweise noch gar nicht zu aktivieren bzw. auf sie zu hören, fähig ist, auftreten.

Der Abschluß eines Behandlungsvertrages kann eine halbe Stunde in Anspruch nehmen, häufig bei als gesund geltenden Menschen, die etwas an sich verändern wollen; sie kann aber auch zehn Sitzungen und mehr in Anspruch nehmen. *Immer ist der Abschluß eines Behandlungsvertrages bereits ein therapeutischer Akt!*

Manche Transaktionsanalytiker legen Wert darauf, den Vertrag schriftlich niederzulegen. Dazu werden sie wohl durch die in der Transaktionalen Analyse übliche Bezeichnung «Vertrag» verführt. Es fällt ihnen dann leichter, immer wieder darauf hinzuweisen, wenn der Patient einer eigentlichen Behandlung ausweicht. Ich habe das nie für nötig befunden, besonders auch weil ein solcher «Vertrag», wie bereits erwähnt, häufig nur vorläufig ist. Überdies wirkt eine schriftliche Ausführung – abgesehen von einer entsprechenden Notiz in der Krankengeschichte – pedantisch und kann den Antreiber «Sei perfekt!» bei Patient und Therapeut aktivieren! Ich nehme aber zur Kenntnis, daß andere Transaktionsanalytiker damit gute Erfahrungen gemacht haben.

In der Transaktionalen Analyse werden weiche von harten Verträgen unterschieden (Childs-Gowell 1979, p. 46). Ein weicher Vertrag ist ein solcher, bei dem der Erfolg nicht genau gemessen werden kann, z.B. wohlwollender mit sich umzugehen oder zwischen Wut und Angst unterscheiden zu lernen oder beweglicher zu sein. Ein *harter Vertrag* ist ein solcher, bei dem exakt gemessen werden kann, ob er erfüllt worden ist, z.B. jede Woche etwas ganz nur für sich zu tun oder an jeder Teamsitzung einmal das Wort zu ergreifen und sei es nur, um sein Einverständnis mit dem Votum eines anderen Mitgliedes zu erklären. Mit einem harten Vertrag ist genau bestimmt, wann das Ziel erreicht ist, trotzdem können weiche Verträge sinnvoll sein, wenn z.B. bei einer Gruppentherapie, die mehrere Tage dauert, nicht von vornherein gesagt werden kann, bei welchen Gelegenheiten eine angestrebte Veränderung geübt werden kann.

Für W.H. Holloway ist ein weicher Vertrag nicht nach einem faßbaren Ziel orientiert, zwischen jedem fügsamen «Kind» beider Partner ausgehandelt und darauf gerichtet nur «Fortschritte» zu machen, d.h. keine grundsätzliche Veränderung herbeizuführen (Holloway 1977).

Je unbestimmter die Worte sind, mit denen ein Vertrag formuliert wird, umso größer ist der Verdacht, daß er nicht vom Willen des Patienten getragen ist, das gesetzte Ziel wirklich zu erreichen, oder daß gar kein definiertes Ziel gemeint ist. Wörter wie «mehr», «etwas», «ein bißchen», «versuchen zu ... », «in Betracht ziehen», «wissen wollen, warum ...» sind in dieser Beziehung verdächtig, und wenn es der Vertrag vorsieht, eine Eigenheit des Patienten, z.B. ein Lieblingsgefühl auszumerzen, so ist es möglich, daß damit die Ansicht des Patienten, er sei nicht O.K., unterstützt wird. Das wäre nicht der Fall, wenn z.B. abgemacht würde, daß er das, was er erreichen will, zukünftig erreichen wird, ohne sein Lieblingsgefühl erpresserisch auszuspielen (M.u.W. Holloway 1973a).

M.u.W. Holloway unterscheiden grundsätzlich Behandlungsverträge, die sich auf ein Verhalten im Alltag beziehen, z.B. mindestens sechs Monate an einer Arbeitsstelle auszuharren oder seine Kinder nicht mehr zu prügeln, von einem Vertrag, mit dem Skriptfreiheit und Autonomie erreicht werden soll. Ein Vertrag, der sich nur auf eine Verhaltensänderung im Alltag bezieht, soll im allgemeinen durch die Einübung einer von Trübung befreiten «Erwachsenenperson» erfüllt werden können, während es zur Erfüllung eines Vertrages, mit dem Skriptfreiheit und Autonomie erreicht werden sollen, Auseinandersetzungen mit den destruktiven Grundbotschaften bedarf (M.u.W. Holloway 1973a). Meines Erachtens besteht zwischen diesen beiden Verträgen kein grundsätzlicher Unterschied bzw. würde ich mich weigern, einem Patienten nur dazu verhelfen, eine Arbeitsstelle mindestens sechs Monate nicht zu verlassen, wenn im Vertrag einbeschlossen nicht auch eine Änderung seiner Haltung zur Arbeit wäre, oder einem Vater das Prügeln seiner Kinder abgewöhnen zu helfen, wenn er nicht zugleich eine grundsätzlich andere Haltung seinen Kindern gegenüber anstreben wollte. Änderungen des Verhaltens sind meistens der erste Weg zu einer Änderung der Haltung sich, den andern und dem Leben als Ganzem gegenüber, auch wenn ich mir nicht immer vornehmen kann und will, den betreffenden Patienten im radikalen Sinn von allen seinen Skriptzwängen zu befreien und zur idealen Autonomie zu verhelfen, wenn es eine solche überhaupt gibt!

Für ganz verfehlt halte ich die von Holloway (1974) vertretene Ansicht, daß eine Verhaltensänderung «nur» mit Erlaubnissen als therapeutische Maßnahmen arbeite (s.S. 337), eine Skriptbefreiung aber nur mit Neuentscheidungstherapie (s.S. 346, dort auch zum Verhältnis «Erlaubnis» und «Neuentscheidung»).

Auch wenn Berne Skepsis bis Widerwillen gegen den Begriff «Fortschritte» in der Psychotherapie äußert (1964e; 1966b, p. 290; 1968; 1972, pp. 174–175/S. 213f), beweist das nicht, daß eine Behandlung und Heilung nicht einem Prozeß entspricht, und wo ein Prozeß vor sich geht, gibt es eben auch Fortschritte, was Berne an verschiedenen Stellen seines Werkes ohne weiteres bestätigt (1961, pp. 165, 166; 1966b, pp. 103–104, 221, 349; 1972, p. 362/S. 410, p. 363/S. 411). Eine unvollkommene Behandlung aber kann auch einmal bei einem Fortschritt stehenbleiben. Nur Fortschritte und keine Heilung erreichen zu wollen, widerspricht nach Berne dem Ziel der Psychotherapie!

Ein Therapeut, der nur vollkommene Ergebnisse anstreben will, ist kein guter Therapeut (Woollams u. Brown 1978, pp. 206–210). Dazu kommt, daß in der Transaktionalen Analyse im allgemeinen fokal, d.h. problemorientiert gearbeitet wird und ohnehin das Skript jeweils nicht als Ganzes angegangen und in seiner Auswirkung auf das Erleben und Verhalten aufgehoben wird.

Von einem Vertrag ist ein *Befehl* zu unterscheiden, der zu Beginn einer Behandlung vom Therapeuten autoritativ ausgesprochen werden kann: «Bring dich nicht um!», «Schlag deine Kinder nicht!» (Steiner 1974, pp. 305–306/S. 288).

10.4.2 *Didaktisches Interviewmodell

Ich habe das Schema eines Behandlungsvertrages in Form von Fragen formuliert, die sich mir bei Demonstrationen in Seminarien, bei denen sich Kollegen zur Verfügung stellten, bewährt haben. Es handelt sich bei der 1. bis zur 4. Frage gleichsam um eine Zusammenfassung des bereits zum Thema Gesagten. Die 5. Frage zielt auf eine «Hausaufgabe» (s. S. 358 ff).

1. «Was wollen Sie an sich verändern?»
2. «Wie werden Sie, wie werde ich, wie wird Ihre Umgebung im Alltag merken, daß Sie Ihr Ziel erreicht haben?»
3. «Wie könnten Sie sich daran hindern, das zu erreichen, was Sie erreichen wollen?» oder: «Auf was müssen Sie verzichten, wenn Sie das erreichen wollen?»
4. «Wollen Sie das wirklich erreichen oder meinen Sie nur, Sie sollten das erreichen?»
5. «Wenn Sie es wirklich erreichen wollen: Was wäre der erste kleine Schritt in diese Richtung?»

Diese Fragen, mit denen ich auf meine Art thesenartig zusammenfassen möchte, wie Berne und besonders James und Jongeward einen Behandlungsvertrag sehen, müssen natürlich in der Formulierung dem Verständnisniveau des Patienten angepaßt werden. Die Beantwortung mit Anregungen und Unterstützungen des Therapeuten kann, wie bereits gesagt, eine halbe Stunde dauern oder bis ungefähr zehn Sitzungen. Allenfalls, wenn das erste Ziel durch ein anderes ersetzt wird, müssen die Fragen neu angesetzt werden. Es handelt sich um einen Leitfaden für den Therapeuten und nicht um eine Anleitung zu einer Fünfminutentherapie!

10.4.3 Arbeitsvertrag nach Steiner

Wieder etwas anderes als ein Behandlungs- oder ein Verhaltensvertrag ist der Arbeitsvertrag:

Wieviel Zeit ist der Therapeut bereit, dem Patienten zu widmen und findet er sinnvoll? Was für ein Honorar wird er verlangen? Wie steht es mit der Bezahlung von Sitzungen, die der Patient versäumen könnte, sei es durch «Vergeßlichkeit» oder durch Krankheit? Wie steht es allenfalls mit Versicherungen? Steiner stellt vier Bedingungen: (1.) Der Vertrag muß auf einem gegenseitigen Einverständnis beruhen [mutual consent]; (2.) Leistung und Gegenleistung von Therapeut und Patient müssen sich abgewogen gegenüberstehen [consideration]; (3.) Der Patient muß vertragsfähig sein, was von einem Kleinkind, einem Geistesschwachen, einem Geisteskranken in einer Krise, einem Süchtigen in unzurechnungsfähigem Zustand nicht gesagt werden kann [competency]; (4.) der Inhalt des Vertrages muß moralisch und gesetzlich zulässig sein [lawful object] (Steiner 1974, pp. 291–299/S. 275–282). Ich füge mit Nachdruck von mir aus bei, daß der Therapeut seinerseits menschlich und beruflich kompetent sein muß.

10.4.4 Notverträge

10.4.4.1 Nicht-Suizid-Vertrag

Es kann sinnvoll sein, bei einem Einzelpatienten wie bei einem Teilnehmer einer therapeutischen Gruppe einen *Nicht-Suizid-Vertrag* abzuschließen, eine Vorkehrung, um bei einem depressiven oder verzweifelten Patienten oder doch einem solchen, aus dessen Temperament oder Vorgeschichte sich vermuten läßt, daß er während einer Krise in der Behandlung sich etwas antun könnte, diese Gefahr zu vermindern. M.u.R. Goulding haben sich besonders eingehend mit der Möglichkeit und Methode von Nicht-Suizid-Verträgen, die schon zuvor in der Psychiatrie gängig waren, befaßt. Es kann auch angebracht sein, einen solchen Vertrag mit einem Patienten oder Gruppenteilnehmer abzuschließen, von dem der Therapeut den Eindruck hat, er könnte unbewußt suizidal sein, indem er z.B. gefährliche Sportarten betreibt oder in einem Übermaß Alkohol oder Drogen zu sich nimmt. Bei einem solchen Vertrag handelt es sich äußerlich gesehen um eine Abmachung zwischen Therapeut und Patient, im Grunde genommen aber des Patienten mit sich selbst, daß letzterer sich innerhalb einer gewissen Zeitspanne nicht umbringt. Der Vertrag muß allenfalls dann wiederholt werden. Ein Ziel der Behandlung wird auf jeden Fall eine echte Entscheidung sein, unter allen Bedingungen am Leben zu bleiben. Meistens geht es um die Entschärfung der destruktiven Grundbotschaft «Sei nicht!» (M.u.R. Goulding 1979, pp. 50–55).

Manche Transaktionsanalytiker halten den Patienten schon zu Beginn der Behandlung an, die drei «Notausstiege» zu schließen, d.h. die Entscheidung zu treffen, sich auch in Zukunft und unter keinen Umständen je umzubringen, andere umzubringen oder verrückt zu werden (Stewart 1989, p. 81/S. 137). Sie betonen, daß es sich dabei um eine Entscheidung handle und nicht um ein Versprechen, was ich bezweifle. Eine Entscheidung oder ein Versprechen, sich auch in Zukunft niemals umzubringen, kann meines Erachtens nur eine solche/ein solches aus dem angepaßten Kind sein. Eine «Erwachsenenperson» wird sich nie für alle Zukunft festlegen, sondern kann höchstens auf die Gegenwart bezogen (sich) sagen: «Ich kann mir nicht vorstellen, mich je umbringen zu wollen!» Einen terminierten Nicht-Suizidvertrag, wie das Ehepaar Goulding einen solchen vorschlägt, finde ich jedoch sinnvoll.

Es wäre naiv zu glauben, mit der Möglichkeit eines Nicht-Suizid-Vertrages sei die Suizidgefahr bei einem Patienten in jedem Fall gebannt, insbesondere bei einem Patienten, der an einer ernsthaften Depression leidet. Auch beim Nicht-Suizid-Vertrag ist die Beziehung zwischen Patient und Therapeut maßgebend. Ist diese nicht tragfähig und handelt es sich beim Patienten erst noch um jemanden, der mit Vorliebe sein rebellisches «Kind» austrägt, so hat ein Nicht-Suizid-Vertrag praktisch keine Bedeutung (Kottwitz 1977), außer vielleicht bei einer übermäßig kritischen «Elternperson» des Patienten, dessen Direktive ihm gebietet, je ein auch nur formell abgegebenes Versprechen zu halten. Muriel James bekannte, daß sie kaum je einen formalen Nicht-Suizid-Vertrag abgeschlossen habe (1984).

Immer müssen auch einem transaktionsanalytisch arbeitenden Therapeuten die Erfahrungen der klassischen Psychiatrie geläufig sein, aus welchen Situationen oder Eigenheiten einer Persönlichkeit eine Suizidgefahr erwachsen kann:

1. Depressive, ängstlich-erregte Menschen, solche mit angestauten Emotionen und Aggressionen oder mit schweren Schuld- und Minderwertigkeitsgefühlen, solche, die das Gefühl haben, bedroht zu sein oder das Gefühl, daß niemand sich um sie kümmert, neigen eher zum Suizid. Das gilt auch für Menschen, die in einen unlösbaren Konflikt verstrickt sind, die tatsächlich oder vermeintlich für ewig oder unheilbar krank sind und für solche, die Stimmen halluzinieren, die ihnen befehlen, sich umzubringen.

2. Von psychischen Krankheiten sind Melancholien am meisten gefährdet, besonders, wenn sich die Stimmung zwar noch nicht gebessert hat, aber, sei es spontan, sei es durch ärztliche Maßnahmen, die Antriebslosigkeit bereits geschwunden ist. Bei an Schizophrenie Erkrankten, bei Süchtigen, bei Menschen mit langdauernden Schlafstörungen ist immer an die Möglichkeit von Suizidimpulsen zu denken.

3. Die sozialen Umstände spielen eine große Rolle: Isoliertheit, ein Mangel an religiösen Bindungen, berufliche oder finanzielle Schwierigkeiten, Suizide in der Familie oder in der näheren Umgebung. Letztere wirken besonders in der Pubertät «ansteckend».

4. Es ist zu beobachten und zu erfragen, ob der Betreffende schon einmal versucht hat, sich umzubringen, ob er bereits konkrete Vorstellungen hat, wie er einen Suizid bewerkstelligen würde.

5. Träume, in denen jemand sich selbst vernichtet, aber auch Sturz- und Katastrophenträume können ein Hinweis auf gleichsam noch unbewußte, Suizidgedanken sein.

In der Psychiatrie ist der einem Suizid unmittelbar vorausgehende Zustand unter dem Namen *präsuizidales Syndrom* (Ringel 1985) allgemein bekannt: (1.) Die Gedanken kreisen eintönig um die anscheinend oder scheinbar ausweglose Situation mit der entsprechenden Stimmung; (2.) es bestehen Aggressionen gegen sich selbst, (3.) es bestehen Suizidgedanken bereits mit der Vorstellung, wie ein Suizid vom Betreffenden begangen werden könnte.

*Sicherer als alle Verträge und Beachtung tabellarisch gesammelter Umstände ist ein echter, tragfähiger menschlicher Kontakt des Patienten zum Therapeuten, der oft eben gerade durch ein ruhiges, von Einfühlsamkeit und nicht von Moralisieren geprägtes Gespräch über Suizidalität gefördert wird. Daß der Patient das Gefühl hat, jederzeit dieses Thema aufgreifen zu dürfen, ist außerordentlich wichtig. Ein Patient, der mehr oder weniger feierlich einen Nicht-Suizid-Vertrag abgeschlossen hat, kann sich scheuen, Suizidanwandlungen zu gestehen und damit das Thema wieder aufzugreifen, besonders wenn er spürt, er könnte dabei den Psychotherapeuten in Angst versetzen, so daß ein ernsthaftes Gespräch mit ihm über diese Möglichkeit gar nicht mehr möglich wäre.

Wenn Berne mit einem Patienten arbeiten sollte, der suizidal war, dann stellte er ihm vorgängig drei Bedingungen: sich nicht umzubringen, solange seine Kinder noch nicht 18jährig sind; sich nicht umzubringen, solange noch seine Eltern leben; sich nicht umzubringen unter Benutzung von Medikamenten, die ihm der Therapeut verschrieben hatte (1972, p. 197/S. 237f). Diese Bedingungen richten sich an die «Erwachsenenperson» des Patienten (ER_2).

10.4.4.2 Nicht-Tötungs-Vertrag

Es kommt auch vor, daß die Autoren mit Teilnehmern, bei denen die Möglichkeit besteht, daß sie gewalttätig werden könnten, Verträge abschließen, nicht gewalttätig zu werden oder gar andere umzubringen oder sich so zu verhalten, daß dieses Risiko besteht (alkoholisierte Autofahrer!): *Nicht-Tötungs-Vertrag*. Eine Möglichkeit, sie dazu zu bewegen, könne darin bestehen, ihrem inneren Kind die Strafe auszumalen, die sie auf sich nehmen müßten, wenn etwas passieren sollte (M.u.R. Goulding 1979, p.60/ S.81).

10.4.4.3 Nicht-Psychose-Vertrag

Es gibt auch *Nicht-Psychose-Verträge* mit Gruppenteilnehmern, von denen bekannt ist, daß sie ab und zu im Alltag psychotischen Episoden verfallen. Gemeinsam mit ihnen kann zuerst abgeklärt werden, welche Situationen jeweils vorausgehen, denen sie durch einen psychotischen Zusammenbruch auszuweichen versuchen. Dann können sie dazu verpflichtet werden, aufzumerken, wenn eine solche Situation eintritt oder einzutreten droht, um dann sofort ihre Medikamente zu nehmen oder andere Maßnahmen zu treffen, um ein solches Abgleiten zu verhindern. Einer Teilnehmerin wurde bewußt, daß sie jeweils «verrückt» wurde, wenn in der Gruppe über Wut oder Sex gesprochen wurde, und sie konnte dazu veranlaßt werden, in einem solchen Fall den Gruppenraum zu verlassen (M.u.R. Goulding 1979, pp.61–69/S.83–92). Es ist zu vermuten und wird auch von den Autoren angedeutet, daß Nicht-Psychose-Verträge hauptsächlich bei Borderline-Patienten angebracht sind, bei denen es typischerweise äußere Situationen sind, die eine seelische Gleichgewichtsstörung zur Folge haben. Immerhin gibt es, wenn auch selten, Patienten, die an Prozeßschizophrenien leiden, die psychotische Episoden kommen spüren und dann sofort Medikamente nehmen oder deren Dosierung erhöhen – ein Idealfall für den behandelnden Psychiater!

10.4.4.4 Allgemeines zu den Notverträgen

M.u.R. Goulding sind sich durchaus klar darüber, daß nicht jeder suizidgefährdete, zu Gewalttätigkeit neigende oder von einer Psychose bedrohte Patient fähig ist, einen solchen Vertrag «gültig» abzuschließen und durchzuhalten und daß manchmal andere Maßnahmen ergriffen werden müssen. Sie scheinen diesbezüglich ihrer Intuition zu vertrauen.

10.4.5 Dreiecksvertrag

Fanita English empfiehlt einen Dreiecksvertrag zu Beginn eines Seminars einzusetzen, das weder vom Leiter selbst noch von den Teilnehmern anberaumt worden ist, sondern von einem Dritten, z.B. von der Leitung einer Firma oder vom Chef einer Klinik. Hier müßten die Erwartungen zwischen diese übergeordneten Instanz gegenüber dem Leiter einerseits, den Teilnehmern andererseits zuerst klargestellt werden und dann zu den Erwartungen zwischen Seminarleiter und Teilnehmern in Beziehung gesetzt werden (English 1975; Wright 1977). Dieser Vorschlag hat sich mir sehr bewährt.

Ich habe diesen Vorschlag analog in eine andere, ebenfalls schwierige Situation umgesetzt. Mit einem Klienten, der von seinen Angehörigen oder von behördlichen Instanzen zur Behandlung eingewiesen wird, ist offen zu besprechen, was derjenige, der ihn geschickt hat, einerseits von ihm und andererseits vom Therapeuten erwartet und dann klarzustellen, was Patient und Therapeut nun von einander erwarten und unternehmen wollen.

Analogie zum Dreiecksvertrag nach English

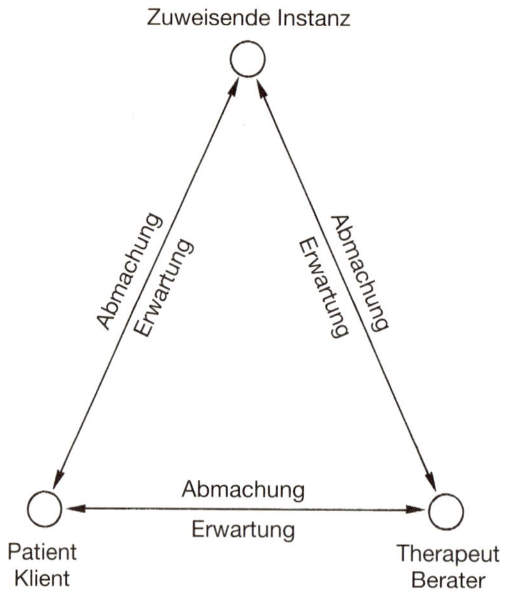

Abb. 41

Zum *Verhaltensvertrag* oder zur *Hausaufgabe* s. S. 358ff, zum *Konfrontationsvertrag* s. S. 291f, zum *Explorationsvertrag* s. S. 305, zum *Echtheitsvertrag* s. S. 306!

10.5 Acht von Berne hervorgehobene therapeutische Interventionen

Berne hat acht grundlegende «Therapeutische Techniken» beschrieben, die er im Zusammengang mit gruppentherapeutischen Erörterungen vorlegt (1966b, pp. 233–247), ohne daß sie aber doch wohl auf die Gruppentherapie zu beschränken sind. Diese Interventionen weisen nach ihm eine «gewisse logische Ordnung» auf, würden aber doch nicht ausnahmslos aufeinanderfolgenden Behandlungsstadien entsprechen. Es sei betont, daß die erwähnten Eingriffe weder nach Berne noch nach meiner Ansicht, alle möglichen und auch nur sinnvollen Interventionen des Therapeuten bei einer Behandlung umfassen. *Zu den hier aufgezählten acht Interventionen, in denen der Therapeut als «Erwachsenenperson» die «Erwachsenenperson» des Patienten ansprechen will, könnten noch andere erwähnt werden wie sachliche Erklärungen, Spielantithesen (s. S. 168), Hinweise auf den Behandlungsvertrag (s. S. 279ff), Umdeutungen u.a.. Berne selbst erwähnt noch Interventionen, die der Therapeut als Elternperson durchführt, womit er das «Kind» des Patienten anspricht, nämlich Unterstützung, Ermutigung, Überzeugung, Mahnung (1966b, pp. 248–249). In späteren Veröffentlichungen kommt dann als «entscheidende Intervention» die *Erlaubnis* dazu (s. S. 337ff).

Das Kapitel über die acht Interventionen hat einen engen Bezug zum nachfolgenden über Therapieplanung (S. 300–302), denn die Interventionen haben sich dieser einzuordnen. Es hat auch einen engen Bezug zu den späteren Kapiteln über die verschiedenen Behandlungsansätze (S. 306–354). Obgleich die acht Kategorien von Interventionen nicht so scharf voneinander zu unterscheiden sind, wie Berne vorgibt, geben die Erläuterungen dazu einen guten Eindruck vom therapeutischen Vorgehen von Berne und zudem allgemein wertvolle Anregungen.

10.5.1 Befragung [Interrogation]

Berne schreibt verschiedentlich, daß es sinnvoll sei, eine medizinische und psychiatrische Vorgeschichte zu erheben (1966b, pp. 33, 41; 1972, pp. 309–310/S. 354f). In den Ausführungen, auf die ich mich hier beziehe, streitet er das nicht ab, warnt aber davor, dem Patienten damit Gelegenheit zu geben, das ausweichende Spiel «Psychiatrische Vorgeschichte» zu spielen (1966b, p. 234). Mit dem, was er bei der Aufzählung von acht wichtigen Interventionen unter *Befragung* versteht, meint er nicht eine mehr oder weniger systematische Befragung zur Erhebung der Vorgeschichte, sondern *Fragen als Interventionen!*

«Die Befragung dient dem Therapeuten dazu, für die Behandlung entscheidende Punkte herauszuschälen» (frei nach Berne 1966b, p. 233). Meines Erachtens geht es bei den erwähnten «entscheidenden Punkten» darum, das Problem oder den Konflikt zu entdecken, der hinter den Beschwerden des Patienten steckt und auf die es letztlich therapeutisch einzugehen gilt, auch wenn möglicherweise der Patient, unbewußt oder halbbewußt, ein anderes Problem oder einen anderen Konflikt in den Vordergrund schieben sollte. Diese Fragen haben eine gewisse Ähnlichkeit mit Konfrontationen.

Ein Patient hatte von seiner Herkunftsfamilie und seiner Kindheit erzählt, dabei aber kein Wort über seinen Vater verloren. Der Therapeut fragte: «Ist ihr Vater nicht erwähnenswert?»

Die Frage, weswegen der Patient mit früheren Therapeuten nicht zufrieden war, ist wichtig. Auf die Antworten des Patienten kann es sinnvoll sein, die Frage zu stellen: «Und was sehen Sie vor, daß das nicht auch mit uns passiert?» (frei nach Berne 1972, pp. 309–310/S. 354ff).

Die Fragen richten sich nach Berne im allgemeinen an die «Erwachsenenperson» des Patienten (s. dazu auch S. 262) und erlauben damit, unabhängig von ihrem Inhalt, auch klarzustellen, inwiefern der Patient ohne weiteres dazu fähig und willens ist, seine «Erwachsenenperson» zu aktivieren, was sich aus einer überlegten, von elternhaften Allgemeinplätzen, Dogmen oder Vorurteilen freien und direkten Antwort ergibt, mit welcher der Patient weder ausweicht noch die Einladung zu einem Spiel verbindet (1966b, p. 233). Zur Befragung gehört wohl auch, daß der Therapeut bei dieser Gelegenheit auf die Stimme des Patienten achtet. Innerhalb der ersten Viertelstunde sollen ja nach Berne allein aus der wechselnden Stimmlage, allerdings im Zusammenhang mit dem Inhalt des Gesagten, mindestens zwei verschiedene Ich-Zustände zur Geltung kommen (1972, p. 324/S. 370). Berne widerspricht sich selbst, wenn er sagt, eine Befragung solle nur stattfinden, wenn der Therapeut sicher sei, daß der Patient als Erwachsenenperson reagieren werde und nur ganz ausnahmsweise, wenn er dessen nicht sicher sei (1966b, p. 234). *Zwar realisiert der Patient als Erwachsener vermutlich, worauf der Therapeut hinauswill, und dieser bekommt eine «brauchbare» Antwort, aber es entgeht dem Therapeuten die Information, was durch die Frage in der «Elternperson» und im «Kind» ausgelöst wird.

10.5.2 Hervorhebung [Specification]

Im Anschluß an die Befragung kommt der Therapeut auf gewisse Informationen, die er vom Patienten erhalten hat, zurück, indem er sie zusammenfassend wiederholt («So wollten sie also immer Dinge kaufen, die teuer sind!») oder bereits eigene Kommentare beifügt («Da kam immer wieder ihr inneres kleines Mädchen zum Ausdruck!»).

Ein Ehemann war aus irgendeinem Grund gegen das Fernsehen eingestellt. Für die Frau war das Fernsehen eine willkommene Gelegenheit zur Belehrung und Unterhaltung. Süchtig war sie keineswegs. Als sie auf den Wunsch des Mannes nicht eingehen wollte, sagte dieser: «Dann betrete ich das Wohnzimmer nicht mehr!» Darauf verzichtete die Ehefrau auf den Apparat. Der Therapeut meinte rein nur als Feststellung einer Tatsache: «Sie pflegen also ihre Bedürfnisse gegenüber denen ihres Mannes zurückzustellen!»

Erst später, wenn der Therapeut diese Szene wieder aufgreift, mag er diese Feststellung auf andere Art formulieren: «Sie ließen sich mit Erfolg von ihrem Mann dominieren!»

Der Therapeut hebt nach Berne solche Punkte hervor, von denen er vermutet, daß er später bei gezielten therapeutischen Interventionen wieder darauf Bezug nehmen wird. Das ist besonders wichtig, wenn er annimmt, der Patient könnte später nichts mehr von dem, was er zuvor gesagt hat, wissen wollen. Auch als Vorbereitung zu späteren transaktionsanalytischen Deutungen könnten solche Hervorhebungen dienen.

Solche Hervorhebungen können auch wieder verschiedene Ich-Zustände beim Patienten mobilisieren: «Das ist interessant; an so etwas habe ich bis jetzt nicht gedacht!» («Erwachsenenperson»); «Das ist wirklich unreif von mir!» (nach Berne Ausdruck der «Elternperson» (Ich würde genauer sagen: eines unter einer kritischen «Elternperson» stehenden reaktiven «Kindes»); «Da haben Sie ganz recht!» oder «So genau trifft das nicht zu!» (nach Berne Ausdruck des «Kindes»). Der Patient (Berne: sein «Kind») soll allerdings durch solche Zusammenfassungen oder Kurzkommentare nicht erschreckt werden, da sonst, füge ich von mir aus bei, nur unwillkommene Widerstände geweckt werden («Ihre homosexuelle Seite scheint stark ausgebildet zu sein!»). Überdies sollen nach Berne keinesfalls in ihrer Bedeutung noch ungeklärte Ausdrücke verwendet werden (wie es z.B. mit dem Ausdruck «homosexuell» einem Laien gegenüber im obigen Beispiel der Fall ist).

Wenn solche Hervorhebungen bereits Ansätze zu einer Deutung enthalten, erinnern sie an die Probedeutungen der Psychoanalytiker, mit denen diese bereits im Erst- oder Zweitinterview abtasten wollen, wie stark die Widerstände des Patienten bzw. seine Offenheit gegenüber «dem Unbewußten» sein könnte, genauer: seine Bereitschaft, seinen Bezugsrahmen in Frage stellen zu lassen. Auch dabei gilt es, das «Kind» des Patienten nicht zu erschrecken, wenn immerhin doch auch leidenschaftliche und entrüstete Äußerungen der Ungläubigkeit und Abwehr einen wichtigen Aussagewert haben und übrigens günstigere Aussichten eröffnen als eine verständnislose Gleichgültigkeit. Berne schreibt schließlich nebenbei auch, es könne sinnvoll sein, auszuprobieren, wie weit der Therapeut gehen könne, ohne dem «Kind» des Patienten Angst zu machen (1966b, p. 234).

10.5.3 Konfrontation [Confrontation]

Konfrontieren heißt *Gegenüberstellen*, ursprünglich: einen Angeklagten oder Zeugen dem Gerichtshof gegenüberstellen, später: einem Angeklagten einen Zeugen gegenüberstellen. In einem weiteren Sinn heißt es heute soviel wie *Vor-Augen-Führen.*

Als Konfrontation bezeichnet Berne eine Intervention, die Informationen des Patienten aufgreift, die auf eine Unvereinbarkeit hindeuteten. Eine solche Konfrontation bringe die «Elternperson», das «Kind» oder die getrübte «Erwachsenenperson» aus der Fassung und wende sich an den ungetrübten Teil der «Erwachsenenperson». Sie dürfe nicht kritisch gemeint oder auch nur so formuliert werden, daß sie kritisch aufgefaßt werden könnte (1966b, pp. 235–236). Es handelt sich um eine sehr bedeutungsvolle Interventionen, denen meines Erachtens die lapidaren Ausführungen von Berne zu diesem Thema nicht ganz gerecht werden. Wenn Berne eine Konfrontation vor allem dann einzusetzen empfiehlt, wenn ein Patient ihn zu hintergehen versuche oder «dumm» spiele, greift er meines Erachtens nicht das Wesentliche einer Konfrontation heraus und leistet zudem dem Mißverständnis Vorschub, eine Konfrontation in der Psychotherapie habe eine aggressive Färbung.

Es gibt verschiedene Arten von Widersprüchen, auf die ein Therapeut den Patienten aufmerksam machen mag, (1.) zwischen bisherigen Vorstellungen von sich selbst und tatsächlichem Erleben und Verhalten; (2.) zwischen bisherigen Vorstellungen von der äußeren Realität und offensichtlicher Realität; (3.) zwischen dem Ziel, das der Patient erreichen möchte und seinem Verhalten; (4.) zwischen dem offensichtlichen emotionalen Gehalt von einer Aussage und den begleitenden mimischen Äußerungen und Gebärden.

Der Transaktionsanalytiker, der überzeugt ist, daß es für jeden Menschen sinnvoll ist, Selbstverantwortlichkeit, Echtheit, redliche Mitmenschlichkeit und Unvoreingenommenheit gegenüber der Realität zu erlangen (s. S. 371ff) wird den Patienten in dem Maße, wie dieser dazu aufnahmefähig und bereit ist, mit einem von diesen Zielen abweichenden Erleben und Verhalten konfrontieren. Genau besehen, lassen sich die in der obenerwähnten Auswahl erwähnten Widersprüche diesen Zielen einordnen.

Eine therapeutische Konfrontation macht also den Patienten auf etwas aufmerksam, was er bis jetzt nicht beachtet hat, was ihm nicht bewußt war und/oder was er bis jetzt abgewehrt hat, weil es nicht in sein Selbst- und Weltbild paßte, ein «blinder Fleck» also. Eine Konfrontation sollte nicht als sichere Behauptung aufgestellt werden, sondern als Vermutung («Ich habe den Eindruck, sie hatten damals das Leben genossen, obgleich sie gestern sagten, sie hätten dem Leben noch nie irgendetwas abgewinnen können!»), als sachliche Feststellung («Sie haben soeben gelächelt, als Sie vom Tod ihres Vaters sprachen!») oder als Frage («Könnte Sie nicht die Freude am Alleinsein daran hindern, Freunde zu gewinnen, was Sie sich doch als Ziel vorgenommen haben?»).

Vorteilhaft ist der vorgängige Abschluß eines *Konfrontationsvertrages.* Darunter wird die Abmachung verstanden, daß der Therapeut der Patienten darauf aufmerksam machen darf, daß etwas, was der Patient äußert, seiner bewußten Vorstellung von sich oder der Realität oder dem Ziel, das er erreichen will, widerspricht oder ihm schaden könnte. Eine solche Abmachung erhöht die Wahrscheinlichkeit, daß das «Kind» des Patienten eine Konfrontation weder als Kränkung noch als Angriff erlebt und sich dementsprechend nicht sofort verteidigt («So war es doch nicht gemeint!») oder schmollend zurückzieht («Jetzt haben Sie mich aber verletzt!») oder aber indem er sich aus seiner «Elternperson» wehrt («Ich bleibe dabei, daß ... ») oder, was der Therapeut sagt, ungeprüft abwertet («Das hat doch nichts zu sagen!»), sondern vielmehr seine «Erwachsenenperson» einschaltet («Interessant! Das habe ich gar nicht bemerkt!» oder «Ich will darüber nachdenken!» oder «Jetzt geht mir ein Licht auf!» oder nach einiger Besinnung in sachlichem Tonfall: «Ich sehe das anders!»).

Eine Konfrontation ist nach Berne «angekommen», wenn sie beim Patienten Betroffenheit auslöst, was sich entweder in einem nachdenklichen Schweigen oder in einem innerlichen Lachen zeigen könne. Das nachdenkliche Schweigen könne zu einem einsichtsvollen Aha-Erlebnis führen oder aber auch zu einer Ablehnung (Berne: zum Aufbau eines Widerstandes); das, was Berne hingegen als «einsichtsvolles Lachen» meint, ist ein humorvoll aufgenommenes bestätigendes Aha-Erlebnis. Ich füge von mir aus bei, daß ein an sich durchaus einsichtsvolles Aha-Erlebnis auch mit Selbstabwertung einhergehen kann, wenn der Patient seine wohlwollende «Elternperson» noch nicht in sich entdeckt oder noch nicht genügend entwickelt hat. (Klagend: «Jetzt mußte ich so alt werden, bis mir dies bewußt geworden ist!»). Vielleicht war er für diese Konfrontation noch nicht bereit. Die Beziehung zwischen Therapeut und Patient kann aber auch bereits so gefestigt sein oder der Patient vom Wohlwollen des Therapeuten so überzeugt, daß dieser die Reaktion mit einer positiven Umdeutung auffangen kann («Schön, daß Sie in Ihrem Alter noch solche Entdeckungen machen können!»). Es kommt allerdings auch vor, daß eine Erschütterung auf eine Konfrontation eine angemessene Reaktion ist, z.B. wenn aus ihr hervorgeht, daß sich der Patient in seinem Vorleben, ohne sich dessen bewußt zu sein, jemand anderem gegenüber schuldig gemacht hat. Dann ist es wichtig, daß seine «Erwachsenenperson» stark genug ist, um damit fertig zu werden. Konfrontationen sollen einen Patienten nicht überfordern!

Weiss (1977) hat Regeln zur Anwendung von therapeutischen Konfrontationen zusammengefaßt. Konfrontation bedeutet für sie, den Patienten darauf aufmerksam zu machen, daß er seine Probleme nicht selbständig anpackt, also das, was die Schiffschule als Passivität bezeichnet. Deshalb habe ich diese Regeln, auf die ich hier nachdrücklich verweise, an der entsprechenden Stelle wiedergegeben (s. S. 321). Noch umfangreicher sind die Ausführungen von Micholt (1984) zum Thema «Konfrontation». Ich bin allerdings nicht mit der Autorin einverstanden, wenn sie eine Konfrontation unter Umständen auch durch das «Kind» oder die «Elternperson» des Therapeuten für sinnvoll hält. Meines Erachtens sollte nur sachlich überlegt konfrontiert werden. Daß ein Therapeut dabei in Übereinstimmung mit seiner wohlwollenden «Elternperson» und seinem unbefangenen «Kind» handelt, wird der Patient spüren.

10.5.4 Erläuterung [Explanation] oder *Transaktionsanalytische Deutung

Eine transaktionsanalytische Deutung [Explanation = Erläuterung] ist nach Berne ein Versuch, die «Erwachsenenperson» des Patienten zu stärken (zu aktivieren) und von Trübungen zu befreien oder sie «neu zu orientieren» (1966b, p. 236). Wie andere Stellen im Buch zeigen, versteht Berne hier unter «neu zu orientieren» soviel wie «konstruktiver einzusetzen».

Als Beispiel zitiert Berne folgenden Satz: «Sehen Sie: Das Kind in Ihnen war in Gefahr, aktiviert zu werden, und wenn das passiert, dann pflegt Ihre «Erwachsenenperson» zu schwinden und Ihre «Elternperson» das Heft in die Hand zu nehmen und so kommt es, daß Sie Ihre Kinder anschreien!». *Ich stelle mir zu dieser Intervention vor, ein Vater sei im Kinderzimmer zu einer Kissenschlacht unter seinen Sprößlingen gestoßen.

Hat der Patient die Deutung als Erwachsener aufgenommen, mag er nach Berne sagen: «Genau!», hat er sie aber als Elternperson verstanden, könnte er äußern: «Warum aber auch benehmen sich meine Kinder immer so!?» und wurde durch die Deutung das «Kind» aktiviert: «Oho, das muß ich meiner Frau erklären!» (1966b, p. 236). Er könnte sich aber der Offenheit gegenüber dem vom Therapeuten eröffneten Sinnzusammenhang auch verschließen durch Spielansätze wie: «Ja, aber ...» oder «Das sind doch gar keine Kinder mehr, sondern Jugendliche!» oder «Ja, halt! Gestern sagten Sie ...» (Berne 1966b, p. 237).

Berne empfiehlt, solche Erläuterungen bei jeder Gelegenheit anzubringen, wenn der Patient genügend darauf vorbereitet und anzunehmen sei, daß er sie als «Erwachsenenperson» aufnehmen werde, nicht jedoch, solange er eine unüberwindliche Neigung habe, in manipulative Spiele (oder den Versuch dazu) auszuweichen. Er warnt davor, solche Erläuterungen zu langatmig abzugeben, sonst könnte sich der Therapeut sich selbst in das Spiel «Psychiatrie – Typus ‹Transaktionale Analyse›» verfangen.

Ich verstehe hier den Begriff Deutung als Einordnung eines Erlebens oder Verhaltens des Patienten, wozu ich auch Gefühle, Phantasien und Träume sowie Absichten und Handlungsansätze zähle, in einen dem Patienten vordem unbekannten, aber vom Therapeuten vorausgesetzten Bedeutungszusammenhang. Der Zweck einer Deutung ist eine Einsicht, die das Wissen des Patienten um sich selbst vermehrt und ihn dadurch verwandeln, d.h. zukünftig sein Erleben und damit auch sein Verhalten verändern soll. Eine intellektuell verstandene Einsicht allein führt nicht zur Wandlung oder Veränderung. Es bedarf dazu der Durcharbeit (s.u.). Außerdem wird sie in der Transaktionalen Analyse oft durch Kombination mit Verfahren, die eine korrigierende emotionale Erfahrung erlauben, kombiniert, wie dies z.B. bei der Neuentscheidungstherapie (s. S. 347ff) geschieht, aber auch der Behandlung mit Erlaubnissen zugrunde liegt (s. S. 337ff). Weiter braucht es fast immer der Festigung durch Ermutigung (s. S. 266ff) und der Übung einer momentan vollzogenen Veränderung, wozu z.B. Verhaltensverträge dienen (s. S. 358f). Manchmal geht sogar die Übung voraus («Jetzt machen Sie einen Versuch: Sie gehen hin und behandeln einmal drei Tage lang Ihren Mann, als wenn überhaupt nichts zwischen Ihnen wäre!» – dazu abgesprochene Verhaltensregeln). In einem solchen Fall kann die Wandlung *nach* der Übung erfolgen und die Einsicht sogar erst nach der Wandlung! (s. S. 358). *Einsicht – Verhaltensmodifikation – Wandlung* in beliebiger Reihenfolge!

Eine Deutung ist also als eine Einordnung in einen Bedeutungszusammenhang zu verstehen. Dieser steht in einer engen Beziehung zu den theoretischen Auffassungen des Therapeuten. Das Beispiel von Berne zeigt eine transaktionsanalytische Deutung, denn es werden ihr Vorstellungen aus der Lehre von den Ich-Zuständen zugrunde gelegt. Obgleich Berne auch später nochmals betont, daß das, was er hier Erläuterung nennt, nur den Zweck habe, den Patienten anzuleiten, seine «Erwachsenenperson» zu aktivieren und von Trübungen befreien zu lernen, handelt es sich, wie bereits erwähnt, bei dem, was Berne Erläuterung nennt, um transaktionsanalytische Deutungen, abgesehen von der Arbeit am Skript, die unter einen später zu erwähnenden Titel fällt, aber einschließlich der Deutung von manipulativen Spielen. In bezug darauf, daß Berne schreibt, es gehe ihm bei der Erläuterung nur um die Klarstellung und Aktivierung der «Erwachsenenperson», läßt sich ja auch sagen, daß sich, mindestens theoretisch, niemand in manipulative Spiele verfangen kann, der in kritischen Situationen seine «Erwachsenenperson» zu aktivieren geübt ist. Darum läßt sich in der Praxis die «Stärkung» der «Erwachsenenperson», wie Berne das nennt, und seine Befreiung von Trübungen nicht ohne Analyse der vom Patienten durchgeführten manipulativen Spiele durchführen. Spielansätze zu erkennen und auf Spiele zu verzichten, gehört zweifellos auch zur Vorbereitung einer konstruktiven Bewältigung des Alltags mit seinen mannigfachen mitmenschlichen Beziehungen [symptomatic and social control], der ja die «Vorherrschaft der ‹Erwachsenenperson›» dienen soll (Berne 1961, pp. 164–165).

10.5.5 Veranschaulichung [Illustration]

Darunter versteht Berne eine Anspielung, ein Epigramm, eine Anekdote, ein Gleichnis oder ein Vergleich, der einer erfolgreichen Konfrontation unmittelbar oder auch, wenn sie in einer bestimmten Situation wieder aktuell werden sollte, nach Wochen folgt. Sie soll dadurch an Nachdruck gewinnen; auch können allenfalls unerwünschte Folgen dadurch gemildert werden. Berne sieht in der Illustration eine Möglichkeit, die «Erwachsenenperson» besser von der «Elternperson» und vom «Kind» abzugrenzen, so daß die Gefahr eines «Abgleitens» geringer sei (1966b, pp. 237–238). Diese Vorstellung ist für Berne ein Grund, diese Intervention in ausdrücklicher Abhebung von den zuvor besprochenen als *Interposition* zu bezeichnen. Was er damit sagen will, ist mir unklar.

Ein Beispiel einer solchen Veranschaulichung gibt Berne im Anschluß an die Bemerkung einer Patientin, es falle ihr schwer, etwas dazu zu tun, damit es ihr besser gehe, weil das ihren Eltern so passen würde. Berne erzählt darauf die Anekdote von einem Betrunkenen, der von einem Polizisten nachts im Winter dem Erfrierungstod ausgesetzt vor seiner eigenen Haustüre entdeckt worden sei. Dem Polizisten, der ihn vor der Kälte warnte, sagte er: «Ich habe geläutet, aber niemand kam!» – «Warum läuten Sie nicht nochmals?» – «Die sollen nur warten!» (1966b, p. 255).

Eine solche Veranschaulichung soll nach Berne humorvoll sein und leicht verständlich, um nicht nur die «Erwachsenenperson», sondern auch das «Kind» anzusprechen. Sie ist nicht angebracht, wenn das «Kind» des Angesprochenen überempfindlich ist, d.h. sich lächerlich gemacht vorkommen sollte und entsprechende Rabattmarken sammelt (s. S. 140ff). Auch der Patient, der sich selbst zu ernst nimmt und alles wörtlich auffaßt, kann eine solche Veranschaulichung übelnehmen. Sie setzt einen Zugang zum eigenen unbefangen «Kind» voraus, was jemandem schwerfällt, der zu sehr unter dem Druck einer strengen «Elternperson» steht (1966b, pp. 238–239).

Zu den Veranschaulichungen rechnet Berne auch Vergleiche mit andern Gruppenmitgliedern, z.B. «Das ist genau wie bei Toni!», wobei indirekt auch Toni angesprochen wird und vielleicht auch angesprochen werden soll. Dieser kann auch direkt angesprochen werden: «Das ist bei dir, Toni, gerade so, wie ich eben bei Margrit festgestellt habe!» womit derjenige, auf dessen Konfrontation hin der Vergleich erfolgte, indirekt nochmals angesprochen wird (1966b, p. 238).

Die Veranschaulichung [Illustration] nach Berne darf nicht verwechselt werden mit der *Behandlung durch Gleichnisse* [Metaphern], wobei es sich zwar ebenfalls um Anekdoten, Märchen, Geschichten, wahre und erfundene Analogien zu Schicksalen anderer Menschen handelt, die jedoch immer schon, wenn auch in verschleierter Form, Lösungsvorschläge enthalten. Diese gleichnishaften Geschichten können auch dann wirksam sein, wenn der Patient den Bezug zu seiner Leidensgeschichte nicht klar durchschaut, ja, gegebenenfalls sogar behauptet, mit der Erzählung nichts anfangen zu können (Gordon 1978; Peseschkian 1979). Die Behandlung mit solchen Gleichnissen ist eine therapeutische Methode, die noch subtiler ist als die unterstützende Veranschaulichung von Konfrontationen, die Berne beschreibt, und erfordert ein noch größeres intuitives Geschick der Therapeuten. Sie hat auch nicht den Nebenzweck einer humorvollen Auflockerung der therapeutischen Arbeit, wie sie für Berne beim Einsatz von veranschaulichenden Exkursen wichtig ist (1966b, pp. 238, 239).

10.5.6 Bestätigung [Confirmation]

Die *Bestätigung* oder *Bekräftigung* ist nach Berne eine Intervention, durch welche die «Erwachsenenperson» noch schärfer und sicherer von den beiden anderen Ich-Zuständen abgehoben werde, als dies bereits durch frühere Konfrontationen geschehen sei. Bei einer Bestätigung werde das «Kind» sozusagen «in seine Schranken verwiesen». Die Folge könne sein, daß es sich ertappt fühle und grolle, aber auch, daß ihm die Aufmerksamkeit des Therapeuten imponiere und Vertrauen erwecke (Berne 1966b, p. 240).

«Früher sagten Sie von Ihren Magenschmerzen ‹Ist das nicht schrecklich!› und jetzt, nachdem Ihnen Ihr Arzt Diät verschrieben hat, sagen Sie *dazu* ‹Ist das nicht schrecklich!› Das scheint mir die Vermutung zu bestätigen, daß Sie immer eine Gelegenheit suchen, ausrufen zu können ‹Ist das nicht schrecklich!» (Berne 1966b, p. 240).

Der Patient sollte nach Berne bei Anwendung dieser Intervention bereits fähig sein, seine «Erwachsenenperson» zu aktivieren. Das «Kind» in seine Schranken zu verweisen dürfe nicht zu einem Triumph der «Elternperson» führen: *«Ich habe schon immer gesagt, du bist zu naseweis!». Die Bestätigung dürfe aber auch nicht das «Kind» in eine rebellische Stimmung versetzen, indem der Therapeut als Erfüllungsgehilfe der «Elternperson» erlebt werde.

Die Spannung zwischen «Elternperson» und «Kind» gilt bei Berne als eine häufige oder die häufigste Bedingung einer Neurose. Der Therapeut hilft dem Patienten, seine «Erwachsenenperson» zu mobilisieren, um in das Verhältnis zwischen «Elternperson» und «Kind», gleichsam als Vermittler, einzugreifen. Wenn er im Zusammenhang mit dieser Intervention nur davon spricht, daß das «Kind» *in seine Schranken zu verweisen sei, so ist das einseitig. Im Grunde genommen könnte es, wenn wir andere Stellen bei Berne beachten, genausogut sein, daß die «Elternperson» in ihre Schranken zu verweisen wäre!

Wenn sich der Therapeut unter Berücksichtigung des Behandlungsplans und des Behandlungsvertrages vorgenommen hat, den Patienten vor allem dazu zu bringen, im Alltag seine «Erwachsenenperson» besser aktivieren zu können, um seine Symptome zu beherrschen [symptomatic control] und seine Beziehungen konstruktiver zu gestalten [social control], so wird er ihn immer wieder erneut darauf aufmerksam machen, wenn sich die Grenzen zwischen der «Erwachsenenperson» und den beiden andern Ich-Zuständen verwischen oder er immer wieder in ähnlichen Situationen die Kontrolle verliert. Analog gilt dies aber auch, wenn ein Patient z.B. lernen soll, sein natürliches, freies, unbefangenes «Kind» (vorausgesetzt, es sei nicht «verwirrt» – dazu weiter unten), seine wohlwollende «Elternperson» oder seine positiv kritische «Elternperson» zur Geltung zu bringen.

Was Berne unter Bestätigung oder Bekräftigung versteht, könnte gut mit dem Begriff der *Durcharbeit* der Psychoanalyse in Beziehung gesetzt werden. Diese besteht darin, daß ein seelischer Konflikt erneut aufgegriffen wird, um die Entscheidung durch die «Erwachsenenperson» (psychoanalytisch: das Ich), die den Konflikt gelöst hat, nochmals zu bekräftigen, in der Erwartung, daß das Erleben und Verhalten im Alltag damit endgültig verändert wird. Es könnte gesagt werden, daß ein Durcharbeiten im Sinne der Psychoanalyse dann notwendig wird, wenn die Einsicht noch nicht zu einer zuverlässigen Verwandlung geführt hat. Angestrebt wird ja in der Psychoanalyse wie in der Transaktionalen Analyse eine *verwandelnde* Einsicht!

Ist das Vorgehen des Therapeuten vor allem kommunikationstherapeutisch, dann besteht das Durcharbeiten darin, auch weiterhin und immer wieder erneut den Patienten auf beziehungsstörende Gewohnheiten aufmerksam zu machen, so auf disparate Antworten oder auf unterschwellige Botschaften (aus Angst vor kommunikatorischen Konfrontationen) oder auf Ansätze zu manipulativen Spielen. Nicht nur, was der Patient aus seinem Alltag erzählt, sondern auch, was sich innerhalb der Behandlung zwischen ihm und dem Therapeuten oder innerhalb der Gruppe zwischen den Teilnehmern abspielt, gibt dazu Gelegenheit. Auch eine Neuentscheidung oder eine Erlaubnis müssen oft durch eine Durcharbeit im erwähnten Sinn immer wieder neu bekräftigt werden!

Es kommt zu dieser verwandelnden Einsicht, auch wenn sie wirklich vollzogen wurde, noch dazu, daß sie in ihren Auswirkungen auf den Alltag fortdauernd geübt werden muß, wozu der Patient im allgemeinen gegen die inneren Widerstände einer widerstrebenden «Elternperson» und gegen die äußeren Widerstände des ganzen sozialen Netzes, in das er vorgängig einverwoben war, der immer wiederholten Ermutigung des Therapeuten und der Gruppenteilnehmer bedarf (s. S. 266f).

Zwischen Durcharbeiten und Ermutigung besteht in der Praxis ein engerer Zusammenhang.

Zwischenüberlegungen

Die bisherigen Interventionen bezeichnet Berne auch als «sechs Schritte» der Behandlung (1966b, p. 242), ein Ausdruck, der allerdings, ebenfalls nach Berne, nicht als absolut verbindlich aufgefaßt werden darf (1966b, p. 233). Diese «sechs Schritte» kennzeichnen nach Berne das Behandlungsverfahren «reiner Transaktionaler Analyse». Darunter versteht er die praktische Anwendung der Lehre von den Ich-Zuständen zur Emanzipation und Schulung der «Erwachsenenperson» und Gewährleistung ihrer «Vorherrschaft». Damit sei der Druck der als streng und abwehrend gedachten «Elternperson» gemildert und dem Patienten eher möglich, auf neue Eltern-Figuren wie den Therapeuten und die anderen Gruppenmitglieder zu hören. Durch «Kristallisierung der Situation» (s.u.) sei es jetzt möglich, eine Aufhebung oder doch Lockerung vom Zwang der Symptome eine konstruktive Gestaltung der Beziehungen im Alltag zu erreichen (Berne: «symptomatic relief»: 1961, p. 164, 165, 168; Berne: «social control» – 1961, pp. 2–3, 84, 86, 132, 165, 176, 190–198, 246, 276; 1964b, p. 124/S. 164). Die Verwirrung des «Kindes» des Patienten, die als solche nach Berne den Neurosen und Psychosen zugrunde liegt, sei allerdings dadurch noch nicht behoben. Zu dieser bedürfe es noch einer psychodynamischen Behandlung wie sie der orthodoxen Psychoanalyse entspreche. Sie sei manchmal nicht nötig, könne aber auch unmittelbar oder nach einer gewissen Zeit, wenn es der Patient wünsche, angeschlossen werden (1966b, pp. 241–242).

An dieser Stelle verteidigt Berne, was heute kognitive Psychotherapie genannt würde, als sinnvoll, bevor eine Psychoanalyse, besser: ein tiefenpsychologisches Verfahren, wozu auch die Skriptanalyse zu rechnen wäre, begonnen werde:

Erstens könnten Erfolge im Erleben und Verhalten des Patienten im Alltag bereits durch die therapeutische Anwendung der Lehre von den Ich-Zuständen in verhältnismäßig kurzer Zeit erreicht werden, die manchmal sogar genügten (1961, pp. 153, 164–165; 1966b, pp. 241, 245), und *zweitens* sei für ein tiefenpsychologisches Verfahren die Bündnispartnerschaft zwischen dem Therapeuten mit einer möglichst weitgehend von Trübungen befreiten «Erwachsenenperson» ohnehin notwendig (1961, pp. 144, 172, 220; 1966b, pp. 242–243; 1972, p. 378, note 6/nicht übersetzt).

Tatsächlich fordern die Psychoanalytiker die Möglichkeit eines solchen «Bündnisses», um eine klassische Analyse erfolgreich durchführen zu können (Greenson 1967, S. 58–61; Sandler et al. 1973, S. 24–32). Ist sie (noch) nicht möglich, so zeigt nun eben gerade Berne den Psychoanalytikern (zu denen er sich auch rechnet), wie durch seine «Schulung der Erwachsenenperson» diese Fähigkeit erreicht werden kann. Überdies liegt hier der Schlüssel zur Ansicht von Berne, daß die Transaktionale Analyse auf das Borderline-Syndrom wirke wie Vitamin C auf Skorbut, denn bei den Vorschlägen der Psychoanalytiker zur Behandlung dieser Störung, steht die Stärkung der Realitätsprüfung ganz im Vordergrund (Schlegel 1986a).

In der individualpsychologischen Betrachtungsweise der Neurosen und Psychosen sollen äußere Primärgewinne und Sekundärgewinne diese aufrechterhalten. Vielleicht spielt bei Berne der Verzicht auf die Sekundärgewinne bei dem, was er als rein transaktionsanalytische Behandlungsmethode (ohne Skriptanalyse) bezeichnet, eine wichtige Rolle mit dem oben erwähnten Zweck einer Beherrschung der Symptome und konstruktiven Gestaltung der sozialen Beziehungen. Um Mißverständnisse auszuschließen, sei hier angefügt, daß die «Vorherrschaft der Erwachsenenperson», mit der Berne diesen ersten und allenfalls abschließenden Erfolg der Behandlung kennzeichnet, nicht bedeutet, daß der Betreffende von nun an immer eine rational-sachliche Haltung zu bewahren hat, sondern auch sein «Kind», aber auch seine «Elternperson» durchaus zur Geltung bringen darf, wenn dies der Realität entsprechend zugelassen werden kann, was eben die «Erwachsenenperson» entscheiden sollte. Das «Kind» könne allerdings so verwirrt sein, daß es besser ausgeschlossen bleibe.

10.5.7 Deutung [Interpretation] oder Erlebnisgeschichtliche Deutung

Die wichtigste «psychodynamische Intervention», die über die «reine Transaktionale Analyse» hinausgeht, ist für Berne, was er schlicht *Deutung* nennt, von mir als *erlebnisgeschichtliche Deutung* (im Gegensatz zur «Erläuterung» als transaktionsanalytischer Deutung) präzisiert. Es handelt sich nach Berne um Deutungen, durch die aus Erinnerungen, Träumen, Phantasien, Symptomen, Äußerungen, mitgeteilten Erlebens-und aus beobachtbaren Verhaltensweisen Erlebnisse erschlossen werden, welche die Gegenwart prägen (frei nach Berne 1966b, pp. 242–245). Die Prägung wird in der Transaktionalen Analyse durch Botschaften formuliert, Verbote oder Gebote, denen der Patient, ohne sich dessen bewußt zu sein, nachkommt. Diese erlebnisgeschichtlichen Deutungen entsprechen nach Berne der klassischen Psychoanalyse. Sie dienen dazu, die «Verwirrung» des «Kindes» zu beheben, auf die Berne letztlich Neurosen und Psychosen zurückführt. Zum Begriff der Psychodynamik gehört dann aber noch ein zweites: nämlich die verschiedenen zu deutenden Erlebens- und Verhaltensweisen auf ein Kräftespiel zurückzuführen. Verschiedene Äußerungen von Berne lassen erkennen, daß er, ebenfalls, wie die Psychoanalyse, wenn auch ohne durchgehende Übernahme ihrer theoretischen Vorstellungen, psychische Störungen und neurotische Symptome als Ergebnis einer Unterdrükkung elementarer Bedürfnisse des freien, natürlichen oder unbefangenen «Kindes» durch eine abwehrende strenge «Elternperson» ansieht (1966b, pp. 239, 240, 243). Diese Situation, der ungelöste Konflikt (1966b, p. 242), hat als Ergebnis eine «Verwirrung des Kindes» (1961, pp. 155–156).

Berne erwähnt in diesem Zusammenhang nicht, daß die Entdeckung, Stärkung, allenfalls sogar Schaffung («Selbst-Beelterung» s. S. 310) einer wohlwollend-ermutigenden «Elternperson» eine ganz wichtige Maßnahme ist, um das freie «Kind» aus den Fesseln einer abwehrenden «Elternperson» zu befreien. Er beschränkt sich darauf, von einer von mir bereits erwähnten Lockerung des «Griffs auf das Kind» bereits im ersten Teil der Behandlung zu sprechen.

Eine erlebnisgeschichtliche Deutung deckt einen verdrängten Konflikt auf, nach Berne zwischen «Elternperson» und «Kind» oder zwischen «Erwachsenenperson» und «Kind», *im erste Fall meist ein moralischer Konflikt, im zweiten Fall eine Realitätsverkennung. In beiden Fällen wird durch die Deutung das bestehende Selbst- und Weltbild, der Bezugsrahmen, in Frage gestellt.

Als Beispiel berichtet Berne von einer Patientin, die unter anderem davon träumte, daß sie sich eines malträtierten Kätzchens angenommen habe, und Berne fragte: «Haben Sie nicht einmal eine Abtreibung an sich vorgenommen?», was einer Deutung oder einem Deutungsversuch entspricht (1966b, p. 243). Würde die Antwort der Patientin einfach nur lauten: «Aha, sind Kätzchen symbolisch für Abtreibung?», so würde Berne daraus schließen, daß die Deutung nicht angekommen sei, denn das wäre die Antwort, wie er es ausdrückt, eines frühreifen Kindes und nicht eines Erwachsenen, womit das Spiel «Traumdeutung» gespielt würde, worauf Berne nicht weiter eingehen würde (1966b, p. 245). Damit will Berne wohl sagen, daß die Patientin von dieser Deutung nicht betroffen worden ist. Meines Erachtens läßt diese Antwort allein nicht auf einen Widerstand schließen; möglicherweise war ja die Deutung falsch. Gleichgültigkeit ist allerdings auch nicht der Beweis, daß die Deutung falsch war. Spätere Träume werden vielleicht die Lösung bringen. Eine große Aufregung: «Was fällt Ihnen ein: Diese Abtreibung soll mir Schuldgefühle machen?! Sind Sie ein Spießbürger!» würde eher für eine abgewehrte Betroffenheit der Patientin sprechen! Ebenso natürlich ein nachdenkliches Schweigen, das aber auch mit einem ehrlichen «Ich will es mir überlegen!» oder «Nein, ich glaube, es geht nicht in dieser Richtung!» unterbrochen werden kann.

Eine solche Deutung ist nach Berne erst dann sinnvoll, wenn die «Erwachsenenperson» des Patienten genügend «stark» [strengthened] und geübt ist, um dem Therapeuten in seiner deutenden Tätigkeit zu helfen, nämlich indem es an seiner Seite gleichsam über dem Konflikt zwischen «Elternperson» und «Kind» steht, welche die «Verwirrung des Kindes» bedingen. Die Reaktion des Patienten auf eine Deutung zeigt, ob diese «angekommen» ist, was auch noch nach langer Zeit, manchmal sogar nach Abschluß der Therapie geschehen kann (Berne 1966b, pp. 244–245).

Im Zusammenhang mit den Äußerungen von Berne zur (erlebnisgeschichtlichen) Deutung erwähnt er zwar die Psychoanalyse, aber merkwürdigerweise nicht die Skriptanalyse, ein Verfahren, das, wenn auch mit anderer Terminologie, einer analytischen Psychotherapie (*nicht* orthodoxen oder klassischen Psychoanalyse!) entspricht, wobei die Botschaften – Verbote oder Gebote – herausgearbeitet werden, unter denen der Patient, ohne sich dessen bewußt zu sein, steht, um ihn auf eine Neuentscheidung vorzubereiten.

10.5.8 Kristallisation [Cristallization] oder: *Den Patienten vor die Entscheidung stellen

Es muß offenbleiben, ob Berne hier das Gleichnis der Kristallisation von Stendhal ableitet. Dieser besuchte 1810 ein Salzbergwerk bei Salzburg. Es wurden ihm Zweige gezeigt, die eine Weile in der übersättigten Salzlösung der unterirdischen Salzseen gelegen hatten. Sie waren über und über mit Kristallen überzogen, die in der Sonne glitzerten, was dem Dichter so großen Eindruck gemacht haben soll, daß er später in seinem Buch «Über die Liebe» den Begriff (Aus-)Kristallisation als Schlüsselwort gebrauchte, um den Übergang von Interesse und Zuneigung gegenüber einer sympathischen Person in Verliebtheit zu bezeichnen. Berne macht in einem früheren Werk eine Anspielung auf diese Stelle in Stendhals Buch, allerdings indem er bemerkt, es pflege 39–45 Tage einer ununterbrochenen Therapie von mindestens einer Wochenstunde zu dauern, («cristallization» period) bis eine entscheidende Wendung eintrete (1961, pp. 272–273). Der Wortbegriff «(Aus-) Kristallisieren» könnte auch bildlich gebraucht werden, «wenn etwas nach einer gewissen Zeit offenbar wird».

Berne versteht unter einer Kristallisation eine Darstellung der Situation des Patienten vom Therapeuten als Erwachsenenperson gegenüber dem Patienten als Erwachsenenperson. In diesem Augenblick hat der Therapeut seine Aufgabe erfüllt, sei es nach einer «reinen Transaktionalen Analyse» oder nach einer solchen, die durch psychodynamische Deutungen ergänzt worden ist. Der Patient wird vor die Entscheidung gestellt, gesund zu werden. Er hat sich nach Berne selbst zu entscheiden, denn nur er selbst könne abschätzen, ob er reif genug dazu sei. Berne vergleicht damit einen vierzigjährigen Sohn, der sich zu entschließen habe, ob er seine Mutter verlassen und selbständig werden wolle, auch auf die Gefahr, daß die Mutter sich dagegen wehre, indem sie krank werde. Diese letzte Art von Intervention, die Berne unter den acht «Techniken» aufzählt, sei dann angebracht, wenn der Patient, d.h. nicht nur seine «Erwachsenenperson», sondern auch sein «Kind» und seine «Elternperson» genügend darauf vorbereitet worden seien, was allerdings besonders von seiten der «Elternperson» (bei Berne in diesem Zusammenhang immer eine strenge und abwehrende «Elternperson») einen Verzicht mit sich bringe. Die Gefahr bestehe, daß sich, gleichsam als Protest der «Elternperson», wie bei einer Mutter, deren Kind sich entschließe, sie zu verlassen, eine psychosomatische Krankheit entwickle (Berne 1966b, pp. 245–247) .

Berne führt in diesem Zusammenhang als Beispiele an: «Nun sind Sie in der Lage, das manipulative Spiel aufzugeben, wenn Sie wollen!» (1966b, p. 245) oder: «Warum wollen Sie nicht, daß es Ihnen besser geht?» und daran anschließend, wie eine Patientin meint: «Das möchte ich meinen Eltern, die das schon immer wollten, nicht zu Gefallen tun!»: «Unglücklicherweise sagen die Eltern manchmal etwas, was richtig ist. Haben Sie im Sinn, den Rest Ihres Lebens dafür zu verwenden, sich an Ihren Eltern zu rächen oder denken Sie doch, daß Sie eines Tages sich entschließen könnten, daß es ihnen besser gehen soll?» «Ich will darüber nachdenken», sagt die Patientin und Berne ist es vorläufig zufrieden und geht zum nächsten Patienten in der Gruppe über (1966b, pp. 255–256).

«Der Nachdruck bei der [transaktionsanalytischen] Behandlung liegt auf der Entscheidung. Was als Skript bezeichnet wird, wiederholt sich immer wieder neu, bis eine neue Entscheidung gefällt wird, die eine Änderung mit sich bringt. Die Transaktionale Analyse als Behandlung konzentriert sich auf eine Entscheidung. Zielsetzung und Entscheidung stehen von Anfang bis Ende der Behandlung im Vordergrund. Die Konzentration darauf verhindert, daß die Behandlung zu einem unverbindlichen Zeitvertreib wird» (M.u.W. Holloway 1973). Die Transaktionale Analyse wird deshalb, wie bereits erwähnt, auch als *entscheidungsorientierte [decisional] Therapie* bezeichnet (siehe dazu Berne 1966b, p. 245). *Damit will gesagt sein, daß es der Transaktionsanalytiker als seine Aufgabe betrachtet, den Patienten, nachdem die Problematik der psychologischen Situation gemeinsam geklärt wurde, selbst entscheiden zu lassen, ob er etwas an sich ändern will oder nicht. Eine Veränderung soll *seinem Entschluß* entspringen!

Auch die Psychoanalyse ist nach Freud *entscheidungsorientiert*, schreibt dieser doch: «Die Wirkung der Analyse» soll «die krankhaften Reaktionen nicht unmöglich machen, sondern dem Ich des Kranken die Freiheit schaffen, sich so oder anders zu entscheiden» (Freud 1923, S. 280 Anm.). Dieser Satz zeigt, daß auch Freud in der Praxis frei ist von einer deterministischen oder psychologistischen Auffassung der Person, trotzdem er in der Theorie von «Mechanismen» und «psychischem Apparat» schreibt!

Siehe auch die Kapitel über die *Erlaubnis* als entscheidene Intervention (S. 337ff) und über die *Neuentscheidungstherapie* (S. 347ff)!

10.6 Grundsätzliches zu den verschiedenen Verfahren der Transaktionalen Analyse

10.6.1 Verschiedene «Stufen» von Behandlungsansätzen

Die Transaktionale Analyse umfaßt ganz verschiedene Verfahren. Ich versuche im folgenden als Überblick die möglichen Zugangswege zu den Problemen eines Patienten in der Reihenfolge gleichsam von der Oberfläche in die Tiefe zusammenzufassen. Die Transaktionale Analyse bietet dem Therapeuten eine solche Vielfalt von Behandlungsansätzen an, daß es häufig unangebracht und unangemessen ist, in jedem Fall eine Skriptanalyse mit Erlaubnis- und Neuentscheidungsstrategien ins Auge zu fassen, auch wenn der Therapeut weiß, ja es für ihn im einzelnen Fall häufig ganz offensichtlich ist, daß Skriptbotschaften hinter den Schwierigkeiten oder Störungen stehen. Dazu kommt, daß bei manchen Störungen andere Behandlungsverfahren besseren Zugang zu den tatsächlichen Problemen und rascheren Erfolg versprechen. Denken wir an einfach gestaltete Phobien bei sonst unauffälligem Charakter, bei denen sich eine *Desensibilisierung*, nach den Erfahrungen von Goulding vorteilhafterweise mit transaktionsanalytischem Akzent, aufdrängt, oder an eine schwere Melancholie, bei der eine medikamentöse Behandlung unabdingbar ist.

10.6.1.1 Therapeutische Anwendung des Modells der Ich-Zustände

Berne empfiehlt, die «Entdeckung» einer erwachsenen Haltung und die Schulung, – besonders in Situationen, in denen das «Kind» oder die «Elternperson» provoziert wird – eine erwachsene Haltung einzunehmen bzw. die «Erwachsenenperson» einzusetzen, an den Anfang jeder Therapie zu stellen. Manchmal sei dann der Patient in der Lage, seine Probleme, besonders auch seine Beziehungsprobleme, selber zu lösen.

Es kann bei einer Behandlung überhaupt oder vorläufig auch darum gehen, den Patienten dazu zu ermutigen, seinem unbefangenen, freien oder natürlichen «Kind» Geltung zu verschaffen (s. S. 27), wenn hinter dessen Ausschluß nicht eine traumatische Störung oder eine destruktive Grundbotschaft («Sei kein Kind!») steht, die vorerst eine Skriptanalyse erfordert.

Nach meiner Erfahrung wie derjenigen anderer Transaktionsanalytiker, die ich kenne, ist es außerordentlich wichtig, daß der Patient eine wohlwollende «Elternperson» zu aktivieren lernt, um von einer Behandlung seiner Probleme oder von einer grundsätzlichen Neurorientierung zu profitieren. Ich habe allerdings auch erlebt, daß ein Patient es nötig hatte, seine kritische «Elternperson» zu entdecken oder eine solche zu entwickeln, mit anderen Worten: sich Grenzen setzen zu lernen.

10.6.1.2 Kommunikationstherapie

Eine andere Möglichkeit besteht darin, mit oder ohne vorgängige Arbeit an der «Erwachsenenperson», z.B. bei Beziehungsschwierigkeiten, ob mit oder ohne dem oder den jeweils ebenfalls Beteiligten, eine *Kommunikationstherapie* einzuleiten. Das würde, was allein die Beiträge der Transaktionalen Analyse zu einer Kommunikationstherapie anbetrifft, darin bestehen, dem Patienten oder den Patienten bewußt zu machen, was unstimmige oder disparate («gekreuzte») Transaktionen sind und wie sie eine Beziehung vergiften können, ebenso Transaktionen mit nicht neckischen, sondern durch den Willen zur Verführung oder durch Angst oder Unaufrichtigkeit motivierten unterschwelligen Botschaften. Ist die nötige Einsicht vorhanden, gilt es, den Patienten oder die Patienten zu einer direkten und aufrichtigen Kommunikation zu ermutigen, wozu oft Übungen in Anwesenheit des Therapeuten, vielleicht sogar mit Tonband notwendig sind. Dazu gehört auch die Vermeidung von manipulativen Rollen oder Spielen oder von emotionaler Erpressung durch das Ausspielen von Lieblingsgefühlen. Wenn eine redliche Kommunikation auch zu einer redlichen Beziehung ausgebaut werden soll, ist der Beziehungspartner zu achten und nicht zu mißachten und darf einer der Partner aber auch nicht zulassen, daß er mißachtet wird.

Eine systematische Kommunikationstherapie geht aber über die Anregungen der Transaktionalen Analyse hinaus. Siehe für eine solche Mandel, A. u. Mitarb 1971, Satir 1972 oder Schulz von Thun 1981/1989!

10.6.1.3 Auflösung festgefahrener Verhaltensmuster («Verhaltensmodifikation»)

Manchmal drängen sich aus den Anliegen des Patienten und aus dem Eindruck, den der Therapeut in den ersten Besprechungen von ihm gewinnt, ganz bestimmte *festgefahrene Verhaltensmuster* auf: Eine allgemeine oder in gewissen Bereichen vorliegende typische Verliererhaltung, eine Nicht-O.K.-Haltung sich oder andern oder allen gegenüber, eine Befangenheit in einer manipulativen Rolle oder in einem bestimmten Lieblingsgefühl oder die Bevorzugung von inneren oder äußeren manipulativen Spielen.

Festgefahrene Verhaltensmuster können häufig kognitiv angegangen werden (s. S. 1). Es gilt dies auch bei einer Neigung, immer wieder manipulative Spiele zu spielen. Solche Verhaltensgewohnheiten sind aber doch auch oft nur über eine Skriptanalyse aufzulösen.

Das kognitive Vorgehen der Transaktionsanalytiker in bezug auf das, was ich als festgefahrene Verhaltensmuster bezeichne, wird von Verhaltenstherapeuten, die sich nicht auf den reinen

Behaviorismus beschränken, als *kognitive Verhaltensmodifikation* bezeichnet, hier im Sinn dieses Wortes verstanden, d.h. direkt am Verhalten, einschließlich «Selbstgesprächen», ansetzend. Es gibt immer wieder neue Versuche, die vielen möglichen Vorgehensweisen auf diesem Gebiet zu systematisieren und zu überprüfen (Bandura 1977; Mahoney, 1974; Meichenbaum 1977; Quekelberghe 1979, S. 126–168; Lückert 1994). Ohne Rückgriff auf die Erlebnisgeschichte von dysfunktionellen Verhaltensgewohnheiten, also eine fokale analytische Psychotherapie oder Skriptanalyse, ist nach meiner Erfahrung oft keine Wirkung auf Dauer zu erreichen. Die Einsicht in die Erlebnisgeschichte schafft die nötige Distanz.

10.6.1.4 Skriptanalyse

In der Tiefe, *hinter* allen diesen das Erleben und Verhalten einschränkenden Eigenheiten, liegen durch Schlüsselerlebnisse und «Schlußfolgerungen» in der frühen Kindheit bestimmte Lebensrichtlinien, bestimmte Vorstellungen von sich selbst, den andern, der Welt und dem Leben als Ganzem, kurz: das vom Betreffenden gelebte Skript, auf das viele Behandlungen ziemlich rasch oder aber mehr allmählich vorstoßen werden. Die transaktionsanalytische Skriptanalyse, nach Berne eine Variante analytisch-tiefenpsychologischer Psychotherapie, geht «sektoriell» oder «fokal» vor wie eine psychoanalytische Fokaltherapie, aber ohne Begrenzung auf eine bestimmte Zahl von Sitzungen, häufig auch von Fokus zu Fokus fortschreitend.

10.6.2 Verschiedene Schulen?

Die Aufteilung der transaktionsanalytischen Therapie in verschiedene Behandlungsansätze, wie ich sie vornehmen werde, ist rein didaktisch zu verstehen. Es wird gerne von einer *klassischen Schule* gesprochen, die in der Nachfolge von Berne auf eine *Schulung der «Erwachsenenperson»* großen Wert lege und bei der Skriptanalyse die *Erlaubnis* als «entscheidende Intervention» betrachte. Es könnte weiter Steiner erwähnt werden, der durchaus die Modelle von Berne benützt und auch Skriptanalyse und Erlaubnis kennt, aber die *Konfrontation des inneren Saboteurs* (Steiner: Schweine-Eltern) als therapeutische Möglichkeit beigefügt hat (s. S. 252ff).

Die antipsychiatrische Einstellung von Steiner als eigene Schule der Transaktionalen Analyse hervorzuheben, wie das immer wieder getan wird, scheint mir nicht sinnvoll. Zum Ausdruck kommt bei ihm eine Überzeugung, die sozusagen «hinter» seiner antipsychiatrischen Einstellung liegt, d.h. diese mitbedingt: die Überzeugung, wie viele Menschen einer geistigen Vergewaltigung unterliegen, so auch von Eltern, die ihre Kinder, möglicherweise ohne daß es ihnen bewußt ist, abwerten und ablehnen und das direkt oder indirekt, offen oder versteckt zum Ausdruck bringen.

Es gibt weiter die Richtung von R.u.M. Goulding, die therapeutisch in erster Linie mit einer *Neuentscheidung* arbeitet, wofür sie gestalttherapeutische Anregungen benützt (s. S. 347ff). Bei Kahler steht die *Bearbeitung der Antreiber* ganz im Vordergrund (s. S. 205ff). Die Schule von J. Schiff («Cathexis School») wurde in erster Linie bekannt durch die *Neubeelterung* bei jugendlichen Schizophrenen (s. S. 343ff), von der sich das Verfahren der *Beelterung* abgeleitet hat (s. S. 345ff). Auch die systematischer *Konfrontation passiver Verhaltensweisen* wurde durch die Schiff-Schule eingeführt (s. S. 317ff). Die verschiedenen Auffassungen und Vorgehensweisen von English, insbesondere, was die Skriptanalyse betrifft, können unter dem Titel *Analyse existentieller Verhaltensmuster* zusammengefaßt werden (s. Schlegel 1993).

Der von der Autorin autorisierte deutsche Titel *Existentielle Verhaltensmuster-Analyse* für *Existential pattern analysis* ist vermutlich eine mißverständliche Übersetzung, denn es ist doch wohl gemeint, die Verhaltensmuster seien existentiell und nicht ihre Analyse (?).

Von fast allen Transaktionsanalytikern werden verschiedene Behandlungsansätze gleichzeitig oder nacheinander angewandt, oft kombiniert mit Verfahren aus der Gestalttherapie und des Psychodramas. Es handelt sich also keineswegs um Alternativen, sondern rein nur um «Akzente», indem bei einer Behandlung der Nachdruck bald mehr auf den einen, bald mehr auf den andern Ansatz gelegt werden kann.

Zum Versuch, in der Transaktionalen Analyse verschiedene Schulen zu unterscheiden, siehe Weinhold (1977), Barnes (1977a, pp. 3–31), Wilson u. Kalina (1978), Woollams u. Brown (1978, pp. 245–249).

10.6.3 Einsicht, korrigierende emotionale Erfahrung, Desidentifikation

Unter Einsicht verstehe ich eine sich meist ziemlich plötzlich, wenn auch oft nach Vorbereitung, ergebende Anschauung von Sinnzusammenhängen in bezug auf die eigene Person, ihr Erleben und Verhalten. Eine solche Einsicht ist nach tiefenpsychologischem Verständnis keine rein intellektuelle psychologische Wissensvermehrung, wie viele Kritiker der Psychoanalyse glauben, sondern ein von Emotionen begleitender Vorgang, genauer: eine *verwandelnde Einsicht*.

Insofern der Therapeut als wohlwollend und gewährend erlebt wird, spielt auch in der Transaktionalen Analyse eine wichtige Rolle, was Franz Alexander *korrigierende emotionale Erfahrung* nennt (1946, pp. 66–70, pp. 268–290). Diese ist nach Alexander der «wichtigste Faktor bei allen Arten von aufdeckender Therapie». Diese Erfahrung geht nach diesem Autor der anderen, emotional ebenfalls bedeutsamen Erfahrung des Patienten voraus, «daß er nicht länger ein Kind ist, welches einem allmächtigen Vater gegenübersitzt», während Berne gerade darin die maßgebende korrigierende emotionale Erfahrung sieht (1961, p. 174). Zuerst wurde von den Psychoanalytikern die Annahme von Alexander, die «korrigierende emotionale Erfahrung» sei therapeutisch wichtiger als die Einsicht in die frühkindliche Prägung, abgelehnt. Heute wird die «korrigierende emotionale Erfahrung» von dem sehr bekannten Psychoanalytiker Cremerius doch ernst genommen und als «Technik» neben die Erlangung verwandelnder Einsicht gestellt (1979). Heigl u. Triebel (1977), die sich mit der Frage der Lernvorgänge bei einer erfolgreichen psychoanalytischen Therapie befassen, schreiben gar: «Der essentielle therapeutische Faktor ist die ‹korrektive emotionale Erfahrung›», die sie einleuchtend als emotionalen Lernprozeß auffassen.

In der Sprache der Transaktionalen Analyse würde, was Alexander meint, heißen, daß für den Patienten die Erfahrung, daß er sich als Kind durch die wohlwollende «Elternperson» des Therapeuten angesprochen fühlt, der andern Erfahrung, daß der Therapeut aus seiner «Erwachsenenperson» seine «Erwachsenenperson» anspricht, vorausgeht. Die Reihenfolge dieser zwei Erfahrungen ist aber nicht verbindlich. Bereits bei der Besprechung des Behandlungsvertrages, wie ihn ein Transaktionsanalytiker abzuschließen pflegt, spricht er ja die «Erwachsenenperson» des Patienten an. Entscheidend für die Haltung des Therapeuten sollte meines Erachtens sein, wie er am besten den Patienten zu einer autonomen Haltung anregt. Einerseits geschieht dies, indem er durch eine durchgehend gewährend-wohlwollende Haltung das reaktive (gehorsame oder rebellische) «Kind» des Patienten immer mehr in den Hintergrund treten läßt, so daß sich das unbefangene «Kind» des Patienten zunehmend zur Geltung bringt. Damit wird sozusagen die emotionale Autonomie des Patienten gefördert. Andererseits aber wird die Autonomie des Patienten gegenüber der inneren und äußeren Realität dadurch gefördert, daß der Therapeut aus seiner «Erwachsenenperson» die «Erwachsenenperson» des Patienten anspricht und sich weigert, diesen als unverantwortliches Kind zu betrachten. Es ist diese Haltung immer dann gegeben, wenn die Beziehung zur Realität zur Sprache kommt. Eine solche Realität liegt auch in der Tatsache, daß Therapeut und Patient sich als zwei unabhängige Persönlichkeiten in einem Vertragsverhältnis gegenüberstehen.

Der Ausdruck «korrigierende emotionale Erfahrung» eignet sich nun aber auch noch ganz ausgezeichnet, um die verwandelnde Wirkung bestimmter von der Transaktionalen Analyse empfohlenen Verfahren, so der *Erlaubnis* als nach Berne «entscheidender Intervention» (S. 337ff) und radikaler dann der *Neubeelterung* nach Schiff (S. 343ff) und davon abgeleitet, weniger umstritten und allgemeiner angewandt: der *Beelterung* (s. S. 345). Auch die *Neuentscheidungstherapie* nach Goulding ist im Grunde genommen eine «korrigierende emotionale Erfahrung», wenn auch in einem psychodramatischen Rollenspiel.

Die Vermittlung von Erlaubnis und die Beelterung verlaufen als Verfahren zweifellos auf der «Schiene einer positiven Übertragung», die vom Therapeuten ausgenützt wird, in dem er sich dem Patienten gegenüber als «Elternperson» gibt.

Neben Einsicht und korrigierender emotionaler Erfahrung spielt bei den Verfahren meines Erachtens in der Transaktionalen Analyse unausgesprochen eine Rolle, was als *Desidentifikation* bezeichnet werden kann. Wenn ich lerne, mir klar zu werden, in welchem Ich-Zustand ich eben bin, schaffe ich mir eine Distanz zwischen «Ich» und eben eingenommenem Ich-Zustand, ähnliches gilt für die Wahrnehmung, welche Grundeinstellung mir eigen ist oder welche Verstimmung mich eben als Lieblingsgefühl einlullt oder welche manipulative Rolle ich eben einnehme. Dieses Gewahrwerden führt zum Erlebnis des Person-Seins oder des personalen Selbst, das nicht identisch ist mit diesem oder jenem Ich-Zustand, dem nicht obligatorisch diese oder jene Grundeinstellung, dieses oder jenes Lieblingsgefühl, diese oder jene manipulative Rolle zukommt, sondern das diesen Möglichkeiten distanziert gegenübersteht.

Den Begriff Desidentifikation entnehme ich der *Psychosynthese*. Bei dieser wird das Erlebnis des «wahren Selbst», das nicht an bestimmte Bedürfnisse, Charaktereigenschaften, Emotionen oder Vorstellungen gebunden ist, auf meditativem Weg erreicht (Assagioli 1973, S. 183–188; Ferucci 1981/1982, S. 55–71). Diese Desidentifikation führt zu einem Selbst-Erlebnis als «Zentrum des Willens» (Assagioli), transaktionsanalytisch als «Zentrum der Entscheidung». Wird ein «Zentrum der Entscheidung» angenommen, bedeutet dies, wie bereits vermerkt, eine Befreiung aus einem psychologistischen Verständnis der Person. Darin stimmt die Transaktionale Analyse mit der Psychosynthese, auf die ich an dieser Stelle nicht näher eingehen will, überein.

Für Berne ist die leichte Eingängigkeit der transaktionsanalytischen Terminologie wichtig. Er empfiehlt, die Patienten in diese psychologische Betrachtungsweise einzuführen, wenn auch eine anfängliche Begeisterung des Patienten durch einen Widerwillen abgelöst werden könne. Eine vorübergehend abweisende Haltung sei aber ein normales und natürliches Ereignis bei jedem Lernprozeß. Es sei sogar fraglich, ob ohne ein solches Stadium eine neue Erkenntnis sich überhaupt halten könne (1961, pp. 261–262).

10.7 Die ersten Besprechungen mit dem Patienten

Siehe auch die Ausführungen zum *Behandlungsvertrag und andere vertragliche Abmachungen* S. 279ff! Die Kenntnis dieser Ausführungen wird im folgenden vorausgesetzt, um Wiederholungen zu vermeiden.

Berne empfiehlt, zuerst eine Vorgeschichte zu erheben (1966b, pp. 33, 41–42; 1972, pp. 309–310/S. 354f). Das muß nicht nach einer sturen Systematik erfolgen, aber doch so, daß der Therapeut schließlich erfährt, was er wissen muß (1966b, p. 42). Am besten läßt der Therapeut den Patienten vorerst frei berichten und fühlt sich dabei in das ein, was der Patient über sich selber sagt, um sich vorerst auf rein intuitivem Weg über dessen unbewußten Lebensplan ins Bild zu setzen. Er achtet auf Lücken im Bericht des Patienten, d.h. auf das, worüber dieser nicht spricht. Später wird er dann darauf beharren, daß diese Lücken ausgefüllt werden (Berne 1972, pp. 309–310/S. 354). Andernorts betont Berne, daß es wichtig sei, bei einem Patienten eine «komplette psychiatrische Vorgeschichte» zu erheben, wozu auch eine Erhellung der Familiensituation gehöre, der Verlauf irgend einer vorangegangenen Psychotherapie und ein Überblick über die gegenwärtige Situation und die Symptome (1972, pp. 309–310/S. 354f). Es sei aber auch wichtig, wenn der Patient nicht selbst darauf komme, nachzufragen, ob er Drogen nehme und welche und ob er je eine Elektrobehandlung oder sogar eine Hirnschnittbehandlung durchgemacht habe (1966b, p. 33). Zur Erhebung der Vorgeschichte gehöre auch die Frage nach durchgemachten Krankheiten und Operationen (1966b, p. 41). Auf jeden Fall solle ein Patient innerhalb des letzten Jahres körperlich gründlich untersucht worden sein, sonst müsse er zu einer solchen Untersuchung überwiesen werden (1966b, p. 33).

Die Erhebung einer Vorgeschichte oder doch einleitende Fragen, deren Beantwortung dem Therapeuten zu Beginn der Behandlung oder auch später wichtig ist, werden von manchen Transaktionsanalytikern erst nach einem sogenannten *Explorationsvertrag* gestellt. Im Grunde genommen handelt es sich nicht um einen Vertrag, sondern um eine Übereinkunft, vielleicht korrekter: um die vorgängige Frage des Therapeuten an den Patienten, ob er zuerst einmal einige Fragen stelle dürfe, deren Beantwortung ihm wichtig scheine. Ich habe es immer so gehalten, um dem Patienten nicht das Gefühl zu geben, er sei dem Therapeuten wie einem Inquisitor ausgeliefert.

Berne fragt nach Träumen (1972, pp. 309–310/S. 354f); mindestens solle der Patient irgend einen Traum erzählen, der ihm eben einfalle, einen, den er erst kürzlich oder schon vor langem geträumt habe. Dies könne diagnostisch soviel aussagen wie eine ganze Testbatterie. Ein Weltuntergangstraum z.B. oder ein offen inzestuöser Traum weckt nach Berne die Vermutung auf das Vorliegen einer Schizophrenie (1966b, pp. 41–42), was nach meiner Erfahrung allerdings nicht unbedingt zuzutreffen braucht. Auch Fragen nach der beruflichen Tätigkeit des Patienten könnten Fäden sichtbar werden lassen, die zum unbewußten Lebensplan führen. Aus welchen Gründen hat er einen bestimmten Arbeitsplatz gesucht oder einen solchen aufgegeben? Aufschlußreich könne auch sein, aus was für Motiven ein Patient sich eine Freundin, Braut oder Frau gesucht und sich gegebenenfalls wieder von ihr getrennt habe (Berne 1972, pp. 309–310/S. 354f).

Wie der Patient berichtet, ist nicht gleichgültig. «Aber» ist z.B. ein sehr wichtiges Wörtchen in den Aussagen des Patienten, denn es weist auf eine skriptgemäße Einschränkung: «Aufgrund meines Skripts hatte ich keine Erlaubnis, das zu tun ...» (1972,

p. 327/S. 373). Andere Wendungen wie «möglicherweise», «vielleicht», «wenn», «sollte», «könnte» sind, wenn sie sich häufen, kennzeichnend für jemanden, der sich nicht festlegen will oder sein Ziel nicht erreichen darf (1972, p. 332/S. 377).

Der Lebensplan eines Patienten sollte immer in dessen Muttersprache formuliert werden, wie ja auch seine «Elternperson» in der Muttersprache zu ihm spricht. Der Therapeut sollte also der Muttersprache des Patienten mächtig sein.

Um sich von den Anweisungen seines unbewußten Lebensplans zu lösen, sollte der Patient innehalten und nachdenken (1970, p. 169/S. 144). Der Transaktionsanalytiker leitet seine Patienten zur Introspektion an, d.h. dazu, daß seine «Erwachsenenperson» «in sein Inneres hineinblickt», «um zu beobachten, wie sie funktioniert: wie der Betreffende Sätze zusammenfügt, aus welcher Richtung seine Vorstellungen kommen und was für Stimmen sein Verhalten lenken» (1972, p. 273/S. 319). «Der Betreffende wird erst einsehen, daß er nach einem Programm lebt, wenn er den Glauben an seine Autonomie aufgegeben hat. Er muß realisieren, daß er sich bis jetzt keineswegs immer frei entschieden und frei gehandelt hat, wie er sich einbildete, sondern viel eher als Marionette eines Schicksals, das schon von Generationen vor ihm bestimmt wurde.» Je älter ein Patient ist, umso schwieriger ist es für ihn, sich aus der Rolle zu befreien, zu der ihn sein unbewußter Lebensplan verpflichtet (1970, p. 169/S. 144). Nach meiner Erfahrung ist eine Skriptanalyse auch älterer Menschen sehr gut möglich. Starrheit oder Beweglichkeit sind maßgebender als die Altersjahre.

Ein Patient, der manipulative Spiele spielte, um sich immer wieder vertraute Verstimmungen oder Lieblingsgefühle zu holen, *die seine Skriptüberzeugung bestätigen, wird nach Berne gegenüber dem Therapeuten solche Manöver unterlassen, wenn er sich ausgesprochen oder unausgesprochen zur Einhaltung eines *Echtheitsvertrages* verpflichtet fühle. Das Anliegen des Patienten könnte nach Berne in Worte formuliert lauten: «Ich komme hierher, damit Sie mir helfen, unredliche [spurious = unechte] Transaktionen und Reaktionen zu unterlassen!» Ein solcher Vertrag ist nach Berne für die meisten Patienten attraktiv (1966b, p. 308).

10.8 Erlebnis und Entwicklung der drei Ich-Zustände

Es geht darum, sich der drei Ich-Zustände differenziert bewußt zu werden und vor allem ein konstruktives Zusammenspiel zwischen «Erwachsenenperson», wohlwollender «Elternperson» und unbefangenem «Kind» zu fördern. «Wir beginnen damit, daß wir dem Patienten beibringen, effektiv zu denken und zu handeln, wohlwollend mit sich umzugehen und seine eigenen Bedürfnisse und Gefühle wahrzunehmen. Wir sind überzeugt, daß diese Fähigkeiten in einem Mindestmaß vorhanden sein müssen, bevor wir Beziehungsprobleme und Intimitätsprobleme sinnvoll angehen können» (J. Schiff 1980, p. 4). Auch für die Bearbeitung von andern Problemen ist eine vorangehende oder begleitende Differenzierung der Ich-Zustände notwendig. Wichtige Bemühungen in der Therapie drehen sich also darum, dem Patienten die «Elternperson», das «Kind» und die «Erwachsenenperson» zum Erlebnis zu bringen (Berne 1961, p. 160–165). Dazu werden die Patienten bereits in den ersten Sitzungen in die Lehre von den drei Ich-Zuständen eingeführt. Es braucht dies, wie Berne in seinen Veröffentlichungen demonstriert hat, nicht aus heiterem Himmel als theoretische Belehrung zu geschehen, sondern anhand der Aktivierung der verschiedenen Ich-Zustände durch den Patienten selbst. Er solle erkennen lernen, welcher Ich-Zustand bei ihm zu einem bestimmten Zeitpunkt im Vordergrund steht und allenfalls auch die Transaktionen in einer Einzelbesprechung oder in einer Gruppensitzung bestimmt. Die Wandtafel ist nach Berne für den therapeutisch tätigen Transaktionsanalytiker ein unentbehrliches Hilfsmittel (1966b, p. 55; 1972, p. 381/S. 432).

Ich bin allerdings mit M. James (1984) der Ansicht, daß der Gebrauch einer Wandtafel die Gefahr mit sich bringt, daß der Patient oder Klient sich als Schulkind angesprochen erlebt. Wenn eine Veranschaulichung gewisser psychologischer Zusammenhänge sinnvoll ist, dann ziehe ich einen großen Zeichenblock vor, den ich den Teilnehmern zugewendet an meine Knie gestützt halte oder den Gruppenmitgliedern zugewandt auf den Boden vor mich lege.

Schon das erste Gespräch mit dem Patienten liefert Beispiele der verschiedenen Ich-Zustände. So hört ein aufmerksamer Therapeut, während einer beliebigen Viertelstunde eines Gespräches, den Patienten in mindestens zwei verschiedenen Stimmen sprechen, z.B. in einer «Elternstimme», wenn er vordergründige Lebensweisheiten zum besten gibt, und in einer «Kinderstimme», wenn er ausdrückt, daß er sich den Bestimmungen seines unbewußten Lebensplans fügt (Berne 1972, pp. 324–325/S. 369f).

Der Therapeut sollte den Patienten lehren, auf das innere Gespräch zwischen den drei Instanzen zu hören, wie ein solches besonders vor wichtigen Entscheidungen und Handlungen vor sich geht. Dabei stößt der Therapeut jedoch meistens auf Widerstand, denn wer Stimmen hört, gilt ja im allgemeinen als verrückt. Da aber jeder hie und da Selbstgespräche führt, läßt sich der Patient vielleicht doch überzeugen, daß er nicht deshalb abnormal ist, weil er in sich verschiedene Teilpersönlichkeiten wahrnehmen kann. Berne führt den Widerstand gegenüber dieser Aufforderung des Therapeuten auch darauf zurück, daß der Patient sich die Illusion bewahren will, autonom und erwachsen zu sein, eine Illusion, die er aufgeben muß, wenn er realisiert, daß oft in ihm die Stimme der Eltern oder des (reaktiven) Kindes führend ist (Berne 1972, pp. 273–274/S. 319ff, pp. 368–371/S. 417–420).

Manche Therapeuten benützen die gestalttherapeutische Methode des leeren Stuhls, um den Patienten ihre inneren Stimmen bewußt werden zu lassen. Der Patient kann dann z.B. dazu angehalten werden, sich mit einem leeren Stuhl zu unterhalten, wie wenn sein Vater darauf sitzen würde, dann den Sitz zu wechseln und nun so mit sich selbst zu sprechen, wie wenn er der Vater wäre (Berne 1972, p. 370/S. 419; siehe auch S. 347f).

Stuntz arbeitet mit verschiedenen leeren Stühlen. So kann z.B. dem Therapeuten gegenüber ein Stuhl stehen, in dem der Patient sitzen soll, wenn seine «Erwachsenenperson» aus ihm spricht, rechts ein Stuhl für die «Elternperson» des Patienten, links ein Stuhl für dessen «Kind» (s. Abb. 35). Es kann aber auch sinnvoll sein, rechts zwei Stühle nebeneinander zu stellen, wobei der eine für die einschränkend-kritische, der andere für die ermutigend-wohlwollende «Elternperson» gedacht ist, während links gegenüber zwei Stühle für das reaktive und das unbefangene «Kind» bereit gehalten werden. Indem dann der Patient immer auf demjenigen Stuhl sitzt, von dem er glaubt, daß er seinem momentanen Ich-Zustand entspricht, kann das, was in seinem Inneren vor sich geht, sozusagen psychodramatisch dargestellt werden (Stuntz 1973). Eine etwas andere Methode besteht darin, daß der Patient aufgefordert wird, sich auf diesen oder jenen Stuhl zu setzen und den entsprechenden Persönlichkeitsteil zu Wort kommen zu lassen. Dabei kann sich herausstellen, daß es ihm z.B. unmöglich ist, einen wohlwollenden Elternteil darzustellen, d.h. sich wirklich wohlwollend auch zu sich selber zu verhalten. Ich lasse bei einer solchen Beobachtung manchmal einen Gruppenteilnehmer zu diesem Zweck einspringen. Wieder eine andere Anwendung der Stuhltechnik besteht darin, andere Teilnehner die verschiedenen Sitze und die betreffenden «Persönlichkeitsteile» sich über das in Frage stehende Problem mit einander unterhalten zu lassen, während derjenige Teilnehmer, um den es geht, entweder Regie führt oder einfach nur zuhört.

«Stuhltechnik» nach Stuntz

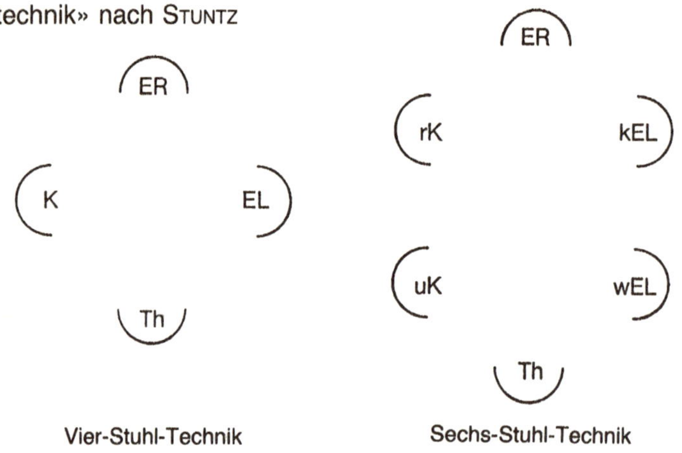

Abb. 42

Die wichtigen Dialoge spielen sich zwischen «Elternperson» und «Kind» ab, während die «Erwachsenenperson» zu beurteilen versucht, was dabei vor sich geht (oder vor sich gegangen ist) und dabei besonders die ermutigend-wohlwollende «Elternperson» und das unbefangene innere «Kind» ermuntert, sich zur Geltung bringt.

Berne macht aufmerksam, daß Medikamente die elterlichen Stimmen zum Schweigen bringen oder doch in den Hintergrund treten lassen können, wodurch auch die Abhängigkeit des «Kindes» gemildert würde. Solche Medikamente dämpfen aber die ganze Persönlichkeit, was sich im Alltag nachteilig auswirken kann, eine echte Auseinandersetzung mit den Eltern unmöglich macht und die Gefahr mit sich bringt, daß die inneren Eltern sich später sogar am inneren Kind dafür rächen, daß es sie nicht beachtet und sich gewisse Freiheiten herausgenommen hat (Berne 1972, pp. 370–371/S. 420).

Schon nur durch eine therapeutische Anwendung des Modells der Ich-Zustände oder therapeutische Strukturanalyse können bei einer Behandlung befriedigende Ergebnisse erreicht werden. Im übrigen dient sie aber auch als Vorbedingung für eine allenfalls notwendige vertiefte therapeutische Arbeit (Berne 1966b, p. 221).

Stone u. Winkelmann (1989) haben ein ganzes System von «inneren Stimmen» entwickelt, mit denen ein Patient im Rahmen irgend einer psychotherapeutischen Methode angehalten werden kann, sich auseinanderzusetzen. Einige dieser Stimmen entsprechen den «Ich-Zuständen» von Berne.

10.8.1 Emanzipation und Schulung eines unvoreingenommenen, von Trübungen freien Erwachsenenzustandes oder der «Erwachsenenperson»

Durch eine Stärkung der «Erwachsenenperson» wird die Möglichkeit geschaffen, daß der Patient die Realität so sehen lernt, wie sie ist, und dementsprechend realitätsgerechte Urteile und Entscheidungen fällen kann. Die «Erwachsenenperson» vermittelt zwischen «Elternperson» und «Kind», wobei es dazu beiträgt, das unbefangene innere Kind von einschränkenden elterlichen Direktiven zu befreien. Nach Berne genügt es bei vielen Patienten zur Behebung ihrer Störungen, wenn das innere Kind statt auf die einschränkende oder gar destruktive «Elternperson» auf seine «Erwachsenenperson» hören lernt. Der Therapeut dient dabei als Vermittler, indem das, was er sagt, vom Patienten zuerst an die Stelle der Stimme seiner Eltern tritt, was einer sogenannten Übertragung entspricht, schließlich aber als realitätsgerechter Ausdruck einer «Erwachsenenperson» erkannt wird, das der Patient schließlich durch seine eigene «Erwachsenenperson» ersetzen kann (Berne 1962). Wer allerdings unter dem Gebot steht «Denk nicht!» kann vorerst keine erwachsene Haltung einnehmen. Ein solches Gebot bildet einen mächtigen Widerstand gegen die Emanzipation der «Erwachsenenperson».

«Die Aufhebung von Trübungen der ‹Erwachsenenperson› ist eine frühzeitig einsetzende Forderung in der Therapie» (Steiner 1974, p. 41/S. 48). Die Aufhebung einer Trübung geht so vor sich, daß die Situation an der Stelle berichtigt wird, wo die Reaktion, die Gefühle, die Gesichtspunkte des Patienten falsch oder verzerrt sind, ein Prozeß der nach Berne einer anatomischen Präparation, d.h. einer klaren Darstellung eines Organs durch saubere Befreiung vom umhüllenden Gewebe, vergleichbar ist (Berne 1966b, p. 213). Diese Aufgabe ist schwierig zu erfüllen, da die Trübungen durch Rationalisierungen verteidigt werden. Bei Trübungen der erwachsenen Haltung durch die «Elternperson» sollte dem Betreffenden klargemacht werden, daß es für ihn als selbständigen erwachsenen Menschen nicht mehr gefährlich ist, anderer Meinung zu sein als die Eltern. Geht es um eine Trübung durch das «Kind», so muß der Betreffende erkennen lernen, daß grundsätzliche Anpassung oder grundsätzliche Rebellion gegen imaginäre Elternfiguren irreal sind. Zur Aufhebung der Trübungen verhilft eine im genau richtigen Zeitpunkt einsetzende Konfrontation der erwachsenen Haltung des Therapeuten mit den realitätsfremden Ideen, die Anlaß der Trübung sind. Erst eine «Erwachsenenperson», die frei von Trübungen ist, kann als wirklich autonom angesehen werden (Berne 1961, p. 131–134, 165; Harris 1967, pp. 123–126/S. 119–122; Steiner 1974, p. 41/S. 47f).

Die rational-emotive Therapie nach Albert Ellis (1962) und die kognitive Therapie nach Aaron Beck (1976) sind Verfahren zur Aufhebung von Trübungen der «Erwachsenenperson» und gute Beispiele für das, was in der Transaktionalen Analyse als «Enttrübung» bezeichnet wird (S. 258ff).

Übungsbehandlung ist ein wesentlicher Zug der therapeutischen Anwendung der Lehre von den Ich-Zuständen. Die «Erwachsenenperson» wird wie ein Muskel betrachtet, der durch Übung erstarkt. Sind die Trübungen aufgehoben und die Grenzen zur «Elternperson» und zum «Kind» geklärt, dann sollte sich der Patient darin üben, seine «Erwachsenenperson» sinnvoll einzusetzen und zu diesem Zweck lange genug «darin» zu verweilen (Berne 1961, pp. 151–152). Dann werden sich auch die Beziehungen zu den Mitmenschen im Alltag, besonders zu den Familienangehörigen verbessern. Je besser es dem Patienten gelingt, von «Erwachsenenperson» zu «Erwachsenenperson» mit andern zu verkehren, umso mehr bessern sich auch die Verhältnisse in den Situationen des Alltags durch eben diese Vorherrschaft der «Erwachsenenperson». Destruktive Spiele zwischen Ehepartnern, zwischen Eltern und Kindern sowie zwischen Freunden werden abgebaut. Der Patient wird mutiger und glücklicher schon lange, bevor die tiefenpsychologische Behandlung seines verwirrten «Kindes» abgeschlossen ist (Berne 1961, pp. 160–

165). Die Stärkung der «Erwachsenenperson» des Patienten ist auch notwendig, um sich seiner Mitarbeit bei der Behandlung zu sichern (Berne 1961, pp. 147, 153; 1966b, p. 220). Die «Erwachsenenperson» des Patienten und diejenige des Therapeuten sollten zusammenarbeiten, allerdings weder im Sinne einer Komplizenschaft noch einer sentimentalen Kameraderie, sondern wie ein Team zweier selbstverantwortlicher Persönlichkeiten. Beiden müsse dabei klar sein, daß der Therapeut ein Fachmann sei und weder ein persönlicher Manager noch ein Kindergärtner. Auf jeden Fall müsse vermieden werden, daß der Patient sich von seiner Eigenverantwortlichkeit drücke mit dem Argument, er sei ohnehin nur ein Neurotiker. Der Patient sei nicht nur ein Neurotiker, sondern eine Persönlichkeit mit einem zwar vorläufig noch verwirrten «Kind», aber doch auch mit einer «Erwachsenenperson», die, so ungeschickt und schwach sie vorerst auch sein möge, geübt und gestärkt werden könne (Berne 1961, pp. 153, 166, 167).

Im allgemeinen sollte der Therapeut auf den Patienten mit seiner «Erwachsenenperson» reagieren, so sehr auch der Patient im Sinne einer Übertragung aus einer kindlichen Haltung heraus die «Elternperson» des Therapeuten zu provozieren sucht. Es wird deswegen immer wieder zu unstimmigen, gegensinnigen oder gekreuzten Transaktionen kommen: Der Patient spricht aus seinem «Kind» die «Elternperson» des Therapeuten an; dieser aber antwortet immer wieder aus einer erwachsenen Haltung heraus und richtet sich an die «Erwachsenenperson» des Patienten. Der Patient ist vorerst fassungslos, da er mit seinem Versuch, dem Therapeuten zu begegnen, nicht ankommt (Berne 1961, p. 174). Er soll aber dazu angeregt werden, mehr und mehr seine eigene «Erwachsenenperson» einzusetzen und damit Selbstverantwortlichkeit und Autonomie zu entwickeln. *In Anspielung auf ein Grundprinzip der psychoanalytischen Therapie könnte in diesem Zusammenhang auch in bezug auf die Haltung der transaktionsanalytischen Therapeuten von einer «Therapie in Versagung» gesprochen werden.

10.8.2 Die Selbsterneuerung der «Elternperson» nach Muriel James (1974; 1981)

Wie schon Steiner festgestellt hat, ist die «Elternperson» nicht ein für allemal durch die Verinnerlichung des Verhaltens der leiblichen Eltern fixiert. Die Neigung, eine elternhafte Haltung einzunehmen, sei angeboren, vor allem das Bestreben, eigene Kinder zu versorgen und zu verteidigen. Lebenserfahrungen könnten aber von der Jugend bis ins Alter die elternhafte Haltung verändern: Es könnten neue Situationen, z. B. die Notwendigkeit, eigene Kinder zu erziehen, elternhaftes Verhalten herausfordern; es könne die Begegnung mit neuen Autoritätsfiguren oder mit Menschen, die bewundert würden, durch Verinnerlichung die «Elternperson» verändern (Steiner 1974, pp. 36–37/S. 44).

James u. Jongeward bestreiten, daß es einen angeborenen Instinkt gäbe, wie Kinder versorgt und aufgezogen werden sollten, wie Beobachtungen an Menschenaffen zeigten (1971, pp. 110–111/S. 129).

James u. Jongeward heben nun als dritten Weg zur Veränderung der «Elternperson» noch die Möglichkeit hervor, durch eigene Entscheidung und Übung im Alltag die elternhafte Haltung gegenüber andern wie sich selbst zu verändern, nämlich die von den eigenen Eltern übernommene Haltung zu entschärfen, zu kompensieren oder zu ergänzen. Es ist das dann nötig, wenn die bestehende elternhafte Haltung geeignet ist, die Entwicklung zur Autonomie einzuschränken (James u. Jongeward 1971, p.126/S.144; M. James 1974; 1981).

Um festzustellen, wer einer Erneuerung seiner «Elternperson» bedürfe, stellt James an die Patienten jeweils drei Forderungen: (1.) Beschreibe mit fünf Worten, wie du deine Mutter als kleines Kind erlebt hast! (2.) Beschreibe desgleichen deinen Vater! (3.) Wenn es noch andere Erwachsene gab, die sich um dich als Kleinkind bemüht haben, dann beschreibe, wie sie waren! – James glaubt, daß sie aus den Antworten erfahren könne, welche Eigenschaften der Eltern einschränkend waren und welche Eigenschaften die Autonomie des Kindes zu fördern geeignet waren. Diese beiden Arten von Eigenschaften seien voneinander zu sondern und daraus eine «Elternperson» zu konstruieren und zwar derart, daß dieses einerseits die positiven und fördernden Eigenschaften der leiblichen Eltern enthalte und andererseits solche Eigenschaften, welche die destruktiven Eigenschaften der eigenen Eltern aufheben würden.

Die Erneuerung der eigenen «Elternperson» ist ein psychologischer Prozeß, der verschiedene Stadien durchläuft. Der Patient muß sich detailliert mit der Wirkung, die seine Eltern in der Kindheit auf seine Entwicklung hatten, auseinandersetzen. Er muß sich über die Bedeutung der einschränkenden Eigenschaften seiner Eltern in bezug auf seine gegenwärtige Haltung gegenüber sich selbst wie gegenüber den Mitmenschen und der Welt und dem Leben im allgemeinen klar werden. Er muß die natürlichen Bedürfnisse seines unbefangenen inneren Kindes erkennen lernen, wozu z.B. Methoden aus der Gestalttherapie behilflich sein können. Inwiefern die bisherige «Elternperson» einer Korrektur und Ergänzung bedarf, ergibt sich aus der Auseinandersetzung zwischen «Erwachsenenperson» und unbefangenem inneren Kind. Die Erneuerung der eigenen «Elternperson» entspricht nach James einem Entschluß der «Erwachsenenperson». Dieser Entschluß sei begleitet von einem «inneren Vertrag», nämlich dem Vorsatz, sich in der Folge sowohl gegenüber anderen wie gegenüber dem eigenen inneren Kind auf diese neue Art und Weise zu verhalten. Werde dann versucht, diesen Vorsatz in die Praxis umzusetzen, könne dies vorerst unbequem sein und unecht anmuten, bald aber werde es immer besser gelingen und schließlich sogar spontan und selbstverständlich geschehen.

Nach meiner Erfahrung spielt die Unterstützung durch den Therapeuten oder durch die Gruppe bei diesem Prozeß eine große Rolle. Er geht auch nicht isoliert vor sich, sondern ist in der Praxis verwirkt mit anderen, weiter unten beschriebenen therapeutischen Ansätzen und Methoden. Wenn ein Patient mir überzeugend und selbst verwundert sagt: «Ich bin heute eigentlich viel wohlwollender gegenüber mir selber eingestellt als vor der Behandlung!», dann weiß ich, daß er seine «Elternperson» erneuert hat, ob nun das durch eine bewußt unternommene Selbsterneuerung der «Elternperson» geschehen ist oder auf anderem Weg.

10.8.3 Das Eltern-Interview nach McNeel und die Therapie der «Elternperson»

10.8.3.1 Das Eltern-Interview

John R. McNeel, welcher der Neuentscheidungstherapie (s. S. 347ff) nahesteht, hat das Verfahren des Eltern-Interviews in die Transaktionale Analyse eingeführt (McNeel 1976). Wie bei der Neuentscheidungstherapie wird die gestalttherapeutische Methode des leeren Stuhls angewandt, in welchen der Vater oder die Mutter «gesetzt» wird, d.h. der Patient setzt sich selbst in diesen anderen Stuhl und spielt nun die Rolle seines Vaters oder seiner Mutter, natürlich wie er sie als Kleinkind erlebt hat. Der Patient wird nun vom Therapeuten angesprochen, der mit dieser Elternperson Kontakt aufzunehmen versucht, nicht anders als wie er das mit irgendeinem Vater oder einer Mutter eines seiner Patienten tun würde, die er noch nicht kennt und gerne kennen lernen würde. Er versucht schließlich, das «gegenwärtige» (zur Zeit der Kindheit seines Patienten aktuelle) Verhalten des Vaters oder der Mutter zum Teil aus dem abzuleiten, was dieser Vater oder diese Mutter selbst erlebt haben, in erster Linie, nach psychoanalytischem Ansatz, was sie selbst als Kleinkinder und Kinder erlebt haben, insbesondere in der Beziehung zu ihren Eltern. Damit kann er ein erzieherisch ungeschicktes, ja zum Teil destruktives Verhalten gegenüber seinem Patienten als Kleinkind verständlich machen. Sein Patient, der seinen Vater oder seine Mutter spielt, hört dabei gleichsam als Erwachsener, der er heute ist, zu.

Nach Wechsel des Stuhles ist er wieder derjenige, der er eigentlich ist, und unterhält sich jetzt wieder als solcher mit dem Therapeuten. Im allgemeinen zeigt sich nun in diesem Gespräch, daß er nach diesem Eltern-Interview Verständnis für das seinerzeitige für ihn neurotisierende Verhalten seines Vaters oder seiner Mutter bekommen hat. Es kommt eine versöhnende Stimmung auf. Erinnern wir uns, daß Berne einen Patienten erst als gesund erklären mag, wenn er sich mit seinen Eltern versöhnt hat.

Ein solches Eltern-Interview ist außerordentlich beeindruckend, einmal rein methodisch, weil ein Patient tatsächlich die Rolle seines Vaters oder seiner Mutter (immer: wie er sie erlebt hat!) übernehmen kann und sogar als solche Auskünfte über sich geben kann, an die er als der, der er eigentlich ist, nie mehr gedacht hat, gleichsam Ereignisse aus dem Leben seiner Eltern, die ihm «unbewußt» waren, wennschon er sie als Kleinkind natürlich irgendwie mitbekommen hatte. Beeindruckend ist aber das Eltern-Interview zudem durch seine Wirkung auf den Patienten. Seine emotionale Beziehung zur betreffenden Elternperson verwandelt sich fast immer, wenn er realisiert hat, daß auch sie einmal Kinder waren, daß auch sie in ihrer Kindheit unter anderem durch das Verhalten ihrer Eltern ihnen gegenüber geprägt wurden, was ihr Verhalten als Eltern beeinflußte. Das Eltern-Interview ist meines Erachtens eines der genialsten und originellsten therapeutischen Verfahren der Transaktionalen Analyse!

10.8.3.2 Therapie der «Elternperson»

Andere Transaktionsanalytiker, zuerst S.R. Dashiell (1978), dann, merkwürdigerweise ohne sich auf Dashiell zu berufen, Mellor u. Andrewartha (1980), haben aus dem Eltern-Interview ein weiteres Verfahren entwickelt, nämlich die Therapie der «Elternperson». Erskine hat dieses Verfahren aufgegriffen und in seinem mit Moursund herausgegebenen Buch detaillierte und sehr eindrückliche Beispiele vorgestellt (Erskine u. Moursund 1988, pp. 87–107/S. 11–138, pp. 253–304/S. 327–393).

Dieses Verfahren stellt eine Fortentwicklung des Eltern-Interviews nach McNeel dar. Mit einem solchen Eltern-Interview beginnend wird nun nämlich eine therapeutische Beeinflussung der entsprechenden Elternperson inszeniert. Es geschieht dies genau wie bei der Therapie eines Patienten. Zwar sitzt auf dem vorher «leeren Stuhl» der ursprüngliche Patient, aber in der Rolle seines Vaters oder seiner Mutter, und führt nun einen Dialog mit dem Therapeuten. Allerdings wird kein formaler Behandlungsvertrag mit ihm abgeschlossen, sondern das Gespräch wird aus dem Eltern-Interview unmerklich in ein therapeutisches Gespräch umgewandelt. Es geht dabei vornehmlich um die seinerzeitige Beziehung zum ursprünglichen Patienten, also dem Sohn oder der Tochter der behandelten «Patienten». Bei Dashiell wird dieses Ziel direkt anvisiert und der Vater oder die Mutter dazu gebracht, ihre seinerzeitigen destruktiven Grundbotschaften gegenüber ihrem Kind zurückzunehmen oder sogar durch konstruktive Grundbotschaften oder Erlaubnisse zu ersetzen. Diese werden gegenüber dem Kind, das im leeren Stuhl sitzend vorgestellt wird, direkt ausgesprochen. Dashiell geht in gewissen Fällen noch weiter und behandelt das «Kind» der Mutter oder des Vaters, insofern es in einem Trauma befangen war und die damit verbundenen Gefühle auf das Kind im Sinne eines Episkripts übertragen hatte. Dieses Episkript wird nun aufgelöst und, wieder in einem Gespräch mit dem Kind, das im leeren Stuhl sitzend vorgestellt wird, von diesem «weggenommen».

Mellor und Andrewartha arbeiten mit der «Elternperson» mit Neuentscheidungen. Erskine und seine Mitarbeiter halten sich bei einer solchen Therapie der «Elternperson» weniger an die transaktionsanalytischen Modelle als an die psychoanalytischen. Es werden z.B. Fehlhandlungen, wie ein Versprechen, mit Hilfe des «Patienten» analysiert, es wird konfrontiert, es wird gedeutet. So kann herausgearbeitet werden, daß z.B. der Vater des ursprünglichen Patienten sehr stark an seine Frau gebunden war und die Geburt seines Kindes als eines Rivalen als bedrohend empfand und ihn deswegen seinerzeit abgelehnt hat. Es wird dies aber nicht etwa nur theoretisch festgestellt, sondern wie bei einer wirklichen Psychotherapie dem «Behandelten» als verwandelnde Einsicht zum Erlebnis gebracht!

Durch eine solche «Therapie der ‹Elternperson›» wird die innere «Elternperson» des Patienten tatsächlich verändert und damit sein unbefangenes «Kind» von Einschränkungen durch negative Botschaften befreit. Eine solches Verfahren kann also gleichsam indirekt eine entscheidende Wirkung auf das neurotische Erleben und Verhalten eines Patienten haben, insofern dieses von einer einschränkenden oder destruktiv wirkenden «Elternperson» abhängig war oder ist.

10.8.4 Die Befreiung des unbefangenen «Kindes»

Die Möglichkeit, eine positiv wohlwollende «Elternperson» zu aktivieren, mit oder ohne vorangehende. «Selbsterneuerung der Elternperson», ist meines Erachtens die Vorbedingung für die Befreiung des unbefangenen «Kindes». Ich stimme zu, wenn Kahler feststellt, daß zwischen «Elternperson» und «Kind» eine enge Beziehung besteht, indem die Qualität der «Elternperson» diese oder jene Art des «Kind» zuläßt oder verbietet (Kahler 1978, pp. 17–18).

Während der Sitzungen beim Therapeuten sollte es dem Patienten gestattet sein, sein unbefangenes inneres Kind zum Ausdruck zu bringen (Berne 1961, p. 161). Es sei keinesfalls Aufgabe des Therapeuten, den Patienten daran zu hindern, sein inneres Kind «auszuagieren». Allerdings habe er den Patienten anzuleiten, im Alltag das Ausagieren des Kindes durch die «Erwachsenenperson» zu kontrollieren, so daß sozial destruktive Folgen ausbleiben (1961, p. 253).

Berne wie Steiner machen darauf aufmerksam, daß eine Veränderung der Erlebens- und Verhaltensweise, wie sie bei einer Transaktionalen Analyse therapeutisch angestrebt wird, auch durch andere als nach den Regeln der Transaktionalen Analyse geführten Gruppen gefördert werden kann, nämlich durch sogenannte «Erlaubnis-Klassen»

(Steiner, C. u.U. 1968; Berne 1972, S. 371f; Steiner 1974, pp. 316–317/S. 298). Berne verhält sich bei seinen Empfehlungen dabei allerdings zurückhaltender als Steiner. Er möchte, daß der Leiter einer solchen «Erlaubnisklasse» gezielt vorgeht und jeden Teilnehmer nur zu einem solchen Verhalten ermuntert, das ihm vom behandelnden Transaktionsanalytiker ausdrücklich verschrieben worden ist. *Es geschieht dies am ehesten durch Anregungen und Übungen aus der Encounter-Tradition, die zweifellos auch der Führung von Erlaubnis-Klassen des Ehepaars Steiner Paten standen.

In der Gruppenbewegung hat *Encounter* [Begegnung] eine doppelte Bedeutung: (1.) Die Encountergruppe nach Rogers befaßt sich mit Gesprächen zwischen den Teilnehmern, wobei der Leiter durch sein eigenes Verhalten und die Regeln, die er vorschlägt, ein Klima der Aufrichtigkeit und des Vertrauens schafft, in der jeder jeden anderen so akzeptiert, wie er ist. Es kommt zwischen den Teilnehmern zum Abbau von Masken und Fassaden, zur Auflösung von Identifikationen mit sozialen Rollen. Jeder zeigt sich schließlich im Gespräch so, wie er wirklich ist, und sagt, was er fühlt und denkt. Bisher selbstverständliche Erlebens- und Verhaltensweisen werden dadurch gelockert und in Frage gestellt; mitmenschliche Kontakt- und Beziehungsmöglichkeiten werden neu erfahren; soziale Ängste werden abgebaut und vielfach als hinderlich und überflüssig erlebt (Rogers 1970) (2.) In den Encounter-Gruppen nach William Schutz u.a. wird vor allem geübt, differenzierte Sinneserfahrungen und Körperempfindungen zu erleben sowie Gefühle wahrzunehmen und auszudrücken. Körperkontakte und andere Formen averbaler Begegnung zwischen den Teilnehmern werden gefördert. Bewegungen sind so wichtig wie Gespräche. Der Leiter ordnet Übungen an, durch welche Erfahrungen in der gekennzeichneten Richtung ermöglicht und intensiviert werden können. Gedankliche Reflexionen spielen kaum eine Rolle (Schutz 1967;1973). Es trifft zu, daß sich aus der Encounter-Bewegung nach Schutz u.a. eine eigene Subkultur herausgebildet hat, «die ihre eigenen Normen, Sitten, Sprachausdrücke und Kunstprodukte aufweist, ihre eigenen Heiligen, Autoritätsstrukturen und Pilgerfahrten und geheiligten Traditionen herausbildet», wie Oden berichtet (1974, S. 118). Es wäre aber ein Fehler, deshalb die sehr wertvollen Anregungen der Encounter-Bewegung gering zu schätzen!

In solchen Gruppen können die Teilnehmer lernen, elterliche Verbote, unaufgefordert zu sprechen oder gar zu denken, zu überwinden; sie können lernen, andere zu berühren und sich selbst berühren zu lassen, sich ausgiebig zu bewegen oder gelassen zu entspannen, sich anmutig oder selbstsicher zu verhalten, zu lachen oder zu weinen, zu tanzen oder mit anderen zu kämpfen, sich sexuell attraktiv oder sich aggressiv zu benehmen usw.. Steiner hat gute Erfahrungen damit gemacht, daß er Patienten, die nach mehreren Monaten transaktionsanalytischer Therapie keine Fortschritte mehr machten, in Marathonveranstaltungen schickte.

Marathonveranstaltungen sind Gruppensitzungen, die 12 bis 18 Stunden dauern und bei denen die Teilnehmer sich im Sinne der Encounter-Tradition erfahren. – Nach meiner Erfahrung ist es sehr wohl möglich, in Gruppen rein verbale Auseinandersetzungen und Belehrungen wie in klassischen transaktionsanalytischen Gruppen nach Berne mit Anregungen im Encounter-Stil zu kombinieren. Auch Steiner gibt Anleitungen für solche Möglichkeiten, z.B. verbale und averbale «Streichelübungen» (Steiner 1974, pp. 331–333/S. 312ff). Berne war, klassisch psychoanalytisch geschult, mißtrauisch bis ablehnend gegenüber Verfahren, bei denen Therapeuten körperliche Kontakte mit Patienten eingehen (Cassius et al. 1969; Steiner 1974, p. 23/S. 33).

10.9 Mit Wiederbelebung der Kindheit (Regression) verbundene Behandlungsansätze und zukunftsgerichtete Phantasien

10.9.1 Die Regressionsanalyse nach Berne

(1961, pp. 247–255; 1966b, p. 314)

In seinem ersten Buch hat Berne ein Verfahren beschrieben, mit dem er dem inneren Kind eines Patienten ermöglichen möchte, sich «auszusprechen». Damit würde erleichtert, die Probleme, die das «Kind» betreffen, durchzuarbeiten. Schließlich könnte mit dem Verfahren das «Kind» *(vielleicht besser: der Patient als Kind) wie ein konkretes Kind behandelt werden: es könnte wohlwollend, sogar zärtlich ermuntert werden, sodaß es alle seine Qualitäten entfalten könne und auch bisher verborgene Züge zum Vorschein kommen können.

Das Vorgehen besteht darin, daß der Therapeut wie ein Fünfjähriger zu sprechen versucht und sich mit seinem Patienten unterhält, den er auffordert, sich in seine Kinderzeit zurückzuversetzen, auf jeden Fall sich bei diesem Gespräch nicht über acht Jahre alt zu fühlen. Ein Fünfjähriger hat bereits ein gewisses Gefühl für die Realität, aber einen begrenzten Wortschatz, der noch nicht durch Schulerfahrungen angereichert ist. Spricht der Patient zu erwachsen, dann versteht ihn der Therapeut einfach nicht. Die Grenze von acht Jahren wird von Berne deshalb gewählt, weil er annimmt, daß sich doch jedermann noch an ein Alter, das darunter liege, erinnern könne.

Bei einem solchen Gespräch können sich nach Berne die Schwierigkeiten und Probleme, denen sich der Patient als kleines Kind gegenübersah, offenbaren, wobei der Therapeut durch das, was er sage, seinen Gesprächspartner dazu bringen könne, diese Schwierigkeiten und Probleme möglichst klar darzustellen – immer mit dem Verständnis und der Sprache des Kindes. Ein solches Gespräch von Kind zu Kind lasse sich sowohl im Rahmen einer Einzeltherapie wie einer Gruppentherapie inszenieren. In einer Gruppe könnten sich auch mehrere Teilnehmer an einem solchen Gespräch beteiligen.

«Die Regressionsanalyse ist eine Art von Psychodrama, scheint aber sowohl hinsichtlich ihres theoretischen Hintergrundes wie ihrer Technik präziser zu sein. Der Spielraum ist beschränkter, aber auch weniger künstlich, denn die Teilnehmer, einschließlich des Therapeuten, spielen eine Rolle, die sie zuvor in Blut, Schweiß und Tränen verkörpert haben.» Der Therapeut ahmt nicht etwa nur, wie in einem Rollenspiel, ein Kind oder das Kind nach, das er einmal war, sondern wird zu diesem Kind! (Zum Thema Rolle u. Ich-Zustand s. S. 75.) Da er gleichzeitig mit seiner beobachtenden «Erwachsenenperson» dabei ist, hat er zwei Ich-Zustände aktiviert. Voraussetzung ist auf jeden Fall, daß der Patient bereits in der Strukturanalyse gut geschult ist. Sein Zweck besteht darin, die Abwehr aufzuweichen und die energetische Besetzung vorübergehend auf das «Kind» zu verschieben. Für Patienten, die völlig in der «Elternperson» oder in der «Erwachsenenperson» befangen sind, ist dies allerdings sehr schwierig, andern aber fällt es leichter, manchmal so leicht, daß sie, wie Berne schreibt, gar nicht verstehen, was dabei vor sich geht.

Berne stellt bei dieser ersten ausführlichen Beschreibung des Verfahrens aus dem Jahr 1961 fest, daß es die Praxis der Transaktionalen Analyse am weitesten vorantreibe. Es sei aber erst im Versuchsstadium. Er erwähnt das Verfahren erneut kurz in seinem Wiener Vortrag (1966b und 1968a), dann aber, besonders in seinem zuletzt erschienenen zusammenfassenden Werk (1972) nicht mehr. Es bleibt demnach offen, ob es sich ihm bewährt hat. Ich kenne heute keinen Transaktionsanalytiker und habe von keinem Transaktionsanalytiker gelesen, der es anwendet. Ich vermute, daß es vor allem durch den Einbau gestalttherapeutischer Verfahren, deren sich viele Transaktionsanalytiker zu bedienen pflegen, und durch die weiter unten geschilderte Beelterung überholt wurde.

Es ist hier eine gute Gelegenheit zu erwähnen, was Berne zur Grundregel der klassischen Psychoanalyse schrieb, d.h. zur Abmachung, daß der Patient auf der Couch lückenlos alles fortlaufend sagen soll, was im einfällt. Seines Erachtens dient diese Regel dazu, das «Kind» des Patienten sich ohne Einmischung durch die «Elternperson» oder die «Erwachsenenperson» frei aussprechen zu lassen. Das Ziel wäre also dasselbe wie bei der soeben geschilderten Regressionsanalyse nach Berne. Auch die Methode der freien Einfälle erfordere einiges Geschick, um besonders die «Elternperson» abzuhalten, sich einzumischen (1961, p. 173).

Berne selbst hat in Einzelsitzungen bei Patienten, die gleichzeitig in Gruppentherapie waren, manchmal ebenfalls die Grundregel, oft mit gutem Erfolg angewandt (1961, p. 119; 1966b, pp. 279–280, 293–294).

10.9.2 Regressive und zukunftsgerichtete thematische Phantasien

Von vielen Transaktionsanalytikern werden strukturierte Tagträume in die Behandlung eingefügt, um den Klienten die Atmosphäre ihrer Kindheit oder sogar einzelne Botschaften, die sie von den Eltern erhalten haben, wieder nahe zu bringen.

M.u.R. Goulding schildern eine ganze Serie von thematischen Phantasien: Der Klient soll sich vorstellen, er komme vom Spielplatz oder vom Kindergarten nach Hause, wo die ganze Familie versammelt ist, und weine, weil er umgefallen sei und sich das Knie aufgeschürft habe oder er sei wütend, weil er etwas verloren habe, das ihm sehr lieb war, oder er sei stolz, weil er ein Lob erhalten habe usw. Wie reagieren die einzelnen Familienmitglieder, was sagen sie und was machen sie für ein Gesicht? (frei nach M.u.R. Goulding 1979, pp. 112–113/S. 142).

Wir müssen uns klar sein, daß es sich um Phantasien handelt, die den *gegenwärtigen* Zustand von «Elternperson» und «Kind» wiederspiegeln, wie sie *jetzt* wirken. Ob die Phantasien tatsächlich ein Bild der damaligen emotionalen Situation darstellen, ist möglich, aber eine andere Frage.

Zu den thematischen Phantasien könnten auch die gestalttherapeutischen Dialoge mit dem leeren Stuhl, in dem einer der Eltern sitzend vorgestellt wird, gerechnet werden (s.Perls 1969). Diese Dialoge spielen bei der Neuentscheidungstherapie nach R.u.M. Goulding eine große Rolle. Ich gehe bei der Schilderung dieses Verfahrens näher darauf ein (S. 347).

Es gibt auch progressive Phantasien. In der Praxis der Transaktionalen Analyse bekannt ist die Frage: «Stelle dir vor, was von heute ab in fünf (zehn) Jahren mit dir sein wird! Wo lebst du dann, wie lebst du dann?». Ich habe erlebt, wie Widerstände gegen Zukunftsvorstellungen durch eine solche gelenkte Phantasie überwunden werden. Wird der Frage und Aufforderung beigefügt: «... wenn du so weiterlebst wie bis anhin!», kommt es häufig zu einer Phantsie, die einem selbstdestruktiven Skript entspricht.

10.10 Konfrontation mit dem «Passivitätssyndrom» nach Schiff

Der Begriff der *Passivität* wird von den Autoren der Schiff-Schule, die ihn in die Transaktionale Analyse eingeführt haben, nirgends genau definiert. Aus ihren Ausführungen ergibt sich, daß sie darunter im weiteren Sinn *jede Haltung verstehen, die der Wahrnehmung der Selbstverantwortung widerspricht* und im engeren Sinn *jedes Ausweichen vor der eigenständigen Lösung von Problemen, die anstehen* (A.u.J. Schiff 1971; J.Schiff et al. 1975b; Child-Gowell 1979b).

Ich fasse das, was Schiff *Passivität* nennt, mit der sie ihre Patienten fortlaufend konfrontiert, in vier Bereiche zusammen:

1. *Vermeidung der Übernahme der Verantwortung für sich selbst, mit anderen Worten: das Anstreben oder das Aufrechterhalten einer symbiotischen Beziehung* (s. S. 91ff), zugleich aber, wie die Ausführungen über die Regeln, die in den therapeutischen Gemeinschaften der Schiff-Schule gelten, in einem gewissen Rahmen auch *die Übernahme einer sozialen Verantwortung für andere, wenn diese sich lebensgefährlich vernachlässigen*, z.B. Suizidgedanken äußern.

In ihrer therapeutischen Gemeinschaft verlangte J. Schiff, daß die Patienten gegenseitig auf sich achten, also auch eine soziale Verantwortung übernehmen, z.B. jede Andeutung selbstschädigenden Verhaltens bei einem Mitpatienten unterbinden oder melden. Das ist für mich eine wichtige Forderung von J. Schiff, die ja den Begriff der Symbiose in die Transaktionale Analyse eingeführt hat. Sie zeigt, daß die plumpe Annahme, daß es sich jedesmal, wenn für einen anderen ohne Auftrag Verantwortung übernommen werde, um eine dysfunktionelle Symbiose handle, nicht zutrifft.

2. *Vermeidung, die Realität so zu sehen, wie sie ist*, um das früherworbene Selbst- und Weltbild aufrecht erhalten zu können. Zu dieser Realität gehören auch die eigenen Bedürfnisse und Gefühle und diejenigen des Kommunikationspartners, insofern dieser ihnen mit oder ohne Worte Ausdruck gibt. Zur Realität gehört meines Erachtens auch, daß der andere ein anderer Mensch ist als ich und doch ein «Meinesgleichen».
3. *Vermeidung, sich realistische *(!) Ziele zu setzen, sich zu überlegen, wie sie erreicht werden können und sie dann auch zu erreichen.* Aus dem Wortlaut einer Äußerung von J. Schiff u. Mitarbeitern über das, was sie «Aktivität» nennen, ergibt sich diese Forderung (1975b, p. 10).
4. *Vermeidung im Sinne eines Ausweichens vor der realitätsgerechten Lösung von sachlichen und mitmenschlichen Problemen.* Das Problem oder die Alternativen, es zu lösen, werden nicht gesehen («ausgeblendet» – s. S. 116ff) oder ungerechtfertigt hinausgeschoben, z.B. «bis ich wirklich Lust dazu habe» oder «bis sich die Situation von selbst oder durch eine höhere Gewalt ändert» oder «bis ich zuerst alle andern Probleme gelöst habe» oder «bis der andere wirklich auch bereit ist» usw. (s. auch R. Phillips 1975, p. 30).

S.A. Edwards glaubt auch, das Syndrom der Hyperaktivität von Kindern, das gemeinhin auf einen geringgradigen Hirnschaden zurückgeführt wird, auf passives Vermeidungsverhalten, also ein Ausweichen vor Problemen zurückführen zu können (1979).

Der Ausdruck *Passivität*, wie ihn die Autoren gebrauchen, ist mißverständlich: Greift jemand einen andern an, statt sich konstruktiv mit ihm auseinanderzusetzen oder spricht er unaufhörlich, um nicht überlegen zu müssen, so wären dies nach dem Sprachgebrauch der Schiff-Schule passive Verhaltensweisen. Statt von *Passivität* könnte von

Vermeidung gesprochen werden. Zu *inneren Mechanismen* einer solchen Vermeidung wird die *Ausblendung* im ganzen Umfang, in dem ich diesen Begriff zusammenfassend auf den Seiten 116–119 geschildert habe, gerechnet, daneben auch die *Grandiosität* im Sinn einer Über- oder Unterschätzung eigener Möglichkeiten (s. S. 116) und die sogenannten *Denkstörungen*, besser **vermeidenden Denkprozesse. Vermeidende Denkprozesse* gehen vor sich, wenn jemand sich von unendlichen vielen Einfällen überschwemmen läßt, sodaß das Wesentliche von Unwesentlichem überwuchert wird und eine sinnvolle Lösung eines anstehenden Problems nicht mehr möglich ist: *Überdetaillierung*, aber auch wenn Fragen aufgeworfen werden, die logisch nicht beantwortbar sind («Ja, was ist denn eigentlich der Sinn des Lebens?», «Liebst du mich wirklich?»): *Übergeneralisierung*.

Andere Transaktionsanalytiker verstehen in Unterscheidung der Autoren der Schiff-Schule unter *Übergeneralisierung*, was der Wortbedeutung eher entspricht, eine sprachliche Verallgemeinerung, die von konkreten Problemen ablenkt.

Der Lösung eines konkreten Problems wird auch ausgewichen, wenn dieses «aufgebläht» wird, z.B. wenn die Auseinandersetzung eines Ehepaars darüber, wer das Auto benützen darf, in die Frage mündet, ob sie sich trennen oder scheiden lassen sollen: *Eskalation*. Schließlich rechnet Schiff noch zu den vermeidenden Denkstörungen die mangelnde Fähigkeit, sich «Vorstellungen» zu machen, so daß reale Verhältnisse nicht mehr erfaßt werden können und eine sinnvolle Planung und Voraussicht unmöglich gemacht wird: *Störungen im Phantasiebereich*, auf deutsch besser: *gestörtes Vorstellungsvermögen* (J. Schiff u. Mitarb. 1975b, pp. 20–21).

Als *äußerer Mechanismus* einer Vermeidung werden immer wieder die von Schiff aufgestellten vier oder fünf Arten «passiven Verhaltens» aufgezählt, die sich im Sinne einer Eskalation auseinander entwickeln können. Ich spreche von *Vermeidungsverhalten*. Eine *passiven Verhaltensweise* oder ein **Vermeidungsverhalten* ist ein Verhalten, das Menschen einnehmen, die einem anstehenden Problem ausweichen wollen, es verdrängen, sich scheuen, es in Angriff zu nehmen, oder sich nicht zutrauen, es zu lösen. In der Schiff-Schule werden vier Kategorien solcher Verhaltensweisen voneinander unterschieden:

1. *Untätigkeit oder Nicht-Tun, Passivität im eigentlichen Sinn*

Als Beispiel erwähnen die Autoren der Schiff-Schule, daß Bill zu Jerry sagt: «Ich bin wütend, daß Du zu spät bist!», worauf Jerry zwar ängstlich dreinblickt, aber nichts sagt, worauf Bill sich zunehmend unbehaglich fühlt und den Impuls verspürt, entweder Jerry als «Retter» zu beschwichtigen oder als «Verfolger» anzugreifen (J. Schiff u. Mitarb. 1975b, p. 11).

Dieses Beispiel ist unzulänglich, denn Jerry wurde nichts gefragt und hat deshalb auch nichts zu antworten. Soll er sich entschuldigen? Aber bestünde dann nicht die Gefahr, daß er ein Spiel einleitet? Wäre es im übrigen von Bill nicht kommunikationsgerechter zu sagen, was hinter seiner Wut steht, z.B. Enttäuschung?

Wer tut, als wenn kein Problem bestehen würde, mag dieses auf irgendeiner Stufe ausblenden (s. S. 116f) und/oder er verschiebt, ohne sich bewußt dazu entschieden zu haben, die Behandlung des Problems auf später zu verschieben. Cardon u. Mitarb. kennen noch die Möglichkeit, daß sich jemand, wie sie sagen, seinem Problem «anpaßt», z.B. ein Geschäftsmann, der es nicht fertig bringt, Arbeit zu delegieren und dafür selbst 16 Stunden am Tag arbeitet und vielleicht erst noch stolz darauf ist, sich unentbehrlich vorzukommen (Cardon u. Mermet 1982, p.153; Cardon u. Mitarb. 1983/[2]1984, p.57).

Die Cardon schildert diese Möglichkeit unter dem Titel «Überangepaßtheit» (s.u.), was meines Erachtens nicht zutreffend ist, weswegen ich sie bei Untätigkeit eingeordnet habe.

2. *Überangepaßtheit*

Joe hat sich entschlossen, einkaufen zu gehen. Wie er eben das Haus verläßt, bittet ihn seine Frau den Rasen zu mähen, was er dann, ohne ein Wort zu verlieren, auch tut. – Mary demonstriert, wie mühsam sie an ihren Paketen zu tragen hat und Jane nimmt ihr welche ab, ohne darum gebeten worden zu sein (J. Schiff u. Mitarb. 1975b, p.11).

Es handelt sich bei den Beispielen für Überanpaßung einerseits um das Eingehen auf einen in Worten ausgedrückten Wunsch unter Hintanstellung einer anderen Absicht, andererseits um das Eingehen auf einen wortlos ausgedrückten Wunsch, ohne darum gebeten worden zu sein, zwei psychologisch verschiedene Situationen. Die Autoren bemängeln an beiden Verhaltensweisen, daß vom Betreffenden die eigene «Erwachsenenperson» nicht eingesetzt worden sei, um festzustellen, was angebracht sei oder nicht. Dafür geben aber beide Beispiele keine Anhaltspunkte.

**Das Ziel ablenkenden Verhaltens kann bewußt, halbbewußt oder unbewußt sein.*

3. *Agitiertheit*

Hin- und Hergehen, immer wieder neu eine Zigarette anstecken und bald darauf wieder im Aschenbecher ausdrücken, immer wieder dieselbe Tonfolge brummen oder pfeiffen, – alles immer wiederkehrende leere Verhaltensweisen. J. Schiff u. Mitarb. schreiben von verbaler oder körperlicher Agitation oder agitiertem Denken (1975b, p.65), letzteres wäre allerdings nur beobachtbar, wenn ihm sprachlich Ausdruck gegeben wird.

Die Schiff-Schule betrachtet die Agitiertheit in jedem Fall als Vorstufe der nächsten Kategorie passiven Verhaltens, was nach meiner und allgemeiner Erfahrung allerdings für Menschen, die nicht an einer Geisteskrankheit leiden, nicht der Fall sein muß. Bei diesen kann die Agitiertheit ohne Eingriff von außen in ablenkendes Verhalten oder sogar nicht selten in problemlösendes Verhalten übergehen.

Manche Autoren, so Jessen u. Rogoll (1980/1981), rechnen auch Überbetriebsamkeit, ein Aufgreifen anderer als eben aktueller Probleme, pausenloses Jammern zur Agitiertheit, offensichtlich, weil sie solches Verhalten, mit dem ebenfalls einem Problem ausgewichen wird, sonst in keiner der vier Kategorien nach Schiff unterbringen.

4. *«Nervenzusammenbruch» (meines Erachtens treffendste umgangssprachliche Bezeichnung für das, was hier gemeint ist): völlige Hilflosigkeit, Stillegung durch heftige psychosomatische Symptome, Gewalttätigkeit [Incapacitation or Violence].*

Diese «Vermeidung» zeigt sich in einer panischen Flucht, einem unbeherrschbaren Wutanfall, in einer unvermittelten Tätlichkeit, einer plötzlichen Verwirrtheit oder um den Ausbruch eines funktionellen Leidens wie Ohnmacht, Migräne, Erbrechen, Wahrnehmungs- oder Bewegungsstörungen oder um die plötzliche Verschlimmerung einer vorbestehenden psychosomatischen Krankheit.

Von den deutschsprachigen Transaktionsanalytikern wird meist von einem «Sich-unfähig-Machen» gesprochen, was für mein Verständnis zu sehr danach tönt, wie wenn der Betreffende sich absichtlich so verhalten würde, während es sich viel eher um ein unwillkürliches Geschehen handelt («He was incapacitated by a stroke» = «Er war nach einem Schlaganfall völlig hilflos»;

«snow-clogged roads that would incapacitate any car without tyre chains» = «durch übermäßigen Schneefall blockierte Straßen, die es jedem Wagen ohne Schneeketten unmöglich machten zu zirkulieren»). Von einem «Nervenzusammenbruch» zu sprechen, läßt es immerhin offen, ob jemand sich dabei «gehen läßt», wozu die Aussagen der Autoren allerdings keinen Anhaltspunkt geben. Dieses Wort entspricht auch ziemlich genau dem, was hier gemeint ist. In lässiger Umgangssprache würde fast noch treffender gesagt werden, es würden jemandem «alle Sicherungen durchbrennen».

Wer beruflich immer wieder mit seelisch schwer gestörten Menschen zu tun hat, kennt diese vier Verhaltensweisen aus der Praxis. Nehmen wir an, ein Patient sei soeben widerwillig in eine psychiatrische Klinik eingewiesen worden. Im Sprechzimmer des Aufnahmearztes kann er mehr oder weniger passiv dasitzen, sich zu sprechen weigern oder nur knapp Antwort auf die Frage geben («nichts tun»). Er kann aber auch einen sichtlich guten Eindruck zu machen versuchen und den Personen, die sich um ihn kümmern, möglichst weit entgegenkommen, ihre Fragen so beantworten, wie er annimmt, daß sie es gerne hören, sich vielleicht unaufgefordert sofort entkleiden, da er annimmt, ein Arzt werde ihn vor allem körperlich untersuchen wollen u.ä. («Überangepaßtheit»). Ein Patient kann aber auch unruhig im Raum umhergehen, an die Scheiben trommeln, vielleicht zugleich mit der Zunge schnalzen; die verhaltene Erregung ist ihm ohne weiteres anzumerken («Agitiertheit»). Schließlich ist es auch möglich, daß der Kranke einen hochgradigen Erregungszustand bekommt, gewalttätig wird, Ausbruchsversuche unternimmt oder auch körperlich und seelisch zusammenbricht und nicht mehr kontaktfähig ist («Sich-unzurechnungsfähig-Verhalten»).

Diese Verhaltensweisen bei seelisch schwer gestörten Menschen sind so typisch, daß ich den Eindruck habe, die erwähnten vier Arten von Vermeidungsverhalten, seien aus solchen Situationen abzuleiten. Werden sie auf neurotische oder gesunde Menschen angewandt, wie durch die Autoren der Schiff-Schule, bedürfen sie der Revision. Die Beispiele der Autoren aus der Beratung oder Behandlung nicht-psychotischer Menschen leuchten dementsprechend oft nicht ohne weiteres ein.

Die Autoren geben auch Anleitungen, wie ein Therapeut bei solchem beobachtbaren Vermeidungsverhalten vorgehen kann, um den Patienten damit zu konfrontieren. Tut der Patient nichts dergleichen, obgleich die Luft, wie wir sagen könnten, offensichtlich «dick» ist, versucht der Therapeut, ihn zu zwingen, sich der Situation zu stellen, die eigenen Gefühle wie die Befindlichkeit seines Kommunikationspartners, insofern diese sich offen ausdrückt, wahrzunehmen. Im Alltag kommt es nicht selten vor, daß derjenige, der ausweicht, es dahin bringt, daß der andere Schuldgefühle bekommt. – Derjenige, der durch Überanpassung reagiert, indem er die Erwartungen des andern – manchmal allerdings auch in übertriebener und sabotierender Weise – zu erfüllen versucht, ist verhältnismäßig leicht mit seinem Verhalten zu konfrontieren. – Schwieriger ist eine Konfrontation, wenn der Patient bereits in stereotype unproduktive Agitiertheit ausweicht. Er ist dann meist auch in unklarem Denken befangen und seine «Erwachsenenperson» ist kaum mehr mobilisierbar. Es besteht eine bedrohliche Spannung. Eine Unruhe in Form von Betriebsamkeit kann wohl eher angesprochen werden, wird aber vermutlich nicht von jedem Transaktionsanalytiker zu diesem Stadium verhaltener Erregung gerechnet. Am besten wirken Aufforderungen zur Beruhigung. «Setz dich doch einmal hin, beruhige dich und denke ruhig nach!» Der Therapeut muß versuchen, den Patienten vom Druck, unter dem er sich fühlt, zu entlasten. Wenn es dem Therapeuten glückt, den Patienten in das überangepaßte Stadium zu versetzen, wird es ihm besser gelingen, die Situation anzugehen. – Hat der Betreffende seine Nerven, wie man zu sagen pflegt, bereits verloren, so ist im allgemeinen nach Schiff nichts anderes möglich, als unter den nötigen Vorkehrungen abzuwarten, bis der Patient sich beruhigt hat und dann zu versuchen, seine «Erwachsenenperson» anzusprechen.

Dem Vermeidungsverhalten kann auch zugerechnet werden, was die Schiff-Schule als umdeutende und umdefinierende Transaktionen bezeichnet (J. Schiff u. Mitarb. 1975b, pp. 57–60 – s. S. XXf).

Nach Schiff gehören im Grunde genommen auch die manipulativen Spiele oder das Erleben und Verhalten aus den manipulativen Rollen zum Vermeidungsverhalten, was durchaus einleuchtet, weil ja alles Vermeidung (oder Passivität) ist, was einer autonomen Haltung widerspricht.

Bei allem, was Schiff und ihre Schüler zum Thema «Vermeidung» schreiben, bestehen nahe Beziehungen zum tiefenpsychologischen Begriff der Abwehr, besonders auch der Verleugnung und Verdrängung, und zum Vermeidungsverhalten, wie es in der Sozialpsychologie beschrieben wird.

L. Weiss (1977) hat in einem kurzen Artikel ausgeführt, unter welchen Bedingungen die Konfrontation von Vermeidungsverhalten sinnvoll ist: (1.) wenn mit dem Betreffenden eine entsprechende Abmachung besteht. (2.) Besteht keine ausdrückliche Abmachung, kann eine Konfrontation trotzdem sinnvoll sein, (a) wenn ich mich in meinen Bedürfnissen übergangen fühle, (b) wenn jemand, mit dem ich mich verbunden fühle, sich selbst oder mir zu schaden droht, (c) wenn jemand dem gemeinsam festgesetzten Ziel ausweicht oder zuwiderhandelt.

Es könne auch gerechtfertigt sein, eine Konfrontation zu erzwingen, wobei allerdings die folgenden Bedingungen erfüllt sein müßten: (1.) Es ist eine allgemeine Abmachung («Konfrontationsvertrag» – s. S. 291) vorangegangen oder es besteht doch die Gewißheit, daß der Betreffende nicht überfordert wird. (2.) Alle Beteiligten sind genügend geschützt gegen allfällige Ausbrüche von Gewalt (die Autorin denkt dabei wohl vor allem an geistig Kranke, an denen ja die Schiff-Schule ihre Erfahrung gesammelt hat). (3.) Klarheit, wie mein «Kind», meine «Elternperson» und meine «Erwachsenenperson» der Situation gegenüberstehen. (4.) Nach sachlichen Überlegungen ist zu erwarten, daß die Konfrontation beim Patienten zu einer Einsicht führt. (5.) Es ist vorgesehen, wie verhindert werden kann, daß der gegenseitige Respekt leidet, wenn eine Konfrontation wider Erwarten doch nicht ankommt. – Wichtig ist, daß ich, wenn ich jemanden konfrontiere, damit kein manipulatives Spiel beginne!

Auch der Individualpsychologe Robert Antoch (1994, S. 103) kommt auf «Vermeidungsverhalten» zu sprechen, das er mit dem hinsichtlich seiner inhaltlichen Bedeutung umstrittenen *Gemeinschaftsgefühl* nach Alfred Adler, allerdings nicht eben einleuchtend, in Verbindung bringt. Dabei zählt er aber ganz verschiedene Arten von Vermeidungsverhalten auf, welche die Kategorien der Schiff-Schule ergänzen: «‹Gemeinschaftsgefühl› und die mit ihr eng verbundene ‹Sachlichkeit› (ich sage lieber: ‹Sachbezogenheit›) läßt sich am Fehlen von *Flucht- und Vermeidungsverhalten* erkennen, zum Beispiel von: Dummstellen, Vergessen, Verfehlen, Rationalisieren; Liegenlassen, Aufschieben, Fliehen, Zögern, Zweifeln, Wanken, Nicht-entscheiden-können, zwiespältigen Gefühlen; Eröffnung von ‹Nebenkriegsschauplätzen› (Adler), Ablenkungen durch eine sehr intensive Nähe zu anderen Dingen und Personen, Ausflüchten und Alibis – immer gegenüber den bewußt oder unbewußt vorhandenen Hauptproblemen des Betroffenen – gehören dazu; kurz, alle Formen von Widerstand gegen Präsenz (also Nähe), Kontakt und Auseinandersetzung mit Personen bzw. Bearbeitung von Themen, die der Weiterentwicklung des Betroffenen dienen. Positiv gewendet heißt dieses Argument: *Kontakt* (nicht Isolierung), *Nähe* (nicht:

Distanz), *Aufgeschlossenheit* (nicht: Starre) kennzeichnen Handlungen und Haltungen, die den Schluß auf ‹Gemeinschaftsgefühl› nahelegen – *es sei denn, daß auch solches Verhalten sich nachträglich als Ausweichmanöver vor entscheidenden Lebensproblemen herausstellen*» (diese letzte Auszeichnung von mir, L.S.).

10.11 Auflösung festgefahrener Erlebens- und Verhaltensmuster

Als Behandlungsansätze zur Auflösung festgefahrener Erlebens- und Verhaltensmuster werden durch die Transaktionsanalytiker meist kognitive Verfahren angegeben. Es ist für mich als primär psychoanalytisch geschulten Psychotherapeuten erstaunlich, wie erfolgreich solche sein können. Bei schwerer gestörten Patienten ist aber eine analytische Psychotherapie, nach transaktionsanalytischen Modellen: eine Skriptanalyse, unumgänglich. Die Auflösung von einschränkenden *Skriptüberzeugungen* gehört zu einem Skriptanalyse.

Zum Verständnis der nachfolgenden Erörterungen gehört auf jeden Fall die Kenntnis der Kapitel, in denen die folgenden Modelle vorgestellt werden!

10.11.1 Die Befreiung aus einer Verliererhaltung

Siehe über *Gewinner und Verlierer* S. 120ff!

Um jemandem den Weg aus seiner Verliererhaltung auf kognitivem Wege zu weisen, ist es wichtig, ihm zu erklären, was eine Verliererhaltung ist. Damit soll er sich von dieser Möglichkeit des Erlebens und Verhaltens zuerst einmal wenigstens intellektuell distanzieren lernen. Es ist wichtig, daß der Patient zur Einsicht gelangt, auf welche Art und Weise er als Verlierer immer wieder seine eigenen Erwartungen zu erfüllen versucht, wie er seine Erfahrungen immer wieder so auslegt, daß sie ihm bestätigen, daß er ein Versager sei. An seiner eigenen Beurteilung einer Situation wird ihm demonstriert, wie er, was ihm begegnet, erlebt und wie es statt dessen ein sogenannter Gewinner erleben würde.

Das Buch über die rational-emotive Therapie von Albert Ellis (1962) gibt viele Beispiele dafür, ebenso dasjenige über die Wahrnehmung der Wirklichkeit und Neurose von Aaron Beck (1976), beides Hauptvertreter der kognitiven Psychotherapie.

Es handelt sich um die bekannte Erscheinung der sich selbst erfüllenden Prophezeiung (Smale 1980).

Wie auf dem ganzen Gebiet der Psychotherapie ist eine Einsicht umso wirksamer, je lebendiger sie ist, je mehr wir einen Patienten erleben lassen können, wie er in einer bestimmten Haltung befangen ist. Dabei haben wir gegen Widerstände anzukämpfen, denn jeder möchte seine Haltung, die er sich im Laufe seines Lebens gegenüber sich selbst, der Welt und den Mitmenschen erworben hat, bestätigt wissen und verteidigt sich oft sehr energisch, wenn sie in Frage gestellt wird. Es gibt keinen Zweifel, daß eine rein intellektuelle Einsicht in die Tatsache, in einer Verliererhaltung befangen zu sein, die Bedeutung einer Abwehr haben kann. Der Betreffende glaubt dann gleichsam, das Problem sei gelöst, wenn er rational versteht, um was es geht, oder aber er sagt: «Und jetzt: Was nützt es mir zu wissen, was ein Gewinner und was ein Verlierer ist?». Unter einer Einsicht verstehen Psychotherapeuten immer eine *verwandelnde Einsicht* (Schlegel 1993), die oft zu einer emotionalen Erschütterung führt und immer eine Änderung der

Erlebens- und Verhaltensgewohnheiten einleitet. *Durcharbeit* nennt der Psychoanalytiker die oft anfangs immer wieder neu zu vollziehende Umsetzung einer Einsicht in eine Änderung der Erlebens- und Verhaltensweise (Schlegel 1993).

Eine Verliererhaltung kann auch sehr fest im Skript verankert sein kann, so daß ein kognitiv-psychotherapeutisches Vorgehen allein zu einer Wandlung nicht genügt, sondern eine Skriptanalyse notwendig ist. Dazu S. 260).

10.11.2 Die Überwindung einer Nicht-Ok.-Grundeinstellung

Siehe über die *Grundeinstellungen* S. 123–132!

Nach *English* führt der Weg von den ihres Erachtens abwehrenden Grundeinstellungen «Ich –, du + » und «Ich +, du-» oft über eine vorübergehende verzweifelte «Ich –, du –»-Haltung. English beschäftigt sich eingehend mit dieser kritischen Erscheinung. Sie könne die Gefahr von Suizid, von Tötungshandlungen oder psychotischen Reaktionen auch bei Patienten mit sich bringen, deren Skript an sich nicht auf ein solches «Ende» hinsteuern würde. Manchmal sei dieser Zustand so schwer zu ertragen, daß der Zwang des Lebensplanes als das kleinere Übel dagegen erscheine. Diese Erscheinung könne in der Einzeltherapie wie in einer Gruppentherapie auftreten und der Therapeut dürfe sich davon nicht überraschen lassen. Oft gehe ein unvermittelter Wechsel der beiden Grundeinstellungen «Ich bin O.K., du bist nicht O.K » und «Ich bin nicht O.K., du bist O .K. » einer solchen Krise voraus. Manchmal versichere der Patient auch vorher krampfhaft, er habe die Einstellung «Ich bin O.K., du bist O.K.» erreicht. Während ein und derselben Marathonsitzung könne ein Wechsel dieser Einstellungen sehr rasch vor sich gehen.

English fragt sich, ob eine rasche oder langsame Entwicklung über eine solche Krise hinweg besser sei. «Nach meiner Erfahrung hat es sich als wirksamste Hilfe für Patienten erwiesen, die durch die mit der Änderung der Grundeinstellung verbundene Krise gehen, daß sie wissen (meist ohne Worte vermittelt), daß auch ich durch eine ähnliche Hölle gegangen bin und das O.K. erreicht habe. Ich bange mit ihnen wegen der Schmerzen, die sie ertragen müssen, bin aber auch zuversichtlich, daß sie daraus mit einem neuen O.K.-Gefühl hervorgehen werden ... Wenn der Patient die Krise überwindet und zur ‹Ich bin O.K., du bist O.K.›-Einstellung gelangt, so ist dies mit der Erfahrung verbunden, es alleine geschafft zu haben, auf der Basis der eigenen Entscheidung und durch die Schrecken der Konfrontation mit dem Selbst» (English 1976e).

Für *Harris* ist der kognitive Weg, um zur positiven Grundeinstellung zu gelangen, der Weg der Wahl. «Die ersten drei Grundeinstellungen gründen sich auf Gefühle. Die vierte gründet sich auf Überlegung [thought], Glaube und Einsatz»; sie zu erlangen beruhe auf einer «bewußten und formulierbaren Entscheidung» (Harris 1967, p. 54/S. 69). Ganz ähnlich betont F. Ernst, daß konstruktiv mit nahestehenden Menschen und Problemen umzugehen, durch Einsatz der «Erwachsenenperson» gelernt werden könne. Zuerst komme sich der Betreffende vielleicht bei seinen Versuchen unecht vor, aber zunehmend ändere sich seine innere Einstellung und was für ihn vorerst ungewohnt und unecht wirke, könne zu seiner Natur werden (F. Ernst 1971a, pp. 11–12). Harris meint allerdings, wir würden uns diese Grundeinstellung nicht allmählich erwerben; es sei eine Entscheidung, die einem Bekehrungserlebnis gleiche. Der Widerspruch zur Ansicht von Ernst ist nur scheinbar: eine einmalige Entscheidung, die einer verwandelnden Einsicht nahekommt, schließt nicht aus, daß die Verwirklichung dieser Einsicht auch noch in allen möglichen Situationen geübt werden muß.

Meine Erfahrungen gleichen eher denen von Harris und Ernst als denen von English. Vorerst ist allerdings wichtig, sich klar zu sein, daß es schon deshalb schwierig ist, dem Patienten dazu zu verhelfen, sich aus einer Nicht-O.K.-Grundeinstellung zu erlösen, weil der Therapeut selbst ja in die Grundeinstellung des Patienten einbezogen ist: Hat der Patient eine «Ich –, du +»-Einstellung, wird er gläubig annehmen, was ihm der Therapeut sagt, aber Mühe haben, die Verantwortung für sich selbst in die Hand zu nehmen. Er erwartet Ratschläge, auf die er sich in Zukunft abstützen kann, hat aber Schwierigkeiten einzusehen, daß es darum geht, daß er seine Grundhaltung gegenüber dem Leben ändert, indem er darauf verzichtet, bei allen Lebensschwierigkeiten auf die «Ich –, du +»-Einstellung auszuweichen. Hat der Patient gewohnheitsmäßig eine «Ich +, du –»-Einstellung, besteht für ihn von vornherein die Versuchung, die therapeutischen Möglichkeiten gering zu schätzen und den Therapeuten abzuwerten. Wenn er überhaupt mit einem ausgesprochenen «Leidensdruck» in die Behandlung kommt, so ist seine Grundeinstellung und damit auch sein Selbstgefühl bereits erschüttert und bedroht. Ich spreche häufig diese Tatsache direkt an und pflege in der Folge zu sagen, ich würde ihn erst als geheilt und gesund ansehen, wenn die Tatsache, daß er einen Therapeuten (oder sonst jemanden) um Hilfe ersuche, keine Minderwertigkeitsgefühle mehr in ihm auslöse. Am schwierigsten ist es für den Therapeuten, mit den Patienten konstruktiv zu arbeiten, die in einer «Ich –, du –»-Einstellung befangen sind. Sie trauen weder sich selbst noch dem Therapeuten etwas zu. Sie sind davon überzeugt, daß ja doch alles nichts mehr nützt. Manchmal sind solche Patienten vorerst über den Intellekt erreichbar, indem ich sie belehrend auf ihre destruktive Grundeinstellung aufmerksam mache. Andere sind dadurch erreichbar, daß ich ihre Einstellung als Möglichkeit ausdrücklich akzeptiere. Manchmal gelingt es mir, mit ihrem verschütteten unbefangenen Kind Kontakt aufzunehmen, was sich dann in einer sogenannten Übertragung (s. S. 270ff) äußert, die ich vorerst nicht zerstöre und erst in Frage stelle, wenn sich die Möglichkeit einer tragfähigen Beziehung von «Erwachsenenperson» zu «Erwachsenenperson» aufgetan hat. Gelingt es, den Patienten zu einer verwandelnden Einsicht zu verhelfen, besteht die Durcharbeit (s. Schlegel 1993) in der Möglichkeit, eine «Ich bin O.K., du bist O.K.»-Einstellung zu üben. Das ist für einen Patienten oft sehr überraschend. Er kann bei irgendwelchen Gelegenheiten, bei denen er mit anderen Menschen zusammentrifft, z.B. beim Warten an einer Tramhaltestelle, sich in die positive Grundeinstellung «einfühlen» und «immer näher daran bauen», so daß er sie schließlich auch in mitmenschlich kritischen Situationen einsetzen kann.

Immer wieder muß auch an dieser Stelle, an der es um die Auflösung von festgefahrenen Erlebens-und Verhaltensweisen geht, erwähnt werden, daß solche so fest im Skript verankert sein können, daß eine Skriptanalyse als Weg unentbehrlich sein kann.

10.11.3 Aufhebung von Lieblingsgefühlen

Siehe über *Lieblingsgefühle* S. 134–155!

Lieblingsgefühle, die uns daran hindern, anstehende Probleme anzugehen oder solche, die uns in der Phantasie oder Realität immer wieder zwingen, sie zu bestätigen, schränken unsere Autonomie und Entscheidungsfreiheit ein und hindern uns in vielen Fällen, aufrichtige und konstruktive Beziehungen zu andern Menschen aufzunehmen oder aufrecht zu erhalten. Eines der Ziele der Transaktionalen Analyse besteht darin, den Klienten Distanz zu ihren Lieblingsgefühlen zu vermitteln und sie zu ermutigen, sie durch Aktivierung der «Erwachsenenperson» gleichsam in Aktivität umzusetzen: «Was zu tun ist in der gegenwärtigen Situation sinnvoll?»

Nach Berne bestehen für den, der dies wünscht. zwei Möglichkeiten, das «Versinken» in Lieblingsgefühle aufzugeben: Er kann aufhören, manipulative Spiele zu spielen, deren Gewinnauszahlung oder Endergebnis die betreffenden Gefühle sind; er kann aber auch, wenn er sich doch dazu verführen ließ, solche Spiele zu spielen, vom «Kind», von dem aus das «manipulativ spielerische Verhalten» ausgeht, in einen anderen Ich-Zustand wechseln (Berne 1966b, p. 308). Wenn jemand einsieht, daß er sich solchen Gefühlen in erster Linie hingibt, damit er Rabattmarken sammeln kann, um später einen destruktiven Ausbruch zu rechtfertigen, so kann schon diese Einsicht ihm zur Distanz dazu und zum Entschluß verhelfen, echtere und lohnendere Erlebens- und Verhaltensweisen auszutragen (Berne 1966b, p. 369). Dazu muß er erkennen lernen, wann er einem Lieblingsgefühl verfallen ist. Das ist gar nicht einfach, denn wer einem Lieblingsgefühl verfallen ist, hat tausend gute Gründe dafür. Ihm aufzuzeigen, daß ein solches Gefühl von ihm gewählt wurde und sich nicht wie selbstverständlich aus der Situation ergibt, wird durch eine Therapie im Rahmen einer Gruppe erleichtert, da es ihm die Möglichkeit gibt, zu erfahren, daß andere auf dieselbe Situation ganz anders reagieren können. Nach Haimowitz ist es wichtig, daß er seine Lieblingsgefühle nicht einfach als «schlecht» verwirft, sondern einsehen lernt, daß sie in seiner Kindheit als Folge elterlicher Beispiele und Botschaften entstanden sind. R. Goulding berichtet von einem Therapeuten, der die Heilung seiner Patienten immer wieder durch ein bestimmtes Verhalten verzögerte. Er glaubte, es sei ihm daran gelegen, seine Patienten möglichst rasch selbständig werden zu lassen, und merkte nicht, wie er sein eigenes Ziel heimlich sabotierte, oder er lieferte sich seinen Patienten aus, indem er ihnen Ratschläge erteilte, denen sie dann nicht nachkamen, so daß er immer wieder Gelegenheit hatte, sich frustriert vorzukommen. Es stellte sich heraus, daß er handelte wie damals als vierjähriges Kind, als sein Vater ihn mahnte, nach seiner kranken Mutter zu sehen (Beispiel angeregt durch R. Goulding 1972). R. Goulding berichtet auch von einer 40jährigen Frau, die immer wieder Gründe fand, um sich in Schuldgefühlen zu ergehen. Goulding fragte sie, womit sie sich heute schuldig machen würde, womit sie sich in ihren Studienjahren schuldig gemacht habe, wodurch in der Mittelschulzeit, in der Grundschulzeit, als Kleinkind. Immer hatte sie Gründe aufzuweisen. Schließlich ergab sich, daß der Ursprung ihrer Schuldgefühle daran lag, daß sie sich schuldig fühlte, überhaupt geboren worden zu sein, da sie dadurch das Leben ihrer Mutter schwierig gemacht hatte (R. Goulding 1972). Ein ausgezeichnetes Beispiel einer solchen *rückführenden Bearbeitung eines Lieblingsgefühls* finden wir auch bei Dusay (1977a, p. 46): Eine Patientin, die fand, sie sei dumm, offensichtlich unter dem Einfluß einer Botschaft stand «Denk nicht!» (s. S. 199) und sich verwirrt vorkam, wurde von Dusay mit gelenkten Phantasien, verbunden mit einer hypnotisierenden Technik, zu einer frühen Szene in ihrer Jugend zurückgeführt, als sie dasselbe Gefühl hatte, nämlich als sie ihren Vater dazu brachte, ihr seine Aufmerksamkeit zuzuwenden, obgleich er lieber weiter Zeitung gelesen hätte. Sie bat ihn nämlich darum, ihr bei den Mathematikaufgaben zu helfen, was er mit der Überzeugung tat, seine Tochter könne wirklich nicht gut denken. An diese Rückerinnerung schloß Dusay dann eine Neuentscheidungsarbeit (s. S. 347ff) an.

Diese Beispiele zeigen uns, wie eng verwoben das Konzept von den Lieblingsgefühlen mit demjenigen vom Skript ist (s. S. 176) ist.

Bei der Gruppentherapie, wie übrigens meines Erachtens bei der Einzeltherapie, ist es wichtig, daß der Therapeut und gegebenenfalls die Gruppenmitglieder nie den Äußerungen eines Lieblingsgefühles Beachtung schenken, sondern darüber hinweggehen, jedoch umgekehrt, ihre Zuneigung und ihre Teilnahme zeigen, wenn «echte» lange zurückgehaltene, oft hinter stereotypen Lieblingsgefühlen versteckte Emotionen zum Ausdruck gebracht werden, z.B. wenn jemand sich erlaubt zu weinen, der seit früher Kindheit seine Tränen immer unterdrückt hatte. Meines Erachtens fördert überdies alles, was den Patienten zu einem autonomen Verhalten, zur Erweiterung seines festgefahrenen Selbst- und Weltbildes und zur Entdeckung seiner Fähigkeit zu aufrichtigen und spielfreien Beziehungen ohne gegenseitige Manipulationen ermutigt, auch den Verzicht auf das Ausspielen von Lieblingsgefühlen.

Bei Ersatzgefühlen nach English, von denen die Autorin glaubt, daß sie sich durch einen «unechten Ton» auszeichnen, aber auch wenn dem nicht so ist, sondern sie nur zur Realität überhaupt nicht passen, sind die verdrängten «echten» Gefühle dahinter zu entdecken und zu ihrem Ausdruck zu ermutigen. Das ist besonders in Gruppensituationen gut möglich, in denen sie nach meiner Erfahrung auch verhältnismäßig gut erkannt werden. George Thomson hat beschrieben, wie Wut, Angst und Traurigkeit sich gegenseitig «verdecken» können, was an den Begriff der Ersatzgefühle von English erinnert, aber nicht ganz dasselbe ist, da Erscheinungen, auf die Thomson anspricht, nicht auf die Erlebnisgeschichte zurückzugehen brauchen. Wenn jemand in Angst, auch in Form einer Phobie, «steckengeblieben ist», sucht er nach zurückgehaltener Wut oder Traurigkeit und entsprechend, wenn jemand nicht mehr aus Wut oder Traurigkeit herausfindet. Der Betreffende muß den Mut finden, seine «wahren» Gefühle auszudrücken und zu ihnen zu stehen, nur dann kann er sich mit den anstehenden Problem auch wirklich befassen oder «Trauerarbeit» leisten (Thomson 1983).

10.11.4 Aufhebung der Gewohnheit oder des Zwanges, mit manipulativen Spielen Kontakt zu suchen

Siehe zu *psychologischen Spielen* S. 150–175!

Manipulative Spiele sind eine der Möglichkeiten, zu andern Leuten näher in Beziehung zu treten und zwar nachdrücklicher als bei unverbindlichen Unterhaltungen («Zeitvertreib» – s. S. 106ff). Im Alltag sind Beziehungen überhaupt ohne jeden Anflug von manipulativen Spielen, kaum aufrecht zu erhalten (Berne 1966b, pp. 307–308). Für gewöhnlich sind nach Berne manipulative Spiele ersten Grades auch tatsächlich interessante Möglichkeiten, sich in einer Gesellschaft zu unterhalten. Dies gelte, solange ich es in der Hand behalte, wann ich spielen, mit wem ich spielen, was für Spiele ich spielen und wie weit ich damit gehen wolle. Könnte ich mich in diesen Beziehungen nicht mehr bewußt entscheiden, sondern lasse ich mich gehen, so würden Schuldgefühle, Enttäuschungen und Niedergeschlagenheit unausweichlich sein und ich würde meine Selbstachtung erst wieder gewinnen, wenn ich realisiere, daß ich meine Erfahrung und meine Fähigkeiten zu Einsicht, Disziplin und Selbstbeherrschung mißachtet hätte (frei nach Berne 1966b, p. 307). Der Initiant eines Spiels kann sich also nach Berne sehr wohl bewußt sein, was er tut, auch wenn nur der Mitspieler nicht weiß, was vorgeht. Ich entnehme diesen Aussagen von Berne, daß es darum geht, keine destruktiven Spiele zu spielen und mich nicht zu Spielen verleiten zu lassen, die ich nicht spielen will. Also die soziale Situation jederzeit zu übersehen, wenn ich mich nicht in Vertrauen der Intimität hingeben kann.

Es kann schwierig sein, einen Patienten dazu zu bringen, aus dem Zwang manipulativer Spiele auszubrechen. Vielleicht ist es ihm gar nicht möglich, direkte und aufrichtige mitmenschliche Beziehungen zu knüpfen und zu pflegen, so daß es gleichzeitig gilt, ihm solche Möglichkeiten aufzuweisen, denn sonst wird es schwierig, ihn zu ermutigen, psychologische Spiele aufzugeben. Diese Menschen müßten zuerst lernen, aufrichtige Beziehungen als befriedigender und beglückender zu erleben, bevor sie dazu bewogen werden können, Spiele aufzugeben. Spiele aufzugeben bedeutet immer auch einen Verzicht! (Berne 1964b, p. 53/S. 64, pp. 61–62/S. 75 ff), *Das ist u.a. der Sinn und Zweck therapeutischer Gemeinschaften. Spielt der Partner (z.B. der Therapeut oder Gruppenleiter) bei Spielangeboten nicht mit, so kann der Betreffende regelrecht in Verzweiflung, ja in eine Psychose geraten. Er versucht mit allen Mitteln, den Kommunikationspartner in ein Spiel zu verwickeln. Gelingt es ihm auch dann nicht, so mag er auf «Rache» sinnen und die nächstbeste Gelegenheit nutzen, einen neuen Versuch zu wagen. Diejenigen dürften eher selten sein, die schließlich in ein befreiendes Lachen ausbrechen («Da bin ich wieder einmal angebrannt!») (1964b, p. 53/S. 64).

Am besten wird es jemandem, der mit einem andern ein Spiel beginnen will, gelingen, wenn er seinen Partner genau dort erwischt, wo dieser eine Neigung hat, ein komplementäres Spiel zu spielen. Ein Spieler z.B., der sich am ehesten bestätigt sieht, wenn er bei jemandem einen Fehler nachweisen kann, wird damit am meisten Glück haben, wenn er an einen Partner gerät, der sich in seinem Selbst- und Weltbild am ehesten bestätigt erlebt, wenn ihm ein Fehler nachgewiesen wird (frei nach 1964b, p. 53/S. 64, pp. 61–62/S. 75 ff). Wer die Monographie von Berne über Spiele (1964b) sorgfältig liest, wird entdecken, daß nach Berne tatsächlich ablaufende Spiele (also nicht nur Spielansätze) fast immer komplementär gespielt werden. Es ist, wie wenn derjenige, den er als Mitspieler bezeichnet, durch seine Spielanfälligkeit, die ihm oft anzumerken ist und für einen andern eine Versuchung bedeutet, ihn zu einem entsprechenden Spiel «einzuladen», einen passiven Köder ausgeworfen hätte! Psychologische Spiele nach Berne sind meistens Kollusionen (Willi 1975).

Das Hauptthema in therapeutischen Gruppen sind nach Berne Spiele und deren Analyse (1966b,231). Die Abwehrfunktion von Spielen – meines Erachtens im äußeren und inneren psychologischen Gewinn enthalten – ist nach Berne ein Aspekt neben den anderen «Vorteilen». Da es, mindestens in Gruppen, schwierig sei, diese Abwehr anzugehen, ziehe es Berne vor, die Patienten dazu zu bringen die anderen «Befriedigungen» durch «Einsicht oder Einverständnis [compliance]» aufzugeben, womit auch die Abwehr aufgegeben zu werden pflege. Der Lohn bestehe dann darin, daß eine Befriedigung gefunden werde, die in der Realität wurzle (1966b, p. 301).

Wenn jemand Menschen begegnet, die alle ihre Beziehungen zu manipulativen Spielen mißbrauchen, da sie nicht wissen, wie sie auf andere Art Beziehungen aufrecht erhalten sollen, aber selbst nicht mitspielen will, wird er diese Beziehungen aufgeben müssen. Wenn in einer unausweichlichen Lebens- oder Arbeitsgemeinschaft einer der Partner eine «Spielernatur» ist, kann die Beziehung, wenn er auf die Spielangebote nicht eingehen will, nur aufrecht erhalten bleiben, wenn es genügend Bereiche gibt, in denen derjenige, der zu Spielen neigt, nicht in Versuchung kommt, Spiele zu spielen. Spielanfällige Wesensseiten hat wohl jedermann. *In einer guten Lebensgemeinschaft kennen beide Partner gegenseitig ihre «schwachen Stellen», haben aber endgültig darauf verzichtet, diese je auszunützen.* Wenn ich es unterlassen will, manipulative Spiele zu beginnen oder mich als Mitspieler ködern zu lassen, dann muß ich meine Spielanfälligkeiten kennen, um mich vorsehen zu können.

*Ich bin nicht mehr auf Spiele angewiesen, (1.) wenn ich andere Möglichkeiten habe und wahrnehme, mitmenschliche Beziehungen zu pflegen, insbesondere auch den Mut zu Intimität habe; – (2.) wenn ich darauf verzichte, Geborgenheit in Unfreiheit und Abhängigkeit zu suchen, d.h. in symbiotischen Begegnungen, wie sie nach Schiff bei allen Einladungen zu Spielen angestrebt werden; – (3.) wenn ich anderen nicht in einer manipulativen Rolle begegne oder mich in nicht eine solche manövrieren lasse; – (4.) wenn ich die Auseinandersetzeung nicht scheue, mir es aber dabei nicht daran gelegen ist, oben oder unten zu sein, recht oder unrecht zu haben, zu siegen oder besiegt zu werden; – (5.) wenn ich eigene Wünsche nach Nähe nicht auf unredliche Art, z.B. durch Verführung, zu erzwingen oder entsprechenden Ansprüchen anderer nicht auf unredliche Art zu begegnen versuche; – (6). wenn ich weder mich noch andere mißachte; – (7.) wenn ich «ja» sage, wenn ich «ja» meine und «nein» sage, wenn ich «nein» meine; – (8.) wenn ich auch einmal einen Vorwurf auf mir sitzen und einen Konflikt vorläufig ungelöst lassen kann; – (9.) wenn ich mit Ich-Aussagen klarzustellen versuche, was mich bei einer Begegnung oder an einer Beziehung unbefriedigt läßt oder ungut dünkt (dies natürlich nur, wenn mir am Kontakt mit dem Kommunikationspartner gelegen ist) – (10.) wenn ich aufrichtig bin in einem Ausmaß, mit dem ich mein Gegenüber nicht überfordere.

Solange jemand in kritischen Situationen als «Erwachsenenperson» reagieren und die Grundeinstellung: «Ich bin O.K.,du bist O.K.» einnehmen kann, die Realität sieht, wie sie ist und bereit ist, Probleme anzugehen und seinen Mitmenschen redlich zu begegnen, ist er weitgehend davor gefeit, in manipulativer Spiele verwickelt zu werden.

Wenn ich spüre, daß mich jemand zu einem manipulativen Spiel einladen will, so habe ich verschiedene Möglichkeiten, darauf zu reagieren, wobei es sehr auf die Art des zu erwartenden Spieles ankommt und darauf, wie gut ich den Kommunikationspartner bereits kenne, aber auch darauf, wie sehr mir an einer Beziehung zu ihm gelegen ist. Ich führe im folgenden einige Möglichkeiten zu reagieren an, wobei ich mir die Situation zwischen einem Patienten und einem Therapeuten als Beispiel vorstelle (frei nach Dusay, 1966, und Wollams u. Brown, 1978, pp. 148–149 sowie eigenen Erfahrungen):

(1.) Ich kann die Einladung zu einem Spiel übergehen: «Was führt Sie zu mir?» – «Ja, hmm, wenn ich das so genau wüßte!» – «Weshalb suchen Sie mich auf!». (2.) Ich kann jemandem, der zu einem Spiel ansetzt, «den Wind aus den Segeln nehmen» (Berne: ihm mit einer «Antithese» begegnen): «Könnten Sie einmal mit meinem Mann sprechen, damit er mich nicht immer so unterdrückt?» – «Wie wäre es, wenn wir daran arbeiten würden, daß Sie sich so weit verändern, daß Sie ihn selber fragen können?». Dieses Ansinnen wurde an mich als Psychotherapeuten mehrmals gestellt. Es handelte sich um ein «Holzbeinspiel». Bei diesem Spiel werden besondere Umstände vorgeschützt – eben z.B. ein Holzbein, hier «Ich bin nur eine schwache Frau», – um keine Verantwortung für sich zu übernehmen. Nach Berne ergibt allein die Reaktion auf eine solche Antithese der Beweis, daß es sich um einen Spielansatz gehandelt hat wenn nämlich der Betreffende hartnäckig bleibt oder verzweifelt. (3.) Ich kann die Einladung zum Spiel zum Thema des Gesprächs werden lassen. «Was führt Sie zu mir?» – «Bei mir ist Hopfen und Malz verloren!» – «Was erwarten Sie von mir, wenn Sie das sagen?» – «Daß Sie mir helfen!» – «Es könnte mit Ihrem Leiden zu tun haben, daß Sie mir das nicht direkt sagen, sondern vielmehr äußern, daß Ihnen nicht zu helfen ist. So geben Sie mir zu erkennen, daß Sie nicht an die Möglichkeit einer Hilfe glauben!» usw. Manchmal kann es sinnvoll sein, ihn mit dem Spiel erst später zu konfrontieren: «Sie machen ein skeptisches Gesicht, wenn ich Ihnen das vorschlage! Erinnern Sie sich, daß Sie zu Beginn sagten, bei Ihnen sei Hopfen und Malz verloren? Also muß ich annehmen, Sie werden das gar nicht ausführen, was ich Ihnen vorschlage. Darüber müssen wir uns das nächste Mal unterhalten. Bis dahin lassen Sie am besten alles wie bis dahin!». Wer den Patienten mit einem Spielansatz konfrontiert, hat sich davor zu hüten, sich überlegen zu geben, also «oben» zu sein, womit er selbst ein Spiel beginnen würde. (4.) Ich kann auf das mutmaßlich unbewußt angestrebte Endergebnis hinweisen: «Sie sind der dritte Therapeut, den ich aufsuche, die beiden andern haben mich enttäuscht!» – «Suchen Sie eine dritte Enttäuschung?» – Der Patient schweigt betroffen oder verärgert. Therapeut: «Wie könnten wir nach ihrer Erfahrung einer erneuten Enttäuschung vorbeugen?». (5.) Ansprechen der «Erwachsenenperson», ohne auf eine vom Patienten eingenommene und eine komplementär dazu angebotene Rolle einzugehen: «Nur Sie allein können mich heilen!» (Opfer-Retter-oder Kind-Eltern-Spiel) – «Ich kann vielleicht dazu beitragen, daß Sie sich helfen können. Es kommt in erster Linie auf Sie an!» (6.) Eingehen auf die Gefühle des freien «Kindes»: «Seit mein Mann vor sechs Monaten gestorben ist, bin ich völlig hilflos und weiß nicht mehr weiter!» – «Sie fühlen sich von ihm irgendwie im Stich gelassen?». Diese Antwort ist etwas wie eine «Probedeutung», d.h. eine Probe, inwiefern der Patient sein «Kind» spürt und auch zugibt, daß dieses Gedanken hat, die seine «Elternperson» als verboten, seine «Erwachsenenperson» als unsinnig einschätzen würden. (7.) Ich kann eine Erlaubnis geben für etwas, was sich der Patient nicht gestattet (s. S. 337): «Es ist mir unbehaglich zu Ihnen zu kommen. Ich weiß, daß ich mir selber helfen sollte. Sie müßten ja in meiner eigenen Haut sein, um die Lösung zu finden!» – «Wer verbietet Ihnen, Hilfe zu holen, wenn Sie Hilfe brauchen, Ihr Vater oder Ihre Mutter?» – «Mein Vater sagte immer: ‹Selbst ist der Mann!›» – «Solange Sie nicht mit gutem Gewissen tun dürfen, was Sie selbst sinnvoll finden, sind Sie kein freier Mensch! – Sie dürfen Hilfe holen, wenn Sie Hilfe brauchen und sind dabei immer noch frei, zu tun oder nicht zu tun, was ich vorschlage!». (8.) Es gibt Gruppenleiter, die Gegenmanipulationen (Ausdruck von Walter Schollenberger, mündliche Mitteilung) bevorzugen: «Siehst du, Margrit fühlt sich übergangen! Da hast du als Gruppenleiter versagt!» – «Darf ein Leiter keine Fehler machen?» – In diesem Fall hat der Leiter das Spiel «In die Ecke treiben» umgebogen; der Kritiker kann, ohne sich bloßzustellen, weder «Ja» noch «Nein» sagen. Ich halte solche Gegenmanipulationen nur für gerechtfertigt, wenn nachher eine Erläuterung erfolgt, daß es sich um eine mögliche Reaktion auf eine Einladung zu einem Spiel gehandelt hat. (9.) Manchmal muß ich auf ein Spiel eingehen, da ich einen Patienten, zu dem ich noch keine tragfähige Beziehung herstellen konnte, sonst zur Verzweiflung bringen kann oder gar die Gefahr besteht, daß eine psychotische Episode ausgelöst wird. Ein destruktives Spiel muß ich aber in einem solchen Fall, worauf Dusay hingewiesen hat, in ein weniger destruktives überleiten: «Wenn Sie mir das nicht zugestehen, springe ich sogleich aus dem Fenster!» (der Patient erhebt sich und geht auf das Fenster zu). – «Also, ich habe doch recht, als ich Ihnen sagte, Sie wollten nicht gesund werden!» – «Das haben Sie gar nie gesagt!» – «Aber sicher habe ich bei Beginn der Behandlung davon gesprochen!» – «Das stimmt keineswegs; das haben Sie nie gesagt! Das wäre ja Unsinn!»

(unterdessen sitzt der Patient wieder auf seinem Stuhl). Ein solches Vorgehen könnte auch als Gegenmanipulation bezeichnet werden, die aber in einer derartig schwierigen Situation zum Wohl des Patienten gestattet ist.

(1.) Den Spielansatz aufzudecken, (2.) auf die Einladung nicht einzugehen, (3.) auf ein harmloseres Spiel überzuleiten, (4.) auf ein Spiel einzugehen, gelten als die vier «klassischen» Möglichkeiten nach Dusay (1966), auf einen Spielansatz zu reagieren.

Nach meiner Erfahrung beginnen sehr viele manipulative Spiele mit einer Frage nach verborgener, d.h. sich nicht aus der Situation von selbst ergebenden Motivation. Zwar wird die stereotype Reaktion, die Psychoanalytikern nachgesagt wird: «Was fällt Ihnen dazu ein?», von den Transaktionsanalytikern nicht als sinnvoll empfunden, weil sie der Partnerschaft zwischen Patient und Therapeut, die von ihnen vertreten wird, widerspricht, aber zu fragen: «Weshalb fragst du?» finde ich in solchen Fällen vertretbar: «Stimmt es, daß Du Kurt im Urlaub getroffen hast?» – «Ich sage es dir gern, aber zuerst möchte ich wissen, warum du fragst!». Es ist das nicht als Tadel gemeint, aber die Antwort kann erfahrungsgemäß sehr aufschlußreich dafür sein, was auf der Beziehungsebene im Patienten vor sich geht. Gebe ich zuerst die Antwort und frage nachher: «Weshalb hast du eigentlich gefragt?», kommt häufig: «Nur so!». Ich habe die Kommunikationsregel «Keine Frage ohne Motivation!» aus der Methode der themenzentrierten Interaktion übernommen (Cohn 1975).

Ich verweise auf den ergänzten «Spielplan» nach John James, der sehr geeignet ist, zu einer verwandelten Einsicht hinsichtlich des Motivs zu einem immer wieder neu gespielten psychologischen Spiel zu führen (S. 165).

Was die Behandlung im Vergleich mit den Ausführungen des Psychoanalytikers Mentzos anbetrifft, so besteht diese in der analytischen Aufdeckung und Bearbeitung der Abwehr. Berne macht darauf aufmerksam, daß, mindestens in Gruppen, das direkte Aufdecken der Abwehrfunktion von Spielen oft schwieriger sei als die Aufdeckung anderer Nutzanwendungen. Oft könne dann die Abwehranalyse entfallen (1966b, p. 301).

Nach Mentzos wiederum kann aber auch umgekehrt trotz Aufdeckung der Abwehr und Einsicht des Patienten ein Symptom (nach dem Zusammenhang aber auch ein Spiel als Symptomersatz) bestehen bleiben, weil es zugleich eine Ersatzbefriedigung bietet. Die Nutzanwendungen bei Spielen, die Berne aufzählt, können als solche Ersatzbefriedigungen im Sinne von Mentzos aufgefaßt werden.

10.12 Skriptanalyse in bezug auf die Antreiber und das Miniskript nach Kahler

Siehe über *Antreiber und Miniskript* S. 205–214

Kahler hat aus seinem Nicht-O.K.-Miniskriptmodell ein eigenes therapeutisches Verfahren entwickelt, das sich besonders klar aus seiner ersten Veröffentlichung ergibt (Kahler u. Capers 1974):

Komme ein Patient zum ersten Mal in die Sprechstunde, räume der Therapeut ihm einige Minuten Zeit ein, um sich auszusprechen. Der Therapeut habe dabei auf die Worte, den Ton, die Körperhaltung, die Gebärden und die Mimik des Patienten zu achten und könne daraus erkennen, in welchem Nicht-O.K.-Miniskript dieser befangen sei (s. bei den einzelnen Antreibern). Ein beliebiges Gespräch – und handle es sich nur um das Wetter – gebe nämlich einem kundigen Beobachter bereits Gelegenheit dazu.

Bei einer ersten Besprechung könnte z.B. folgendes geschehen (frei nach Kahler 1978, p. 155 – die Stufen von mir beigefügt):

Der Therapeut fragt den Patienten: «Was möchten Sie ändern?», eine durchaus sachliche, insbesondere keine Frage, die zu einem Antreiberverhalten einlade. – Der Patient könnte antworten: «Es ist schwierig für mich, darauf zu antworten (1. Stufe des Miniskriptablaufs: Der Patient steht unter der Botschaft «Gib dir Mühe!» oder «Streng dich an!»). Ich weiß es nicht und fühle mich so verwirrt (2. Stufe). Aber wer verlangt von mir denn überhaupt, daß ich etwas verändern soll? Soll! Soll! Soll! (3. Stufe) Ich weiß nicht, was mir fehlt. Niemand kann mir helfen. Was soll ich also hier?» (4. Stufe).»

*In dieser Antwort soll nach Kahler auch die maßgebende destruktive Grundbotschaft, der sich der Patient unterstellt hat, zum Ausdruck kommen. Ich schließe aus dem kurzen Dialog auf die Grundbotschaft «Denk nicht! (Sei statt dessen verwirrt)!» Das Gefühl, verwirrt zu sein, geht übrigens oft mit dem Versuch einher, dem Antreiber «Versuche angestrengt!» oder «Gib dir Mühe!» gerecht zu werden.

Ohne Fachausdrücke werde dem Patienten der Miniskriptablauf demonstriert. Versteht der Patient, was vorgegangen sei, so wird ihm nach Kahler zuerst für jede Stufe im Miniskript ein «Vertrag» zu einer Änderung angeboten. Es werde ihm gezeigt, daß er keinen wirklichen Anlaß habe, auf der Verstimmung auf der vierten Stufe zu verharren und daß er diese wohl ersetzen könne. Dann werde ihm gezeigt, daß seine Anklagen aus dem «rachsüchtigen Kind» Erlebens- und Verhaltensweisen entsprechen würden, die er aus der Kindheit übernommen habe, wo sie einmal sinnvoll gewesen sein könnten. Jetzt sei es aber *seine* Entscheidung, ob er sie aufrecht erhalten wolle oder nicht. Die Grundbotschaften, die auf der zweiten Stufe wirksam geworden seien, mußte er, ebenfalls in seiner Kindheit, akzeptieren, um sich das Wohlwollen seiner Eltern nicht durch Widerspruch zu verscherzen. Jetzt aber könne er eine neue Entscheidung fällen, die seiner gegenwärtigen Einsicht, Reife und Situation entspricht.

Nun wird dem Patienten erklärt, daß er alle diese «Verträge» auch erfüllen könne, wenn er sich entschließe, auf den von ihm verinnerlichten Antreiber zu verzichten. Auch hier handle es sich um eine neue Entscheidung, die aber leichter zu treffen sei als alle anderen. Jemand, der sich entscheidet, nicht mehr unter dem Einfluß eines Antreibers zu leben, kann nach Kahler nicht mehr versagen und damit auch nicht mehr seinen negativen Grundbotschaften verfallen. Er habe auch keinen Anlaß mehr, sich die Haltung eines rachsüchtigen Kindes anzueigenen, noch einen Anlaß, sich der Verstimmung der Verzweiflung hinzugeben.

Der Hinweis auf die Abhängigkeit von einem Antreiber ist nach Kahler der rascheste Weg, um aufgrund einer verwandelnden Einsicht als Erwachsene ein Nicht-O.K.-Miniskript aufzugeben. Wenn sich der Patient aber «weigere», «erwachsen» zu reagieren (L.S.: Was besonders in diesem Beispiel naheliegt, weil er ja der Botschaft «Denk nicht!» untersteht!), sei es angebracht, ein anderes Verfahren anzuwenden. Es sei dann zu versuchen, der Reihe nach seine Verstimmungszustände aufzuheben. Durch Gebrauch eines anderen Wortes, durch eine andere Körperhaltung, durch andere Gebärden und durch eine andere Mimik, ist es nach Kahler möglich, sich von den unguten Gefühlen zu befreien, die eng an diese leiblichen Verhaltensweisen gebunden seien. Diese Methode ist nach Kahler viel einfacher, als es die direkte Auseinandersetzung mit Lieblingsgefühlen wären.

Der Verzicht auf das Antreiberverhalten könne durch therapeutische Verträge unterstützt werden, die sich ebenfalls auf typische Verhaltensweisen beziehen. Mit einem Patient, der unter dem Antreiber «Versuche angestrengt!» fortfahre, Fragen nicht direkt zu beantworten, kann nach Kahler z.B. eine Abmachung getroffen werden, Fragen immer direkt zu beantworten. Mit Patienten, die immer wieder dem Antreiber «Sei liebenswürdig!» verfallen würden und entsprechend wegsehen, bevor sie eine Antwort geben, könne abgemacht werden, ihrem Gesprächspartner auch bei einer Antwort immer in die Augen sehen. Beides sind Beispiele von Verhaltensweisen, die sowohl in Einzelgesprächen mit dem Therapeuten wie in einer Gruppe geübt werden könnten.

Auch die Arbeit mit Erlaubnissen (s. S. 337ff) biete sich an. Aus einer Reihe von Erlaubnissen, die auf die Antreiber bezogen seien, müssen dabei diejenigen ausgewählt werden, die der Art, wie der Patient seinen Antreiber erlebe, am deutlichsten entgegengesetzt seien. Kahler empfiehlt, dem Patienten auf einer Tafel neben dem ihm gemäßen Nicht-O.K.-Miniskript das diesem entsprechende O.K.-Miniskript aufzuzeigen. Mit Humor und Zuversicht könne der Therapeut dabei fragen: «Was braucht das Kind? Was möchte das Kind?»

Nach Kahler dauert eine Behandlung durch eine Arbeit am Miniskript ungefähr sieben Monate, eine solche an den destruktiven Grundbotschaften durch eine Skriptanalyse etwa zwei Jahre.

Die Arbeit am Miniskript geschieht in Verbindung mit derjenigen an einem Wiederholungsskript. Die Wiederholungsskripts sind nach Kahler eng mit Antreibern verbunden.

10.13 Diagnostische Hinweise auf einschränkende und destruktive Lebensleitlinien (Skriptanalyse)

«Die Ausführung einer Skriptanalyse erfordert zuvor ein möglichst klares und gründliches Verständnis aller andern transaktionsanalytischer Methoden: der Lehre von den Ich-Zuständen, der Analyse von Transaktionen und der Analyse psychologischer Spiele» (Berne 1966a). Eine Persönlichkeitsdiagnose aufgrund der Skriptanalyse ist nach Berne wertvoller als eine solche nach klassisch psychopathologischen Kriterien (s. S. XX). Sie benötigt allerdings im allgemeinen längere Zeit, während deren kaum entscheidende therapeutische Interventionen vom Therapeuten ausgehen können. Gewisse Fortschritte im Befinden des Patienten sind trotzdem bereits möglich, aber noch keine Heilung, die ja mit dem Entschluß des Patienten einhergeht, sein Skript (in der Praxis: seine destruktiven Lebensleitlinien) endgültig aufzugeben (Steiner 1966b; zum Begriff «Fortschritt» nach Berne s. auch S. 283).

10.13.1 Diskrete Hinweise auf Antreiber und destruktive Grundbotschaften

Aus dem, wie sich ein Patient benimmt und aus dem, was er berichtet und wie er berichtet, was er zu sagen hat, ergeben sich meistens bereits Hinweise auf skriptbedingte Botschaften, die ihn leiten. Bei der Besprechung der Antreiber habe ich bereits erwähnt, wie sich diese im Benehmen des Patienten gleichsam physiognomisch bemerkbar machen können. Destruktive Grundbotschaften ergeben sich eher aus Nebenbemerkungen wie z.B. «So wichtig ist ja das Leben auch wieder nicht!» (Vermutung auf Grundbotschaft «Sei nicht!»), «Nun ja, jeder steht ja ohnehin allein!» (Vermutung auf Grundbotschaft «Gehör nicht dazu!» oder «Komm niemandem nah!»), «Mein Vater gibt ohnehin nicht viel auf Frauen!» (Vermutung auf Grundbotschaft «Sei kein Mädchen!» bzw. « ... keine Frau!»). Aber auch das Auftreten eines Patienten kann Hinweise geben, so weckt eine ausgesprochen kindliche Figur, besonders wenn dann auch das Verhalten den «Beschützerinstinkt» des Therapeuten weckt (s. Gegenübertragung), daran denken, daß die Grundbotschaft: «Bleib ein Kind!» eine Rolle spielen könnte usw. Natürlich ist eine kindliche Figur keine Verhaltensweise, sie weckt aber in denjenigen, die mit dem Betreffenden in Beziehung treten, eine solche und können die Botschaft «Bleib ein Kind!» damit verstärken oder sogar suggerieren.

10.13.2 Das «skriptbezogene Interview»

Verschiedene Schüler von Berne haben versucht, eine Liste von Fragen aufzustellen, deren Beantwortung durch den Patienten dazu dient, dessen unbewußten Lebensplan aufzudecken. Meines Wissens war es Steiner, der erstmals eine solche Liste von Fragen aufgestellt hat (Steiner 1967a). Berne griff diese Bemühungen auf und erweiterte die Fragebögen auf ungefähr 200 Fragen (1972, pp. 426–435/S. 482–492), die er aber für die Alltagspraxis des Therapeuten auf eine geringere Anzahl verminderte (1972, pp. 435–437/ S. 492ff). Im folgenden gebe ich einige Fragen wieder, die sich mir bewährt haben. Dabei ließ ich mich, abgesehen von eigenen Erfahrungen, nicht nur von Steiner und Berne, sondern auch von McCormick (1971), W.H. Holloway (1973), K. Ernst (1976) anregen. Ich habe in erster Linie Fragen ausgewählt, die sich auf den unbewußten Lebensplan beziehen. Es gibt z.B. auch Fragen, die sich mit der Gefühlswelt des Patienten, besonders seinen mutmaßlichen Lieblingsgefühlen beschäftigen. Die Formulierung der nachfolgenden Fragen ist verhältnismäßig willkürlich. Sie muß selbstverständlich der Aufnahmefähigkeit und Intelligenz des Patienten angepaßt werden. Auch die Reihenfolge, in der ich die Fragen anführe, ist nicht festgelegt. In der Praxis richtet sie sich nach dem allgemeinen Verlauf des Interviews. Zu den meisten Fragen erübrigt sich für denjenigen, der meine bisherigen Ausführungen gelesen hat, ein ausführlicher Kommentar.

Wer hat Ihren Vornamen ausgewählt und nach wem wurde er gewählt? Was hat Ihr Vorname oder was haben Ihre Vornamen für Sie als Kind bedeutet und was bedeutet er oder was bedeuten sie für Sie heute? Wurden Sie als Kind tatsächlich so benannt oder wurden Sie oder werden Sie heute noch von Ihren Familienangehörigen oder Freunden mit einem Kosenamen oder Übernamen bedacht? Wie hätten Sie als Kind gerne heißen wollen? Welchen Vornamen würden Sie heute gerne tragen? Was bedeutet Ihr Geschlechtsname und welche Vorstellungen verbinden sich damit?

Es ist bei diesen wie andern Fragen wichtig, sich zuerst immer auch auf die Kindheit zu beziehen. Also keinesfalls nur «Was bedeutet Ihnen Ihr Vorname?», sondern immer auch «Was bedeutete Ihnen Ihr Vorname als Kind?» Die skriptgemäße Bedeutung des Vornamens kommt mit den Vorstellungen, die das Kind damit verbunden hat, deutlicher zum Ausdruck. Viele Erwachsene wehren Vorstellungen ab, die sich mit dem Vornamen verbinden, da sie Phantasien, die sich an den Vornamen heften, «lächerlich», auf jeden Fall «unsachlich» oder «unvernünftig» finden. Deswegen ist es diplomatischer, sich auf ihre Kindheit zu beziehen.

Wissen Sie, was Ihr Vater (Ihre Mutter) sagte oder dachte, als Sie auf die Welt kamen? (oder: Was glauben Sie, daß er und sie gesagt oder gedacht haben?). War Ihre Geburt geplant oder ungeplant? Waren Sie ein erwünschtes oder ein unerwünschtes Kind? Das wievielte von wievielen Geschwistern sind Sie? Zählen Sie Ihre Geschwister auf, indem Sie mit dem ältesten beginnen und sagen, ob es ein Bruder oder eine Schwester ist, und wieviele Jahre es älter ist als Sie! Hatten sie ein Geschwister, das vor ihrer Geburt schon gestorben ist?

Die Frage nach der Stellung in der Geschwisterreihe ist, wie wir bereits von der Psychoanalyse und besonders aus der Individualpsychologie wissen, psychologisch bedeutsam. In unserem Zusammenhang geht es aber auch darum, ob der Betreffende wohl erwünscht war oder nicht. Ist er ein Knabe und das jüngste Kind nach vier Schwestern, so ist anzunehmen, daß er erwünscht war («Die Zahl der Töchter widerspiegelt die Sehnsucht der Eltern nach einem Jungen!»). Kam der Patient – wieder als Jüngster – viele Jahre nach mehreren Geschwistern zur Welt, ist besonders genau danach zu forschen, ob er wirklich erwünscht war oder ob seine Zeugung ein «Versehen» war. Beim Ältesten einer Geschwisterreihe ist sorgfältig abzuklären, ob die Schwangerschaft der Mutter der Grund war, weswegen die Eltern heiraten mußten. Nicht selten gilt ein Kind den Eltern als «Ersatz» für ein vorverstorbenes Geschwister und trägt manchmal auch dessen Name. Der Betreffende kann dann das ganze Leben hindurch das dumpfe, nicht formulierbare Gefühl haben, nicht sich selber sein zu dürfen.

Schildern Sie kurz, was für ein Mensch Ihre Mutter (Ihr Vater) war? Wie war Ihre Einstellung (seine Einstellung) zu den Menschen, zum Leben, zur Welt? Zitiert sie (er) gerne bestimmte Sprichwörter oder Redensarten? Was meinte Ihre Mutter (Ihr Vater), was Sie tun müßten, um möglichst gut durch's Leben zu kommen? Was erwartete Ihre Mutter (Ihr Vater), was aus Ihnen würde? Was wäre das Schlimmste für die Mutter (den Vater) gewesen, das hätte aus Ihnen werden können? Was sagte Ihre Mutter (Ihr Vater), wenn Sie sich so verhielten, wie sie (er) es richtig fand? Was sagte Ihre Mutter (Ihr Vater), wenn sie ungehalten oder gar wütend auf Sie war? Was war das Schlimmste, was sie (er) je sagte? Was hatten Sie damals für ein Gefühl, als Sie das hörten? Was dachten Sie sich dabei?

Beschreiben Sie, was Sie von Ihren Großeltern wissen? Wie waren sie? Was führten sie für ein Leben? Was hatte Ihre Mutter, was Ihr Vater für ein Vorbild? Wer war in der Kindheit und Jugend, wer ist heute für Sie ein Vorbild? Was für Eigenschaften glauben Sie von Ihrer Mutter (Ihrem Vater) geerbt zu haben?

Die Schilderung des Wesens der Eltern und Großeltern sowie der Vorbilder sollte nicht zu ausführlich ausfallen. Kurze Beschreibungen fallen prägnanter aus. Die Beschreibungen auch dessen, was die Eltern sagten, sollen einfach und unkompliziert sein, ungefähr so, daß sie für ein Kind verständlich sind. Wenn nach Aussagen der Eltern gefragt wird, sollten sie möglichst wörtlich und in direkter Rede wiedergegeben werden. Kann sich der Befragte nicht mehr genau erinnern, weiß aber noch den Sinn des Gesagten, soll er phantasieren, was seine Mutter oder sein Vater etwa gesagt haben könnte. – Die Zusatzfragen «Was hatten Sie dabei für ein Gefühl?» und «Was dachten Sie sich dabei?» können im Anschluß an jede Erörterung eines Ereignisses gestellt werden, das möglicherweise bestimmend wirkte. Manchmal geht aus der Antwort die Skriptentscheidung hervor, welche früher schon oder sogar in diesem Moment die Einstellung des Betreffenden zu seinem Leben bestimmte.

Was sind Sie für ein Mensch? Nennen Sie einige Charaktereigenschaften! Haben Sie sich schon einmal gewünscht zu sterben oder haben Sie schon einmal versucht, sich umzubringen? Bei welcher Gelegenheit? Wie waren Sie als Kind? Halten Sie das Leben für lebenswert?

Diese Frage zielt auf die Grundeinstellung (s. S. 123ff). Nicht selten berichten Patienten, daß sie als Kind deutlich anders erlebten oder sich verhielten als später, entweder freier oder eingeschränkter. Verhielten sie sich freier, kann manchmal ziemlich genau das Alter angegeben werden, in dem sie eine wichtige Skriptentscheidung fällten, und oft sogar das Motiv dazu, z.B. nach Scheidung der Eltern. Verhielten sie sich eingeschränkter als heute, so liegt dieser Einschränkung oft ein Skipt zugrunde, das in der Gegenwart überdeckt ist, aber unbewußt noch fortwirkt.

Was ist Ihre früheste Kindheitserinnerung? Was wird aus Menschen, wie Sie einer sind? Was werden Sie in fünf(zehn) Jahren tun, wo werden Sie dann stehen, wenn Sie weiterleben wie bis anhin? (Steiner: Wenn alles gut geht? – Wenn es übel geht?). Was werden Sie im Alter tun? In welchem Alter glauben Sie, daß Sie sterben werden? Wieso gerade in diesem Alter? (Wie alt wurden Ihre Eltern?) An was könnten Sie sterben? Was werden Ihre letzten Worte sein? Wie könnten die andern Ihr Leben kurz in einem Satz charakterisieren, wenn Sie morgen sterben würden? Wie würden Sie selbst in einem solchen Fall Ihr Leben in einem Satz zusammenfassen?

Die Frage nach der frühesten Kindheitserinnerung, auf die Alfred Adler, der Begründer der Individualpsychologie, großen Wert legte, hat sich mir auch für die Aufspürung der skriptgemäßen Lebenseinstellung bewährt, da sie meistens die Illustration eines «Lebensprogramm» darstellt, ganz gleichgültig, ob sie real ist oder unbewußt, vielleicht aus Erzählungen konstruiert oder sogar ad hoc erfunden. Erinnert wird ja immer aus der Gegenwart und jede Erinnerung hat eine Beziehung zur Gegenwart.

Aus der Individualpsychologie Alfred Adlers entwickelte sich die sogenannte *Lebensstilanalyse* (Beispiele siehe Schlegel 1992/³1993). Dabei liegt das Hauptgewicht auf mehreren Kindheitserinnerungen aus der Vorschulzeit, die alle so behandelt werden, wie wenn es sich um Schlüsselerlebnisse für das zukünftig führende Selbst- und Weltbild, mit anderen Worten: für das Skript handeln würde. In der Tat entspricht dem *Lebensstil*, wie der Begriff bei den Lebensstilanalytikern gebraucht wird, genau dem transaktionsanalytischen Begriff des *Skripts*: *«Der Lebensstil ist die im Kindesalter aufgrund der Einstellung zu sich selbst und zum Leben und zu den anderen unbewußt geprägte Zielsetzung eines Menschen. Sie motiviert seine Handlungen»* (Witta 1977, S. 10 – siehe zum Thema «Lebensstilanalyse» auch Antoch 1981; Dreikurs 1969, Nikelly u. Don Verger 1971; Rattner 1961; Schmidt, R. 1982, Titze 1979).

Wieso haben Sie mich zum Therapeuten gewählt? Wer empfahl mich Ihnen? Was wissen Sie über mich? Wie stellen Sie sich vor, daß die Behandlung vor sich gehen wird? Wieso haben Sie die Behandlung beim früheren Therapeuten abgebrochen? Was hatten Sie für ein Gefühl dabei? Was für Schlußfolgerungen haben Sie daraus gezogen? Wie wollen Sie verhüten, daß das nicht auch mit uns passiert?

Diese Fragen gehen davon aus, daß ein Patient seinen Therapeuten in der unbewußten Erwartung wählt, daß er eine Rolle in seinem unbewußten Lebensplan spielen wird. Möglicherweise hat der vorangehende Therapeut seine Rolle schlecht gespielt und wurde darum verlassen oder es gehörte zu seiner ihm vom Patienten zugedachten Rolle, verlassen zu werden! Aus den Vorstellungen, die der Patient über den Ablauf der Behandlung mit sich bringt, läßt sich oft erraten, ob er selbstverantwortlich an seiner Heilung mitarbeiten oder nur Therapie «konsumieren» möchte.

Es gibt nun noch eine Reihe von Fragen, die den Patienten zu einer selbstverantwortlichen und autonomen Haltung sich selber gegenüber führen möchten. Dazu einige Beispiele: Was hat zu geschehen, bevor Sie gesund werden? Wollen Sie wirklich gesund werden? Zu was für einer Änderung von Ihnen selbst soll Ihnen die Therapie behilflich sein? – Was ist das Schlimmste, was Sie mit Ihrem Leben anfangen könnten? Was ist das Beste, was Sie mit Ihrem Leben beginnen könnten? Was wollen Sie mit Ihrem Leben beginnen? – Inwiefern wünschen Sie sich, daß Ihre Mutter, daß Ihr Vater anders gewesen wären? Was würde das für Sie heute ändern? Was tun Sie heute, um diese Änderung von sich aus herbeizuführen?

Nach Berne kann auch mit dem Patienten zusammen die Skriptmatrix ausgefüllt werden (s. S. 222ff). Dabei schlägt er folgende vier Fragen vor: (1.) Was war der beliebteste Wahlspruch oder die beliebteste Anweisung Ihrer Eltern? Das gibt den Schlüssel zum Antiskript (Berne), genauer: Gegenskript (Steiner) des Patienten. (2.) Welche Art Leben führten Ihre Eltern Ihnen vor? Wozu hielten sie Sie immer und immer wieder an? Was kennzeichneten sie Sie gegenüber anderen? (3.) Was ist Ihr wichtigstes Verbot? Was dürfen Sie von den Eltern aus auf keinen Fall tun? Auch Berne nimmt an, neurotische Symptome seien, wie Freud schon festgestellt habe, ein Ersatz für einen verbotenen Akt. Eine Freiheit vom Verbot wird also das Symptom aufheben. Es braucht nach Berne allerdings Erfahrung, um das entscheidende Verbot oder Gebot aus den «Hintergrundgeräuschen» herauszuhören. Die zuverlässigsten Hinweise ergeben sich nach Berne aus der weiteren Frage: (4.) Was taten oder mußten Sie tun, um Ihre Eltern zum Schmunzeln oder Kichern zu bringen? Daraus ergebe sich der Anstoß zum verbotenen Verhalten (1972, p. 281/S. 327f).

Pamela Levin hat eine Serie von Skript-Fragen aufgestellt, die sich auf bestimmte Entwicklungsstadien beziehen. Sie sollen Aufschluß geben, *wie die Eltern jeweils auf die entwicklungsabhängigen Bedürfnisse reagiert haben oder, wenn wir die Fragen zur Ausgestaltung gelenkter Phantasien einsetzen, wie die Eltern in dieser Phantasie reagieren:* (1.) Wie haben Ihre Eltern *oder könnten Ihre Eltern auf Ihre Geburt reagiert haben? auf die in den ersten Monaten im Vordergrund stehenden Bedürfnisse? (Kurzformulierung: «Bedürfnis, einfach da zu sein!») (2.) Wie reagierten sie auf die ersten Regungen aktiven Erkundigungsdranges, als sie in der Stube herumkrochen? («Bedürfnis zu erforschen!»). (3.) Wie reagierten sie auf die ersten Regungen von Widerstand und Trotz mit zwei bis drei Altersjahren? («Bedürfnis zur Erprobung beginnender Eigenständigkeit!»). (4.) Wie reagierten sie auf den unstillbaren Wissensdurst und die ersten Versuche, Untersagtes zu tun der späteren Jahre? («Erstes Bedürfnis, die Welt zu verstehen einerseits, erste Versuche, Gebote nicht zu beachten, andererseits»). (5.) Wie reagierten sie auf die erste Aneignung eigener Fähigkeiten, eigenen Wissens aus Erfahrung und Anwendung logischer Schlußfolgerungen? («Lernalter», «Alter, in dem das Kind argumentiert, um etwas zu erreichen»). (6.) Wie reagierten sie auf Ihre ersten Fragen über Liebe, Erotik und Sexualität und erste Verhaltensversuche in dieser Richtung in der Pubertät? («Bedürfnis nach erotisch gefärbter Nähe und Reaktion auf Regungen von Eifersucht»). (7.) Wie reagierten sie auf die ersten Äußerungen eigener Ansichten über die Welt und das Leben sowie auf Neigungen zur Loslösung vom Elternhaus? («Bedürfnis, ein innerlich und äußerlich eigenes Leben zu führen»). – Selbstverständlich sind diese Fragen nicht so abstrakt zu stellen, wie soeben wiedergegeben!

Zusätzlich empfiehlt Levin, jedesmal noch die Frage zu stellen, welche für besonderen Ereignisse im betreffenden Entwicklungsalter das Kind seinerzeit geprägt haben könnten, wie Umzug, Verlust eines Elternteils, Krankenhausaufenthalt, Geburt eines Geschwisters (frei nach Levin 1981).

Meines Erachtens stehen Erlebens- und Verhaltensweisen des Schulalters allerdings bereits unter der Einwirkung des vorangehend gebildeten Selbst- und Weltbildes oder Skripts.

Levin vertritt die einleuchtende Vorstellung, daß sich die Probleme der einzelnen Entwicklungsstadien der Kleinkindheit auch später im Erwachsenenalter wiederholen, sei es einzeln und dann ausgelöst durch bestimmte Ereignisse, sei es vielleicht auch alle paar Jahre zyklisch hintereinander. Das gebe dann auch Gelegenheit, damals ungelöste Probleme nachträglich doch noch zu lösen. Es würden dann auch wieder dieselben Erlaubnisse aktuell (1982a, b).

McCormick (1986) hat lange, nachdem er einen ausführlichen Skriptfragebogen im Zusammenhang mit seiner Behandlung krimineller Jugendlicher aufgestellt hat (1971), auf geniale Art ein «Konzentrat von Skriptfragen» entwickelt, aus denen sich zugleich unmittelbar ergibt, was unter einem Skript und einer Skriptanalyse gemeint ist: (1.) Was tust du jetzt in deinem Leben, was für dich nicht gut ist? (2.) Was sagst du innerlich zu dir, wenn du das tust? (3.) Was fühlst du, wenn du das zu dir sagst? (4.) Wann und wie lerntest du einmal, so zu fühlen, zu denken und zu handeln? (5.) Was für eine Überzeugung hast du dir damals über dich und dein Leben gebildet?

Ich weise vergleichend auf die kognitive Verhaltenstherapie mit der Frage nach der «Selbstinstruktion», dem inneren Selbstgespräch, vor Problemen nach Meichenbaum 1977).

Siehe zum Thema der «Skriptinterviewfragen» auch diejenige nach der Faszinationsgeschichte (s. S. 234)!

10.14 Die Erlaubnis

10.14.1 Die Erlaubnis als «entscheidende Intervention» (Berne) des Therapeuten (auch: Erlaubnistransaktion)

Eine Patientin hat Momente von Besinnungslosigkeit, wenn sie trinkt und ist in Gefahr, sich zu ruinieren. Sie sagt zum Therapeuten: «Wenn ich nicht zu trinken aufhöre, ruiniere ich mich und meine Kinder!» Diese Feststellung macht die Patientin offensichtlich aus einer erwachsenen Haltung heraus. «Das stimmt!» antwortet der Therapeut, ebenfalls aus einer erwachsenen Haltung, «so bedürfen Sie also einer ‹Erlaubnis›, mit dem Trinken aufzuhören.» – «Genau so ist es!» bestätigt die Patientin, wieder aus einer erwachsenen Haltung. «Richtig!», sagt der Therapeut, «So hören Sie auf zu trinken!» Dabei setzt er seine «Elternperson» ein, die sich an das «Kind» der Patientin wendet. Diese reagiert auch mit dem angesprochenen «Kind», indem sie ängstlich fragt: «Was soll ich tun, wenn ich wieder völlig verkrampft bin?» – «Rufen Sie mich an!», gibt der Therapeut zur Antwort (Berne 1972, pp. 374–375/S. 425).

Was hier zwischen Therapeut und Patient abgelaufen ist, nennt Berne eine *Erlaubnistransaktion.*

Ich habe wörtlich das Musterbeispiel von Berne zum Thema «Erlaubnis» wiedergegeben, obgleich die Formulierung dieser «Erlaubnis», dem, was er an anderer Stelle darüber sagt, widerspricht. Siehe unten!

Würde die Patientin zuletzt gefragt haben: «*Aber* was soll ich tun, wenn ich wieder völlig verkrampft bin?», wäre Berne überzeugt gewesen, daß seine «Erlaubnis» nicht angekommen ist und hätte diesen Weg, der Patientin zu helfen, vorläufig abgebrochen. «Aber», «wenn aber», «und wenn» weisen nämlich nach Berne darauf hin, daß die Patientin die «Erlaubnis» nicht integriert und damit keine Neuentscheidung gefällt hat, zu der die «Erlaubnis» ihm hätte den Weg öffnen sollen (frei nach Berne 1972, p. 375/S. 426). In einem Kommentar zu diesem Dialog weist Berne darauf hin, daß er sich zuerst vergewissern muß, daß der Patient aus einer erwachsenen Haltung heraus sein destruktives Verhalten auch wirklich aufgeben will, daß er also die Einsicht besitzt von der Notwendigkeit einer Veränderung. Die sogenannte «Erlaubnis» soll seines Erachtens als Imperativ formuliert sein (siehe aber unten!) und zwar ohne jede Einschränkung, d.h. ohne «wenn» und «aber» und auch ohne Drohung («sonst»). Zugleich muß der Therapeut dem Patienten seine Hilfe anbieten, um in nächster Zeit die Verhaltensänderung auch durchhalten zu können, denn diese richtet sich gegen die elterlichen Botschaften, deren Wirksamkeit nur selten unter dem Einfluß einer formulierten «Erlaubnis» endgültig gebrochen sei (1972, p. 375/S. 425f). Steiner meint, daß ein Patient, bei dem eine «entscheidende Intervention» wirklich angekommen sei, die Unterstützung seines Therapeuten kaum noch länger als ungefähr drei Monate benötige, sonst bestehe der Verdacht, daß sich zwischen Therapeut und Patient ein Retter-Opfer-Spiel entwickelt habe (Steiner 1974, p. 314/S. 296f). Siehe dazu die «therapeutische Triade», S. 266ff!

Berne vergleicht die «entscheidende Intervention» mit dem Durchhauen des gordischen Knotens durch Alexander den Großen. Wer diesen Knoten zu lösen vermochte, lautete die Sage, würde zum Beherrscher Asiens werden. Alexander «löste» ihn durch einen Hieb mit dem Schwert (Berne 1972, p. 377/S. 428). *Dieser Vergleich ist gefährlich, da er vermuten lassen könnte, die «entscheidende Intervention» sei eine recht einfache therapeutische Maßnahme. Gewisse Äußerungen von Berne unterstützen noch diese Ansicht: Leide jemand an einer Überlebensneurose, (s. S. 232), z. B. an der Angst, nicht älter zu werden, als der in jüngeren Jahren verstorbene Vater geworden ist, so meint Berne, die Behandlung sei «sehr einfach»: «Der Therapeut muß dem Patienten nur die ‹Erlaubnis› erteilen, länger zu leben als sein Vater!» (1972, pp. 188–190/S. 228ff). In Tat und Wahrheit bedarf die «entscheidende Intervention» einer monate- oder sogar jahrelangen Vorbereitung, nämlich einer eingehenden therapeutischen Anwendung der Lehre von den Ich-Zuständen, während deren der Patient seine «Erwachsenenperson» einsetzen lernt, wenn immer das nötig ist, sowie einer umfassenden therapeutischen Skriptanalyse. Eine «Erlaubnis» wie «Hören Sie auf zu trinken!» wirkt nur, wenn vorangehend klar gestellt worden ist, daß der Patient mit seiner Trunksucht einem elterlichen Gebot folgt, das z.B. lauten könnte: «Trink dich zu Tode!» oder «Denk nicht – trink!» (Steiner 1966b).

Eine ungenügend vorbereitete «Erlaubnis» kann völlig fehlgehen: Ein Patient beschreibt seine unhaltbare Ehesituation und scheint eine «Erlaubnis» nötig zu haben, sich scheiden zu lassen. Aber vielleicht braucht er, um aus seinem Skript aussteigen zu können, eben gerade die «Erlaubnis» mit seiner Frau zusammenzubleiben! (Crossman 1966), *da die Skriptbotschaft hätte lauten können: «Nie wirst du eine Ehe führen können!».

Die Wahl und Formulierung einer «entscheidenden Intervention» erfordert Einfühlung, Intuition und eine vertraute Beziehung zwischen Therapeut und Patient, in die auch das innere Kind des letzteren einbezogen ist, an das sich ja die Intervention richtet. Der Therapeut muß von suggestiver Zuversicht erfüllt sein, wenn er eine «Erlaubnis» geben will. Ein zaghafter Therapeut hat nach Berne ebenso wenig Erfolg wie ein zaghafter Cowboy, der ein Pferd bändigen soll (Berne 1972, p. 376/S. 426).

Daß suggestive Momente als Gegenwirkung gegen den Zwang eines eingeprägten Lebensplans durchaus sinnvoll eingesetzt werden dürfen, ist einleuchtend, wenn wir bedenken, daß die Botschaften möglicherweise längst verstorbener Eltern wie posthypnotische Befehle wirken. Berne stellt ja auch fest, daß das Kind von seinen Eltern gleichsam «hypnotisiert» werde, nach bestimmten Erlebens- und Verhaltensmustern zu leben (1972, pp. 343–444/S. 389f). Deshalb verlangt wohl Berne, daß die «Erlaubnis» im Sinne einer «entscheidenden Intervention» als Imperativ formuliert werde («Hör auf zu trinken!»). Damit widerspricht er aber dem Ausdruck «Erlaubnis» als einer, wie er selbst betont, Lizenz. Eine wirkliche «Erlaubnis» würde demgegenüber lauten: «Du darfst aufhören zu trinken!», positiv formuliert: «Du darfst stets klar und nüchtern bleiben!» (1972, p. 123/S. 154).

Steiner unterscheidet folgerichtiger als Berne ein *Kommando* von einer *«Erlaubnis»*. Es handle sich bei einem Kommando durch den Therapeuten um einen autoritären Befehl wie «Bring dich nicht um!» oder «Schlag deine Kinder nicht!», den ein Therapeut manchmal anwenden müsse, bevor der Lebensplan eines Patienten bereits analysiert sei *und zu einer verwandelnden Einsicht geführt habe. Notsituationen müsse er dem Zwang eines destruktiven Skripts manchmal einen Gegen-Zwang gegenübersetzen. Von einem Kommando spricht Steiner auch, wenn er in einer Gruppe eingreifen muß, um gewisse elementare Regeln durchzusetzen, so wenn ein Teilnehmer, der unter dem Einfluß von Alkohol oder Drogen steht, das Gespräch in der Gruppe immer wieder unterbricht. Steiner könnte dann veranlaßt sein, barsch zu sagen: «Halt die Klappe!». Oder zu einem Mädchen in der Gruppe, das eben eine unglückliche Liebesgeschichte hinter sich habe, und einem älteren verheirateten Mann, zwischen denen sich ein Flirt zu entwikkeln scheine: «Trefft euch keinesfalls außerhalb der Gruppensitzungen!» (Steiner 1974, pp. 305–306/S. 287f).

Ein Patient arbeitete als Arzt. Dabei folgt er der Lebensregel, die ihm durch seine Eltern vermittelt wurde: «Arbeite hart!» Sein Vater war Arzt gewesen und bot ihm ein Verhaltensmuster an, auf welche Art und Weise er hart arbeiten sollte: nämlich im Beruf eines Arztes. Von der Mutter erhielt er das Gebot «Gib niemals auf, arbeite, bis du tot umfällst!», vom Vater wurde ihm das Erlösungsrezept (s. S. 193) übermittelt «Du kannst aufatmen, wenn du erst einmal einen Herzinfarkt bekommen hast!». In der Behandlung, bei der diese Verhältnisse durchgearbeitet werden, formuliert der Therapeut schließlich die «Erlaubnis»: «Du darfst (Berne: kannst) aufatmen, auch ohne zuvor einen Herzinfarkt bekommen zu haben!» Nachdem diese «Erlaubnis» schließlich trotz aller Widerstände integriert worden ist, ist der «Fluch» aufgehoben. Der Patient richtet sich sein Leben so ein, daß er zwar immer noch als Arzt hart arbeitet, aber sich doch nicht mehr mit dem unbewußten Ziel überfordert, tot umzufallen oder wenigstens sich einen Herzinfarkt zuzuziehen. Hätte der Therapeut bei ihm, so stellt Berne fest, keine Analyse des unbewußten Lebensplanes durchgeführt, sondern den zweifellos sinnvollen Rat gegeben, nicht so hart zu arbeiten, sonst werde er noch eines Tages tot umfallen oder doch einen Herzinfarkt bekommen, so hätte dies dem Patienten nichts genützt, denn das war ja das unbewußte Ziel seines Lebens. Damit wäre ihm der «Befehl» seiner Eltern bestätigt worden. Er mußte dazu geführt werden, sich von den destruktiven Direktiven seiner Eltern zu befreien. Die Freude am Arztberuf und an harter Arbeit blieb ihm dabei erhalten (Berne 1972, pp. 126–128/S. 157ff).

Nach Boyce (1978) gehen vom Therapeuten gegebene «Erlaubnisse» nicht in jedem Fall und in jeder Formulierung von der «Elternperson» des Therapeuten aus. Sie könnten auch von der «Erwachsenenperson» oder dem «Kind» des Therapeuten ausgehen. Ich glaube, daß wirksame «Erlaubnisse», welche die destruktiven Grundbotschaften und Antriebe, die seinerzeit von den

Eltern ausgegangen sind, neutralisieren sollen, von der wohlwollenden «Elternperson» des Therapeuten ausgehen *müssen*. Das «darf» steht gegen das «soll» und «mußt». Was Boyce eine «Erlaubnis», beispielsweise aus dem «Kind» des Therapeuten nennt, bedeutet Ermunterung, ist aber keine «Erlaubnis» im strengen Sinn des Wortes. Eine solche sollte ja, um dauernd zu wirken, nachträglich auch in der wohlwollenden «Elternperson» des Patienten integriert werden (s.u.).

Mehrmals erlebte ich erstaunliche Wirkungen von einer beiläufigen Erlaubnis, ohne jede Vorbereitung, wie sie Berne als «Erlaubnistransaktion» empfiehlt. Ich erinnere mich an eine Patientin, die berichtete, wie sie von ihren Eltern als Mädchen und dann als junge Frau abgewertet wurde, worauf ich nur murmelte: «Aber Sie sind doch eine ganz rechte Frau!». Sie empfand das damals und am Ende der Behandlung als entscheidenden Wendepunkt in ihrem Leben! Natürlich wirkte dabei die «Überzeugungskraft meiner Autorität» (s. S. 267), mit der ich die leiblichen Eltern «ausspielte», wenn diese überhaupt, wie traditionell in der Transaktionalen Analyse angenommen, in jedem Fall Quelle destruktiver Grundbotschaften sind!

Ich erfuhr dabei, wie manchmal eine Bemerkung, die nach psychoanalytischen Regeln als «Ausrutscher» zu qualifizieren ist, in positivem Sinne wirksam sein kann!

Trotzdem hat das *«Erlaubnisritual», wie es Berne beschreibt, seinen Sinn. Es ist – ausführlicher durchgeführt, als oben konzentriert beschrieben – das Ergebnis einer Zusammenarbeit zwischen Therapeut und Patient. Der Therapeut drängt sich sozusagen nicht in das Leben des Patienten ein. Die Vermittlung einer Erlaubnis, wie Berne sie schildert, ist ein «strukturiertes» Geschehen.

10.14.2 Die «Erlaubnis» aus der eigenen «Elternperson»

Von einer «Erlaubnis» spricht Berne nicht nur bei einer Intervention des Therapeuten, die einem destruktiven Gebot oder Verbot der Eltern entgegengesetzt ist, sondern auch bei einer Botschaft der Eltern, die dem Kind erlaubt, sich frei und autonom zu entwickeln (1972, p. 444/S. 505). Eine solche elterliche «Erlaubnis» wird dann, genau wie eine destruktive Grundbotschaft, in die «Elternperson» des Kindes integriert, wie auch therapeutische «Erlaubnis» in die wohlwollende «Elternperson» des Patienten integriert wird. Geschieht das nicht – z.B. weil die «Elternperson» für den Patienten nur kritisch-einschränkend funktioniert –, so ist der Patient durch eine wirksame «Erlaubnis» zwar freier, jedoch nicht eigentlich autonomer und unabhängiger geworden, sondern statt an die Eltern nur eben an den Therapeuten gebunden. Daß der Patient anfänglich die Autorität des Therapeuten an Stelle einer eigenen wohlwollenden «Elternperson» setzt, kann als Übergang allerdings sinnvoll sein, solange bis er seine eigene «Erwachsenenperson» so weit entwickelt hat, daß er sein Schicksal selbst in die Hand nehmen kann (Crossman 1966; Holloway 1974). In diesem Zusammenhang kann auch die Erneuerung der «Elternperson» (s. S. 310f) eine besondere Bedeutung gewinnen.

Eine andere therapeutische Methode als diejenige, die Berne als «entscheidende Intervention» bezeichnet, besteht darin, daß der Patient in Zusammenarbeit mit seinem Therapeuten *von vornherein* die Erlaubnissätze, welche die negativen Botschaften aufheben sollen, selbst formuliert. Voraussetzung ist, daß er fähig ist, sich in eine erwachsene Haltung zu versetzen und daß es ihm zugleich möglich ist, sich selber gegenüber eine wohlwollende elternhafte Haltung einzunehmen. Dieses Verfahren hat zwei Vorteile: Einmal bleibt der Patient, der sich selbst die «Erlaubnis» erteilt, wie bereits ausgeführt, unabhängig vom Therapeuten; zum andern kann er selbst an der Formulierung eines treffenden Erlaubnissatzes arbeiten. Nur ein Erlaubnissatz, der genau «trifft», geht mit der Chance einher, daß eine Befreiung von destruktiven Skriptgeboten geschieht und sich damit die Einstellung des Betreffenden sich selber, den Mitmenschen und der Welt gegenüber grundlegend ändert.

Nehmen wir an, ein Patient habe seit frühester Kindheit unter dem Eindruck gestanden, das Leben sei immer ernst, mühsam und freudlos und habe damit viele Erlebens- und Verhaltensmöglichkeiten aus seinem Leben ausgeklammert. Mögliche Erlaubnissätze, die diesem prägenden Eindruck entgegenwirken könnten, wären «Du darfst dich freuen!», «Du darfst tun, was dir Freude macht!», «Du darfst tun, wozu du Lust hast!» oder «Du darfst genießen !». Vielleicht wird aber das innere Kind durch keinen dieser Sätze wirklich getroffen, während eine weitere Formulierung unmittelbar «einschlägt»: «Du darfst leben!». Der Betreffende sagt vielleicht sofort: «Das ist es – das ist genau die richtige Formulierung, geeignet, die bisherige Einstellung gegenüber dem Leben ‹aus den Angeln zu heben›.» Eine geglückte Formulierung läßt oft Rückschlüsse zu auf die einschränkende Botschaft, die der bisherigen Lebenshaltung zugrunde liegt, in diesem besonderen Fall möglicherweise die Botschaft «Lebe nicht!» oder, in der Formulierung nach Campos (s. S. 198): «Sei nicht!». Auf diese Art dient die gemeinsame Arbeit an der Formulierung von Erlaubnissätzen durch Therapeut und Patient oft auch der Erhellung des Skripts. Ob ein «Erlaubnissatz» richtig gewählt ist, entscheidet der Patient. Der Therapeut kann nur Vorschläge machen. Vorschläge von Erlaubnissätzen in bezug auf die Antriebe und destruktiven Grundgebote finden sich in Arbeiten von J.u.B. Allen (1972), Th.D.u.D.H. Theobald (1978), M. Boyce (1978).

Vorschläge zu Erlaubnissätzen hinsichtlich Antreibern finden sich bei Kahler u. Capers (1974), die ich aber im folgenden von mir aus etwas umformuliere: (1.) Antreiber: «Sei (immer) perfekt!» – Erlaubnissätze: «Du darfst Fehler machen!», «Du darfst dich selber sein!», «Du darfst das tun, was du sinnvoll findest!». (2.) Antreiber: «Versuche angestrengt!» – Erlaubnissätze: «Du darfst zu Ende führen, was du begonnen hast!», «Du darfst dich verändern!», «Du darfst erreichen, was du dir vorgenommen hast!». Wenn der Antreiber eher lautet: «Gib dir Mühe!», so könnten darauf bezügliche Erlaubnissätze z.B. heißen: «Es darf dir leicht fallen!», «Du darfst gute Gelegenheiten ergreifen!» (3.) Antreiber: «Sei (immer) liebenswürdig!» – Erlaubnissätze: «Du darfst deinem Urteil vertrauen!», «Du darfst für dich sorgen!», «Du darfst zu deinen Gefühlen stehen!», «Du brauchst nicht dafür verantwortlich zu sein, wie die andern sich fühlen!». (4.) Antreiber: «Beeil dich(ständig)!» – Erlaubnissätze: «Du darfst jetzt leben und dir Zeit dafür nehmen!», «Du darfst dir Zeit nehmen!», «Du hast Zeit, das zu tun, was du möchtest!». (5.) Antreiber: «Sei stark!» – Erlaubnissätze: «Sei offen!», «Du darfst schwach sein!», «Du darfst Gefühle zeigen!». *(6.) Antreiber: «Sei wie die andern!», «Fall nicht aus dem Rahmen!» – Erlaubnissätze: «Du darfst dich selber sein!», «Du darfst anders als die anderen sein!», «Du darfst deine eigenen Bedürfnisse, Gefühle und Meinungen haben!».

Sehr wirksam ist nach meinen Erfahrungen, zu denen ich durch Hellinger angeregt wurde, das Formulieren einer Erlaubnis im Rollenspiel. Ein Teilnehmer, den das Gruppenmitglied für sich unter Kontrolle des Psychotherapeuten als zutreffend gewählt hat, bestimmt ein anderes Gruppenmitglied, von dem er in der Rolle einer wohlwollenden Elternperson die Erlaubnis hören möchte. Er setzt sich zu dessen Füßen und läßt sich die Erlaubnis ein- oder zweimal sagen. Ein ganz besonderes Erlebnis übrigens auch für denjenigen, der die wohlwollende «Elternperson» spielt! Geschieht dies vor der Gruppe, haben die anderen Mitglieder Gelegenheit sich mit der Rolle der wohlwollenden «Elternperson» oder mit der Rolle dessen, der die Erlaubnis zu hören bekommt, zu identifizieren. (Beispiel s. Schlegel 1993, Stichwort: Gruppentherapie).

Ein solches Rollenspiel ist als Anregung aufzufassen, daß der Betreffende von nun an, sich selber diese Erlaubnis gibt. Der eine «hört» sie dabei als Kind wie im Rollenspiel, der andere «gibt sie sich als wohlwollende Elternperson». Es sollte dies vorerst regelmäßig geschehen, morgens beim Aufwachen oder abends beim zu Bett gehen, zur Erinnerung vielleicht auf einem Zettel, der in den Spiegelrahmen gesteckt worden ist.

10.14.3 Die «Ideologie der Erlaubnis» als Weg zum Verständnis von Neurosen

Aus den Ausführungen von Berne zur «entscheidenden Intervention» mit einer Erlaubnis ergibt sich eine ganz besondere Sicht auf sein Verständnis dessen, was eine Neurose ist, wobei dieser Begriff nicht rein psychopathologisch aufzufassen ist, insofern er auch «Neurosen Gesunder» umfaßt. Die Frage, die gegenüber einem Patienten mit gestörten Erlebens- und Verhaltensweisen gestellt wird, heißt: «Welche Erlaubnis hat der Patient nötig?» oder «Was gestattet sich dieser Patient nicht?» oder «Was verbietet er sich?»). Die Beantwortung dieser Frage – vorerst nur als intuitive Vermutung – weist den Weg zu den Einschränkungen, unter denen er leiden könnte. Wenn Berne die Erlaubnis als «entscheidende Intervention» hervorhebt, legt er einer Neurose diese Ideologie zugrunde.

Hier zeigt sich eine sehr enge Verwandtschaft zur daseinsanalytisch begründeten Psychoanalyse von Medard Boss. Dieser Autor faßt die Neurose ebenfalls als ein Nicht-Dürfen auf (1961a). Es sei nicht zu fragen, warum sich jemand, der an einer Neurose leide, so oder so bzw. nicht so oder so verhalte, sondern es sei zu fragen, *was er nicht wage* und *wozu ihm der Mut fehle* (1961b).

10.14.4 Zusätzliches zum Thema «Erlaubnis»

Ich unterscheide in der Praxis *fundamentale Erlaubnissätze* und *spezifische Erlaubnlssätze.* «Du darfst leben!» wäre ein fundamentaler Erlaubnissatz, da er die Existenzberechtigung dessen, an den es sich richtet, bestätigt, ähnlich: «Schön, daß du da bist!», «Schön, daß es dich gibt!» Einem solchen fundamentalen Erlaubnissatz kann ein oder können mehrere spezifische Erlaubnissätze angefügt werden, die für sich allein unwirksam bleiben würden (Allen 1972), z.B. «Du darfst dich freuen!».

Was ich vorstehend als Erlaubnissätze bezeichnet habe, sind verbale Formulierungen. Wer die Atmosphäre einer transaktionsanalytischen Behandlung, ganz besonders im Rahmen einer Gruppe, nicht kennt, wird begreiflicherweise den kognitiven Aspekt der «Erlaubnisse» überschätzen, ja möglicherweise überhaupt nur diesen sehen. Es wäre dies ein Mißverständnis. Die Integration einer «Erlaubnis», die im richtigen Moment (!) gegeben wird, sei es (vorerst) durch einen Therapeuten, auf den der Patient eine positive Übertragung hat, sei es im Rollenspiel durch einen anderen Teilnehmer einer Gruppe, sei es durch den Patienten selbst in einem gestalttherapeutischen Monodrama oder wie auch immer, ist ein Ereignis, das Kopf und Herz gleichermaßen berührt, in das, transaktionsanalytisch gesprochen, die wohlwollende «Elternperson», die ungetrübte «Erwachsenenperson» und das unbefangene «Kind» einbezogen sind. Im Grunde genommen handelt es sich nicht um ein einmaliges Ereignis, sondern um den entscheidenden Beginn eines integrativen Prozesses.

Hier ist zu erwähnen, daß Levin im Zusammenhang mit ihrer entwicklungspsychologischen Sicht (s. S. 336 f) für jedes Lebensalter ganz bestimmte Erlaubnissätze hervorgehoben hat, die damals aktuell waren und bei Wiederholung derselben Problematik im Erwachsenenalter wieder aktuell werden können (Levin 1982b). Ihre Formulierungen sind allerdings etwas kompliziert und meines Erachtens nicht ohne weiteres zu übernehmen, aber ihr Grundgedanke ist sinnvoll. Es gab doch wohl z.B. ein bestimmtes Entwicklungsstadium in der Kleinkindheit, in dem die «Erlaubnis» «Du darfst ein Mädchen (ein Junge) sein !» besonders wichtig war oder gewesen wäre, und es ist denkbar, daß auch zuerst im Jugendalter und später im Erwachsenenalter wieder eine Zeit kommen könnte, in der diese «Erlaubnis» aktuell werden könnte. Es kommt auch vor, daß ein Erwachsener, der in Behandlung steht, entdeckt, daß diese «Erlaubnis» für ihn entscheidend wichtig ist (s. S. 341), was darauf hinweist, daß er sie in demjenigen Alter, in dem er sie nötig gehabt hätte, nicht bekam oder, aus welchen Gründen auch immer, nicht integriert hat.

Wenn nach Woollams u. Brown ein Patient eine Neuentscheidung fällt (Woollams u. Brown: sich entscheidet, eine «Erlaubnis» zu integrieren), dann erwerbe er sich zugleich einen neuen Bereich in seiner «Elternperson» als Quelle dieser «Erlaubnis» (1978, p. 207). Mit dieser Aussage wird allerdings das Pferd beim Schwanz aufgezäumt, ist es doch vielmehr so, daß der Betreffende zuerst fähig sein muß, sich eine wohlwollende «Elternperson» vorzustellen, wobei er vielleicht ein Modell in seiner Kindheit findet oder im Therapeuten erlebt oder in sich selber, wie er sich gegenüber einem Kleinkind erlebt, und *dann erst* eine «Erlaubnis» integrieren oder sich selber geben kann.

10.15 Die Neubeelterung und die Beelterung

10.15.1 Die Neubeelterung nach Schiff

Es handelt sich im folgenden um ein Verfahren, das von Jacqui Schiff angewandt wurde, um jugendliche Patienten, die an Schizophrenie *(oder einer schweren schizoiden Charakterstörung) erkrankt waren, innerhalb einer familiären therapeutischen Gemeinschaft zu behandeln. Das Verfahren wurde später von Schiff differenziert und ergänzt. An dieser Stelle schildere ich nur denjenigen Aspekt, der «Neubeelterung» benannt wird (s. auch S. 317ff). Es handelt sich nicht um ein Verfahren, das aus einer Anregung von Berne heraus gewachsen ist, sondern um ein solches, das ähnlich schon früher von anderen Autoren zur Behandlung von schizophrenen Störungen empfohlen wurde, aber von J. Schiff systematisiert und ausgestaltet wurde und dessen Erfolge nach transaktionsanalytischen Modellen erklärt wurden. Es ist für mich fraglich, ob es zur Transaktionalen Analyse im engeren Sinn zu rechnen ist. Es könnte als eine sehr radikale «korrigierende emotionale Erfahrung» betrachtet werden!

Ich stütze mich auf folgende Literatur: J. Schiff 1968 (Referat); J. Schiff 1969; A. Schiff 1969; A. u. J. Schiff 1971; J. Schiff u. B. Day 1970 sowie die einschlägigen Kapitel in J. Schiff u. Mitarbeiter 1975b und Childs-Gowell 1979a, b.

Jacqui Schiff begann erfolgreich, anfangs gemeinsam mit ihrem Mann, jugendliche Schizophrene und schizoide Persönlichkeiten unter 30 Jahren zu behandeln, indem sie diese in ihre eigene Familie, die noch drei Jungen im Schulalter mitumfaßte, zu integrieren versuchte. Die beiden Therapeuten verhielten sich genau so, wie wenn sie die Kranken endgültig adoptiert hätten und ließen sie fühlen, daß sie nicht mehr zu ihren leiblichen Eltern oder in eine psychiatrische Klinik zurückgeschickt würden. Nach einigen Wochen pflegten die Kranken, von ihrer Umgebung ermuntert, bis ins Kleinkindes- und

Säuglingsalter zu regredieren, wobei sie von ihren Pflegeeltern und «Geschwistern» dann auch wie wirkliche Kleinkinder und Säuglinge behandelt, d.h. gefüttert, gestreichelt, gesäubert und gebadet wurden. Im Laufe von Monaten wurden sie durch die verschiedenen Entwicklungsstadien eines Kleinkindes hindurch begleitet. Die Zeitspanne von drei bis sechs Wochen entspricht dabei ungefähr einem Kindheitsjahr. Es wurde dabei immer zum Ausdruck gebracht, daß sie bedingungslos ernst genommen, geschätzt und geliebt würden. Sie wurden dabei nicht verwöhnt, sondern fortlaufend mit Lob und Tadel erzogen und ihnen auch die realitätsbezogenen moralischen Werte vermittelt, zu denen die Pflegeeltern sich selbst bekannten. Diese lebten ihnen auch die traditionellen Rollen von Vater und Mutter vor, ermutigten sie und zogen sie, wie dies in einer Familie mit vielen Kindern üblich und notwendig ist, zu den täglichen Hausarbeiten bei. Eigentlich krankhaftes Verhalten wurde nicht durchgelassen, wohl aber alle Arten kindlichen Verhaltens. Es stellte sich heraus, daß es besonders wichtig war, die Kranken dazu zu erziehen, Probleme und Konflikte zu erkennen und altersentsprechend selbstverantwortlich zu lösen sowie Auseinandersetzungen nicht auszuweichen. J. Schiff schreckte auch vor massiven körperlichen (!) Strafmaßnahmen nicht zurück, um Kranke von psychotischen oder gemeinschaftsstörenden Verhaltensweisen abzubringen, weswegen ihre Art der Neubeelterung bei vielen Fachleuten aus ethischen Gründen auf entschiedene Ablehnung gestoßen ist. Wie mir ehemalige Patienten bekannten, fühlten Sie sich trotzdem immer geliebt. Das sei das Entscheidende gewesen!

«Du bist verantwortlich für das, was du sagst und tust!», «Du kannst Probleme lösen!», wenn du überlegst!», «Es ist nicht in Ordnung, wenn du dich selbst, andere oder die Realität mißachtest!», «Niemand kann wissen, was du fühlst und denkst, wenn du es nicht zeigst durch das, was du tust und sagst!», «Lügen gehören sich nicht!», «Nein, ich verschwinde nicht, wenn du ins andere Zimmer gehst!» (Schiff u. Mitarb. 1975b, pp. 99–100).

J. Schiff erklärt die Behandlungserfolge damit, daß die Krankheit durch die Verinnerlichung einer krankhaften Elternperson mindestens mitbedingt gewesen sei. Die Eltern der Kranken hätten in erster Linie ihren eigenen Bedürfnissen und nicht die ihrer Kinder gelebt und diesen vorwiegend negative Botschaften zukommen lassen. Durch die radikale Trennung der Kranken von den Herkunftsfamilien sei es gelungen, ihre krankhafte «Elternperson» sozusagen zu entmachten. Wenn dies gelungen sei, habe jeweils die tiefgehende Regression eingesetzt. Den Kranken werde in der Regressionsphase Gelegenheit gegeben, eine von Grund auf neue «Elternperson» aufzurichten.

Die Krankheitssymptome werden von Schiff als Versuch erklärt, den leiblichen Eltern Phantasieeltern zur Seite zu stellen – seien es Gott, Nachbarn oder irgendwelche Gestalten aus Erzählungen – und sich diesen im Erleben und Verhalten anzupassen. Auf diese Art würden die Kranken in sich nebeneinander verschiedene Arten von reaktivem «Kind» aufstellen. Die schizophrenen Symptome seien zugleich Versuche, echte kindliche Bedürfnisse auf unangepaßte Art doch noch auszuleben.

J. Schiff selbst wie ihre Mitarbeiter und Schüler haben später Theorie, Indikation und Behandlungsverfahren differenziert. Die vorangehend geschilderte radikale Neubeelterung im Rahmen einer Familie wird, wie mir J. Schiff mitteilte, nur noch bei einer kleinen Minderzahl von Patienten durchgeführt. Wie heute in der Psychiatrie im Zusammenhang mit Verhaltenstherapie zunehmend verbreitet, beteiligen sich die Patienten an Gruppenaktivitäten, die auch Informationen über die Probleme des Lebens im Alltag und über ihre Krankheit umfassen. Sie sollen sich vor allem im Gebrauch einer ungetrübten «Erwachsenenperson» üben und die Realität erfassen lernen, wie sie ist. Sie sollen ihre symbiotische Tendenz (s. S. 91f) erkennen und überwinden lernen und in eins damit ihre passiven Erlebens-und Verhaltensweisen aufgeben und durch zunehmend eine selbstverantwortliche autonome Haltung ersetzen (s. S. 317–323).

Die Neubeelterung ist von Anhängern der Schiff-Schule nicht aufgegeben, wird aber heute bei den meisten Patienten thematisch und zeitlich so begrenzt, wie dies der nachfolgend geschilderten Beelterung entspricht. Mit dem Verhaltenstraining im Alltag dauert eine Behandlung jahrelang. Letztlich sollen durch sie destruktive Weltbilder und Botschaften wie «Die Bedürfnisse der Eltern müssen zuerst befriedigt werden!», «Die Welt ist voller Schrecken!», «Du kannst niemandem trauen!», «Ohne deine Eltern bist du niemand!» (Childs-Gowell 1979b, p. 90) durch ermutigende Erfahrungen ersetzt werden wie «Du kannst denken!», «Du kannst Probleme lösen!», «Du kannst etwas tun!» (J. Schiff u. Mitarb. 1975b, p. 33).

Patienten, die an Schizophrenie erkrankt sind, dadurch zu behandeln, daß ihnen eine Regression bis in die frühe Kindheit zugestanden wird, wobei der Therapeut elterliche Funktionen übernimmt, hat schon vor Begründung der Schiff-Schule in die Psychiatrie Eingang gefunden, worauf J. Schiff aber keinen Bezug nimmt (Sechehaye 1947; Boss 1957, S. 141f; Benedetti 1983, S. 206, 209).

10.15.2 Die Beelterung

Das Verfahren der Beelterung ist weniger radikal als jenes der Neubeelterung nach Schiff. Die Beteiligten werden im Laufe eines Nachmittags oder im Laufe von Stunden dazu angeleitet, sich in jene Zeit ihrer Kleinkindheit zurückzuversetzen, in der sie entscheidende und prägende Frustrationen erleiden mußten. Vorangehend wird im Rahmen der ganzen Gruppe mit entwicklungspsychologisch geschulten Therapeuten besprochen, um welches Kindesalter es sich damals vermutlich gehandelt hat und wie sich Kinder dieser Altersklasse zu benehmen pflegen. Zwischen den Teilnehmern und den Therapeuten und allenfalls Hilfstherapeuten wird eine genaue Abmachung getroffen, welche Situation es neu zu erleben gilt und was für ein Verhalten von den «Betreuern» erwartet wird, das im Gegensatz zu dem seinerzeitigen Verhalten der Eltern oder Pflegepersonen steht. Ebenfalls wird eine Abmachung getroffen, wann und auf welches Zeichen das Verfahren der Beelterung abgebrochen werden wird. Man beachte das, wie bei der Erlaubnistransaktion nach Berne, durchaus »strukturierte» Vorgehen!

Eine übergewichtige Teilnehmerin hatte als Kind immer darunter gelitten, daß sie bei jeder Mahlzeit mit drakonischen Maßnahmen gezwungen wurde, ihren Teller leer zu essen, der ihr damals ohne jede Rücksicht auf ihren Nahrungsbedarf vollgeschöpft worden war. Ein anderer Teilnehmer wünscht, sich in die Zeit nach der Geburt zurückzuversetzen, in der er glaubte, von seiner Mutter abgelehnt worden zu sein, weil er «nur» ein Junge war. Mit dem vorgesehenen Betreuer wurde im ersten Fall abgemacht, daß er sich der Patientin gegenüber wohlwollend und verständnisvoll verhalten würde, wenn sie ihren Teller nicht leer essen sollte; im zweiten Fall wurde mit dem zuständigen Therapeuten oder Betreuer ausgemacht, daß er dem «Säugling» seine Freude äußern solle, daß er ein Junge sei. Dazu ist nur ein Betreuer geeignet, der die Rolle einer Mutter, die sich ungeachtet des Geschlechts an ihrem Kind freuen kann, echt wird spielen können und nicht z.B. eine Frau und Mutter, die in dieser Konstellation selbst Schwierigkeiten hatte!

Der Therapieraum, in dem reichlich Spielzeug, Kissen und Decken bereit liegen, verwandelt sich in ein großes Kinderzimmer, in dem die Teilnehmer, nun zu Kindern verschiedensten Alters regrediert, liegen, sitzen oder sich tummeln, während die «Eltern» herumgehen und jedem einerseits diejenige Zuwendung zukommen lassen, deren er bedarf und die er seinerzeit im entsprechenden Alter und in der entsprechenden Situation nicht erhalten zu haben glaubt, andererseits aber auch altersentsprechende Forderungen an die «Kinder» zu richten, um diese an der Verantwortung für einen Familienbetrieb zu beteiligen (Osnes 1974; Levin 1974; C. Haimowitz 1975; J. u. L. Weiss 1977; Childs-Gowell 1979b, p. 119–135; Benz).

Das Verfahren kann bei ambulant zu behandelnden psychotischen Patienten durchgeführt werden und zwar in diesem Fall mit über Tage oder Wochen fortlaufend wiederholten Sitzungen, sozusagen im Sinne einer *«fraktionierten Neubeelterung». Die Beelterung ist aber auch zur Behandlung von neurotischen Störungen geeignet sowie zur Behandlung von «Gesunden», die an Frustrationserlebnissen aus der frühen Kindheit leiden. Manche Transaktionsanalytiker sind begeistert von diesem Behandlungsverfahren, andere stehen ihm skeptisch gegenüber.

Eine solche psychodramatische Neubelebung frühkindlicher Situationen, in denen die Teilnehmer einer solchen Gruppe seinerzeit prägende Frustrationserlebnisse gehabt zu haben glauben, könnte treffend als eine methodisch erweiterte, korrigierende emotionale Erfahrung bezeichnet werden (s. S. 303f).

Freud ist skeptisch, wenn ein Therapeut eine Elternrolle übernimmt: «Der Erfolg ist sehr schön, aber von der Übertragung ganz abhängig. Heilung ist vielleicht erreicht, aber nicht der nötige Grad von Selbständigkeit und Sicherheit vor Rückfall» (Freud 1910). Hier hatte er aber die Versuche seines Schülers Sándor Ferenczi im Auge, gegenüber seinen Patienten «handgreiflich» eine Elternrolle zu übernehmen und nicht ein streng strukturiertes Rollenspiel, wie das beschriebene Verfahren der Beelterung!

10.16 Befreiung aus dem Skriptzwang durch Neuentscheidung

Von ihren Eltern lernen die Kinder, wie sie sich zu verhalten, wie sie zu denken, wie sie zu fühlen haben. Während der Kindheit und Jugend sind diese Einflüsse notwendig für das biologische und soziale Überleben. Das Kind hat nach Berne eine gewisse Freiheit, was es von seinen Eltern annehmen will, wobei es durch seine biologische und emotionale Abhängigkeit, wie ich an anderer Stelle diskutiere (S. 230f) allerdings unter einem gewissen Zwang steht. Eine Befreiung von diesen Einflüssen, vielleicht besser: eine freie Verfügbarkeit und Wahl, welcher von ihnen akzeptiert, welcher abgelehnt werden soll, unterliegt nach Berne der Entscheidung des Kindes. Was Ergebnis einer Entscheidung sei, schließt Berne, könne aber auch durch eine Neuentscheidung rückgängig gemacht werden (1964b, pp. 183–183/S. 249; 1966b, p. 349; 1972, p. 362/S. 409f).

Berne berichtet von einem Patienten, der immer mit allen Leuten Streit bekam. Es stellte sich heraus, daß seine Mutter ihn verlassen hatte, als er acht Jahre alt war. Als Reaktion darauf sei er damals krank geworden. Da habe er, einer ersten Entscheidung *(auch: Grundentscheidung oder Skriptentscheidung) entsprechend, den Entschluß gefaßt: «Was soll das Leben für mich noch für einen Sinn haben! Meine Mutter ist in ein anderes Land gezogen. Nie mehr will ich jemanden lieben; tatsächlich haße ich jedermann!» Von da an habe er mit jedermann Streit gesucht. Im Laufe der Behandlung aber habe er realisiert, daß so seinerzeit eine bewußte Entscheidung gelautet habe. «Da Entscheidungen immer revidiert werden können, war es ihm möglich, von da an auf dem Weg zur Heilung voranzukommen!» (Berne 1966b, p. 349).

*Es kann aber doch wohl eine frühere Erlebens- und Verhaltensgewohnheit durch eine Entscheidung geändert werden, ohne daß sie uspründlich ihrerseits auf einer solchen beruht haben muß!

Auch eine «Erlaubnis» entspricht in ihrer Wirkungsweise einer Neuentscheidung. Es kommt vor, daß auf eine solche hin die meisten Symptome verschwinden. Manchmal geschieht vor den Augen von Gruppenteilnehmern die Wandlung von einem kranken Patienten zu einem gesunden Menschen. Zwar wird dieser Gesunde auch noch einige Unzulänglichkeiten und Schwächen aufweisen, aber er kann diese nun «objektiv» angehen (Berne 1972, p. 362/S. 409f). Es ist dies der Augenblick, den Berne meint, wenn er schreibt, das erste Ziel sei, gesund zu werden [to get better] und dann allenfalls eine psychoanalytische Behandlung anzuschließen, die Berne einer Skriptanalyse gleichsetzt. Berne setzt diesen Augenblick der Erfüllung der Vorherrschaft der «Erwachsenenperson» gleich (1966b, 241, 279).

Worauf Berne hier hinweist, ist die Möglichkeit einer Neuentscheidung als entscheidender Schritt zur Veränderung. R. Goulding hat den Begriff und die Praxis der Neuentscheidung in den Mittelpunkt seiner Behandlungsmethode gestellt, wobei er die Sicht der Transaktionalen Analyse mit therapeutischen Methoden der Gestalttherapie verschmolz. Eine solche Neuentscheidung wird dabei als Höhe-und Wendepunkt der Behandlung gesehen, mit der sich der Patient aus dem Zwang von Geboten und Verboten, die bis dahin für sein Erleben und Verhalten maßgebend waren, befreit (R. Goulding 1972; R.u.M. Goulding 1976; R. Goulding 1977; McNeel 1977; M. u. R. Goulding 1979; Kadis 1985). Eine solche *Neuentscheidungstherapie* besteht darin, daß der Patient dazu angeleitet wird, sich in eine Szene aus der Kindheit zurückzuversetzen, in der ihm eine einschränkende Botschaft zugekommen ist und sich dann nochmals mit dem betreffenden Elternteil auseinanderzusetzen. Dabei aber soll er, durch den Therapeuten ermuntert und ermutigt, sich weigern, diese Botschaft gehorsam anzunehmen, sondern sich «anders entscheiden». Der Patient kann dabei aufgefordert werden, mehrmals während dieses Rollenspiels einen besonders wichtigen Satz zu wiederholen, mit dem einem destruktiven Gebot widersprochen und dic Autonomie betont wird.

Die Auseinandersetzung mit dem betreffenden Elternteil geschieht nach Goulding in den weitaus meisten Fällen erfolgreich mit der gestalttherapeutischen Methode des leeren Stuhls, in den dieser Elternteil imaginär gesetzt wird. Es beginnt ein Rollenspiel, in dem der Patient einmal sich selber als Kind – nach Goulding als kleinkindliche «Erwachsenenperson» (ER_1) – , dann aber auch den betreffenden Elternteil spielt.

Der Therapeut fordert den Patienten auf, einen leeren Stuhl vor sich hinzustellen und sich vorzustellen, sein Vater sitze dort, nachdem er ihm, einem kleinen Jungen, den besagten Blick zugeworfen habe. Er solle ihn nun fragen, was dieser Blick bedeute (Schlegel 1993):

Patient als kleiner Junge: «Was siehst du mich so an? Darf ich nicht?» – Therapeut: «Wechsle den Stuhl! Spiel deinen Vater!» – Patient als sein Vater: «Du hast deine Schulaufgaben noch nicht gemacht!» – Therapeut: «Wechsle den Stuhl und spiel wieder dich selber!» – Patient als kleiner Junge: «Aber die sind erst auf übermorgen und heute wollen die andern Drachen fliegen lassen, weil der Wind günstig weht!» – Patient als sein Vater: «Erst die Arbeit und dann das Vergnügen!» – Patient als kleiner Jung: «Aber die Hausaufgaben sind doch erst auf übermorgen auf. Diejenigen auf morgen habe ich bereits erledigt und neue werden uns vorläufig keine mehr gegeben!» – Patient als Vater: «Um Ausreden bist du nie verlegen! Es bleibt bei dem, was ich sagte!» – Patient als kleiner Junge: «Ich habe heute bereits genug gearbeitet und habe es verdient, mit den anderen spielen zu dürfen!» – Patient als Vater: «Spielen ist ohnehin unnütz und höchstens erlaubt, wenn alle Arbeit erledigt ist!» – Patient als kleiner Junge (mit ganz anderer entschiedener Stimme): «Ich habe eben jetzt Lust, mit den anderen spielen zu gehen und werde das tun, auch wenn du dagegen bist. Das Wetter ist schön! Der Wind weht! Immer schon habe ich mich darauf gefreut, einmal Drachen fliegen zu sehen! Jetzt ist Gelegenheit! Spielen ist so wichtig wie Arbeiten! Von jetzt an bin ich selbständig und werde dann arbeiten, wann ich will und dann spielen, wann ich will!»

Der wirkliche Erfolg der Therapie trifft nach Goulding ein, wenn der Patient einen neuen Entschluß faßt und diesen auch tief in seinem Innern integriert. «Wenn einer ... den ‹Vorsatz› faßt, sich zu ändern, ist es nicht das gleiche, wie wenn er sich ändert.» Es kommt zu einer wirklichen Freude, tief im Innern gespürt. Jetzt kann er seine destruktiven elterlichen Botschaften, seine Antriebe, seine Spiele, seine Betrugsmanöver und sein Skript wirklich aufgeben. Die Therapie besteht darin, ein Klima zu schaffen, in dem der Patient in bezug auf das Gebot, das seinem Skript zugrunde liegt, eine neue Entscheidung fassen kann. «Wenn er diesen neuen Entschluß erst einmal gefaßt hat, werden seine Spiele und Betrugsmanöver überflüssig» (R. Goulding 1972). Er soll nach Goulding erkennen, daß er zu irgendeinem Zeitpunkt in der Kindheit den falschen, weil destruktiven, Entschluß gefaßt hat, weil er nur so überleben konnte. Er könne sich von seinen Eltern nicht lösen und damit nicht autonom werden, wenn er nicht die Verantwortung für seinen ursprünglichen Entschluß und damit auch für seine Neu-Entscheidung übernehme, statt die Verantwortung auf seine Eltern abzuwälzen. Falsch sei es also, den Patienten darin zu bestätigen, daß er ein Opfer seiner Eltern sei und ihn darin zu ermutigen, diese abzulehnen. Er solle vielmehr dazu gebracht werden, daß er ihnen vergebe. Es sei dies für den Erfolg der Behandlung entscheidend. Der Patient solle erkennen, daß seine Eltern reale Menschen mit ihren eigenen Schmerzen und Enttäuschungen gewesen seien und keine Hexen und Ungeheuer. Auch sie hätten versucht, im Leben zurecht zu kommen und mit ihren Schwierigkeiten fertig zu werden, z.B. indem sie diese an ihre Kinder weitergegeben hätten.

*Nur scheinbar ist der Patient bei diesem Verfahren in seine Kindheit regrediert, denn er wird nicht zum Kind, das er damals war, sonst würde sich alles nur wiederholen! Im Grunde genommen handelt es sich um eine Wiederaufnahme einer vergangenen Szene und ihre psychodramatische Bearbeitung im Sinne von Moreno. Das Ergebnis, könnte gesagt werden, ist eine «korrigierende emotionalen Erfahrung» durch ein Rollenspiel (s. S. 303f).

Die Autoren versuchen, dem Patienten seinen inneren Widerstand gegen eine echte Neuentscheidung bewußt erleben zu lassen: Sein «Ich will nicht» neben seinem «Ich will»; seinem Mangel an Übereinstimmung zwischen dem, was er vorgibt, zu wollen und seinem Verhalten; seine Reserve gegenüber einer möglichen Änderung, die sich ausdrückt in Aussagen mit «ich versuche ... », «ich kann nicht ...», «ich möchte ...», «ich sollte ...», «ich müßte ...», «warum ... weil». Es genüge nicht, den Patienten rein rational bewußt werden zu lassen, unter welchem Gebot er stehe, was seine Lieblingsgefühle seien, was für destruktive Spiele er betreibe; es genüge aber auch nicht, wenn er auf Antreiber achte, z.B. auf das Gebot «Arbeite schwer, hab' Erfolg!»; es genüge schließlich auch nicht, wenn der Therapeut in der Rolle eines wohlwollenden Elternteils durch «Erlaubnisse», die er ausspreche, die destruktiven elterlichen Gebote aufzuheben versuche. Es würde dies nach Goulding nur eine neue Abhängigkeit schaffen. Es komme allein auf eine echt erlebte Neuentscheidung an. Gelinge sie, dann würden die eingeschliffenen Erlebens- und Verhaltensmuster überflüssig. Diese Neuentscheidung werde nicht aus der einem Erwachsenen entsprechenden «Erwachsenenperson» (ER_2) getroffen. Das innere Kind würde verzweifeln, wenn ihm *auf diese Art*, verunmöglicht würde, durch den Ausdruck seiner Lieblingsgefühle und Spiele «Streicheleinheiten» zu bekommen. Das Kind *selbst* sollte mit seiner «Erwachsenenperson» (ER_1), jedoch kontrolliert von der «Erwachsenenperson» des Erwachsenen (ER_2), die Neuentscheidung treffen und gleichzeitig danach Ausschau halten, auf neue und ehrlichere Weise «Streicheleinheiten» zu erlangen, wie dies besonders in der Atmosphäre von Trainingsgruppen möglich sei.

Das Rollenspiel mit dem leeren Stuhl ist eine Möglichkeit, um zu einer Neuentscheidung anzuregen. Wieder eine andere Möglichkeit besteht in einer gestalttherapeutischen Traumbearbeitung (s. S. 356). Eine weitere Methode besteht in einer gestalttherapeutischen Auseinandersetzung verschiedener Persönlichkeitsanteile oder innerer Instanzen, z.B. einer inneren Stimme, die sage: «Nur wer hart arbeitet, wird es zu etwas bringen!». Diese Stimme wird in der Transaktionalen Analyse der anweisenden «Elternperson» zugeschrieben. Eine andere innere Stimme, der innerste Kern des Menschen, der transaktionsanalytisch als unbefangenes, freies oder natürliches «Kind» bezeichnet wird, sagt: «Ich will leben!». Halten sich diese beiden inneren «Stimmen» sozusagen die Waage, spricht Goulding von einer *Blockierung («Sackgasse») ersten Grades*, die es therapeutisch zu beheben gelte. Es gebe aber auch eine gleichsam tiefer liegende *Blockierung zweiten Grades* zwischen derjenigen Instanz, in der die destruktiven Grundbotschaften wurzeln, transaktionsanalytisch meist mit dem kleinkindlichen «Elternperson» (EL_1) gleichgesetzt, und dem inneren Kind als dem eigentlichen Wesen des Menschen, z.B. «Du bist nicht wichtig! Wer glücklich leben will, ist ein Egoist!» (EL_1) gegen «Ich will innerlich reich und glücklich mein Leben genießen!» (K_1). Es ist schließlich auch möglich, daß sich jemand sagt: «Was willst du? Du warst immer schon so, daß du dich für andere aufgeopfert hast und bist eben so: Du bist der geborene Helfer; für andere da zu sein, füllt dein Leben aus!» und daß er eine innere Stimme, die ihn auffordert, sein eigenes Leben zu leben, nicht beachten will, nach Goulding eine *Blockierung dritten Grades*. Sie könne durch eine Auseinandersetzung zwischen reaktivem «Kind» und unbefangenem, freien oder natürlichem «Kind» aufgelöst werden. Dabei steht Goulding als Therapeut, wie bei der Arbeit an allen Blockierungen, auf Seiten des unbefangenen «Kindes», da er überzeugt ist, daß mit dessen Beachtung der entscheidende Schritt zur Heilung erfolgen würde. Er glaubt allerdings, er überlasse die Entscheidung dem Patienten, denn sonst würde an Stelle des einen «Du sollst!» nur ein anderes treten (R. Goulding 1977; 1975b; M.u.R. Goulding 1979, pp. 45–49/S. 63–69).

Im Grunde genommen ist es unwesentlich, welchen transaktionsanalytischen Ich-Modellen diese «Instanzen» im Rollenspiel zugeordnet werden. Darum ist es auch belanglos, wenn Goulding sich diesbezüglich hinsichtlich der Blockierung dritten Grades widerspricht. Am Verfahren, das sich ihm bewährt hat, ändert das gar nichts!

Die Aussage von Woollams u. Brown, daß sich eine Neuentscheidung oft allmählich über eine gewisse Zeitspanne hinziehe, eher als daß sie aus einem einmaligen und einzigen Aha-Erlebnis bestehe (1978, p.263), kann sich nicht auf das beziehen, was als Neuentscheidung bezeichnet wird, widerspricht es doch diesem Begriff, wie er in der therapeutischen Praxis gebraucht wird. Es läßt sich aber sagen, daß mit einer Neuentscheidung in vielen Fällen keine endgültige «Heilung», d.h. positive Veränderung des Erlebens und Verhaltens ereicht ist, wie der Inhalt des Buches über Neuentscheidungstherapie von M.u.R. Goulding (1979), trotz anderslautenden Erklärungen von R. Goulding (1972), vermuten lassen könnte. In der Tat pflegt die Übung und Durchsetzung einer neu erworbenen Haltung im Alltag mächtigen Widerständen zu begegnen.

*Abgesehen von Gewohnheit und Trägheit sind es auch die Partner des Betreffenden in der Familie, unter Freunden, am Arbeitsplatz – das «soziale Netz» –, die seit Jahren oder sogar Jahrzehnten auf seine frühere Erlebens- und Verhaltensweise eingestellt sind und versuchen, ihn unbewußt, manchmal sogar bewußt, darin festzuhalten bzw. wieder dahin zurückzubringen.

Meistens braucht er deshalb noch eine ganze Weile die Unterstützung oder besser: Ermutigung (s. S.266) durch Therapeut und Gruppe, um eine Neuentscheidung auch im Alltag umzusetzen. Das stellen in Übereinstimmung mit meiner Erfahrung Dusay (1977a, p.48/S.76) und Dehner (mündliche Mitteilungen) nachdrücklich fest. Nach den Erfahrungen von Dehner brauche bei Kranken auch eine Neuentscheidung meist eine lange Vorbereitungszeit, wie dies auch mit der Behandlung mit «Erlaubnissen» der Fall sei. Für beides müsse die therapeutische Situation «reif» sein.

Woollams u. Brown sehen die Lösung der Blockierung dritten Grades in einem freundschaftlichen Kompromiß zwischen reaktivem und freiem «Kind» (1978, pp. 193–197). Mellor sieht in der Blockierung dritten Grades (vielleicht besser: sieht als Blockierung dritten Grades) einen Konflikt, der sich aus einer schon in den ersten Lebensmonaten oder sogar schon vor der Geburt verankerten Einschränkung in der Entfaltung der Persönlichkeit ergibt und nicht mehr auf kognitivem Wege oder durch eine gestalttherapeutische Auseinandersetzung gelöst werden könne, sondern nur auf dem Wege einer eigentlichen Beelterung (s.S. 345), eines leiborientierten therapeutischen Verfahrens oder einer Primärtherapie (Mellor 1980).

Was ich als Blockierungen bezeichnet habe, nennt Goulding Sackgassen [impasses] und beruft sich dabei auf Perls, den Begründer der Gestalttherapie, der aber unter dem, auch in diesem Zusammenhang nicht sehr glücklichen Ausdruck «Sackgasse» etwas anderes versteht, nämlich eine durch die Behandlung ausgelöste existentielle Konfrontation als inneren Aufruf zur Übernahme der vollen Verantwortung für sich selbst unter Verzicht auf Geborgenheit in Abhängigkeit und Unfreiheit (Perls 1969, S .47f,167). Es widerspricht dies dem Gebrauch des Wortes durch Goulding nicht völlig, ist aber in der Praxis etwas anderes, dies schon deshalb, weil der Weg aus dieser Sackgasse bei Perls nicht durch eine Auseinandersetzung, sondern durch eine Art Erleuchtung («Minisatori») geschieht, eine «verwandelnde Einsicht», die ich auch aus der psychoanalytischen Arbeit kenne (s.S. 303).

Es kann auch vorkommen, daß ein Patient seine alte Entscheidung zwar aufrecht erhält und sich mit seinem Charakter, insofern er darauf beruht, abfindet, jedoch die destruktiven Wirkungen dieser Entscheidung auf die Realität aus seiner «Erwachsenenperson» heraus nach Möglichkeit auszuschalten sucht. So kann jemand weiter unter dem Gebot «Sei kein Kind!» leben und die entsprechende Entscheidung, sich keinesfalls kindlich zu benehmen, aufrecht erhalten. Wenn ihm aber bewußt geworden ist, wo er steht, wird er sich wegen seiner Unfähigkeit, Spaß zu genießen, keine Vorwürfe mehr machen und auch anderen den Spaß nicht mehr verderben. Ein anderer hat vielleicht realisiert, daß er unter dem Gebot steht, niemandem nahe zu kommen. Er kann sich möglicherweise nicht zu einer grundsätzlichen Neuentscheidung entschließen und wird auch weiterhin auf Distanz gehen, aber er wird es dann nicht mehr nötig haben, einen Streit vom Zaune zu brechen, nur um Nähe zu vermeiden.

Neuentscheidungen können nach Gere (1975) von einem negativen Gefühl gefolgt sein, was als Strafe der kritischen «Elternperson» aufzufassen sei. So könne jemand sozusagen sich selbst beweisen, daß die Neuentscheidung falsch oder wirkungslos sei. Eine Gruppe könne dazu dienen, Neuentscheidungen zu verstärken und zu festigen, indem derjenige, der damit auf seine Lieblingsgefühle und bevorzugten Spiele verzichtet hat, von der Gruppe «gestreichelt», d.h. gelobt und in seiner Haltung bestätigt wird.

Woollams u. Brown vertreten ebenfalls die Neuentscheidungstherapie, sind aber in deren Beurteilung etwas zurückhaltender als das Ehepaar Goulding. Für sie ist eine Neuentscheidung nicht einfach eine plötzliche «Umkehr», wie dies die Schilderungen im Buch von M.u.R. Goulding mindestens nahelegen. Nach Woollams u. Brown ist die Grundentscheidung nicht einfach mit einer Neuentscheidung erloschen; größere seelische Belastungen könnten sie wieder wirksam machen. Es könnten aber während einer Behandlung auch mehrere thematisch gleiche Neuentscheidungen einander folgen, wobei die Entschärfung der Grundentscheidung immer wirksamer werde (Woollams u. Brown 1978, pp. 206–210).

*In den Behandlungssequenzen, die R.u.M. Goulding veröffentlicht haben (M.u.R. Goulding 1979) kommt zum Ausdruck, daß bei den Neuentscheidungen auch suggestive Einflüsse der Therapeuten mitspielen. Die Klienten wissen, was von ihnen erwartet wird. Die Neuentscheidungen könnten dann eher vom fügsamen inneren «Kind» ausgehen als vom erwachsenen Anteil im «Kind», wie die Therapeuten voraussetzen (siehe z.B. den Dialog in R. Goulding 1972, neu abgedruckt in R.u.M. Goulding 1978, pp. 43–52, zwischen Tim und den beiden Therapeuten!). – Aber vergessen wir nicht: Es kommt nicht auf die Anwendung von irgend welchen Denkmodellen an, sondern auf die Wirkung!

Zwischen den Therapeuten, die mit Erlaubnissätzen arbeiten und solchen, die den Nachdruck auf eine Neuentscheidung legen, besteht kein grundsätzlicher Unterschied. Blockierungen können auch durch «Erlaubnisse» aufgelöst werden (Woollams u. Brown 1978, pp. 103–104 und eigene Erfahrungen). Auch eine «Erlaubnis» wirkt nur, wenn ihr eine Neuentscheidung folgt, und eine Neuentscheidung ist nur möglich in einer zumindest voll akzeptierenden und damit erlaubenden Atmosphäre, auf die auch Gouldings großen Wert legen. Eine «Erlaubnis» kann gezielt in einem Satz gegeben werden, am wirksamsten, wenn aus allen drei Ich-Zuständen des Therapeuten, mit besonderem Nachdruck aus seiner «Elternperson» (nach Woollams u. Brown aus der «Erwachsenenperson»), gerichtet an alle drei Ich-Zustände des Patienten: «Schuß ins Schwarze» (Berne 1961, p. 261; 1966b, p. 258; Woollams u. Brown 1978, p. 76). Eine «Erlaubnis» kann aber aus der Art des Therapeuten hervorgehen, wie er mit dem Patienten umgeht. *Diese* Art «Erlaubnis» bringen Gouldings zur Wirkung.

*Da ich bei der Arbeit mit «Erlaubnissen» immer wieder erlebt habe, daß ihnen eine dauerhafte Veränderung folgen kann, nehme ich das auch für die formale Neuentscheidung nach Goulding an und bin weniger skeptisch als Woollams u. Brown. Im Hintergrund bleibt allerdings oft die alte Grundentscheidung bestehen, wird aber durch eine immer wieder erneute «Erlaubnis» sich selber gegenüber (oder, wie ich annehme, auch eine erneute innerliche Neuentscheidung) entschärft. Es läßt sich sagen, daß weder eine «Erlaubnis» noch eine Neuentscheidung eine einmalige Bekehrung zur Folge hat und dann vergessen wird, sondern dauernd wirksam ist und immer wieder einmal neu aktuell wird. Ich nehme nicht an, daß das Ehepaar Goulding dem widersprechen würde.

10.17 Überwindung des (inneren) Feindes nach Steiner

Die *Hexenmutter*, der *Menschenfresservater* oder die *Schweine-«Elternperson»* sind Ausdrücke, die von Steiner in die Transaktionale Analyse eingeführt worden sind (1966a; 1971b, 1974, p. 38/S. 46 u.a.O.). Er bezeichnet damit *sowohl* ein gestörtes, aber einflußreiches «Kind» der Eltern *wie* die «Elternperson» im Kleinkind (EL_1), als ihre Verinnerlichung (1971b, pp. 28, 30). Diese Doppelbedeutung durchzieht seine Ausführungen in diesem Zusammenhang und läßt es immer offen, ob der Kampf gegen die Schweine-«Elternperson» ein Kampf gegen die leiblichen Eltern ist oder ein solcher gegen das Bild dieser leiblichen Eltern, das der Betreffende verinnerlicht hat. In seiner Funktion entspricht das, was Steiner schließlich Schweine-«Elternperson» nennt, dem, was ich auch, Faibairn folgend, als «inneren Saboteur» bezeichne (s. S. 42f).

Das Wort «Schwein» [pig] entnehmen Steiner und seine Mitarbeiterin Wykoff die schon seit Mitte letzten Jahrhunderts übliche Bezeichnung für einen Polizisten durch Kriminelle. Der Ausdruck hat sich bei den Demonstrationen gegen den Vietnamkrieg in Studentenkreisen allgemein verbreitet, als Polizisten brutal gegen die jugendlichen Demonstranten vorgingen. Im Grunde genommen, meint Steiner selbst, könnte genau so gut vom «Feind», vom «Teufel», von «dem Anderen im Menschen» gesprochen werden. Für Steiner ist also die Schweine-«Elternperson» offensichtlich die Verkörperung des Bösen im Menschen schlechthin, das er als Verinnerlichung negativer elterlicher Einflüsse betrachtet, während es nach Berne, im Widerspruch zur gängigen Auffassung der Transaktionalen Analyse als humanistischer Psychologie, zum Menschen als solchem zu gehören scheint.

Mit diesem Begriff von Steiner sind andere Transaktionsanalytiker nicht einverstanden (McCormick, M.u.R. Goulding, James u. Jongeward, McNeel). Sie meinen, daß mit der Verinnerlichung destruktiver Gebote und Verbote diese Bestandteil der eigenen Persönlichkeit geworden seien und es dem Grundsatz der Selbstverantwortlichkeit widerspreche, diese sozusagen auf die leiblichen Eltern «zurückzuprojizieren», besonders da es ja darauf ankomme, wie das Kind seine Eltern erlebt habe und nicht wie diese gewesen seien. Überdies sei es ja nach transaktionsanalytischer Auffassung die Entscheidung des Kindes gewesen, welche Botschaften es annehmen wolle und welche nicht. Steiner schreibt aber ausdrücklich, daß wir für Handlungen, die dem Schweine-«Elternperson» entspringen, nicht voll verantwortlich seien (1979a). Wenn allerdings R. Goulding seine Patienten sich gestalttherapeutisch mit ihren Eltern auseinandersetzen läßt, wobei Worte gegenüber diesen fallen wie «Du Sohn einer Hündin!» (R. Goulding 1977), so ist auch das eine Rückprojektion negativer Botschaften auf die Eltern, wie der Betreffende sie erlebt hat!

In einem neuen Buch (1979b) bevorzugt Steiner den Begriff des *Feindes*, den ich von mir aus auf denjenigen des *inneren Feindes*, etwa auch nach Fairbairn des *inneren Saboteurs* erweitere. Steiner bezeichnet ihn auch als einen Ich-Zustand, womit er sagen will, daß ich diesen inneren Feind sowohl als innere Stimme hören wie auch, mich mit ihm identifizierend, nach außen hin verkörpern kann. Dieser innere Feind «ist überzeugt, daß die Menschen nicht O. K. sind und notwendigerweise unter Kontrolle behalten werden müssen, um ihnen immer wieder beizubringen, was recht und was unrecht ist. Dieser innere Feind ist in erster Linie damit beschäftigt, die Menschen abzuhalten, gewisse Dinge zu tun und sie dahin zu bringen, andere zu tun. Er ist auch bereit, Gewalt und alle anderen Möglichkeiten von Macht einzusetzen, um seine Zwecke zu erreichen. Hat er keinen Erfolg, wird er wütend und gewalttätig» (Steiner 1979b, p. 68). «Dieser innere Feind ist immer bereit, uns irrezuführen, unter Druck zu halten und zu isolieren, da dies die Mittel sind, uns unserem eigentlichen Selbst zu entfremden» (Steiner 1979b, p. 98–100), das selbst gut und klug und auf das eigene Wohlergehen eingestellt sei (Steiner 1979b, p. 162). Der innere Feind will uns nach Steiner davon überzeugen, daß wir schlecht, dumm, häßlich, verrückt und krank sind und nichts anderes verdienen, als unglücklich zu sein. Dieser innere Feind sei das größte Hindernis auf dem Weg zur Entfaltung unserer Fähigkeiten; unserer Liebe; unserer Möglichkeiten, Zuwendung zu genießen; unseres Denkens, unseres Fühlens, einer gesunden Beziehung zu unserem Körper (frei nach Steiner 1979b, pp. 100, 196).

Steiner bezeichnet diesen inneren Feind als «eine Sammlung schädlicher Botschaften, die wir in uns aufgenommen haben». Mit der Bevorzugung des Wortes «innerer Feind» für das, was Steiner meint, möchte ich aber eben gerade die Entscheidung offenlassen, ob es wirkliche Botschaften waren, die wir von außen in uns aufgenommen haben, wie Steiner meint, oder ob es sich um etwas in der menschlichen Natur handelt, das sich mit dem vergleichen läßt, was Berne den kleinen Faschisten genannt hat (s. S. 36f). Auch dort, wo Steiner in seinen therapeutischen Anweisungen von der *Schweine-«Elternperson»* schreibt, werde ich statt dessen den Ausdruck *innerer Feind* oder *innerer Saboteur* setzen, wie auch er in seinem neueren Buch vom *Feind* schreibt.

Ich halte mich im folgenden nicht genau an die Reihenfolge der Schritte, die Steiner seinem therapeutischen Vorgehen zugrunde legt (1979a; 1979b), ohne aber sonst von seinen Ausführungen abzuweichen:

(1.) Es gelte die Wahrnehmung des inneren Feindes zu fördern. Dabei sei zu bedenken, daß eine gewisse Art negativer Emotionen Ausdruck des inneren Feindes seien, so z.B. das Gefühl eines drohenden Verhängnisses, ein plötzlicher Angstanfall oder eine mehr zermürbende Ängstlichkeit, aber auch eine hartnäckige Abneigung, ein schleichender Zweifel oder ein Grauen. Wer sage: «Es geht mir zu gut; das muß ein übles Ende nehmen!», stehe unter der Einwirkung des inneren Feindes. Dieser habe bei jedermann besondere Eigenheiten «wie eine komplizierte, reale Person mit Stärken und Schwächen, Tricks und Strategien» (1979, p. 32). (2.) Seien solche Gefühle identifiziert, müsse der einzelne herausfinden, was ihrem Auftauchen vorangegangen sei, denn sie seien immer durch etwas ausgelöst worden, meistens durch destruktive Phantasien, die bewußt gemacht werden sollten. (3.) Dann seien die Botschaften des inneren Feindes zu verbalisieren, z.B. «Du wirst zugrunde gehen!» oder «Jedermann haßt dich!» oder «Du bist verdorben und nichts wert!» oder «Du wirst einen Herzschlag bekommen!» – Es empfehle sich, ein Tagebuch zu führen und darin die Manifestationen des inneren Feindes zu notieren, um ihm besser auf die Spur zu kommen und sich weniger leicht von ihm überwältigen zu lernen. Dieses Vorgehen könne allerdings auf Widerstände treffen: «Vielleicht bekomme ich wirklich Krebs?» oder «Ich könnte wirklich ein Versager sein; alle in meiner Familie waren Versager!» oder «Ich bin wirklich dumm!» Der innere Feind lüge aber immer! (4.) Die Botschaften aus dem inneren Feind müßten unterschieden werden von kritischen Informationen aus der «Erwachsenenperson», auch von Äußerungen aus der wohlwollenden «Elternperson», während Steiner eine negativ-kritische «Elternperson» nicht kennt (s. S. 31f). Schließlich sei es auch wichtig, Abneigung und Haß aus dem unbefangenen «Kind» von Äußerungen des inneren Feindes zu unterscheiden. Die erwähnten Gefühle des unbefangenen «Kindes» seien Reaktionen auf Frustrationen, die dem «Kind» von außen auferlegt worden seien, Abweisung und Haß des inneren Feindes hingegen richteten sich gegen die eigene Person. Im Widerspruch zu dieser Bemerkung schreibt allerdings Steiner gleich darauf, daß destruktive Äußerungen des inneren Feindes sich auch gegen andere wenden könnten, was dann eine Entfremdung zur Folge habe. (5.) Es müsse bewußt gemacht werden, daß der innere Feind einer Verinnerlichung entspreche. Es gehöre deshalb nicht zu mir. Es handle sich um fremde Gedanken, in der Gestalttherapie würde von einem «Introjekt» gesprochen.

Es gibt nach Steiner Behandlungstechniken, welche die Bekämpfung des inneren Feindes erleichterten: (a) Es sei schon wirksam, wenn das, was bisher ausgeführt worden sei, vor der Gruppe geschehe. (b) Der Einzelne solle auch direkt mit seinem inneren Feind konfrontiert werden. Nicht-Beachtung sei oft nicht das richtige Vorgehen, sondern der Ausruf: «Fahr ab, scher dich fort! Ich will dich nicht mehr sehen! Ich bring dich um!» Manchmal nütze aber auch das nicht, und es sei nötig, daß sich der Betreffende ganz groß aufpumpe und seinen inneren Feind mit der Keule zusammenschlage. (c) Die wohlwollende «Elternperson» sei der natürliche Gegner des inneren Feindes. Wenn ein Angriff des Feindes erfolge, sei es gut, sich selbst wohlwollend zu «streicheln» oder von andern «streicheln» zu lassen. (d) Wichtig sei, mindestens solange noch keine genügende Resistenz gegen die Einflüsse des inneren Feindes ausgebildet worden seien, sich von allen Leuten fern zu halten, die auf Seiten des inneren Feindes stünden. (e) Schließlich erwähnt Steiner noch «Erlaubnisse», die dazu verhelfen sollen, den inneren Feind zu ignorieren. Er würde diese Möglichkeit zuletzt erwähnen, weil sie nur eine indirekte Art und Weise sei, gegen den inneren Feind anzukämpfen, aber wohl «das grundlegendste Mittel», wobei er sich offensichtlich widerspricht, indem er vorangehend sagte, daß eine Nicht-Beachtung oft nicht das richtige Vorgehen sei.

10.18 Träume

Es gibt keine von Berne ausgearbeitete oder sonst allgemein anerkannte für die Transaktionale Analyse typische Auffassung vom Traum und seiner Bedeutung. Allerdings hat die Traumauslegung und Bearbeitung von George Thomson, mindestens in der Neuentscheidungsschule, viel Anerkennung gefunden. Viele Transaktionsanalytiker pflegen aber mit Träumen zu arbeiten und dazu Anregungen aus dem übrigen Bereich der Transaktionalen Analyse aufzunehmen.

Der Traum dient nach Berne dazu, die Erlebnisse vom Vortag nachts zu verarbeiten [to assimilate] (1961, p. 31). In diesem Sinne könne er, auch ohne ausgelegt zu werden, dazu beitragen, die Überlappung von die Nachwirkungen vergangener Ereignisse durch die Vorauswirkung kommender Ereignisse zu vermeiden, die nach Berne ein wichtiger Anlaß zur Entwicklung eines Überarbeitssyndroms sind (Berne 1972, pp. 266–268/ S. 305–315). Kann ein Erlebnis nicht verarbeitet werden, wiederholen sich die Träume und die Entwicklung der Persönlichkeit geht nicht weiter (frei nach 1961, p. 37). Bei jemandem, der am Einschlafen sei, schwinde zuerst die Aktivität der «Elternperson» und das «Kind» könne sich ohne Rücksicht auf dessen moralische Gesichtspunkte ausmalen, was es eigentlich möchte, wobei ein Bezug auf die Realität («Erwachsenenperson») vorerst bestehen bleibe. Im Schlaf verschwinde dann auch der Bezug auf die Realität und es würden Vorstellungen möglich, die dieser widersprechen. Das «Kind» könne dann noch ungehemmter «seinen magischen Weg in den Träumen verfolgen», wenn auch einzelne elterliche und realitätsbezogene Elemente gegenwärtig bleiben könnten, jedoch als Elemente des «Kind» selbst, also nicht als Vertreter der Gesellschaftsmoral und als rationale sachliche Überlegungen wie beim wachen erwachsenen Menschen, sondern als Ausdruck eines primitiven Weltbildes (frei nach Berne 1961, p. 48).

Berne spricht von «Skript-Träumen», aus denen sich besonders klar der unbewußte Lebensplan ergebe. Ein solcher Traum könne die Neuauflage eines Albtraums aus der Kindheit sein, wenn auch oft «übersetzt» in die Vorstellungswelt eines Jugendlichen oder Erwachsenen (Berne 1972, pp. 174–175/S. 214f, p. 309/355).

Ich erinnere mich an eine Patientin, die ihren Vater, den sie sehr geliebt hatte, in der frühen Kindheit verloren hat. Sie träumte wiederholt, ihr Mann fahre in einem Schiff davon und verlasse sie. Dieser Traum gab ihre Angst wieder, auch ihr Mann werde sie eines Tages verlassen. Sie realisierte, daß sie eigentlich ständig in der Erwartung lebte, es werde dies eines Tages geschehen. Viele ihrer Erlebens- und Verhaltenseigentümlichkeiten konnten als Ausdruck dieser Erwartung verstanden werden.

Berne berichtet über eine Patientin, die er lange ohne entscheidenden Erfolg behandelte, ohne daß er sich aber ein geschlossenes Bild davon machen konnte, was eigentlich in ihr vorging. Sie war das Kind reicher Eltern, aber mit einem Mann verheiratet, der in finanzielle Schwierigkeiten geraten war. Sie träumte, sie sei in einem Konzentrationslager, das von reichen Leuten beherrscht wurde, denen man entweder besonders gefallen oder die man betrügen mußte, um genügend Nahrung zu erhalten. Bei diesem Traum wurde Berne klar, daß die Patientin in einer Welt lebte, in der man den Eltern entweder gefallen oder sie betrügen mußte (1972, pp. 173–174/S. 212f).

Eine andere Patientin träumte, sie sei vor Verfolgern in einen abwärts führenden Tunnel geflüchtet, wohin ihr diese nicht folgen konnten. Am unteren Ausgang warteten aber auch wieder Leute, die ihr Böses antun wollten. Sie mußte sich mit beiden Armen an die Tunnelwand anstemmen, um nicht abzurutschen und ahnte doch, daß sie, wenn ihre Kräfte nicht mehr ausreichen würden, wie Berne deutet, dem Tod in die Arme fallen würde. Auch diesen Traum legte Berne als Skripttraum aus. Die Patientin lebte so, wie wenn sie sich immer verkrampft festhalten müßte in der Gewissheit, daß sie die Kräfte einmal verlassen würden (Berne 1972, pp. 174–175/ S. 214f).

Berne findet auch im Traum die verschiedenen Ich-Zustände des Träumers. Mr. Deuter, ein 23jähriger Patient, träumte, er sei ein kleiner Junge, der an seinem Daumen sauge, obgleich er im Traum der Ansicht war, er sei eigentlich zu alt dafür und überdies habe er ein schlechtes Gewissen seiner Mutter gegenüber, was sie wohl denken würde, wenn sie das wüßte, daß er noch am Daumen sauge. Nach Berne ist es die «Erwachsenenperson», die den Traum erzählt, das «Kind», das am Daumen saugt, die mißbilligende «Elternperson», die dem «Kind» Schuldgefühle verursacht (1961, p. 207). An anderer Stelle deutet Berne an, daß auch im Traum die «Erwachsenenperson» auftritt, nämlich sie sei es, die feststelle, daß das Daumenlutschen nicht mehr dem Alter entspreche (1961, p. 210). Berne berichtet, daß Mr. Deuter als Sechsjähriger völlig unvorbereitet erfahren habe, daß seine Mutter bei einem Unfall verletzt worden sei. Nach Berne ist es dieses «Kind» von damals, das im Traum wieder lebendig wird, dessen ganze «psychologische Struktur» (1961, p. 210).

*Das Traumgeschehen wird vom Träumer erlebt, der auch den Traum erzählt. Er ist sich selber im Traum. Wie er erlebt und sich verhält, ist immer noch seine Art zu erleben und sich zu verhalten. Es ist deshalb selbstverständlich, daß sich für einen Transaktionsanalytiker auch die Modelle wiederfinden, mit denen er das Erleben und Verhalten eines Menschen zu erfassen sucht, in diesem Fall die Ich-Zustände.

Der Träumer berichtete Berne, nachdem er den Traum erzählt hatte, daß er immer noch Schuldgefühle habe, wenn er die Mutter hintergehe. Berne legt den Traum nicht näher aus, aber es drängt sich mir der Gedanke auf, daß er damals, als er vom Unfall seiner Mutter erfuhr – nach Berne der Moment auf dem sein «Kind» in der Folge fixiert blieb – ebenfalls ein schlechtes Gewissen hatte, wie wenn er durch irgendeine «Untat» (heimliches Daumenlutschen?) magisch den Unfall verursacht hätte.

A. Samuels (1974) und R.u.M. Goulding (1976) lassen den Traum erzählen, wie wenn der Träumer das, was er im Traum erlebt hat, eben jetzt (nochmals) erleben würde. Dann soll er den Traum wiederholt nochmals erzählen, wobei er sich jedesmal mit einer andern Gestalt, einem andern Objekt oder einer Stimmung im Traum identifiziert. Wenn wir die Träumerin unseres Beispiels nochmals heranziehen, so soll sie den Traum nochmals erzählen, aber diesmal wie wenn sie das Schiff wäre, dann, wie wenn sie der Mann wäre, der auf dem Schiff davonfährt, schließlich, wie wenn sie das Meer wäre, welches das Schiff trägt und zunehmend entfernt.

Bis da entspricht die Bearbeitung des Traumes der gestalttherapeutischen Technik nach Perls (1969). Nun soll aber der Träumer nach dem Vorschlag der Autoren jedes der Motive, mit denen er sich identifiziert hat, einem Ich-Zustand zuordnen, nachdem er in vorangegangenen Sitzungen bereits gelernt hat, diese Ich-Zustände in sich selbst zu unterscheiden. Natürlich können dabei auch mehrere Traumkomponenten demselben Ich-Zustand zugeschrieben werden. Sie veranschaulichen dann verschiedene Aspekte desselben. Samuels spricht auch davon, daß die andern Gruppenteilnehmer die entsprechenden Rollen spielen können, nachdem festgestellt worden ist, welchem Ich-Zustand sie entsprechen. Es können die Rollen so verteilt werden, daß jeder eine Rolle spielt, die bei ihm im Alltag zu kurz zu kommen pflegt, so z.B. einer, der sehr kontrolliert lebt, die Rolle des freien unbefangenen «Kindes», ein anderer, der sehr impulsiv ist, die Rolle der «Erwachsenenperson».

Das von A. Samuels und Gouldings vorgeschlagene Verfahren kann nach Samuels dazu dienen, (1.) die verschiedenen Ich-Zustände besser zu umschreiben und zu definieren, (2.) ein Egogramm aus dem Traum zu konstruieren, aus dem ersichtlich wird, welche Anteile der Persönlichkeit eher zu dämpfen und welche eher zu akzentuieren sind, (3.) die existentielle Botschaft des Traumes in Beziehung zum Skript zu bringen, zu den bevorzugten Spielen und zu den Lieblingsgefühlen und Anhaltspunkte zu bieten zur Ausarbeitung von «Verträgen», die vom Skript befreien helfen, (4.) die Übertragung zu klären, (5.) gegenwärtige Konflikte zu klären und zu lösen.

Bevor Gellert mit der Traumarbeit beginnt, verlangt er vom Patienten eine Äußerung darüber, was er im Laufe der Behandlung an seinem Verhalten ändern möchte. Dann läßt er sich den Traum erzählen. Er fragt, nachdem er den Traum kennengelernt hat, wie alt der Träumer im Traum ist oder was für Gefühle, die im Traum vorkommen, ihn besonders beeindrucken und wie diese beschaffen sind. Danach frägt er: «Was geschah in deinem Leben, als du so alt warst?» oder «... als du solche Gefühle hattest?» oder (beide Fragen zusammengezogen): «Was geschah in deinem Leben, als du so alt warst und diese Gefühle hattest?» Diese Fragen können im Träumer Erinnerungen meist aus seiner Kindheit wecken, die zu entscheidenden Ereignissen führen (Gellert 1975a).

Mehrere Autoren erinnern an die Traumbearbeitung, die bei den Senoi, einem malaysischen Völkerstamm, gebräuchlich sein soll. Unter anderem wird dabei ein besonderer Umgang mit schreckenerregenden Traumgestalten hervorgehoben. Der Träumer soll den Traum, ähnlich wie die Tagtraumphantasien im katathymen Bildererleben (Leuner 1985), nochmals erleben, dabei sich aber mit der gefürchteten Gestalt, vielleicht unter Vornahme von Schutzmaßnahmen, konfrontieren und sich mit ihr auseinandersetzen, wobei sie ihren Schrecken verlieren kann und sich als ein Teil des Träumers entpuppt, der integriert werden kann (Joines 1983; McDonald 1983; Williams S.K. 1980).

Bei einer Traumbearbeitung können sich die Gruppenteilnehmer aktiv beteiligen. Sie können, wie bereits erwähnt, die Rolle eines Ich-Zustandes übernehmen. Sie können auch mit verteilten Rollen schildern, wie sie, mit einzelnen Gegebenheiten des Traumes identifiziert das Traumgeschehen erleben. Schließlich kann der Träumer auch nach Ullman zuerst sein Traumerleben sachlich und ohne Erwähnung von Emotionen erzählen, worauf dann die Gruppenteilnehmer berichten, was in ihnen gegenüber dem Traumgeschehen für Stimmungen und Emotionen, nachher dann für Einfälle und Gedanken aufgetaucht sind (Boulton 1983). Bei solchen Verfahren ist klar, daß jeder Beteiligte seine persönliche Problematik in die Traumbearbeitung einbringt, auf die dann vom Therapeuten aufmerksam gemacht werden kann. Nach meiner Erfahrung hat danach der Träumer selbst auch eine andere Einstellung und einen andern Zugang zu seinem Traum.

George Thomson beschreibt einen Umgang mit Träumen, bei dem er nicht deutet. Er greift dabei Anregungen von Perls, dem Begründer der Gestalttherapie, und von R. Goulding, dem Begründer der transaktionsanalytischen Neuentscheidungstherapie auf (Thomson 1989). Eine solche Neuentscheidung dränge sich bei Träumen auf, die beklemmend, frustrierend oder einfach nur unbefriedigend enden würden, wobei es sich empfehle, nur kürzlich erlebte Träume, die für den Träumer noch einen voll einfühlbaren emotionalen Gehalt besitzen würden, zu bearbeiten.

Zuerst soll der Träumer seinen Traum so erzählen, wie wenn er, was darin geschieht gerade eben jetzt in der Gegenwart erleben würde, und anschließend sein Gefühl beim Aufwachen beschreiben. Im Anschluß daran fordert Thomson den Träumer auf, sich mit einem bestimmten Element der Traumes zu identifizieren und sich als dieses Element zu beschreiben: «Ich bin eine baufällige alte Treppe, die nur vorsichtig begangen werden darf!» Thomson wiederholt dann: «Du bist also baufällig und in Gefahr zusammenzustürzen!» Im Anschluß daran soll der Träumer den Traum aus der Sicht dieses Elementes nochmals, wie wenn er jetzt geschehen würde, erzählen und zuletzt beifügen, wie er sich beim Aufwachen gefühlt habe. Thomson bevorzugt eine bestimmte Reihenfolge der Elemente, mit denen sich der Träumer identifizieren solle: Zuerst mit unbewegten gegenständlichen Elementen wie einem Platz oder einem Schreibtisch, dann mit bewegten Elementen, zuerst Gegenständen, dann Tieren, wenn solche im Traum vorkommen, schließlich mit Menschen. Bei der Identifikation mit Menschen, die der Träumer bereits aus dem Wachleben kennt, darf aber nichts zur Sprache kommen, was nicht im Traum gegeben ist.

Nun läßt Thomson den Traum wieder als solchen fließend erzählen und ein phantasiertes, aber befriedigendes Ende beifügen. Ist auch dieses Ende nich befriedigend oder wird es nur als vom Träumer passives Geschehen erzählt, wiederholt Thomson die Aufforderung ein befriedigendes Ende beizufügen. Manchmal ist es dem Träumer noch nicht möglich und die «Neuentscheidung» muß auf spätere Zeiten verschoben werden. Der Träumer ist noch nicht reif dafür.

Thomson hat die Idee, der Traum schildere sinnbildlich die Vergangenheit, das bisherige Leben und Erleben, da so unbefriegend sei wie das Ende des Traumes. Das hinzuphantasierte befriedigende Ende aber entspreche einer Neuentscheidung und damit einem Neubeginn für die Zukunft.

Träume, in denen nichts geschieht, sondern z.B. nur aus Gefühlen bestehen, sollen auf eine Psychose verdächtigt sein. Thomson arbeitet nicht mit ihnen, außer er hätte den Willen und die Gelegenheit, dann auch mit einer psychotischen Episode zu arbeiten. Er arbeitet auch nicht auf seine Weise mit Aufschreckträumen von Kindern. Bei solchen bewähre sich ihm vielmehr die Art, wie Mary Goulding damit umgehe: Nachdem ein Kind ihr einen sich meistens wiederholt ereigneten Traum erzählt habe, sage sie ihm: «Du hast einen Traum gemacht, der viel Angst macht! Das kannst du offensichtlich gut. Nun mach mal einen lustigen Traum!» Im allgemeinen «mache» dann das Kind tatsächlich einen solchen Traum und der Angsttraum wiederhole sich nicht mehr.

Nach Joines u.a. ist es nicht notwendig, einen Traum rational («aus der «Erwachsenenperson») zu verstehen. Eine Lösung der Probleme, die er aufwirft, könne auch ohne intellektuelle Bearbeitung geschehen (Joines 1983).

10.19 Der Verhaltensvertrag oder die «Hausaufgabe»

Der sogenannte Verhaltensvertrag ist ein wichtiges Instrument der Therapie im Rahmen der Transaktionalen Analyse. Mit einem Verhaltensvertrag, auch: Hausaufgabe, verpflichtet sich der Patient dazu, neues Verhalten im Alltag zu üben. Damit kann sich eine Änderung, die durch verwandelnde Einsicht oder verwandelnde korrigierende emotionale Erfahrung angebahnt hat, zunehmend verfestigen und lassen sich alte Gewohnheiten und Widerstände, die sich aus der Rückkehr ins alte soziale Netz ergeben, besser angehen. Oft verhält es sich aber auch umgekehrt: Vorschläge des Therapeuten zu neuen Verhaltensweisen lassen manchmal den Patienten sich selbst und die Realität auf ganz neue Weise erfahren, was dann eine Einsicht und Wandlung zur Folge haben kann. Die Dreiheit *Einsicht-Wandlung-Verhaltensmodifikation* läßt auch jede mögliche andere Reihenfolge dieser drei Begriffe im zeitlichen Ablauf zu! (angeregt aus einem ganz anderen Zusammenhang durch Dürckheim 1956, S. 114: Erlebnis, Einsicht, Übung).

Verhaltensbeiträge können sich auf das Verhalten innerhalb der Sprechstunde oder Gruppensitzungen beziehen (s. S. 277), aber auch auf das Verhalten außerhalb der Sprechstunde im Alltag. Ein Patient kann aufgefordert werden, zukünftig im Alltag Fragen seines Ehepartners direkt zu beantworten um seinen Antreiber «Streng dich an!» entgegen zu handeln, oder seinen Partner während gemeinsamer Gespräche anzusehen, um seinen Antreiber «Sei immer liebenswürdig!» zu entschärfen. Von einem Patienten gleich zu Beginn der Therapie zu verlangen, er solle im Alltag *alle* Fragen direkt beantworten oder er solle *jedermann*, zu dem er spricht, ungehemmt ansehen, könnte eine Überforderung sein. Ein Verhaltenstraining – und um ein solches handelt es sich beim Abschluß derartiger Verträge – muß in kleinen Schritten durchgeführt werden, um nicht das Gegenteil dessen, was damit angestrebt wird, zu erreichen, nämlich die Überzeugung zu bestätigen, ein Versager zu sein.

Es gibt nun aber auch Verhaltensverträge, die sich gegen destruktive elterliche Botschaften und darauf zurückzuführende Entscheidungen richten. Sie benötigen eine eingehende Vorarbeit, nämlich eine eigentliche Skriptanalyse. Nehmen wir an, eine Entscheidung, die dem Erleben und Verhalten eines Patienten zugrunde liegt, heiße: «Bleibe immer im Hintergrund!» oder «Sei immer unauffällig!» oder noch deutlicher «Verschwinde!». Die Erlaubnis, die dieser Botschaft bei diesem Patienten entspricht, heißt vielleicht: «Du darfst dich zeigen!». Um darauf einen Verhaltensvertrag aufzubauen, ist ein eingehendes Gespräch zwischen Therapeut und Patient notwendig. Zuerst muß festgestellt werden, wie sich diese einschränkende Entscheidung im Alltag auswirkt. Vielleicht ergibt sich, daß er in der Mittagspause nie allein die Fabrikkantine betreten kann; er erträgt nicht, daß sich die Blicke der andern auf ihn richten. Er muß immer abwarten, ob er von Kollegen am Arbeitsplatz abgeholt wird oder sich «zufällig» einer Gruppe auf dem Weg in die Kantine anschließen kann. Ein Verhaltensvertrag, welcher den Erlaubnissatz «Du darfst dich zeigen!» unterstützt, könnte dahin lauten, daß der Patient sich vornimmt, während der nächsten drei Wochen je am Dienstag und Freitag allein die Kantine aufzusuchen.

Ein Verhaltensvertrag darf einem Patienten nie aufgezwungen werden. Der Patient soll den Vertrag freiwillig eingehen. Am vorteilhaftesten ist es, wenn dieser Vertrag auf einem Vorschlag des Patienten selbst beruht. Der Therapeut hat in jedem Fall darauf zu sehen, daß sich der Patient mit dem Vertrag nicht überfordert, d.h. Bedingungen aufstellt, die er vermutlich gar nicht einhalten wird. Es kann sich der unbewußte Widerstand des Patienten darin zeigen, daß er zuviel von sich fordert, dann scheitert und schließlich sich auf sein Lieblingsgefühl zurückziehen kann: «Wieder einmal hat es sich erwiesen: ich bin zu nichts fähig!» Ein Verhaltensvertrag muß einfach und klar abgefaßt werden und darf keine einschränkenden Bedingungen aufweisen, z.B. «Bei der nächsten Teambesprechung melde ich mich zum Wort, *wenn ich etwas zu sagen habe*, oder: *außer der Chef ist dabei!*» Nur zu leicht wird dann in der Praxis angehängt: «... oder sein Stellvertreter» oder gar noch dazu «... oder der Stellvertreter des Stellvertreters» usw.

Es ist zu bedenken, daß Verhaltensweisen, in die Mitarbeiter oder Angehörige einbezogen sind, schwieriger zu ändern sind, außer diese seien orientiert und positiv zur Änderung eingestellt. Mit einem Patienten, der seiner Frau gegenüber allzu willfährig ist, immer nachgibt und nie «nein» sagen kann, wird abgemacht, daß er während zweier Wochen immer deutlich sagt, wenn er andere Bedürfnisse oder eine andere Meinung hat als seine Frau. Dieser Vertrag wird mit Vorteil in Anwesenheit der Gattin ausgehandelt – vorausgesetzt, sie sei fähig zu verstehen, um was es dabei geht –, sonst könnte es dieser einfallen, plötzlich zu sagen: «Was ist auch heute in dich gefahren!», womit alles verdorben sein könnte. Ein solcher Vertrag muß genau überlegt werden. Um bei unserem Beispiel zu bleiben: Wenn der Mann sich in Tat und Wahrheit für sein ständiges Nachgeben in anderer Hinsicht fortlaufend an der Frau rächt, was ihm gar nicht bewußt zu sein braucht, so müßte dieser Zusammenhang in den Vertrag einbezogen werden. In einem solchen Fall müßte überprüft werden, ob der Patient wirklich willens ist, den Vertrag zu erfüllen oder ob er vielleicht die Rache so süß findet, daß daraus ein Widerstand gegen die Erfüllung des Vertrages entsteht. Was ebenfalls dieses Beispiel anbetrifft, so muß sich der Therapeut vor Vertragsabschluß versichern, ob der Patient überhaupt fähig ist, eigenständige Bedürfnisse wahrzunehmen und eigenständige Ansichten zu bilden!

Verträge sollen *sofort* gültig sein. Also nicht: «Nach Weihnachten werde ich dann keine Zwischenmahlzeiten außer Äpfel und Orangen mehr zu mir nehmen!», sondern: «Ab morgen werde ich während drei Wochen keine Zwischenmahlzeiten außer Äpfeln und Orangen mehr zu mir nehmen!» Hier handelt es sich um einen scheinbar recht banalen Vertrag. Er wird vermutlich nur wirksam sein, wenn vorher klargestellt und durchgearbeitet wurde, unter was für einer Botschaft der Betreffende steht, z.B. «Friß dich zu Tode!» oder «Sei häßlich!» oder «Sei schwerfällig!». Die zutreffenden Erlaubnisse könnten lauten: «Du darfst leben!» oder «Du darfst hübsch sein!» oder «Du darfst dich leicht und beschwingt bewegen!»)

Mit dem Vertrag geht der Patient freiwillig eine Verpflichtung gegenüber dem Therapeuten oder den übrigen Gruppenmitgliedern oder auch einem einzelnen Gruppenmitglied ein. Diese Verpflichtung ist befristet. Nach Ablauf der Verpflichtung hat eine Besprechung zu erfolgen: Wurde der Vertrag anstandslos erfüllt oder zeigen sich Schwierigkeiten? Sollte ein weiterer Vertrag mildere oder kann er strengere Forderungen umfassen? Sollte der Vertrag nicht erfüllt worden sein, muß der «Vertragspartner» dem Betreffenden behilflich sein, nicht in ein negatives Lieblingsgefühl abzurutschen oder sich aus einer negativ-kritischen Elternhaltung heraus zu tadeln oder gar zu bestrafen. Die Aufrechterhaltung eines wohlwollenden Eltern-Ichs sich selber gegenüber ist wichtig.

Es liegt nahe, in diesem Zusammenhang auch an die Möglichkeit zu denken, Verträge mit sich selbst abzuschließen. In der Praxis bleibt es dann meist bei den wohlbekannten guten Vorsätzen! Die am schwersten durchschaubaren Spiele sind solche, die wir mit uns selbst betreiben. Das Gespräch mit einem andern ist anfänglich das beste Mittel, um zu vermeiden, daß ich mich weder überfordere noch selbst hintergehe und vor allem auch mich selbst als Vertragspartner ernst nehme.

Beachte zu diesem Kapitel auch die verschiedenen anderen Arten von vertraglichen Abmachungen, von mir erwähnt auf S. 279ff, welche die Transaktionale Analyse vorschlägt!

10.20 Die Verbindung der Transaktionalen Analyse mit anderen Behandlungsmethoden

In seinem ersten Buch über die Transaktionale Analyse (1961) nimmt Berne positiv und ausdrücklich Bezug auf die Möglichkeit einer gegenseitigen Ergänzung von *Transaktionaler Analyse und Psychoanalyse*. Die psychoanalytische Behandlungsmethode diene dazu, die Verwirrung des «Kindes», die nach Berne einer Neurose oder Psychose zugrundel iege (1961, pp. 86, 148; 1966b, p. 220) sowie Konflikte zwischen «Kind» und «Elternperson» oder zwischen «Kind» und «Erwachsenenperson» (1961, pp. 86, 155) zu beheben. Wenn die therapeutische Anwendung der Lehre von den Ich-Zuständen bereits zu einem Erfolg geführt habe, müsse nicht unbedingt eine psychoanalytische Behandlung angeschlossen werden, andererseits aber sei eine Emanzipation der «Erwachsenenperson» Voraussetzung zu einer Psychoanalyse (1961, p. 154; 1962; 1966b, p. 220). Im übrigen könne aber eine Transaktionale Analyse auch neben einer psychoanalytischen Behandlung durchgeführt werden (1961, p. 177). Letztere entspreche weitgehend einer Skriptanalyse (1961, pp. 173–174; 1972, p. 312/S. 358). *Vergleichbar mit der Skriptanalyse ist nicht die «klassische» Psychoanalyse, sondern die psychonalytisch orientierte Psychotherapie, was Berne zu wenig betont, aber immerhin andeutet (1972, p. 400/S. 453).

Es gibt, meint Berne ursprünglich, auch Krankheitsbilder, bei denen die Psychoanalyse als Behandlungsmethode der Wahl an erster Stelle stehe. Es seien dies Phobien, Konversionshysterien und Zwangsgneurosen sowie auch Charakterstörungen, «die an deren Stelle entwickelt worden sind» (Berne 1966b, pp.292, 344–345; 1947/57/68, Ausgabe 1968, p.344/S.277)). Es sei aber auch bei diesen Leiden die Transaktionale Analyse einzusetzen, wenn eine klassische Psychoanalyse nicht in Frage komme, «was bei der Mehrheit der Patienten der Fall» sei (1966b, p.293). R.C. Drye, ein anerkannter Psychoanalytiker und zugleich Transaktionsanalytiker mit Lehrbefugnis, empfiehlt eine psychoanalytische Behandlung bei den aufgezählten klassischen «Übertragungsneurosen» dann, wenn eine transaktionsanalytische Behandlung, allenfalls mit gestalttherapeutischen Elementen, zu keinem Erfolg führe (1977). Berne erwähnt allerdings auch die Erfolge bei Phobien mit Verhaltenstherapie (1947/57/68, Ausgabe von 1968, p.344/S.277). M.u.R. Goulding pflegen als «Spezialität», Höhenphobien und Wasser- oder Schwimmphobien mit klassischer verhaltenstherapeutischer Desensibilisierung, kombiniert mit Verfahrensweisen aus der Gestalttherapie und aus der Transaktionalen Analyse zu behandeln. Sie lassen manchmal den Phobiker sich in einem gestalttherapeutischen Monodrama mit dem gefürchteten Objekt auseinandersetzen. Sie versuchen, Schlüsselerlebnisse aus der frühen Kindheit aufzudecken, von denen eine Phobie ihren Ursprung genommen haben hat, was Gelegenheit zu einer Neuentscheidung geben kann, denn viele Phobien beruhten auf verinnerlichten destruktiven Grundbotschaften und entsprechenden Grundentscheidungen. Offensichtlich ist R. Goulding sehr erfolgreich in der kurzzeitigen Verhaltenstherapie gewisser Phobien. Ausführlich schildert er seine Technik bei der Behandlung von Phobien (R. Goulding 1975a, 1977; M. Goulding 1976; M.u.R. Goulding 1979, pp.258–279/S.316–340).

Dieselben Autoren berichten auch über ihre Erfahrungen mit der Behandlung von Zwangskranken durch eine Kombination von Transaktionaler Analyse und Gestalttherapie. Auch psychoanalytische Überlegungen spielen bei ihnen dabei eine Rolle (M.u.R. Goulding 1979, pp.241–257/S.297–315). Sie verlangen allerdings als Voraussetzungen, daß die Patienten ihre Zwangshandlungen unterdrücken. Bei echten Zwangsneurosen dürfte dies aber außerhalb einer Klinik schwer durchführbar sein!

Bei der Behandlung von Zwangsneurotikern in offenen Trainings haben sich den Autoren folgende Grundsätze bewährt: (1.) Erste Bedingung ist der Unterbruch aller Zwangshandlungen, unter denen die Patienten leiden, so schwer ihnen dies auch fallen mag. (2.) Da eine solche Abstinenz Angst auslöst, braucht der Patient tägliche Sitzungen und wenn möglich die Behandlung an einem Gruppentraining, da Zwangsneurotiker meist sehr isoliert leben und die Hilfe und Ermutigung durch andere Gruppenteilnehmer nötig haben. (4.) Spielen religiöse Skrupel eine Rolle, ist die Assistenz eines einsichtigen Geistlichen sehr wünschenswert. (5.) Von Beginn der Behandlung an steht im Vordergrund, dem Patienten das Bewußtsein seiner Autonomie vor Augen zu führen: Er ist es, der wählt, wie er sich verhalten, wie er denken, wie er fühlen will. (6.) Alle Zwangsneurotiker, mit denen das Ehepaar Goulding bisher gearbeitet hat, haßten sich selber. Sie bedürfen der echten Zuneigung von Therapeut und Gruppenmitglieder, um zu lernen, sich selbst zu lieben. (7.) Zwangsneurotiker stehen unter der Überzeugung, daß sie durch magische Rituale ein Unglück verhüten müssen. Dieser Glaube an Magie wird bei jeder Gelegenheit und immer und immer wieder in Frage gestellt. (8.) Die Autoren haben den Eindruck, daß ihre Erlaubnis und ihr Vorschlag, sich sexuelle Phantasien zu gestatten, eine wirkungsvolle Mitbedingung ist, um Zwangssymptome allmählich aufzulösen (frei nach M.u.R. Goulding 1979, pp.256–257/S.314f).

Bei Patienten mit kurzen, aber stürmischen Ausbrüchen des «archaischen «Kindes», die eine kontinuierliche Problembearbeitung trotz an sich emanzipierter «Erwachsenenperson» nicht zulassen, sowie bei Patienten mit ernsthaften narzißtischen Störungen und narzißtischer Übertragung ist nach Drye eine engere Beziehung zwischen Therapeut und Patient über längere Zeit nötig, wie sie nur eine längere Behandlungsdauer mit mehreren Sitzungen in der Woche möglich macht. Im übrigen empfiehlt derselbe Autor nach Menninger solchen Leuten, denen an einer gründlichen Kenntnis der eigenen Persönlichkeit gelegen ist, besonders wenn es sich um angehende Therapeuten und Erzieher handelt, eher eine Psychoanalyse (Menninger u. Holzman 1958, S. 15f). Drye erwartet allerdings, daß die Bevorzugung einer solchen länger dauernden Therapie von «zünftigen Transaktionsanalytikern» als Verstärkung eines Verlierers- oder doch Nicht-Gewinner-Skripts ausgelegt werden könnte.

Die Kombination von Transaktionaler Analyse mit *gestalttherapeutischen Verfahren* ist bei vielen Transaktionsanalytikern sehr gebräuchlich (s. James u. Jongeward 1971; English 1976m; R. Goulding 1976; M. James 1977a). Ich verweise auch auf die verschiedentlich von mir erwähnte Methode der Konkretisierung des «inneren Gesprächs» zwischen den verschiedenen Ich-Zuständen durch die Methode des leeren Stuhls (s. S. 307f). Viele Transaktionsanalytiker haben auch bei der Bearbeitung von Träumen die gestalttherapeutischen Anregungen aufgenommen (s. S. 356). Die drei Arten von Blokkierungen (s. S. 349) werden von M.u.R. Goulding und seinen Schülern immer gestalttherapeutisch bearbeitet. Thomson, ein prominentes Mitglied der Internationalen Gesellschaft für Transaktionale Analyse und H. Petzold, der Leiter des Fritz-Perls-Institutes in Düsseldorf, schrieben gemeinsam eine Arbeit zur Verbindung von Transaktionaler Analyse und Gestalttherapie (1976).

J.D. Ball untersuchte die Beziehungen zwischen Transaktionaler Analyse und *Rational-emotiver-Therapie* nach A. Ellis (1978). Die Rational-emotive-Therapie ist vom transaktionsanalytischen Standpunkt aus gesehen eine kognitive Methode zur Emanzipation der «Erwachsenenperson». Ihre Kenntnis ist diesbezüglich, wie bereits mehrfach erwähnt, sehr anregend für den Transaktionsanalytiker, u.a. weil Ellis verschiedene Grundsätze aufzählt, die das Erleben und Verhalten mancher Menschen in verschiedenen Situationen bestimmen können. Es sind das Leitsätze, die ich als Lieblingsüberzeugungen bezeichne, die Goulding persönliche Mythen nennt und die in der Sprache der Individualpsychologie Adlers als Privatmeinungen gelten, aber auch als «Botschaften» umformuliert werden könnten, z.B. «Es ist schrecklich, wenn die Realität nicht so ist, wie ich sie gern haben möchte!» oder «Ich muß mich über die Probleme und Schwierigkeiten anderer aufregen, sonst bin ich unsozial!» oder «Für jedes menschliche Problem gibt es eine absolut richtige, perfekte Lösung. Es ist eine Katastrophe, wenn diese einzig richtige Lösung nicht gefunden wird!» (Ellis 1962, S. 64–90). Nach Steiner handelt es sich um typische Botschaften der kritischen «Elternperson», bei ihm der kleinkindlichen «Elternperson» gleichzusetzen (1974, p. 38/S. 46). In letzter Zeit ist Aaron Beck mit seiner *kognitiven Psychotherapie* bekannt geworden, zuerst zur Behandlung bei Depressionen, dann zur Behandlung auch der Neurosen überhaupt. Seine therapeutischen Anregungen unterscheiden sich kaum von denen von Ellis. Was dieser «autosuggestive Sätze» oder «irrationale Überzeugungen» nennt, sind bei Beck «versteckte Botschaften» oder «automatische Gedanken» (A. Beck 1976).

TH. Harris setzt sich eingehend mit der *Realitätstherapie* nach William Glasser auseinander. Die Selbstverantwortung, an die Glasser bei seinen Klienten appelliere, entspreche durchaus der Transaktionalen Analyse, nicht aber seine radikale Ablehnung, auf vergangene Erlebnisse der Klienten einzugehen (TH. Harris 1967, pp. 277–279/ S. 259ff). Bei Glasser steht im Vordergrund, daß er bei den jungen Menschen, mit denen er als Therapeut in einer Arbeitserziehungsanstalt für Jugendliche zu tun hatte, an die Selbstverantwortung appellierte und sie zugleich dazu anleitete, ihre «Erwachsenenperson» zu mobilisieren und in eins damit vor der Realität, in der sie nun einmal lebten, die Augen nicht zu verschließen. Ist es z.B. ihr naheliegendes Bestreben, möglichst bald entlassen zu werden, so können sie das am ehesten erreichen, wenn sie sich rational überlegen, wie sie sich verhalten müssen, um diesen Wunsch zu erfüllen und sich dann auch so verhalten. Er verhilft ihnen zur Einsicht, daß sie das, was sie erreichen wollen, selber sabotieren, wenn sie sich ständig aus ihrem rebellischen «Kind» heraus verhalten. Es handelt sich wie bei Ellis um eine ausgesprochen kognitive Therapie (Glasser 1965).

R.D. Leibl (1973) und andere Autoren, so der im deutschen Sprachbereich sehr bekannte A.S. Hellinger, kombinieren Transaktionale Analyse und *Primärtherapie.* Je nachdem auf welches therapeutische Verfahren das Hauptgewicht gelegt wird, dient die Transaktionale Analyse dazu, die Einsichten, die dem Selbsterleben bei den Primärsitzungen entspringen, zu vertiefen, oder aber es können Primärsitzungen dem Patienten, der sonst im Rahmen der Transaktionalen Analyse an sich arbeitet, sein durch elterliche Botschaften unterdrücktes und hinter Willfährigkeit oder Rebellion verstecktes unbefangenes, wenn auch unterdrücktes Kind unmittelbar und eindrucksvoll zum Erlebnis bringen. Andere versuchen, die Schreitherapie nach Casriel mit Transaktionaler Analyse zu verbinden (Gnuse 1976, Barnes 1976, Jursch, Hellinger).

Eine Verbindung von Transaktionaler Analyse und *Psychodrama* ist naheliegend. H. Petzold hat den Begriff «Transaktionsanalytisches Psychodrama» geprägt (1976b). Mit verschiedenen, im Psychodrama üblichen Methoden können für den Patienten das Verhältnis von Ich-Zuständen zueinander lebendig gemacht werden, so besonders mit der Doppelgängertechnik und mit Rollentausch bei Auseinandersetzungen zwischen Paaren, Familienmitgliedern oder Gruppenteilnehmern. M.E. Holtby macht darauf aufmerksam, daß sich in einem Psychodrama auch Situationen aus der Kindheit wiederholen lassen, aus denen sich für den Patienten destruktive Entscheidungen ergeben haben (1975). Werden sie gespielt, so kann der Patient unter dem Schutz des Therapeuten es wagen, Bedürfnisse und Gefühle zu erleben und auszudrücken, die er damals nicht wahrgenommen hat oder zu übergehen gezwungen war, und neue Entscheidungen fällen.

Bei der Transaktionsanalyse i. e. S. handelt es sich um einen sehr wertvollen kommunikationspsychologischen Ansatz, der im Rahmen *kommunikationstherapeutischer Verfahren* ausgezeichnet verwendet werden kann. Ich verweise auch auf die Ausführungen über eine Kombination von Transaktionaler Analyse mit Gruppenverfahren, die der Encounter-Tradition entsprechen (S. 314).

Die *systemische Betrachtungsweise,* die in den letzten Jahrzehnten zunehmend Verbreitung gefunden hat, war Berne nicht fremd, besonders das System zu zweien, die Kollusion, wird von ihm hervorgehoben. Was er als komplementäre psychologische Spiele beschreibt, entpuppt sich, wenn seine Darlegungen genau gelesen werden, meistens als Kollusionen, an denen immer beide Spieler, aufeinander bezogen eskalierend oder fixierend gleichermaßen beteiligt sind (Berne 1964b). Beim Spiel «Alkoholiker» wird dieser in Kollusion zu verschiedensten Rollenträgern geschildert (s. S. 163f).

B.A. Schmid (1994) hat sich auf eigene Art eingehend mit einer systemischen Auffassung der Transaktionalen Analyse befaßt. Im übrigen siehe die nachfolgenden Ausführungen zur Paar- und Familientherapie!

Nach Erskine (1975) ist es eine Besonderheit der therapeutisch angewandten Transaktionalen Analyse, daß sie an drei verschiedenen Punkten ansetzt: an der *Einsichtfähig-*

keit, an der *emotionalen Erlebnisfähigkeit* und am *Verhalten* des Patienten. Dadurch soll eine Wandlung der Persönlichkeitsstruktur erreicht werden, die in der Autonomie gipfelt. Die Transaktionale Analyse ermöglicht seines Erachtens eine Integration von Verfahren, die vornehmlich nur an je einem dieser drei Punkte ansetzen: die tiefenpsychologisch-analytischen Verfahren an der Einsichtsfähigkeit, die Gestalttherapie an der emotionalen Erlebnisfähigkeit und die Verhaltenstherapie am Verhalten. Gerade weil die Transaktionale Analyse alle diese drei Ansatzpunkte als gleich bedeutungsvoll in ihre therapeutische Methode einbeziehe, könne sie auch widerspruchslos andere Verfahren zur Bereicherung herbeiziehen. Erskine hat mit Rebecca Trautmann und Janet Moursund eine «Integrative Psychotherapie» entwickelt, in der neben Gesichtspunkten der Transaktionalen Analyse, solche der Gestaltttherapie nach Fritz und Laura Perls und psychoanalytische Gesichtspunkte theoretisch und praktisch zusammengefaßt sind (Erskine u. Moursund 1988).

Bei jeder Kombination bleibt das Ziel bestehen, das im Grunde bei allen erwähnten psychotherapeutischen Methoden dasselbe ist: die sogenannte Autonomie (s. S. 369ff).

10.21 Beiträge zur Paar- und zur Familientherapie

Die Paartherapie ist diejenige Psychotherapieform, bei der die systembezogene Betrachtungsweise von vielen Psychotherapeuten bereits angewandt wurde, als sie noch nicht eigens von der personenbezogenen hervorgehoben und sozusagen zu einer eigenen Disziplin erhoben wurde. So auch bei Berne. Im folgenden kann ich nur eine Auswahl von Überlegungen und Verfahren zur Paar- und Familientherapie erwähnen, die von Transaktionsanalytikern beschrieben wurden, wobei ich solche herausgreife, in denen die transaktionsanalytische Betrachtungsweise unmittelbar zum Ausdruck kommt und mit denen ich selbst Erfahrungen gesammelt habe.

10.21.1 Zur Paartherapie

Berne behandelt Paarprobleme zum Teil in den allgemeinen Gruppen, in die er auch Ehepaare aufnimmt, zum Teil in besonderen Paargruppen, die er aus vier Paaren zusammenzusetzen pflegt (1961, p. 232). In eine Paargruppe begeben sich seines Erachtens (1.) solche Paare, deren Partner sich mißverstehen, manipulative Spiele spielen oder lange Zeit bis zur «Abnutzung» gespielt haben, aber sich nicht scheiden lassen wollen; (2.) solche Paare, die Jahre friedlich zusammengelebt haben, bis plötzlich bis anhin verborgene Skriptgebote wirksam werden, was sich z.B. darin zeigen kann, daß plötzlich ein Partner eine Nebenbeziehung eingeht; (3.) solche Paare, die noch nicht lange geschieden oder getrennt leben und eine Versöhnung suchen; (4.) Paare, die eine Behandlung nur deshalb aufsuchen, weil einer der Partner oder beide Partner zwar heimlich entschlossen sind, sich scheiden zu lassen, aber sich, dem Partner oder anderen vorher beweisen wollen, daß sie alles getan haben, um die Ehe zu erhalten (frei nach Berne 1961, pp. 232–233). Letzteres ist eine Variante des von Berne beschriebenen manipulativen Spiels «Sieh nur, wie sehr ich mich bemühe!» (1964b, p. 105/S. 134–139).

Bei der Durchleuchtung einer gestörten Ehe sind nach Berne die verschiedenen Eheverträge zu beachten: (1.) der *formale Vertrag* zwischen den beiden als Erwachsenen, der dahin lautet, sich gegenseitig beizustehen und treu zu bleiben wie dies auf dem Standesamt und besonders bei einer kirchlichen Trauung nach konventionellen Maßstäben als selbstverständlich vorausgesetzt wird; (2.) der *Beziehungsvertrag*, der einen verborgenen Gehalt hat und eine komplementäre Verquickung voraussetzt, welche die Partner gänzlich unbedacht aneinander bindet, z.B. «Ich sorge für dich!» und «Ich lasse dich für mich sorgen!» (s. S. 95f); (3.) der *Skriptvertrag*, ein ebenfalls «geheimer» Ehevertrag, der nach Berne die Partnerwahl im wesentlichen bestimmt hat und an dem vor allem die beiden «Kinder» beteiligt sind, und zwar mit der Annahme, daß der Partner geeignet sei, eine bestimmte Rolle im eigenen Skript zu spielen (Berne 1961, pp. 234–235).

McClendon unterscheidet nicht nur drei, sondern fünf Eheverträge: (1.) den *formalen Vertrag* (s.o.), von dem sie annimmt, er sei von zwei elterlichen getrübten «Erwachsenenpersonen» abgeschlossen worden; (2.) den *Vertrag zwischen zwei «Erwachsenenpersonen»*, eine Vereinbarung über das Datum der Heirat, den gemeinsamen Wohnort sowie über das, was über die künftige Lebensgestaltung rational abgemacht worden ist; (3.) den *Vertrag über die gegenseitige Beziehungsform*, wie ihn Berne (s.o.) versteht, der auch die gegenseitigen Vorstellungen einer sich ergänzenden Rolle von Mann und Frau einschließt, seien diese Vorstellungen nun konventionell oder nicht, über die sich aber die beiden Partner nicht bewußt abgesprochen haben; (4.) der *Vertrag auf der Skriptebene*, wie ihn ebenfalls Berne beschrieben hat, und in den Botschaften der Eltern verankert sind, die ja nach transaktionsanalytischer Auffassung das Skript wesentlich mitbestimmt haben; (5.) schließlich der teils offene, teils «geheime» *Kreativitätsvertrag*, der die Erwartung auf ein schönes, kreatives, anregendes Zusammensein in gegenseitiger Geborgenheit voraussetzt (McClendon 1977).

Es gibt therapeutische Paargruppen, bei denen sich die gemeinsame Arbeit in erster Linie darauf konzentriert, die unbedachten oder unbewußten Verträge aufzudecken und statt ihrer bewußt einen umfassenden Ehevertrag abzuschließen, etwa nach dem Muster von Whitacker (1976), eingehend diskutiert und erprobt von Ursula Schmidt u. Urs Peter (1981).

Im übrigen bieten die Konzepte der Transaktionalen Analyse viele Anregungen, um Störungen im Zweiersystem einer Partnerbeziehung aufzuschlüsseln: neben den erwähnten Skriptverschränkungen, oft auch mit rivalisierendem Hintergrund, die Beziehungsanalyse, allenfalls bevorzugte unstimmige Transaktionen oder fortlaufend solche mit unterschwelligen Botschaften und vor allem die manipulativen Spiele, die dem Partner eine bestimmte Rolle aufzwingen oder von beiden Seiten mit gleichem Eifer komplementär gespielt werden.

Berne pflegte zu Beginn der Paartherapie zu sagen, daß er es nicht als seine Aufgabe betrachte, die Ehe zu bessern, was auch darunter verstanden würde, sondern vielmehr die gegenseitigen Beziehungen zu klären (1966b, p. 89). Wenn es gelungen sei, die Partner aus ihren alten Verhaltensmustern zu lösen, stünden sie vor der Entscheidung, was sie jetzt tun sollen: eine sozusagen neue Ehe eingehen, in der jeder dem anderen die Freiheit gibt, seine Autonomie und seine individuellen Möglichkeiten zu entfalten, und/oder Kompromisse zu schließen, bei denen beide auch Verzichte auf sich nehmen müssen, oder eine an Turbulenzen reiche Gemeinschaft unter besserer Kontrolle zu beginnen oder schließlich eben doch, sich zu trennen (Berne 1961, pp. 236–237).

R. Goulding und McClendon (1978) machen ihren Patienten in der Ehepaartherapie zuerst klar, daß jeder für seine Gefühle, Entscheidungen und Verhaltensweisen sowie für die Abhängigkeit von seinem Skript und den daraus folgenden Erlebens- und Verhaltensweisen selbst verantwortlich sei. Dann gehen sie dazu über, die ursprüngliche Grundentscheidung durch jeden Partner in einem Neuentscheidungsprozeß (s. S. 346f) ändern zu lassen, um sich, den Partner und die reale Situation von nun an in einer neuen und freien Sicht zu sehen.

Berne macht auch auf gewisse manipulative «Sprechstundenspiele» bei einer Paartherapie aufmerksam, so auf das bereits erwähnte *Gerichtshofspiel* (s. S. 153), dann auf das Spiel *Liebling*, bei dem jeder Vorwurf, der einer dem anderen Ehepartner macht, mit einem «Aber Liebling, du hast doch ...» eingeleitet wird, was den Therapeuten veranlassen sollte, den oder die Partner auf den Widerspruch zwischen dem Kosewort und der Anklage aufmerksam zu machen (Berne 1964b, p. 108/S. 139ff; 1966b, p. 356), *handelt es sich doch dabei um eine als «Retter»-Rolle getarnte «Verfolger»-Rolle! Schließlich erwähnt Berne auch das Spiel *Und überdies ...*, bei dem sich die Vorwürfe ganz unabhängig davon folgen, was der andere jeweils zu sagen hat, so daß klar wird – wie ich von mir aus deuten würde –, daß im Vordergrund steht, daß es dem einen oder beiden Partnern nur darauf ankommt, eine «Verfolger»-Rolle auszuagieren, und nicht, den anderen zu verstehen (1966b, pp. 324–325). Bei den psychologischen Spielen, die bei gestörten Ehen häufig im Alltag gespielt werden, nennt Berne mit besonderem Nachdruck das *Tumultspiel*, das dazu dient, einer intimen Begegnung auszuweichen (s. S. 156). Eine wirkliche sexuelle Unstimmigkeit könne erst aufgedeckt und besprochen werden, wenn die Partner sich entschlossen hätten, mit Tumultspielen aufzuhören (Berne 1966b, p. 356).

Nach Jellouschek (1988; 1989, S. 87–97) bestehen in einer Paarbeziehung zwei abwechselnd in den Vordergrund tretende Bedürfnisse: dasjenige nach Vereinigung und dasjenige nach Abgrenzung. Daraus würden sich oft krisenhafte Wechsel in der Paarbeziehung ergeben, was aber völlig normal sei. Nach Jellouschek sind folgende Phasen in der Entwicklung einer Paarbeziehung typisch: (1.) *Symbiotische Phase:* Verliebtheit, Erfahrung, daß eine Verschmelzung zu einer höheren Einheit möglich ist. Es ist in dieser Phase durchaus nicht so, daß nicht beachtet wird, daß der jeweilige Partner anders ist, aber jede Verschiedenheit wird als Bereicherung erlebt. (2.) *Phase des Widerstandes:* der eine von beiden beginnt sich aus Angst vor Selbstverlust gegen die Verschmelzung zu wehren, aber immer noch bezogen auf den anderen. Ich würde von einer «Rebellion gegen die Symbiose noch ohne Willen zu einer echten Autonomie» sprechen. Die Verschiedenheit wird als Behinderung erlebt. (3.) *Phase der Distanzierung:* Jeder wendet sich seinen eigenen Bedürfnissen zu, die es beiden gestatten, an Autonomie zu gewinnen. Jeder versucht, diejenigen Eigenheiten, die er im anderen erlebt hat, bei sich selbst zu entwikkeln. (4.) *Phase der reifen Gemeinsamkeit:* Der Gewinn an Autonomie eines jeden wird in die Gemeinschaft eingebracht und der Kreislauf beginnt auf einer sozusagen höheren Ebene erneut. Der andere wird als Herausforderung erlebt. Ich erlebe in ihm, was ich noch werden kann, indem ich in seine Welt eintrete.

Letztlich ist es das Ziel, die beiden Pole auf einer übergeordneten Einheit zu vereinigen, eine Ganzheit zunehmend zu verwirklichen, obgleich sie immer wieder, aber jedesmal auf einer höheren Ebene, scheitert. Wenn aber alles immer wieder auf gleichsam derselben Ebene geschieht, ist die Beziehung unlebendig geworden und kein Ansporn zur Selbstentwicklung mehr.

Im Zusammenhang mit den Ausführungen von Jellouschek scheint mir der übergreifende Ausdruck *bezogene Individuation* von Stierlin (1977; Simon u. Stierlin 1984, S. 160f) bezeichnend: Stierlin versteht darunter, daß ein höheres Niveau an Individuation immer auch ein jeweils höheres Niveau an Bezogenheit verlangt und ermöglicht. Eine Überindividuation führt zur Einsamkeit und Isolation, wobei der Austausch mit dem Partner erstirbt; eine Unterindividuation führt zu einer mangelhaften Abgrenzung und drohenden Fusion, wie Stierlin zu dem sagt, was die Transaktionsanalytiker unter einer Symbiose verstehen. Jellouschek sieht als sozusagen rhythmischen Prozeß in der Paarbeziehung, was Stierlin mit anderen Familientherapeuten als Ko-Evolution und Ko-Individuation umschreibt (Simon u. Stierlin 1984, S. 161, 178–180; Willi 1985).

10.21.2 Zur Familientherapie

Wie bereits im Zusammenhang mit der Paartherapie erwähnt, enthalten die Konzepte der Transaktionalen Analyse auch Anregungen zu einer systembezogenen Betrachtungsweise und damit auch zu einer entsprechenden Familientherapie. Kottwitz (1976) erwähnt z.B. die Beziehungsanalyse nach Berne, die Analyse von Transaktionen und die Skriptanalyse. Letztere könne besonders aufschlußreich sein, da sie die immer bestehenden Versuche, den Partner in sein Skript einzubauen, aufdecke. Ich erwähne in diesem Zusammenhang noch die manipulativen Rollen des Dramadreiecks und die kompemenmtäre Verquickung oder Kollusion zwischen zwei Kommunikationspartnern, von denen der eine die Grundeinstellung: «Ich bin O.K., du bist nicht O.K.» und der andere die Grundeinstellung: «Ich bin nicht O.K., du bist O.K.» einnimmt. Diejenigen, mit derselben Grundeinstellung können sich solidarisieren oder miteinander rivalisieren. Manchmal gibt es auch eine Reihenfolge (ähnlich derjenigen der «Hackordnung der Hühner»), indem ein Familienmitglied gegenüber anderen die eine, gegenüber einem anderen die andere Grundeinstellung einnimmt. Da in einer Familientherapie zwei bis drei Generationen zur Verfügung stehen, können entsprechende Transaktionen oder averbale Verhaltensweisen dann oft vor den Ohren und Augen des Therapeuten ablaufen, was eine unmittelbare «Diagnose» erlaubt.

McClendon (1977) unterscheidet bei der von ihr durchgeführten Methode der Familientherapie drei Stadien: (1.) Die Aufschlüsselung des Familiensystems, bei der die systembezogene Betrachtungsweise maßgebend ist, und bei der es darum geht, die gegenseitige Abhängigkeit, *vielleicht besser: die emotionale Vernetzung, aufzudecken; (2.) die Skriptanalyse und Neuentscheidung, wobei das Skript des einzelnen Beteiligten, gegebenenfalls unter Zuziehung der älteren Generation, deren Einflüsse und Vorbild dabei eine Rolle spielen, in seiner Entstehung analysiert wird, mit Vorteil in Anwesenheit der anderen, und eine Neuentscheidung im Sinn der Neuentscheidungstherapie (S. 347ff) angeregt wird; (3.) die Erneuerung der Familie [interpersonal integration], wobei bei jedem Mitglied durch die Skriptbefreiung und Neuentscheidung ermöglicht worden ist, sich selbstverantwortlich am Familienverband zu beteiligen. Das einzelne Mitglied ist nicht mehr in einer komplementären Verquickung oder Kollusion (komplementären Grundeinstellung, manipulativen Rollen und Spielen, Skriptforderungen oder gar vollzogener Skriptverschränkung) befangen und trotzdem auf die anderen bezogen. Jeder akzeptiert die Eigenständigkeit und wesensartige Verschiedenheit der anderen und sieht von einer symbiotischen Haltung ab.

McClendon verbindet also die systembezogene mit der personbezogenen Betrachtungsweise, wobei gesagt werden kann, daß ohnehin jemand nicht derselbe bleiben kann, wenn sich der andere unter dem Einfluß einer personbezogenen Therapie geändert hat! Nur bei schwer gestörten Familienverhältnissen und Persönlichkeiten, meist mit psychotischen Familienmitgliedern, begnügt sich die Autorin mit einer konstruktiven Erneuerung des bis dahin festgefahrenen Familiensystems, ohne sich auf eine Behandlung der einzelnen Persönlichkeiten einzulassen.

Jellouschek (1984) versucht, transaktionsanalytische, ursprünglich auf personbezogene Psychologie zugeschnittene Begriffe in die systembezogene Betrachtungsweise «zu übersetzen». Die Grundentscheidung (auch: Skriptentscheidung – s. S. 226ff) wird in der klassischen Transaktionalen Analyse als eine Entscheidung aufgefaßt, die dem Kind sein vitales oder emotionales Überleben ermöglicht. In systembezogener Betrachtungsweise handelt es sich nach Jellouschek um eine Reaktion auf die Familienkonstellation. So könne z. B. ein Kind deshalb immer wieder krank werden, um damit unbewußt auseinanderstrebende Eltern in gemeinsamer Sorge immer wieder zusammenzuhalten. Die destruktive Grundbotschaft «Sei nicht gesund!» oder «Sei krank!» wäre in einem solchen Fall eine Folge der Familiensituation und nicht eine Aufforderung des «Kindes» von Vater oder Mutter. Ebenso kann das stereotype Ausspielen eines Gefühls, eine sogenannte Masche (s. S. 137f), dazu dienen, das gefährdete Gleichgewichtssystem einer Familie zu erhalten. Schließlich hat nach Jellouschek auch ein manipulatives Spiel eine bestimmte Funktion im System «Familie».

Nach Jellouschek wirkt sich eine derartige systembezogene Betrachtungsweise in der Familientherapie auch auf die Behandlung aus, vor allem indem Skriptentscheidungen, Maschen und manipulative Spiele als Maßnahmen gedeutet werden, um ein Gleichgewicht im Familienverband aufrechtzuerhalten und damit ein von dem Betreffenden als positiv erlebtes Ziel zu erfüllen. Solche systemerhaltenden Verhaltensweisen aufzugeben brächten ein Risiko mit sich, eine Selbstbeschränkung, die nach Jellouschek mit einer Trauerarbeit einher zu gehen sinnvoll sein könne. Jellouschek empfiehlt bei einer Einzeltherapie, bei der es um die Lösung einer emotionalen Verquickung mit einem Elternteil gehe, jeweils auch den anderen, scheinbar als unbeteiligt erlebten Elternteil, z. B. bei der gestalttherapeutischen Stuhltechnik, einzubeziehen, damit die ganze «Konflikt-Triade» bearbeitet werden könne.

11. Autonomie und Leitziel

Vor allem in diesem Kapitel liegt die Verbindung der Transaktionalen Analyse als Psychotherapie und Lebensberatung zu einer transaktionsanalytisch orientierten Pädagogik und Erwachenenbildung und zu einer transaktionsanalytisch orientierten Organisationsberatung.

Autonom ist ein Gemeinwesen, das den Gesetzen untersteht, das es sich selber gegeben hat. In übertragenem Sinn wird als «Autonomie» bezeichnet, wenn jemand eigenständig und unabhängig urteilt, sich entscheidet und handelt. Immer wieder kommt es zum Mißverständnis, daß mit solcher «Eigengesetzlichkeit» jede Rücksicht auf die Mitmenschen wegfallen würde (Whitney 1982). Insofern der Mensch ein «soziales Wesen» ist, sind aber soziale Rücksichten im Begriff der Eigenständigkeit inbegriffen. Es könnte, um Mißverständnisse auszuschließen, von *bezogener Autonomie* gesprochen werden, dies in Analogie des Begriffes von «bezogener Individuation» nach Helm Stierlin (1977/^{2}1980; Simon u. Stierlin 1984 – s. S. 366).

Zudem soll der Mensch nach Steiner, einem Vertreter der Humanistischen Psychologie, «eine natürliche Neigung» haben, mit sich und anderen in Harmonie zu leben (Steiner 1974, p. 4/S. 17, p. 168/S. 165, p. 175/S. 173). *Fraglich bleibt dabei, wie groß wir uns den «Kreis der anderen» vorstellen müssen.

11.1 Jeder Psychotherapie ist wertorientiert

Auch die Transaktionale Analyse ist keine wertfreie Psychologie, da sie darauf angelegt ist, kranke Menschen zu heilen und sogenannte gesunde Menschen von Einschränkungen ihrer Erlebens- und Verhaltensweisen zu befreien und zu einem erfüllteren Leben zu verhelfen. Eine Psychotherapie ohne Zielvorstellungen ist undenkbar. Wenn ein Behandlungsvertrag eines Patienten erfüllt sein soll, so weist diese Erfüllung in eine bestimmte Richtung, die den Wertvorstellungen der Transaktionalen Analyse entspricht, sonst würde ein Transaktionsanalytiker den Vertrag nicht eingehen. Bereits die Modelle der Transaktionalen Analyse haben den Bezug zu einer Wertvorstellung: Die Anwendung der Lehre von den Ich-Zuständen, soll dem Patienten ermöglichen, über seine verschiedenen Ich-Zustände verfügen und in eins damit auch gezielt die verschiedenen Ich-Zustände seiner Kommunikationspartner ansprechen zu können; Gewinnertum läßt Erfahrungen konstruktiv auswerten; als menschlich wertvoll gilt, besonders in kritischen Situationen die Haltung «Ich bin O.K., du bist (ihr seid, die anderen sind) O.K.» zu aktualisieren; Lieblingsgefühle sollen den Patienten nicht daran hindern, anstehende Probleme anzupakken; positiv ist ein Verzicht darauf, andere zu manipulieren und die nötige Eigenständigkeit, um sich nicht durch andere manipulieren zu lassen; die anzustrebende Autonomie (s.u.) geht damit einher, sich von den skriptbedingten einschränkenden destruktiven Lebensleitlinien oder negativen Grundannahmen zu befreien oder sich ihrem Einfluß doch entziehen zu können, wenn der Patient spürt, daß sie sein Erleben und Verhalten einzuengen drohen. Nach Berne wird ein «Geheilter» seinen Aushänger abgeworfen haben (1967). Ich würde mich begnügen zu sagen, er spielt auf jeden Fall kein psychologisches Spiel mehr mit vorderem und hinterem Aushänger (siehe zur Wertorientierung S. 261).

11.2 Berne über Autonomie

Berne spricht dem «Kind» und der «Erwachsenenperson» eine «autonome Qualität» zu, dies im Gegensatz zur «Elternperson». Der Ich-Zustand, der dieser entspricht, ist nämlich *(nach dem «erlebnisgeschichtlichen Standpunkt» *von außen übernommen* (1961, p. 14). Besonders die erwachsene Haltung und die «Erwachsenenperson» werden von Berne immer wieder mit der Eigenschaft «autonom» ausgezeichnet, *vermutlich eine etwas andere Bedeutung dieses Wortes, als wenn auch das «Kind» als autonom bezeichnet wird. Da ich annehme, daß auch die «Erwachsenenperson» Anteile hat, die von anderen erlernt, also von außen übernommen sind, so kann Berne nur meinen, die «Elternperson» sei deshalb nicht autonom, *weil sie einer Gegebenheit entspreche, die verinnerlicht, aber nicht assimiliert worden*, also, nach gestalttherapeutischer Terminologie, ein Introjekt, ein Fremdkörper geblieben sei. Harris (1967) faßt die «Elternperson» betont so auf.

Berne hat weiter geschrieben, daß, wer autonom geworden sei, unvoreingenommen seine spontanen Gefühle ausdrücke [spontaneity], die Fähigkeit zu sinnlicher Offenheit [awareness] habe sowie die Fähigkeit zu Intimität (Berne 1964b, pp. 178–181/S. 244–248). Es sind dies Eigenschaften, wie sie nach Berne einem unbefangenen Kind zukommen, das an sich autonom sei. Es ist autonom, möchte ich umschreibend sagen, weil es «sich selber» ist und dieses «Sich-selber-Sein» zeigt sich [is manifested] nach Berne in den erwähnten drei Eigenschaften oder Fähigkeiten. Es handelt sich bei diesen begrifflich nicht um eine Definition von «Autonomie», wenn dies auch im Zusammenhang, in dem Berne diese Aussagen bringt, von einem unaufmerksamen Leser so aufgefaßt werden könnte. An anderer Stelle nennt Berne sinnliche Offenheit, Redlichkeit, Kreativität und Intimität als Ausdruck einer autonomen Persönlichkeit (1966b, p. 310).

Nach Berne wird Autonomie durch die Distanz zu allen Werten erreicht,die durch die gesellschaftliche Tradition, durch die Familientradition, durch die Belehrung der Eltern übermittelt wurden und durch den Verzicht auf festgefahrene Einstellungen gegenüber den Eltern. Wer autonom ist, wählt selbst frei, was er richtig findet (Berne 1964b, pp. 182–183/S. 249f).

Autonomie wird von Berne auch der *Skriptfreiheit* gleichsetzt (1966b, p. 310). Auch hier würde wohl besser, ohne Bindung an den nicht ganz eindeutigen Skriptbegriff, gesagt: «Freiheit von der unbewußten Einwirkung früher auferlegter einschränkender Gebote und Verbote auf die Urteile und Entscheidungen in der Gegenwart». Aber auch das könnte mißverstanden werden: Da jeder Mensch ein Gewordener ist, der zudem in einen bestimmten Zeitgeist eingebunden ist, könnte angenommen werden, «Autonomie» in diesem Sinne würde voraussetzen, daß ein Mensch sein Gewordensein ablegen und sich aus dem Zeitgeist herausheben könne (s. dazu U. Müller 1994). Wie ich die Autonomie, welche die Transaktionale Analyse anstrebt, auffasse, werde ich unten als erste Bestimmung zur Erreichung des Leitziels darlegen.

James u. Jongeward meinen, Gewinner hätten keine Angst vor Autonomie, d.h. sie würden sich nicht davor fürchten, selbständig zu denken und ihr Wissen zu gebrauchen (1971, p. 2/S. 18). Ich kann das nur so verstehen, daß nach den Autorinnen Gewinner auf die Geborgenheit in symbiotischer Abhängigkeit verzichten. Weiter schreiben James u. Jongeward, alle Menschen hätten Augenblicke, in denen sie autonom seien, aber Gewinner hätten die Fähigkeit, Zeiten, in denen sie autonom seien, immer weiter auszudehnen. Gelegentlich würden sie aber doch versagen. Aus dem Zusammenhang ergibt sich, daß nach den Autorinnen «Autonomie» immer mit «Selbstvertrauen» einhergeht (1971, p. 2/S. 18).

Stewart u. Joines sehen als Kennzeichen einer autonomen Persönlichkeit, daß sie aktiv und eigenständig, ohne Verkennung der Realität, Probleme lösen werde (1987, p. 268/S. 382).

Zu ärmlich und gleichzeitig zu kompliziert scheinen mir die zwei Bestimmungen zu sein, mit denen Holloway den Begriff «Autonomie» umschreiben will: (1.) «Die angewandte Fähigkeit zu verlangen, was gewünscht wird, gekoppelt mit der Bereitschaft sowohl ein ‹Ja› wie ein ‹Nein› zu akzeptieren im Bewußtsein, daß ein einzelnes ‹Nein› keine Katastrophe bedeutet und daß es andere gibt, die ‹ja› sagen.» (2.) «Eine Verschiebung des Lebensstils von einer rivalisierenden Ablehnung jeder Abhängigkeit zu gegenseitiger Abhängigkeit im Sinne einer produktiven Zusammenarbeit, begleitet von einer angemessenen Gelegenheit zu einem kreativen Ausdruck des Selbst» (W.H. Holloway 1980).

11.3 «Autonomie» als Behandlungs- oder Lebensleitziel der Transaktionalen Analyse

Die «bezogene Autonomie» ist das Behandlungsleitziel – und für viele sogar das Lebensleitziel der Transaktionalen Analyse. Eine eingehende Durchsicht des transaktionsanalytischen Schrifttums und, was für mich noch mehr zählt, die Teilnahme an Seminaren verschiedenster anerkannter Transaktionsanalytiker zeigte, daß dieses Leitziel im Sinne einer Operationalisierung dessen, was «Autonomie» genannt wird, in folgende Bestimmungen aufgefächert werden kann:

1. *Mut, Entscheidung und Fähigkeit zu Selbstverantwortlichkeit*, d.h. zur Übernahme von Verantwortung für meine Bedürfnisse, Empfindungen, Gefühle, und Urteile, einschließlich Irrtümern und Fehlern. Dazu auch die Übernahme der Verantwortung zwar nicht in jeder Hinsicht für mein Schicksal, das ja von mannigfachen persönlichkeitsfremden Einflüssen mitbedingt wird, wohl *jedoch für die Art und Weise, wie ich mich mit der Realität tatsächlich auseinandersetze*. Es geht dabei immer wieder um eine bewußt vollzogene freie Entscheidung aus meinem Gewordensein heraus. Ich stehe dazu, daß ich diesen oder jenen Beruf gewählt, diese oder jene menschliche Bindung eingegangen bin, mich dieser oder jener politischen Partei angeschlossen habe. Ich gebe nicht vor, daß ich bei solchen Ereignissen passives Opfer «der Umstände» war. Es schließt dies Änderungen keineswegs aus, aber wieder im Sinne selbstverantwortlicher bewußter Entscheidungen.

Mit der Verantwortung für die eigenen Gefühle haben sich verschiedene Autoren befaßt: Kahler stellt ausdrücklich immer wieder fest, daß niemand einem andern irgendwelche Gefühle *machen* könne (s. auch S. 143). Allerdings stellt er einem seiner Werke den Ausspruch von Eleonor Roosevelt voran: «Niemand kann machen, daß ich Minderwertigkeitsgefühle habe, wenn ich dazu nicht bereit bin!» Damit gibt Kahler eben doch zu, daß jemand einem andern Gefühle machen kann, nur eben unter der Bedingung, daß dieser dazu «bereit» ist. Andere Transaktionsanalytiker sprechen davon, daß jemand einen andern dazu einladen kann, gewisse Gefühle zu haben, daß dieser aber nicht gezwungen sei, eine solche Einladung anzunehmen. Dazu meint allerdings J. Schiff, daß eine Einladung an sich doch auch sehr zwingend sein könne, so z.B. wenn ich um mein Leben bange, wenn jemand mir ein Messer an die Kehle setzt, oder wenn jemand mich, wenn ich geschwächt oder krank bin, gezielt zu verletzen versucht. Immerhin bleibt bestehen, daß es weitgehend auch an mir liegt, inwiefern ich mich hinsichtlich meiner Gestimmtheit jemandem ausliefere und mich von ihm bestimmen lasse (s. dazu insbesondere M.u.R. Goulding 1979; R. Goulding 1977; M. James 1975, p. 139; Kahler 1978, pp. 275–289, 292; Kahler u. Capers 1974; Kahler u. D'Angelo 1976; J. Schiff 1977).

Der Mut zur Selbstverantwortlichkeit geht einher mit dem Verzicht auf Geborgenheit in Abhängigkeit und Unfreiheit, wozu auch die Verstrickung in eine Symbiose gehört. Keinesfalls ist damit ausgeschlossen, daß ich zeitweise auch von jemandem abhängig sein kann, z.B. wenn ich krank bin oder positive Zuwendung nötig habe.

Die Entwicklung zur Autonomie im Sinne der Selbstverantwortlichkeit hat eine enge Beziehung zur Ablösung von den Eltern, auch wenn diese nicht mehr leben sollten. Innere Unabhängigkeit von den Eltern besteht nicht darin, rebellisch alles zu verwerfen, was sie ihren Nachkommen mitgegeben haben, sondern unvoreingenommen zu überprüfen, was davon übernommen und was verworfen, häufig auch welches «Immer» oder «Nie» relativiert werden soll. Der Ablösung von den Eltern – gleichbedeutend mit der Ablösung von der Kindheit – stehen die Bedürfnisse entgegen, von ihnen auch weiterhin geliebt zu werden, ihnen symbiotisch verbunden zu bleiben und die Illusion von ihrer Allmacht und Allwissenheit nicht aufgeben zu müssen (Schafer 1976). Die Realisierung der Selbstverantwortlichkeit und damit zugleich der Verzicht auf kindliche Abhängigkeit ist die Lösung der Blockierung, die Perls als Sackgasse bezeichnet hat, und entspricht oft einer plötzlichen verwandelnden Einsicht (s. S. 350).

Immer wieder wird im Zusammenhang mit dem Thema der Selbstverantwortlichkeit und der Entscheidung, wie ich mich mit der Realität auseinandersetzen will, die Frage der Willensfreiheit zur Diskussion gestellt. Es ist dies eine Scheinfrage: der Wille ist allein ein Begriff der erlebnispsychologischen Betrachtungsweise, denn er ist etwas Erlebtes und nicht etwas Beobachtbares oder auch nur als beobachtbar Vorstellbares (verhaltenspsychologische Betrachtungsweise) und nicht etwas physiologisch Meßbares oder auch nur neurophysiologisch Vorstellbares (physiologisch-psychologische Betrachtungsweise).

2. *Mut, Entscheidung und Fähigkeit die Realität so zu sehen, wie sie ist*, und nicht so, wie ich gerne hätte, daß sie wäre, nämlich so, wie sie meinem in der Kindheit erworbenen Selbst- und Weltbild entsprechen würde, also eine unvoreingenommene Haltung gegenüber der Realität ohne verfälschende Umdeutung [redefinition]. Verhaltensmäßig zeigt sich dies in realitätsgerechten Entscheidungen und Handlungen.

3. *Mut, Entscheidung und Fähigkeit zu redlicher Mitmenschlichkeit.* Dazu gehört Unvoreingenommenheit bei Begegnungen; dazu gehört, daß ich Schwächen und Abhängigkeiten meiner Mitmenschen nicht ausnütze, aber auch mich in dieser Beziehung nicht ausnützen lasse. Zu redlicher Mitmenschlichkeit gehört auch, daß ich meine Anliegen und Wünsche ausdrücklich anmelde, jedoch ohne den Anspruch, daß sie auch akzeptiert und erfüllt werden müssen, denn nur, wenn jeder seine Anliegen und Wünsche auch äußert, ist eine konstruktive Auseinandersetzung und sind gegenseitige Abmachungen möglich; damit verbindet sich auch, daß redliche Mitmenschlichkeit keine symbiotischen Ansprüche stellt, die oft von Ungehaltenheit, ja Haß gefolgt sind, wenn sie nicht erfüllt werden.

Der Verzicht, beziehungsfeindliche manipulative Spiele zu spielen, läßt sich nicht immer bei jedermann einhalten, da damit ein Verzicht verbunden wäre Beziehungen zu Menschen aufzunehmen, die vorläufig allein im Rahmen manipulative Spiele beziehungsfähig sind. Mit dem Verzicht auf beziehungsfeindliche Spiele ist praktisch gleichbedeutend ein Verzicht, anderen gegenüber eine manipulative Rolle als Retter, Verfolger oder Opfer einzunehmen – aber auch nicht die Rolle eines Anti-Retters, Anti-Verfolgers oder Anti-Opfers.

Redliche Mitmenschlichkeit besteht auch nicht darin, daß ich die Sorgen und Leiden eines Mitmenschen zu meinen eigenen mache und z.B. nur mit Schuldgefühlen gut schlafe, weil ich weiß, daß der andere unter Schlaflosigkeit leidet. Mit sozialem Verantwortungsgefühl, das Berne neben Verläßlichkeit und Mut einem «autonomen» Menschen zuschreibt (s. S. 47), hat diese Art von Mitgefühl nichts zu tun.

Berne legt großen Wert, auf den Mut und die Fähigkeit zu derjenigen Begegnungs- oder Beziehungsform, die er als *Intimität* bezeichnet, eine gegenseitige uneigennützige und unvoreingenommene Offenheit, wie er sie natürlichen und unbefangenen Kindern zuspricht und zu der Erwachsene nur ganz selten, wenn überhaupt je, bereit sein sollen (s. S. 109ff). Eine derart verstandene Intimität zählt er zu den höchsten Lebenswerten. Wer sich eine redliche Mitmenschlichkeit im gekennzeichneten Sinn zu eigen gemacht hat, wird auch zu Intimität fähig sein. Damit verbindet sich nicht die Erwartung, mit jedermann sei eine intime Beziehung möglich. Einmal ist eine solche eine Kostbarkeit, die an Wert verliert, wenn sie «gemein» wird, andererseits setzt sie irgend einen «Gleichklang der Seelen» voraus, der nach meiner Erfahrung nicht rational feststellbar ist und zu dem übrigens auch die schicksalshaften Umstände einer Begegnung beitragen, und schließlich werden die meisten Menschen durch den Anspruch auf eine solche Beziehung überfordert.

Auch die *Echtheit* läßt sich zur redlichen Mitmenschlichkeit zählen, nämlich die Übereinstimmung von Aussagen, Entscheidungen und Handlungen mit Überzeugungen, die der Betreffende sich selbst und andern gegenüber vertritt. Die Übereinstimmung von Aussagen und Mimik und Gebärden dürfte damit auch gegeben sein.

4. *Mut, Entscheidung und Fähigkeit anstehenden Problemen nicht auszuweichen, sondern ihre Lösung eigenständig anzupacken.* Es handelt sich hier um «Aktivität» als Gegenbegriff zu dem, was J. Schiff als «Passivität» bezeichnet.

5. *Mut, Entscheidung und Fähigkeit aus allen Erfahrungen, auch aus unangenehmen zu lernen.* Es bedeutet dies den Verzicht auf Ausblendungen und Verdängungen und hat eine enge Beziehung zur Annahme der Realität, wie sie sich bietet. Dieses Ziel entnehme ich den Ausführungen des Transaktionsanalytikers Erskine (1980) und des Individualpsychologen Antoch (1981). Ich lasse nicht «wider besseres Wissen und Gewissen» Fixierungen auf nun «einfach einmal bestehende» Erlebens-und Verhaltensmuster zu («Was sollen wir jetzt noch Neues anfangen!»).

6. *Mut, Entscheidung und Fähigkeit zur Übernahme von Mitverantwortung für soziale und umweltliche Probleme:* Berne betont mehrmals wie jemand, der über eine «autonome» erwachsene Haltung verfüge, diese auch als Mitglied einer politischen Gemeinschaft einzusetzen pflege. Heute würde er zweiffellos auch die bedrohliche Umweltsituation beiziehen. Für mich verpflichtet die Transaktionale Analyse niemanden dazu, in welchem Bereich (Nahbereich, öffentlichen Bereich) und auf welche Art er seiner sozialen und umweltlichen Mitverantwortung gerecht wird, auch nicht, welchen Stellenwert er dieser Mitverantwortungt im Alltag beimißt. Auch für ganz bestimmte Lösungen politischer Probleme einzustehen, kann keine Verpflichtung sein.

Meine Hervorhebung des Wortes «Mut» erinnert mit Recht an die Schlüsselbegriffe *Mutlosigkeit* und *Mut*, *Entmutigung* und *Ermutigung* in der Individualpsychologie von Alfred Adler (s. Brunner, R. et al. 1985, Stichwort «Mut/Ermutigung/Entmutigung»).

Ich beanspruche nicht, damit vollständig aufgezählt zu haben, was in der Transaktionalen Analyse im Begriff der «Autonomie» verpackt ist. Sie haben sich mir als Behandlungsleitziele in der täglichen psychotherapeutischen Praxis bewährt. Auch wenn nur eine Bagatellbeschwerde oder ein «Symptömchen» bei einem Patienten behandelt wird, sehe ich die Behandlungsleitziele gleichsam in der Ferne schimmern, wenn ich mit einem Patienten über den Behandlungsvertrag verhandle. Holloway schließt manchmal mit Patienten direkt einen «Autonomievertrag» ab, was einer Abmachung entspricht, diese Leitziele zu erreichen. Siehe dazu S. 283! Was ich oben als Wertorientierung in bezug auf die Modelle der Transaktionalen Analyse geschrieben habe, ist im Rahmen der hier aufgezählten Leitziele zu sehen.

Literaturverzeichnis

Die erste Jahreszahl nach den Autorennamen bezieht sich auf die Erstveröffentlichung in der Originalsprache, eine allenfalls zusätzliche Jahreszahl auf eine neubearbeitete Auflage. Eine andere Jahreszahl bei den bibliographischen Angaben bezieht sich auf das Erscheinungsjahr derjenigen Ausgabe, aus der zitiert wurde, im allgemeinen die verbreiteten Taschenbuchausgaben. Fachzeitschriften: TAB = Transactional Analysis Bulletin, Bd. 1 (1962) – Bd. 9 (1970); TAJ = Transactional Analysis Journal, Bd. 1 (1971) bis heute; NTA = Neues aus der Transaktions-Analyse (1977–1980); ZTA = Zeitschrift für Transaktionsanalyse, Bd. 1 (1984) bis heute. Seitenangaben mit «p.» beziehen sich auf fremdsprachige Originalartikel und Originalbücher, Seitenangaben mit «S.» auf deutschsprachige Originalartikel, Originalbücher oder auf Übersetzungen englischsprachiger Werke. Wo sowohl die Seitenangabe eines englischen Originalwerkes («p.») als auch die Seitenangabe einer Übersetzung («S.») angegeben wurde, stütze ich mich *immer* auf das englischsprachige Originalwerk, da die Übersetzungen nicht immer zuverlässig sind.

Adler, A. 1909, Über neurotische Disposition, *Jb. psychoanalytische u. psychopathologische Forschung, Bd. I*, S. 526–545 (Neudruck d. 3. Aufl. in: Adler-Furtmüller, *Heilen und Bilden*, Frankfurt a.M.: Fischer TB 1973, S. 67–84).

Adler, A. 1912/[4]1927, *Über den nervösen Charakter*. Nachdruck: Frankfurt a.M.: Fischer TB 1972.

Adler, A. 1914a, Die Individualpsychologie, ihre Voraussetzungen und Ergebnisse. In: *Praxis und Theorie der Individualpsychologie* (Sammelband), Frankfurt a.M.: Fischer 1974, S. 19–32.

Adler, A. 1914b/[3]1928, Über neurotische Disposition. In: Adler, A. u. Furtmüller, C. (Hgb.) *Heilen und Bilden*, Frankfurt a.M.: Fischer TB 1974, S. 59–75.

Adler, A. 1920/[4]1930, *Praxis und Theorie der Individualpsychologie*, München: Bergmann. Nachdruck: Frankfurt a.M.: Fischer TB 1974.

Adler, A. 1930, *Die Technik der Individualpsychologie, Bd.II*. Nachdruck: Frankfurt a.M.: Fischer TB 1974.

Adler, A. 1933, *Der Sinn des Lebens*. Nachdruck: Frankfurt a.M.: Fischer 1973.

Alexander, F. 1946, The Principle of Corrective Emotional Experience. In: Alexander, F. u. French, F. 1946, pp. 66–70.

Alexander, F. u. French, F. 1946, *Psychoanalytic Therapy*, New York: Ronald Press.

Allen J. u. B. 1972, The Role of Permission, *TAJ 2*, pp. 72–74.

Ansbacher, H. u. R. 1956, *The Individual Psychology of Alfred Adler*, New York: Basic Books (dt.: *Alfred Adlers Individualpsychologie*, München/Basel: Reinhardt 1972).

Antoch, F.R. 1981, *Von der Kommunikation zur Kooperation*, Frankfurt/M.: Fischer TB.

Antoch, F. R. 1994, *Beziehung und seelische Gesundheit*, Frankfurt a.M.: Fischer TB.

Argelander, H. 1972, *Gruppenprozesse*, Reinbek b. Hamburg: Rowohlt.

Assagioli, R. 1965, *Psychosynthesis: a Manual of Principles and Techniques*, New York: Hobbs, Dorman & Co.

Assagioli, R. 1973, *The Act of Will*, New York: Psychosynthesis Research Foundation (dt.: *Schulung des Willens*, Paderborn: Junfermann 1982.

Babcock D. u. Keepers, T. 1976, *Raising Kids*, New York: Avon, Hearst Co. (dt.: *Miteinander wachsen*, München: Kaiser 1981).

Balint, M. et al. 1972, *Focal Therapy*, London: Tavistock Pubs (dt.: *Fokaltherapie*, Frankfurt a.M.: Suhrkamp 1973).

Ball, J. D. 1978, TA and RET, *TAJ 8*, pp. 19–22.

Bandura, A. 1977, *Social Learning Theory*, Englewood Cliffs: Prentia Hall (dt.: *Sozial-kognitive Lerntheorie*, Stuttgart: Klett-Cotta 1979).

Barnes, G. 1976, Response to Grune, *TAJ 6*, p. 351.

Barnes, G. 1977a, Introduction. In: Barnes, G. (Ed.) 1977, pp. 3–31 (dt.: Einführung. In: Barnes, G. [Hgb.], Bd.I, S. 14–54).

Barnes, G. 1977b (Ed.), *Transactional Analysis After Eric Berne*, New York: Harper & Row (dt.: *Transaktionsanalyse seit Eric Berne*, 3 Bände, Berlin: Institut f. Kommunikationstherapie 1979–1981).

Baum-Baicker, C. u. de Torres C. 1982, Sensory Based Target Strokes, *TAJ 12*, pp. 195–196.

Beahrs, J. 1980, Cure: An Opportunity for Yes-Butting, *TAJ 10*, pp. 131–132.
Beck, A. 1967, *Depression: Clinical, Experimental and Theoretical Aspects*. New York: Harper & Row. Nachdruck unter dem Titel: *Depression, Causes and Treatment*, Philadelphia (USA, PE): University of Pennsylvania Press 1972.
Beck, A. 1976, *Cognitive Therapy and the Emotional Disorders*, New York: International University Press (dt.: *Wahrnehmung der Wirklichkeit und Neurose*, München: Pfeiffer 1979).
Beck, D. 1968, Zur Behandlungstechnik der psychoanalytischen Kurztherapie, *Z.f. psychosomatische Medizin u. Psychoanalyse 14*, S. 125–136. Nachdruck in: Toman, W. u. Egg, R. (Hgb.) 1988, *Psychotherapeutische Verfahren*, S. 124–145.
Beck, D. 1976, *Die Kurztherapie*, Bern: Hans Huber.
Bergson, H. 1907, *L'Évolution créatrice*, Paris: Félix Alcan 1935 (dt.: *Schöpferische Erkenntnis*, Jena: Diederichs 1921).
Benedetti, G. 1983, *Todeslandschaften der Seele*, Göttingen: Vandenhoeck u. Ruprecht.
Benz, Esther, Zürich, mündliche Anregungen.
Berne, E. 1947/²1957/³1968 (Fassung der 2. Aufl., bis 1974 nachgedruckt, trotz ganz neuer Bearbeitung 1968). 1947, *The Mind in Action*. New York: Grove Press; ²1957, *A Layman's Guide to Psychiatry and Psychoanalysis*, New York: Ballantine Books 1973; ³1968 (!) *A Layman's Guide to Psychiatry and Psychoanalysis*, New York: Simon & Schuster (dt.: *Sprechstunden der Seele*, Reinbek b. Hamburg: Rowohlt 1970, Übersetzung der Ausgabe von 1968 *ohne* die Kapitel über Transactional Analysis von Dusay und über Allied Professions von Edwards, Dickson, James, Poindexter).
Berne, E. 1957a, The Ego Image, *The Psychiatric Quarterly 31*, pp. 611–627. Nachdruck in: Berne, E. 1977, pp. 99–119/S. 131–151.
Berne, E. 1957b, Ego States in Psychotherapy, *The American Journal of Psychotherapy 11*, pp. 293–309. Nachdruck in: Berne, E. 1977, pp. 121–144/S. 153–176.
Berne, E. 1958, Transactional Analysis, a New and Effective Method of Group Therapy, *The American Journal of Psychotherapy, 12*, pp. 735–743. Nachdruck in: Berne, E. 1977, pp. 145–158/S. 177–190.
Berne, E. 1961, *Transactional Analysis in Psychotherapy*, New York: Ballantine Books 1973.
Berne, E. 1962a, In Treatment, *TAB 1*, p. 10.
Berne, E. 1962b, Classification of Positions, *TAB 1*, p. 23.
Berne, E. 1962c, Terminology, *TAB 1*, p. 24.
Berne, E. 1962d, The Psychodynamics of Intuition. The Psychiatric Quarterly 36, pp. 294–300. Nachdruck in: Berne, E. 1977, pp. 159–166/S. 191–199.
Berne, E. 1963, *The Structure and Dynamics of Organizations and Groups*, New York: Ballantine Books 1973 (dt.: Struktur von Organisationen und Gruppen, München: Kindler 1979, wesentliche Teile nicht übersetzt).
Berne, E. 1964a, The Intimacy Experiment, *TAB 3*, p. 113.
Berne, E. 1964b, *Games People Play*, New York: Grove Press 1967 (dt.: *Spiele der Erwachsenen*, Reinbek b. Hamburg: Rowohlt 1967).
Berne, E. 1964c, More About Intimacy, *TAB 3*, p. 125.
Berne, E. 1964d, Trading Stamps, *TAB 3*, p. 127.
Berne, E. 1964e, Pathological Significance of Games, *TAB 3*, p. 160.
Berne, E. 1966a, Editoral Comment on Script Analysis Section, *TAB 5*, p. 150.
Berne, E. 1966b, *Principles of Group Treatment*, New York: Oxford University Press.
Berne, E. 1966c, Preliminary Orientation, *TAB 5*, pp. 171–172.
Berne, E. 1966d, Recent Advances in Transational Analysis, *Current Psychiatric Therapie* 6, pp. 114–124. Nachdruck in: Toman, W. u. Egg, R. (Hgb.) 1988, S. 112–123.
Berne, E. 1967, Preliminary Orientation, *TAB 6*, p. 83.
Berne, E. 1968a, Transcription of Eric Berne in Vienna 1968, *TAJ 3* (1973), pp. 63–72.
Berne, E. 1968b, Staff-Patient and Staff Conference, *Amer. J. Psychiatry 125*, p. 286–293 (dt.: Teambesprechungen im Beisein des Patienten, *NTA, 4 [1980]*, S. 51–58).
Berne, E. 1969, Standard Nomenclature, *TAB 8*, pp.111-112.
Berne, E. 1970, *Sex in Human Loving*, New York: Pocket Books 1971 (dt.: *Spielarten und Spielregeln der Liebe*, Reinbek b. Hamburg: Rowohlt 1974).
Berne, E. 1970a, Eric Berne as Group Therapist, *TAB 9*, pp. 75–83.
Berne, E. 1971, Away from a Theory of the Impact of Interpersonal Interaction on Non-verbal Participation, *TAJ 1*, pp. 6–13 (dt.: Weg von der Theorie der Einwirkung interpersonaler Interaktion auf nonverbale Partizipation, *ZTA 1*, 1986, S. 6–16).

Berne, E. 1972, *What Do You Say After You Say Hello*, New York: Bantam Books 1973 (dt.: *Was sagen Sie, nachdem Sie «guten Tag» gesagt haben?* München: Kindler 1973, unvollständig übersetzt).
Berne, E. 1977, *Intuition and Ego States* (Sammelband), San Francisco: TA Press (dt.: *Transaktionsanalyse der Intuition*, Paderborn: Junfermann 1991).
Binder, H. 1964, *Die menschliche Person*, Bern/Stuttgart: Hans Huber.
Bion, W.R. 1961, *Experiences in groups and other papers*, London: Tavistock Publications (dt.: *Erfahrungen in Gruppen und andere Schriften*, Stuttgart: Klett, 1971).
Birnbaum, J. 1987, A Replacement Therapy for the Histrionic Personality Disorder, *TAJ 17*, pp.24–28 (dt.: Substitutionstherapie bei histrionischen Persönlichkeitsstörungen *ZTA, Jg.3*, S.106–116).
Blanck G. u. R. 1974, *Ego Psychology, Theory and Practice*, New York/London: Columbia University Press 1974 (dt.: *Angewandte Ich-Psychologie*, Stuttgart: Klett-Cotta 1978).
Bleuler, E. 1911, Die Psychoanalyse Freuds, Sonderdruck aus dem *Jahrbuch für psychoanalytische und psychopathologische Forschung, Bd.II*, Leipzig/Wien: Deuticke.
Bornemann, E. 1972, Einführung zu: Ansbach, H.L. u. R.R. 1972, S.17–39.
Boss, M. 1957, *Psychoanalyse und Daseinsanalytik*, Berne: Hans Huber.
Boss, M. 1961a, Daseinsanalytische Bemerkungen zu Freuds Vorstellung des «Unbewußten», *Z.f. Psycho-somatische Medizin, Jg.7*, S.130–141.
Boss, M. 1961b, Die Bedeutung der Daseinsanalyse für die psychoanalytische Praxis, *Z.f. Psycho-somatische Medizin, Jg.7*, S.162–172.
Boss, M. 1976, Schizophrenes Krank-Sein im Lichte einer daseinsanalytischen Phänomenologie, *Therapeut. Umschau 33*, S.452–464.
Boszormenyi-Nagy, I. u. Spark M. 1973, *Invisible Loyalities*, Hagerstone (USA, MD): Harper u. Row (dt.: *Unsichtbare Bindungen*, Stuttgart: Klett-Cotta 1981).
Boulton, M. 1983, Clinical Use of Dreams in TA Group Therapy, *Script l2, Nr. l* (Feb.1983), p.8.
Boyce, M. 1978, Twelve Permissions, *TAJ 8*, pp.30–32.
Boyd, H. 1976, The Structure and Sequence of Psychotherapy, *TAJ 6*, pp.180–183.
Boyd, L. u. H. 1980a, Play as a Time Structure, *TAJ 10*, pp.5–7.
Boyd, L. u. H. 1980b, Caring and Intimacy as a Time Structure, *TAJ 10*, pp.281–283.
Breen, M. 1970, An Improvement Scale, *TAB 9*, pp.1.
Bruce, J. u. Erskine, R. 1974, Counterfeit Strokes, *TAJ 4*, pp.18–19 (dt.: Verfälschung von Strokes, *NTA, Jg.2 [1978]*, S.27).
Bruce, T. u. Kornick, L. M. 1983, A Training Guide, *TAJ 13*, pp.65–69.
Brun, R. 1942/²1946, *Allgemeine Neurosenlehre*, Basel: Schwabe.
Brunner, R. et al. 1985, *Wörterbuch der Individualpsychologie*, München/Basel: Ernst Reinhardt.
Buber, M. 1923, *Ich und Du*, Ges. W. Bd. I, München: Kösel u. Heidelberg: Lambert Schneider, 1962, S.77–170.
Bühler, Ch. u. Allen, M. 1972, *Introduction to Humanistic Psychology*, Monterey (USA, CA): Brooks/Cole (dt.: *Einführung in die humanistische Psychologie*, Stuttgart: Klett 1974.

Campbell, J. 1949, *The Hero with a Thousand Faces*, New York: Bollingen Foundation (dt.: *Der Heros in tausend Gestalten*, Frankfurt a.M.: Suhrkamp 1978.)
Campos, L. 1970, Transactional Analysis of Witch Messages, *TAB 9*, pp.51–57.
Campos, L. 1987, *You can redecide your life*, Sacramento (USA, CA): Sacramento Institute for Redecision Therapy.
Campos, L. u. McCormick, P. 1972, *Introduce Your Marriage to Transactional Analysis*, San Francisco: Transactional Pubs.
Cardon, A. u. Mermet, L. 1982, *Vocabulaire de l'Analyse Transactionelle*, Paris: les éditions de l'organisation.
Cardon, A. et al. 1983/²1984, *l'analyse transactionelle*, Paris: les éditions d'organisation.
Cassius, J. et al. 1969, On Touching, *TAB 8*, p.89.
Cellini, H. R. u. Fraser, O. 1976, Anti-Script: Cure or Curse? *TAJ 6*, p.274.
Cheney, W.D. 1971, Eric Berne: Biographical Sketch, *TAJ 1*, pp.14–22.
Cheney, W. D. 1973, The Ego-defensive Function of Life-Script, *TAJ 3*, pp.81–91.
Cheney, W.D. 1978, Don't You Play Games With Me, Berkeley (USA, CA): Randolph-Harris.
Childs-Gowell, E. 1979a, *The Cathexis Primer*, Oakland (USA, CA): Cathexis Institute.
Childs-Gowell E. 1979b, *Reparenting Schizophrenics*, North Quincy (USA, MA): Christopher Pub.
Cohn, R. C. 1975, *Von der Psychoanalyse zur themenzentrierten Interaktion*, Stuttgart: Klett.
Cooper, T. u. Kahler, T. 1974, An Eightfold Classification System for Strokes and Discounts, *TAJ 4, Nr.3*, pp.30–31.

Corsini, R. J. (Hgb.) 1981, *Handbook of Innovative Psychotherapie*, New York: John Wisley & Sons (dt.: *Handbuch der Psychotherapie*, Weinheim/Basel: Beltz 1983, Bd.II ab S. 769).
Cremerius, J. 1977, Übertragung und Gegenübertragung bei Patienten mit schweren Über-Ich Störungen, *Psyche 33*, S. 879.
Cremerius, J. 1979, Gibt es zwei psychoanalytische Techniken?, *Psyche 33*, S. 577–599.
Crossman, P. 1966, Permission and Protection, *TAB 5*, pp. 152–154.
Crossman, P. 1967, Position and Smiling, *TAB 6*, pp. 72–73.

Dashiell, S.R. 1978, The Parent Resolution Process: Reprogramming Psychic Incorporation in the Parent, TAJ 8, pp. 289–294 (dt.: Eltern-Ich-Lösung: Neuprogrammierung psychischer Bestandteile des Eltern-Ichs, *NTA Jg.5 [1981]*, S. 8–13).
Dehner, Ulrich, Konstanz (D), mündliche Mitteilungen.
Deutsch, H. 1930, *Psychoanalyse der Neurosen*, Wien: Internationaler psychoanalytischer Verlag.
Dieckmann, H. 1966, *Märchen und Träume als Helfer des Menschen*, Stuttgart: Bonz.
Dieckmann, H. 1968, Das Lieblingsmärchen in der Kindheit als therapeutischer Faktor in der Analyse, *Praxis der Kinderpsychologie und Kinderpsychiatrie, Jg.7,* H.8.
Dieckmann, H. 1978, *Gelebte Märchen*, Hildesheim: Gerstenberg.
Dieckmann, H. 1979, *Methoden der analytischen Psychologie*, Olten: Walter.
Dietrich, G. u. Walter, H. 1970, *Grundbegriffe der psychologischen Fachsprache*, München: Ehrenwirth.
Dinslage, A. 1990, *Gestaltherapie*, Mannheim: PAL.
Drewermann, E. 1984, *Tiefenpsychologie und Exegese*, Olten: Walter.
Drye, R. C. 1977, Psychoanalysis and TA. In James, M. (Hgb.) 1977b, pp. 187–204.
Duehrssen, A. 1972, *Analytische Psychotherapie*, Göttingen: Vandenhoeck & Ruprecht.
Dürckheim, K. v. 1956, *Hara, die Erdmitte des Menschen*, Weilheim (Obb.): Barth.
Dusay, J. M. 1966, Responses to Games in Therapy, *TAB 5*, pp. 136–137.
Dusay, J. M. 1968, Transactional Analysis. In: Berne, E. 1947/1957/*1968*, pp. 277–306.
Dusay, J. M. 1972, Egograms and «Constancy Hypothesis», *TAJ 2*, pp. 133–134 (dt.: Egogramme und die «Hypothese von der Konstanz», *NTA, Jg.2 [1978]*, S. 2–5).
Dusay, J. M. 1977a, The Evolution of Transactional Analysis, in Barnes, G. (Ed.) 1977, pp. 32–52 (dt.: Die Entwicklung der Transaktionsanalyse. In: Barnes, G. [Hgb.] 1977b, dt.Bd.I, S. 54–82).
Dusay, J. M. 1977b, *Egograms*, New York: Harper & Row.
Dusay, J. M. 1980/^{2}1981, Eric Berne. In: Kaplan, H. F. et al. (Ed.) 1980/^{2}1981, pp. 790–779.
Dusay, J. M. 1968, Transactional Analysis. In. Berne, E. 1947/^{2}1957/^{3}*1968,* pp. 277–306/nicht übersetzt.
Dusay, J. M. u. Steiner, C. 1971, Transactional Analysis in Groups. In: Harold, I. u. Sadock, J. (Ed.) 1971, pp. 198–240.

Edwards, M. 1968/1978, The Two Parents, *TAB 7*, pp. 37–38 (etwas verändert in Goulding R. u. M. 1978, pp. 57–60).
Edwards, S. A. 1979, Hyperactivity As Passive Behavior, *TAJ 9*, pp. 60–62.
Eissler, K. R. 1950, The Chicago Institute of Psychoanalysis and the six periods of development of psychoanalytic techniques, *J. Gen. Psychol. Bd.42*, pp. 103–157 (angeführt von Thomä, H. 1983, S. 43).
Ellis, A. 1962, *Reason and Emotion in Psychotherapy*, Lyle Stuart (USA, NJ): Seaucus (dt.: *Die rational-emotive Therapie*, München: Pfeiffer 1977).
Ellis, A. 1991, *Reason and Emotion in Psychotherapy*, Carol Publishing Group. Neuauflage des Buches von 1962 (dt.: *Die rational-emotive Therapie*, ^{5}1993, München: Pfeiffer).
English, F. 1969, Episcript and the «Hot Potato Game», *TAB 8*, pp. 77–82. Nachdruck: English 1976a/^{2}1979, pp. 78–87 (dt.: Episkript und das Spiel «Heiße Kartoffel». In: English 1976b, S. 187–195, und 1980a, S. 169–180).
English, F. 1970a, I'll Show You Yet (ISYY) or They'll Be Sorry They Kicked Me, *TAB 9*, H.33. Nachdruck: English 1976a/^{2}1979, pp. 88–90.
English, F. 1970b, Distinguishing between Role and Ego State, *TAB 9*, H.35. Nachdruck: English 1976a/^{2}1979, p. 44 (dt.: Der Unterschied zwischen Rolle und Ich-Zustand. In: English 1976b, S. 212).
English, F. 1971, Strokes on the Credit Bank, *TAJ 1*, pp. 27–28.
English, F. 1971/72, The Substitution Factor: Rackets and Real Feelings, *TAJ 1*, pp. 225–230, 2, pp. 23–25. Nachdruck: English 1976a/^{2}1979, pp. 135–150 (dt.: Die Ersatzlösung: Über «Rackets» und echte Gefühle, 1976b, S. 127–137, und 1980a, S. 83–96).

English, F. 1972, Sleepy, Spunky, and Spooky, *TAJ 2*, pp. 64–67. Nachdruck: 1976a/²1979, pp. 53–62 (dt.: Sleepy, Spunky und Spongy – Ein überarbeitetes Schema zur Unterteilung des Kind-Ichs und zur Skript-Matrix. In: English 1976b, S. 120–126 und 1980a, S. 45–52).

English, F. 1973/²1976(?), Transactional Analysis and Script Analysis Today. In: English 1976a/²1979, pp. 1–43 (dt.: Stella – Ein Beispiel für die Behandlung mit Transaktionsanalyse und Skriptanalyse. In: English 1976b, S. 87–119 und 1980a, S. 5–44).

English, F. 1975a, Shame and Social Control, *TAJ 5*, pp. 24–28. Nachdruck in English 1976a/²1979, pp. 45–52 (dt.: Scham und soziale Kontrolle. In: English 1976b, S. 168–174).

English, F. 1975b, The three Cornered Contract, *TAJ 5*, pp. 383–384. Nachdruck: English 1976a/²1979, pp. 91–92 (dt.: Der Dreiecks-Vertrag. In. English 1976b, S. 213f und 1980a, S. 208f).

English, F. 1975c/²1976, I'm OK – You're OK (Adult), *TAJ 5 (1975)*, pp. 416–419. Erweiterte Fassung: The Fifth Position: «I'm OK-You're OK For Real, *Voices 12 (1976)*, H.7. Nachruck: English 1976a/²1979, pp. 162–175 (dt.: Die fünfte Position: «Ich bin o.k. – Du bist o.k. – realistisch». In: English 1976b, S. 151–160, und 1980a, S. 71–82).

English, F. 1976a/²1979(?), *Selected Articles*, Philadelphia (USA. PE): Eastern Institute For T.A. and Gestalt (Deutsche Übersetzung siehe English 1976b und English 1980a!). Die Aufsätze aus dieser Sammlung in diesem Literaturverzeichnis auch einzeln angeführt!

English, F. 1976b, Transaktionale Analyse und Skriptanalyse, Hamburg: Altmann (Übersetzung der meisten Aufsätze aus 1976a/1979 – Die Aufsätze in diesem Literaturverzeichnis auch einzeln angeführt)

English, F. 1976c, The Heroin's Progress: Movement from Script to Treatment. In: English 1976a/²1979, pp. 68–77.

English, F. 1976d, Suicidal Cases. In: English 1976a/²1979, pp. 207–210 (dt.: Suizidalität. In: English 1976b, S. 184–186, und 1980a, S. 129–132).

English, F. 1976e, Script and Position. In: English 1976a/²1979, pp. 151–161 (dt.: Die Änderung der Grundeinstellung des Skripts. In: English 1976b, S. 161–167).

English, F. 1976f, Piaget's Discoveries and TA: Stages of Cognitive Development and Structural Analysis. In: English 1976a/²1979, pp. 93–109 (dt.: Strukturanalyse und die Stufen der kognitiven Entwicklung. In: English 1976b, S. 200–211).

English, F. 1976g, Description of Script and Three Story Exercise («Getting Into the Script»). In: English 1976a/²1979, pp. 228–232 (dt.: Eine einfache Beschreibung von Skript. In: English 1976b, S. 215–218, und 1980a unter dem Titel: Geschichten als Skriptindikatoren, S. 210–213).

English, F. 1976h, The Sleepy/Spunky Mermaid. In: English 1976a/²1979, pp. 63–67 (dt.: Mit einem Prolog und einem Epilog versehen unter dem Titel: «Epilog» in: English 1976b, S. 219–222).

English, F. 1976i, The Treatment Formula: A Guide for Contractual TA Treatment. In: English 1976a/²1979, pp. 110–114.

English, F. 1976k, Overweigth as a Survival Conclusion. In: English 1976a/²1979, pp. 216–227 (dt.: Übergewicht und frühe Überlebensentscheidung. In: English 1976b, S. 175–183, und 1980a, S. 181–192).

English, F. 1976l, What Makes a Good Therapist. In: English 1976a/²1979, pp. 115–119. Nachdruck unter dem Titel: What is a good therapist?, *TAJ 7*, pp. 149–152 (dt.: Merkmale des guten Therapeuten. In: English 1976b, S. 196–199, und 1980a, S. 145–150).

English, E. 1976m, Aus meiner eigenen Analyse: Zur Verbindung von TA und Gestalttherapie. In: English, F. 1976b, S. 72–86 und 1980a, S. 215–232.

English, F. 1977a, Rackets and Racketeering as the Root of Games. In: Blakeney, R.N. (Ed.), Current Issues in Transactional Analysis, New York: Brunner/Mazel. Nachdruck unter dem Titel: Rackets as the Basis of Games in: English 1976a/²1979, pp. 207–210 (dt.: Ersatzgefühle und Ausbeutungstransaktionen als die Wurzel psychologischer Spiele. In: English 1980a, S. 97–123).

English, F. 1977b, Let's Not Claim It's Script When It Ain't, *Transactional Analysis Journal* 7, pp. 130–138. Nachdruck in: English 1976a/²1979, pp. 233–248 (dt.: Laßt uns nicht Skript nennen, wenn es keines ist. In: English 1980a, S. 133–143).

English, F. 1977c, What Shall I Do Tomorrow? Reconceptualizing Transactional Analysis. In: Barnes, G. (Ed.) 1977b, pp. 287–347 (dt.: Was werde ich morgen tun? Eine neue Begriffsbestimmung der Transaktionsanalyse. In: Barnes, G. [Hgb.] 1977, dt. Bd. 2, S. 170–254).

English, F. 1979a, Potency as a Female Therapist. In: English 1976a/²1979, pp. 120–134 (dt.: Die Stärke des weiblichen Therapeuten. In: English 1980a, S. 151–156).

English, F. 1979b, Differentiating Victims in the Drama Triangle. In: 1976a/²1979, pp. 211–215 (dt.: Die Unterscheidung der Opfer im Drama-Dreieck. In: English 1980a, S. 125–128).

English, F. 1979c, Courage, Love and Concern as Rackets. In: English 1976a/²1979, pp. 249–267.

Nachdruck unter dem Titel: The Annual Eric Berne Memorial Scientific Award Acceptance Speech, *TAJ 9*, pp. 90–97 (dt.: Mut, Liebe und Anteilnahme als Ersatzgefühle. In: English 1980a, S. 233–246).
English, F. 1980a, Transaktionsanalyse, Hamburg: ISKO-Press (vor allem übersetzte Aufsätze aus English 1976a/[2]1979 – Die Aufsätze in diesem Literaturverzeichnis auch einzeln angeführt).
English, F. 1980b, Der Widerstand in der Transaktionsanalyse und der existentiellen Verhaltensmusteranalyse. In: English 1980a, S. 157–167.
English, F. 1980c, Der Zusammenhang zwischen Ausbeutungstransaktionen, Überlebensschlußfolgerungen, Spielen und Grundeinstellung. In: English 1976b, S. 138–150.
English, F. 1982, Es ging doch gut – was ging denn schief?, München: Kaiser.
English, F. 1983, Beyond Script Analysis. In: *EATA Newsletters, Nr. 18, Oct. 1983.*
English, F. 1987, Power, Mental Energy, and Inertia, *TAJ 17*, pp. 91–98.
Erikson, E. 1950, *Childhood and Society*, New York: Norton 1950/[2]1963 (dt.: *Kindheit und Gesellschaft*, Stuttgart: Klett 1957).
Erikson, E. 1953, *Wachstum und Krisen der gesunden Persönlichkeit*, Beihefte der «Psyche».
Erikson, E. 1959, *Identity and Lifecycle*, New York: Int. Univ. Press (dt.: *Identität und Lebenszyklus*, Frankfurt: Suhrkamp 1966).
Ernst, C. u. Luckner, N.v. 1985, Stellt die Frühkindheit die Weichen? Eine Kritik an der Lehre von der schicksalshaften Bedeutung erster Erlebnisse, *Forum der Psychiatrie, Neue Folge, Nr. 23*, Stuttgart: Enke.
Ernst, F. 1971a, *Get On With, Getting Well and Get Winners*, Vallejo (USA, CA): Addresso'Set.
Ernst, F. 1971b, The OK Corral: The Grid For Get-on-with, *TAJ 1*, pp. 231 ff.
Ernst, F. 1973, Psychological Rackets in the OK Corral, *TAJ 3*, pp. 95–99.
Ernst, K. 1972, *Games Students Play*, Millbrae (USA, CA): Celestial Arts.
Ernst, K. 1976, *Pre-Scription*, Millbrae (USA, CA): Celestial Arts.
Erskine R. G. u. Zalcman, M. 1979, The Racket System, *TAJ 9*, pp. 51–59 (dt.: Das Maschensystem, *NTA, Jg.3 [1979]*, S. 152–161).
Erskine, R. G. 1973, Six Stages of Treatment, *TAJ 3*, p. 17.
Erskine, R. G. 1975, The ABC'S of Effective Psychotherapy, *TAJ 5*, pp. 163–165.
Erskine, R. G. 1980a, Identification and Cure of Stroke Ripoff, *TAJ 10*, pp. 74–76.
Erskine, R. G. 1980b, Script Cure, *TAJ 10*, pp. 102–106.
Erskine, R. G. u. Moursund, J.P. 1988, *Integrative Psychotherapy in Action*, Newbury Park (USA, CA)/London: SAGE Publications.

Fagan, J. u. Shepherd, I.L. 1970, *Gestalt Therapy Now*, Palo Alto (USA, CA): Science and Behavior Books.
Faibairn, W. R. D. 1954, *The Object-Relation Theory of Personality*, New York: Basic Books.
Federn, P. 1956, *Ichpsychologie und die Psychosen*, Bern: Hans Huber und Frankfurt a.M.: Suhrkamp 1978.
Ferrucci, P. 1981/1982, *Crescere*, Mailand: Editrice Astrolabio 1981 u. davon unabhängig: *What We May Be*, Los Angeles (USA, CA): Tarcher 1982 *(dt.: Werde, was du bist*, Basel: Sphinx-Verlag 1984).
Freed, A. M. 1976, *TA for Teens*, Sacramento (USA, CA): Jalmar Press.
Freud, A. 1936, *Das Ich und die Abwehrmechanismen*, London: Imago 1946.
Freud, S. 1899, Über Deckerinnerungen, *Ges. W. Bd. I*, S. 529–554.
Freud, S. 1900, Traumdeutung, *Ges. W. Bd. II/III.*
Freud, S. 1905a, Über Psychotherapie, *Ges. W. Bd. V*, S. 11–26.
Freud, S. 1905b, Drei Abhandlungen zur Sexualtheorie, *Ges. W. Bd. V*, S. 27–145.
Freud, S. 1905c, Bruchstücke einer Hysterieanalyse, *Ges. W. Bd. V*, S. 161–186.
Freud, S. 1910a, *Sigmund Freud – Oskar Pfister*, Briefe 1909–1939, Frankfurt a.M.: Fischer 1963, S. 37 (Brief vom 5. 6. 10).
Freud, S. 1910b, Über Psychoanalyse, *Ges. W. Bd. VIII*, S. 1–60.
Freud, S. 1911, Formulierungen über zwei Prinzipien des psychischen Geschehens, *Ges. W. Bd. VIII*, S. 230–238.
Freud, S. 1914a, Zur Geschichte der psychoanalytischen Bewegung, *Ges. W. Bd. X*, S. 43–113.
Freud, S. 1914b, Erinnern, Wiederholen, Durcharbeiten, *Ges. W. Bd. X*, S. 128 136.
Freud, S. 1915a, Triebe und Triebschicksale, *Ges. W. Bd. X*, S. 210–232.
Freud, S. 1915b, Bemerkungen über die Übertragungsliebe, *Ges. W. Bd. X*, S. 305–321.
Freud, S. 1916/1917, Vorlesungen zur Einführung in die Psychoanalyse, *Ges. W. Bd. XI.*

Freud, S. 1920, Jenseits des Lustprinzips, *Ges. W. Bd. XIII*, S. 1–69.
Freud, S. 1923, Das Ich und das Es, *Ges. W. Bd. XIII*, S. 235–289.
Freud, S. 1924, Das ökonomische Problem des Masochismus, *Ges. W. Bd. XIII*, S. 369–383.
Freud, S. 1932, Neue Folge der Vorlesungen zur Einführung in die Psychoanalyse, *Ges. W. Bd. XV*.
Freud, S. 1937, Die endliche und die unendliche Analyse, *Ges. W. Bd. XVI*, S. 57–99.
Fromm, E. 1968, *The Revolution of Hope*, New York: Bantam (dt.: *Die Revolution der Hoffnung*, Stuttgart: Klett 1971).
Frumke, C. S. 1973, Hamartia – Aristoteles' Meaning of the Word and its Relation to Tragic Scripts, *TAJ 3*, pp. 29–30.
Frye, St. 1976, Scripts People Live?, *TAJ 6*, pp. 329–332.

Gardenhire, R. III, 1981, Kid Kloning, *TAJ 11*, pp. 310–311.
Garfield, Val, San Rafael (USA, CA), mündliche Anregungen.
Gazda, G. M. (Hgb.) 1975, *Basic Approaches to Group Psychotherapy and Group Counseling*, Springfield (USA, Il): Thomas.
Gellert, Sh. D. 1975a, How to Reach Early Scenes and Decisions by Dream Work, *TAJ 5*, pp. 411–412.
Gellert, Sh. D. 1975b, Drivers, *TAJ 5*, pp. 422–423.
Gende, N. 1982, «Get Sick» as an Escape Hatch, *TAJ 2*, pp. 197–198.
Gere, F. 1975, Developing the O.K. Miniscript, *TAJ 5*, pp. 285–289.
Gillespie, J. A. 1976, Feeling in the Adult State, *TAJ 6*, p. 69.
Glasser, W. 1965, *Reality Therapy*, New York: Harper u. Row (dt.: *Realitätsherapie*, Weinheim: Beltz 1972).
Glover, E. 1955, *The Technique of Psycho-Analysis*, London: Baillère, Tindall & Cox.
Gnuse, J. 1976, Letter to the Editor, *TAJ 6*, pp. 349–351.
Gordon, D. 1976, *Therapeutic Metaphers*, Cupertino (USA, CA): Metapublication (dt.: *Therapeutische Metaphern*, Paderborn: Junferman 1986).
Gooß, B., Freiburg i.Br., mündliche Anregungen.
Gooß, B. 1984, Die heruntergekommene Begegnung, *ZTA, Jg. 1984*, S. 17–24.
Goulding, M. 1974, Letter to the Editor, *TAJ 4, H. 3*, p. 51.
Goulding, M. 1977, Phobias, *TAJ 7*, pp. 44–54 (etwas verändert in Goulding, R.u.M. 1978, pp. 227–247).
Goulding, M. 1980, Dictators, Emperors and People, *TAJ 10*, pp. 133–134.
Goulding, M.u.R. 1978, Redecision: Some Examples, *TAJ 8*, pp. 132–135 (auch in Goulding, R.u.M. 1978, pp. 257–265).
Goulding, M.u.R. 1979, *Changing Lives through Redecision Therapy*, New York: Brunner/Mazel (dt.: *Neuentscheidung*, Stuttgart: Klett-Cotta 1981).
Goulding, R. 1972a, New Directions in Transactional Analysis in Progress in Group and Family Therapy. In: Sager, C. u. Kaplan, H. (Eds.), pp. 105–134. Nachdruck etwas verändert in: Goulding, R.u.M. 1978, pp. 17–55 (dt.: Neue Richtungen in der Transaktions-Analyse. In: Sager, C. u. Kaplan, H. 1972, dt.S. 123–153).
Goulding, R. 1972b, Decision in Script Formation, *TAJ 2*, pp. 62–63.
Goulding, R. 1974, Client Impasses in TA Treatment. *Voices*, pp. 11–33. Nachdruck etwas verändert in: R.u.M. Goulding 1978, pp. 147–150.
Goulding, R. 1975a, Curing Phobias, *Voices*, pp. 30–31. Nachdruck etwas verändert in Goulding, R.u.M. 1978, pp. 151–155.
Goulding, R. 1975b, The Formation and Beginning Process of Transactional Analysis Groups. In: G. M. Gazda (Hgb.) 1975. Nachdruck etwas verändert in: Goulding, M.u.R. 1978, pp. 157–188.
Goulding, R. 1977, No Magic at Mt. Madonna. In: Barnes, G. 1977b, (Ed.), pp. 77–94. Nachdruck etwas verändert in Goulding, R.u.M. 1978, pp. 61–90 (dt. Barnes, G. [Hgb.], Bd. I, S. 113–138).
Goulding, R.u.M. 1976, Injunctions, Decisions and Redecisions, *TAJ 6*, pp. 48. Nachdruck etwas abgeändert in Goulding, R.u.M. 1978, pp. 213–225.
Goulding, R.u.M. 1978, *The Power is in the Patient* (Sammelband), San Francisco: TA Press.
Goulding, R. u. McClendon, R. 1978, Redecision in Marital Therapy. In: Goulding R.u.M. 1978, pp. 189–194.
Goulding, R.u.M. u. McCormick, P. 1973, Grass, Gobbledygook, and Real Grovin'. In: Goulding, R.u.M. 1978, pp. 91–124.
Grawe, K. et al. 1994, *Psychotherapie im Wandel*, Göttingen u.a.O.: Hogrefe.
Greenson, R. R. 1958, Character in Search of a Screen, *Journal of American Psychoanalytic Associa-*

tion 6, pp. 242–262 (dt.: Über Deckabwehr, Deckhunger und Deckidentität. In: Psychoanalytische Erkundungen [Sammelband], Stuttgart: Klett-Cotta 1982, S. 68–89).
Greenson, R. R. 1967, *The Technique and Practice of Psychoanalysis*, New York: Hallmark Press (dt.: *Technik und Praxis der Psychoanalyse*, Stuttgart: Klett 1973).

Hagehülsmann. H., Rastede-Ipwege (D), mündliche Anregungen.
Hagehülsmann, H. 1984a, The «Menschenbild» in Transactional Analysis. In Stern, E. (Hgb.) *TA – The State of Art*, Dodrecht: Foris Publications, p. 39–59.
Hagehülsmann, H. 1984b, Begriff und Funktion von Menschenbildern in Psychologie und Psychotherapie. In Petzold, H. (Hgb.), *Wege zum Menschen, Bd. I*, Paderborn: Junfermann, S. 9–44.
Hagehülsmann, U. 1992, *Transaktionsanalyse: Wie geht denn das?*, Paderborn: Junfermann.
Hagehülsmann, U. u. H. 1983, Transaktions-Analyse. In: Corsini, R. J. (Hgb.) 1981, dt.S. 1315–1356.
Haimowitz, C. 1975, Structure, *TAJ 5*, pp. 42–47.
Haimowitz, M.u.N. 1976, *Suffering Is Optional*, Evenston (USA, Il): Haimowood Press.
Hall, C. S. 1954, *A Primer of Freudian Psychology*, New York: New American Library 1979.
Harold, I. u. Sadock, J (Ed.) 1971, *Comprehensive Group Therapy*, Baltimore (USA, MD): Williams & Wilkins.
Harris, A. 1972, Good Guys and Sweethearts, *TAJ 2*, pp. 13–18.
Harris, Th. 1967, *I'm OK- You'r OK*, New York: Avon Books 1973 (dtsch.: *Ich bin o.k., Du bist o.k.*, Reinbek b. Hamburg: Rowohlt 1973).
Harris, Th. 1973, *I'm OK, You're OK*, Tonbandkassette, Waco (USA, TX): Success Motivation Institute.
Hartmann, Ch. u. Narboe, N. 1974, Catastrophic Injunctions, *TAJ 4, Nr. 2*, pp. 10–12.
Hassenstein, B. 1980, *Instinkt, Lernen, Spielen, Einsicht*, München: Piper.
Hayman, A. 1969, What do we mean by «id»?, *J. Amer. Psychoanal. Ass. 17*, pp. 353–380 (angeführt von Schafer, R. 1976).
Heigl, F. u. Triebel, A. 1977, *Lernvorgänge in Psychoanalytischer Therapie*, Bern: Hans Huber.
Hellinger, A. Suitbert, Ainring-Mitterfelden (D), mündliche Anregungen.
Hendricks, S. B. 1963, Metabolic Control of Timing, *Science vol.141*, pp. 21–27.
Herman, L. 1975, On Transactional Analyst's Understanding of Carl Jung, *TAJ 5*, pp. 123–125.
Hine, J. 1982, Life Position Therapy, *TAJ 12*, pp. 190–194.
Hinsie, L. E. u. Shatzky, J. 1940, *Psychiatric Dictionary*, New York: Oxford University Press *(diese von Berne angeführte Ausgabe auch von New York nicht mehr erhältlich, einsehbar war für mich nur die 5. Auflage, herausgegeben von R.J. Campbell).
Hoffmann, S. O. 1979, *Charakter und Neurose*, Frankfurt a.M.: Suhrkamp.
Hoffmann, S. O. (Hgb.) 1983a, *Deutung und Beziehung*, Frankfurt a. M.: Fischer.
Hoffmann, S. O. 1983b, Die niederfrequente psychoanalytische Langzeittherapie. In: Hoffmann, S. O. (Hgb.) 1983a, S. 183–193.
Hohmut, A. V. u. Gormly, A. V. 1982, Ego States Models and Personality Structure, *TAJ 12*, pp. 140–143.
Holland, G. 1970, A Psychological Theory of Positions, *TAB 9*, pp. 87–89.
Holloway, M. M. u. W. H. 1973a, The Contract Setting Process. In: M.M.u.W.H. 1973b, pp. 34–39.
Holloway, M. M. u. W. H. 1973b, *The Monograph Series*, Medina (USA, OH): Midwest Institute for Human Understanding.
Holloway, W. H. 1972, The Crazy Child in the Parent, *TAJ 2*, pp. 128–130.
Holloway, W. H. 1973a, What about Working Through. In: Holloway, W.H. u. M. 1973b, pp. 40–44.
Holloway, W. H. 1973b, *Clinical Transactional Analysis with Use of the Life Script Questionnaire*, Aptos (USA, OH): Holloway Books.
Holloway, W. H. 1974, Beyond Permission, *TAJ 4, H. 2*, pp. 15–17.
Holloway, W. H. 1977, Transactional Analysis: A Integrative View. In: Barnes, G. (Ed.) 1977b, pp. 169–221 (dt.: Transaktionsanalyse: Eine integrative Sicht. In: Barnes, G. [Hgb.], dt.Bd.II, S. 18–90).
Holloway, W. H. 1980, Cure, a Lure, *TAJ 10*, pp. 140–142.
Holloway, W. H. u. M. 1973a, *Change Now*, ohne Verlagsangabe.
Holtby, M. E. 1975, TA and Psychodrama, *TAJ 5*, pp. 133–136.
Holtby, M. E. 1976, The Origin and Insertion of Script Injunctions, *TAJ 6*, pp. 371–376.
Holtby, M. E. 1979, Interlocking Racket Systems, *TAJ 9*, pp. 131–135 (dt.: Ineinandergreifende Maschensystems, *NTA, Jg.3*, Nr. 12 [Okt.1979], S. 162–168).
Hostie, R. 1987, *Analyse Transactionelle: L'âge adulte*, Paris: InterEditions.

James, J. 1973, The Game Plan,*TAJ 3*, pp. 194–197.
James, J. 1976, Positive Payoffs After Games, *TAJ 6*, pp. 259–261.
James, M. 1973, *Born to Love*, New York: Bantam Books 1977.
James, M. 1974 Self-Reparenting, *TAJ 4*, H. 3, pp. 32–39 (auch in James, M. 1977, pp. 486–496).
James, M. 1975, *The OK-Boss*, New York: Bantam Books 1977.
James, M. 1977a, Gestalttherapy and TA: In James M. 1977b (Ed.), pp. 250–271.
James, M. 1977b (Ed.), *Techniques in Transactional Analysis*, Reading (USA, MA): Addison-Wesley.
James, M. 1979, *Marriage is Loving*, Reading (USA, MA): Addison-Wesley.
James, M. 1981, *Breaking Free*, Reading (USA, MA): Addison-Wesley.
James, M. 1984, mündliche Ausführungen anläßlich ITAA-Kongreß, Villars (CH).
James, M. 1986, Diagnosis and Treatment of Ego State Boundary Problems, *TAJ 16*, pp. 188–196.
James, M. u. Jongeward, D. 1971, *Born to Win*, New York: New American Library 1978 (dt.: *Spontan leben*, Reinbek b. Hamburg: Rowohlt 1974).
James, M. u. Jongeward, D. 1975, *The People Book*, Reading (USA, MA): Addison-Wesley.
James, M. u. Jongeward, D. 1981, *Winning Ways in Health Care*, Reading (USA, MA): Addison-Wesley.
James, M. u. Savary, L. 1974, *The Power at the Bottom of the World*. New York: Harper & Row (dt.: *Befreites Leben*, München: Kaiser 1977).
James, M. u. Savary, L. 1977, *A New Self*, Reading (USA, MA): Addison-Wesley.
Jaoui, G. 1985, Des étapes pour réussir, *Actualités en analyse transactionelle, vol.9*, pp. 139–142.
Jellouschek, H., Ammerbuch (D), mündliche Anregungen.
Jellouschek, H. 1984, Transaktions-Analyse und Familientherapie, *ZTA*, *Jg.84*, S. 25–32.
Jellouschek, H. 1988, Referat über *Beziehungskrise als Entwicklungschance* an der Tagung der Deutschen Gesellschaft für Transaktionsanalyse, 27.-29.5.88, Bad Soden/Taunus.
Jellouscheck, H. 1989, *Die Froschprinzessin*, Zürich: Kreuz Verlag.
Jessen, F. M. u. Rogoll, R. 1980/1981, Spiel-Analyse in der Transaktionsanalyse, *Partnerberatung, Jg. 17*, S. 192–200 und *Jg. 18*, S. 56–67.
Joines, V. S. 1977, An Integrated System Perspective. In: Barnes, G. (Ed.) 1977b, pp. 257–272 (dt.: Eine ergänzende Systemperspektive. In: Barnes, G. (Hgb.), Bd.II, S. 133–153.
Joines, V. 1983, Integrating Gestalt and Senoi Dream Work with TA, *Script XIII, Nr. 1* (Feb.).
Jongeward, D. 1972, *Transactional Analysis Overview*, Tonbandkassette, Reading (USA, MA): Addison-Wesley.
Jongeward, D. 1973, *Everybody Wins*, Reading (USA, MA): Addison-Wesley.
Jongeward, D. u. Blackeney, R. 1979, Guidelines for Organizational Applications of Transactional Analysis, *TAJ 9*, pp. 174–177.
Jongeward, D. u. James, M. 1973, *Winning with People*, Reading (USA, MA): Addison-Wesley.
Jung, C. G. 1916, La Structure de l'Inconscient, *Archives de Psychologie, Bd.XVI* (dt.: Die Struktur des Unbewußten, *Ges.W. Bd.VII*, S. 292–337).
Jung, C. G. 1921/⁹1960, Psychologische Typen, *Ges.W. Bd.VI*, S. 1–537.
Jung, C. G. 1928, Die Beziehungen zwischen dem Ich und dem Unbewußten, *Ges.W.Bd.VII*, S. 131–264.
Jung, C. G. 1946, Die Psychologie der Übertragung, *Ges.W.Bd.XVI*, S. 173–362.
Jursch, Günter, Krailling b. München, mündliche Anregungen.

Kächele, H. 1985, Was ist psychodynamische Kurztherapie? *Praxis der Psychotherapie und Psychosomatik, Bd. 30*, S. 119–127.
Kadis, L. B. (Ed.) 1985, *Redecision Therapy*, Watsonville (USA, CA): Western Institute for Group and Family Therapy.
Kahler, T. 1974, Letters to the Editor, *TAJ 4, H. 3*, pp. 64–65.
Kahler, T. 1975a, Structural Analysis: A Focus on Stroke Rationale, a Parent Continuum and Egograms, *TAJ 5*, p. 267.
Kahler, T. 1975b, Scripts: Process and Content, *TAJ 5*, p. 277.
Kahler, T. 1975c, Drivers: The Key to the Process of Scripts, *TAJ 5*, pp. 280–284.
Kahler, T. 1975d, In Response, *TAJ 5*, pp. 425–428.
Kahler, T. 1977, The Miniscript. In: Barnes, G. (Ed.) 1977b, pp. 222–256 (dt.: Das Miniskript. In: Barnes, G. (Hgb.) 1977, Bd.II, S. 91–132).
Kahler, T. 1978, *Transactional Analysis Revisited*, Eigenverlag ohne Ortsangabe.
Kahler, T. u. Capers, H. 1974, The Miniscript, *TAJ 4*, Nr. 1, pp. 26–42 (Errata in *TAJ 4*, Nr. 2, p. 49).
Kahler, T. u. D'Angelo, A. 1976, Feeling Rackets (Referat), *TAJ 6*, pp. 339–346.

Kahn-Schneider, J. 1978, Second Order Structure of the Parent, *TAJ 8*, pp. 295–296 (dt.: Strukturanalyse zweiter Ordnung des Eltern-Ichs, *NTA, Jg.5 [1981]*, S. 42–43).
Kaplan, H. F. et al. (Ed.) 1980/²1981, *Comprehensive Textbook of Psychiatry*, Baltimore (USA, MD): Williams & Wilkins.
Karpman, St. 1968, Fairy Tale and Script Drama Analysis, *TAB 7*, pp. 39–43.
Karpmann, St. 1971, Options, *TAJ 1*, pp. 79–87.
Kaufmann, D. u. J. 1972, The Sources of Parenting Behavior: An Exploratory Study, *TAJ 2*, pp. 191–192.
Klein, M. 1980a, Thoughts and Feelings, *TAJ 10*, pp. 96–100.
Klein, M. 1980b, *Lives People Lives*, Chichester (UK): John Wiley & Sons.
Knuth, Ingrid, Berlin, mündliche Anregungen.
König, W. H. 1981, Zur Neuformulierung der psychoanalytischen Metapsychologie. In: Mertens, W. (Hgb.) 1981, S. 83–123.
Kottwitz, G. 1976, Transaktionsanalytische Familientherapie, *Z. f. Integrative Therapie, Bd. 8*, S. 18–36. Nachdruck in: Kottwitz, G., 1980, *Wege zur Neuentscheidung*, Berlin: Institut f. Kommunikationstherapie, S. 39–55.
Kottwitz, G. 1977, Der therapeutische Vertrag in der Transaktionsanalyse, *Integrative Therapie 1977*, S. 227–240.
Kottwitz, G. 1981, Der Widerstand in der Transaktionsanalyse. In: Petzold, H. (Hgb) 1981, S. 325–337.
Kottwitz, G. 1992, Die Bedeutung der Gruppe in der transaktionsanalytischen Therapie. In: Kottwitz, G. et al. (Hgb.) 1992/1994, Integrative Transaktionsanalyse, Berlin: Institut f. Kommunikationstherapie, Bd.I, S. 133–155.
Kovel, J. 1976, *A Complete Guide to Therapy. From Psychoanalysis to Behavior Modification*, New York: Pantheon Book (dt.: *Kritischer Leitfaden der Psychotherapie*, Frankfurt/New York: Campus 1977).
Kriz, J. 1985/³1991, *Grundkonzepte der Psychotherapie*, Weinheim: Psychologie Verlags Union.
Künkel, F. 1928, *Einführung in die Charakterkunde*, Leipzig: Hirzel. (Nachdruck: Stuttgart: Hirzel 1982).
Künkel, F. 1931a, *Charakter, Wachstum und Erziehung*, Leipzig: Hirzel (Nachdruck: Stuttgart: Hirzel 1976).
Künkel, F. 1931b, *Charakter, Krisis und Weltanschauung*, Leipzig: Hirzel (Nachdruck: Stuttgart: Hirzel 1976).
Künkel, F. 1939, *Das Wir*, Schwerin: Bahn.
Kupfer, D. u. Haimowitz, M. 1971, Therapeutic Interventions: Part 1 Rubberbands Now, *TAJ 1, Nr. 2*, pp. 10–16.
Kupfer, D. 1962, On Stroking, *TAB 1*, p. 9.

Laing, R. D. 1961/²1969, *Self and Others*, London: Tavistocks Publications (dt.: *Das Selbst und die Anderen*, Reinbek b. Hamburg: Rowohlt TB, 1977).
Lakoff, G. u. Johnson, M. 1980, *Metaphors We Live By*, Chicago: The University of Chicago Press.
Lankford, V. 1980, Termination, *TAJ 10*, pp. 175–177.
Laplanche, J. u. Pontalis, J.-B. 1967, *Vocabulaire de la Psychoanalyse*, Paris: Presses Univ. de France (dt.: *Das Vokabular der Psychoanalyse*, Frankfurt a. M.: Suhrkamp 1973).
Lazarus, A. u. Fay, A. 1975, *«I Can if I Want To»*, New York: William Morrow & Co. (dt.: *Ich kann, wenn ich will*, Stuttgart: Klett-Cotta 1977.
Leibl, R. D. 1972, Treating Schizophrenia, *TAJ 2*, pp. 177–179.
Leibl, R. D. 1973, A Comparative Integration of Primal Therapy and Transactional Analysis, *TAJ 3*, pp. 115–116.
Leuner, H. 1985/²1987, *Lehrbuch des gesamten Katathymen Bilderlebens*, Bern: Hans Huber.
Leuzinger, M. u. Grüntzig, M., Fokaltherapie. In: Mertens, W. (Hgb.) 1983, S. 186–195.
Levin, P. 1974, *Becoming the Way We Are*, Berkeley (USA, CA): Eigenverlag.
Levin, P. 1981, A Development Script Questionnaire, *TAJ 11*, pp. 77–80.
Levin, P. 1982a, The Cycle of Development, *TAJ 12*, pp. 129–139.
Levin, P. 1982b, How to Develop Your Personal Power, Berkeley (USA, CA): Eigenverlag.
Louis, V., Küsnacht (CH), mündliche Anregungen.
Louis, V. 1985, *Individualpsychologische Psychotherapie*, München/Basel: Ernst Reinhardt.
Lückert, H.-R. u. J. 1994, *Einführung in die kognitive Verhaltenstherapie*, München/Basel: Ernst Reinhardt.

Mahler, M. et al. 1974, *The Psychological Birth of the Human Infant*, New York: Basic Books (dt.: *Die psychische Geburt des Menschen*, Frankfurt a.M.: Fischer TB 1980).
Mahoney, M. J. 1974, *Cognition and Behavior Modification*, Cambridge (MA, USA): Ballinger Publishing (dt.: *Kognitive Verhaltenstherapie*, München: Pfeiffer 1977).
Malan, D. 1963, *A Study of Brief Psychotherapy*, London: Tavistock Pubs (dt.: *Psychoanalytische Kurztherapie*, Bern/Stuttgart: Hans Huber 1965).
Mandel, A. et al. 1971, *Einübung in Partnerschaft durch Kommunikationstherapie*, München: Pfeiffer.
Marsh, C. u. Drennan, B. 1976, Ego States and Egogram Therapy, *TAJ 6*, p. 135.
Maslow, A. H. 1954, *Motivation and Personality*, New York: Harper & Row.
Maslow, A. H. 1961, *Toward a Psychology of Being*, Princeton (USA, NJ): Van Nostrand.(dt.: *Psychologie des Seins*, München: Kindler 1973).
Matuschka, E. 1976, Anti-Script as a Therapeutic Tool, *TAJ 6*, pp. 275–277.
McClendon, R. 1977, My Mother Drives a Pickup Truck. In: Barnes, G. (Ed.) 1977b, pp. 100–113 (dt.: Phasen der Familientherapie. In: Barnes, G. (Hgb.) 1977, Bd.I, S. 139–157).
McCormick, P. 1971, *Guide for Use of Life Script Questionnaire*, San Francisco: TA Pubs.
McCormick, P. 1977, *Social Transactions*, San Francisco: TA Pubs.
McCormick, P. 1986, Taking Occam's Razor to the Life Script Interview, *Keynote Speeches at the IATA Conference, July 1986*, pp. 15–17.
McCormick, P. u. Pulleyblank, E. 1979, A More Comprehensive Life Script Interview, *TAJ 9*, pp. 234–236.
McDonald, S. 1983, Assertiveness Training in the Dream Universe, *Script 12, Nr. 1* (Feb.), p. 4.
McKenna, J. 1974, Stroking Profile, *TAJ 4, Nr. 4*, pp. 20–24 (Errata in *TAJ 5*, pp. 80–81) (dt.: Stroke-Profil, *NTA, Jg.2 [1978]*, S. 30–33).
McKenna, J. 1975, *I feel more like I do now than when I came in*, St.Louis (USA, MO): Formur.
McNeel, J. 1979, A Rebuttal to the Pig Parent, *TAJ 9*, pp. 38–40.
McNeel, J. R. 1977, The Seven Components of Redecision Therapy. In: Barnes, G. (Ed.) 1977, pp. 425–441 (dt.: Die sieben Faktoren der Neuentscheidungstherapie. In: Barnes, G. (Hgb.) 1977, Bd. 3, S. 111–133).
Meichenbaum, D.W. 1977, *Cognitive Behavioral Modification*, New York: Plenum Press (dt.: *Kognitive Verhaltensmodifikation*, München: Urban & Schwarzenberg 1979).
Meininger, J. 1973, *Success Through Transactional Analysis*, New York: New American Library (dt.: Transaktionsanalyse, München: Moderne Industrie 1978).
Mellor, K. 1980, Impasses, *TAJ 10*, pp. 213–230 (dt.: Impasses, *NTA, Jg.5 [1981]*, S. 33–41).
Mellor, K. u. Andrewartha, G. 1980, Reparenting the Parent in Support for Redecisions, *TAJ 10*, pp. 197–203 (dt.: Neubeeltern des Eltern-Ichs zur Unterstützung von Neuentscheidungen, *NTA, Jg.5 [1981]*, S. 14–20).
Mellor, K. u. Schiff, E. 1975a, Discounting, *TAJ 5*, pp. 295–302 (dt.: Mißachten [Abwerten, discount], *NTA, Jg.1 [1977]*, S. 133–139).
Mellor, K. u. Schiff, E. 1975b, Redefinition, *TAJ 5*, pp. 303–311 (dt.: Redefinieren-Umdeuten, *NTA, Jg.1 [1977]*, S. 140–149).
Menninger, K. A. u. Holzman, Ph. S. 1958/²1973, *Theory of Psychoanalytic Technique*, New York: Basic Books (dt.: *Theorie der psychoanalytischen Technik*, Stuttgart: fromann-holzboog 1977).
Mentzos, St. 1976, *Interpersonale und institutionalisierte Abwehr*, Frankfurt a.M.: Suhrkamp.
Merlin, E. A. 1976, Jung and TA: Some Clarification, *TAJ 6*, pp. 169–172.
Merlin, E. A. 1977, Analytical Psychology and TA. In: James, M. (Ed.) 1977, pp. 217–238.
Mertens, W. (Hgb.) 1981, *Neue Perspektiven der Psychoanalyse*, Stuttgart: Kohlhammer.
Mertens, W. (Hgb.) 1983, *Psychoanalyse*, München: Urban & Schwarzenberg.
Mertens, W. 1990/²1992–1993, *Einführung in die psychoanalytische Therapie*, Bd.I-III, Stuttgart: Kohlhammer.
Mescavage, A. u. Silver, C. 1977, «Try Hard» and «Please Me» in Psychological Development, *TAJ 7*, pp. 331–334.
Micholt, N. 1984, Confrontation Techniques, *Newsletter (EATA), Nr. 22, Feb. 1985*, pp. 1–3 (Orig.: In: *Strook, Bd. 6, Nr. 2, April 1984*).
Miller, A. 1979, *Das Drama des begabten Kindes*, Frankfurt a.M.: Suhrkamp.
Miller, E. 1968, *Die Entwicklung des Zen und seine Anwendung in der Psychotherapie*, Dissertation, Tübungen.
Moiso, C. 1985, Ego States and Transference, *TAJ 15*; pp. 194–201.
Montagu, 1971, *Touching: The Human Significance of the Skin*, New York/London: Columbia University Press (*Körperkontakt*, Stuttgart: Klett 1974.

Müller, U. 1994, Woher nehmen wir die Legitimation und damit auch die Zuversicht für unsere psychotherapeutische Arbeit, *ZTA Jg.11*, S. 5–21.

Nikelly, A. G. u. Don Verges 1971, Erste Kindheitserinnerungen. In: Nikelly, A.G. (Hgb.) 1971, S. 71–77.

Nikelly, A. G. (Ed.) 1971, *Techniques for Behavior Change: Application of Adlerian Theory*, Springfield (IL, USA): Crales C. Thomas (dt.: *Neurose ist eine Fiktion*, München: Kindler 1978).

Novellino, M. 1984, Self-Analysis of Countertransference in Integrative Transactional Analysis, *TAJ 14*, pp. 63–67.

Novey, Th., Glenview (USA, Il), mündliche Anregungen.

Novey, Th. 1980, I am OK, You are OK, 95% = Cure, *TAJ 10*, pp. 135–139.

Novey, Th. u. P. 1982, Ten More Ways to Lose Your Love or Blocks to a Relationship, *TAJ 12*, pp. 61–69.

O'Connel, V. F. 1970, Crises of Psychotherapy: Person, Dialogue, and the Organismic Event. In: Fagan u. Shepherd 1970 (zitiert von Petzold 1973).

Oden, Th. C. 1974, *A Guide to Meaning of Intimacy*, New York/London: Harper & Row (dt.: *Wer sagt: Du bist okay?*, Gelnhausen/Berlin: Burckhardthaus 1977).

Osnes, R. 1974, Spot Reparenting, *TAJ 4, H. 3*, pp. 40–46 (dt.: Punktuelles Neubeeltern, *NTA, Jg.5 [1981]*, S. 2–7).

Peck, H. 1978, TA and Psychoanalysis, *TAJ 8*, pp. 205–210 (dt.: TA und Psychoanalyse, *NTA, Jg.3 [1973]*, S. 182–194).

Penfield, W. 1952, Memory Mechanism, *Arch. Neurol. u. Psychiatry 67*, pp. 178–198, with discussion by L. S. Kubie et al. (zitiert nach Berne 1961, und Harris, 1967).

Penfield, W. 1957/58, Aufsätze über Wilder Penfield ohne Autorenangaben, *Triangel III*, Sandoz, Basel, S. 35ff.

Penfield, W. 1976, Aufsätze über Wilder Penfield ohne Autorenangaben, *Médecine et Hygiène, April 1976*, Genf.

Penfield, W. u, Jaspers H. 1954, *Epilepsy and the Functional Anatomy of the Human Brain*, Boston (USA, MA): Brown & Co.

Penfield, W. u. Perot, P. 1963, The brain's record of visual and auditory expierence: a final summary and discussion, *Brain 86*, pp. 595–696 (zitiert nach Sacks 1985).

Penfield, W. u. Roberts, L. 1959, *Speech and Brain-mechanisms*, Princeton: Princeton University Press (zitiert nach Berne 1961).

Perls, F. 1969, *Gestalt-Therapy verbatim*, Lafayette (USA, CA): Real People Press (dt.: *Gestalt-Therapie in Aktion*, Stuttgart: Klett 1974).

Peseschkian, N. 1979, *Der Kaufmann und der Papagei*, Frankfurt a.M.: Fischer TB.

Petzold, H. 1973, *Gestalttherapie und Psychodrama*, Kassel: Nicol.

Petzold, H. 1976a, Einführung in die transaktionsanalytische Skriptanalyse. In: English, F. 1976b, S. 7–71.

Petzold, H. 1976b, Die Verbindung von Transaktionaler Analyse, Kreativen Medien und TA-Psychodrama, *Partnerberatung Jg. 1976*, S. 175ff.

Petzold, H. (Hgb.) 1981, *Widerstand, ein strittiges Konzept in der Psychotherapie*, Paderborn: Junfermann.

Phillips, R. D. 1975, Structural Symbiotic Systems, Chapel Hill (USA, NC): Eigenverlag.

Porter, N. 1975, Functional Analysis, *TAJ 5*, pp. 272–273.

Quekelberghe, R.v. (Hgb.) 1979, *Modelle kognitiver Therapien*, München: Urban & Schwarzenberg.

Racker, R. 1959, *Estudios sobre tecnica psicoanalitica* (Argentinien) (dt.: *Übertragung u. Gegenübertragung*, München/Basel: Ernst Reinhardt 1978).

Rangell, L. 1974, Perspektiven der Psychoanalyse, *Psyche 8*, S. 933ff.

Rank, O. 1909, *Der Mythos von der Geburt des Helden*, Leipzig/Wien: Deuticke.

Rattner, J. 1961, *Individualpsychologie*, München/Basel: Ernst Reinhardt.

Rautenberg, Werner, Wachtberg (D), mündliche Anregungen.

Ringel, E. 1985, Das präsuizidale Syndrom, *Hexagon (Roche) 13*, Nr. 1, S. 1–7.

Roberts, D. L. 1975, Treatment of Cultural Scripts, *TAJ 5*, p. 29.

Robinson, J. 1979, Meeting the Little Professor of the Psychotic Client, *TAJ 9*, pp. 213–214.

Rogers, C. R. 1970, *On Encounter Groups*, New York: Harper & Row (dt.: *Encounter-Gruppen*, München: Kindler 1974.).

Sacks, O. 1985, *The Man Who Mistook His Wife For a Hat*, New York: Simon & Schuster (dt.: *Der Mann, der seine Frau mit einem Hut verwechselte*, Reinbek b. Hamburg: Rowohlt 1988).

Sager, C. u. Kaplan, H. (Eds.) 1972, *Progress in Group and Familiy Therapy*, New York: Brunner/Mazel (dt.: *Handbuch der Ehe-, Familien- und Gruppentherapie*, München: Kindler 1973).

Samuels, A. 1974, Approach to Dreams, *TAJ 4, Nr. 3*, p. 27.

Samuels, S. D. 1971, Stroke Strategy: the Basis of Therapy, *TAJ 1:3*, pp. 23–24 (dt.: Stroke-Strategie: Die Basis der Therapie, *NTA, H.5, 1978*, S. 21f).

Sandler, J. u. Sandler, A.-M. 1984, The Past Unconscience and Interpretation of Transference, *Psychoanalytic Inquiry 4*, pp. 367–399 (dt.: Vergangenheits-Unbewußtes, Gegenwarts-Unbewußtes und die Deutung der Übertragung, *Psyche 39, 1985*, S. 800–829).

Sandler, J. et al. 1973, *The Patient and the Analyst*, London: George Allen & Unwin (dt.: *Die Grundbegriffe der psychoanalytischen Therapie*, Stuttgart: Klett 1973).

Satir, V. 1972, *People making*, Palo Alto: Science and Behavior Books (dt.: *Selbstwert und Kommunikation*, München: Pfeiffer [5]1982).

Satir, V. u. Englander-Golden, P. 1990, *Say it Straight*, Palo Alto (USA, CA): Science and Behavior Books (dt.: *Sei direkt*, Paderborn: Junfermann 1994).

Schafer, R. 1976, *A New Language for Psychoanalysis*, New Haven (USA, CT): Yale University Press (dt.: *Eine neue Sprache für die Psychoanalyse*, Stuttgart: Klett-Cotta 1982).

Schibalski, B., Sindelfingen, mündliche Anregungen.

Schiff, A. 1969, Reparenting Schizophrenics, *TAB 8*, pp. 72–75.

Schiff, A. u. J. 1971, Passivity, *TAJ 1*, pp. 71–78 (dt.: Passivität, *NTA, Jg.1 [1977]*, S. 121–127).

Schiff, J. 1969, Reparenting Schizophrenics, *TAB 8*, pp. 47–71, einschließlich Berichte von ehemaligen Patienten (dt.: Neubeeltern von Schizophrenen, *NTA, Jg.1 [1977]*, S. 102–117).

Schiff, J. 1977, One Hundred Children Generation a Lot of TA in Barnes, G. (Ed.) 1977b, pp. 53–76 (dt.: Geschichte, Entwicklungen und Aktivitäten der Schiff Familie. In: Barnes, G. [Hgb.] 1977, Bd.I, S. 83–138).

Schiff, J. 1978, *A Discussion of Ego States*, Oakland (USA, CA): Cathexis-Institute.

Schiff, J. 1980, *A Discussion of Ego State Pathology*, Oakland (USA, CA): Cathexis-Institute.

Schiff, J. u. Day, B. 1970, *All My Children*, New York: Pyramid Books 1972 (dt.: Alle meine Kinder, München: Kaiser 1980).

Schiff, J. et al. 1968, Advances in Group Treatment (Referat), *TAB 7*, pp. 85–86.

Schiff, J. et al. 1975a, Frames of Reference, *TAJ 5*, pp. 290–294 (dt.: Bezugsrahmen, *NTA, Jg.1 [1977]*, S. 128–132).

Schiff, J. et al. 1975b, *Cathexis Reader*, New York: Harper & Row.

Schiff, J. et al. 1977, Biochemical Evidence of Cure in Schizophrenics, *TAJ 7*, pp. 178–182.

Schiff, Shea 1983, mündliche Ausführungen anläßlich eines Seminars in Konstanz (D), Oktober 1973.

Schlegel, L. 1972/[2]1985, *Grundriß· der Tiefenpsychologie, Bd. I (Die Neurosen als Abwehr)*, UTB, Tübingen: Francke.

Schlegel, L. 1973, *Grundriß der Tiefenpsychologie, Bd. IV (Die Psychologie von C. G. Jung)*, UTB, Tübingen: Francke.

Schlegel, L. 1975, *Grundriß der Tiefenpsychologie Bd. II (Die trieb- und bedürfnispsychologische Betrachtungsweise in der Tiefenpsychologie)*, UTB, Tübingen: Francke.

Schlegel, L. 1978, *Grundriß der Tiefenpsychologie Bd. III (Die Bedeutung der sozialen Frustration in der Tiefenpsychologie)*, UTB, Tübingen: Francke.

Schlegel, L. 1983/1984, «Das Drama des begabten Kindes» nach Alice Miller in transaktionsanalytischer Betrachtungsweise, *Materialien zur Psychoanalyse 9*, S. 266–299 u. *10*, S. 1–32, Göttingen: Vandenhoeck u. Ruprecht.

Schlegel, L. 1986a, Die psychoanalytische Behandlung der Borderline-Störung und die Transaktionale Analyse, *ZTA, Jg. 3*, S. 36–43.

Schlegel, L. 1987a, Überlegungen zum Begriff der Transaktionsanalyse, insbesondere der doppelbödigen Transaktionen, *ZTA, Jg.4*, S. 29–34.

Schlegel, L. 1987b, Was versteht Berne unter «marsisch»?, *ZTA, Jg.4*, S. 58–65.

Schlegel, L. 1989, Der Aufbäumer, *ZTA, Jg.6*, S. 49–53.

Schlegel, L. 1992/[3]1993, *Psychotherapeutische Verfahren aus dem Umfeld der Transaktionsanalyse mit vergleichenden Betrachtungen*, Eigenverlag, CH-8052 Frauenfeld.

Schlegel, L. 1993, *Handwörterbuch der Transaktionsanalyse*, Freiburg i.Br.: Herder.

Schmid, B. A. 1986, *Systemische Transaktionsanalyse*, Wiesloch: Eigenverlag (provisorischer Privatdruck).

Schmidt, R. 1982, *Die Individualpsychologie Alfred Adlers*, Stuttgart: Kohlhammer.

Schmidt, U. u. Peter, U. 1981, *Von der traditionellen Ehe zur Partnerschaft*, Diplomarbeit am Institut f. Angewandte Psychologie, Zürich.

Schollenberger, Walter, Zürich, mündliche Anregungen.

Schultz-Hencke, H. 1940, *Der gehemmte Mensch*, Stuttgart: Thieme.

Schultz-Hencke, H. 1951, *Lehrbuch der analytischen Therapie*, Stuttgart: Thieme.

Schulz von Thun, F. 1981/1989, *Miteinander reden*, Bd. 1 (1981), Bd. 2 (1989), Reinbek b. Hamburg: Rowohlt.

Schutz, W. C. 1967, *Joy*, New York: Grove Press (dt.: *Freude*, Reinbek b. Hamburg: Rowohlt).

Schutz, W. C. 1973, *Elements of Encounter*, Big Sur (USA, CA): Joy Press *(dt.: Encounter*, Hamburg: ISKO-Press 1977).

Sechehaye, M. A. 1947, La realisation symbolique, *Revue Suisse de psychologie et de la psychologie appliquée, Suppl. 12*, Bern: Hans Huber.

Sechehaye, M. A. 1954, *Introduction a une psychotherapie des schizophrenes*, Paris: PUF.

Sell, M. 1990/1991, Podiumsdiskussion mit Vertretern verschiedener Therapierichtungen am Kongreß der Deutschen Gesellschaft für Transaktionsanalyse. In Sell, M. (Hg.) 1991, S. 23–62.

Sell, M. (Hgb.) 1991, *Lesebuch* (Kongreßbeiträge des 11. Kongesses der Deutschen Gesellschaft für Transaktionsanalyse), Hannover: INITA.

Shapiro, S.B. 1969, Critique of Eric Berne's contributions to subself theory, *Psychological reports, 25*, pp. 283–296 (zitiert nach Hohmut u. Gormly 1982).

Sheinkin, D. 1971, *Self Understanding: An Introduction to Transactional Analysis*, Worthington (USA, OH): Ann Arbor Publishers.

Simon, F.B. u. Stierlin, H. 1984, *Die Sprache der Familientherapie*, Stuttgart: Klett-Cotta.

Simoneaux, J. 1977, Adlerian Psychology and TA. In: James, M. (Hgb.) 1977, pp. 205–216.

Smale, G.G. 1977, *Prophecy, Behaviour and Change. An Examination of Self-fulfilling Prophecies in Helping Relationships*, London: Routledge & Kegan Paul (*dt.: Die sich selbst erfüllende Prophezeiung*, Freiburg i.Br.: Lambertus, 1980).

Spitz, R. 1957, *Die Entstehung der ersten Objektbeziehungen*, Stuttgart: Klett.

Stauss, K. 1993, *Neue Konzepte zum Borderline-Syndrom*, Paderborn: Junfermann.

Steiner, C. 1966a, Script and Counterscript, *TAB 5*, pp. 133–135.

Steiner, C. 1966b, Introductory Remarks for Script Analysis Section, *TAB 5*, pp. 150–151.

Steiner, C. 1967a, A Script Checklist, *TAB 6*, pp. 38–39.

Steiner, C. 1967b, Treatment of Alcoholism, *TAB 6*, pp. 69–71.

Steiner, C. 1968a, The Alcoholic Game, *TAB 7*, pp. 6–16.

Steiner, C. 1970, A Fairy Tale, *TAB 9*, pp. 146–149.

Steiner, C. 1971a, Stroke Economy, *TAJ 1, Nr. 3*, pp. 9–15 (dt.: Die Stroke-Ökonomie, *NTA, Jg. 2 [1978]*, S. 14–19).

Steiner, C. 1971b, *Games Alcoholics Play*, New York: Grove Press.

Steiner, C. 1972, Scripts Revisited, *TAJ 2*, pp. 83–86.

Steiner, C. 1974, *Scripts People Live*, New York: Bantam Books 1975 (dt.: *Wie man Lebenspläne verändert*, Paderborn: Junfermann 1982).

Steiner, C. 1979a, The Pig Parent, *TAJ 9*, pp. 26–37.

Steiner, C. 1979b, *Healing Alcoholics*, New York: Grove Press.

Steiner, C. 1981, Acceptment Statement on Co-Winning the Eric Berne Memorial Scientific Award for the Stroke Economy, *TAJ 11*, pp. 6–9.

Steiner, C. u. Steiner, U. 1968b, Permission Classes, *TAB 7*, p. 89.

Stevens, A. 1990, *On Jung*, London: Outledge (dt.: *Das Phänomen C.G. Jung*, Solothurn/Düsseldorf: Walter 1993).

Stewart, I 1989, *Transactional Analysis Counseling in Action*, London: SAGES Publication (dt.: *Transaktionsanalyse in der Beratung*, Paderborn: Junfermann 1991).

Stewart, I. u. Joines, V. 1987, *TA Today*, Nottingham (GB) u. Chapel Hill (USA, NC): Life Space Publishing (dt.: *Die Transaktionsanalyse*, Freiburg i.Br.: Herder 1990).

Stierlin, H. 1974, *Separating Parents and Adolescents*, New York: Quadrangle (dt.: *Eltern und Kinder*, Frankfurt a.M.: Suhrkamp 1980).

Stierlin, H. 1975, *Von der Psychoanalyse zur Familientherapie*, Stuttgart: Klett.

Stierlin, H. 1976a, *Eltern und Kinder*, Frankfurt a.M.: Suhrkamp.

Stierlin, H. 1976b, Familientherapie von Adoleszenten. In: Richter et al., *Familien und seelische Krankheiten*, Reinbek b. Hamburg: Rowohlt, S. 184ff.
Stierlin, H. 1978, *Delegation und Familie*, Frankfurt a.M.: Suhrkamp.
Stierlin, H. et al. 1977/[2]1980, *Das erste Familiengespräch*, Stuttgart: Klett-Cotta.
Stone, H. u. Winkelman, S. 1985, *Embracing Our Selves*, San Rafael (USA. CA): New World Library 1989 (dt.: *Du bist viele*, München: Heyne 1994).
Stuntz, E. C. 1971, *Review of Games*, ohne Verlagsangabe.
Stuntz, E. C. 1973, Multiple Chairs Techniques, *TAJ 3*, pp. 105–108.
Suzuki, D.F. 1939, *An Introduction to Zen Buddhism* (dt. *Die große Befreiung*, Konstanz: Weller 1947 u. Zürich: Rascher 1958).
Swede, S. 1978, OK Corral for Life Positions: A Summary Table, *TAJ 8*, pp. 59–62.

Theobald, Th. J. u. D. H. 1978, TA as a Model for Assertive Training, *TAJ 8*, pp. 22–26.
Thomä, H. 1983, Der «Neubeginn». In: Hoffmann, S. O. (Hgb.) 1983, S. 14–43.
Thomson, G. 1983a, Fear, Anger and Sadness, *TAJ 13*, pp. 20–24.
Thomson, G. 1983b, Dreamwork, *Script 12, Nr. 1 (Feb.)*, p. 2.
Thomson, G. 1989a (?), Privatdruck über Redecision Dream Work.
Thomson, G. 1089b, Lecture and Demonstration about Dream Work, Geneva.
Thomson, G. u. Petzold, H. 1976, Zur Verbindung von Transaktionaler Analyse und Gestalttherapie, *Integrative Therapie Jg. 1976*, S. 154–163.
Thweatt, W. H. 1980, Effective Permission-Giving and Representational Systems, *TAJ 10*, pp. 53–55 (dt.: Wirksames Erlaubnisgeben und die Repräsentationssysteme, *NTA, Jg.5 [1981]*, S. 30–32).
Titze, M. 1979, *Lebenziel und Lebensstil*, München: Pfeiffer.
Toman, W. u. Egg, R. (Hgb.) 1988, *Psychotherapeutische Verfahren*, Darmstadt: Wissenschaftliche Buchgeselschaft.
Trautmann, R. L. u. Erskine, R. G. 1981, Ego State Analysis: A Comparative Study, *TAJ 11*, pp. 178–185.
Treat, R. 1977, An Additional Note on the Stroking Profile, *TAJ 7*, p. 248.

Uecker, A. E. 1972, Some Reflections of Steiner's Games Alcoholics Play, *TAJ 2*, pp. 122–123.

Vallejo, J. O. 1986, Withdrawal: A Basic Positive and Negative Adaption in Addition to Compliance and Rebellion, *TAJ 16*, pp. 114–119 (dt.: Rückzug: Eine positive und negative Grundform der Anpassung, zusätzlich zu Fügsamkeit und Rebellion, *ZTA, Jg. 2 [1987]*, S. 66–75).
Vergnaud, J.-M. u. Blin, P. 1987, *l'analyse transactionelle, outil d'évolution personelle et professionelle*, Paris: les éditions d'organisation.
Vincent McLean, H. 1946, Corrective Experience with Rapport. In: Alexander, F. u. French, Th.M. 1946, pp. 268–290.
Völker, U. 1980a, Vorwort in: Völker (Hgb.) 1980b, S. 5–7.
Völker, U. (Hgb.) 1980b, *Humanistische Psychologie*, Weinheim/Basel: Beltz.
Völker, U. 1980c, Grundlagen der Humanistischen Psychologie. In: Völker (Hgb.) 1980b, S. 13–37.

Wahking, H. 1979, The Script Decoder, *TAJ 9*, pp. 237–240.
Waiblinger, A. 1989, *Neurosenlehre der Transaktionsanalyse*, Berlin: Springer.
Waldner, R. 1994, «Ratte ist nicht gleich Ratte, Maus nicht gleich Maus», *Tages-Anzeiger Zürich, 13.5.94*, S. 76.
Wallmann, G. 1976, Different Strokes for Different Folks, *TAJ 6*, p. 183.
Wandel, F. 1989, Eric Berne und das Dämonische in Erziehung und Psychotherapie, *ZTA, Jg.6*, S. 4–15.
Watts, A. W. 1956, *Vom Geist des Zen*, London: John Murray.
Watzlawick, P. et al. 1969, *Menschliche Kommunikation*, Bern: Hans Huber.
Weeks, G. R. u. L'Abate, L. 1982, *Paradoxical Psychotherapy*, New York: Brunner/Mazel (dt.: *Paradoxe Psychotherapie*, Stuttgart: Enke 1985).
Weil, Th. 1984/1986, Vom Umgang mit dem Widerstand des Klienten in der Therapie, 1984: *Wege zum Menschen, Bd. 36*, S. 355–362, leicht verändert 1986, *ZTA Jg.3*, S. 17–24, 98–99.
Weinhold, B.K. 1977, A Philosophical Analysis of Various TA Treatment Styles, *TAJ 7*, pp. 235–241.
Weiss, E. 1950, *Principles of Psychodynamics*, New York: Grune & Stratton.
Weiss, E. 1956, Einleitung zum Buch von Federn, P. 1956, S. 9–27.

Weiss, E. 1966, Paul Federn. In: Alexander, F. et al. (Hgb.) *Psychoanalytic Pioneers*, Basic Books, New York, pp. 142–159.
Weiss, E. u. Federn, P. 1965, Über einige Fortschritte der psychoanalytischen Forschung. In: Meng, H. (Hgb.), *Psychoanalyse und Medizin*, Goldmann, München.
Weiss, J. u. L. 1977, Corrective Parenting in Private Practice. In: Barnes, G. (Ed.) 1977, pp. 114–133 (dt.: Der Prozeß des Beelterns in der eigenen Praxis. In: Barnes, G. (Hgb.) 1977, Bd.I, S. 158–186).
Weiss, L. 1977, Rationale for Confrontation, *TAJ 7*, pp. 15–16 (dt.: Grundprinzipien der Konfrontation, *NTA, Jg.1*, S. 159).
Whitaker, J. F. 1976, *Personal Marriage Contract,* Dallas (USA, TX): OK Street.
Whitney, N. J. 1982, A Critique of Individual Autonomy as the Key to Personhood, *TAJ 12*, pp. 210–212.
Willi, J. 1975, *Die Zweierbeziehung*, Reinbek b. Hamburg: Rowohlt.
Willi, J. 1985, *Koevolution*, Reinbek b. Hamburg: Rowohlt.
William, S. K. 1980, *Jungian-Senoi Dreamwork Manual*, Berkeley (USA, CA): Journey Press (dt.: *Durch Traumarbeit zum eigenen Selbst*, Interlaken [CH]: Ansata 1984).
Wilson, F. R. 1975, TA and Adler, *TAJ 5*, pp. 117–122.
Wilson, J. u. Kalina, I. 1978, The Splinter Chart, *TAJ 8*, pp. 200–205.
Windes, K.L. 1977, The Three «C's» of Correction: Cops-Cons-Counselors. In: Barnes, G. (Ed.) 1977b, pp. 138–145 (dt.: Barnes, G. [Hgb.], Bd.I, S. 191–201).
Witta, M. 1977, *Einführung in die Lebensstilanalyse*, Diplomarbeit am Institut f. Angewandte Psychologie, Zürich.
Wolberg, L. R. 1965, Methodology in Short-Term Therapy, *Am. J. of Psychiatry, Bd. 122*, pp. 135–140.
Wolberg, L. R. 1980, *Short-Term Psychotherapy*, New York: Thieme-Stratton (dt.: *Kurzzeit-Psychotherapie*, Stuttgart: Thieme 1983).
Woollams, St. 1977, From 21 to 43. In: Barnes, G. (Hgb.) 1977b, pp. 351–379 (dt.: Meine Erfahrungen mit der Transaktionsanalyse. In: Barnes, G. [Hgb.] 1977, Bd.III, S. 7–47).
Woollams, St. 1978, The Internal Stroke Economy, *TAJ 8*, pp. 194–197.
Woollams, St. u. Brown, M. 1978, *Transactional Analysis*, Dexter (USA, MI): Huron Valley Institute Press.
Woollams St. et al. 1974, Transactional Analysis in Brief, Ann Arbor (USA, MI): Eigenverlag (dt.: Brown, M. et al. 1983, Abriss der Transaktionsanalyse, Frankfurt a.M.: Fachbuchhandlung für Psychologie).
Woollams, St. et al. 1977, What Transactional Analysis Want Their Clients to Know. In: Barnes, G. (Ed.) 1977b, pp. 487–525 (nicht übersetzt, aber ähnlich als Übersetzung von Woollams et al. 1974 erschienen, allerdings ohne 1977 beigefügte Ergänzungen).
Wright, A. L. 1977, The Three Cornered Contract Revisited, *TAJ 7*, p. 216.

Yalom, B. 1970, *The Theory and Practice of Group Psychotherapy*, New York: Basic Books (dt.: *Gruppenpsychotherapie*, München: Kindler, 1974).
Young, D. 1966, The Frog Game, *TAB 5*, p. 56.

Zalcman, M. 1986, mündl. Ausführungen anläßlich Kongress d. Deutschen Ges. f. Transaktions-Analyse in Bad Soden b. Frankfurt a. M., Mai 1986.
Zechnich, R. 1973, Social Rapo, *TAJ 3, Nr. 4*, pp. 18–21.

Register

Kursiv geschriebene Stichwörter sind Bezeichnungen psychologischer Spiele

Psychologie bei Francke

Ludwig J. Pongratz

Problemgeschichte der Psychologie

UTB Große Reihe, 2., durchges. u. überarb. Aufl. 1984,
380 Seiten, geb. DM 58,–/ÖS 429,–/SFr 55,–
UTB-ISBN 3-8252-8011-X

Das Buch ist als Handbuch und Kompendium für den Studierenden der Psychologie, aber auch der Pädagogik und der Soziologie gedacht, denn es gibt eine äußerst fundierte Einführung in die Psychologie der Gegenwart und ihre Probleme. Die Vertiefung in die Vielfalt der Lehrmeinungen vermag sowohl das kritische Vermögen wie den Geist der Toleranz zu fördern. Ein klarer Aufbau und eine sorgfältige Untergliederung erleichtern Lektüre und Nachschlagen, die ausführliche Bibliographie ein tieferes Eindringen in die Materie.

"Dieses erstmals 1967 erschienene Werk kann zu den *Klassikern* der deutschen Nachkriegspsychologie gerechnet werden, (...). Pongratz hat als Herausgeber der "Psychologie in Selbstdarstellungen" auch zum (auto)biographischen Ansatz der Psychologiegeschichtsschreibung beigetragen. In der vorliegenden "Problemgeschichte" knüpft er an die Tatsache an, daß kaum eine andere Wissenschaft im Lauf ihrer Geschichte so sehr um ihren "Gegenstand" gerungen und ihn so häufig gewechselt hat wie die Psychologie. Daher erscheint es ihm sinnvoll, die wesentlichen in der Psychologiegeschichte aufgetretenen Gegenstandsbestimmungen zu untersuchen. Für ihn sind sechs Themen von zentraler Bedeutung, nämlich "Seele", "Seelenleben", "Bewußtsein", "Unbewußtes", "Erleben" und "Verhalten". (...) Pongratz zeichnet sehr souverän und kenntnisreich die Entwicklungslinien auf diesen sechs Gegenstandsbereichen nach und vermittelt so den philosophischen Traditionszusammenhang, in dem unsere heutige Psychologie steht. Dem tiefenpsychologisch orientierten Leser seien die Kapitel über das Unbewußte und das Erleben besonders empfohlen."

Jahrbuch für Verstehende Tiefenpsychologie und Kulturanalyse

"Der klare Aufbau der Darstellung und ihre systematische Untergliederung ermöglichen es, sich schnell einen Überblick über einzelne Teilgebiete zu verschaffen. Die ausführliche Bibliographie verleiht dem Buch darüber hinaus zusätzlich die Qualität eines unentbehrlichen Nachschlagewerkes."

Psychologie in Erziehung und Unterricht

Preisänderungen vorbehalten

UTB FÜR WISSENSCHAFT

Francke